TÜBINGER GEOGRAPHISCHE STUDIEN

Herausgegeben von

H.Gebhardt * G.Kohlhepp * K.-H.Pfeffer

Schriftleitung H.Eck

Heft 110

Andreas Megerle

Probleme der Durchsetzung von Vorgaben der Landes- und Regionalplanung bei der kommunalen Bauleitplanung am Bodensee

Ein Beitrag zur Implementations- und Evaluierungsdiskussion in der Raumplanung

Mit 4 Karten, 18 Abbildungen und 6 Tabellen

1992

Im Selbstverlag des Geographischen Instituts der Universität Tübingen

ISBN 3-88121-015-6

ISSN 0564-4232

Die Deutsche Bibliothek - CIP-Einheitsaufnahme

Megerle, Andreas:
Probleme der Durchsetzung von Vorgaben der Landes- und Regionalplanung bei der kommunalen Bauleitplanung am Bodensee : ein Beitrag zur Implementations- und Evaluierungsdiskussion in der Raumplanung
Andreas Megerle. Geographisches Institut der Universität Tübingen. - Tübingen : Geographisches Inst., 1992
(Tübinger geographische Studien ; H 110)
Zugl.: Diss.
ISBN 3-88121-015-6
NE: GT

Gefördert durch die Stiftung der Württembergischen Hypothekenbank für Kunst und Wissenschaft

Zeeb-Druck, 7400 Tübingen 7

Vorwort und Danksagung

Diese Arbeit entstand aufgrund von Anregungen, die ich während meiner Tätigkeit im Umweltschutz am Bodensee sowie während mehrerer Praktika beim Regionalverband Bodensee-Oberschwaben erhielt.

Aktueller Anlaß für eine vertiefende Betrachtung der Problematik Landes- und Regionalplanung versus kommunale Planung war die Diskussion um die beiden Industrieerweiterungen "Dornier" und "Bodenseewerke" im Uferbereich des Bodensees.

Danken möchte ich Herrn Dipl.-Ing. Stefan Saeger vom Regionalverband Bodensee-Oberschwaben für die vielen Informationen, Herrn Prof. H. Vogler, dem langjährigen Verbandsdirektor des Regionalverbandes Bodensee-Oberschwaben und jetzigen Oberbürgermeister von Ravensburg, der mich während meiner Praktikantenzeit auf das vorzüglichste betreute und dem ich viele Anregungen verdanke. Herr Rabold und Herr Lüdecke vom Stadtplanungsamt Friedrichshafen standen mir bereitwillig für Interviews zu Verfügung. Herrn Stiller vom Regierungspräsidium Tübingen und Herrn Meichle von der Gemeinde Immenstaad bin ich für die freundliche Überlassung von Materialien zu Dank verpflichtet. Herr Dr. Ellger gab mir äußerst wertvolle Hinweise, besonders für den theoretischen Teil meiner Arbeit, wofür ich ihm ebenfalls herzlich danke. Der BUND (Bund für Umwelt- und Naturschutz Deutschland e.V.) gab mir dankenswerterweise Einblick in seine Archive, Prof. Dr. Paul Sauer sah den Text unter sprachlichen Gesichtspunkten durch. Das Ingenieurbüro Braunstein und Berndt, Leutenbach, und die Firma UVI GmbH, Kornwestheim, überließen mir freundlicherweise firmeneigene Computersoft- und hardware zur Benutzung.
Besonders danken möchte ich meinem verehrten Lehrer, Herrn Professor Dr. Hermann Grees, für seine ermunternden Ratschläge und seine intensive Betreuung. In gewohnt herzlicher Weise hat er viel von seiner kostbaren Zeit für Gespräche über meine Arbeit verwendet.

Ein besonderer Dank gilt meiner Frau und meinen Eltern für die vielfältige Hilfe, die Geduld und das begleitende Engagement.
Ohne sie hätte ich diese Arbeit nicht fertigstellen können.

Inhaltsverzeichnis

Abkürzungen

* Alle mit * gekennzcichneten Begriffe werden im Glossarium kurz erklärt

Bei der mit einem "U" nach der Jahreszahl zitierten Literatur handelt es sich um unveröffentlichte Quellen. Sie sind im Literaturverzeichnis unter XII.B. zu finden.

Bei der mit einem "G" nach der Jahreszahl zitierten Literatur handelt es sich um Gesetze, Verordnungen und dergleichen. Sie sind im Literaturverzeichnis unter XII.D. zu finden.

Weitere Abkürzungen sind in Tabelle 17 (Anlage 4) erläutert.

Verzeichnis der Karten

Verzeichnis der Abbildungen

Verzeichnis der Tabellen

Verzeichnis sonstiger Anlagen

Abkürzungsverzeichnis und Glossar

Beschäftigtendichte
: Zahl der versicherungspflichtig Beschäftigten je qkm Bezugsraumfläche (in dieser Arbeit ist der Bezugsraum die Gemeinde). Die statistische Größe dient bei HECKING et al. zur Demonstration der Inanspruchnahme der gemeindlichen Siedlungsfläche durch "arbeitsbezogene Nutzung".

Besiedlungsgrad
: Anteil der Siedlungsfläche an der Bezugsraumfläche in % (in dieser Arbeit ist der Bezugsraum die Gemeinde). Die statistische Größe dient bei HECKING et al. im wesentlichen zur Demonstration des Ausmaßes der Beanspruchung eines Gemeindegebiets durch Siedlungsflächen.

Bevölkerungsdichte
: Zahl der Einwohner je qkm Bezugsraumfläche (in dieser Arbeit ist der Bezugsraum die Gemeinde). Die statistische Größe dient bei HECKING et al. zur Demonstration der "Nutzungsintensität der Gemeindefläche als Wohnstandort".

Bevölkerungsrichtwert
: s. Richtwert*

BP
: Abkürzung für: Bebauungsplan

Bruttowohndichte

Einwohnerzahl je ha ausgewiesener Bruttowohnbaufläche (Wohnbaufläche inklusive Erschließung). Die für die Gebietskategorien des Landesentwicklungsplans (z.B. "Ländlicher Raum", "Verdichtungsbereich") differenzierten Bruttowohndichten waren als Grundlage für die Errechnung des absehbaren Bauflächenbedarfs im Rahmen der Bauleitplanung neben den Bevölkerungsprognosen von herausragender Bedeutung. Sie waren bis vor kurzem im 2. Bauflächenerlaß der Landesregierung von Baden-Württemberg verbindlich festgelegt, allerdings nur noch für die Verdichtungsräume und Randzonen der Verdichtungsräume ohne Strukturschwächen. Am 27.6.1988 wurde der 2. Bauflächenerlaß ersatzlos aufgehoben (INNENMINISTERIUM BADEN-WÜRTTEMBERG 1988a G, S. 578). Die Regionalplanung versucht weiterhin, mit unterschiedlichem Erfolg, die Bruttowohndichtewerte des 2. Bauflächenerlasses gegenüber den Gemeinden durchzusetzen (SAEGER mdl.).

BFANL

Abkürzung für: Bundesforschungsanstalt für Naturschutz und Landschaftsökologie

BNL

Abkürzung für: Bezirksstelle für Naturschutz und Landschaftspflege

BUND

Abkürzung für: Bund für Umwelt- und Naturschutz Deutschland, vom Staat unabhängiger aber anerkannter Umweltverband

Eigenentwicklung

Bei Wohnbauflächen: Summe des prognostizierten Einwohnerzuwachses aus natürlicher Bevölkerungsentwicklung (Geburts- und Sterberate) und des im Planungszeitraum absehbaren "inneren Bedarfs*". Eine auf die Ausweisung von Gewerbeflächen bezogene "Eigenentwicklung" ist in der Praxis kaum nachvollziehbar zu berechnen.

Entwicklungsachsen

Instrument der Raumordnung. Als gedachte Leitlinien sollen sie durch die Bündelung von Verkehr und anderen Infrastruktureinrichtungen das Siedlungswachstum ordnen, um der flächenhaften Ausbreitung von Agglomerationen und der Streuung der Bautätigkeit entgegenzuwirken. Dem Instrument werden nur schwache Steuereffekte zugeschrieben, da mit der Ausweisung von Entwicklungsachsen politische Maßnahmen oder die Anwendung finanzieller Anreizinstrumente nicht direkt gekoppelt sind.

Fachplanung

Ein Fachressort der staatlichen Verwaltung (Beispiele: Wasserwirtschaft, Straßenbau). Die Fachplanungen sind zur Umsetzung ihrer Planungen meistens mit eigenen finanziellen Instrumenten ausgestattet.

FNP

Abkürzung für: Flächennutzungsplan

Freihaltefläche

s. Regionale Freihaltefläche*

Funktionszuweisungen

Instrument der Raumordnung. Eine Funktionszuweisung an eine Gemeinde ist z.B. "Schwerpunktgemeinde für Industrie und Gewerbe".

GWZ

Gebäude- und Wohnungszählung 1968

IHK

Abkürzung für: Industrie- und Handelskammer

Innerer Bedarf

Prognostizierter Bedarf an Wohnbauflächen im Planungszeitraum, der hauptsächlich aus der Verringerung der Belegungsdichte sowie aus dem Ersatzbedarf durch Wegfall von Wohnungen infolge von Sanierungen u.ä. entsteht. Eine der Berechnungsgrundlagen für die "Eigenentwicklung"*

Kommune

Politisch-administrative Einheit, welche in Baden-Württemberg sowohl die Gemeinden, als auch die Landkreise umfaßt. Trotzdem wird der Begriff oft nur für die Gemeinden gebraucht (z.B. von EMENLAUER/LANG 1979, S. 159).

kondominial

Zwischenbereich von eindeutig örtlichen (gemeindlichen oder kommunalen) und eindeutig überörtlichen (staatlichen) Verwaltungsaufgaben. Bezeichnet auch gemeinschaftlich zu bewältigende Aufgaben.

Mittelbereich

Von der Landes- bzw. Regionalplanung ausgewiesener, d.h. "geplanter" (nicht unbedingt "realer") zentralörtlicher Verflechtungsbereich eines Mittelzentrums.

Negativplanung

Ausweisung von Restriktionsflächen zur Harmonisierung verschiedener Raumnutzungsansprüche durch die Raumordnung. Gegenteil: Positivplanung*.

Nutzwertanalyse

Planungshilfe bei Standortplanungen. Sie dient zur Erarbeitung einer Entscheidungsgrundlage bei verschiedenen Standortalternativen. Mit Hilfe von Matrix- und Bewertungsverfahren werden verschiedene in Frage kommende Standorte auf ihren relativen Nutzen untersucht.

Positivplanung

Ausweisung von aus der Sicht der Raumordnung für eine bestimmte Nutzung geeigneten Flächen zur Harmonisierung verschiedener Raumnutzungsansprüche. Gegenteil: Negativplanung*.

Regionaler Grünzug

Regionale Freihaltefläche

Synonym verwendbare Bezeichnungen für freiraumerhaltene Instrumente der Regionalplanung. In diesen Flächen ist die Ausweisung von Bauflächen durch die Gemeinden untersagt.

Richtwert

(Synonym: Richtzahl). Quantitative Angaben mit Charakter eines verbindlichen Ziels der Raumordnung und Landesplanung, z.B. zur angestrebten Bevölkerungszahl oder Zahl der Erwerbsstellen in einer Gemeinde. Berechnung durch Transformation von Trendprognosen* (nach HENRICH 1981, S. 35) zu Zielprognosen*. Wurde als Durchsetzungsinstrument der Landes- und Regionalplanung gegenüber den Gemeinden eingesetzt, hat aber aufgrund vieler methodischer Probleme sowie dem Widerstand der Gemeinden an Bedeutung verloren.

Richtzahl

s. Richtwert*

Rote Liste

Verzeichnis der in einer Raumeinheit bedrohten wildlebenden Pflanzen und Tiere. Rote Listen gibt es z.B. für das Gebiet der Bundesrepublik Deutschland, aber auch nur für Baden-Württemberg. In letzter Zeit versucht man, Rote Listen auch für Regionen aufzustellen. Arten der Roten Liste eignen sich trotz einiger Probleme als "Frühindikatoren" hinsichtlich der Qualität einer Fläche aus der Sicht des Arten- und Biotopschutzes.

Träger öffentlicher Belange

Für eine bestimmte raumbedeutsame Planung anzuhörende Behörden und Institutionen, die aus ihrer jeweiligen Perspektive zur beabsichtigten Planung Stellung nehmen. Diese Stellungnahmen müssen in den meisten Fällen in die Abwägung der politischen Entscheidungsträger eingestellt werden.

Trendprognose

(Syn.: status-quo-Prognose) Prognosetyp zur Vorhersage z.B. der Bevölkerungsentwicklung eines Raumes. Sie unterstellt eine lineare Fortschreibung der bisherigen Entwicklung für die Zukunft, kann aber dem Trend Einhalt gebietende Faktoren berücksichtigen ("korrigierte Trendprognose"). Im Unterschied zur Zielprognose* spiegelt sie somit nicht die wünschenswerte Entwicklung wieder, sondern versucht eine Simulation der zu erwartenden Realentwicklung.

Vereinödung

Im wesentlichen vom 17. bis 19. Jahrhundert von der Fürstabtei Kempten ausgehende Neuordnung der Landwirtschaft im oberschwäbischen Raum. Schwerpunkt war die Zusammenlegung der zersplitterten Besitzparzellen zu Blockfluren. Damit verbunden war häufig die Aussiedlung der Betriebe aus dem Dorf in die "Einödlage", d.h. auf ihre arrondierten Besitzparzellen in der Flur. Auf diese Weise entstanden Hunderte neuer Siedlungskerne, die durch Strassen miteinander verbunden werden mußten. Die Vereinödung ist einer der wichtigsten Ursachen für das überdurchschnittlich dichte Strassennetz im Untersuchungsraum.

Verkehrsnetzdichte

Länge eines Verkehrswegs in km je qkm Bezugsraumfläche. In dieser Arbeit wird der Begriff als Länge eines Strassenwegs in km je qkm Gemeindefläche verwendet. Die statistische Größe dient bei HECKING et al. "der groben Charakterisierung der einzelgemeindlichen Belastung durch den Strassenverkehr".

VZ

Abkürzung für: Volkszählung (1968 und 1987) bzw. für Gebäude- und Wohnungszählung (1987)

Zielprognose

Prognosetyp zur Vorhersage z.B. der Bevölkerungsentwicklung eines Raumes. Die Zielprognose setzt Ziele für die Zukunft voraus. Sie unterstellt im Gegensatz zur Trendprognose nicht, was sein wird, sondern was unter welchen Vorraussetzungen sein könnte und was wünschenswert ist. Sie kann damit zur Konkretisierung eines raumstrukturellen Leitbilds dienen.

I. Problemstellung

In Wachstumsräumen mit steigendem Bevölkerungsdruck und wachsender Flächennachfrage für Gewerbe-, Wohn- und Infrastrukturzwecke sowie gleichzeitiger ökologischer Sensibilität werden Raumnutzungskonflikte besonders deutlich.

Der Bodenseeraum gehört zu solchen Wachstumsräumen.

Seine vielfältige und schöne Landschaft lockt Touristen an und Pensionäre, die hier ihren Lebensabend verbringen wollen.
Sie zieht auch Menschen an, die hier in den zahlreichen Industriebetrieben Arbeit finden und gleichzeitig in der reizvollen Landschaft wohnen wollen. Die Folge dieser Zuwanderungen in einen ökologisch empfindlichen Raum sind vielfältige Konflikte zwischen den Belangen von Natur, Fremdenverkehr, Siedlung und Gewerbe. Oft genug tragen dabei diejenigen Kräfte den Sieg davon, die kurzfristig den höchsten ökonomischen Gewinn versprechen.
Von der kommunalen bis zur internationalen Ebene wären alle Institutionen der Raumordnung aufgerufen, steuernd einzugreifen, um auch den anderen, nicht weniger wichtigen Interessen zur Durchsetzung zu verhelfen.
Beispiele aus jüngster Zeit deuten darauf hin, daß die Raumordnung mit dieser Aufgabe überfordert ist.

Zwei Beispiele aus dem Bodenseegebiet zeigen dies. Hier hat die Raumordnung die Erweiterungen zweier großer Industriebetriebe im unmittelbaren Bodenseeuferbereich nicht verhindern können, obwohl sich zahlreiche Grundsätze der Raumordnung gegen eine weitere Verbauung des Uferbereichs richten.
Welches sind die Gründe hierfür?
Spiegelt sich in diesen Beispielen die allgemeine und vielbeklagte Krise der Raumordnung wider?
Welche Rollen spielen hierbei die Gemeinden?

Gerade auf der Ebene der Gemeinden sind die Konflikte besonders stark. Hier treffen sich die ökonomischen Zwänge mit den ökologischen Erfordernissen der Raumordnung "vor Ort".
Können die Gemeinden in diesem Spannungsfeld der ihnen zugewiesenen Rolle als Umsetzer landes- und regionalplanerischer Erfordernisse überhaupt noch gerecht werden?
Wie weit vermag die überörtlich denkende Raumordnung ihre Interessen gegenüber dem Interessenfeld der Gemeinden durchzusetzen?
Gerade diesen Fragen soll im Rahmen der Arbeit nachgegangen werden. Dabei werden die verschiedenen Aspekte des Themas, neben geographischen auch juristische, politik- und verwaltungswissenschaftliche, in Form einer "Teilevaluierung" der Regionalplanung zusammengefaßt.
Den inhaltlichen Schwerpunkt stellt dabei das Konfliktfeld Siedlungs- und Gewerbeerweiterungen versus Natur- und Landschaftsschutz dar.

II. Raumordnung, Landes- und Regionalplanung in der Bundesrepublik

II.A. Definitionen

Die Probleme der Definition von Begriffen, die für die Raumordnung relevant sind, wic "Raumordnung" selbst, "Raumplanung", "Raumordnungspolitik" usw., auf die z.B. KLUCZKA[1] hinweist, können in diesem Rahmen nicht ausführlich diskutiert werden.
In der vorliegenden Arbeit wird der Begriff "**Raumordnung**" als derjenige Teil der staatlichen Verwaltung verstanden, der sektorübergreifend (d.h. über die Fachplanungen*[2] hinaus) und auf allen Ebenen (inklusive der kommunalen Ebene) Zielvorstellungen über die Entwicklung eines Raumes formuliert und diese mit Hilfe entsprechender Instrumente umzusetzen versucht.
Die "**Raumordnungspolitik**" verwirklicht die Raumplanung[3]. Sie wird von den politischen Entscheidungsträgern der Raumordnungsgremien bestimmt, die die Erfordernisse der Raumordnung sowie die konkreten Umsetzungsmaßnahmen festlegen und die Prioritäten bestimmen, beispielsweise, wenn sich Erfordernisse widersprechen[4].
Im Unterschied zum Begriff "Raumordnung" meint der Begriff "**räumliche Ordnung**" die bereits bestehende, vor dem Raumplanungsakt vorgefundene räumliche Ordnung einer bestimmten Gebietseinheit. In dieser Arbeit werden dazu synonym auch die Begriffe "**bestehende**" oder "**aktuelle raumstrukturelle Verhältnisse**" verwendet.
Nur sehr schwer vom Begriff "Raumordnung" ist der Begriff "**Raumplanung**" abzugrenzen. Im Gegensatz zu "Raumordnung" soll er die praktische Planungstätigkeit der Verwaltung, die u.a. durch die Erarbeitung von Raumordnungsplänen charakterisiert ist, bezeichnen. In der vorliegenden Arbeit werden die Begriffe "Raumordnung" und "Raumplanung" aber weitgehend synonym verwendet.
Der Begriff "**Landesplanung**" meint die auf ein Bundesland bezogene Raumordnung bzw. Raumplanung, zumeist im Unterschied zur kommunalen Raumordnung, der Bauleitplanung, und zur Raumordnung auf Bundesebene.
Die "**Regionalplanung**" ist Träger der Raumordnung für eine zumeist funktional-administrativ abgegrenzte Gebietseinheit, eine "Region"[5]. Je nach Ausbildung ihrer Organisation kann sie einmal der kommunalen Raumplanung (Bauleitplanung), das andere Mal der Landesplanung näher stehen. Hinsichtlich ihrer Planungskonzeptionen, der sachlichen und räumlichen Konkretisierung ihrer Planungsinhalte sowie ihrer Arbeitsweise steht sie zwischen den Stufen der Landes- und der kommunalen Bauleitplanung, hat also "Schnittstellenfunktion"[6].
Der Begriff "**Fachplanung***" wird sowohl für die Planungsträger als auch für materielle raumrelevante Planungen verwendet, die in die Zuständigkeitsbereiche von Fachressorts des Bundes oder des Landes fallen (z.B. Bundesfernstrassenplanung, Wasserwirtschaftsplanung, Naturschutz etc.). Die Raumordnung hat u.a. die Aufgabe, diese Fachplanungen* den raumordnerischen Erfordernissen gemäß zu koordinieren. Für die später vorzunehmende Bewertung des Erfolges und der Leistung der Raumordnung ist der in diesen Definitionen bereits anklingende "umfassende Anspruch"[7] der Raumordnung wichtig. Danach will sie "die räumlichen Voraussetzungen zur Verbesserung der Lebensqualität" schaffen und sichern[8]. Dieser hohe Anspruch wird auch in den Raumordnungsgesetzen des Bundes und der Länder immer wieder deutlich.

II.B. Entstehung der Landes- und Regionalplanung in der Bundesrepublik

Die Landes- und Regionalplanung als überörtliche Planung entstand in Deutschland in einer mit der

---

[1] KLUCZKA 1980, S. 140
[2] Alle mit * gekennzeichneten Begriffe werden im Glossarium kurz erklärt.
[3] HAUBNER 1981, S. 171
[4] BENZING et al. 1978, S. 353f
[5] TUROWSKI 1982, S. 194
[6] SCHLIEBE 1985, S. 66
[7] TUROWSKI 1982, S. 194
[8] TUROWSKI 1982, S. 194

heutigen vergleichbaren Form am Anfang des 20. Jahrhunderts, als verschiedene Gemeinden in Verdichtungsräumen sich zu Planungsverbänden zusammenschlossen. Ziel dieser Zusammenschlüsse war die wechselseitige Abstimmung der örtlichen Planungen[9]. Zum ersten Mal tauchte der Begriff "Raumordnung" dann bei der 1935 gegründeten "Reichsstelle für Raumordnung" auf. Die damalige praktische Bedeutung dieser Raumordnungsbehörde wird aber als gering eingestuft[10].
Mit der Gründung des "Siedlungsverbandes Ruhrkohlenbezirk" nach dem Ersten Weltkrieg schließlich entstand in Deutschland die Regionalplanung[11].
Hinsichtlich ihrer Entstehung sind zwei verschiedene "Wurzeln" festzustellen: Neben der "kommunalen Großraumplanung"[12] als der "kommunalen Wurzel", ist auch die "staatliche"[13] Wurzel, die Landesplanung, zu nennen. So war mit der Gründung der "Reichsstelle für Raumordnung" die Schaffung von Landesplanungsbehörden und -gemeinschaften in den Ländern verbunden[14]. Nach dem Zweiten Weltkrieg schufen sich die Länder eigene Landesplanungsgesetze und damit die Grundlagen für eine Landesplanung. Doch nicht die "staatliche"[15] Raumordnung auf Bundes- und Landesebene, sondern die "direkt Betroffenen", die Kommunen*, ergriffen die regionalplanerische Initiative und schufen regionale Planungsgemeinschaften. Ziel war auch hier, "gemeinsame Planungsprobleme besser bewältigen zu können"[16]. Allerdings kamen später die Einflüsse der "staatlichen" Raumordnung hinzu, die auf der regionalen Ebene nach Konkretisierungsmöglichkeiten für ihre landesplanerischen Erfordernisse suchte. Da die organisatorische Mischung zwischen kommunalen und "staatlichen" Einflüssen auf der regionalen Ebene in den Bundesländern unterschiedlich erfolgte, ist die Regionalplanung heute entsprechend unterschiedlich organisiert. So reicht die Palette von kommunennahen über kondominiale* Organisationsformen bis zur rein "staatlichen"[17] Regionalplanung. Gemeinsam ist allen Modellen der Versuch, der Regionalplanung die Funktion als "Mittler" zwischen der Landes- und der kommunalen Ebene zuzuweisen. Einerseits sorgt sie durch eine weitere Konkretisierung landesplanerischer Erfordernisse dafür, daß diese auf der kommunalen Ebene umgesetzt werden können, andererseits versteht sie sich als Koordinator interkommunaler Belange und als "Anwalt" für die Kommunen* der Region gegenüber dem Land. DADOU et al. sprechen von der "Regionalplanung als Instanz zur intraregionalen Konsensfindung und Durchsetzung nach oben"[18].

II.C. Enstehung der kommunalen Raumordnung

Die kommunale Bauleitplanung als unterste Raumordnungsebene hat eine von der übrigen Raumordnung etwas abweichende Entstehungsgeschichte. Sie geht auf die im letzten Jahrhundert entstandene "Fluchtlinienplanung" zurück, deren Aufgabe die baurechtliche Freihaltung von Fluchtwegen in städtischen Siedlungen für Gefahrensituationen (z.B. Feuer) war[19]. Interessanterweise war diese Aufgabe ursprünglich nicht kommunal, sondern oft rein "polizeilich-staatlich"[20] oder kondominial* geregelt. Sogar die "zweite Wurzel der Bauleitplanung", die Ausweisung von Bauzonen und Baugebieten[21], erfolgte zuerst rein "staatlich" durch Polizeiverordnungen[22]. Erst durch das Grundgesetz und die Aufbaugesetze der Länder nach dem Zweiten Weltkrieg bekamen die Gemeinden

---

9 Beispiele dafür sind die Bildung des Zweckverbandes Groß-Berlin 1912 und die Gründung des Siedlungsverbandes Ruhrkohlenbezirk 1920 (KLUCZKA 1980, S. 140).

10 KLUCZKA 1980, S. 140

11 BENZING et al. 1978, S. 359

12 DADOU et al. 1979, S. 17

13 Auch im Umweltschutz wird der Begriff "staatlich" selbst von kommunaler Seite oft nur für oberhalb der Kommunen* angesiedelte Verwaltungsebenen gebraucht (z.B. WEINBERGER 1986, S. 2ff). Hier, wie auch in der Raumordnung, werden schon aufgrund dieser Begriffswahl grundsätzliche Unterschiede zwischen Kommunen* einer- und höheren Verwaltungsebenen andererseits deutlich.

14 BENZING et al. 1978, S. 360f

15 Vgl. nachstehendes Kapitel

16 BENZING et al. 1978, S. 362

17 Vgl. nachstehendes Kapitel

18 DADOU et al. 1979, S. 17

19 BENZING et al. 1978, S. 358

20 Vgl. nachstehendes Kapitel

21 Z.B. in Preußen

22 BENZING et al. 1978, S. 358

eindeutige Kompetenzen in der Bauleitplanung[23]. So legt das Grundgesetz im Rahmen des Selbstverwaltungsrechtes in Artikel 28 Abs. 2 die kommunale Planungshoheit der Gemeinden fest.

II.D. Organisation und Arbeitsweisen in der Raumordnung

Die eigentliche Zuständigkeit der Raumordnung liegt bei den Ländern (Art. 30 Grundgesetz), der Bund hat allerdings das Recht, "Rahmenvorschriften" über die Raumordnung zu erlassen (Art. 74 Nr. 4 Grundgesetz), wie er es im Raumordnungsgesetz von 1965 auch getan hat. Die hierarchische Organisation bringt es mit sich, daß die Absichten der jeweils höheren Ebene für die Ebene darunter verpflichtend sind. Allerdings verlangt das "Gegenstromprinzip" des Raumordnungsgesetzes[24] die Rücksichtnahme der höheren auf die jeweils untere Ebene[25]. Nach BLUMENBERG unterliegen dabei "Zielvorstellungen oder Instrumente einer höheren Ebene" der Beeinflussung durch die nachgeordnete[26].
Wichtig ist die auf jeder Ebene festzustellende Zweiteilung der Raumordnung in die fachliche **Raumordnungsverwaltung** und in die politische **Raumordnungsvertretung**. Diese Zweiteilung birgt ein großes Problem in sich, da zwischen beiden Teilen Interessengegensätze bestehen können: Die fachlich orientierte Raumordnungsverwaltung sucht die Artikulierung bzw. Verwirklichung der "reinen", sachbezogenen Erfordernisse der Raumordnung. Die politische Raumordnungsvertretung dagegen sucht den politischen Kompromiß, da die Adressaten der jeweiligen raumordnerischen Festlegungen im Zuge des Gegenstromprinzips politisch an den Entscheidungen der ihnen übergeordneten Ebene beteiligt sind. Da raumordnerische Leitbilder meistens durch die Raumordnungsvertretung bestimmt werden, ist es schwierig, "reine" fachliche Erfordernisse der Raumordnung eindeutig zu bestimmen. Nahezu immer enthalten manifest gewordene Erfordernisse auch eine politische Komponente und können dadurch abgeschwächt sein. Diese Feststellung soll kein Plädoyer für eine "Expertokratie" sein, sondern es soll damit auf die Wichtigkeit der Unterscheidung der beiden Zweige hingewiesen werden, wenn es um "die Interessen der Raumordnung" geht.

II.D.1. Leitbilder, Grundsätze und Ziele der Raumordnung

II.D.1.1. Definitionen

Wie im Laufe der Arbeit noch gezeigt werden soll, sind die Definitionsprobleme bei den Begriffen "Erfordernis der Raumordnung und Landesplanung", "Leitbild", "Grundsatz der Raumordnung" und "Ziel der Raumordnung und Landesplanung" fast noch gravierender als bei den bereits genannten Raumordnungsbegriffen. Nachstehend sind diejenigen Definitionen aufgeführt, nach denen sich die Arbeit im folgenden richtet:
Der Terminus **"Erfordernisse der Raumordnung und Landesplanung"** ist der Oberbegriff für sämtliche Belange der Raumordnung[27] (Synonym: "Zielvorstellungen"), ungeachtet der rechtlichen Bindungswirkung.
"Leitbild" bezeichnet die jeweilige allgemeine, politisch bestimmte Zielvorstellung der Raumordnung für die Entwicklung eines bestimmten Raumes. Das Leitbild für das gesamte Gebiet der Bundesrepublik ist in § 1 Abs. 1 des Raumordnungsgesetzes formuliert. Dieses "geistige Fundament der Raumordnung"[28] ist aus der Verfassungsnorm des Art. 72 Abs. 2 Grundgesetz abgeleitet.
"Grundsätze der Raumordnung" sind in allgemeiner Form gehaltene materielle Zielvorstellungen der Raumordnung zur Erreichung eines Leitbildes. Niedergelegt sind sie in § 2 des Raumordnungsgesetzes[29], aber auch in den Raumordnungsplänen der verschiedenen Planungsebenen. Wichtigstes Charakteristikum der "Grundsätze" im Unterschied zu den nachfolgend definierten "Zielen"

---

[23] BENZING et al. 1978, S. 358

[24] "Die Ordnung der Teilräume soll sich in die Ordnung des Gesamtraumes einfügen. Die Ordnung des Gesamtraumes soll die Gegebenheiten und Erfordernisse seiner Einzelräume berücksichtigen" (RAUMORDNUNGSGESETZ 1989 G, § 1 Abs. 4).

[25] HAUBNER 1981, S. 170

[26] BLUMENBERG 1977, S. 159

[27] Nach SCHLIEBE 1985, S. 13

[28] KLUCZKA 1980, S. 142

[29] RAUMORDNUNGSGESETZ 1989 G

ist, daß sie sich gegenseitig widersprechen können und darum bei raumbedeutsamen Planungen auf dem Wege der politischen Abstimmung "gegeneinander und untereinander" abgewogen werden müssen[30]. Darüber hinaus müssen "Grundsätze", im Gegensatz zu "Zielen", bei Baugenehmigungsverfahren nicht beachtet werden[31]. Aufgrund der Wichtigkeit der exakten Definition sei nachstehend die auf Hoppe zurückgehende Definition von KISTENMACHER zitiert:
"Grundsätze sind abstrakte Richtlinien materieller Art für die räumliche Entwicklung. Sie enthalten grundlegende Aussagen zu typischen raumordnerischen Problemen. Als Direktiven für Abwägungsvorgänge sind sie auf weitere Konkretisierung hin angelegt und sind noch gegeneinander und untereinander abzuwägen"[32].
"Ziele der Raumordnung und Landesplanung" schließlich sind sachlich und zumeist auch räumlich konkrete Zielvorstellungen, die oft aus "Grundsätzen der Raumordnung" entwickelt werden und keiner Abwägung mehr unterliegen. Sie werden auf und unterhalb der Ebene der Landesplanung (besonders der Regionalplanung) in den Raumordnungsplänen niedergelegt und sind, daher ihre Bedeutsamkeit, für die öffentlichen Planungsträger unmittelbar verbindlich[33].

II.D.1.2. Raumordnungspläne: Festlegung der Leitbilder, Grundsätze und Ziele

Neben dem Raumordnungsgesetz sind materielle Zielvorstellungen der Raumordnung auf Bundesebene auch in Bundesraumordnungsprogrammen niedergelegt.
Wichtiger als die rahmenhafte Raumordnung auf Bundesebene ist für das vorliegende Thema jedoch die Landesplanung, die in den einzelnen Bundesländern sehr unterschiedlich geregelt ist. Die Länder formen die rahmenhaften Vorgaben des Bundes in eigenen Raumordnungsgesetzen (Landesplanungsgesetzen) aus. Die materiellen Grundsätze der Raumordnung werden dabei in Landesentwicklungsplänen bzw. -programmen für das eigene Territorium zu "Zielen der Raumordnung und Landesplanung" konkretisiert, eigene "Grundsätze" kommen zumeist hinzu. Auf der Ebene der Region schließlich werden diese Vorgaben in eigenen Regionalplänen sachlich und räumlich konkretisiert. Auch hier können neue "Grundsätze" dazukommen.
Die unterste Ebene der Raumordnung, die Gemeinde, soll durch ihre Bauleitpläne sowohl eine Umsetzung der Erfordernisse der Landes- und Regionalplanung sicherstellen als auch selbst im Rahmen ihrer Planungshoheit Raumordnung betreiben. Die besonders auf dieser Ebene auftretenden Probleme sind das Thema dieser Arbeit.

II.D.2. Planungsphasen

Im Gegensatz zu den "**Planungsverfahren**", die den rechtlichen Aspekt raumordnerischer Planungsprozesse bezeichnen sollen, sei der Begriff "**Planungsphasen**"[34] für den Planungsprozeß aus fachlicher Sicht verwendet.
Vor dem eigentlichen Raumplanungsakt muß im Rahmen einer Bestandsaufnahme die vorhandene "aktuelle" raumstrukturelle Situation erfaßt werden. Oft werden dazu besondere Raumordnungsberichte erstellt. In der Praxis umfaßt diese Phase sehr oft auch die Phase der **Raumdiagnose**[35], durch die u.a. eventuell vorhandene Raumnutzungskonflikte aufgedeckt und Grundlagen zur Zielfindung geliefert werden sollen. Der eigentliche Planungsvorgang umfaßt den fachlichen **Zielfindungsprozeß**, der trotz hier nicht näher zu erläuternder methodischer Probleme mit Hilfe von **Planungstechniken** (z.B. Kosten-Nutzen-Analyse) durchgeführt werden kann. Die endgültige Zielformulierung ist jedoch Entscheidung der politischen Raumordnungsvertreter, die auch, nach Vorschlag der fachlich arbeitenden Raumordnungsverwaltung, die zur Erfüllung (Umsetzung) der Zielvorstellungen notwendigen

---

30 SCHLIEBE 1985, S. 13; vgl. auch KLUCZKA 1980, S. 142 und INNENMINISTERIUM BADEN-WÜRTTEMBERG 1986 G, S. 646ff

31 LANDTAG VON BADEN-WÜRTTEMBERG 1987 und DYONG 1982, S. 218.
DYONG hält sie richtigerweise für "zu abstrakt" für diese Verwendung. Allerdings sind Grundsätze bei maßstäblich vergleichbaren Bebauungsplanverfahren zu beachten.

32 KISTENMACHER et al. 1988, S. 5

33 SCHLIEBE 1985, S. 13; vgl. auch INNENMINISTERIUM BADEN-WÜRTTEMBERG 1986 G, S. 646ff. Aus juristischer Perspektive vergleiche GROOTERHORST 1986.
KISTENMACHER spricht treffend von "Letztentscheidungen" (KISTENMACHER 1988, S. 5).

34 In Anlehnung an KULINAT 1975, S. 156

35 Bei KULINAT 1975, S. 156 gesondert aufgeführte Planungsphase

Maßnahmen festlegen und sie nach ihrer Dringlichkeit ordnen. Eine Festlegung der hierfür notwendigen finanziellen Investitionen unterbleibt meistens, da die Raumordnung in der Regel über keine diesbezügliche Kompetenz verfügt. Auf dieses Problem wird noch besonders eingegangen werden.
Mit einer nach jedem Ende eines Planungsabschnittes durchzuführenden **Erfolgskontrolle**[36] schließlich sollte der zyklische Planungsphasenablauf geschlossen werden.

II.D.3. Planungsinstrumente

Da die Raumordnungs- und Landesplanungsgesetze nur Mindestregelungen hinsichtlich der Instrumente beinhalten, unterscheiden sich die tatsächlich angewandten Instrumente der Raumordnung nach hierarchischer Ebene und Bundesland, oft sogar innerhalb eines Bundeslandes von Region zu Region[37]. Auch ist ihre Verwendung sehr stark von der "Persönlichkeit" und dem jeweiligen Engagement der Raumordnungsverwaltung sowie der "politischen Rückendeckung" abhängig[38].
Bereits hier ist darauf hinzuweisen, daß viele potentielle Instrumente nicht direkt oder nur eingeschränkt der Raumordnung zur Verfügung stehen, (z.B. Instrumente finanzieller Art), indirekt aber durch politische Entscheidungen in den Dienst der Raumordnung gestellt werden können. Aus diesem Grund sind nachstehend auch Möglichkeiten aufgezählt, die auf den ersten Blick mit echten Instrumenten nichts zu tun haben, aber oft als "indirekte" Instrumente verwendet werden können. So können z.B. Informationsmaterialien der Raumordnung als "Beeinflussungsinstrumente" verwendet werden, wenn der Umsetzungspartner gegenüber solchen Informationen aufgeschlossen ist.
Hier sollen nur die wichtigsten Instrumente in Kurzform dargestellt werden. Auf die hinsichtlich des Verhältnisses von Regionalplanung zu Kommunen* wichtigen Instrumente wird an anderer Stelle noch ausführlicher eingegangen.

II.D.3.1. Programme und Pläne

Programme und Pläne gehören zu den bekanntesten und wohl auch wichtigsten Instrumenten der Raumordnung. In ihnen werden für jede Stufe der Planungshierarchie die materiellen Erfordernisse der Raumordnung in Form von Grundsätzen und Zielen in Text- und Kartenform dargelegt und ggf. Verwirklichungshinweise gegeben[39]. Unter anderem werden in diesen Plänen folgende für das Verständnis des Verhältnisses zwischen Kommune* und Landes- bzw. Regionalplanung wichtige Festsetzungen vorgegeben:

- Bevölkerungsrichtwerte*,
- gebiets- bzw. parzellenscharfe Ausweisung von funktionalen Gebietskategorien (z.B. Ausweisung einer "Regionalen Freihaltefläche*") sowie
- Funktionszuweisungen* für Gemeinden bzw. Gemeindeteile (z.B. "Unterzentrum")

Manche Konfliktsituationen zwischen der Raumordnung auf Landes- und Regionalebene einerseits und den auf Erhalt ihrer Planungshoheit bedachten Kommunen* andererseits ergeben sich aus solchen Festsetzungen.
Die Pläne werden meist für eine bestimmte Zeitdauer ("Planungshorizont", z.B. für 10 Jahre) aufgestellt und danach fortgeschrieben.

II.D.3.2. Instrument Stellungnahme

Die Raumordnungsbehörden müssen bei allen raumbedeutsamen Planungen beteiligt und als Träger öffentlicher Belange* gehört werden. Ihre Meinung geben sie in Form einer Stellungnahme ab. Die Stellungnahme gehört zu den wichtigsten Instrumenten der Regionalplanung, da sie direkt gemeindliche Entscheidungsverfahren über raumbedeutsame Vorhaben beeinflussen kann, z.B. im Rahmen der Bebauungsplanung. Sie dient der Umsetzung der in den Plänen enthaltenen Erfordernisse. Neben der informellen Wirkung hat die Stellungnahme im Rahmen der Beteiligung nach dem Baugesetzbuch auch eine wichtige rechtliche Stellung: Die hierin geäußerten Bedenken müssen von der Gemeinde in ihre Abwägung eingestellt werden. Auf dieses Instrument wird noch detailliert eingegangen.

---

[36] KULINAT 1975, S. 156
[37] Vgl. z.B. HOBERG 1982
[38] Instrumententypologien siehe KULINAT 1975, S. 166 und KONUKIEWITZ 1985 S. 46 und S. 49
[39] Beispiel: Landesentwicklungsplan von Baden-Württemberg (INNENMINISTERIUM BADEN-WÜRTTEMBERG 1984)

II.D.3.3. Die Informationspflicht der öffentlichen Planungsträger

Sämtliche öffentlichen Planungsträger sind verpflichtet, die Institutionen der Raumordnung über ihre raumbedeutsamen Vorhaben zu informieren. Zwar kann diese gesetzliche Vorschrift eigentlich nicht als "Instrument" der Raumordnung aufgefaßt werden, doch kann ein "Informationsvorsprung" über anstehende raumbedeutsame Planungen zu einer wichtigen "Ressource" der Landes- und Regionalplanung werden, z.B. gegenüber Gemeinden oder Fachplanungen*.

II.D.3.4. Raumordnungskataster

In dieser bei manchen Raumordnungsträgern[40] geführten Katasterkarte werden alle vorhandenen und geplanten Flächennutzungen des jeweiligen Planungsbereiches eingetragen. Sie dient damit als Informationsgrundlage für die Raumordnungsbehörden, z.B. für ihre Stellungnahmen, und kann aufgrund ihres "Zusammenschau"-Charakters wichtige Hinweise für Raumnutzungskonflikte liefern. Aus diesem Grund trägt sie auch zur Erarbeitung von Planungszielen bei. Ein Problem dieses Instruments ist der für viele Anwendungsbereiche zu kleine Maßstab (meistens 1 : 25 000) sowie die oft ungenügende Aktualität. Es bleibt zu hoffen, daß diese Probleme mit der verstärkten Einführung digitaler Kartenbearbeitungsmethoden bald gelöst werden können.

II.D.3.5. Raumordnungsberichte

Diese in zeitlich regelmäßiger oder unregelmäßiger Folge[41] erscheinenden Berichte haben mehrere Funktionen. Zum einen informieren sie Politiker und Öffentlichkeit über die tatsächlich erfolgte Entwicklung des jeweiligen Planungsraumes[42]. Zum anderen stellt ihre Bearbeitung oft die einzige Form einer "Erfolgskontrolle" raumordnerischer Maßnahmen dar, so daß die Raumordnungsberichte darüber hinaus auch zur Zielfindung beitragen[43]. Da sie meistens zeitlich unabhängig von den Raumordnungsplänen herausgegeben werden, eignen sie sich auch zur flexiblen Aktualisierung eventuell veralteter Zielvorstellungen außerhalb der vorgeschriebenen Planfortschreibungsfristen. Allerdings besitzen die Plansätze der Raumordnungsberichte keine Rechtsverbindlichkeit.

II.D.4. "Die dornigen Umwege"[44] der Raumordnung - Verwirklichungskonzepte

Mit Ausnahme der kommunalen Stufe verfügt die Raumordnung in der Regel über wenig direkte Verwirklichungs- und Durchsetzungskonzepte und -instrumente (z.B. finanzielle Anreizinstrumente). Zur Verwirklichung der Erfordernisse der Raumordnung werden daher sogenannte "indirekt" wirkende Konzepte und Instrumente angewendet. Die Landes- und Regionalplanung ist sehr stark vom "Instrument" "Überzeugung durch Information"[45] abhängig, welches sie gegenüber den eigentlichen "Vollziehern" raumordnerischer Erfordernisse wie Fachplanungen* und Gemeinden im jeweiligen Umsetzungsverfahren einsetzt. Nach KONUKIEWITZ stellen diese Informationsinstrumente (z.B. Veröffentlichungen wie Raumordnungsberichte) nicht nur einen "Notbehelf"[46] dar, sondern ein "echtes" Instrumentarium. Trotzdem gehen die Meinungen über die Wirksamkeit dieses Instruments weit auseinander. Scharpf z.B. bewertet die Informationsinstrumente als ausreichend für die Umsetzung raumordnerischer Erfordernisse[47]. Sogenannte "harte" Instrumente, wie z.B. Machtbefugnisse, lehnt er ab. Deren Anwendung könne auf die Dauer negative Ergebnisse zeitigen, da die Kooperationsbereitschaft der Adressaten sinke[48]. Allerdings ist die überörtliche Raumordnung bei

---

[40] in Baden-Württemberg z.B. beim Regierungspräsidium, eine Kopie wird auch häufig bei den Regionalverbänden geführt

[41] Der Raumordnungsbericht der Bundesregierung erscheint z.B. alle vier Jahre (BUNDESMINISTERIUM FÜR RAUMORDNUNG, BAUWESEN UND STÄDTEBAU 1983, S. 114).

[42] Nach HAUBNER 1981, S. 171

[43] BENZING et al. 1978, S. 381

[44] KONUKIEWITZ 1985, S. 229

[45] KONUKIEWITZ bezeichnet solche umsetzungs- und verfahrensorientierten Instrumente, im Unterschied etwa zu einem Raumordnungsplan, als "prozedurales" Regelungsinstrument (KONUKIEWITZ 1985, S. 50).

[46] KONUKIEWITZ 1985, S. 51

[47] Zit. nach KONUKIEWITZ 1985, S. 51

[48] Zit. nach KONUKIEWITZ 1985, S. 51

"harten Durchsetzungsinstrumenten" auf eine solche Kooperation ja auch nicht in hohem Maße angewiesen.

II.E. "Partner der Raumplanung"?: Die Rolle der Gemeinde in der Raumordnung

Unklar ist die Stellung der Gemeinde in der Raumordnung. Einerseits bildet sie die unterste Ebene der Raumordnung[49] und ist damit im Rahmen des Gegenstromprinzips an die Vorgaben der höheren Raumordnungsebenen gebunden. Andererseits garantiert Artikel 28 des Grundgesetzes die kommunale Selbstverwaltung, innerhalb der die Gemeinde mit Hilfe der von ihr aufgestellten Bauleitpläne die raumordnerischen Erfordernisse selbst regelt. Hierdurch unterscheidet sich die überörtliche Raumordnung (Landes- und Regionalplanung) von der örtlichen, kommunalen Raumordnung in einigen wesentlichen Punkten:

-Die Landes- und Regionalplanung versucht die Fachplanungen* sowie die örtlichen Planungen zu einem Ganzen zusammenzufassen, während die Gemeinde dies bei den Fachplanungen* nur bedingt tun kann, da sie diesen de facto untergeordnet ist[50].

-Landes- und Regionalplanung sind eher indirekt wirksam, da sie an der Planungsausführung selbst kaum mitwirken. Die Gemeindeplanung hingegen ist selbst auch ausführend. Deutlich wird dieser Unterschied, wenn man sich die unterschiedlichen Rechtswirkungen der jeweiligen Raumordnungspläne betrachtet: Während der Bebauungsplan der Gemeindeplanung für jedermann unmittelbar verbindlich ist, kann ein Landes- oder Regionalplan nur "Behördenverbindlichkeit" beanspruchen[51]. Die Gemeinde ist also die Ebene, auf der letztendlich die Erfordernisse der Raumordnung realisiert werden[52].

-Landes- und Regionalplanung haben eine überörtliche Perspektive, während die Gemeinde ihre Raumordnung aus lokaler Perspektive betreibt.

Diese prinzipiellen Unterschiede zwischen der Ebene der Gemeinde- und der Landes- und Regionalplanung spiegeln sich z.B. in der unterschiedlichen Verwendung des Begriffes "staatlich" wider. So verwenden z.B. BENZING et al. den Begriff "staatlich" ausschließlich für die Raumordnungsebenen oberhalb der Gemeindeebene, obwohl ja auch die Gemeinde Teil des Staates ist[53], um die prinzipiellen Unterschiede zwischen diesen Ebenen deutlich zu machen. Auch der Begriff "Raumordnung" wird oft nur für die Planungsstufen oberhalb der Gemeindeebene und damit als Gegenpol zur gemeindlichen Bauleitplanung verwendet[54].

Diese organisatorischen und rechtlich-formalen Unterschiede stellen auch eine der Wurzeln für die zahlreichen Konflikte zwischen Gemeinde- und Landes- bzw. Regionalplanung dar. Eine andere Wurzel ist die aus noch zu diskutierenden Ursachen oft festzustellende unterschiedliche inhaltliche Interessenlage zwischen diesen Ebenen. So deutet der Begriff "Bauleitplanung" für die "gemeindliche Raumordnung" bereits auf die Gefahr der einseitigen Betonung einer "Bau"-planung gegenüber einer integrierenden "Raumordnungs"-planung hin.

Die Wichtigkeit der Gemeinde für die Raumordnung ergibt sich aus ihrer Funktion als letztes und entscheidendes Glied bei der Konkretisierung und Verwirklichung der Erfordernisse der Landes- und Regionalplanung.

---

49 u.a. SCHLIEBE 1985, S. 47

50 BENZING et al. 1978, S. 355

51 BENZING et al. 1978, S. 355 und 357

52 DADOU et al. 1979, S. 15

53 BENZING et al. 1978, S. 355

54 Z.B. beschränkt TUROWSKI, aufbauend auf ein Rechtsgutachten des Bundesverfassungsgerichts aus dem Jahre 1954, seine Definition des Begriffes "Raumordnung" auf die "zusammenfassende, überörtliche und übergeordnete Planung und Ordnung des Raumes" (TUROWSKI 1982, S. 194).

III. Ist die Raumordnung in der Krise?

III.A. Allgemeine Bewertung der Leistungen der Raumordnung

Der Begriff der "Krise" der Raumordnung kommt nach FÜRST aus drei Forschungsrichtungen:
-der ökonomischen Wirkungs- und Erfolgsanalyse,
-der politikwissenschaftlichen Analyse politischer Entscheidungsprozesse und
-der verwaltungswissenschaftlichen Analyse von Umsetzungs- und binnenadministrativen Entscheidungsvorgängen[55].

Dazu kommt noch die ökologische Kritik aus der Landespflege und der Geographie.
Natürlich hängen diese Untersuchungsrichtungen eng zusammen, besonders die in diesem Zusammenhang interessierenden verwaltungs- und politikwissenschaftlichen Richtungen. Sie alle stellen eine erhebliche Diskrepanz zwischen den in den Plänen und Gesetzen niedergelegten Zielvorstellungen der Raumordnung und der realen Raumentwicklung fest[56].
Hauptursachen der Krise seien nach Meinung vieler Autoren ein raumplanerisches "Vollzugsdefizit"[57] und Probleme im "Durchsetzungsbereich"[58], die besonders auf der Ebene der Regionalplanung zu Tage treten sollen[59]. SCHULZ ZUR WIESCH sieht die Quelle hauptsächlich bei den Kommunen*. Er begründet dies damit, daß staatliche Zielvorgaben auf der einen und kommunale Besitzstandsinteressen auf der anderen Seite der Regionalplanung "nur geringe Autonomiebereiche" liessen[60].
Die wenigen zu positiven Bewertungen der Raumordnungsleistungen neigenden Autoren tendieren dazu, sehr stark zu relativieren. So ist z.B. die Akademie für Raumforschung und Landesplanung zwar der Meinung, daß sich die "Zielsysteme und Instrumente der Raumordnungspolitik im Grundsatz bewährt" hätten, relativiert diese Meinung jedoch mit dem Hinweis "im Vergleich mit anderen europäischen Ländern"[61]. SANDER dagegen betrachtet speziell die Regionalplanung als "nicht gescheitert"[62]. Als "Beweis" nennt er durch die Raumordnung vorgenommene Ausweisungen funktionaler Flächen ("Schaffen regionaler Grünzüge*") und stellt recht abstrakt bleibende (der Siedlungsprozeß sei "in ein Konzept gebracht" worden) und pauschale (Die Entwicklungen im Strassenbau seien "korrigiert" worden) Behauptungen auf. Solche "Beweise" sind als qualifizierte Erfolgsnachweise wohl weniger geeignet[63].
Die unbestritten vorhandenen Teilerfolge der Raumordnung, besonders der Regionalplanung, scheinen, an ihren programmatischen Zielen gemessen, gering zu bleiben.

III.B. Gründe für die "Krise der Raumordnung"

Die Gründe für die "Krise der Raumordnung" werden in den verschiedensten Problembereichen vermutet. Meistens sind es mehrere, sich gegenseitig beeinflussende Gründe, welche nach Meinung vieler Autoren die "Krise" verursachen.

Unter den "**gesellschaftlichen Rahmenbedingungen**" wird hier zum einen ein Problembereich verstanden, der aus dem Stellenwert der Raumordnung im freiheitlich-demokratischen politischen System und in der sozialen Marktwirtschaft resultiert. So soll der Problembereich die aus der Stellung

---

[55] FÜRST/HESSE 1981, S. 195

[56] So spürt nicht nur ERNST ein "schmerzliches Auseinanderklaffen" zwischen den Ansprüchen der Raumordnung und dem tatsächlich Erreichten (ERNST 1980, S. 129). SCHARPF und SCHNABEL sprechen sogar von der "tatsächlichen Irrelevanz der Raumordnung" (SCHARPF/SCHNABEL 1978, S. 45). SCHULZ ZUR WIESCH wirft der Raumordnungspolitik von Bund und Ländern gar "Wirkungslosigkeit" vor und sieht einen aufkommenden "Verdacht der Entbehrlichkeit" (SCHULZ ZUR WIESCH 1978, S. 37).

[57] VÄTH 1980, S. 265; BAESTLEIN/WOLLMANN 1980, S. 680

[58] TUROWSKI 1982, S. 202

[59] HARMS 1983, S. 162; SCHULZ ZUR WIESCH 1980, S. 665; BENZ 1980, S. 725

[60] SCHULZ ZUR WIESCH 1978, S. 38

[61] AKADEMIE FÜR RAUMFORSCHUNG UND LANDESPLANUNG 1980, S. 2

[62] SANDER 1980, S. 79 ff

[63] SANDER 1980, S. 79 ff

der Raumordnung gegenüber anderen gesellschaftspolitisch relevanten Kräften (z.B. Wirtschaftspolitik) entstehenden Schwierigkeiten umfassen. Die meisten Autoren sehen im gesellschaftspolitischen Rahmen der Bundesrepublik, wohl zu recht, wichtige Grenzen staatlicher Eingriffsmöglichkeiten in die Raumgestaltung im Rahmen der Raumordnung[64] und leiten daraus die Gründe für ihre Krise ab[65]. Allerdings scheint es auch "relative" Grenzen für die Raumordnung im Hinblick auf deren Stellung innerhalb der gesellschaftspolitisch relevanten Kräfte und Politikbereiche zu geben. So fällt auf, daß Krisen der Raumordnung oft mit Perioden wirtschaftlicher Stagnation zusammenfallen[66], ja solche Perioden die "bisher latenten...Steuerungsdefizite" der Raumordnung erst offenlegen[67]. Dies deutet darauf hin, daß die Raumordnung "weitgehend Resultat" der sozio-ökonomischen Gesamtentwicklung ist und "nicht deren Veranlasser"[68], die Raumordnungspolitik also in der Hierarchie relevanter sozio-ökonomischer Kräfte sehr weit unten steht. Aus diesem Grund sei die Raumordnung ungeeignet als Instrument zur Gegensteuerung gegen Zielvorstellungen "originärer" Wirkungsbereiche, wie z.B. der Wirtschaftspolitik "oder gar als Mittel zur Verhinderung sich vollziehender gesellschaftlicher Entwicklungen". WEYL bezeichnet die Raumordnung deshalb umgekehrt als "Instrument zur Umsetzung und raumbezogenen Realisierung gesellschaftspolitischer Zielvorstellungen"[69]. Allerdings besteht bei dieser Konzeption die Gefahr, daß raumordnerische Zielvorstellungen auf die Sachzwänge der sozio-ökonomischen Entwicklung reduziert werden[70]. Eine solchermaßen definierte Raumordnung wäre nämlich überflüssig. So müßte die Raumordnung nach dieser Definition z.B. die durch die sozio-ökonomischen Verhältnisse hervorgerufenen Ballungsphänomene im Siedlungsgeschehen noch aktiv verstärken. Andererseits ist fraglich, ob die Raumordnung sich den zugegebenermaßen starken sozio-ökonomischen Kräften widersetzen kann. VÄTH z.B. ist skeptisch: Nach ihm ist eine "Intervention" in eines der wichtigsten Phänomene für die Arbeit der Raumordnung, der Agglomerationsbildung, aufgrund dieser Grenzen schon theoretisch "nicht möglich"[71]. Nach Meinung von NASCHOLD ist der Staat (und damit die Raumordnung) eng an eine durch den "privatzentralen Produktionsprozeß" entstandene "gesellschaftspolitische Kräftekonstellation" gebunden, deren ganz bestimmte Ziele, Instrumente und Organisationsformen einfach übernommen und öffentlich nicht thematisiert würden ("non-decisions" oder "Nicht-Entscheidungen"[72]). Anders ausgedrückt: Die Raumordnung spiele keine Rolle, weil die mit dem Staat ideologisch eng verflochtenen wirtschaftlichen Unternehmerkräfte ("große Kapitalgruppen"[73]) sich dies wünschten. Zwar ist dieses Erklärungsmuster wohl doch recht einseitig, dennoch wirkt die Kritik von SCHARPF und SCHNABEL an NASCHOLD ziemlich blaß: Im Hinblick auf konvergente Raumentwicklungen in Ländern verschiedener Gesellschaftsordnung entgegnen diese, daß die Raumordnungspolitik sich nicht als "Anschauungsobjekt" für das Verhältnis "Staat zu Ökonomie" eigne[74]. Dieser Hinweis kann nämlich auch als Stütze für die These von NASCHOLD gelten, denn auch in sozialistischen Ländern z.B. ist ein enges Zusammenspiel zwischen Staat und Wirtschaftskräften festzustellen, die die oft dagegen steuernden Kräfte der Raumordnung zu neutralisieren suchen.

WEYL sieht zur Lösung der durch den Einflußfaktor "Gesellschaftspolitische Rahmenbedingungen" bedingten Probleme der Raumordnung im wesentlichen drei Möglichkeiten:

-Die Raumordnungspolitik erweitert ihren Ansatz und wird "raumbezogener Teil" der gesellschaftsverändernden (originären) Politikbereiche[75]. WEYL selbst hält diesen Weg allerdings nicht für gangbar, da Raumordnungspolitik prinzipiell nie originär sein könne,

---

64 VÄTH 1980, S. 261; LEHNER 1983, S. 226; HELLSTERN et al. 1984, S. 283

65 BECKER-MARX 1980, S. 7; HELLSTERN et al. 1984, S. 270

66 SCHARPF/SCHNABEL 1979, S. 7; WEYL 1979, S. 28; DEHLER 1982, S. 62 und 67; HOBERG 1982, S. 635. Am Beispiel der Regionalplanung: SCHMITZ 1983, S. 2

67 SCHULZ ZUR WIESCH 1978, S. 22

68 WEYL 1979, S. 48

69 WEYL 1979, S. 17

70 Dieser Gefahr scheint WEYL zu unterliegen (WEYL 1979, S. 48).

71 VÄTH 1980, S. 261. BAESTLEIN und KONUKIEWITZ halten in diesem Zusammenhang das Instrument der Baulandverknappung in Wachstumsräumen durch die Raumordnung für verfehlt, da dieses Konzept "den komplexen Bedingungszusammenhang" vernachlässige, "der die Entstehung von Wachstumsräumen einerseits und den strukturschwachen Räumen andererseits verursacht hat" (BAESTLEIN/KONUKIEWITZ 1980, S. 54).

72 NASCHOLD 1978, S. 31

73 NASCHOLD 1978, S, 31

74 SCHARPF/SCHNABEL 1979, S. 26

75 WEYL 1979, S. 36ff

sondern nur ein Instrument[76].

-Die Raumordnungspolitik verkürzt ihren Ansatz und wird zur bloßen "systemkonformen räumlichen Umsetzung" der originären sozio-ökonomischen Entwicklungen[77], was die Raumordnung fast überflüssig machen würde.

-Die Raumordnung wird zur Fachplanung* mit eigener Finanzausstattung, welches nach WEYL aber ein "zu enges Korsett" für die spezifischen Charakteristika der Raumordnung wäre[78].

NASCHOLD sieht Reformmöglichkeiten der Raumordnung innerhalb der Grenzen des politisch-wirtschaftlichen Systems durch das "Aufbrechen" des "Nicht-Entscheidungs-Bereichs". Dies soll in Form einer Thematisierung dieser "non-decisions" durch die Opfer der bisherigen Raumordnungspolitik erfolgen, die er besonders unter Arbeitnehmern, Kleinbürgern usw. vermutet, sowie durch das Aufstellen von Gegenstrategien, u.a. durch Bürgerinitiativen[79]. Trotz dieser überlegenswerten Ansätze müssen auch die Bedenken von SCHARPF und SCHNABEL angeführt werden. Diese weisen darauf hin, daß die Interessen der verschiedenen "Raumopfer" oft zu heterogen seien, als daß sie gemeinsam mobilisierungsfähig seien[80]. Festzuhalten bleibt die beinahe dialektische Stellung der Raumordnung im gesellschaftspolitisch-wirtschaftlichen Raum.

Ein zweiter Problembereich umfaßt die aus der **Beziehung zwischen Verwaltung und Entscheidungsträgern** resultierenden Schwierigkeiten. Manche Autoren sehen hierin sogar die Hauptgründe für die Durchsetzungs- bzw. Vollzugsschwäche[81] der Raumordnung. So wird der oft "mangelnde politische Rückhalt" für die Raumordnung bemängelt[82], ohne den diese wirkungslos sei[83]. Deutlich wird dies am relativ schlechten "Image" der Regionalplanung als "Verhinderungsplanung", welches sie selbst unter Mitgliedern der Verbandsversammlungen genießt[84]. Als mögliche Gründe für diesen "Rückzug" der Politiker aus der Raumordnung werden genannt:

-"Historische Gründe": So wird z.B. ein eng mit der Raumordnung verknüpfter staatlicher Zentralismus aufgrund der im Dritten Reich gemachten negativen Erfahrungen von den Politikern abgelehnt[85].

-Eine allgemeine Planungsverdrossenheit bei den Politikern durch schwerfällige Aufstellungs- und Fortschreibungsverfahren für die Raumordnungspläne[86].

-Die Langfristigkeit der Raumordnung stehe im Widerspruch zum Zeithorizont im Bewußtsein der Politiker, der sich eher auf die Dauer von Wahlperioden einstelle[87].

-Die Vielfalt der existierenden Raumordnungskonzeptionen verwirre die Politiker[88].

-Der enttäuschte Glaube an die Planbarkeit der gesellschaftlichen und ökonomischen Entwicklungen habe die Politiker zum Rückzug bewogen[89].

Die Folgen des "Rückzugs" der Politiker aus der Raumordnung sind nach überwiegender Meinung dramatisch:

-So sinke die Bereitschaft der Planungsbehörden zum Durchstehen von Konflikten, wenn die Rückendeckung seitens der Politiker fehle[90].

-Raumordnung finde nur noch in eindeutig "politik-konformen" Bereichen statt. Selbst eine

---

76 WEYL 1979, S. 36ff

77 WEYL 1979, S. 36

78 WEYL 1979, S. 36ff

79 NASCHOLD 1978, S. 54ff

80 SCHARPF/SCHNABEL 1979, S. 27

81 TUROWSKI 1982, S. 193; VOLLHARDT 1979, S. 435

82 KISTENMACHER/EBERLE 1980, S. 647

83 AKADEMIE FÜR RAUMFORSCHUNG UND LANDESPLANUNG 1980, S. 4

84 Dies ergab eine empirische Erhebung von Schulz zur Wiesch bei Abgeordneten der hessischen Verbandsversammlungen: "Das System der Regionalplanung wird insgesamt als eine ungeliebte, aber notwendige...Einschränkung kommunaler Handlungsspielräume interpretiert" (Schulz zur Wiesch 1979, zit. nach SCHÄFERS 1982, S. 237).

85 TUROWSKI 1982, S. 202

86 KISTENMACHER et al. 1980, S. 38. Vgl. auch MICHEL 1985, S. 103

87 MICHEL 1985, S. 106; ERNST 1980, S. 127; SCHARPF/SCHNABEL 1978, S. 40; KISTENMACHER 1980, S. 71f

88 MICHEL 1985, S. 106

89 WEYL 1979, S. 27

90 BAESTLEIN/KONUKIEWITZ 1980, S. 55

"politik-neutrale" Raumordnung sei zum Scheitern verurteilt[91].
-Zielkonflikte innerhalb der Raumordnung würden nur noch "rein juristisch" anstatt politisch gelöst[92].
-Der sich im Abbau befindliche Planungswille der politischen Planungsvertretung führe im Gegensatz dazu zu einer Zunahme der Politisierung der Planungsverwaltung, indem diese den planungsverdrossenen Politikern Auseinandersetzungen mit unangenehmen Beschlußvorlagen zunehmend erspare und aus diesem Grund "Opportunitätsabwägungen" durchführe[93].

Besonders stark treffe die Entpolitisierung der Raumordnung die Stufe der Regionalplanung, die sowohl nach unten hin gegen die etablierten Politikbereiche der Gemeinden wie auch nach oben hin gegen die der Landespolitiker mit immer weniger eigener politischer Rückendeckung "kämpfen" müsse[94], obwohl die politische Bedeutung der regionalen Ebene relativ gesehen leicht ansteigt, weil auf dieser Ebene die zunehmenden Konflikte direkt aufeinanderstießen[95]. Als sichtbares Zeichen für die zunehmende "Entpolitisierung" kann man das Phänomen der Formulierung von Regionalplansätzen in der Form von weniger konkreten "Grundsätzen der Raumordnung" ansehen, obwohl die Regionalplanung gehalten wäre, ihre Planvorstellungen in Form von "Zielen" stärker zu konkretisieren. Dies bedeutet für die Politiker eine Minimierung der Bindung für ihr politisches Handeln, andererseits können sie ihre eventuell eintretenden Mißerfolge mit der ungenügenden Konkretisierung der Plansätze begründen bzw. rechtfertigen[96].

Generell werden die Lösungsmöglichkeiten für diese Probleme positiv beurteilt[97]. VOLLHARDT schlägt vor, die Leitlinien der Raumordnung stärker durch politische Entscheidungen vorzugeben[98]. Dieser Vorschlag wird aber bereits in hohem Maße praktiziert (z.B. bei der Aufstellung von Raumordnungsplänen), allerdings können die Politiker kaum mehr alle Detailentscheidungen der Verwaltung überwachen. Verschiedene Autoren sehen daher in einer Spezialisierung der Raumordnung, z.B. auf das politisch "Machbare"[99], oder auf "das Wesentliche"[100] den wichtigsten Lösungsansatz, da die Raumordnung dadurch eine höhere politische Aufmerksamkeit erreichen könne[101]. Hier besteht die Gefahr, daß die Raumordnung zum bloßen Handlanger der sich schnell ändernden Tagespolitik reduziert wird.

Aufbauend auf Vorstellungen von Naschold, schlagen FÜRST und HESSE für die regionale Ebene als Lösungsmöglichkeit eine stärkere "Regionalisierung der politischen Willensbildung" vor, welche durch die "Raumopfer" der bisherigen Raumordnung vorangetrieben werden soll[102]. Dazu sei die Entstehung eines "Regionalbewußtseins" Bedingung[103]. Nur so könne sichergestellt werden, daß die Regionalplanung von den politischen Parteien als Gegenstand und Feld politischer Gestaltung und Profilierung aufgegriffen und die Regionalverbände zu "Kristallisationskernen" für eine regionale politische Interessenbildung würden[104], also eine Regionalpolitik im eigentlichen Sinn entstehen könne. Nach BLOTEVOGEL et al. meint der Begriff "Regionalbewußtsein" ein "Bewußtsein der Zugehörigkeit zu einem bestimmten Raum", welcher in seiner Maßstäblichkeit zwischen dem lokalen "Viertelsgeist" und dem nationalen "Patriotismus" liege[105]. Obwohl die Forschungen zu diesem Thema erst in der Anfangsphase stecken[106], kann wohl behauptet werden, daß sich "Regionalbewußtsein" als Gegenreaktion zu den immer stärker werdenden politischen Zentralitätsbestrebungen auf den höheren

---

91 BECKER-MARX 1980a, S. 40

92 VOLLHARDT 1979, S. 435

93 TREUNER 1983, S. 38ff. Eine solche Verlagerung der Abwägung von den Politikern hin zur Verwaltung ist auch bei Naturschutzbehörden zunehmend festzustellen und in einem demokratischen Rechtsstaat bedenklich (FINKE 1990, S. 34/8).

94 HARMS 1983, S. 164; vgl. auch FÜRST 1987, S. 5

95 HÜBLER 1984, S. 1

96 KITTELMANN/HÜBLER 1984, S. 72f

97 Z.B. VÄTH 1980, S. 261

98 VOLLHARDT 1979, S. 440

99 BECKER-MARX 1980a, S. 43; MICHEL 1985, S. 103; BENZ 1980, S. 727

100 ERNST 1980, S. 129

101 VOLLHARDT 1979, S. 440. "Spezialisierungsstrategie" der Raumordnung nach SCHARPF und SCHNABEL (SCHARPF/SCHNABEL 1978, S. 44)

102 FÜRST/HESSE 1981; BENZ 1980, S. 729; vgl. NASCHOLD 1978

103 BAESTLEIN/WOLLMANN 1980, S. 694; BUCHNER 1979, S. 62f

104 BAESTLEIN/WOLLMANN 1980, S. 694; BAESTLEIN/KONUKIEWITZ 1980, S. 55

105 BLOTEVOGEL et al. 1987, S. 409

106 Z.B. BLOTEVOGEL et al. 1987; kritisch dazu: HARD 1987

Politik- und Verwaltungsebenen (z.B. auf der Ebene der EG) in Zukunft weiter verstärken wird. Dies könnte zu einer Aufwertung der Region als politischer Handlungsraum und damit auch zu einer Aufwertung der politischen Komponente der Regionalplanung führen. Sofern diese Chance genutzt wird, könnte dies über die Lösung vieler der angesprochenen Probleme hinaus zu einer Verstärkung der Raumordnung führen, zumindest auf regionaler Ebene.

Nach Meinung vieler Autoren unterscheidet sich die überörtliche Raumordnung von den Fachplanungen*, aber auch von der gemeindlichen Bauleitplanung dadurch, daß sie **keine Klientel** besitzt[107], also keine Partner, mit denen sie Interessen teilt und mit denen zusammen sie eine stärkere politische Macht bilden könnte (Allianzeffekt). VÄTH sieht hier den "gravierendsten Schwachpunkt"[108] der Raumordnung. Für die fehlende Klientel werden folgende Gründe angegeben:

-Die direkten Adressaten (Fachplanungen*, Gemeinden) erführen die überörtliche Raumordnung nicht als Vorteil, sondern eher als Beschränkung der eigenen Handlungsmöglichkeiten (Raumordnung als "Negativ-" oder "Verhinderungsplanung"[109]), während die indirekt durch die Raumordnung begünstigten Adressaten (z.B. Bürger) kaum in der Lage seien, die Vorteile einer durch die Raumordnung angestrebten "geordneten" Raumentwicklung zu erkennen und in politische Unterstützung umzusetzen[110]. Eng damit verbunden ist der Umstand, daß die überörtliche Raumordnung über kein geeignetes "Tauschmaterial" verfügt, welches sie potentiellen Allianzpartnern im Gegenzug zur politischen Unterstützung eigener Vorstellungen anbieten könnte. Ihr fehlten z.B. ausreichende Instrumente, um die Zuteilung der "Ressource Raum" kontrollieren und zur Konsensbildung einsetzen zu können[111]. Im Gegensatz z.B. zu Angeboten der Fachplanungen*, die konkret auf klare Einzelinteressen ihrer Allianzpartner eingehen, hat die überörtliche Raumordnung, etwas salopp ausgedrückt, außer einem diffusen "Gemeinwohl", nichts zu bieten.

-Viele Autoren halten die Öffentlichkeitsarbeit der Raumordnung, z.B. in Form einer Dokumentation ihrer Planungserfolge, für unzureichend[112]. Potentielle Bündnispartner erführen oft gar nichts über mögliche Vorteile einer Allianz mit der Raumordnung. Zwar wird häufig eine Mobilisierung einer eigenen Raumordnungsklientel gefordert[113], aber nur selten werden konkrete Vorschläge dazu gemacht.

Verschiedene Autoren sehen eine Möglichkeit in einer "klientelorientierten Spezialisierung"[114] auf für potentielle Bündnispartner attraktive Themen und Konzepte. Als konkrete Beispiele werden genannt:

-die Raumordnung solle sich als "Verhinderungsplanung" profilieren, um so das "Widerstandspotential" als Klientel zu gewinnen[115]. In ähnlicher Richtung argumentiert BUCHNER am Beispiel der Regionalplanung: So hätten die Kommunen* Chancen, die Regionalplanung als Bündnispartner gegen unliebsame Fachplanungen* einzusetzen[116]. SCHULZ ZUR WIESCH schlägt der Regionalplanung vor, sich als Wahrer des Umweltschutzes zu profilieren und das geschärfte Umweltbewußtsein der Öffentlichkeit für ihre Ziele einzusetzen, z.B. bei der Sicherung von regionalen Grünzügen*[117].

-MICHEL fordert von der Raumordnung eine stärkere Zuwendung hin zu sozialen

---

107 SCHARPF/SCHNABEL 1978, S. 40 und 1979, S. 23; KISTENMACHER 1980, S. 72; FÜRST 1987, S. 5

108 VÄTH 1980, S. 266

109 MICHEL 1985, S. 104

110 SCHARPF/SCHNABEL 1978, S. 40; MICHEL 1985, S. 105. Diese Annahme wird durch eine repräsentative Umfrage eines Frankfurter Sozialforschungsinstituts aus dem Jahre 1987 unterstützt. Danach wußten nur 4% der Befragten in der Bundesrepublik, was "Regionalplanung" eigentlich ist (zit. nach SCHWÄBISCHE ZEITUNG vom 30.7.87).

111 Nach SCHARPF/SCHNABEL 1979, S. 23; FÜRST 1987, S. 5

112 ERNST 1980, S. 128; AKADEMIE FÜR RAUMFORSCHUNG UND LANDESPLANUNG 1980, S. 7; MICHEL 1985, S. 106. Eine interessante Begründung für die unzureichende Öffentlichkeitsarbeit der Regionalplanung gibt SCHULZ ZUR WIESCH: So würden seiner Meinung nach die Regionalplaner bei Planungserfolgen schweigen, um den betroffenen Partnern "Gesichtsverluste" zu ersparen (SCHULZ ZUR WIESCH 1980, S. 668). Dies könnte mit der Furcht vor Konsensverlust begründet werden, was auf die starke Abhängigkeit der Regionalplanung vom Konsens hinweisen würde.

113 Z.B. BENZ 1980, S. 727; VÄTH 1980, S. 266; FÜRST 1979, S. 17

114 NASCHOLD 1978, S. 24; SCHARPF/SCHNABEL 1978, S. 45

115 FÜRST 1979, S. 17

116 BUCHNER 1979, S. 63

117 SCHULZ ZUR WIESCH 1978, S. 35

Problemen und Gruppen[118] und insgesamt eine "größere Bürgernähe"[119].
-Hinsichtlich der Zielvorstellungen der Raumordnung fordert NASCHOLD eine größere Eindeutigkeit, nur so sei die Unterstützung einer Klientel zu gewinnen[120].
-Im Bereich Öffentlichkeitsarbeit wird generell die Stärkung des Berichts-, Informations- und Beratungswesens der Raumordnung gefordert[121]. Zwar sollte die Raumordnung die von ihr erbrachten Leistungen, z.B. im Freiflächenschutz, "mehr als bisher herausstellen", auf alle Fälle aber sollten mehr qualitative als quantitative Fakten in einer "einfacheren und weniger wissenschaftlichen Sprache" publiziert werden[122].

Ein wichtiger Einflußfaktor auf die Probleme der Raumordnung, speziell der Regionalplanung, ist die unterschiedlich geregelte **Organisation.** BAESTLEIN, WOLLMANN und FÜRST betonen die Schwierigkeit der Nachweisbarkeit des Einflußfaktors "Organisation" auf die Probleme der Raumordnung[123]. Konkrete Beispiele für direkte Zusammenhänge werden daher auch kaum genannt. Bei den Organisationsformen wird in der Raumordnung grob zwischen zentralisierten (staatsnahen) und dezentralisierten (kommunennahen) Organisationsformen unterschieden. Beide Organisationsformengruppen weisen Vor- und Nachteile auf, die an dieser Stelle nicht im einzelnen diskutiert werden können[124]. Hauptvorteil kommunennaher Organisationsformen ist die höhere Akzeptanz raumordnerischer Festsetzungen, Hauptgefahr, daß die Kommunen* sich durch die Raumordnung selbst kontrollieren.
Für die Regionalplanung sieht SCHULZ ZUR WIESCH eine Gefahr durch die laufenden "Auflösungsgerüchte". Für ihn steht daher die Forderung nach Konsolidierung der bestehenden Organisationsformen an erster Stelle[125].
KONUKIEWITZ lehnt besondere Planungsregionen mit eigenen Körperschaften (gleichgültig, ob mit oder ohne eigenem Parlament) grundsätzlich ab und fordert die enge Anlehnung der "Organisation der räumlichen Politik" an die übrige Verwaltung. Als Grund dafür gibt er die notwendige enge und stabile Beziehung zwischen den "Promotoren" und den Adressaten der räumlichen Koordination an[126]. Diese faktisch einer Auflösung der Regionalplanung nahekommende Forderung kann wohl kaum gutgeheißen werden.

Oft werden die Probleme der Raumordnung mit ihrem **Aufgabenkatalog** in Verbindung gebracht. Viele traditionelle Aufgaben der Raumordnung (z.B. der Abbau raumstruktureller Disparitäten) konnten nicht gelöst werden, da sie die Raumordnung aufgrund ihrer "Grenzen" überfordert hätten[127]. Teilweise sei diese Überforderung der Raumordnung während der Zeiten eines günstigen Konjunkturverlaufs nicht offen zu Tage getreten, da die Raumordnung während dieser Zeiten erfolgreich Wachstumspotentiale verteilen konnte[128]. Nach HOBERG seien die Aufgaben der Regionalplanung oft von unrealistischen Vorgaben durch die Landesplanung geprägt, was sie gegenüber ihrer potentiellen Klientel unglaubwürdig mache[129]. MÄDING dagegen sieht den Mangel an Zuständigkeiten als "wichtigste" Restriktion der Arbeit der Regionalplanung[130], sieht also die bisherige Aufgabenliste als nicht vollständig an. Demgegenüber sehen BENZ und HENRICH das Problem in dem durch die Vielzahl der Aufgaben entstehenden zu großen Koordinationsaufwand[131].
Die meisten Autoren sehen in einer "Spezialisierungsstrategie" hin zu weniger Aufgaben die besten

---

118 MICHEL 1985, S. 106
119 MICHEL 1985, S. 103
120 NASCHOLD 1978, S. 23
121 MICHEL 1985, S. 106; AKADEMIE FÜR RAUMFORSCHUNG UND LANDESPLANUNG 1980, S. 7; ERNST 1980, S. 128; SCHULZ ZUR WIESCH 1980, S. 674; BECKER-MARX 1985, S. 273; MICHEL 1985, S. 109
122 MICHEL 1985, S. 106
123 BAESTLEIN/WOLLMANN 1980, S. 681; FÜRST 1987, S. 4
124 Vgl. Diskussion bei BENZ/HENRICH 1983, S. 148 und STIENS 1987, S. 553
125 SCHULZ ZUR WIESCH 1980, S. 674
126 KONUKIEWITZ 1985, S. 248
127 Z.B. DEHLER 1982, S. 61
128 DEHLER 1982, S. 61
129 HOBERG 1982, S. 639
130 MÄDING 1987, S. 54
131 BENZ/HENRICH 1980, S. 714

Lösungsansätze für dieses Problem[132]. Dafür spricht auch die gegenwärtig zu beobachtende Verlagerung der Aufgabenstruktur der Raumordnung: Diente sie früher nahezu ausschließlich dem Abbau raumstruktureller Disparitäten[133], so konzentriert sich jetzt ihr Aufgabenfeld immer mehr auf die langfristige Sicherung der wirtschaftlichen, besonders aber der ökologischen Existenzgrundlagen. Hier wiederum ist besonders die Ressourcensicherung zu nennen[134].
Allgemein gehaltene Lösungsvorschläge wie die von DEHLER (das Planungsinstrumentarium solle so verändert werden, daß auch wirtschaftliche Schrumpfung verteilt werden könne. Oder: man solle an die Instrumente noch bescheidenere Erwartungen knüpfen[135]) bringen wenig. Im Rahmen der "Spezialisierungstrategie" möchte FÜRST die Regionalplanung zur Beratungsinstitution für Gemeinden mit "Innovationstransfer"-Aufgaben (z.B. Verkehrsberuhigung, flächensparendes Bauen) etc. umgewandelt sehen[136]. Eine räumliche Spezialisierungsstrategie fordern KISTENMACHER und EBERLE. Sie schlagen die Erarbeitung unterschiedlicher Aufgabenkataloge für die Raumordnung in Verdichtungsräumen ("Ordnungsräumen") und ländlichen Räumen ("Ordnungs- und Stabilisierungsräumen") vor[137]. Zwar müssen diese Raumkategorien sicher noch stärker differenziert werden. Trotzdem scheint dieser Weg durchaus gangbar. Aufbauend auf einer systemanalytischen Betrachtung der Raumplanung fordert CREMER in diesem Zusammenhang die Bestimmung der Aufgaben durch die "reale Entwicklung" und meint damit die verstärkte Nutzung von Ergebnissen der Raumordnungsberichte und Erfolgskontrollen für die Aufgabendefinition[138] im Rahmen des Planungszyklus. Hinzuzufügen ist, daß dieser sicher richtige Ansatz nur praktiziert werden kann, wenn Raumordnungsberichte auch erstellt und Erfolgskontrollen tatsächlich durchgeführt werden.

Bei den **Instrumenten der Raumordnung** sehen viele Autoren weitere Ursachen für deren Krise[139]. Durch einen Vergleich mit den Zielvorstellungen der Raumordnung stellt VÄTH eine "grundsätzliche Ziel-Mittel-Diskrepanz" im Hinblick auf die verfügbaren Instrumente fest[140]. So taugten die Instrumente der Raumordnung nur zum Verteilen des wirtschaftlichen Wachstums, nicht aber zur Steuerung der Raumstruktur in wirtschaftlichen Stagnationszeiten[141]. VÄTH begründet dies damit, daß die räumlich ungleiche ökonomische Entwicklung von Teilräumen, eines der Hauptprobleme der Raumordnung, Begleiterscheinung und gleichzeitig Bedingung des wirtschaftlichen Wachstums sei[142].
Im Gegensatz zu Autoren mit Forderungen nach neuen und wirksameren Instrumenten[143] sieht ERNST das Problem darin, daß die bereits existierende Fülle staatlicher Instrumente der Raumordnungspolitik nur zum Teil ausgeschöpft sei[144]. Bei seinem Beispiel (Behördenlokalisation) wird aber deutlich, daß er unter den Trägern staatlicher Raumordnungspolitik nicht nur die Träger der überörtlichen Raumordnung, sondern auch die Fachplanungen* und wohl auch die Gemeinden versteht, deren Interessenfelder aber für eine raumordnerische Gemeinschaftsaktion meistens viel zu heterogen sind. Aber auch ERNST ist der Meinung, daß Raumordnung mit den bisherigen Instrumenten allein nicht mehr ernsthaft verfolgt werden kann. Falls aus politischen Gründen die Anwendung anderer Instrumente nicht möglich sein sollte, fordert er die Aufklärung der Öffentlichkeit: "Man muß das der Bevölkerung dann sagen und sie über die Folgen aufklären, die diese Entscheidung hat"[145].
Beim Vollzug kann man in der Raumordnung grob zwei unterschiedliche Durchsetzungsstrategien

---

132 so WEYL 1979, S. 29; HELLSTERN et al. 1984, S. 282; RAABE 1979, S. 400; BENZ/HENRICH 1980, S. 714

133 Nach WEYL zur "sozialpolitischen und raumstrukturellen Abfederung" des wirtschaftlichen Wachstumsprozesses (WEYL 1979, S. 29)

134 WEYL 1979, S. 29. KISTENMACHER spricht treffend von der Umorientierung der Raumordnung zur "Vorsorgeplanung" (KISTENMACHER 1988, S. 8).

135 DEHLER 1982, S. 69

136 FÜRST 1987, S. 4

137 KISTENMACHER/EBERLE 1980, S. 658

138 CREMER 1975, S. 274

139 Z.B. ERNST 1980, S. 125; SCHULZ ZUR WIESCH 1978, S. 37; MICHEL 1985, S. 104; RITTER 1978, S. 132; KISTENMACHER 1980, S. 72

140 VÄTH 1980, S. 265

141 DEHLER 1982, S. 67f; VÄTH 1980, S. 38f. Daher die Offenlegung der latent vorhandenen Steuerungsdefizite der Raumordnung in wirtschaftlichen Krisenzeiten.

142 VÄTH 1980, S. 38

143 Z.B. SCHULZ ZUR WIESCH 1978, S. 37

144 ERNST 1980, S. 125

145 ERNST 1980, S. 126

unterscheiden: Zum einen das stringente, "harte" Durchsetzen einer Planung mit Hilfe von gesetzlich gegebenen Machtbefugnissen und Instrumenten[146]. Zum anderen das Anwenden von Informations-, Beratungs- und Überzeugungsstrategien im Rahmen von Verhandlungen zur "weichen" Durchsetzung der Planungserfordernisse[147]. Da die überörtliche Raumordnung über "harte" Durchsetzungsinstrumente kaum verfügt, ist sie zumeist auf die Anwendung "weicher" Instrumente angewiesen, um einen Vollzug ihrer Programme durch die eigentlichen "Umsetzer", Gemeinden und Fachplanungen*, zu erreichen. Ein Vorteil der "weichen" Instrumente ist, daß bei ihrer Anwendung der "Prozeßcharakter" einer Planung besser berücksichtigt werden kann. Unter Prozeßcharakter wird hier sowohl die Perzeption von Planung als zyklischem Phänomen "unter Einbeziehung von Erfolgskontrolle, Revision und Fortschreibung"[148], als auch das "problemorientierte Projektmanagement" nach FÜRST[149] verstanden. Dies ist umso wichtiger, als Raumordnung noch immer meistens mit dem Raumordnungsplan und seiner Umsetzung gleichgesetzt wird, andere wichtige Tätigkeitsbereiche jedoch kaum gesehen werden[150]. Besonders die Regionalplanung ist nach HOBERG noch zu unflexibel und erfaßt den Prozeßcharakter der Planung nur "unzureichend"[151]. Die auf dieser Stufe besonders wichtige Koordination von Fach- und Gemeindeplanungen läßt sich über die reine Anwendung des Instruments "Plan" nicht erreichen. Wichtig für eine prozeßorientierte Vorgehensweise ist nach FÜRST die "Pflege des Planungsklimas", für die auf Konsens angewiesene Raumordnung besonders wichtig[152]. Ein weiterer Vorteil der "weichen" Strategie ist, daß die überörtliche Raumordnung auf ihre Umsetzer, z.B. die Gemeinden, stärker eingehen kann. Ein gewichtiger Nachteil ist aber die Notwendigkeit der Konsensbildung ("Konsenszwang"), die die überörtliche Raumordnung von vorneherein zu Kompromissen zwingt und sie häufiger den Ein- und Angriffen der Tagespolitik aussetzt. Aus diesem Grund wird das Fehlen direkter Steuer- und Durchsetzungsmittel von vielen Autoren bemängelt[153]:

-Durch die Notwendigkeit der Konsensbildung würden Konfliktpunkte von vorneherein eliminiert oder verdeckt, da ein zu hoher Konsensbedarf die Einigung verhindern könne[154]. Sichtbares Zeichen dafür biete die Regionalplanung, die statt klarer Aussagen "unverbindliche Formeln" als Plansätze verwende[155]. Auch SCHARPF und SCHNABEL sehen im Ausweichen der Raumordnung auf "inhaltliche und formale Unverbindlichkeit" oder in der "Flucht in den Optimismus" mögliche "Regelungen" für Zielkonflikte bei hohem Konsensbedarf und geringem Durchsetzungspotential[156].

-Ein zu hoher Konsensbedarf führe zur "Korruption" der Raumordnungsanalyse, zur "Verwässerung" der Raumordnungsziele und zur "Selbstzerstörung" ihrer Konzeption[157].

-Die Konfliktregelung durch Konsens sei immer gefährdet, da eine der Parteien immer aus dem Konsens ausbrechen könne, ohne daß die andere Partei Sanktionsmöglichkeiten besitze[158]. Wenn eine solche Sanktionsmöglichkeit intern doch besteht, so ist sie bei den politisch mächtigen Gemeinden, nicht bei der Regionalplanung zu finden.

-Angesichts des durch die unzureichenden Instrumente der Raumordnung hervorgerufenen "Vollzugspartikularismus" (die Implementation bleibt den einzelnen, gegeneinander isolierten Fachressorts und den Gemeinden überlassen), trage die Raumordnung dazu bei, daß Einzelmaßnahmen unkoordiniert verwirklicht würden[159].

---

146 THARUN 1987 S. 544. "Deduktiver" Ansatz nach STIENS 1987, S. 552

147 THARUN 1987 S. 544. "Induktiver" Ansatz nach STIENS 1987, S. 552

148 HÜBENER/HALBERSTADT 1976, S. 82

149 FÜRST 1979, S. 14

150 Man denke nur an die Forderungen nach Auflösung der Regionalverbände nach Fertigstellung der Raumordnungspläne.

151 HOBERG 1982, S. 636

152 FÜRST 1987, S. 2ff

153 Z.B. KISTENMACHER et al. 1980, S. 36; MICHEL 1985, S. 104; SCHARPF/SCHNABEL 1979, S. 23; SCHARPF/SCHNABEL 1978 S. 37f; HUCKE/BOHNE 1980, S. 183f; THARUN 1987, S. 544, VÄTH 1980, S. 265; SCHULZ ZUR WIESCH 1978, S. 36; SCHULZ ZUR WIESCH 1980, S. 667; BENZING et al. 1978, S. 357; HELLSTERN et al. 1984, S. 274. BUCHWALD sieht in diesem Bereich zu Recht Parallelen der Raumordnung zur Landschaftsplanung (BUCHWALD 1979, S. 65).

154 TESDORPF 1980, S. 106

155 SCHULZ ZUR WIESCH 1980, S. 669; NASCHOLD 1978, S. 14

156 SCHARPF/SCHNABEL 1979, S. 21

157 SCHARPF/SCHNABEL 1979, S. 44

158 BENZ/HENRICH 1983, S. 149. Ein ähnliches Argument findet sich auch bei KISTENMACHER 1980, S. 74.

159 BENZ 1982, S. 267

-Der große Konsenszwang lasse nur wenig Raum für eine aktive raumordnungspolitsche Steuerung[160].
-Aufgrund ihrer allgemeinen Schwäche werde die Raumordnung in den für die Anwendung der "weichen" Instrumente wichtigen administrativen Aushandlungsprozessen "oft faktisch übergangen" oder aber erst zu spät mit einbezogen[161].
-Die Vollzugsbehörden seien oftmals nur dann zu Verhandlungen bereit, wenn entsprechende Gegenleistungen von der Raumordnung zu erwarten seien[162], ein Anspruch, den die Raumordnung oftmals nicht erfüllen kann.
-Nach KONUKIEWITZ ist die "Analyse- und Argumentationskapazität" eine wichtige Ressource für die erfolgreiche Anwendung "weicher" Informationsinstrumente[163]. Diese Kapazität hängt aber zum großen Teil von den bei der Raumordnung oft knappen materiellen Arbeitskapazitäten ab[164]. Solange die Raumordnung im wesentlichen ohne "harte" Instrumente auskommen muß, bleibt die Konsensfindung ein Problem.

TESDORPF sieht in der Verringerung der Konfliktbereiche eine Möglichkeit der Senkung des Konsensbedarfs[165], verrät aber nicht, wie dies konkret erreicht werden kann. Konkreter werden SCHARPF und SCHNABEL[166]: Sie schlagen die Verminderung des Konsensbedarfs vor durch:

a. Konzentrierung des Durchsetzungspotentials auf eine mobilisierungsfähige Klientel ("Spezialisierungsstrategie")[167] und

b. Anwendung neuer Instrumente, die mit Hilfe von a. "erstritten" werden sollen. Sollte dies nicht gelingen, bliebe nur noch, die Verbindlichkeit der Raumordnung aufzugeben[168].

Unter den Instrumenten zur Konsensfindung sehen viele Autoren wie MÄDING in den "Prozessen informeller Beeinflussung" im Rahmen des "kleinen Dienstwegs" das "entscheidende Instrument" der Raumordnung[169]. Ihrer Meinung nach sollte es in Form von Beratungsgesprächen, Ortsterminen etc. mit dem jeweiligen Raumordnungsvollzieher[170] auch verstärkt angewendet werden. Allerdings macht BOHNERT auf die Probleme dieses "Kontaktsystems" aufmerksam: So würden die durch Konsensfindungsprozesse entstandenen "Vorplanungen" meist nur noch mit geringem Veränderungsspielraum in die rechtsverbindlichen Verfahren gehen[171]. Dies könnte zum Unterlaufen der Verfahrensrechte führen ("Mediatisierung des Rechts" nach Luhmann[172]). Auch könnte eine Interessenprivilegierung durch die Nichtbeteiligung bestimmter Interessenträger bzw. umgekehrt durch die Aufwertung bestimmter privater Interessenträger zu "Trägern öffentlicher Interessen"[173] stattfinden. Dies muß vor allem vor dem Hintergrund der von BOHNERT erwähnten "Geheimhaltungsstrategien" der Konsensverhandlungspartner gesehen werden[174]. Sie würden zur Abschirmung externer Anforderungen eingesetzt, da die Verarbeitungskapazität des Konsensfindungsverfahrens sonst überschritten werde[175]. BOHNERT verweist hier auf einen besonders wunden Punkt der sonst so gefeierten "weichen Instrumente": das Problem einer zu wenig transparenten und damit zu wenig demokratischen Planung.

---

160 LEHNER 1983, S. 227
161 NASCHOLD 1978, S. 14
162 MICHEL 1985, S. 104
163 KONUKIEWITZ 1985, S. 222
164 VÄTH 1980, S. 265. Hier nur am Rande vermerkt sei, daß die Analyse- und Argumentationskapazität auch stark von der Persönlichkeit und vom Engagement des Planers abhängen kann.
165 TESDORPF 1980, S. 106
166 SCHARPF/SCHNABEL 1978, S. 43f
167 ähnlich auch STIENS 1987, S. 552
168 SCHARPF/SCHNABEL 1978, S. 43f
169 MÄDING 1987, S. 53
170 BENZ/HENRICH 1980, S. 714. Einschränkend auch SCHARPF/SCHNABEL 1978, S. 31
171 BOHNERT 1980, S. 205
172 Zit. nach BOHNERT 1980, S. 205
173 BOHNERT 1980, S. 205; Synonym: Träger öffentlicher Belange*
174 BOHNERT 1980, S. 205
175 BOHNERT 1980, S. 205

III.C. Wichtige Probleme ausgewählter Einzelinstrumente

III.C.1. Das Instrument "Raumordnungsplan"

Heftig kritisiert HARMS das wohl am meisten zitierte Instrument der Raumordnung: den Raumordnungsplan: Die Pläne seien "häufig nicht mehr als Zahlenfriedhöfe"[176]. Obwohl man ihm teilweise recht geben muß, übersieht HARMS dabei, daß selbst ein "Zahlenfriedhof" noch eine wichtige Informationsquelle sein kann. Gegenüber kooperationsbereiten Vollzugsbehörden (Fachplanungsträgern* oder Gemeinden) sind sie als "informatives" Steuerungsinstrument[177] in vielen Fällen brauchbar. Ein Problem ist sicher die unzureichende Flexibilität des Plans[178], die einer wirksamen prozeßorientierten Planung entgegensteht. So stellt SCHULZ ZUR WIESCH den Integrations- und Koordinationsanspruch der Regionalplanung in Frage: Es sei unmöglich, daß zu festen Zeitpunkten jeweils das Gesamtgefüge vorhandener, ungleichzeitiger Planungsaussagen verschiedener Planungsträger in einem Plan abgebildet und politisch handhabbar gemacht werden könne. Ein Grund dafür sei, daß zwischen "noch nicht abgestimmten" und verbindlichen Planungen der verschiedenen Planungsträger hohe "Interdependenzen" existierten[179].
Viele Autoren sehen in den u.a. aus Konsensfindungsgründen abstrakt formulierten und daher widersprüchlichen Erfordernissen in den Plansätzen der Raumordnungspläne ein Problem[180]:

- -Die Raumordnung verliere ihre rein informative Steuerungsfunktion gegenüber den Vollzugspartnern[181], da diese infolge der widersprüchlich formulierten Plansätze die Erfordernisse der Raumordnung gar nicht erkennen. Oft werde daher der Plan aufgrund seines widersprüchlichen Inhalts gar nicht beachtet[182].
- -Die Brauchbarkeit der Pläne sei bei Konflikten, deren Lösung nach konkreten Vorgaben verlangen, eingeschränkt[183].
- -Die Unterstützung durch die Klientel fehle mit der eindeutigen Zielsetzung[184].
- -Die unverbindlichen Formulierungen enthielten häufig verdeckte Zielkonflikte, die oft erst beim Vollzug zutage treten und dann aufgrund des Zeitdruckes nicht mehr durch Aushandlungsprozesse gelöst werden könnten[185].

Darüber hinaus bemängelt KISTENMACHER, daß in den Raumordnungsplänen die präzise Unterscheidung zwischen "Grundsätzen der Raumordnung" und "Zielen der Raumordnung und Landesplanung" nicht immer gegeben sei, wie es eigentlich für eine Umsetzung erforderlich wäre[186]. Um den Raumordnungsplan als eines der wichtigsten Instrumente der Raumordnung jedoch genauer verstehen zu können, bedarf es der Analyse seiner wichtigsten Charakteristika.

III.C.2. Exkurs: Raumordnungspläne als "persuasive Programme"

Raumordnungspläne kann man zu der von Sozialwissenschaftlern als "persuasiv" bezeichneten Gruppe von Maßnahmenprogrammen rechnen. Nach DAHME/GRUNOW sind persuasive Programme im

---

176 HARMS 1983, S. 160

177 Nach SCHARPF/SCHNABEL 1978, S. 38

178 KISTENMACHER 1980, S. 72; KISTENMACHER et al. 1980, S. 38; KISTENMACHER/EBERLE 1980, S. 651; BENZING et al. 1978, S. 357; FÜRST 1979, S.14f; HOBERG 1982, S. 639

179 SCHULZ ZUR WIESCH 1980, S.668

180 BENZING et al. 1978, S. 357; SCHULZ ZUR WIESCH 1980, S. 670; BLOCH 1980, S. 55; GRAF 1983, S. 89; BOHNERT 1980, S. 201; HÜBENER/HALBERSTADT 1976, S. 82; PLOGMANN 1977, S. 8

181 SCHARPF/SCHNABEL 1978, S. 38

182 ERNST 1980, S. 129. Auch EICHNER et al. teilen als ein Ergebnis ihrer Evaluierungsstudie mit, daß weder die "verbindlichen Ziele" noch die "konkreten Maßnahmen" des Regionalplans vom Benutzer klar erfaßt hätten werden können (EICHNER et al. 1979, S. 182).

183 SCHARPF/SCHNABEL 1978, S. 38

184 NASCHOLD 1978, S. 23

185 SCHULZ ZUR WIESCH 1980, S. 670

186 KISTENMACHER 1988, S. 514. Auch EICHNER et al. sehen eine Ursache für die mangelnde Umsetzung von Planerfordernissen in der "unvermeidbaren" Komplexität, aber auch in der oft "unübersichtlichen Aufbereitung" der Plansätze (EICHNER et al. 1979, S. 183).

Rahmen staatlichen Handelns "weit verbreitet"[187]. Hauptcharakteristika dieser Pläne seien ihre "Steuerungsdefizite", aufgrund derer sie jetzt auch langsam ins Blickfeld der Sozialwissenschaft gerieten, da man gezwungen sei, bessere Interventionsinstrumente zu finden[188]. DAHME/GRUNOW definieren ein persuasives Programm als "politische Interventionsform..., die das Verhalten der (End-) Adressaten ausschließlich oder überwiegend mit Hilfe von Aufklärungs-, Informations- und Überzeugungsarbeit steuern will"[189]. Hinsichtlich des "nur unter bestimmten Bedingungen und bei bestimmten Problemen" möglichen Einsatzes solcher Programme schreiben DAHME/GRUNOW, daß sie bei einer auf kurzfristige Erfolge abzielenden Politik "weniger angebracht" seien, es sei denn "symbolisch"[190]. Sie seien nur zur Bekämpfung von Problemen geeignet, die aufgrund eines Informationsdefizites entstanden seien, welches durch das Programm ausgeglichen werden solle[191].
Hier wird klar, daß wichtige Teilfunktionen der Raumordnungspläne, z.B. die Teilfunktion als rechtsverbindliche Vorgabe eines Leitbildes zur Raumentwicklung für Fachplanungen* und Gemeinden, weit über diese reine Informationsfunktion hinausgehen. Trotzdem entsprechen die wesentlichsten Instrumente der Raumordnung (neben dem Raumordnungsplan z.B. die prozeßbezogenen Stellungnahmen) den Charakteristika persuasiver Programme. Programme mit reiner Informationsfunktion, so DAHME/GRUNOW, würden häufig durch andere, härtere Steuerungsinstrumente abgelöst, da die reinen Überzeugungsstrategien sich oftmals als wirkungslos erwiesen[192]. Die Gründe dafür lägen nicht einmal immer bei der Schwäche der Umsetzungsinstrumente. DAHME und GRUNOW geben z.B. "unklare Zielvorgaben bei der Programmformulierung" als einen Grund an. Als weiteren Grund nennen sie aber auch den oft fehlenden formalen Status der Programme[193]. Besondere Probleme sehen die beiden Autoren bei der "Mikroimplementation", worunter sie den Prozeß der unmittelbar adressatenbezogenen alltäglichen Programmverwirklichung verstehen[194]. Sie sei oftmals unzureichend, da weder die genaue Bestimmung der Zielgruppe noch die Wahl der Instrumente im Plan koordiniert werde und geregelt sei[195]. Genau diese Anforderungen an einen Plan seien aber bei der großen strukturellen Heterogenität der Akteure mit ihren verschiedenen "Domäneinteressen" wichtig[196].
Genau diese "strukturelle Heterogenität" aber treffen wir bei der Zielgruppe vieler Raumordnungspläne wieder: bei Gemeinden und Fachplanungen*.

III.C.3. Lösungsvorschläge

Die zahlreichsten Lösungsvorschläge betreffen die bereits erwähnten "Spezialisierungsstrategien" hinsichtlich der Planinhalte sachlicher und räumlicher Art[197]. FÜRST hält eine "prozeßorientierte Planung" für wichtiger als die Anwendung des Instruments "Raumordnungsplan"[198]. Der "statische" Plan verstärke das schlechte Image der Regionalplanung gegenüber den Gemeinden als "Verhinderungsplanung"[199]. Auch KONUKIEWITZ fordert die verstärkte Anwendung "prozeduraler", umsetzungsorientierter Instrumente (Überzeugungs- und Informationsinstrumente) zur Änderung der "Disposition" der Adressaten zu den Raumordnungserfordernissen[200]. Er geht sogar so weit, die Verfeinerung des Zielsystems in den Raumordnungsplänen generell als "Introvertiertheit der

---

187 DAHME/GRUNOW 1983, S. 117
188 DAHME/GRUNOW 1983, S. 117ff
189 DAHME/GRUNOW 1983, S. 119
190 DAHME/GRUNOW 1983, S. 121
191 DAHME/GRUNOW 1983, S. 121
192 DAHME/GRUNOW 1983, S. 122
193 DAHME/GRUNOW 1983, S. 122
194 Unter "Mesoimplementation" verstehen DAHME und GRUNOW die Entscheidungen zur Schaffung oder Modifikation der (Mikro-) Implementationsstruktur (DAHME/GRUNOW 1983, S. 128).
195 DAHME/GRUNOW 1983, S. 126
196 DAHME/GRUNOW 1983, S. 130
197 Z.B. RAABE 1979, S. 400; EICHNER et al. 1979, S. 183; KISTENMACHER 1988, S. 8; KISTENMACHER et al. 1980, S. 38; FÜRST 1987, S. 4. KISTENMACHER schlägt z.B. den Wegfall von "steuerungsunwirksamen Instrumenten" und "ausführlichen nachrichtlichen Wiedergaben" vor, ohne jedoch konkret zu sagen, was er darunter versteht (KISTENMACHER 1988, S.9 und KISTENMACHER et al. 1980, S. 42).
198 FÜRST 1987, S. 4
199 FÜRST 1979, S. 14
200 KONUKIEWITZ 1985, S. 248

Raumordnung" einer favorisierten "Extrovertiertheit" in Form einer verstärkten Präsenz der Raumordnung in den Entscheidungsprozessen des Vollzugs gegenüberzustellen[201]. Dem ist zu entgegnen, daß auch in den Plänen niedergelegte fundierte Zielsysteme wichtig sind, um einem Aufbrechen von ungelösten Zielkonflikten in der prozeßorientierten Implementationsphase vorzubeugen[202]. Den Nachteil einer einseitigen Anwendung prozeßbezogener Instrumente, die stärkere Abhängigkeit der Landes- und Regionalplanung von der kurzfristig angelegten Tagespolitik, sehen FÜRST und KONUKIEWITZ allerdings nicht.
Im Rahmen der Spezialisierungsstrategie soll mit dem Wegfall bestimmter Planinhalte und Instrumente auch eine Konkretisierung der verbleibenden Plansätze verbunden sein[203]. Kommunenfreundliche Autoren[204] fordern in diesem Zusammenhang eine Beschränkung des Detaillierungsgrades der Planinhalte. Allerdings ist diese Forderung weniger als Lösungsvorschlag für die Probleme der Raumordnung gedacht, sondern soll vielmehr die Anpassungspflicht der kommunalen Bauleitpläne lockern. Hier ist KISTENMACHER und EBERLE rechtzugeben, wenn sie die unzureichende Konkretisierung solcher "Entfeinerungs"-Vorschläge kritisieren und fragen, wie der gesetzliche Raumordnungsauftrag denn anders erfüllt werden solle[205]. EICHNER et al. sind grundsätzlich gegen einen reduzierten Umfang der Regionalpläne, da dann die Ableitung der Zielaussagen nicht mehr nachvollziehbar sei[206]. Hinsichtlich der nicht immer deutlichen Unterscheidung zwischen "Zielen" und "Grundsätzen" fordert KISTENMACHER zu Recht eine Verbesserung der Normenklarheit zur Vermeidung von Grauzonen, speziell zwischen Kommunen* und Regionalplanung[207]. So müßten die "verbindlichen Festlegungen"[208] für die Bauleitplanung "begrifflich klar und einheitlich" sein, was nicht zwangsläufig mit einem hohen Detaillierungsgrad verbunden sein müßte[209]. EICHNER et al. fordern ebenfalls eine Konkretisierung der Plansätze, damit Zielkonflikte "vorentschieden" werden können[210]. HÜBENER schlägt die Aufnahme konkreter Durchführungsvorschläge bzw. -anweisungen in die Raumordnungspläne vor[211], während VOLLHARDT einen Verzicht darauf fordert[212]. Angesichts des widersprüchlichen, unverbindlichen und abstrakten Charakters vieler in Plänen niedergelegter Zielvorstellungen wäre die Aufnahme von Durchführungsvorschlägen sicher manchmal sicher notwendig.
Auf die juristischen Grenzen der aus raumordnungsfachlicher Sicht notwendigen Konkretisierung raumordnerischer Zielvorstellungen verweist FISCHER: So stoße die wichtige Forderung nach operationalisierbareren und damit prüffähigeren Zielen der Raumordnung an "rechtssystematische Grenzen"[213].
Als Lösung zu dem als Problem empfundenen grundsätzlich hohen Schematisierungsgrad landes- und regionalplanerischer Festsetzungen schlagen KISTENMACHER et al. eine Zweiteilung des Plans in einen inhaltlich reduzierten, verbindlichen ersten Teil sowie in einen unverbindlichen Planungsempfehlungen enthaltenden zweiten Teil vor[214]. Hinsichtlich der einzelnen Planelemente fordern KISTENMACHER et al. auf der Stufe der Regionalplanung die verstärkte Einbeziehung flächenbezogener Elemente (z.B. Ausweisung von Vorranggebieten für Freiraumfunktionen) zur Vorsorgeplanung, da sie diesen Elementen eine hohe Steuerleistung bescheinigen, besonders gegenüber der Siedlungsstruktur[215]. Dafür sollen Ansätze der "Positivplanung*" in Form verbindlicher Vorgaben zur siedlungsstrukturellen Entwicklung "weitgehend" zurückgenommen werden, da sie nur geringe

---

201 KONUKIEWITZ 1985, S. 248
202 eine Gefahr, die KONUKIEWITZ selbst andeutet (KONUKIEWITZ 1985, S. 247)
203 KISTENMACHER 1988, S.9; MICHEL 1985, S. 105
204 Z.B. VOLLHARDT 1979, S. 440; HOBERG 1982, S. 640; RAABE 1979, S. 400
205 KISTENMACHER/EBERLE 1980, S. 648
206 EICHNER et al. 1979, S. 183
207 KISTENMACHER 1988, S. 9
208 gemeint sind wohl "Ziele der Raumordnung und Landesplanung"
209 KISTENMACHER 1988, S. 10
210 EICHNER et al. 1979, S. 183
211 HÜBENER/HALBERSTADT 1976, S. 82. Auch KONUKIEWITZ weist darauf hin, daß keine "Selbstimplementation" von Zielvorstellungen stattfindet (KONUKIEWITZ 1985, S. 235).
212 VOLLHARDT 1979, S. 440
213 FISCHER 1984, S. 300
214 KISTENMACHER et al. 1980, S. 43
215 KISTENMACHER et al. 1980, S. 39f; KISTENMACHER/EBERLE 1980, S. 653

Steuerungserfolge und ein hohes Konfliktpotential aufwiesen[216]. An anderer Stelle nennt KISTENMACHER einen weiteren wichtigen Nachteil regionalplanerischer Positivplanungen*: die auftretenden Begründungsschwächen[217]. Dieser Nachteil wäre aber durch eine verstärkte Anwendung planungstechnischer Arbeitshilfen, verbunden mit einer Verbesserung der Kapazitätssituation der Planungsverwaltungen, ausgleichbar.

III.C.4. Mit finanziellen Aspekten verbundene Instrumente

"Über die Raumentwicklung wird durch raumgestaltende Finanzpolitik entschieden", meint GRAF[218] und faßt so eines der wichtigsten und oft genannten Problemfelder der Raumordnung treffend zusammen. Grundsätzlich werden folgende Mängel anfegührt:

-die Raumordnung koordiniere ihre Erfordernisse zu wenig mit den finanziellen Instrumenten des Staates (z.B. der Finanz- und Fachplanungen*) und sie könne dies auch nicht tun[219], obwohl etwa das Steuerwesen geeignete Defavorisierungsinstrumente, umgekehrt das Subventionswesen geeignete Anreizinstrumente für die Raumordnung bereitstellen könnten[220]. Die unzureichende Mitsprachemöglichkeit der Raumordnung bei der Vergabe raumwirksamer Bundesmittel[221] ist auch auf Landes- und Regionalebene zu beobachten. NASCHOLD wirft in diesem Zusammenhang der Verwaltung "Verschwendung" von Fördermitteln durch nicht abgestimmte Förderprogramme vor[222];

-die Raumordnung verfüge über keine eigenen finanziellen Instrumente zur Umsetzung der Planungen[223].

III.C.5. Lösungsvorschläge

Wohl am wichtigsten wäre die Ausstattung der Raumordnung mit besseren Vollmachten zur Koordinierung der öffentlichen Investitionen[224]. So schlagen z.B. SCHARPF und SCHNABEL die Schaffung der Möglichkeit raumordnerischer Investitionsverbote für öffentliche Investitionen (z.B. bei Behördenstandorten) vor[225]. Auch im Bereich der Haushalts- und Finanzplanung müßte dringend eine bessere Koordination der dafür zuständigen Fachressorts mit der Raumordnung stattfinden[226].
Was die Ausstattung der Raumordnung mit eigenen finanziellen "Anreizinstrumenten" betrifft, sind die meisten Autoren vorsichtig. Immerhin werden solche Instrumente für einzelne Bereiche gefordert, so z.B. von BENZ zur gezielten Förderung von Einzelprojekten[227]. SCHULZ ZUR WIESCH verlangt für die Raumordnung in überlasteten Siedlungsgebieten im Rahmen einer "negativen Anreizplanung" Defavorisierungsinstrumente finanzieller Art[228]. In Form eines "gestaffelten Systems" soll die Palette der einzelnen Instrumente von Sonderabgaben bis hin zu Investitionsverboten reichen[229], wobei unklar bleibt, ob dies neue Instrumente für die Raumordnungsbehörden selbst oder für die zuständigen Finanz- und Fachressorts sein sollen. Devaforisierungsinstrumente für die Raumordnung werden auch von seiten der Gewerkschaften gefordert[230]. Allerdings bleibt das Problem des Arbeitsplatzrisikos für die betroffenen strukturbegünstigten Bereiche, so daß die "theoretisch logischen" räumlichen Lenkungskonzepte finanzieller Art im Einzelfall aus Rücksicht auf die betroffenen Arbeitnehmer oft

---

216 KISTENMACHER/EBERLE 1980, S.652f
217 KISTENMACHER 1988, S. 38f
218 GRAF 1983, S. 93
219 Z.B. NASCHOLD 1978, S. 21; BUCHNER 1979, S. 65; LEHNER 1983, S. 228; ERNST 1980, S. 128f
220 SCHARPF/SCHNABEL 1979, S. 12
221 VÄTH 1980, S. 265
222 NASCHOLD 1978, S. 20
223 Z.B. BENZ 1980, S. 727
224 Z.B. GRAF 1983, S. 90f für die Ebene der Landesplanung
225 SCHARPF/SCHNABEL 1979, S. 11
226 GRAF 1983, S. 91; vgl. auch ERNST 1980, S. 128f
227 BENZ 1980, S. 727. In Frankreich wird dies bereits im Rahmen des sogenannten DATAR-Systems in Ansätzen anscheinend erfolgreich praktiziert (SCHARPF/SCHNABEL 1978, S. 45).
228 SCHULZ ZUR WIESCH 1978, S. 35
229 SCHULZ ZUR WIESCH 1978, S. 35
230 SCHULZ ZUR WIESCH 1978, S. 35

praktisch undurchführbar sind[231].

III.C.6. Instrumente "Richtwerte*" und "Flächensteuerung"

III.C.6.1. Problemsituation und - analyse

Der Einsatz von Richtwerten* in der Raumordnung bleibt umstritten, auch nach ihrer Abschaffung bzw. der starken Abschwächung ihrer Verbindlichkeit (z.B. in Baden-Württemberg). Die Probleme werden dabei in folgenden Punkten gesehen:

-Oft basierten die Richtwerte* auf falschen oder unsicheren Prognosen[232] oder seien aufgrund der politischen Vorgaben überhöht[233], so daß sie ihre Steuerungswirkung verlieren.

-Ein besonderes Problem ist die Umsetzung der Richtwerte* in die Bedarfsberechnung der Wohnbauflächen und der Arbeitsplatzprognosen auf der Ebene der Gemeinde, die mit "Unsicherheiten" behaftet sei[234]. So bestehen z.B. Unsicherheiten über die für die Umrechnung der Richtwerte* wichtigen Definitionen der Begriffe "Eigenentwicklung*", "organische Entwicklung", "Sanierungs-" und "Umstrukturierungsbedarf"[235]. Dieser Bedarf wird meistens durch die Richtwerte* nicht erfaßt. Die Bedarfsberechnung bleibt dann alleine der jeweiligen Gemeinde überlassen. Wird dieser Bedarf zu hoch angesetzt, verliert das Instrument "Richtwerte*" seine Steuerwirkung. Bei der Umsetzung von Bevölkerungsrichtwerten* in einen konkreten Flächenbedarf, beispielsweise für Wohnbauflächen, bleibt die Bestimmung der Wohndichten (z.B. Bruttowohndichte*) größtenteils den Gemeinden überlassen. Dies sieht LANGE[236] als Vorteil, da der Gemeinde ein größerer Spielraum verbleibe. Zu Recht weist KONUKIEWITZ[237] auf das Problem des Kompetenzvorsprungs der Gemeinden vor der Regionalplanung auf diesem Gebiet hin. So sei eine "intime" Ortskenntnis der Regionalplanung notwendig, um die von der Gemeinde angesetzten Dichtewerte beurteilen zu können. Oft seien nicht alle Flächenreserven für eine Bebauung verfügbar, so daß der Gemeinde Reserveflächen zugestanden werden müßten. Auch scheiterten die von der Regionalplanung oft geforderten höheren Dichtewerte nicht selten an den Anforderungen des Wohnungsbaumarktes.

Nur wenige Autoren wagen noch ein Plädoyer für die Richtwerte*. Ein Beispiel ist SCHULZ ZUR WIESCH. Seiner Meinung nach hätten Richtwerte* bei den Gemeinden "deutliche Lernprozesse" in Gang gesetzt[238]. Auch KISTENMACHER[239] und BLOCH[240] plädieren für den Erhalt der ihrer Meinung nach besonders für die Infrastrukturplanung wichtigen Richtwerte*.

In engem Zusammenhang mit dem Instrument "Richtwerte*" muß das Instrument "Flächensteuerung" gesehen werden, welches durch die Raumordnung etwa in Form der Festlegung funktionaler Flächenkategorien wie z.B. Vorranggebieten, angewendet wird. Aufgrund des Bedeutungsrückgangs des Instruments "Richtwerte*" hat die Flächensteuerung in letzter Zeit sehr an Bedeutung gewonnen. Als ein grundsätzliches Problem sehen SCHARPF und SCHNABEL dabei, daß die Flächensteuerung ein nur kleinräumig wirkendes Ordnungs- und Sicherungsinstrument, eventuell zur Steuerung öffentlicher Investitionen, sein könne, daß es aber kaum die Standort- und Wanderungsentscheidungen von Haushalten und Unternehmen überlokal zu lenken vermöge[241]. Dazu kommt, daß dieses Instrument nur dann funktionieren kann, wenn die insgesamt angebotene Nutzungsfläche im Vergleich zu dem auf Nutzung drängenden Entwicklungspotential knapp gehalten wird[242]. Bei einem Überangebot an Nutzungsflächen verliert das Instrument seine Steuerwirkung[243]. SCHULZ ZUR WIESCH sieht die

---

231 SCHULZ ZUR WIESCH 1978, S. 35
232 CLEMENS 1980, S. 312; SCHARPF/SCHNABEL 1979, S. 10
233 SCHULZ ZUR WIESCH 1978, S. 31
234 CLEMENS 1980, S. 312
235 SCHARPF/SCHNABEL 1979 S. 10
236 LANGE 1979, S. 446
237 KONUKIEWITZ 1985, S. 98
238 SCHULZ ZUR WIESCH 1980, S. 675f
239 KISTENMACHER 1988, S. 36f
240 BLOCH, 1980, S. 56
241 SCHARPF/SCHNABEL 1979, S. 10; HOBERG 1982, S. 638
242 SCHARPF/SCHNABEL 1979, S. 10
243 SCHARPF/SCHNABEL 1979, S. 10

Ursache für das Scheitern dieses "klassischen Instrumentes" der Regionalplanung in der "Unantastbarkeit" der kommunalen Planung: Die Kommunen* mit ihrer von der überörtlichen Raumordnung differierenden Interessenlage würden durch ihre "großzügige Angebots- und Vorratsplanung" im Bereich ihrer Bauleitplanung die Regionalplanung zum "Papiertiger" machen[244].
Ein Beispiel für ein flächenhaft festgesetztes "Ziel der Raumordnung und Landesplanung" ist die Ausweisung von Wasserschongebieten durch die Regionalplanung. STICH spricht angesichts der dadurch notwendig werdenden "Nutzungseinschränkungen" für die Gemeinde von einem "Sonderopfer"[245]. Auch die Funktion als Wasserschongebiet stellt aber eine Nutzungsform dar. STICH meint daher wahrscheinlich die Einschränkung der Verfügbarkeit für die Gemeinde als Bauland. Hier wird deutlich, daß die gemeindliche Bauleitplanung noch oft eher als "Bauplanung" denn als eine alle Belange berücksichtigende Raumordnung gesehen wird. Schließlich sind ja auch die Gemeinden für die Sicherung von Trinkwasser für die Zukunft verantwortlich.
Die Flächensteuerung ist auch eines der wenigen Instrumente der Raumordnung zur Beeinflussung von Standortentscheidungen raumwirksamer Industrie- und Gewerbebetriebe. Besonders bei regional hoher Arbeitslosigkeit ist hierbei der Einsatz von Defavorisierungsstrategien trotz häufig anzutreffender Überlastungserscheinungen wenig gefragt. SCHULZ ZUR WIESCH schlägt der Regionalplanung vor, verstärkt das geschärfte Umweltbewußtsein der Bevölkerung (z.B. durch Öffentlichkeitsarbeit) einzusetzen, was sicher ein guter Ansatz wäre[246]. Selbst das eigentlich hervorragend zur Beeinflussung raumstruktureller Verhältnisse geeignete Instrument der Beeinflussung von Standortentscheidungen staatlicher und halbstaatlicher Unternehmen hat, anders als z.B. in Italien[247], in der Bundesrepublik kaum eine praktische Bedeutung. Die Ursache dafür liegt in den politischen Vorgaben, daß auch diese Betriebe nach "betriebswirtschaftlichen Kriterien" geführt werden sollen und damit auch ihre Standortentscheidungen danach ausrichten[248]. Hier und bei der Standortplanung staatlicher Behörden sollte die Raumordnung mehr Initiative ergreifen, denn wenn der Staat selbst nicht seine eigenen Leitbilder mit den ihm zur Verfügung stehenden Möglichkeiten konsequent verwirklicht, kann er es auch nicht von Privatpersonen verlangen.

III.C.6.2. Lösungsvorschläge

Bei den Richtwerten* wird die faktische Abschaffung entweder begrüßt[249], oder es werden Vorschläge zur Beibehaltung der Richtwerte* als unverbindliche "Orientierungswerte" gemacht[250], teilweise mit der Begründung, dies bringe einen größeren Spielraum für die Gemeinden[251]. Ob aber dieser größere Spielraum auch immer erstrebenswert ist, wird selten gefragt.
Eine höhere Steuerleistung verspricht man sich jetzt vom verstärkten Einsatz flächenbezogener Elemente: Besonders im Bereich der Vorsorgeplanung, z.B. durch die Ausweisung von Restriktionsflächen als Vorranggebiete, sei dieses Instrument geeignet[252]. Aufgrund der in dieser Arbeit gewählten Sachschwerpunkte sei im folgenden auf die Bereiche "Wohnungsbau" und "Industrieansiedlung" näher eingegangen:
KISTENMACHER möchte die Möglichkeit der "Positivausweisung" von Wohnbau- und Gewerbeflächen seitens der Regionalplanung trotz der dann zu erwartenden Probleme in der Planungspraxis (Planungshoheit der Gemeinden) verwirklicht sehen[253]. An anderer Stelle[254] bringt er dazu ein Beispiel aus dem Geltungsbereich des regionalen Raumordnungsplans Südhessen: Hier müssen die als "Zentrale Orte" eingestuften Gemeinden ihre Industrie- und Wohnbauflächenplanungen nach

---

[244] SCHULZ ZUR WIESCH 1978, S. 31

[245] STICH 1979, S. 34

[246] SCHULZ ZUR WIESCH 1978, S. 35

[247] Laut SCHARPF und SCHNABEL gehört dieses Instrument z.B. im Mezzogiorno zu den wichtigsten Instrumenten wirtschaftlicher Strukturförderung (SCHARPF/SCHNABEL 1979, S. 11).

[248] SCHARPF/SCHNABEL 1979, S. 12

[249] Nach TUROWSKI z.B. ist der Bedeutungsrückgang der Richtwerte* im Hinblick auf den festzustellenden Rückgang der Bevölkerung zu vertreten (TUROWSKI 1982, S. 200). Er übersieht dabei die aus raumstrukturell unerwünschten Wanderungsbewegungen (z.B. starke Zuwanderungen in Wachstumsräume) entstehenden Probleme.

[250] Z.B. KISTENMACHER/EBERLE 1980, S. 656; KISTENMACHER et al. 1980, S. 42

[251] CLEMENS 1980, S. 313f

[252] KISTENMACHER et al. 1980, S. 39f

[253] KISTENMACHER et al. 1980, S. 41

[254] KISTENMACHER 1988, S. 44

Positivausweisungen der Regionalplanung richten. Allerdings gibt es hierbei weitreichende Ausnahmeregelungen. So "kann der nachzuweisende Bedarf für die Erweiterung und Verlagerung ortsansässiger Betriebe innerhalb der Siedlungsflächen...oder zu Lasten der Gebiete für Landschaftsnutzung und -pflege gedeckt werden"[255]. Trotz solcher bereits bestehender weitreichender Ausnahmeregelungen (eine Flächenbedarfsprüfung dieses "Eigenbedarfs" durch die Regionalplanung findet wegen der damit verbundenen Probleme nach KISTENMACHER nicht statt) fordert KISTENMACHER aufgrund der "Begründungsschwächen" der Ausweisung die Zurücknahme der Bindungswirkung. Er möchte die Ausweisungen als Empfehlung für die Gemeinden sehen ("regionalplanerisch erwünschter Bereich" für den Industrie- und Siedlungszuwachs)[256]. Die von KISTENMACHER vorgebrachten Begründungsschwächen sind sicherlich ein Problem. Allerdings muß auch gesehen werden, daß die Gemeinden bei der Prognose ihrer Bauflächen vor den gleichen Problemen stehen, ohne daß ihnen aus diesem Grund die Planungshoheit streitig gemacht würde. Begründungsschwächen beinhalten auch zumeist ein Kapazitätsproblem seitens der Regionalverbandsverwaltung: Je mehr Fachleute sich dort an der Erarbeitung von Begründungen beteiligen können, desto besser ist deren Qualität.
Ein weiteres Problem bei der Ausweisung von "Positivflächen" ist der bereits erwähnte "Kompetenzvorsprung" der Gemeinden in manchen Fachbereichen. So müssen von der Gemeinde vorgebrachte Gesichtspunkte zur Begründung der mangelnden städtebaulich-technischen Eignung für eine bestimmte, regionalplanerisch favorisierte Fläche zumeist ungeprüft von der Regionalplanung akzeptiert, und die Flächenausweisung muß geändert werden[257].
Interessant ist die in Südhessen als Ersatz für die Bevölkerungsrichtwerte* vorgenommene Festsetzung des "maximalen Flächenbedarfs" sowie von verbindlichen Mindestdichtewerten für die Ausweisung von Wohnbauflächen durch die Regionalplanung. Auch hier sieht KISTENMACHER "Begründungsprobleme" und schlägt stattdessen die Einführung eines unverbindlichen "Orientierungswertes" vor[258], was allerdings die Steuerwirkung dieser Instrumente erheblich herabsetzen würde. Immerhin sieht KISTENMACHER die in Südhessen angewandten Instrumente insgesamt als den "richtigen Weg" an[259].
Eine qualifizierte Landschaftsplanung würde sicher in manchen Fällen durch die Ausweisung von Restriktionsflächen die Richtwerte* überflüssig machen.

III.C.7. Planungstechnische "Instrumente"

Planungstechnische Hilfen sind zwar keine Instrumente im engeren Sinn, sie stehen damit jedoch in einem engen Zusammenhang. So können sie die Anwendung "echter" Instrumente erheblich erleichtern. Ein Beispiel dafür wäre das bereits diskutierte Problem der "Begründbarkeit" raumordnerischer Ausweisungen und Festlegungen (z.B. von Plansätzen). Planungstechnische Hilfen können die Begründungen oft untermauern und so die Durchsetzungschancen für Ausweisungen und Festsetzungen erhöhen. Bei den Gemeinden können sie oft wertvolle Entscheidungsgrundlagen für Abwägungsprozesse liefern oder die Planungstransparenz verstärken. Wohl aus Gründen der "Praktikabilität", aber auch aufgrund der unzureichenden Planungskapazität finden solche Hilfen noch immer zu wenig Beachtung in der Praxis, obwohl die Wissenschaft auf eine verstärkte Anwendung drängt[260]. Besonders als Entscheidungshilfe bei Standortfragen, z.B. im Rahmen der Ausweisung von Siedlungsflächen auf der Ebene der Bauleitplanung[261], könnte die Nutzwertanalyse*[262] verstärkt eingesetzt werden. Zurecht betonen KISTENMACHER und EBERLE die Wichtigkeit solcher "entscheidungsmethodischer Instrumente" für Informations-, Beratungs- und Konfliktaustragungsprozesse[263], die ja für den Bereich Regionalplanung - Gemeindeplanung typisch sind.
Zur Flexibilisierung des sicher etwas schwerfälligen Instruments "Regionalplan" schlagen

---

[255] KISTENMACHER 1988, S. 44
[256] KISTENMACHER 1988, S. 47
[257] KISTENMACHER 1988, S. 47
[258] KISTENMACHER 1988, S. 42
[259] KISTENMACHER 1988, S. 43
[260] Z.B. MEISE/VOLLWAHSEN 1980, S. 372
[261] KISTENMACHER/EBERLE 1980, S. 655
[262] Z.B. MEISE/VOLLWAHSEN 1980, S. 372
[263] KISTENMACHER/EBERLE 1980, S. 661

KISTENMACHER und EBERLE die Einführung eines "Orientierungsrahmens" vor[264]. Dieses einem "unverbindlichen Raumordnungsplan" ähnelnde Hilfsmittel soll den verbindlichen Regionalplan ergänzen und, um flexibel zu bleiben, alle zwei bis drei Jahre fortgeschrieben werden[265]. U.a. soll der Plan Richtwerte*, Positivausweisungen für Wohnbauflächen sowie methodische Vorschläge enthalten[266]. Nach KISTENMACHER und EBERLE würden dadurch die Interessengegensätze zwischen Gemeinden und Regionalplanung frühzeitig durch "Information" und "Argumentation" ausgeräumt bzw. abgeschwächt[267], außerdem würde eine "handfeste" Diskussionsgrundlage für das anzustrebende regionale Siedlungsleitbild geliefert[268]. Obwohl ein Bedarf an unverbindlichen, außerhalb der gesetzlich vorgeschriebenen Instrumente stehenden Hilfsmitteln zur Koordination bzw. Artikulation regionalplanerischer Erfordernisse besteht, ist fraglich, ob ein weiterer "Plan", auch aus der Sicht der knappen Planungskapazitäten, sinnvoll ist. Eine zusätzliche Gefahr könnte dabei die Schwächung des "echten" Regionalplans sein. Informations- und Argumentationsinhalte könnten sicher auch in regelmäßig erscheinenden Raumordnungsberichten und Erfolgskontrollen untergebracht werden.
Ausgehend vom bereits verbreiteten Instrument "Raumordnungskataster" über die Einführung von Umweltkatastern fordert FÜRST[269] ein integriertes "Raumordnungs-Beobachtungssystem". Als Informationsbasis für Raumordnungsberichte, aber auch für Zielfindungsprozesse bei der Planerarbeitung und im Rahmen der Umsetzung der Erfordernisse zum Abbau des Begründungsdefizites (z.B. bei Stellungnahmen) sei ein solches System gerade für die stark von Informationsinstrumenten abhängige Regionalplanung unverzichtbar.

III.D. Die Problemstellung aus der Perspektive ausgewählter Wissenschaftsdisziplinen

Mit der Krise der Raumordnung haben sich besonders zwei Wissenschaftszweige ausführlich beschäftigt: der juristische und der politologisch - verwaltungswissenschaftliche. Da die hierbei geführten Diskussionen eine große Wirkung auf die Raumordnungspraxis in der gesamten Bundesrepublik Deutschland erzielten, sollen sie nachfolgend in ihren Grundzügen dargestellt werden. Die hauptsächlich aus der Landespflege und Geographie kommende Kritik an der mangelnden Umsetzung ökologischer Erfordernissen in der Raumordnung wird an dieser Stelle zwar nicht explizit ausführlich behandelt, kommt aber trotzdem des öfteren zur Sprache.

III.D.1. "Freiheit statt Landesplanung" - die juristische Diskussion seit dem Ende der siebziger Jahre

III.D.1.1. Diskussion

Mitte der siebziger Jahre erreichte die Kritik der Gemeinden an der Landes- und besonders an der Regionalplanung einen Höhepunkt. Durch die mittlerweile konsolidierte Arbeit der Regionalverbände in nahezu allen Bundesländern war die Planungsdichte immer größer geworden, so daß die Gemeinden in vielen Fällen ihre Planungshoheit gefährdet sahen. Bei den Auseinandersetzungen ging es anfangs besonders um die von seiten der Regionalplanung geforderte Notwendigkeit von Funktionszuweisungen* für Gemeindeteile. Zu dieser Maßnahme hatten die Regionalverbände gegriffen als eine Art "Kompensation"[270] für die Anfang der siebziger Jahren im Rahmen von "Verwaltungsreformen" vielerorts erfolgten Eingemeindungen. Die dadurch entstandenen "Großgemeinden" umfaßten nunmehr häufig mehrere, oft sehr verschieden strukturierte Ortsteile, was nach Meinung der Regionalplaner eine kleinräumigere Differenzierung der Funktionszuweisungen* erforderte.
In Niedersachsen versuchte die Landesplanung den Protest der Kommunen* durch ein Rechtsgutachten zu entschärfen. In ihrem Gutachten, das großes Aufsehen erregte, kamen ERNST und SUDEROW zu dem Ergebnis, daß Funktionszuweisungen* für Gemeindeteile unter bestimmten Voraussetzungen

[264] KISTENMACHER/EBERLE 1980, S. 654
[265] KISTENMACHER/EBERLE 1980, S. 654
[266] KISTENMACHER/EBERLE 1980, S. 655
[267] KISTENMACHER/EBERLE 1980, S. 654
[268] KISTENMACHER/EBERLE 1980, S. 655
[269] FÜRST 1987, S. 189
[270] SCHMITT-GLÄSER 1980, S. 38

durchaus zulässig seien[271], da die Bauleitplanung zunehmend in den Bereich der "kondominalen* Aufgabenerfüllung" falle, d.h. in einen "Zwischenbereich von eindeutig örtlichen und eindeutig überörtlichen Aufgaben". Hier aber gibt es kein "Entscheidungsmonopol" der Gemeinde[272]. Als Beispiele für die "bestimmten Voraussetzungen" nannten ERNST und SUDEROW u.a. ein "abgestuftes Mitwirkungsrecht an staatlichen Entscheidungen" für die Gemeinden sowie ein "Recht auf Planungsinitiative"[273]. Danach könnte sich die Landesplanung über die Vorschläge der Gemeinden nur dann hinwegsetzen, "wenn sie nachweisen kann, daß ihre Entscheidung zur Erfüllung der Aufgaben der Landesplanung notwendig ist und die von den Gemeinden entwickelten Vorstellungen für diese Entwicklung ungeeignet sind"[274]. Trotz dieser für die Kommunen* äußerst vorteilhaften und z.T. bereits bestehenden Voraussetzungen war ihre Reaktion auf die Veröffentlichung dieses Gutachtens sehr heftig. In einem Gegengutachten versuchten die kommunalen Spitzenverbände, die Argumente von ERNST und SUDEROW widerlegen zu lassen: SIEDENTOPF kam zum Ergebnis, daß landesplanerische Festlegungen innerhalb von Gemeindeteilen generell unzulässig seien und einen Verstoß gegen die kommunale Planungshoheit darstellten. Eine Kompensation über die Einräumung von Mitwirkungsrechten sei nicht möglich[275].
In der Folgezeit entbrennt eine regelrechte Publikations- "Schlacht" zwischen den Anhängern von ERNST und SUDEROW einer- und SIEDENTOPF andererseits. Die Anhänger von ERNST und SUDEROW argumentieren dabei eher auf der fachlich-praktischen, die Anhänger von SIEDENTOPF eher auf der theoretisch-juristischen Ebene. Dabei wird kaum beachtet, daß der Standpunkt beider Seiten bereits starke Zugeständnisse an die kommunale Seite beinhaltet. Deutlich wird dies bei der Forderung nach einer "Entfeinerung" der Landes- und Regionalplanung[276], die von beiden Seiten vorgebracht wurde. Nur wenige Juristen wenden sich gegen diese vorherrschende Meinung. So bezweifelt WAHL den eindeutigen Zusammenhang zwischen einer Entfeinerung der Landesplanung und einer Erweiterung der Handlungsmöglichkeit der Kommunen*[277]. Dabei wirft er sogar die wichtige, problemorientierte und zuvor kaum diskutierte Kernfrage auf, ob eine Erweiterung der Handlungsmöglichkeit der Kommunen* überhaupt "in jedem landesplanerischen Sachbereich erwünscht" sein kann[278].

III.D.1.2. Bewertung

BORCHARD behauptet, daß die Planungshoheit der Gemeinden selbst dann nicht durch die Regionalplanung ersetzt werden könne, wenn jene zu einer unbefriedigenden Planung führen würde[279]. Verwaltungsgerichtsurteile geben bei Konflikten zwischen den Planungsstufen der kommunalen Planungshoheit häufig den Vorrang[280].
Diese Beispiele zeigen, wie problem- und sachorientierte Sichtweisen während der längere Zeit einseitig von Juristen dominierten Diskussion des Konfliktbereiches "Kommune* versus Landes- und Regionalplanung" viel zu kurz kamen, obwohl einzelne Stimmen frühzeitig die Rückkehr zu den Sachproblemen anmahnten. So fordert RITTER bereits 1978: "Ein Besinnen auf die nüchternen Tatsachen tut not", und weist darauf hin, daß die kommunale Ebene selbst in nahezu allen Bundesländern die Regionalplanung stark mitbestimme[281]. Sie sei z.B. zweifach an der Regionalplanung beteiligt: zum einen durch die gesetzlich geregelte Planungsbeteiligung, zum anderen wirkten die

[271] ERNST/SUDEROW 1976, S. 49
[272] DADOU et al. 1979, S. 20
[273] ERNST/SUDEROW 1976, S. 49f
[274] ERNST/SUDEROW 1976, S. 49f. In einer späteren Veröffentlichung geht ERNST sogar noch weiter und behauptet, daß es eine Regionalplanung ohne Funktionszuweisungen* für Gemeindeteile gar nicht geben könne. Ohne eine solche Zuweisung komme es zu einer Verschiebung der Konflikte auf das Genehmigungs- oder Bauleitplanverfahren oder sogar auf die Verwaltungsgerichte (ERNST 1980, S. 124f). Diese wichtigen Hinweise kommen in der Diskussion leider oft zu kurz.
[275] SIEDENTOPF 1977, S. 46
[276] SIEDENTOPF 1977, S. 57
[277] WAHL 1981, S. 597
[278] WAHL 1981, S. 597
[279] BORCHARD 1985, S. 208
[280] So legte der Verwaltungsgerichtshof von Nordrhein-Westfalen in seiner Urteilsbegründung vom 2.5.80 fest, daß, falls in einem Konflikt über den Vorrang einer Planungsstufe zu entscheiden sei, dieser immer bei der kommunalen Planungshoheit liege (zit. nach BORCHARD 1985, S. 206).
[281] RITTER 1978, S. 134

Gemeinden selbst an der Planung mit, da die kommunalen Gremien nahezu immer Wahlgremien für die Gremien der Regionalplanung darstellten[282]. Am deutlichsten kritisieren KISTENMACHER und EBERLE die einseitig juristisch geführte Diskussion: "Recht ist nur ein Teilaspekt der Planungsproblematik und gewährleistet allein noch keine sinnvolle Raumordnung"[283]. Diese Kritik kam in der weiteren Entwicklung viel zu kurz, wie am Beispiel Baden-Württembergs noch gezeigt wird. Ohne Rücksicht auf die eigentlichen Sachprobleme wurden wesentliche Steuerinstrumente der Landes- und Regionalplanung zugunsten der kommunalen Planungshoheit beschnitten oder ganz abgeschafft. Die Kommunen* gingen als klare Sieger aus der "juristischen Diskussion" hervor.

III.D.2. Die Perspektive der Evaluierungs- und Implementationsforschung

III.D.2.1. Einführung

Einzelne Juristen wie WAHL weisen darauf hin, daß in der Raumordnung nicht "die Legitimation und das Bedürfnis der Steuerung gegenüber den Gemeinden" das Problem sei, sondern "grundsätzlich die Steuerungsfähigkeit der Landesplanung"[284]. SCHNABEL bemängelt 1980, daß es kaum "empirisch-analytische" Erörterungen der Gründe und Konsequenzen "vertikaler Politikverflechtungssysteme" gebe[285].

Diese Untersuchungsfelder werden von der hauptsächlich von politikwissenschaftlicher Seite aus betriebenen Evaluierungs- und Implementationsforschung bearbeitet. Sie fragt weniger nach dem juristischen Rahmen, sondern sach- und problemorientiert nach dem Erfolg und der Umsetzung raumordnerischer Tätigkeiten und Festlegungen. Dazu entwickelt sie Methoden zur Erfolgskontrolle von Programmen, also auch Raumordnungsplänen. Insgesamt gehört die Evaluierungs- und Implementationsforschung damit zu den größten Kritikern der Raumordnung[286].

Im nachstehenden Kapitel soll über Untersuchungsergebnisse ausgewählter Evaluierungen raumordnerischer Tätigkeiten berichtet werden. Die Auswahl erfolgte hauptsächlich nach dem Kriterium, ob die jeweilige Evaluierung eine Untersuchung der Implementation auf der für diese Untersuchung wichtigen Ebene der Gemeinde, wenigstens in Ansätzen, einschließt.

III.D.2.2. Ergebnisse raumordnerischer Evaluierungen und Implementationsanalysen

Hessische Mitglieder der Regionalverbandsversammlung schätzen die "zurechenbaren Steuerungseffekte" der Regionalplanung als "überwiegend skeptisch" ein[287]. "Wissenschaftliche" Evaluierungen raumordnerischer Tätigkeiten kommen zu ähnlichen Ergebnissen.

III.D.2.2.1. DIE KONUKIEWITZ-STUDIE

KONUKIEWITZ untersucht in seiner Evaluierungsstudie die Implementation u.a. der Flächensteuerung durch die Regionalplanung[288] auf der Ebene der Gemeinde.

III.D.2.2.1.1. Untersuchungsmethode

KONUKIEWITZ versucht, über die Erfassung der Entscheidungsroutinen der Akteure (Behörden, Angehörige von Gemeindeverwaltungen etc.[289]) durch Aktenanalysen, Expertenbefragungen und Methoden teilnehmender Beobachtung, Erkenntnisse über die Durchsetzungspotentiale der Landes- und Regionalplanung bei der Flächensteuerung auf der Ebene der Gemeinden zu erhalten. Diese Untersuchung führt er am Beispiel des Durchsetzungserfolgs der Regionalplanung auf die Lage und die Dimensionierung von Baugebieten durch[290]. Dabei verfolgt er das in Nordrhein-Westfalen einer

---

282 RITTER 1978, S. 134

283 KISTENMACHER/EBERLE 1980, S. 662

284 WAHL 1981, S. 600

285 SCHNABEL 1980, S. 49ff

286 FÜRST/HESSE 1981, S. 195

287 Schulz zur Wiesch 1979, zit. nach SCHÄFERS 1982, S. 237

288 KONUKIEWITZ 1985, S. 57

289 KONUKIEWITZ 1985, S. 64

290 KONUKIEWITZ 1985, S. 85

Bauleitplanung vorausgehende "landesplanerische Abstimmungsverfahren", wie es ähnlich in Form des Verfahrens um die "landesplanerische Stellungnahme" auch in Baden-Württemberg durchgeführt wird. Diese Methode wird neben Gründen der guten Erfassung von "Planung als Prozeß" auch deshalb gewählt, weil ein für die Evaluierung geeigneter rechtsverbindlicher Regionalplan nicht vorhanden ist[291].

III.D.2.2.1.2. Ergebnisse

Zwar kommt KONUKIEWITZ zu dem Ergebnis, daß die Implementation der räumlichen Politik "erhebliche Defizite" aufweist[292]. Andererseits aber stellt er fest, daß die "angestrebten Ziele von der Bezirksplanungsbehörde weitgehend erreicht" worden seien. So hätten die Gemeinden weniger Wohnbauflächen ausgewiesen als die eigene Bedarfseinschätzung und der eigene Wunsch eigentlich erforderten. Auch seien (hinsichtlich der Verortung) die Flächen "weniger verstreut" ausgewiesen worden[293]. Sein Ergebnis stelle einige früher geäußerte Einschätzungen in Frage, wonach die Chancen für eine wirkungsvolle landesplanerische Flächensteuerung aus verschiedenen Gründen als "sehr gering" beurteilt würden[294].
Dieses widersprüchliche Ergebnis läßt Zweifel an der gewählten Untersuchungsmethode aufkommen. Folgende Kritikpunkte sind hierbei von Relevanz:
KONUKIEWITZ unterscheidet nicht deutlich zwischen "Grundsätzen der Raumordnung" und "Zielen der Raumordnung und Landesplanung". Daß die "Ziele der Raumordnung und Landesplanung" eingehalten wurden, wie KONUKIEWITZ als ein Untersuchungsergebnis festhält, ist aufgrund der Rechtsstellung dieser für die Gemeinden unmittelbar verbindlichen Vorgaben eigentlich als selbstverständlich zu erwarten[295]. Leider geht KONUKIEWITZ auf die viel interessantere Implementation der "Grundsätze der Raumordnung" nicht direkt ein. KONUKIEWITZ deutet an, daß bereits in den landesplanerischen Vorgaben der Bezirksplanungsbehörde aufgrund der vor der Abgabe der Stellungnahmen stattgefundenen "Erörterung"[296], "Zugeständnisse" an die Gemeinde enthalten sein könnten, die aber "nicht näher bestimmbar" seien[297]. Solche vor dem eigentlichen Verfahren aus Konsensfindungsgründen seitens der Raumordnungsbehörde gemachten "Zugeständnisse" sind aber für die Beurteilung der Implementation von großer Wichtigkeit. Zugeständnisse sind Kompromisse und geben nicht die "reinen" Erfordernisse der Landes- bzw. Regionalplanung wieder. Selbst KONUKIEWITZ schreibt, daß eine echte Beurteilung des Durchsetzungserfolgs der Landesplanungsbehörde eigentlich nur durch einen Vergleich zwischen der "Ausgangsposition" (Position vor der Erörterung) der Behörde, wie sie etwa an internen Stellungnahmen der einzelnen Fachabteilungen der Behörde festzumachen sei, mit dem Ergebnis der Erörterungen erfolgen könne[298]. Ein solcher Vergleich ist aber, und hier muß man KONUKIEWITZ recht geben, "sehr problematisch", da die Erörterungen zwischen der Landesplanungsbehörde und den Gemeinden auch einen "gegenseitigen Informationsprozeß" darstellen[299]. Anders und überspitzt ausgedrückt: Die "Ausgangsposition" einer Landesplanungsbehörde ist nie klar definiert, sondern verändert sich im Laufe eines Abstimmungsverfahrens, sei es durch Zugewinn an Information, sei es durch Veränderung der Planungsvoraussetzungen oder sei es durch den Verlust von Durchsetzungspotentialen der Landesplanungsbehörde gegenüber der Gemeinde. Im Rahmen einer Evaluierung müssen diese Faktoren einschließlich ihrer Einflußgröße zumindest teilweise bestimmt oder plausibel eingeschätzt werden. Da KONUKIEWITZ dies in seiner Untersuchung nicht immer gelungen ist, muß man seine Ergebnisse mit Vorsicht behandeln.

---

291 KONUKIEWITZ 1985, S. 220

292 KONUKIEWITZ 1985, S. 243. Nach eigenen Angaben ist dieses Ergebnis mit dem des großen Kritikers NASCHOLD "gleichsinnig" (KONUKIEWITZ 1985, S. 244).

293 KONUKIEWITZ 1985, S. 220

294 KONUKIEWITZ 1985, S. 220

295 KONUKIEWITZ 1985, S. 219. Selbst KONUKIEWITZ stellt die Relevanz der unterschiedlichen Verbindlichkeit von "Grundsätzen" und "Zielen" an anderer Stelle (S. 108) fest, ohne jedoch die Konsequenzen zu ziehen.

296 Diese Erörterungen haben nach KONUKIEWITZ sogar teilweise den "Charakter von Verhandlungen" (KONUKIEWITZ 1985, S. 219).

297 KONUKIEWITZ 1985, S. 219

298 KONUKIEWITZ 1985, S. 109

299 KONUKIEWITZ 1985, S. 109

III.D.2.2.2. DIE DADOU-STUDIE

Obwohl explizit nicht als solche bezeichnet, stellt die Studie von DADOU et al. doch eine Art Kombination zwischen Teilevaluierung und Implementationsanalyse für die Regionalplanung in Baden-Württemberg dar[300].

III.D.2.2.2.1. Untersuchungsmethode

Die beiden Untersuchungsräume der Studie umfassen die Planungsgebiete der beiden Regionalverbände Mittlerer und Südlicher Oberrhein in Baden-Württemberg. Ziel der Untersuchung war es, am Beispiel dieser Untersuchungsräume Erkenntnisse über die von der Regionalplanung gegenüber der kommunalen Bauleitplanung eingesetzten Instrumente zu gewinnen. Teilziele der Untersuchung waren:

-die Art der Handhabung des Instrumentes "Stellungnahme" seitens der Regionalverbände und

-die Verwendung weiterer Einflußmöglichkeiten seitens der Regionalverbände zu untersuchen sowie

-Informationen über die Wirkung der von der Regionalplanung eingesetzten Instrumente zu erhalten[301].

Hierzu werteten DADOU et al. in einem stark formalisierten Verfahren (Matrix-Verfahren) Stellungnahmen und Verfahrensakten der Regionalverbände zu Flächennutzungs- und Bebauungsplänen der im jeweiligen Untersuchungsgebiet liegenden Gemeinden aus. Ergänzend dazu wurden Expertenbefragungen mit Vertretern der Regionalplanung und anderer beteiligter Behörden sowie der Gemeinden geführt[302]. DADOU et al. verglichen die in den Stellungnahmen der Regionalverbände niedergelegten Erfordernisse der überörtlichen Raumordnung mit den nach dem jeweiligen Bauleitplanverfahren erzielten Umsetzungen durch die Gemeinden.

III.D.2.2.2.2. Ergebnisse

Hauptergebnis von DADOU et al. ist, daß die Untersuchungshypothese, wonach die Durchsetzungsfähigkeit der Regionalverbände gegenüber den Gemeinden als "gering" zu bezeichnen ist, "nicht bestätigt" worden sei[303]. Die Regionalverbände hätten auf die kommunale Bauleitplanung eine "positive Wirkung"[304] erzielt. Bei den Gemeinden wurde ein "Umdenkungsprozeß" hinsichtlich ihrer Haltung zur überörtlichen Planung festgestellt, so daß diese jetzt "akzeptiert" werde[305].
Dieses vorsichtig formulierte Untersuchungsergebnis deutet die Probleme an, auf die DADOU et al. im Laufe ihrer Untersuchung gestoßen sind und die zu einer kritischen Betrachtung des Ergebnisses Anlaß geben: Das erste Problem ähnelt dem bei KONUKIEWITZ bereits diskutierten. In der gesamten Untersuchung findet sich keine Anmerkung darüber, daß Stellungnahmen der Regionalplanung in Baden-Württemberg keine "reinen" raumordnerischen Erfordernisse enthalten können, da sie zumindest in einigen Fällen von der politischen Verbandsvertretung (der Verbandsversammlung bzw. dem Planungsausschuß) gebilligt werden müssen. Da aber diese Gremien in Baden-Württemberg in den meisten Fällen mehrheitlich mit Kommunenvertretern besetzt sind, sind "ex-ante Abschwächungen" der "reinen", fachlich-überörtlichen Stellungnahme, wie sie ja auch KONUKIEWITZ für Nordrhein-Westfalen vermutet, nicht auszuschließen. Dieser für eine Evaluierung wichtige Einflußfaktor bleibt bei DADOU et al. unberücksichtigt.
DADOU et al. ist es mit ihrem formalen Vorgehen nicht vollständig gelungen herauszufinden, ob die Wirkung einer Stellungnahme auf den Akteur "Regionalverband" oder auf andere Akteure bzw. auf Koalitionsbildungen, z.B. des Regionalverbands mit dem in Baden-Württemberg als Genehmigungsbehörden fungierenden Trägern öffentlicher Belange* Landratsamt und Regierungspräsidium, zurückzuführen ist (Problem der "Wirkungszusammenhänge"[306]). DADOU et al.

---

[300] DADOU et al. 1979
[301] DADOU et al. 1979, S. 4
[302] DADOU et al. 1979, S. 81
[303] DADOU et al. 1979, S. 98
[304] DADOU et al. 1979, S. 98
[305] DADOU et al. 1979, S. 93
[306] S. Kapitel IV.D

deuten dieses Problem immerhin an, wenn sie schreiben, daß ohne Unterstützung durch die Genehmigungsbehörde Bedenken des Regionalverbands hinsichtlich verwaltungsjuristischer Aspekte "völlig wirkungslos" seien[307]. Sie selbst reduzieren diese wichtigen Einflußparameter auf die Bewertung der Wirksamkeit einer regionalplanerischen Stellungnahme auf bloße "modifizierende Faktoren", die sie "aus methodischen Gründen im konkreten Fall nicht für alle Faktoren" nachweisen könnten[308]. Aufgrund ihrer formalen Untersuchung entgehen DADOU et al. Erkenntnisse über den Einfluß sonstiger wichtiger Einflußparameter auf Inhalt und Wirkung der Stellungnahmen. So schreiben sie selbst, daß die Untersuchung von Wirkungen daran gebunden sei, ob für jeden Bauleitplan Informationen über die Planungsvorstellungen der Akteure und die sich im Verfahren ergebenden Änderungen vorhanden seien. Ihren Angaben zufolge konnten diese für eine Wirkungsanalyse notwendigen Informationen aber aus "zeitlichen und methodischen Gründen...nicht immer" eingeholt werden[309]. Die gewählte Untersuchungsmethode ist, entgegen den Anforderungen an eine Wirkungsanalyse, dazu auch zu stark formalisiert. Schließlich fällt in der Untersuchung kein Wort über mögliche "taktische" Stellungnahmen, welche für verwaltungsadministrative Handlungsroutinen typisch sind, besonders bei der von Informations- und Überzeugungsinstrumenten abhängigen Regionalplanung. Einsatzmöglichkeiten für solche Stellungnahmen gäbe es z.B. bei Kompensationsgeschäften oder aus Furcht vor Verlust von Konsensfindungsmöglichkeiten. Solche Motive könnten ebenfalls eine "ex-ante"-Abschwächung der Stellungnahmen bedeuten. Es ist DADOU et al. aber zugutezuhalten, daß solche Einflußparameter aufgrund der Feldforschungsprobleme nur sehr schwer zu erheben sind. Immerhin hätten solche Untersuchungsprobleme bei der Formulierung des Untersuchungsergebnisses ihren Niederschlag finden müssen. Auch hier hätte eine andere, weniger streng formalisierte Untersuchungsmethodik (z.B. eine eher "verfahrensorientierte" Vorgehensweise am Beispiel eines oder zwei Bauleitplanverfahren) vielleicht eher zum Ziel geführt. Die Probleme ähneln denen von KONUKIEWITZ. Das Untersuchungsergebnis sollte daher entsprechend kritisch betrachtet werden.

III.D.2.2.3. DIE EICHNER-STUDIE

Diese Studie[310] erhebt einen umfassenden Anspruch. So will sie einen methodischen Ansatz für die Erfolgskontrolle eines Raumordnungsplans entwickeln[311], diesen Ansatz an einem empirischen Beispiel testen und die für die räumlichen Veränderungen relevanten und bei einer Evaluierung besonders schwierig zu erhebenden Wirkungszusammenhänge ermitteln[312].

III.D.2.2.3.1. Untersuchungsmethode

Die kaum formalisierte und oft qualitativ argumentierende Vorgehensweise hebt sich von derjenigen von DADOU et al. ab. Als Untersuchungsraum wählten die Autoren den Geltungsbereich des regionalen Raumordnungsplanes Westpfalz im Landkreis Kusel in Rheinland-Pfalz[313].
Problematisch ist die Auswahl ihrer Indikatoren für die "Zielerreichungskontrolle"[314]: So gilt z.B. die Regionalplanung im Bereich der Landespflege dann als "erfolgreich", wenn ihre Zielvorstellungen durch die Gemeinden über die Aufstellung von Landschaftsplänen[315] erfüllt werden. Es werden aber weder der Inhalt noch die Umsetzung dieser Pläne in Betracht gezogen, so daß die tatsächlich erfolgte Umsetzung nicht nachgeprüft werden kann. Gerade im kommunalpolitischen Milieu kann aber die Gefahr der Planerstellung zu bloßen "Showzwecken" nie ganz ausgeschlossen werden[316].

III.D.2.2.3.2. Ergebnisse

Als Hauptergebnis stellen EICHNER et al. fest, daß die im Untersuchungsraum entstandene

---

[307] DADOU et al. 1979, S. 87
[308] DADOU et al. 1979, S. 87
[309] DADOU et al. 1979, S. 81
[310] EICHNER et al. 1979
[311] S. Kapitel IV.D
[312] EICHNER et al. 1979, S. 1
[313] EICHNER et al. 1979
[314] S. Kapitel IV.D
[315] EICHNER et al. 1979, S. 176
[316] Vgl. VALENTIEN 1984

raumstrukturelle Situation als insgesamt "den Grundsätzen der Raumordnung widersprechend" zu bewerten sei[317]. Die Gründe sehen sie in der unterschiedlichen Interessenlage zwischen Gemeinden einer- und Regionalplanung andererseits.
Bei den im Rahmen dieser Arbeit interessierenden Sachbereichen kommen EICHNER et al. zu nachstehenden Teilergebnissen.

III.D.2.2.3.2.1. Ergebnisse für den Sachbereich "Landespflege"

Die Gemeinden sähen die Notwendigkeit einer Landschaftsplanung nicht ein[318]. So würden z.B. nicht einmal überall dort, wo es vom Regionalplan gefordert sei, Landschaftspläne aufgestellt[319].

III.D.2.2.3.2.2. Ergebnisse für den Sachbereich "Siedlungswesen"

EICHNER et al. sehen die Ursache des Scheiterns der meisten Planungsmaßnahmen des Regionalverbandes (z.B. Erfordernis "Konzentration der Wohnbevölkerung") in diesem Sachbereich bei der "Eigendynamik" des Marktes. Die von Flächenangebot und -nachfrage bestimmten Baulandpreise unterliefen die Regionalplanung[320]. Neben dem Markt nennen sie an zweiter Stelle den Einflußfaktor des "Spannungsfeldes" überörtliche Planung - Bauleitplanung[321]: "Gerade im Landkreis Kusel ist es offensichtlich (und wurde durch Befragungen bestätigt), daß die Zielsetzungen des Regionalplanes durch die Gemeinden nicht akzeptiert wurden, obwohl sie in der Regionalvertretung dem Regionalplan zugestimmt hatten"[322]. Zwar sei eine formale, nicht jedoch eine inhaltliche Einigung erfolgt. Die Gemeinden hätten sich vielmehr eigene Ziele gesetzt, ohne dabei die Funktionszusammenhänge des größeren Raumes zu beachten[323]. Als Beispiel dafür nennen EICHNER et al. die von den Gemeinden betriebene nachfrageorientierte Bauleitplanung (Bodenvorratspolitik)[324]. Die diesbezüglichen Motive der Gemeinden führen EICHNER et al. auf den gemeindlichen Egoismus zurück, sich einen möglichst großen Anteil am Entwicklungspotential zu sichern. Der Erfolgszwang der Bürgermeister und das Konkurrenzdenken spielten "eine erhebliche Rolle"[325]. Dadurch sei grundsätzlich eine Umsetzung des Regionalplanes auf der Gemeindeebene nahezu ausgeschlossen[326], was beim Sachbereich "Wohnungs- und Siedlungswesen" besonders deutlich werde[327]. Dazu kommt die unzureichende Beteiligung der Regionalplanung durch die Gemeinden an der Bauleitplanung. So war zum Zeitpunkt der Untersuchung der Regionalverband noch nicht einmal "Träger öffentlicher Belange*"[328].
Die Hauptschuld für das Scheitern der Regionalplanung geben EICHNER et al. jedoch den Genehmigungsbehörden, die ihrer Aufgabe nicht gerecht geworden seien, den Regionalplan "durch richtige Steuerung der Bauleitplanung in die Tat umzusetzen"[329]. Unerwähnt bleibt, daß aufgrund der Planungshoheit der Gemeinden eine solche Steuerung seitens der auf die Kompetenz der Rechtsaufsicht beschränkten Genehmigungsbehörden auch in Rheinland-Pfalz nahezu unmöglich ist. Darüber hinaus kritisieren EICHNER et al., daß sich die Genehmigungsbehörden beim Sachbereich "Wohnungs- und Siedlungswesen" nicht an den Plansätzen des Regionalplans orientiert hätten (z.B. bei der Genehmigung von Bebauungsplänen)[330]. Einen Grund dafür sehen die Verfasser in der engen kommunalpolitischen Verflechtung zwischen den Gemeinden und den zuständigen Genehmigungsbehörden[331], wie er ja auch in Baden-Württemberg gegeben ist. Ein zweiter Grund wird in der mangelnden Ausstattung der

---

317 EICHNER et al. 1979, S. 115
318 EICHNER et al. 1979, S. 112
319 EICHNER et al. 1979, S. 176
320 EICHNER et al. 1979, S. 119
321 EICHNER et al. 1979, S. 120
322 EICHNER et al. 1979, S. 120
323 EICHNER et al. 1979, S. 120
324 EICHNER et al. 1979, S. 146. Daß zwischen den Einflußfaktoren "Markt" und "Baulandpolitik der Gemeinden" enge Wechselbeziehungen bestehen, wird nicht erwähnt.
325 EICHNER et al. 1979, S. 120
326 EICHNER et al. 1979, S. 120
327 EICHNER et al. 1979, S. 122
328 EICHNER et al. 1979, S. 190
329 EICHNER et al. 1979, S. 176
330 EICHNER et al. 1979, S. 121 und S. 177
331 EICHNER et al. 1979, S. 190. Deutlich wird diese Interessenverflechtung bereits am Begriff "Kommune*".

Genehmigungsbehörden mit kompetentem Fachpersonal gesehen[332].
Anders als bei den regionalplanerischen "Defavorisierungs"- und Einschränkungsplanungen sieht es bei den wirtschaftlichen Strukturplanungen aus. So halten EICHNER et al. die Aktivitäten eines Bürgermeisters bei einer regionalplanerisch erwünschten Industrieansiedlung für einen Einflußfaktor von "ausschlaggebender Bedeutung"[333]. Auf diesem Planungssektor ist die Interessenlage zwischen Gemeinde und Regionalplanung eben nahezu identisch.

III.D.2.2.4. SONSTIGE STUDIEN ZUR ERFOLGSKONTROLLE IN DER RAUMORDNUNG

KRAUSS berichtet über eine nicht veröffentlichte "Erfolgskontrolle" der Implementation raumordnerischer Erfordernisse anhand von Flächennutzungsplänen benachbarter Gemeinden der Region Donau-Iller in Baden-Württemberg[334]. Als Ergebnis stellt er fest, daß auch hier die Umsetzung "nur in Teilbereichen" eine Übereinstimmung mit den "dokumentierten Zielen der Landes- und Regionalplanung", worunter KRAUSS auch die "Grundsätze der Raumordnung" versteht, erkennen lasse[335]. Dabei ist seine Feststellung interessant, daß

a. die Flächennutzungspläne der Gemeinden trotz dieser mangelnden Umsetzung alle genehmigt worden seien und

b. sogar die Landes- und Regionalplaner mit der Umsetzung "zufrieden" gewesen seien[336].

Hinweis a. deutet auf die relative Wirkungslosigkeit der "Grundsätze der Raumordnung" hin, denn ohne die Umsetzung der unmittelbar verbindlichen "Ziele der Raumordnung und Landesplanung" hätten die Flächennutzungspläne ja aus rechtlichen Gründen nicht genehmigt werden dürfen. Hinweis b. könnte ein Indiz sein für die auch von KONUKIEWITZ in die Diskussion gebrachte Änderung der Position der Landes- bzw. Regionalplaner gegenüber der Gemeinde im Laufe eines Abstimmungsverfahrens. Anscheinend ist diese Änderung im vorliegenden Fall so kraß, daß die Landesplanung über das Erreichte zufrieden ist, obwohl es mit den "dokumentierten" "reinen" Erfordernissen der Landes- und Regionalplanung gar nicht mehr übereinstimmt.

III.E. Die Krise der überlokalen Raumordnung - Folge der Durchsetzungsprobleme gegenüber den Gemeinden

III.E.1. Betrachtungsebene 1: Die überörtliche Raumordnung

Die Krise der Raumordnung hat vielfältige Gründe.
Die hohen Ansprüche der Raumordnung nach Koordinierung aller raumrelevanten Kräfte und nach Schaffung gleichwertiger Lebensgrundlagen in allen Teilräumen des Landes finden in der Bundesrepublik bereits ihre Grenzen im freiheitlich-demokratischen politischen System und im Marktwirtschaftssystem. Die vergleichsweise geringe gesellschaftspolitische Bedeutung zeigt sich an der Stellung der Raumordnung im Verwaltungssystem: Sogenannte "originäre" Politikbereiche, z.B. die Wirtschaftspolitik, rangieren weit vor der Raumordnung. So ist die "politische Rückendeckung" der überörtlichen Raumordnung, besonders der Regionalplanung (z.B. durch Landespolitiker), nicht zuletzt aufgrund der traditionell stärkeren politischen Macht der Gemeinden zumeist sehr schwach[337]. Eine Verbesserung dieser Situation durch "engagierte" Planungsverwaltungen[338] ist nur partiell möglich. Sogar bis hinunter zu den untersten Ebenen steht die überörtliche Raumordnung immer hinter den in der Verwaltungspraxis weit wichtigeren Fachplanungen*. Diese sind mit eigenen Umsetzungsinstrumenten, auch finanzieller Art, ausgestattet und verfügen über eine wirkungsvolle Klientel, selbst in den Gemeinden. Nicht zuletzt verfügen sie zumeist über bessere Planungskapazitäten. Die Landes- und Regionalplanung dagegen besitzt nicht einmal eigene Durchsetzungsinstrumente. Deutlich wird dies bei einem Vergleich der allgemeinen Anforderungen an Instrumente regulativer

---

[332] EICHNER et al. 1979, S. 190
[333] EICHNER et al. 1979, S. 146
[334] KRAUSS 1980, S. 92
[335] KRAUSS 1980, S. 92
[336] KRAUSS 1980, S. 92
[337] BAESTLEIN/KONUKIEWITZ 1980, S. 55
[338] KONUKIEWITZ 1985, S. 336

Politik (und dazu kann man die Raumordnung zählen) nach HUCKE/BOHNE[339], mit den tatsächlich vorhandenen Instrumenten der überörtlichen Raumordnung. So fordern HUCKE/BOHNE für eine wirkungsvolle regulative Politik u.a.:

-die Existenz einer "Batterie von Sanktionsmitteln" und

-die Existenz eines staatlichen Apparates zur Überwachung des Vollzugs und der Auslösung von Sanktionen bei Nichtvollzug[340].

Diese Anforderungen fehlen der Raumordnung entweder, sind nur teilweise vorhanden oder in verschiedene Zuständigkeiten aufgesplittert. Die Raumordnung zeigt die typischen Schwachpunkte der regulativen Programmpolitik: So begnügt sie sich z.B. von vornherein mit vergleichsweise allgemein gehaltenen Klauseln, "deren inhaltliche Präzisierung der Einzelentscheidung den Vollzugsinstanzen vorbehalten wird", da die Interessenvertreter der Gegenseite dann leichter zustimmen[341].
Die von vielen als Allheilmittel für die Krise der Raumordnung gesehene Stärkung der Verhandlungs- und Informationsinstrumente zur Konsensfindung sehen HUCKE/BOHNE kritisch. Sie merken an, daß diese Instrumente in vielen Fällen nicht nur erfolglos seien, sondern auch zur Durchsetzung der Adressatenbeziehungen und nicht der Programmersteller im Vollzug führen können[342]. Dies könnte z.B. der Fall sein, wenn aufgrund eines Kompetenzvorsprungs des Verhandlungspartners die Verhandlungsposition der Raumordnung von voneherein schwach ist. Einen anderen Nachteil der Informations- und Überzeugungsinstrumente nennt KONUKIEWITZ: Bei divergierenden Interessenlagen kann das Einbringen von zusätzlicher Information in die Verhandlung auch bedeuten, daß noch mehr, bisher latent gebliebene Interessenkonflikte aufgedeckt werden könnten[343].
Die Stufe der kommunalen Bauleitplanung weist grundlegende Unterschiede zu den übrigen Raumordnungsstufen auf (örtlicher statt überörtlicher Raumbezug, Möglichkeit des direkten Vollzuges, eigene Umsetzungsinstrumente, z.B. finanzieller Art). Darüber hinaus differiert ihre Interessenlage stark von der übrigen "staatlichen" Raumordnung. Dies macht sie zu deren Gegner. Daran kann auch das von vielen festgestellte oder teilweise eher erhoffte "Regionalbewußtsein" vieler Kommunen* nichts ändern. Gerade im Bereich zwischen Regional- und Gemeindeplanung zeigen sich die Vollzugsprobleme der Raumordnung am deutlichsten. Nur selten gelingt es der Regionalplanung, sich hier durchzusetzen, wie die meisten empirischen Evaluierungen raumordnerischer Tätigkeiten zeigen.
Aufgrund der unzureichenden Ausstattung mit eigenen Vollzugsinstrumenten hängt die Regionalplanung fast vollständig von der Anwendung von Informations- und Überzeugungsstrategien ab. Eines ihrer wichtigsten Instrumente, der Regionalplan, kann zu den persuasiven Programmen gerechnet werden. Die Arbeit der Regionalplanung wird wesentlich durch die Suche nach Konsens (mit Hilfe von Information und Überzeugung) beeinflußt[344]. Dabei wird in Form von bilateralen Erörterungen, "regelrechten Verhandlungen"[345], versucht, die Gemeinden zu einer Umsetzung landes- und regionalplanerischer Erfordernisse zu bewegen. Die zur Erreichung ihrer Ziele wichtige frühzeitige Beteiligung der Regionalplanung über das vom Gesetz her geforderte Mindestmaß hinaus (z.B. auf der Stufe der Bedarfsplanung) hängt hierbei im wesentlichen vom Willen der Gemeinde ab. Aufgrund der schwachen Stellung in der Alltagspolitik und der starken Abhängigkeit vom Konsens werden die Erfordernisse der Regionalplanung bereits von vornherein unklar und voller Widersprüche formuliert. Weder das integrierende Leitbild eines Raumordnungsplans noch die häufig anzutreffenden "Grundsätze der Raumordnung und Landesplanung" sind widerspruchsfrei und einheitlich, wie es etwa BENZING et al.[346] als Anforderung für Raumordnungsplansätze verlangen. Darunter leiden wiederum der Informationswert des Instruments Plan (und damit seine Einsatzmöglichkeit im Rahmen von Informationsstrategien) und die wichtige Öffentlichkeitsarbeit. Auch die zur Erleichterung der

---

339 HUCKE/BOHNE 1980, S. 186ff

340 HUCKE/BOHNE 1980, S. 186

341 HUCKE/BOHNE 1980, S. 186

342 HUCKE/BOHNE 1980, S. 194

343 KONUKIEWITZ 1985, S. 51

344 u.a. KRAUSS 1980, S. 91. Oft wird die Anwendung "weicher" Instrumente gar nicht als solche erkannt. So meint KONUKIEWITZ, daß die Regionalplanung (in seinem Beispiel die Bezirksplanung) den kommunalen Wünschen nicht aufgrund der mangelnden "harten" Instrumente, sondern aufgrund des Bedürfnisses nach dem Erhalt eines "guten Umgangsklimas" häufiger nachkomme (KONUKIEWITZ 1985, S. 221). Er vergißt dabei, das der Erhalt dieses "Umgangsklimas" nicht als Selbstzweck, sondern als Teil des Umsetzungsinstrumentariums der Regionalplanung zu sehen ist.

345 KONUKIEWITZ 1985, S. 219

346 BENZING et al. 1978, S. 394

Konsenssuche z.B. von EICHNER et al.[347] vorgeschlagene Konzentration der regionalplanerischen Arbeit auf die Funktion "Anwalt der Gemeinden" und damit der eventuelle Gewinn einflußreicher politischer Partner leiden unter dieser Unschärfe.

III.E.2. Betrachtungsebene 2: Die kommunale Planung

Die Interessenlage der Gemeinden ist in etlichen Bereichen grundsätzlich gegen die Regionalplanung gerichtet. Aufgrund des mangelnden und, wenn überhaupt, erst in Ansätzen sich entwickelnden Regionalbewußtseins zielen die Gemeinden in diesen Bereichen auf die "Neutralisierung" und das Unterlaufen der Regionalplanung in diesen Bereichen[348]. Besonders deutlich wird dies im Bereich der Bauleitplanung[349]. Die Gemeinden versuchen die Regionalplanung auf ein Instrument zur Ausnutzung regionalpolitischer Förderungsmöglichkeiten zu reduzieren[350]. Anstatt des Zusammengehens mit der Regionalplanung neigen sie zur Koalition mit den Fachplanungen*[351], da diese nicht als "Verhinderungsplanungen", sondern, im Gegenteil, zumeist als Anbieter von Planungen auftreten, die den Interessen der Gemeinden entgegenkommen[352]. Der noch immer dominierende kommunale Egoismus zeigt sich an einem besonders krassen Beispiel bei FISCHER, der aus der Stellungnahme einer Gemeinde zu einem Regionalplanentwurf zitiert. Die Gemeinde fordert hierin, daß die eigene Entfaltungsmöglichkeit "keinesfalls eingeschränkt werden" dürfe, allerdings befürworte sie ein Eingreifen der Regionalplanung auf der Nachbargemarkung, da die dortige Gemeinde einen Gewerbebetrieb ansiedeln wolle, der zu klimatischen Verschlechterungen führe[353]. Oft forderten die Gemeinden die Festlegung regionaler Grünzüge*, und im gleichen Atemzug fühlten sie sich durch solche Ausweisungen in ihrer Planungshoheit eingeschränkt[354]. Bei solchen Beispielen handelt es sich nicht um Einzelfälle, sondern das "St.-Floriansprinzip" herrscht oft vor[355]. Dieser "kommunale Egoismus" ist um so bemerkenswerter, als die Gemeinden über, vorsichtig ausgedrückt, grundsätzlich äußerst wirkungsvolle Beteiligungsmöglichkeiten an der Regionalplanung verfügen[356]. So kommt es dazu, daß die Gemeinden den Planungsinhalten der Regionalplanung in der Phase der Planaufstellung bei der Regionalverbandsvertretung zustimmen und sich nachher nicht an ihre eigenen Beschlüsse halten[357]. Vorschläge in Richtung auf eine Stärkung der politischen und administrativen Verantwortung der Kommunen* für die Regionen[358] sind kaum hilfreich, denn diese Verantwortung besitzen die Kommunen* in vielen Bundesländern bereits in z.T. erheblichem Maß (z.B. in Baden-Württemberg). Die von der Regionalplanung differierende Interessenlage der Kommunen* zeigt sich auch an den zahlreich belegten Versuchen[359], die Regionalplanung durch regelrechte "Tricks" zu unterlaufen. Besonders häufig angewendet werden diese "Tricks" im Sachbereich "Siedlungswesen", speziell in der Dimensionierung von Wohnbauflächen. Das Baugenehmigungswesen in der Zuständigkeit der

---

[347] EICHNER et al. 1979, S. 193

[348] EICHNER et al. 1979, S. 183f

[349] SCHULZ ZUR WIESCH 1978, S. 30

[350] SCHULZ ZUR WIESCH 1978, S. 26

[351] HELLSTERN et al. 1984, S. 275

[352] Eine Ausnahme hiervon bildet die meistens ebenfalls mit Restriktionen arbeitende Naturschutzverwaltung, zum Teil auch die Wasserwirtschaftsverwaltung.

[353] Zit. nach FISCHER 1978, S. 12

[354] FISCHER 1978, S. 12

[355] FISCHER 1978, S. 13; vgl. auch: BUCHNER 1979, S. 65

[356] Vgl. dazu HENRICH 1981

[357] EICHNER et al. 1979, S. 192, KONUKIEWITZ 1985, S. 134. Treffend spricht KONUKIEWITZ von der "Schizophrenie" mancher Politiker, die sich als "objektive Regionalpolitiker" versuchen, aber ihren "Mikrokosmos vor Ort" vertreten und gleichzeitig zuhause "lokalpatriotisch auf den Putz hauen" (KONUKIEWITZ 1985, S. 134).

[358] MICHEL 1985, S. 104

[359] So berichtet MEYER von einem als typisch anzusprechenden Beispiel aus Nordrhein-Westfalen: Der Stadt Herford wurde eine aus der Sicht der Landesplanungsbehörde überdimensionierte Wohnbauflächenausweisung abgelehnt. Daraufhin "reduzierte" die Stadt die Ausweisung, indem sie 10% der bisher als "Wohnbaufläche" ausgewiesenen Planungsfläche nunmehr als "Ordnungsbereich" darstellte. "Ordnungsbereiche" aber sind zur "Ordnung" und "Auffüllung" der Bausubstanz, also zur von der Gemeinde gewünschten Nutzung ebenfalls freigegeben. Obwohl diese bloße "Etikettenänderung" keine wesentliche Änderung zum ursprünglichen Vorhaben bedeutete, wurde diese Planänderung von der zuständigen Genehmigungsbehörde im Hinblick auf die aus ihrer Sicht notwendigen Einplanung von Reserveflächen genehmigt (MEYER 1978, S. 32ff).

Gemeinde ist generell weithin einer landesplanerischen Kontrollmöglichkeit entzogen[360], wenn nicht unmittelbar verbindliche "Ziele der Raumordnung und Landesplanung" festgelegt sind.
Auch beim Sachbereich "Kommunaler Umwelt- und Naturschutz, Freiflächenplanung" zeigt sich die besondere Interessenlage der Gemeinden. Noch allzuoft wird die Grün- und Freiflächenplanung bei den Kommunen* als "Abfallprodukt" der Siedlungsplanung betrachtet[361]. Im Außenbereich fühlt sich die Gemeinde zumeist nicht zuständig, hier ist es Aufgabe der Naturschutzfachplanung, der Gemeinde Zugeständnisse abzuringen. Im Innenbereich bei zumeist hohen, intensive Flächennutzungen favorisierenden Bodenpreisen, ist eine qualifizierte Freiflächenplanung nahezu unmöglich[362]. Wo sie vorhanden ist, zeichnen die zuständigen Gemeindegärtner mit ihrer gärtnerisch-künstlerischen und kostenintensiven Freiraumgestaltung oft eher die Bodenpreise nach[363], anstatt eine ökologische und benutzerfreundliche Grünflächenplanung zu betreiben.

In jüngster Zeit deuten sich hier Veränderungen an. So berichtet SAEGER[364] von Gemeinden, die immer mehr die Koalition mit der Regionalplanung suchen, um sich z.B. gegenüber Baugesellschaften oder unliebsamen Fachplanungen durchsetzen zu können.

---

360 MEYER 1978, S. 32ff. Neuerdings werden raumordnerische Steuerungsmöglichkeiten durch das Wohnungsbauerleichterungsgesetz und, in Baden-Württemberg, die Baufreistellungsverordnung, eingeschränkt (WOHNUNGSBAUERLEICHTERUNGSGESETZ 1990, BAUFREISTELLUNGSVERORDNUNG 1990).

361 MEYER 1978, S. 36. Laut MERIAN, Mitarbeiterin bei der BFANL*, fühle sich die Landschaftsplanung gegenüber der Bauleitplanung "im Nachteil" (MERIAN 1989, S. 76).

362 MEYER 1978, S. 36

363 HARD 1983

364 SAEGER, Interview

IV. Untersuchungsrahmen

IV.A. Einführung

Ausgehend von dieser Problemlage soll am Beispiel des Bodenseeraumes anhand verschiedener Methoden und verschiedener sachlicher Schwerpunkte die Umsetzung von Erfordernissen der Landes- und Regionalplanung auf der Ebene der Gemeinden untersucht werden. Dabei sollen sowohl Erkenntnisse über die Tauglichkeit von Evaluierungsmethoden regionalplanerischer Arbeit im allgemeinen, wie auch Erkenntnisse über Lösungsmöglichkeiten der Zielkonflikte im Bodenseeraum im besonderen gewonnen werden.

IV.B. Untersuchungsschwerpunkte: "Gemeinde", "Landesplanung", "Regionalplanung"

Wie in den Anfangskapiteln aufgezeigt, weisen die drei für die Raumordnung relevanten Ebenen während ihrer Entstehungs- und Konsolidierungsgeschichte viele gemeinsame Berührungspunkte auf, die bis heute nachwirken. So kann die Regionalplanung als "Mutter der Landesplanung"[365] bezeichnet werden. Andererseits aber ist das Entstehen und die Entwicklung der Regionalplanung stark von den Kommunen* beeinflußt worden. Die Regionalplanung befindet sich somit an der "Schnittstelle"[366] zwischen Landes- und kommunaler Planung. Deutlich wird dies an den beiden grundlegenden, größtenteils "ambivalenten"[367] Aufgaben der Regionalplanung:

-Konkretisierung und Weitergabe der Entwicklungsziele des Landes an die Kommunen*[368];

-"Intraregionale" Konsensbildung zwischen den Gemeinden[369] und Verknüpfung der kommunalen Entwicklungsvorstellungen mit den Interessen des Landes zu einem sinnvollem Kompromiß[370], was man mit BLOCH auch als "eigenständigen", regionalen Planungsprozeß auffassen kann[371].

Aufgrund dieser Schnittstellenfunktion der Regionalplanung liegt der Schwerpunkt der Untersuchung auf dieser Ebene. Hier werden "Umsetzer" (Gemeinden, Fachplanungen*) und "Raumplaner" direkt miteinander konfrontiert, hier werden die meisten Zielkonflikte transparent. Doch kann die Regionalplanung bei einer Analyse nie ohne ihre wesentlichsten Einflußkräfte "Landesplanung" und "kommunale Planung" gesehen werden.

Daß das Thema aktuell ist, beweisen die entgegen der Meinung von FÜRST[372] immer noch existierenden Forderungen einer Auflösung der Regionalverbände[373], die kurz vor der Fertigstellung der zweiten Regionalplangeneration ernster denn je genommen werden müssen.

IV.C. Sachliche Schwerpunkte: Siedlungsentwicklung, Industrieerweiterungen, Naturschutz

"Die Siedlungstätigkeit schafft direkt und indirekt...erhebliche Umweltbelastungen, die vor allem quantitativ von Bedeutung sind"[374]. Mit diesem Satz wird der Zusammenhang zwischen den gewählten sachlichen Schwerpunkten bereits deutlich. Die größtenteils in den Verantwortungsbereich der Kommunen* fallende Siedlungsplanung ist häufig konfrontiert mit dem in den Verantwortungsbereich der Länder fallenden Schutz von Natur und Landschaft. Die "entscheidende Bestimmungsgröße" der

---

365 Zit. nach: SCHMITZ 1983, S. 2

366 HOBERG 1982, S. 635; vgl. auch: SCHULZ ZUR WIESCH 1978, S. 37

367 HARMS 1983, S. 159

368 HARMS 1983, S. 159

369 SCHULZ ZUR WIESCH 1978, S. 30

370 HARMS 1983, S. 159

371 BLOCH 1980, S. 53

372 FÜRST 1987, S. 2

373 Z.B. "Bund der Steuerzahler" in Baden-Württemberg 1987 (SCHWÄBISCHE ZEITUNG vom 6.8.87).

374 KNAUER 1982, S. 103; vgl. dazu auch die Bodenschutzkonzepte von Bundes- und Landesregierungen

kleinräumigen Siedlungsstruktur ist dabei der Wohnungsbau[375]. In Wachstumsräumen wirkt sich der Wohnungsbau nicht nur direkt in Form des vieldiskutierten "Flächenverbrauchs"[376] auf die raumstrukturellen Verhältnisse aus, sondern vor allem indirekt durch die damit verbundenen Folgewirkungen (z.B. steigender Infrastruktur- und Kommunikationsbedarf[377]). Aus diesem Grund wählt auch die Implementationsanalyse von KONUKIEWITZ diese fachlichen Schwerpunkte[378].

IV.D. Untersuchungsmethodik

Angestrebt wird eine Erfolgskontrolle von Teilaspekten regionalplanerischer Tätigkeiten ("Teilevaluierung"). Nach einer kurzen Einführung sollen die verschiedenen hierfür möglichen Untersuchungsansätze diskutiert und hinsichtlich ihrer Eignung für diese Untersuchung bewertet werden.

IV.D.1. Zum Stand der Evaluierungs- und Implementationsforschung

Beide Forschungsansätze stammen ursprünglich aus den USA, wo sie im Zusammenhang mit der Erfolgs- und Wirkungskontrolle von Sozialprogrammen entwickelt wurden[379]. Erst in den siebziger Jahren fanden diese Forschungsrichtungen Eingang in die Bundesrepublik[380].

IV.D.1.1. Definitionen

Auf die Definitionsschwierigkeiten des Begriffs "Evaluierung" macht KERN aufmerksam[381]. Unter Rückgriff auf Hellstern und Wollmann schlägt er folgende Definitionen vor:
Evaluierung (Synonym: **Evaluation**) meine die Kombination von Erfolgskontrolle und Wirkungsanalyse von Maßnahmenprogrammen[382]. Die **Erfolgskontrolle** versuche, den Grad der Zielerreichung eines Maßnahmenprogrammes zu erfassen, wobei der tatsächliche Zielerreichungsgrad (= Ist-Wert) mit dem ursprünglich angestrebten Zielerreichungsgrad (= Soll-Wert) verglichen werde[383]. Die **Wirkungsanalyse** ergänze die Erfolgskontrolle in der Evaluierung. Sie stelle, über die Erfassung des Zielerreichungsgrades eines Programmes hinaus, sämtliche auf das Programm zurückzuführenden Auswirkungen, auch die nicht beabsichtigten, fest[384]. Wichtig und methodisch schwierig ist dabei die Trennung der vom Programm ausgehenden Auswirkungen von Auswirkungen anderer Einflußfaktoren.
Implementation meine die Verwirklichung, Umsetzung oder Durchführung von Maßnahmenprogrammen, wobei die Implementationsforschung vor allem an den "Handlungsabläufen, Wirkungsfeldern und Ursache-Wirkungs-Zusammenhängen" der Implementation interessiert sei[385].
Zwischen "Evaluierung" und "Implementation" besteht demnach ein sehr enger Zusammenhang. So kann der Grad der Implementation z.B. Anhaltspunkte für die Ursachen eines unzureichenden Erfolges eines Maßnahmenprogramms liefern, wie WOLLMANN (richtig und in gewohnt politologischer Formulierung) feststellt: "Die Implementationsfrage wird in dem Maße relevant, wie die auf 'letztendliche' Programmwirkungen gerichtete summative Evaluierungsfrage um eine formative (Suchman 1967) erweitert wird, die stärker auf laufende Politikprogramme und darauf ausgerichtet ist, Aussagen über den Zusammenhang zwischen bestimmten Durchführungsvariablen (Organisation, Personal, Instrumente) und ersten Programmergebnissen, Verfahrenswirkungen usw. zu gewinnen und auf diesem Wege für die aktuelle Durchführungsphase relevante Informationen zu erhalten"[386]. Aus

---

[375] KONUKIEWITZ 1985, S. 109
[376] Vgl. u.a. TESDORPF 1987
[377] KONUKIEWITZ 1985, S. 110
[378] KONUKIEWITZ 1985
[379] MAYNTZ 1980, S. 1; vgl. u.a. NATHAN 1986
[380] So war die Implementationsforschung von 1977 bis 1982 ein Forschungsschwerpunkt der Deutschen Forschungsgemeinschaft (KONUKIEWITZ 1985, S. 7).
[381] KERN 1986
[382] KERN 1986, S. 10
[383] Hellstern/Wollmann 1984, zit. nach KERN 1986, S. 9
[384] Hellstern/Wollmann 1983, zit. nach KERN 1986, S. 9
[385] WOLLMANN 1985, S. 7
[386] WOLLMANN 1980, S. 16

diesem Grund sollte eine Implementationsanalyse immer Bestandteil von Evaluierungen sein[387]. Für die Untersuchungsmethodik ist dabei der oben zitierte Hinweis von WOLLMANN wichtig, daß eine Implementationsanalyse prozeßorientiert, also möglichst noch vor einer "summativen" Evaluierung, während der Durchführungsphase des zu evaluierenden Maßnahmenprogramms durchgeführt werden sollte. Allerdings ist dies nicht absolute Bedingung. Gelingt es, durch geeignete Auswertungsmaterialien die Durchführungsvariablen wie Organisation, Personal, Instrumente zu rekonstruieren, kann die Implementationsanalyse auch "ex-post"[388] durchgeführt werden, d.h. nach der Maßnahmendurchführung.
In der vorliegenden Arbeit werden der Evaluierungs- und Implementationsansatz eng zusammen betrachtet. Auf das von WOLLMANN erwähnte wichtige Problem der bei einer Implementationsanalyse normalerweise "unbesehenen Übernahme" von ausschließlich thematisierten Problemen[389] kann nur beiläufig eingegangen werden. Sicher richtig ist, daß gerade Implementationsanalysen Aufschlüsse und Aussagen zur Berücksichtigung bzw. Verdrängung solcher "non-thematic"- Probleme (Gegenteil: "non-decisions") durch die Verwaltung liefern können[390].
Der Begriff **Zielerreichungskontrolle** wird verschieden gebraucht. Er kann bezeichnen:

- -den Ist-Ist-Vergleich der Verhältnisse zu verschiedenen Zeitpunkten, also das am Anfang stehende Monitoring vor und nach der Gültigkeit des zu evaluierenden Maßnahmenprogramms[391],
- -den Soll-Ist-Vergleich (Vergleich der Erfordernisse des Maßnahmenprogramms mit den tatsächlichen Verhältnissen) als ein wesentliches Ergebnis eines Evaluierungsverfahrens ("schlichtes Erfolgsmaß")[392],
- -das Ergebnis einer Evaluierung unter Einbeziehung von Wirkungs- und Implementationsanalysen und eines Vergleichs der nach der Gültigkeit des Maßnahmenprogramms anzutreffenden Verhältnisse mit denen einer simulierten oder geschätzten Entwicklung, wie sie ohne Maßnahmenprogramm hätte eintreten können (Referenzentwicklung). Der Begriff bezeichnet dann das "tatsächliche Erfolgsmaß" des Programmes[393].

Die Evaluierung kann als "Überprüfungs- und Korrekturinstrument" verstanden werden, das "ex-post" den Zielerreichungsgrad und die Auswirkung von Maßnahmenprogrammen zu verschiedenen Zeitpunkten vergleicht und die Änderungen und deren Ursachen untersucht. Das Ergebnis einer solchen Untersuchung soll Ansatzpunkte für eine zukünftige Verbesserung der Maßnahmenprogramme liefern[394].

IV.D.1.2. Allgemeine Probleme der Evaluierung

HELLSTERN und WOLLMANN nennen zwei der wichtigsten Probleme der Evaluierung:

- -Das Problem der Erfassung der beabsichtigten bzw. unbeabsichtigten Wirkungen eines zu evaluierenden Objektes, z.B. eines Maßnahmenprogramms (Problem der Indikatorenbildung) und
- -Das Problem der Zuordnung von Wirkungen zu den sie verursachenden Faktoren (Problem der "kausalen Zuordnung" bzw. der "Wirkungszusammenhänge")[395].

Diese allgemeinen Evaluierungsprobleme müssen auch bei der Methodenfindung hinsichtlich der Evaluierung von Tätigkeiten der Raumordnung (Raumplanung) berücksichtigt werden.

---

387 Vgl. dazu auch: ARBEITSKREIS "WIRKUNGSANALYSEN UND ERFOLGSKONTROLLE IN DER RAUMORDNUNG BEI DER AKADEMIE FÜR RAUMFORSCHUNG UND LANDESPLANUNG" 1984, S. 31

388 "ex post" meint hier: nach Durchführung der Maßnahmen eines Programmes. Das Gegenteil lautet "ex ante", d.h. Durchführung einer Erfolgs- und Wirkungsprognose vor Durchführung der Maßnahmen eines Programmes.

389 WOLLMANN 1980, S. 25

390 WOLLMANN 1980, S. 25

391 ARBEITSKREIS "WIRKUNGSANALYSEN UND ERFOLGSKONTROLLE IN DER RAUMORDNUNG BEI DER AKADEMIE FÜR RAUMFORSCHUNG UND LANDESPLANUNG" 1984, S. 33

392 EICHNER et al. 1979

393 FISCHER 1984, S. 302. Auf diese Definitionsprobleme weist auch KONUKIEWITZ zu Recht hin (KONUKIEWITZ 1985, S. 244).

394 Nach Volz, zit. nach KERN 1986, S. 37, verändert. Vgl. auch: WHOLEY 1984, S. 172

395 HELLSTERN/WOLLMANN 1984a, S. 25

IV.D.2. Evaluierung und Raumordnung

Die Evaluierung sollte gerade für die Raumordnung große Bedeutung besitzen, da auch sie mit Maßnahmenprogrammen arbeitet. Dazu kommt, daß diese Programme laufend fortgeschrieben werden, d.h. Erkenntnisse von Evaluierungen laufend in die Fortschreibungen einfließen und zur Verbesserung des Einsatzes von Umsetzungsinstrumenten dienen können[396].

IV.D.2.1. Evaluierbarkeit raumordnerischer Tätigkeiten

Die allgemeinen Anforderungen an zu evaluierende Pläne lauten kurzgefaßt:

-Detaillierte Formulierung der Ziele im Plan[397],

-Aufstellung realistischer und plausibler Programmziele[398],

-Enge Definition der zu lösenden Planungsprobleme[399].

Diese Anforderungen stehen so sehr im Widerspruch zu den Charakteristika von Raumordnungsplänen, daß man der Beurteilung von KISTENMACHER, der die bei einer Erfolgskontrolle auf der Ebene der Regionalplanung auftauchenden Probleme als "bisher ungelöst" ansieht[400], schon allein wegen dieser Diskrepanzen zustimmen muß. Folgerichtig bemängeln Raumwissenschaftler in diesem Zusammenhang bei der Raumordnung:

-das Fehlen eindeutiger Zielsysteme bzw. ihre Beschränkung auf Teilbereiche sowie das Fehlen konkreter Zielformulierungen[401], die als konkrete Überprüfungsobjekte für eine Erfolgskontrolle unabdingbar seien[402]. Bei sich widersprechenden "Grundsätzen" z.B. ist eine Zielerfüllung schon theoretisch unmöglich.

-die unzureichende Beteiligung der Landes- und Regionalplanung bei der Durchführung ihrer Programme[403].

-die Probleme der Evaluierer bei der Daten- und Informationsgewinnung für eine Evaluierung (z.B. bei der Erhebung der Einflußgrößen im Vorfeld raumplanerischer Entscheidungen)[404],

-die methodischen Schwierigkeiten. So sei z.B. die Aufdeckung der bereits erwähnten Wirkungszusammenhänge zwischen den Programmauswirkungen und den Programmmaßnahmen aufgrund der fehlenden direkten Instrumente (z.B. finanzieller Art) der Raumordnung äußerst schwierig[405]. FISCHER glaubt aus diesem Grund, daß Evaluierungen "im strengen Sinne" für Raumordnungspläne "derzeit nicht möglich" seien[406],

-das meist beschränkte Zeit- und Kostenbudget, welches "aufwendige Evaluierungen verbietet"[407], was für die mit langen Planungshorizonten arbeitende Raumordnung besonders schwerwiegend ist[408].

Abgesehen von Ausnahmen[409] sind sich trotz dieser Schwierigkeiten die meisten Autoren grundsätzlich

---

396 HELLSTERN et al. 1984, S. 273

397 DAHME/GRUNOW 1983, S. 122; WHOLEY 1984, S. 161

398 WHOLEY 1984, S. 161

399 DAHME/GRUNOW 1983, S. 122

400 KISTENMACHER 1980, S. 72; KISTENMACHER et al. 1980, S. 36

401 Z.B.: KISTENMACHER et al. 1980, S. 36; FISCHER 1984, S. 293; KITTELMANN/HÜBLER 1984, S. 42 bzw. S. 64; HELLSTERN/WOLLMANN 1984a, S. 20; Derlien 1976, zit. nach EICHNER et al. 1979, S. 5

402 EICHNER et al. 1979, S. 21

403 KISTENMACHER et al. 1980, S. 36; FISCHER 1984, S. 293; KITTELMANN/HÜBLER nennen als Beispiel die Schwierigkeit von Evaluierungen beim Themenbereich "Siedlungsflächenentwicklung", da hier die privaten Einflußfaktoren vorherrschten (KITTELMANN/HÜBLER 1984, S. 54).

404 KISTENMACHER et al. 1980, S. 36; FISCHER 1984, S. 292; KITTELMANN/HÜBLER 1984, S. 69

405 FISCHER 1984, S. 292; EICHNER et al. 1979, S. 3

406 FISCHER 1984, S. 292 und S. 299; vgl. auch: EICHNER et al. 1979, S. 8

407 FISCHER 1984, S. 293

408 EICHNER et al. 1979, S. 22; FISCHER 1984, S. 294

409 So kommen in manchen Standardwerken, z.B. bei SCHLIEBE oder bei BARNER Begriffe wie "Evaluierung" oder "Erfolgskontrolle" erst gar nicht vor (SCHLIEBE 1985, BARNER 1975).

in der Forderung nach der Durchführung von Evaluierungen raumplanerischer Tätigkeiten einig[410]. Angesichts der Probleme treten jedoch viele unter ihnen für eine eingeschränkte Form der Evaluierung ein ("Reduktionsstrategie" auf Teilaspekte[411]).
KISTENMACHER et al. betonen zu Recht, daß Evaluierungen raumordnerischer Maßnahmen nicht nur von Planinhalten ausgehen können, sondern auch die übrigen planerischen Aktivitäten ("raumplanerische Maßnahmen") mit einbeziehen müssen, da die Raumordnungspläne nicht die einzigen Instrumente seien, über die die Landes- und Regionalplanung verfüge[412]. Ganz besonders wichtig wird dieser Hinweis, wenn man bedenkt, daß sich im Raumordnungsplan niedergelegte raumordnerische Leitbilder während der Vollzugszeit dieses Plans ändern können oder "Ziele" unter "geänderten Werten" anders "interpretiert" werden[413]. Tritt dies ein, müssen auch die "Soll-Werte" der Evaluierung geändert werden, wie REIN zutreffend feststellt[414]. REIN geht sogar soweit zu behaupten, daß erst "die Handlung unsere Ziele formt", und fordert daher die Abkehr von der reinen Planevaluierung hin zu einer "Prozeßanalyse"[415]. Planung ist kein "einmaliger Akt", sondern ein "ständiger Prozeß unter Einbeziehung von Erfolgskontrolle, Revision und Fortschreibung"[416]. Folgerichtig bildet FISCHER die Raumplanung am Beispiel der Regionalplanung als kybernetisches System ab[417]. Vor diesem Hintergrund ist kaum erstaunlich, daß der auf längere Planzeiten eingerichtete Raumordnungsplan oft wieder veraltet ist, wenn seine Vollzugszeit beginnt. Trotzdem bleibt er ein wichtiger Bestandteil raumplanerischer Tätigkeiten (z.B. dokumentiert er am deutlichsten die jeweiligen Zielvorstellungen der Raumordnung) und sollte daher bei einer Evaluierung auch besonders beachtet werden.
Verfahren zur Evaluierung von Maßnahmen der Raumordnung müßten demnach sowohl den Raumordnungsplan als auch alle anderen, stärker prozeßorientierten Instrumente der Raumordnung berücksichtigen. Wo man den Schwerpunkt legt, wird auch abhängig sein von der gewählten Raumordnungsstufe (z.B. Landes- oder Regionalplanung)[418]. Besonders bei Evaluierungen regionalplanerischer Tätigkeiten sind "Prozeßanalysen" besonders wichtig, da auf dieser Ebene die Raumordnung sehr stark umsetzungsorientiert arbeitet.

IV.D.2.2. Evaluierungsverfahren für die Raumordnung

IV.D.2.2.1. DER RAUMORDNUNGSBERICHT ALS EVALUIERUNGSINSTRUMENT?

Raumordnungsberichte und die von manchen Raumordnungsbehörden betriebene "laufende Raumbeobachtung", z.B. in Form des Raumordnungskatasters, sind die bisher einzigen in der Planungspraxis stärker verbreiteten Materialien, welche teilweise Aussagen über Planungserfolge ermöglichen[419]. Manchmal wird der Raumordnungsbericht für ein geeignetes Instrument zur Evaluierung raumplanerischer Maßnahmen gehalten[420]. Allerdings untersucht ein Raumordnungsbericht in der Regel weder die Ursache der beobachteten raumstrukturellen Veränderungen noch betreibt er Wirkungsanalysen[421]. Aus diesem Grund sollte das Berichtswesen in der Raumordnung eher als "monitoring" bezeichnet werden, welches zwar den aktuellen

---

410 so z.B. FISCHER 1984, S. 293; HÜBENER/HALBERSTADT 1976, S. 82; HELLSTERN et al. 1984, S. 273; ARBEITSKREIS "WIRKUNGSANALYSEN UND ERFOLGSKONTROLLE IN DER RAUMORDNUNG BEI DER AKADEMIE FÜR RAUMFORSCHUNG UND LANDESPLANUNG" 1984, S. 35; KITTELMANN/HÜBLER 1984, S. 46; CLEMENS 1980a, S. 406; SCHULZ ZUR WIESCH 1980, S. 665

411 FISCHER 1984, S. 300 bzw. S. 293; HELLSTERN et al. 1984, S. 272

412 KISTENMACHER et al. 1980, S. 36; KISTENMACHER 1980, S. 74. Vgl. auch EICHNER et al. 1979, S. 22

413 HELLSTERN et al. 1984, S. 273

414 REIN 1984, S. 177

415 REIN 1984, S. 192. Auch HELLSTERN und WOLLMANN meinen, daß man bei der Evaluierung raumordnerischer Maßnahmen angesichts der häufig unrealistischen Zielvorstellungen nicht mehr von der "Steuerung der Ziele", sondern von der Steuerung durch "Organisation und Verfahren" ausgehen müsse (HELLSTERN/WOLLMANN 1984, S. 20).

416 HÜBENER/HALBERSTADT 1976, S. 82. Vgl. das ähnliche Planungsverständnis bei EICHNER et al. 1979, S. 7a

417 FISCHER 1984, S. 298

418 FISCHER 1984, S. 294

419 HÜBENER 1976, S. 85; HELLSTERN et al. 1984, S. 275; KITTELMANN/HÜBLER 1984, S. 47

420 Z.B. BENZING et al. 1978, S. 392f; ARBEITSKREIS "WIRKUNGSANALYSEN UND ERFOLGSKONTROLLE IN DER RAUMORDNUNG BEI DER AKADEMIE FÜR RAUMFORSCHUNG UND LANDESPLANUNG" 1984, S. 30

421 so auch KITTELMANN/HÜBLER 1984, S. 57f

raumstrukturellen Zustand aufzeigt, aber noch keine Evaluierung darstellt[422]. Dieses Monitoring kann aber als materielle Grundlage wertvolle Hilfen für eine Evaluierung bieten. Daß der Raumordnungsbericht über diese Funktion hinaus noch andere wichtige Funktionen besitzt (z.B. als Instrument zur politischen Willensbildung und zur Information der Öffentlichkeit etc.) sei hier nur am Rande erwähnt. In einer ersten, aus pragmatischen Gründen anzustrebenden Stufe könnte das Berichtswesen in der Raumordnung immerhin zumindest einige Funktionen einer qualifizierten Evaluierung übernehmen[423]. Neben der laufenden Fortschreibung der Berichte wäre hierfür die Notwendigkeit einer Intensivierung der Raumbeobachtung zu prüfen, etwa durch die Erstellung weiterer Kataster (z.B. Infrastrukturkataster) und Dateien[424]. Allerdings ist der zu erwartende Widerstand der Gemeinden zu bedenken, der einer Einführung solcher Evaluierungsgrundlagen sicher im Wege stehen würde. Auch kann durch den zweifellos notwendigen verstärkten Einsatz EDV-gestützter Verfahren nicht alles zusätzlich erforderlich werdende Personal anderweitig eingespart werden, was in der oft unter Kapazitätsengpässen leidenden Raumordnung immer ein wichtiger Aspekt ist.
Unterstützt werden müssen die Forderungen von KITTELMANN und HÜBLER nach mehr Kommunikation zwischen den verschiedenen Planungsträgern[425] und nach verstärkter Beteiligung der Öffentlichkeit. Diese Punkte können zwar keine qualifizierten Evaluierungen ersetzen, aber manchmal tragen sie zu einer Art "sozialer Erfolgskontrolle" bei[426].

IV.D.2.2.2. "QUALIFIZIERTE" VERFAHREN ZUR EVALUIERUNG RAUMPLANERISCHER MAßNAHMEN

Festzuhalten bleibt, daß zu einer qualifizierten Evaluierung raumordnerischer Maßnahmen Verfahren notwendig sind, die eine Zielerreichungskontrolle und Wirkungsanalysen einschließen.
Grundsätzlich muß unterschieden werden, ob für eine Evaluierung "interne", d.h. die Raumordnungsbehörden selbst, oder "externe" Evaluierer beauftragt werden. WHOLEY plädiert für externe Evaluierer, die aber eng mit den "Programmmanagern" zusammenarbeiten sollen[427]. Obwohl "interne" Evaluierer über einen besseren Informationsstand verfügen als "externe", sollten aufgrund der nicht auszuschließenden Befangenheit möglichst externe Evaluierer zugezogen werden.
An dieser Stelle soll eine Auswahl von verschiedenen Verfahren zur Evaluierung raumplanerischer Tätigkeiten vorgestellt und diskutiert werden. Die Auswahl erfolgte nach folgenden Kriterien:

- -Die betreffende Publikation sollte leicht erreichbar sein.
- -Die Evaluierung sollte möglichst die Ebene der Regionalplanung und die Sachbereiche "Siedlungswesen" und "Umweltschutz" betreffen.
- -Die Evaluierung sollte besonders die Nahtstelle zwischen Regionalplanung und Gemeinde beleuchten.

IV.D.2.2.2.1. DAS EICHNER-VERFAHREN

EICHNER et al. bieten ein Verfahren zur Evaluierung eines Raumordnungsplans an[428]. Der Schwerpunkt ihrer Implementationsanalyse liegt auf der Ebene der Gemeinden.

IV.D.2.2.2.1.1. VERFAHRENSSCHRITTE

Für die Evaluierung von Raumordnungsplänen schlagen die Verfasser allgemein folgende Verfahrensschritte vor:
<u>1. Schritt:</u> "Ex-ante-Untersuchung". Darunter verstehen sie die Ermittlung von Alternativen, Kosten und abschätzbaren Auswirkungen eines Raumordnungsplans als Prognose vor dessen Verabschiedung. Dieser Untersuchungsschritt wird normalerweise nicht mit Evaluierungen in Verbindung gebracht und ist als eine Besonderheit zu werten.

---

[422] HELLSTERN et al. 1984, S. 275
[423] KITTELMANN/HÜBLER 1984, S. 48
[424] KITTELMANN/HÜBLER 1984, S. 48. Z.B. eine "Investitionsdatei", die die laufenden Investitionen der öffentlichen Planungsträger inklusive der Gemeinden räumlich erfaßt und darstellt.
[425] KITTELMANN/HÜBLER 1984, S. 55
[426] KITTELMANN/HÜBLER 1984, S. 73
[427] WHOLEY 1984, S. 163
[428] EICHNER et al. 1979, S. 6

2. Schritt: Projektbegleitende Untersuchung zur Erkennung von Vollzugsdefiziten und zur sofortigen Verwertung dieser Ergebnisse, z.B. zur flexiblen Handhabung des Raumordnungsprogramms. Bei diesem zum Zeitpunkt des Inkrafttretens des Raumordnungsplans einsetzenden Untersuchungsschritt sollen bereits Aussagen zur Zielerreichung und zur Wirkung des Plans gewonnen werden (= Teil-Zielerreichungskontrolle und Teil-Wirkungsanalyse, enthält Elemente des "prozeßorientierten" Vorgehens).
3. Schritt: "Ex-post-Untersuchungen" als Abschlußkontrolle nach Auslaufen des Plans mit abschließender Zielerreichungskontrolle und Wirkungsanalyse (Element der reinen "Planevaluierung", eigentliche Planevaluierung i.e.S.).
Danach können die Ergebnisse der Untersuchung zur Optimierung des Plans genutzt werden, z.B. für die Fortschreibung. Aus diesem Grund sollte nach EICHNER et al. eine Erfolgskontrolle erster und letzter Schritt des Planungskreislaufes sein[429].

IV.D.2.2.2.1.2. UNTERSUCHUNGSVERFAHREN

In ihrer Untersuchung beschränken sich EICHNER et al. auf eine bewußt flexibel gehaltene "Fallstudie"[430], zu der sie als Untersuchungsraum den Landkreis Kusel in Rheinland-Pfalz und verschiedene Sachbereiche heranziehen[431]. Als "Markierungspunkte" ihrer Untersuchung geben EICHNER et al. an[432]:
Schritt 1: Bestandsaufnahme der Aussagen des Regionalplanes mit Analyse. In dieser Analyse wird versucht, eine "Plansatzhierarchie" nach räumlicher und sachlicher Konkretisierung aufzustellen[433].
Schritt 2: Ableitung konkreter, möglichst quantifizierbarer "Planungsmaßnahmen" aus diesen Aussagen als Meßgrößen für die Erfolgskontrolle, da der Plan selbst, wie für die Raumordnung charakteristisch, oft kein nachvollziehbares Zielsystem und keine konkreten Überprüfungsobjekte enthält. Eine von EICHNER et al. gewünschte "integrierte Erfolgskontrolle" mit Hilfe von im Plan selbst normativ enthaltenen Indikatoren ist also meist nicht möglich[434]. Diese Analyse ist also besonders bei "Grundsätzen der Raumordnung" und nicht konkreten "Zielen der Raumordnung und Landesplanung" notwendig. Die abgeleiteten "konkreten Planungsmaßnahmen" sind räumlich und sachlich detaillierte Aussagen des Planes, die darüber hinaus von Raumrelevanz sind, d.h. die geplante Ordnung des Raumes in besonderem Maße beeinflussen oder prägen[435]. Lautet der Plansatz im Raumordnungsplan beispielsweise "Die Landschaft ist zu erhalten und zu schützen", so leiten EICHNER et al. davon als konkrete Planungsmaßnahmen die Aufstellung von Landschaftsplänen und die Ausweisung von Schutzgebieten ab[436]. Dieser Untersuchungsschritt birgt etliche Probleme, da

a. durch die Konkretisierung abstrakter Plansätze eine starke subjektive Gewichtung erfolgt, und

b. "Planaufstellungen" und "Schutzgebietsausweisungen" nur formale, aber keine inhaltlichen Zielerfüllungen darstellen.

Schritt 3: Die Bestandsaufnahme des aktuellen raumstrukturellen Zustands ("Ist-Zustand") erfolgt durch eine Befragung von Behörden- und Gemeindevertretern.
Schritt 4: Der "Soll-Ist-Vergleich"[437], von EICHNER et al. auch als "Zielerreichungsgrad" bezeichnet, wird sowohl nach Sachbereichen als auch nach Gemeinden mit Hilfe eines Matrix-Verfahrens durchgeführt. Der Zielerreichungsgrad wird dabei anhand einer Ordinalskala mit den Angaben

- "keine Differenz",
- "geringe Differenz" und
- "erhebliche Differenz"

angegeben. Die Einteilung erfolgt subjektiv, u.a. nach der bis zum Ende des Planungshorizontes vom

---

429 EICHNER et al. 1979, S. 7

430 zu dieser Methode s. Kapitel IV.D.2.2.2.1.

431 EICHNER et al. 1979, S. 17f

432 Vgl. dazu Schema bei EICHNER et al. 1979, S. 94

433 Vgl. dazu Gliederungsschema und Konkretisierungshierarchie für die Bestandsaufnahme der regionalplanerischen Erfordernisse bei EICHNER et al. 1979, S. 24a.

434 EICHNER et al. 1979, S. 62

435 EICHNER et al. 1979, S. 63

436 EICHNER et al. 1979, S. 114

437 Vgl. Abb. "Soll-Ist-Vergleich im Matrixverfahren für den Sachbereich 'Wohnungs- und Siedlungswesen'" und Abb. "Soll-Ist-Vergleich im Matrixverfahren für den Sachbereich 'Landespflege'" bei EICHNER et al. 1979, S. 79 und S. 77.

Evaluierer "absehbaren" Entwicklung[438].
Schritt 5: Die Aufdeckung und Bewertung der Gründe für die festgestellten Änderungen des raumstrukturellen Zustands sowie die Aufdeckung der Wirkungszusammenhänge (Ursachenanalyse als "Wirkungsteilanalyse"), erfolgen im fünften Untersuchungsschritt. Dazu werden zuerst die Einflußfaktoren ermittelt und gewichtet. EICHNER et al. befragen hierzu Behörden- und Gemeindevertreter, die ihre Einschätzung der Gründe für die beobachteten raumstrukturellen Änderungen wiedergeben sollen[439]. Die Autoren merken selbst an, daß eigentlich die Befragung aller beteiligten Akteure notwendig, aber aus praktischen Gründen oft nicht möglich sei. Auch sei das Problem der "persönlichen Wertung" der Befragten aufgetreten. So beobachteten EICHNER et al., daß bei einer geringen Differenz zwischen den Planungsmaßnahmen und dem danach aufgenommenen aktuellen raumstrukturellen Zustand von den Befragten als Ursache "eigenes Können" angegeben wurde, während umgekehrt bei einer großen Differenz als Ursache häufig "nicht beeinflußbare Rahmenbedingungen" zu hören gewesen sei[440]. Aus diesen und anderen Gründen versuchten EICHNER et al., unter bewußtem Verzicht auf "Vollständigkeit", die Einflußfaktoren durch ihre eigenen, bei der Untersuchung gemachten "Erfahrungen" zu erheben. Sie selbst erkennen auch die Nachteile dieser Vorgehensweise: die wenig nachprüfbare Subjektivität und die geringe Differenzierungsfähigkeit aufgrund der mangelnden Informationsgrundlagen. Für die Planungsmaßnahme "Ausweisung eines Naturschutzgebietes" erhoben EICHNER et al. z.B. die folgenden Einflußfaktoren:

> -Die für den Erlaß der Schutzverordnung zuständige Fachbehörde mit ihren Einflußmöglichkeiten auf den Zeitpunkt der Unterschutzstellung, auf das Durchsetzungspotential gegenüber Widerständen etc.;
> -Die Menge und Qualität der Anregungen für die Ausweisung durch zuständige Behörden und Verbände;
> -Die Nutzungseinschränkungen befürchtenden Grundstückseigentümer und ihr Widerstandspotential[441].

Hier wird deutlich, daß nicht alle wichtigen Einflußfaktoren vollständig erhoben werden konnten. So weiß z.B. der Verfasser aus eigener "Erfahrung", welche wichtige Rolle die hier besonders interessierenden Gemeinden in Unterschutzstellungsverfahren spielen können. Oft werden sie zum dominierenden Einflußfaktor, wenn sie sich gegen eine Ausweisung sperren.
Nach Erhebung der Einflußfaktoren werden diese anhand einer Skala gewichtet, je nachdem, ob sich der Einflußfaktor "gering" oder "stark" und "für" oder "gegen" eine Planungsmaßnahme ausgewirkt hat[442]. Auch diese Gewichtung bleibt der subjektiven Beurteilung des Evaluierers überlassen.
Schritt 6: Nach der Überprüfung der "Zielkonsistenz" zwischen den Planungs- und den durchgeführten Maßnahmen, die zum Entstehen des aktuellen raumstrukturellen Zustandes beigetragen haben, erfolgt dann die absolute Bewertung dieser Planungsmaßnahmen bzw. des aktuellen raumstrukturellen Zustands[443]. EICHNER et al. fragen dabei nicht nur nach dem Erfolg der Regionalplanung, sondern auch nach der "regionalpolitischen Vertretbarkeit" des aktuellen raumstrukturellen Zustands überhaupt. Sie bewerten also nicht nur den Erfolg der Durchsetzung regionalplanerischer Erfordernisse, sondern auch, ob diese Erfordernisse sinnvoll festgelegt wurden.

IV.D.2.2.2.1.3. BEWERTUNG

Neben den bereits von den Autoren selbst geschilderten Problemen (z.B. Subjektivität der Bewertungen, Subjektivität der Ableitung der "Planungsmaßnahmen") fallen hauptsächlich folgende Problempunkte auf:
Mehrmals wird klar, daß die gewählten Methoden nicht ausreichen. Neben der Methode der eher statischen Planauswertung vermißt man vor allem prozeßorientierte Methoden, z.B. Auswertungen der Stellungnahmen der Raumordnungsbehörde zu den Planungen der Gemeinden. Aufgrund der von EICHNER et al. selbst beschriebenen Probleme einer Befragung (Geltungsbedürfnis der Befragten ohne ausreichende Testmöglichkeit durch den Befrager) kann diese Methode kein vollständiger Ersatz

---

438 EICHNER et al. 1979, S. 66
439 EICHNER et al. 1979, S. 92
440 EICHNER et al. 1979, S. 92
441 EICHNER et al. 1979, S. 114
442 EICHNER et al. 1979, S. 96
443 EICHNER et al. 1979, S. 92

dafür sein. Durch eine stärker prozeßorientierte Vorgehensweise

-hätte man sich im Vergleich zu den Festsetzungen des Regionalplans ändernde Zielvorstellungen erfassen können. So bemängeln EICHNER et al., daß sie für die Untersuchung des Zielerreichungsgrades im Sachbereich "Siedlungswesen" auf unterschiedliche Flächenrichtwerte gestoßen seien[444]. Dies aber ist ein wichtiger Hinweis darauf, daß sich Zielvorstellungen geändert haben oder ein Kompromiß zwischen Trägern und Adressaten der Raumordnung zustandegekommen ist. Beides müßte diagnostiziert werden, um eine gerechte Bewertung vornehmen zu können. Auch im Regionalplan selbst nicht transparent gewordene "non-decisions" hätten so, zumindest in Ansätzen, aufgedeckt werden können.

-hätte man die von EICHNER et al. nur zum Teil aufgedeckten Wirkungszusammenhänge besser erheben können. Wie am Beispiel der Naturschutzgebietsausweisung gezeigt, reicht dazu die "Erfahrung" der Evaluierer nicht aus, obwohl diese Erfahrung wichtige Hinweise geben kann. Bei diesem Beispiel hätte die Rekonstruktion eines einzigen Ausweisungsverfahrens als Fallbeispiel dazu ausgereicht, die wesentlichen Einflußkräfte erfassen zu können.

-hätte man die Indikatorenauswahl verbessern und die Implementation möglichst "bis zum Schluß" verfolgen können. So ist eine bloße Aufstellung von Landschaftsplänen durch die Gemeinden alleine kein ausreichender Indikator für die erfolgreiche Implementation des regionalen Planungserfordernisses "Verbesserung der landschaftlichen Situation", wie EICHNER et al. annehmen[445]. Dazu müßte zusätzlich der Inhalt der Pläne zumindest ansatzweise analysiert und die Planumsetzung durch die Gemeinden kontrolliert werden (z.B. im Rahmen sorgfältig ausgewählter Fallbeispiele). Aus diesem Grund muß die Schlußfolgerung von EICHNER et al. für den Sachbereich "Landespflege", wonach trotz der "teilweisen" Planungsdefizite eine "tatsächliche" Beeinträchtigung der Natur und Landschaft in "nennenswertem Umfang" bisher "nicht eingetreten" sei[446], kritisch gesehen werden.

Zwar kann mit der EICHNER-Methode das "schlichte Erfolgsmaß", d.h. der schlichte Soll-Ist-Vergleich, relativ problemlos erhoben werden. Aufgrund der unzureichend durchführbaren Wirkungsanalysen ist das "eigentliche Erfolgsmaß" der Regionalplanung als Unterschied zwischen dem aktuellen raumstrukturellen Zustand und einer mit Hilfe der Wirkungsanalysen extrapolierten Referenzentwicklung ("Wie wäre es ohne Regionalplanung gelaufen?"[447]) kaum zu erheben.
Recht haben EICHNER et al. mit ihrer Kritik an der grundsätzlich festzustellenden "Evaluierfeindlichkeit" der Raumordnungspläne. Als wichtige Schlußfolgerung ihrer Untersuchung fordern sie deshalb die Erarbeitung eines Erfolgsindikatorenkataloges zur Aufnahme in den Raumordnungsplan selbst[448].

IV.D.2.2.2.2. DAS FISCHER-VERFAHREN

Aufgrund der bereits beschriebenen Probleme bei der Totalevaluierung raumordnerischer Maßnahmen fordert FISCHER von vornherein eine "Reduktionsstrategie". Er schlägt Teilevaluierungen mit Beschränkung auf "Teilmengen", auf "Teilziele" von besonderer Problematik und auf "Teilhorizonte" vor, wobei kurzfristige bzw. langfristige Zielvorstellungen der Raumplanung jede für sich evaluiert werden sollen[449]. Anzumerken ist, daß FISCHER sein Verfahren keinem empirischen Test an einem Fallbeispiel unterzieht. Nur Einzelpunkte des Verfahrens werden anhand "praktischer Beispiele"[450] veranschaulicht.

---

444 EICHNER et al. 1979, S. 66

445 EICHNER et al. 1979, S. 111

446 EICHNER et al. 1979, S. 116

447 Vgl. Abb. "Schlichtes" und "Eigentliches Erfolgsmaß" bei der Evaluierung von Raumordnungsplänen bei FISCHER 1984, S. 300

448 EICHNER et al. 1979, S. 183

449 FISCHER 1984, S. 300 und 302

450 FISCHER 1984, S. 309

IV.D.2.2.2.2.1. VERFAHRENSSCHRITTE

Im einzelnen schlägt FISCHER folgendes Verfahren vor[451]:
Schritt 1: Bedarfsanalyse hinsichtlich der "Evaluierungsbedürftigkeit" von Teilbereichen der Raumordnung als Teil der "Reduktionsstrategie".
Schritt 2: Bestimmung eines Evaluierungsziels aus den Planzielen (z.B. "Sicherung landschaftsökologisch bedeutsamer Freiflächen") als weiterer Teil der Reduktionsstrategie.
Schritt 3: Bestimmung der Evaluierungsmerkmale. Als Teil der Reduktionsstrategie soll sich die Evaluierung auf Merkmale beschränken, die folgende Anforderungen erfüllen:
- klar definiert und quantifizierbar,
- frei von "unbeachteten Nebenwirkungen" und
- repräsentativ für "weite Bereiche" des zu evaluierenden Plans.

Für die "Sicherung landschaftsökologisch bedeutsamer Freiflächen" nennt FISCHER beispielsweise als ein Evaluierungsmerkmal "Entwicklung der Biotopschutzflächen"[452].
Schritt 4: "Dimensionierung" aller Evaluierungsmerkmale. Dieser Untersuchungsschritt entspricht zusammen mit der Bestimmung der Evaluierungsmerkmale (Schritt 3) der Erstellung der "Planungsmaßnahmen" bei EICHNER et al.: Bei Schritt 3 sollen aus den wenig konkreten "Grundsätzen" konkrete Planungsziele abgeleitet werden, bei Schritt 4 sollen Absolutgrößen und Veränderungsraten vereinheitlicht und fachlich unterschiedliche Erfordernisse "aufrechenbar" gemacht werden.
Schritt 5: Bestimmung der Meßindikatoren. Für das gewählte Beispiel (Sicherung landschaftsökologisch wertvoller Flächen) nennt FISCHER "Flächengröße" als Meßindikator.
Schritt 6: "Schlichte Erfolgskontrolle" ohne Wirkungsabschätzungen. Wie bei EICHNER et al. soll an dieser Stelle nur der Unterschied zwischen dem "Ist"- und dem "Soll"-Zustand anhand der Meßindikatoren erfaßt werden ("Was hat sich geändert?").
Schritt 7: Untersuchung des Wirkungsverlaufes ("Warum hat sich etwas geändert?") und Bestimmung des "eigentlichen Erfolgsmaßes" (Unterschied zwischen tatsächlicher Entwicklung und simulierter Referenzentwicklung). FISCHER versucht dabei, durch die Erhebung von Einflußfaktoren (er nennt diesen Vorgang "Normierung") die Wirkungszusammenhänge und -bedingungen zu erfassen. So schlägt er u.a. "Normierungen" hinsichtlich Änderungen der finanziellen Rahmenbedingungen, Änderungen der Wanderungsströme, Änderungen infolge "zielwidriger Entscheidungen" anderer Planungsträger, Änderungen hinsichtlich "überzogener oder untertriebener Zielvorstellungen" etc. vor[453]. Obwohl diese "Normierungen" viele Einflußfaktoren abdecken, macht die von FISCHER offen gelassene Aufzählung[454] klar, daß dieser Verfahrensschritt das "Hauptproblem"[455] des Verfahrens darstellt: Es ist die Schwierigkeit, trotz "Reduktionsstrategie" alle auf ein Evaluierungsmerkmal einwirkenden relevanten Einflußfaktoren zu erfassen. Ein gutes Beispiel ist das von FISCHER[456] selbst angeführte, das sich erweitern läßt: Das Planelement "Bevölkerungsentwicklung und -verteilung in einer Region" kann nur evaluiert werden, wenn darauf geachtet wird, welche vom Regionalverband festgelegten Bevölkerungsrichtwerte* als Evaluierungsmerkmal genommen werden muß. Sind es die Zielprognosen* im Raumordnungsbericht, die bereits vor der Verbindlichkeit des eigentlichen Plans "Zielqualität" entfalten, sind es die Richtwerte* des Plans selbst oder ist es der politische, von der Vertretung des Regionalverbands mitgetragene, ja oft initiierte "Kompromiß"-Richtwert*? Gerade die für die Festlegung des Evaluierungsmerkmals äußerst wichtige Unterscheidung zwischen fachlichen und politischen "Kompromissen" ist schwer zu erheben.
Schritt 8: Ein anderes Problem ist die auch bei FISCHER auftretende Subjektivität beim Bewertungsvorgang "Ermittlung des Zielerfüllungsgrades" ("Maß des Erfolgs"). Ähnlich wie bei EICHNER et al. bleibt die Bewertung der Einschätzung des Bearbeiters überlassen. Er bestimmt, anhand welcher Kriterien die Zuordnung der Werte einer fünfteiligen Ordinalskala erfolgen soll. Nach dem Bewertungsvorgang werden die Ergebnisse in "Evaluierungsprofilen"[457] dargestellt. Die

---

451 FISCHER 1984, S. 300ff

452 Vgl. Abb. bei FISCHER 1984, S. 315

453 FISCHER 1984, S. 305

454 Vgl. Abb. "Hilfsmatrix zur Erfassung von Einflußfaktoren für die Wirkungsanalyse, 'Normierung' und 'Skalierung' von Evaluierungsmerkmalen mit komplizierten Wirkungszusammenhängen bei FISCHER 1984, S.308

455 FISCHER 1984, S. 302

456 FISCHER 1984, S. 305

457 Vgl. Abb. "Ergebnisdarstellung der Evaluierung als 'eigentliches Erfolgsmaß' im 'Evaluierungsprofil', Musterblatt, bei FISCHER 1984, S. 309

Evaluierung ist damit abgeschlossen.

IV.D.2.2.2.2.2. BEWERTUNG

Positiv anzumerken ist die Mühe, die sich FISCHER mit dem Problem der Aufdeckung der Wirkungszusammenhänge gibt, so daß die Bestimmung des "eigentlichen" Erfolgsmaßes der Regionalplanung theoretisch möglich erscheint[458]. Ein Problem bleibt natürlich die Subjektivität und oft unzureichende Nachvollziehbarkeit der Bewertungsvorgänge. Ein anderes Problem stellen die Informationsquellen und Quellenauswertungsmethoden dar, wenn es um das Auffinden und wissenschaftliche Verarbeiten von Informationen geht, z.B. zur Aufdeckung der "persönlichen Präferenzstrukturen" des Planers. Hier könnte erst ein Test des FISCHER-Verfahrens anhand eines praktischen Fallbeispiels Aufschlüsse geben. Von seiner theoretischen Konzeption her dürfte das Verfahren für eine Evaluierung aber relativ gut geeignet sein.

IV.D.2.2.2.3. DAS DADOU-VERFAHREN

Der Untersuchungsraum dieser Studie umfaßt den Bereich zweier Regionalverbände in Baden-Württemberg[459]. Untersucht werden sollen die Wirkungen des regionalplanerischen Instruments "Stellungnahme" auf der Vollzugsebene der Gemeinden. Das Verfahren umfaßt also im wesentlichen eine Implementationsanalyse. Als Besonderheit ist zu werten, daß diesmal die "Soll"-Werte nicht nur aus dem Raumordnungsplan, sondern hauptsächlich aus den Stellungnahmen der Regionalverbände abgeleitet werden.

IV.D.2.2.2.3.1. VERFAHRENSSCHRITTE

Grundlage des Verfahrens ist die Analyse der für die Bauleitpläne im Rahmen der Beteiligung als Träger öffentlicher Belange* abgegebenen Stellungnahmen der Regionalverbände[460]. Die Auswertung der Stellungnahmen erfolgt im wesentlichen unter der Fragestellung, ob die hier niedergelegten Erfordernisse Vorschläge zur Bauleitplanänderung oder nur eine reine Zustimmung bzw. Ablehnung enthalten[461]. Bei der von der Regionalplanung geäußerten Kritik werden unterschieden:

- "leichte Bedenken"
- "erhebliche Bedenken"
- "ausdrückliche Ablehnung"[462].

Über die Kriterien dieser Einstufung wird nichts mitgeteilt. Wegen der in den Stellungnahmen oft "verklausulierten" Behördenformulierungen dürfte die Einstufung nicht immer leicht sein.
Ausgewertet wurden alle in den Stellungnahmen angesprochenen Sachbereiche (vom "Verkehr" bis zum "Lärmschutz" usw.[463]) und alle Stellungnahmen für fast alle Gemeinden der beiden Regionen, die im Rahmen der Bauleitplanverfahren (Flächennutzungspläne und Bebauungspläne) bis zum Untersuchungszeitpunkt anfielen. Die große Menge an Untersuchungsmaterial machte eine relativ streng formalisierte Auswerteform erforderlich.
Nach der Erhebung der Belange der Regionalplanung wurde der Einfluß der Regionalplanung anhand der von der Stellungnahme ausgehenden Wirkungen untersucht. Die dabei festgestellten Wirkungen wurden mit Hilfe eines relativ formal gehaltenen Auswerterasters festgehalten[464]. DADOU et al. schreiben selbst, daß das Eintreten der Wirkungen[465] nur feststellbar sei, wenn für jeden ausgewerteten Bauleitplan folgende Informationen verfügbar seien:

-die Planungsvorstellungen der Gemeinde zu Beginn des Verfahrens;
-die im Laufe des Planungsverfahrens eingetretenen Planungsänderungen;
-die Ursachen dieser Planungsänderungen;

---

458 In der Praxis wurde das Verfahren noch nicht getestet.

459 Region Mittlerer Oberrhein und Region Südlicher Oberrhein (DADOU et al. 1979)

460 DADOU et al. 1979, S. 61

461 DADOU et al. 1979, S. 61

462 DADOU et al. 1979, S. 61

463 DADOU et al. 1979, S. 62

464 S. Tabelle 1

465 Sie meinen damit wohl auch die Rückführung der Wirkungen auf die Stellungnahme des Regionalverbands, also eine echte Wirkungsanalyse.

-der "Standpunkt" des Regionalverbands "im Laufe des Verfahrens" (was eine mögliche Änderung dieses Standpunkts impliziert);
-die Standpunkte der anderen Träger öffentlicher Belange* im Laufe des Planungsverfahrens;
-der Inhalt des genehmigten Bebauungsplans bzw. die Begründung der Ablehnung, Zurückstellung oder Aufgabe eines Bebauungsplanes[466].

Tabelle 1: Auswerteraster für die Untersuchung der Wirkungen von Stellungnahmen[467]

Wirkungen auf den Inhalt des Bauleitplans:
- Änderung der Planfestsetzungen
- Reduzierung der Fläche oder des Maßes der baulichen Nutzung
- Standortverlagerung, Änderung der Verortung (teilweise oder gesamt)
- Aufgabe des Bebauungsplans

Wirkungen auf den Zeitablauf des Planaufstellungsverfahrens:
- Verzögerung des Planaufstellungsverfahrens
- Zurückstellen des Bebauungsplans
- Verhinderung einer Verfahrensverzögerung

Wirkungen auf die Einstellung der Gemeinde zur Raumordnung ("Raumbewußtsein")

Diese Informationen versuchten DADOU et al. durch Expertenbefragungen und durch die Auswertung von Verfahrensakten zu erhalten[468], ein Vorhaben, das im Rahmen ihrer Untersuchung "aus methodischen und zeitlichen Gründen" nach eigenen Angaben nicht immer realisiert werden konnte[469]. Dies bedeutet, daß dann qualifizierte Wirkungsanalysen nicht durchgeführt werden konnten. Deutlich wird dies auch an einer Anmerkung der Autoren, wonach sie einen "Druck seitens der Genehmigungsbehörde" vermuten, ihn aber nicht nachweisen können[470]. Die Untersuchungsergebnisse von DADOU et al. müssen also kritisch zur Kenntnis genommen werden.

IV.D.2.2.2.3.2. BEWERTUNG

Statt einer relativ formalen Auswertung von Stellungnahmen für zwei komplette Regionen wäre die Beschränkung auf eine qualitative Auswertung einiger weniger Fallbeispiele in einem kleineren Untersuchungsraum wohl wirkungsvoller gewesen. So hätte die Wirkungsanalyse zumindest zum Teil mit Hilfe eines weniger formalen Auswerteverfahrens durchgeführt werden können. An der verfahrensbegleitenden Analyse eines einzigen Bauleitplanverfahrens (Fallbeispiel!) hätte man die wesentlichen "Wirkungsträger" unter den Trägern öffentlicher Belange* und den Grad ihrer Wirkung herausfinden können. Gerade die Bedeutung der Genehmigungsbehörde hätte so sofort erkannt und auch auf andere Fälle übertragen werden können. Durch diese Vorgehensweise wären auch die laufenden Änderungen des Standpunktes des Regionalverbandes mit zu erfassen gewesen.
Mit keinem Wort gehen DADOU et al. auf die Probleme der "politischen Abschwächung" der regionalplanerischen Erfordernisse durch die in Baden-Württemberg kommunal dominierten Verbandsgremien ein: Zumindest wichtige Stellungnahmen des Regionalverbandes müssen vor Abgabe durch die Verbandsverwaltung im Planungsausschuß besprochen werden.
Auch das von EICHNER et al. festgestellte Problem des persönlichen Geltungsbedürfnisses bei Expertenbefragungen muß in diesem Zusammenhang erwähnt werden, obwohl anscheinend DADOU et al. hierauf nicht gestossen sind.

IV.D.2.2.2.4. DAS KONUKIEWITZ-VERFAHREN

Ähnlich wie DADOU et al. legt KONUKIEWITZ, allerdings aus politikwissenschaftlicher Sicht, den Schwerpunkt auf die Untersuchung der Rolle der Gemeinde als "Politikadressat"[471]. Seine Leitfrage zielt

[466] DADOU et al. 1979, S. 81
[467] Nach DADOU et al. 1979, S. 80f, verändert
[468] DADOU et al. 1979, S. 81
[469] DADOU et al. 1979, S. 81
[470] DADOU et al. 1979, S. 82
[471] KONUKIEWITZ 1985, S. 15

nach dem Beitrag der "Politikinstrumente" Flächensteuerung, Wohnungsbauförderung und Städtebauförderung zur Lösung der siedlungsstrukturellen Probleme und der Implementation der diesbezüglichen Programme auf Gemeindeebene[472]. Es handelt sich also im wesentlichen um eine Implementationsanalyse mit dem sachlichen Schwerpunkt "Siedlungswesen".
KONUKIEWITZ betrachtet dabei nahezu sämtliche der Gemeinde übergeordneten öffentlichen Planungsträger undifferenziert als Verwaltungsblock. So vertritt bei ihm die Bezirksplanung als Mittelinstanz die landesplanerischen Ziele in gleicher Weise wie das betreffende Ressort auf Landesebene, was in der Realität sicher nicht immer zutrifft[473]. Die folgenden Ausführungen greifen lediglich den hier allein interessierenden Teilsachbereich "Flächensteuerung" heraus.
Besonderen Wert legt KONUKIEWITZ auf die Aufdeckung der Wirkungsketten und setzt hierzu vergleichende Fallstudien ein[474]. Als Untersuchungsobjekte wählt er je einen Regierungsbezirk in Bayern, Hessen und Nordrhein-Westfalen, die er anhand verschiedener statistischer Indikatoren (z.B. Wanderungssalden, Anzahl der Baugenehmigungen für Wohneinheiten pro Jahr, Steuereinnahmen der Gemeinden etc.) problemorientiert auswählt[475].
Bei der Untersuchung seiner Fallbeispiele geht er hermeneutisch vor[476]: Er versucht, bereits abgelaufene und abgrenzbare Entscheidungsroutinen der relevanten Akteure (Behörden, Angehörige von Gemeindeverwaltungen etc.) zu rekonstruieren[477] und sie auf deren Motive zurückzuführen[478]. Dafür wertet er Akten zu den im Vorfeld der Bauleitplanung stattfindenden "landesplanerischen Abstimmungsverfahren" aus[479].
Seine Bewertung ist qualititiv argumentierend, da er weniger die Implementation "mit Schulnoten" versehen, sondern, in der Tradition seines Faches, vielmehr die "Dynamik" der Implementation im "Beziehungsgeflecht der beteiligten Akteure" erhellen will[480]. Dadurch ergibt sich eine prozeßorientierte Vorgehensweise. Abgesehen von der bereits angeführten Kritik ist dieser gelungene prozeßorientierte Ansatz mit seinen wenigen, aber aussagekräftigen Fallbeispielen und klug ausgewählten Sachthemen positiv zu bewerten.

IV.D.2.2.2.5. AUSGEWÄHLTE AUSWERTUNGS- UND DARSTELLUNGSMETHODEN

So sehr sich die einzelnen Verfahren unterscheiden, so sehr ähneln sich die jeweils gewählten Auswertungs- und Darstellungsmethoden der verschiedenen Evaluierungsansätze. Nur die wichtigsten davon seien nachstehend diskutiert.
Wohl an erster Stelle in der Evaluierung stehen statistische Verfahren. Sie eignen sich besonders zur Zustandsbeschreibung eines räumlichen Systems mit Hilfe statistischer Indikatoren[481], so z.B. für den Ist-Ist-Vergleich der raumstrukturellen Situation zu verschiedenen Zeitpunkten oder zur Beschreibung des raumordnerisch erwünschten raumstrukturellen Zustands (Leitbild). Hier gibt es nach EICHNER et al. selbst bei operationalisierbaren "Zielen" Probleme, da ihnen im Plan selbst keine statistischen Erfolgsindikatoren zugeordnet werden und nachträglich kaum zugeordnet werden könnten[482]. Auch bemängeln EICHNER et al. das häufige Fehlen aktueller Daten[483]. Dazu kommt die allgemeine Schwierigkeit der Meßbarkeit von "Lebensqualität", verbunden mit dem Problem, ob als Ausstattungsindikatoren Durchschnittswerte oder Mindestausstattungsnormen genommen werden[484].
HELLSTERN und WOLLMANN empfehlen hinsichtlich des Evaluierungsmerkmals "Siedlungswesen"

---

472 KONUKIEWITZ 1985, S. 57
473 KONUKIEWITZ 1985, S. 109
474 KONUKIEWITZ 1985, S. 58ff
475 KONUKIEWITZ 1985, S. 63
476 KONUKIEWITZ 1985, S. 8 und S. 63
477 KONUKIEWITZ 1985, S. 63
478 KONUKIEWITZ 1985, S. 59
479 KONUKIEWITZ 1985, S. 220. Dieses Verfahren ähnelt dem um die "landesplanerische Stellungnahme" in Baden-Württemberg.
480 KONUKIEWITZ 1985, S. 246
481 EICHNER et al. 1979, S. 11
482 EICHNER et al. 1979, S. 12
483 EICHNER et al. 1979, S. 64. HELLSTERN et al. zeigen das Fehlen geeigneter statistischer Daten am Beispiel der für die Evaluierung wichtigen, aber unzureichend statistisch erfaßten und auswertbaren Fördermittelbewilligung auf (HELLSTERN et al. 1984, S. 278).
484 Mindestausstattungsnormen werden z.B. von CLEMENS favorisiert (CLEMENS 1980a, S. 406).

u.a. die Anwendung folgender statistischer Hilfsmittel:

-die Auswertung der Baufertigstellungsstatistik

-die Auswertung der statistischen Indikatoren der laufenden Raumbeobachtung der BfLR* auf Kreisebene[485].

Ein Vergleich der raumstrukturellen Situation kann auch mit Hilfe kartographischer Methoden (z.B. kartographischer Vergleich) erfolgen, wie es etwa BENZING et al.[486] vorschlagen.

Ein großes Problem ist die bereits erwähnte Simulation der Referenzentwicklung zur Messung des "echten" Zielerreichungsgrades. EICHNER et al. erwähnen hierzu die Möglichkeit einer experimentellen Methode[487]: Dabei soll die Entwicklung zweier Vergleichsgruppen in einer entsprechenden Zeitreihe genau verfolgt werden. Eine Gruppe ist dabei den Wirkungen des zu evaluierenden Maßnahmenprogramms ausgesetzt, die andere nicht. Das große Problem hierbei besteht in der Gewährleistung der gleichen Ausgangsmerkmale, was in der Praxis faktisch nicht zu erreichen ist. Auch müssen die Experimente von umfangreichen Wirkungsanalysen begleitet werden. Nach EICHNER et al.[488] kommen Experimente anhand solcher Vergleichsgruppen als Methode bei der Evaluierung eines Regionalplanes nicht in Frage, da es, abgesehen von anderen Schwierigkeiten, kaum möglich sein dürfte, zwei in ihren Grundstrukturen vergleichbare Untersuchungsregionen zu finden[489].

Zu den wichtigsten Methoden bei der Evaluierung gehören Fallstudien[490]. Aufgrund ihrer großen Bedeutung seien sie hier ausführlicher behandelt:

Fallstudien eignen sich besonders zum "tiefenscharfen" Eindringen in "komplexe Handlungs- und Wirkungsverläufe"[491], wie sie für die hier interessierenden Verwaltungshandlungen ja auch typisch sind. Die von HELLSTERN et al. vorgeschlagenen und für die Raumordnung interessanten "Projekt-" und "Strategieevaluierungen"[492] verlangen z.B. die Anwendung dieser Untersuchungsmethodik, wenn sie die nähere Untersuchung einzelner "strategischer Schlüsselfälle"[493] zur Aufdeckung der bereits erwähnten verfahrens- und prozeßorientierten Sachverhalte[494]. Mit diesem Begriff meinen die Autoren das exemplarische Aufzeigen "politisch-administrativer Handlungsabläufe" zur Untersuchung von Entscheidungspotentialen der Raumordnung und zur Durchführung von Wirkungsanalysen[495]. Der Vorteil dabei ist, daß "Fallstudien...das Zusammenspiel unterschiedlicher Akteure, privater, halbstaatlicher Institutionen und des Verwaltungsvollzugs zwischen Fachplanung*, Landesplanung, kommunaler Ebene verdeutlichen und damit den gesamten Wirkungszusammenhang darstellen" können[496]. Neben dem Aufzeigen dieses Zusammenspiels ermöglichen Fallstudien eine "detaillierte Nachzeichnung" von "Wirkungsketten"[497], so daß HELLSTERN et al. Fallstudien sogar als "beste Strategie" bezeichnen, "um Wirkungsanalysen durchzuführen"[498]. Daneben ergeben sich folgende Vorteile von Fallstudien:

-Sie erlauben die Anwendung verschiedenster Analysetechniken: z.B. Interviews (Akteurebefragung), Aktenstudien[499], teilweise auch "teilnehmende Beobachtung"[500] und "strukturierte Expertengespräche"[501].

-Sie sind offen gegenüber "unerwarteten Funden" und flexibel gegenüber der Dynamik des

---

485 HELLSTERN/WOLLMANN 1984b, S. 163

486 BENZING et al. 1978, S. 449

487 EICHNER et al. 1979, S. 10

488 EICHNER et al. 1979, S. 10

489 EICHNER et al. 1979, S. 11

490 Synonym: "Feldstudien" (EICHNER et al. 1979, S. 10). Vergleichende Fallstudien sind Fallstudien, die zwei Untersuchungsgebiete vergleichend behandeln.

491 WOLLMANN 1980, S. 29

492 HELLSTERN et al. 1984, S. 284

493 HELLSTERN et al. 1984, S. 284

494 "Prozeßvariable" (HELLSTERN et al. 1984, S. 282)

495 HELLSTERN et al. 1984, S. 282ff

496 HELLSTERN et al. 1984, S. 279

497 ARBEITSKREIS "WIRKUNGSANALYSEN UND ERFOLGSKONTROLLE IN DER RAUMORDNUNG BEI DER AKADEMIE FÜR RAUMFORSCHUNG UND LANDESPLANUNG" 1984, S. 36

498 HELLSTERN et al. 1984, S. 280; vgl. auch EICHNER et al. 1979, S. 13

499 WOLLMANN 1980, S. 29 und HELLSTERN/WOLLMANN 1984, S. 23

500 WOLLMANN 1985, S. 8

501 KONUKIEWITZ 1985, S. 64

Untersuchungsgegenstandes und der sich dadurch eventuell verändernden Fragestellungen[502].
-Sie ermöglichen die Anwendung der bereits erwähnten "Reduktionsstrategien". So können sie z.B. innerhalb eines genau begrenzten Raumes angewendet werden.
-Sie ermöglichen die Aufdeckung von "Rückkopplungen zwischen Zielen, Instrumenten und Wirkungen"[503], oft sogar von Wirkungszusammenhängen, die bei anderen Methoden verborgen bleiben. Sie sind, wie von HELLSTERN et al.[504] gefordert, praxis- und empirienah.

Das Hauptproblem der Fallstudienmethode ist der Nachweis der Repräsentativität. Eine Entschärfungsmöglichkeit dieses Problems sieht KONUKIEWITZ in der Wahl des "vergleichenden Vorgehens", d.h. in der Auswahl mehrerer Fallbeispiele in unterschiedlichen, aber ähnlich strukturierten Teiluntersuchungsräumen[505]. Ein Problem dabei liegt sicher darin, die Auswahl der Nachweisindikatoren für eine solch "ähnliche Strukturierung" bzw. solche Teiluntersuchungsräume erst einmal aufzufinden. HELLSTERN et al. schlagen den Einbau der Fallstudie in ein nicht näher erläutertes "theoretisches Konzept" als Möglichkeit zur Sicherstellung der Übertragbarkeit von Untersuchungsergebnissen aus Fallstudienanalysen vor[506]. Trotzdem ist wohl EICHNER et al. rechtzugeben, die vorschlagen, an Fallstudien keine "zu hohen" Ansprüche an die Verallgemeinerbarkeit zu stellen[507]. Es muß von Fall zu Fall entschieden werden, ob für das gewählte Erkenntnisziel in der Evaluierung eine Fallstudie ausreicht oder nicht.

Festzuhalten bleibt, daß die Fallstudie für die Akteuridentifikation, für die Aufdeckung von Interessenkonstellationen, von Handlungsroutinen der Akteure und von Wirkungszusammenhängen wohl die wichtigste Methode einer Evaluierung darstellt.

Wie anhand der verschiedenen Vorschläge für Raumordnungs-Evaluierungsverfahren sichtbar ist, werden unter dem Begriff "Fallstudie" sehr verschiedene methodische Ansätze verstanden. Eine bloße Reduzierung der Untersuchung auf einen Teiluntersuchungsraum aus erhebungspraktischen Gründen kann aber wohl kaum schon als Fallstudie bezeichnet werden. Aus diesem Grund seien hier kurz einige typische methodische Grundbedingungen für eine Fallstudienuntersuchung wiedergegeben, wie sie WOLLMANN fordert:

Als ersten Schritt verlangt er eine "Identifikation" der relevanten Akteure[508]. Hierzu gehört neben der Vorstellung der Akteure u.a. die Untersuchung der sogenannten "non-decisions", d.h. der Vorentscheidungen, die die jeweiligen Akteure binden und somit den Handlungsrahmen für sie vorgeben[509]. Auf damit verbundene Erhebungsprobleme weist KONUKIEWITZ hin, und er verlangt, daß nur die "manifest" gewordenen "Nicht-Entscheidungen" (z.B. in Form von Schriftwechsel, Aktennotizen) als Material herangezogen werden können[510]. Trotz solcher Schwierigkeiten sollte dieser gerade für die Raumordnung wichtige Punkt nicht vernachlässigt werden. Erst danach kann mit der "Interaktionsanalyse" begonnen werden, d.h. mit der Rekonstruktion des Beziehungsgeflechtes zwischen den Akteuren und ihrer Handlungsroutinen[511]. Zwar kann man HELLSTERN et al. darin zustimmen, daß man bei der Anwendung einer Fallstudie auf ein "ausgebautes Datensystem" (im Sinne statistischer Daten) eher verzichten könne[512]. Allerdings muß darauf hingewiesen werden, daß dafür der Zugang zu qualitativen Informationen ein großes Problem sein kann[513]. Man denke z.B. an Restriktionen bei der beabsichtigten Analyse von Behördenakten. Neben Plänen und Befragungen gehören ja gerade Akten über behördliche Vorgänge zu den wichtigsten Informationsquellen[514].

KONUKIEWITZ setzt bei seiner empirischen Untersuchung zur Implementation räumlicher Politik die Fallstudie als Verfahren zur Analyse des Entscheidungsprozesses relevanter Akteure ein. Das bei Befragungen auftauchende Problem der Beeinflussung der Ergebnisse durch das "Forschersubjekt"

---

502 WOLLMANN 1980, S. 29 und KONUKIEWITZ 1985, S. 59
503 HELLSTERN et al. 1984, S. 279
504 HELLSTERN et al. 1984, S. 282
505 KONUKIEWITZ 1985, S. 60
506 HELLSTERN et al. 1984, S. 279
507 EICHNER et al. 1979, S. 13
508 WOLLMANN 1980, S. 32
509 WOLLMANN 1980, S. 35
510 KONUKIEWITZ 1985, S. 58f
511 WOLLMANN 1980, S. 36
512 HELLSTERN et al. 1984a, S. 23
513 WOLLMANN 1980, S. 38
514 Z.B. bei EICHNER et al. 1979, S. 13

versucht er, neben der Verwendung "objektiver" Indikatoren statistischer Art, dadurch zu mildern, daß er seine Manuskripte durch die Befragten gegenlesen läßt[515]. Hierbei ist freilich zu bedenken, daß eine Wertung durch den Forscher schon durch die Auswahl der "objektiven" Indikatoren einfließt und daß auch das Gegenlesenlassen[516] zu erheblichen Verfälschungen führen kann, z.B. durch das Geltungsbedürfnis der Akteure.
Graphische Verfahren werden zur Ergebnisdarstellung eingesetzt. Häufig werden sie, wie bei FISCHER, bei der Bestimmmung des Zielerfüllungsgrades in Form fünf- bzw. dreistufiger Ordinalskalen oder in Form von Koordinatensystemen mit der x-Achse als Zeitachse[517] verwendet. Solche Darstellungen eignen sich weniger für die Erarbeitung des Inhalts der Evaluierung als vielmehr zur Veranschaulichung ihrer Arbeitsweise, teilweise auch zur Darstellung der Ergebnisse. Die eigentliche Evaluierung wird zumeist mit einfacheren Matrix-Verfahren durchgeführt.
Die wichtigste "Methode", vor allem zur Ergebnisdarstellung, aber auch zur Bewertung, bleibt aber wohl weiterhin der "verbale", qualitativ-argumentierende sprachliche Ausdruck.

IV.D.2.3. Zusammenfassung: Evaluierungsverfahren in der Raumordnung

Als Zusammenfassung sei nachstehend auf der Basis der bisher diskutierten Anforderungen an Evaluierungen raumordnerischer Tätigkeiten ein "idealtypisches Evaluierungsverfahren" entworfen. Es umfaßt die wichtigen Teile der verschiedenen Evaluierungsansätze. Ein solches idealtypisches Evaluierungsverfahren ist aber aufgrund der methodischen Probleme und des erforderlichen großen Aufwands als Ganzes kaum anwendbar:

Schritt 1: Sorgfältige Auswahl des Evaluierungsgegenstandes ("Reduktionsstrategie", z.B. nach FISCHER). Die Evaluierung sollte sich auf wichtige Sachverhalte beschränken[518].
Fragestellung: "Was soll evaluiert werden?"

Schritt 2: Ist-Ist-Vergleich des raumstrukturellen Zustands zu verschiedenen Zeitpunkten anhand ausgewählter Indikatoren, z.B. statistischer Art:
Fragestellung: "Welche raumstrukturellen Veränderungen haben stattgefunden?"
(Synonyme: Zielerreichungskontrolle, Zielniveaukontrolle, Ergebniskontrolle, monitoring, Output- bzw. Outcome-Kontrolle, Kontrolle der abhängigen Variablen[519]). Ziel des Ist-Ist-Vergleichs ist der Gewinn einer Basis für den Untersuchungsschritt 7.

Schritt 3: Ableitung des raumordnerisch "erwünschten" Raumzustands aus den z.B. in Raumordnungsplänen publizierten Erfordernissen der Raumordnung. Konkrete Ziele der Raumordnung und Landesplanung können manchmal selbst als Indikatoren verwendet werden (z.B.: "Der Rückbau der Landesstrasse XY ist zu fordern"), während andere Ziele sowie die noch abzuwägenden "Grundsätze der Raumordnung" dabei Probleme bereiten. Der Ansatz von EICHNER et al. spart die sich widersprechenden Grundsätze aus diesem Grund von vornherein größtenteils aus, was natürlich zu Verfälschungen der Evaluierungsergebnisse führen kann, wenn z.B. Plansätze zu manchen Sachthemen ausschließlich in "Grundsatzform" verfaßt sind. Ein weiteres Problem ist die Schwierigkeit, fachliche ("reine") Erfordernisse der Raumordnung von im Rahmen von "non-decisions" durchgeführten "politischen Kompromissen" zu trennen, z.B. zwischen Landes- und Gemeindepolitikern[520]. Eigentlich sollte jeweils die "Kompromißstufe" angegeben werden, aus der man die Erfordernisse für die Evaluierung entnimmt. In dieser Richtung geht auch der Hinweis von KONUKIEWITZ, wonach sich erst in der praktischen Konfrontation konkrete und realistische Ziele entwickeln. Der Implementationsprozeß sei als "Evolution von Zielen" aufzufassen[521].
Fragestellung: "Welchen raumstrukturellen Zustand wünscht die Raumordnung?"

---

515 KONUKIEWITZ 1985, S. 64
516 Ob mit nachträglicher Korrektur wird nicht erwähnt
517 Vgl. Abb. "Graphische Darstellungsmöglichkeiten von Evaluierungsergebnissen am Beispiel der Erfolgskontrolle eines regionalen Finanzprogramms bei ABERLE et al., S. 21.
518 CLEMENS 1980a, S. 406
519 KONUKIEWITZ 1985, S. 245
520 S. Tabelle 2
521 KONUKIEWITZ 1985, S. 245

Tabelle 2: Mögliche "Kompromißstufen" bei der Erarbeitung von Erfordernissen der Regionalplanung gegenüber den Gemeinden

Kompromißstufe 1: "non-decisions": Thematisierung bestimmter raumstruktureller Probleme durch die Planungsverwaltung bringt erste Vorauswahl ("Vorabkompromiß")

Kompromißstufe 2: Gemeinden beteiligen sich an der Erstellung des Regionalplans (Entwurf zur Anhörung) im Planungsausschuß

Kompromißstufe 3: Gemeinden beteiligen sich als Träger öffentlicher Belange* bei der Anhörung und damit zweifach an der Erstellung des Regionalplans (Verbindliche Fassung)

Kompromißstufe 4: Bei der Umsetzung der im Regionalplan formulierten Erfordernisse der Regionalplanung kommt es zu weiteren politischen Kompromissen (z.B. bei der Behandlung der Stellungnahme des Regionalverbandes zu einem konkreten Verwaltungsverfahren im Planungsausschuß)

Schritt 4: Soll-Ist-Vergleich des aktuellen mit dem von der Raumordnung angestrebten raumstrukturellen Zustand. Als ein Ergebnis der Evaluierung kann ein "schlichtes Erfolgsmaß" formuliert werden. Teilweise wird auch für diesen Untersuchungsschritt der Begriff "Zielerreichungskontrolle" verwendet.
Fragestellung: "In welchem Ausmaß sind die Erfordernisse der Raumordnung verwirklicht worden?"

Schritt 5: Durchführung von Wirkungsanalysen (Synonyme: Ex-post-Wirkungsanalyse, Wirkungskontrolle, Ursachenanalyse, Effektivitätsanalyse, Effizienzanalyse, impact analysis, impact assessment[522]):
Fragestellungen: "Welche Ursachen haben zu den beobachteten raumstrukturellen Veränderungen in welchem Umfang geführt?, Wie ist der Einfluß der Raumordnung zu bewerten?"
Hier müssen zuerst die Einflußfaktoren auf die raumstrukturellen Veränderungen herausgefunden werden, um jeweils eine Trennung der beeinflußbaren von den nicht beeinflußbaren Faktoren zu erreichen. Dieser Untersuchungsschritt bringt große Probleme mit sich, da es z.B. infolge der kaum empirisch zu erhebenden, aber als Einflußfaktoren wichtigen "non-decisions" oft nicht gelingt, die von der Raumordnung "beeinflußbaren" Faktoren von den anderen zu trennen. Eine Reduzierung der von der Raumordnung beeinflußbaren Einflußfaktoren auf die durch den Raumordnungsplan beeinflußbaren[523] ist nicht nachvollziehbar. Die anderen Instrumente der Raumordnung sollten ebenfalls mitberücksichtigt werden.
Schritt 5a: Die Analyse des Prozesses, der zu den raumstrukturellen Veränderungen führt (Nachzeichnung des Wirkungsverlaufs, Nachzeichnung der Wirkungsketten[524]), sollte ebenfalls Teil einer Wirkungsanalyse sein, wenn nach Gründen für die festgestellten raumstrukturellen Veränderungen gefragt wird. Besonders wenn man Planung als System bzw. als Prozeß versteht, kann auf diese Weise versucht werden, Rückkopplungen von Wirkungen herauszufinden. Als Methode empfiehlt sich hier die Fallstudie[525].
Schritt 5b: Kontrolle der exogenen Einflußfaktoren (Synonyme: Bedingungskontrolle, Kontrolle der äußeren und inneren Rahmenbedingungen, Monitoring der exogenen Einflüsse[526]). Eine komplette

522 ARBEITSKREIS "WIRKUNGSANALYSEN UND ERFOLGSKONTROLLE IN DER RAUMORDNUNG BEI DER AKADEMIE FÜR RAUMFORSCHUNG UND LANDESPLANUNG" 1984, S. 35

523 ARBEITSKREIS "WIRKUNGSANALYSEN UND ERFOLGSKONTROLLE IN DER RAUMORDNUNG BEI DER AKADEMIE FÜR RAUMFORSCHUNG UND LANDESPLANUNG" 1984, S. 35

524 ARBEITSKREIS "WIRKUNGSANALYSEN UND ERFOLGSKONTROLLE IN DER RAUMORDNUNG BEI DER AKADEMIE FÜR RAUMFORSCHUNG UND LANDESPLANUNG" 1984, S. 36

525 ARBEITSKREIS "WIRKUNGSANALYSEN UND ERFOLGSKONTROLLE IN DER RAUMORDNUNG BEI DER AKADEMIE FÜR RAUMFORSCHUNG UND LANDESPLANUNG" 1984, S. 38

526 ARBEITSKREIS "WIRKUNGSANALYSEN UND ERFOLGSKONTROLLE IN DER RAUMORDNUNG BEI DER AKADEMIE FÜR RAUMFORSCHUNG UND LANDESPLANUNG" 1984, S. 37

Erfassung dieser zum größten Teil[527] außerhalb der Zugriffsmöglichkeiten der zu evaluierenden Raumordnungsinstitution liegenden Einflußfaktoren ist anzustreben, ist aber oft nicht möglich.

Schritt 6: Implementationsanalyse (Synonyme: u.a. Durchführungskontrolle, Implementationskontrolle, Vollzugskontrolle, Input-Kontrolle, Mittelkontrolle, Instrumentenkontrolle, Monitoring der Instrumentvariablen[528]). Dieser Untersuchungsschritt dient vor allem zur genaueren Kontrolle des den Erfolg der Raumordnung entscheidend beeinflussenden Faktors "Umsetzung". Dazu gehört die Untersuchung der Schnittstelle zwischen Raumordnungs- und Umsetzungsbehörde (z.B. Gemeinden) oder die Kontrolle der Umsetzungsinstrumente. Wichtig dabei ist, daß man nicht bei der Frage stehenbleibt, ob sich die Implementatoren den Programmabsichten "getreu" verhalten haben (Beurteilung der Leistung der Akteure), sondern daß man auch untersucht, was mit der Implementation erreicht wurde (Beurteilung der "Zieladäquanz" der Implementationsergebnisse[529]).

Schritt 7: Sind die Analysen zu den Einflußfaktoren gemacht und die Einflüsse der Raumordnung bekannt, folgt die Untersuchung des eigentlichen Zielerreichungsgrades ("eigentliches Erfolgsmaß") durch den Vergleich der tatsächlichen Entwicklung der raumstrukturellen Verhältnisse mit einer simulierten oder geschätzten Referenzentwicklung (eine spekulative, ohne die Einflüsse der Raumordnung entstandene Raumentwicklung) anhand ausgewählter "Meß"-Indikatoren. Aufgrund der schwierigen Wirkungsanalysen muß die Referenzentwicklung weitgehend auf Schätzungen beruhen[530]. Mit diesem Untersuchungsschritt kann auch eine eventuell vor der eigentlichen Evaluierung stattfindende ex-ante-Prognose[531] nachträglich überprüft werden[532].

Schritt 8: Ergebnisformulierung. Das Ergebnis der Evaluierung ist die Bewertung des Zielerreichungsgrades i.e.S., sei es quantitativ oder qualitativ, die dann dem Erfolg der raumordnerischen Maßnahmen entspricht.

IV.D.2.4. Problemlösungs- und -verbesserungsvorschläge für Evaluierungen in der Raumordnung

Anregungen dazu, wie sich die zahlreichen bei der Evaluierung raumordnerischer Maßnahmen auftretenden Probleme teilweise lösen lassen, sollen die nachstehenden Lösungsansätze geben: Folgende wichtige Anforderungen wären an die Formulierung und Gestaltung raumordnerischer Maßnahmen und Instrumente aus der Sicht der Evaluierung zu stellen (am Beispiel der Regionalplanung):

-Stärkere Konkretisierung der raumordnerischen Erfordernisse. "Je konkreter die planerische Zielsetzung (Maßnahme), desto leichter die Evaluierbarkeit"[533]. Allgemein gehaltene Plansätze lassen eine Evaluierung kaum zu[534]. Vor allem kurzfristig umzusetzende, "handlungsleitende" und operationalisierbare Ziele und solche mit direktem Raumbezug sollten verstärkt eingesetzt werden, besonders auf dem Sektor Umweltvorsorge[535]. Nach der Rücknahme der Verbindlichkeit der Richtwerte* als eine der wenigen direkt evaluierbaren Planaussagen sollten verstärkt quantifizierbare[536] bzw. mit quantifizierbaren Erfolgsindikatoren versehene Plansätze Berücksichtigung finden. Dies muß dann auch gegenüber den politischen Vertretern der Raumordnung, besonders auf der Stufe der

---

[527] Nicht immer liegen auf den ersten Blick "exogene" Faktoren außerhalb der Einflußmöglichkeiten der evaluierten Raumordnungsbehörde. So ist z.B. das Gegenstromprinzip bei der Beteiligung der unteren Raumordnungsbehörden am Zustandekommen sogenannter "exogener" Einflußfaktoren (Rahmenbedingungen) auf höheren Ebenen der Raumordnung unbedingt zu berücksichtigen.

[528] ARBEITSKREIS "WIRKUNGSANALYSEN UND ERFOLGSKONTROLLE IN DER RAUMORDNUNG BEI DER AKADEMIE FÜR RAUMFORSCHUNG UND LANDESPLANUNG" 1984, S. 37

[529] KONUKIEWITZ 1985, S. 245

[530] KISTENMACHER/EBERLE 1980, S. 649

[531] Vgl. das Verfahren von EICHNER et al.

[532] ARBEITSKREIS "WIRKUNGSANALYSEN UND ERFOLGSKONTROLLE IN DER RAUMORDNUNG BEI DER AKADEMIE FÜR RAUMFORSCHUNG UND LANDESPLANUNG" 1984, S. 37 und FISCHER 1984, S. 300

[533] FISCHER 1984, S. 294

[534] KITTELMANN/HÜBLER 1984, S. 42

[535] KITTELMANN/HÜBLER 1984, S. 65f

[536] KITTELMANN/HÜBLER 1984, S. 68

Regionalplanung, durchgesetzt werden. Dadurch können auch Wirkungszusammenhänge besser erfaßt und Nebenwirkungen besser isoliert werden[537].

-Verringerung des "Operationalisierungsgefälles"[538] zwischen einzelnen Sachbereichen der Regionalplanung. So sind Plansätze zum Fachbereich "Ökologie-, Natur- und Landschaftsschutz" meistens sehr allgemein gehalten[539], während Aussagen zum Fachbereich "Verkehr" oft sehr konkret gefaßt sind[540].

-Das Datenmaterial der Regionalverbände ist, auch zur Untermauerung der konkreter abzufassenden Plansätze, zu verbessern[541]. Das für die Erhebung und Bearbeitung dieser Daten zusätzlich notwendig werdende Personal muß den Regionalverbänden zugestanden werden[542].

-Die in den Plänen aufgestellten Ziele sollten mit dazugehörenden Planungs- und Umsetzungsinstrumenten verbunden werden ("Instrumentierung" der Plansätze, Herstellung des "Ziel-Maßnahme-Bezugs"[543]).

-Die Regionalplanung sollte bessere Beteiligungsmöglichkeiten am Planvollzug erhalten[544], z.B. durch frühere Beteiligung an raumbedeutsamen Planungen der Gemeinden. Auch hierdurch ließen sich die Wirkungen raumstruktureller Änderungen klarer auf die Tätigkeit der Regionalplanung zurückführen.

Nachstehend sind einige wichtige Anforderungen an Verfahren und Methoden von Evaluierungen raumordnerischer Maßnahmen aufgeführt:

-Da Evaluierungen periodisch vorgenommen werden sollten[545], wäre eine Institutionalisierung der Erfolgskontrolle[546] zu überlegen. So sollte man prüfen, inwieweit diese Aufgabe von privater Seite (z.B. Unternehmensberater) oder einer den Rechnungshöfen vergleichbaren Behörde wahrgenommen werden könnte ("externe" Evaluierung).

-Aufgrund der erwähnten Probleme sollten an Evaluierungen raumordnerischer Maßnahmen keine allzu großen Anforderungen gestellt werden. Besser als aufwendige "Totalevaluierungen" durchzuführen ist es, problemorientierte "Reduktionsstrategien"[547] zu verfolgen und Teilevaluierungen nur in den wichtigsten und methodisch einigermaßen beherrschbaren Bereichen der Raumordnung vorzunehmen.

-HELLSTERN et al. fordern zu Recht die Kombination verschiedener sich ergänzender Methoden ("gegenstandsangemessener Methodenmix"[548]) zur Ausnutzung der methodenspezifischen Vorteile und maximalen Kompensation der Nachteile. Bei Planevaluierungen sollte sich die gewählte Methode auch nach dem jeweiligen Plantyp richten[549]. Generell sind Methoden vorzuziehen, die die prozessualen Elemente der Planung berücksichtigen.

-Jede Evaluierung, auch Teilevaluierung, sollte eine Vollzugskontrolle umfassen[550].

-Bei der Ergebnisdarstellung von Evaluierungen ist vor Scheingenauigkeiten zu warnen. Gerade der wichtige Teil der Bewertung des Zielerreichungsgrades weist bei den meisten Untersuchungen nicht vollständig nachvollziehbare Kriterien bei der Einstufung auf. Besser als eine formale "Schulnoten"-Bewertung ist in den meisten Fällen wohl eine weniger formale "verbal-beschreibende" Ergebnisdarstellung. Dadurch kann die Einstufung oft besser begründet werden[551]. SCHULZ ZUR WIESCH stellt treffend fest, daß Erfolgskontrollen und

---

537 FISCHER 1984, S. 294
538 KITTELMANN/HÜBLER 1984, S. 71
539 Beispiel: "Das ökologische Gleichgewicht ist zu erhalten".
540 Beispiel: "Die Landesstrasse XY ist auszubauen".
541 KITTELMANN/HÜBLER 1984, S. 69 und 71
542 KITTELMANN/HÜBLER 1984, S. 72
543 FISCHER 1984, S. 297 und KITTELMANN/HÜBLER 1984, S. 66
544 KITTELMANN/HÜBLER 1984, S. 72
545 CLEMENS 1980a, S. 406
546 KITTELMANN/HÜBLER 1984, S. 73
547 FISCHER 1984, S. 300
548 HELLSTERN et al. 1984, S. 278
549 FISCHER 1984, S. 294
550 KITTELMANN 1984, S. 71
551 Vgl. die Methode von KONUKIEWITZ

Wirkungsanalysen "keine bloßen Rechenaufgaben" seien[552].

Unter Berücksichtigung der bisher erzielten Ergebnisse soll nunmehr das für diese Arbeit gewählte Verfahren zur Teilevaluierung kurz vorgestellt werden.

IV.D.3. Untersuchungsmethodik: Vorstellung und Begründung

Erst seit kurzem beschäftigt sich die Geographie ausdrücklich mit dem Einfluß der Verwaltung auf den Raum[553]. Um solche raumbeeinflussenden Tätigkeiten interpretieren zu können, bedarf es der Analyse der Verwaltungsorganisation. "Organisation" wird hier im Sinne von STIENS aufgefaßt, der Organisationen versteht als dynamische Strukturen, die ihre eigentliche Gestalt erst im Verlaufe von Interaktions- und Kooperationsprozessen der beteiligten Akteure erhalten und die sich während ihres Funktionierens ständig ändern können[554]. Gerade für die im Zusammenhang mit raumordnerischen Aktivitäten relevanten Akteure gilt dieser Satz besonders. Denn sie agieren an den Stellen, an denen Interaktions- und Kooperationsprozesse besonders intensiv hervortreten: an "Nahtstellen". So hat die hier relevante Regionalplanung ihren Ort an folgenden Nahtstellen der Verwaltung:

- zwischen Kommune* (örtliche Raumplanung) und überörtlicher Raumordnung,
- zwischen Raumordnung und Fachplanung*,
- zwischen Politik (Verbandsvertretung) und Verwaltung.

Da man Interaktions- und Kooperationsprozesse am besten über eine verfahrensbegleitende Analyse des Verhaltens der Akteure erfaßt, wurden für diese Untersuchung fast nur prozeßorientierte Methoden als "Methodenmix" vorgesehen. Sie sind in der Durchführung sehr aufwendig, weshalb eine "Totalevaluierung" nicht durchgeführt werden kann.
Als "Reduktionsstrategie" wird die als "Teilevaluierung" verstandene Untersuchung deshalb auf folgende Bereiche beschränkt:
Örtliche Beschränkung: Der Untersuchungsraum beschränkt sich auf ein typisches Teilgebiet des an Zielkonflikten reichen Wachstumsraums "Bodensee": den "Bodenseekreis" in der Region Bodensee-Oberschwaben. Dabei wird sich der Untersuchungsraum nur auf einzelne Gemeinden oder einzelne Geltungsbereiche des Bebauungsplans beziehen.
Sachliche Beschränkung: Die Teilevaluierung befaßt sich nur mit den Sachbereichen "Siedlungswesen", "Industrieansiedlung" und "Natur- und Landschaftsschutz".
Zeitliche Beschränkung: Die Teilevaluierung erfaßt nur die für die jeweiligen Verwaltungsverfahren (Bebauungsplanverfahren etc.) relevanten Zeitabschnitte bis kurz vor dem Ende des Planungshorizontes für den Regionalplan (1990).
Eine "echte" Evaluierung mit Angabe des "eigentlichen" Erfolgsmaßes der Regionalplanung kann aufgrund der hierfür notwendigen Simulation der Referenzentwicklung[555] im Rahmen dieser Arbeit nur in Ansätzen geleistet werden.

Der Aufbau der Untersuchung umfaßt im einzelnen:

Schritt 1: Analyse der Akteure und ihrer Rahmenbedingungen
Schritt 1a: Handlungsrahmen: Charakteristika der Regionalplanung in Baden-Württemberg.
Es soll aber nicht nur der Handlungsrahmen (Geschichte, gesetzlicher Rahmen, Akteure etc.) vorgestellt werden, sondern es ergeben sich dabei auch schon erste Hinweise auf Konfliktfelder zwischen Gemeinden und Regionalplanung geben.

Schritt 1b: Untersuchungsraum: Vorstellung und Auswahlbegründung
Hierbei sollen neben den raumstrukturellen Eigenheiten bereits die für das Gebiet relevanten Zielkonflikte angerissen werden.

Schritt 1c: Akteure: Vorstellung und Charakterisierung
Die für die Regionalplanung relevanten Akteure werden vorgestellt und ihre Arbeitsweisen charakterisiert.

---

552 SCHULZ ZUR WIESCH 1980, S. 665
553 Vgl. u.a. BENZING et al. 1978
554 STIENS 1988
555 Vgl. Methode von FISCHER

Schritt 2: Evaluierungsschritt 1: Vorstellung der Soll-Werte anhand ausgewählter Raumordnungspläne und -gutachten
Die "Soll-Werte" für die Evaluierung werden den wichtigsten der für den Untersuchungsraum zahlreichen Raumordnungspläne und -gutachten entnommen, soweit sie für die gewählten Sachbereiche relevant sind. Dabei wird in einem kurzen historischen Abriß auch auf den Wandel der Zielvorstellungen für den Untersuchungsraum eingegangen.

Schritt 3: Evaluierungsschritt 2: Soll-Ist-Vergleich anhand ausgewählter statistischer Indikatoren mit erstem Evaluierungsergebnis
Durch den Vergleich der erhobenen Zielvorstellungen mit dem anhand statistischer Indikatoren gemessenen aktuellen raumstrukturellen Zustand wird ein "schlichtes Erfolgsmaß" als erstes Ergebnis der Evaluierung formuliert.

Schritt 4: Evaluierungsschritt 3: Wirkungs- und Implementationsanalysen anhand verfahrensbegleitender Auswertemethoden (Akten- und Presseauswertung, Expertenbefragung) und ausgewählten Fallbeispielen

- Fallbeispielgruppe 1: Zielkonfliktreiche Verfahren um Industrieerweiterungen (Untersuchungsraumebene Bebauungsplan)
Durch eine verfahrensbegleitende Aktenauswertung soll die Aufdeckung von Wirkungszusammenhängen versucht werden.
- Fallbeispielgruppe 2: Flächennutzungsplanverfahren (Untersuchungsraumebene Gemeinde und Verwaltungsraum)
Durch die Auswertung von Stellungnahmen des Regionalverbandes Bodensee-Oberschwaben zu zwei Flächennutzungsplanverfahren soll der Implementationsaspekt der Evaluierung berücksichtigt werden. Durch die Erfassung des Umsetzungsgrades der vom Regionalverband geäußerten Bedenken und Anregungen sollen nicht nur Hinweise auf die Rolle der Gemeinde, sondern auch auf Wirkungszusammenhänge zwischen der Art des regionalplanerischem Engagements und dem erzielten Ergebnis erfaßt werden.

Schritt 5: "Problemorientierte" Ergebnisdarstellung, Herausarbeiten der wichtigsten Problembereiche mit, soweit möglich, Angabe des "eigentlichen" Erfolgsmaßes der Regionalplanung innerhalb der Beschränkungen des Untersuchungsrahmens und Diskussion mit Vorschlägen zur Problemlösung bzw. -abschwächung

V. Teilevaluierung regionalplanerischer Tätigkeiten am Fallbeispiel

V.A. Handlungsrahmen der Akteure: Die Regionalplanung in Baden-Württemberg

Die Abgrenzung des Handlungsrahmens nach oben hin ist im Falle der Regionalplanung in Baden-Württemberg einfach: Die Regionalverbände sind hier Teil der Landesplanung. Aus diesem Grund soll die Ebene des Bundeslandes Baden-Württemberg zur Bestimmung des organisatorischen, aber auch inhaltlich-materiellen Handlungsrahmens für den später zu analysierenden Hauptakteur, den Regionalverband Bodensee-Oberschwaben, herangezogen werden. Zur Einführung und gleichzeitig zur Darstellung des Einflußfaktors "Organisationsgeschichte" soll am Anfang ein kurzer Überblick über die Entstehung und den Werdegang der Regionalplanung in Baden-Württemberg, besonders hinsichtlich ihrer Organisation und ihres Verhältnisses zu den Kommunen* stehen.

V.A.1. Kurzer Abriß der Geschichte

V.A.1.1. Phase 1: Von der Entstehung bis zum Jahre 1971

Die heutigen Regionalverbände entstanden aus den mit ihren Vorläufern seit ungefähr 1951 existierenden "regionalen Planungsgemeinschaften", freiwilligen, privatrechtlich organisierten Zusammenschlüssen von Gemeinden zur Koordination ihrer räumlichen Entwicklungsvorstellungen und zur gemeinsamen Vertretung kommunaler Interessen gegenüber dem Land[556].
Erst 1962 griff das Land mit dem Landesplanungsgesetz in diese bis dahin kommunal bestimmte Regionalplanung ein[557] und erkannte die Planungsgemeinschaften rechtlich an, ohne ihnen jedoch eine Kompetenz zur verbindlichen Regionalplanung zuzugestehen. Diese sollte durch vom Land aufzustellende "Gebietsentwicklungspläne" verwirklicht werden[558]. Allerdings wurden nur zwei Gebietsentwicklungspläne für verbindlich erklärt[559]. Falls es damals einen Willen der Landesregierung zur "Verstaatlichung" der Regionalplanung gegeben haben sollte[560], so wurde er nie umgesetzt. Im Gegensatz zu den Gebietsentwicklungsplänen konnten die Regionalpläne der kommunalen regionalen Planungsgemeinschaften aufgrund des neuen Landesplanungsgesetzes von der obersten Landesplanungsbehörde nur für "unbedenklich" erklärt werden, waren also nicht unmittelbar verbindlich. Immerhin wurden die öffentlichen Planungsträger verpflichtet, die nachgeordnete Landesplanungsbehörde zu unterrichten, wenn durch ihre Planung eine Abweichung vom jeweiligen Regionalplan beabsichtigt wurde. 1969 war das ganze Land mit zwanzig Planungsgemeinschaften abgedeckt. Der erste Regionalplan wurde 1970 vom Innenministerium für "unbedenklich" erklärt, weitere fünf folgten bis Ende 1972[561].
Im Zuge der Verwaltungsreform und zur Beseitigung des "Dualismus von staatlicher Gebietsentwicklungsplanung und kommunaler Planung durch die regionalen Planungsgemeinschaften"[562] wurden die regionalen Planungsgemeinschaften 1971 aufgelöst, d.h. sie gingen in den neugeschaffenen Regionalverbänden auf[563].
In einer Bilanz über die Arbeit der regionalen Planungsgemeinschaften pauschal von einer "beachtenswerten Leistung" zu sprechen[564], wird den doch recht unterschiedlichen Erfahrungen wohl

---

[556] BENZ 1982, S. 61
[557] LANDESPLANUNGSGESETZ 1962 G
[558] BENZ 1982, S. 62
[559] Bei diesen beiden Gebietsentwicklungsplänen handelte es sich um die Pläne "Südlicher Oberrhein" von 1971 und "Mittlerer Neckar" von 1972 (TESDORPF 1978, S. 142).
[560] DREXLER 1980, S. 22
[561] TESDORPF 1978, S. 142
[562] BENZ 1982, S. 62
[563] Gesetzliche Grundlagen dafür im Regionalverbands- (REGIONALVERBANDSGESETZ 1971 G) und im Landesplanungsgesetz (LANDESPLANUNGSGESETZ 1972 G)
[564] KULINAT 1975, S. 181

nur zum Teil gerecht. So berichtet etwa ZENGERLING[565] aus seiner frühen Tätigkeit am Bodensee, daß die Gemeinden sich schon damals teilweise nicht an die von ihnen selbst beschlossenen Absichten der regionalen Entwickungspläne hielten: "Diesen Plänen stimmen die Gemeinden auch grundsätzlich zu, der Teufel steckt jedoch immer im Detail"[566]. Ähnlich und in ungewohnt freimütiger Weise bewertet auch die baden-württembergische Landesregierung die Arbeit der regionalen Planungsgemeinschaften. So seien bei der Aufstellung der Regionalpläne die überörtlichen Gesichtspunkte gegenüber den Einzelinteressen der "Mitglieder"[567] "nicht ausreichend zur Geltung" gebracht worden[568]. Dieser von der Landesregierung als Begründung für die Änderung der Regionalplanungsorganisation 1971 in die Diskussion gebrachte Satz deutet auf den damals schon bestehenden kommunalen Egoismus als eine wichtige Ursache mangelnder Umsetzung landes- und regionalplanerischer Erfordernisse hin.
SONNENBERG, langjähriger Mitarbeiter der Landesplanung im Innenministerium, zog in seinem Standardwerk über die Geschichte der regionalen Planungsgemeinschaften in Baden-Württemberg[569] die Bilanz, daß sich ein starker Wille zu einer langfristigen übergemeindlichen Planung entwickelt habe[570]. Hauptmotiv für diesen starken Willen war allerdings die Funktion der Regionalplanung als kommunale Interessenvertretung gegenüber dem Land, während "die entscheidenden Aufgaben" der Aufstellung und Durchsetzung eigener, ausreichend konkreter und realisierbarer regionaler Zielvorstellungen von den Planungsgemeinschaften nicht ausreichend erfüllt werden konnte[571]. Ursache sei schon damals gewesen, daß die Gemeinden zwar in den Regionalplänen "kommunale Wunschzettel" sehen wollten, eine Durchsetzung regionaler Ziele, die zu Beschränkungen der kommunalen Planung geführt hätten, aber aus ihrer Sicht "nicht erwünscht" war[572]. Ein großer Nachteil der privatrechtlichen Organisationsform war der große Konsenszwang, denn eine Entscheidung konnte "nur bei Zustimmung aller beteiligten Kommunen*"[573] erzielt werden.
Es bleibt festzuhalten, daß die Regionalplanung in Baden-Württemberg, obwohl sie vom Land gefördert und später in langsamen Schritten vom Land teilweise übernommen und ausgebaut wurde, von der kommunalen Ebene ausging. Diese Tatsache ist "für die heutige Form und Praxis der Regionalplanung in Baden-Württemberg von nicht unwesentlicher Bedeutung"[574].

V.A.1.2. Phase 2: Die Regionalverbände von 1971 bis 1983

Eine wichtige Zäsur in der Entwicklung der Regionalplanung in Baden-Württemberg war die Verwaltungsreform. Für die Regionalplanung bedeutsam waren neben der Neuabgrenzung der Verwaltungseinheiten wie Gemeinden, Kreisen und Regionen die starken Veränderungen organisatorischer und rechtlicher Art, die das zweite Gesetz zur Verwaltungsreform[575] sowie die Novellierung des Landesplanungsgesetzes[576] für die Regionalplanung mit sich brachten.

V.A.1.2.1. DAS LANDESPLANUNGSGESETZ VON 1972 UND DIE FOLGEN

Grundlage für die Organisation der Landesplanung war nunmehr ein dreistufiges Modell, welches die zwölf neugeschaffenen Regionalverbände als öffentlich-rechtliche Körperschaften zwischen höherer (Regierungspräsidien) und unterer (Land- bzw. Stadtkreise) Landesplanungsbehörde ansiedelte[577]. Das

---

565 Dr. Theo Zengerling war lange Jahre Verbandsdirektor des Regionalverbands Hochrhein-Bodensee (ZENGERLING o.J. ca. 1982U).

566 ZENGERLING o.J. (ca. 1982U), S. 9

567 Gemeint sind im wesentlichen die Kommunen*

568 REGIONALVERBANDSGESETZ (Entwurf) 1971 G; vgl. auch TESDORPF 1978, S. 142; BENZ 1982, S. 63; EMENLAUER/LANG 1980, S. 153

569 SONNENBERG 1980

570 SONNENBERG 1980, S. 160

571 Petersen, zit. nach SONNENBERG 1980, S. 158

572 Petersen, zit. nach SONNENBERG 1980, S. 159

573 BENZ 1982, S. 63

574 BENZ 1982, S. 64

575 REGIONALVERBANDSGESETZ 1971 G. SCHMITZ bezeichnet dieses Gesetz zu Recht als "Markstein der Regionalplanung" (SCHMITZ 1983, S. 23).

576 LANDESPLANUNGSGESETZ 1972 G

577 Übersicht über die Organisation und Aufgaben der Landes- und Regionalplanung in Baden-Württemberg nach dem Landesplanungsgesetz von 1972 bei KULINAT 1975, S. 163

seinerzeit anfangs ebenfalls diskutierte Modell des damaligen Innenministers Krause, welches die Auflösung der Regierungspräsidien und die Einheit von Planungs-, Verwaltungs- und Investitionsraum auf der Basis von 16 "Großkreisen" (auf regionaler Ebene) vorsah, war politisch nicht durchsetzbar[578]. Es hätte eine Parlamentarisierung der regionalen Ebene mit vollkommen anderen Rahmenbedingungen für die Regionalplanung bedeutet. Für die Organisation der Regionalplanung war besonders wichtig, daß die Mitglieder der Verbandsversammlung, dem Hauptorgan des Regionalverbandes, nach § 13 des Landesplanungsgesetzes nunmehr von den Kreisräten der Landkreise und den Gemeinderäten der Stadtkreise gewählt werden mußten[579], die natürlich auch die Kandidaten größtenteils aus ihren Reihen auswählten. So ist verständlich, wieso 1974 bereits 52,5% der Vertreter in den Verbandsversammlungen Oberbürgermeister, Bürgermeister oder Landräte und fast 80% Kreis- oder Gemeinderäte waren[580], 1978 waren im Landesdurchschnitt die Gremien der Regionalverbände zu 45% mit Bürgermeistern und Landräten besetzt[581]. Diese von Anfang an feststellbare Dominanz des kommunalen Elements stand in krassem Widerspruch zu einer Entschließung des Landesplanungsrats, wonach nicht mehr als die Hälfte der Mitglieder der jeweiligen Verbandsversammlung aus der Mitte der Kreis- bzw. der Gemeinderäte hätte stammen dürfen[582]. Weitere wichtige Punkte im neuen Landesplanungsgesetz waren:

- die Pflicht zur Aufstellung eines Regionalplans (§ 28[583]);
- die Festlegung der Auskunftspflicht aller öffentlichen Planungsträger gegenüber dem Regionalverband (§ 22[584]), woraus sich die Praxis der Beteiligung der Regionalverbände als Träger öffentlicher Belange* bei kommunalen Bauleitplanverfahren und das wichtige Instrument der "Stellungnahme" ableiten läßt;
- die Beratungsfunktion des Regionalverbandes gegenüber den öffentlichen Planungsträgern, also auch den Gemeinden (§ 24, Abs. 2[585]);
- die Möglichkeit der Untersagung raumordnungswidriger Maßnahmen und Planungen durch die oberste Landesplanungsbehörde (§ 32[586]). Dieses "harte Durchsetzungsinstrument" wurde aber in der Praxis kaum angewendet[587].

Wichtig war auch, daß außer einer lapidaren Forderung nach Angabe der "überschlägig geschätzten Kosten für die Verwirklichung vordringlicher Zielsetzungen" in den Begründungen zu den Plansätzen (§ 29, Abs. 4[588]) keine klaren Regelungen über das Zusammenspiel der Raumordnung mit der Finanzverwaltung getroffen wurden. Auch der Planvollzug lag außerhalb der Reichweite der Regionalplanung: Dessen Koordinierung sollte den damals noch existierenden Entwicklungsprogrammen der Landkreise vorbehalten bleiben[589].

Bereits Ende des Jahres 1973 hatten sich die Regionalverbände konstituiert und begannen mit ihrer Arbeit, die anfangs zumeist aus der Erstellung von Raumordnungsberichten bestand[590]. Seit 1976 lagen die meisten Regionalpläne zumindest als Entwürfe vor, und 1979 wurden die ersten für verbindlich erklärt[591]. Neben der Erstellung der Regionalpläne beteiligten sich die Regionalverbände ungefähr seit Mitte der siebziger Jahre auch intensiver an den raumbedeutsamen Planungen der Fachplanungsträger* und der Gemeinden (Planfeststellungs- und Bauleitplanverfahren), besonders in Form von Besprechungen und Stellungnahmen.

---

578 BENZ 1982, S. 64

579 LANDESPLANUNGSGESETZ 1972 G

580 Stuttgarter Zeitung vom 2.5.74, zit. nach EMENLAUER/LANG 1980, S. 158f

581 Gemeinde- und Kreisräte sind in dieser Zahl (aus: TESDORPF 1978, S. 143) nicht enthalten

582 Entschließung des Landesplanungsrates vom 14.1.71, zit. nach: PÜTTNER/RIFFEL 1978, S. 34f

583 LANDESPLANUNGSGESETZ 1972 G

584 LANDESPLANUNGSGESETZ 1972 G

585 LANDESPLANUNGSGESETZ 1972 G

586 LANDESPLANUNGSGESETZ 1972 G

587 VOGLER, Interview

588 LANDESPLANUNGSGESETZ 1972 G

589 § 33 im LANDESPLANUNGSGESETZ 1972 G und Anmerkung dazu von GERHARDT 1973, S. 44. Im LANDESPLANUNGSGESETZ 1983 G wurden diese "Raumordnungspläne der Landkreise" zusammen mit den unteren Raumordnungsbehörden abgeschafft.

590 S. z.B. die "Grundlagen für den Regionalplan" des Regionalverbands Bodensee-Oberschwaben aus dem Jahre 1976 (REGIONALVERBAND BODENSEE-OBERSCHWABEN 1976)

591 MÜNZER 1983, S. 10

V.A.1.2.2. KRITIK AN DER "FRÜHEN" REGIONALPLANUNG

1980 machten EMENLAUER und LANG mit ihrer in Fachkreisen Aufsehen erregenden Arbeit am Beispiel der Region Ostwürttemberg über das Scheitern der Landesplanung an der kommunalen Interessenstruktur auf die wichtigsten Schwachpunkte der Regionalplanung in Baden-Württemberg aufmerksam[592]. Sie stellten ein "Scheitern des staatlichen Steuerungsinstrumentes Regionalplanung" aufgrund seiner Durchsetzungsschwächen gegenüber den Gemeinden mit ihrer "Kirchturmpolitik" fest[593]. Als einer der Gründe auf der Ebene der Regionalplanung betonten sie dabei besonders die mangelnde Unabhängigkeit der Regionalverbandsgremien von kommunalen Eigeninteressen[594].

V.A.1.2.3. DIE "JURISTISCHE DISKUSSION" IN BADEN-WÜRTTEMBERG

Nahezu unbeeinflußt von Kritik wie der von EMENLAUER und LANG entzündete sich wie in der gesamten Bunderepublik auch in Baden-Württemberg die "juristische Diskussion" am Ende der siebziger Jahre. Auch hier waren die wichtigsten Auslöser dafür:

- die in den Regionalplanentwürfen enthaltenen Richtwerte* für die Bevölkerungsentwicklung, die die Gemeinden als Angriff auf ihre Planungshoheit interpretierten, und
- der Streit um die in den Regionalplänen teilweise erfolgte parzellenscharfe Ausweisung von Restriktionsflächen.

In Baden-Württemberg wandten sich vor allem zwei Anhänger SIEDENTOPFS gegen die bisherige Praxis der Regionalplanung: PÜTTNER und RIFFEL[595]. In einem Gutachten für den Städtetag von Baden-Württemberg formulierten sie "erhebliche Einwände" gegenüber der bisherigen Regionalplanung. Interessanterweise kritisierten die beiden Juristen den Raumwissenschaftler SCHULZ ZUR WIESCH, der in einer Veröffentlichung[596] die Beschneidung der Regionalplanung durch die Juristen kritisiert hatte: Solche Planer, so PÜTTNER und RIFFEL, seien sich der Zerstörung der kommunalen Selbstverwaltung gar nicht bewußt, sondern bedauerten im Gegenteil, daß ihre Planung noch zu wenig Wirkung zeige[597]. Deutlicher kann man die völlig unterschiedlichen Denkansätze dieser beiden Wissenschaftsdisziplinen nicht dokumentieren.
Kritik an der rein juristischen Sichtweise kam in Baden-Württemberg u.a. von TESDORPF, der anmerkte, daß die verfassungsrechtlichen Bedenken den "Lebensnerv" der Regionalverbände an ihrer zentralsten Stelle treffe, da sie die wichtigsten Instrumente der Regionalplanung grundsätzlich ablehnten[598].
Ungeachtet der raumwissenschaftlichen Bedenken schwächte die Landesregierung als einer der wichtigsten Folgen der juristischen Diskussion das regionalplanerische Richtwerte*-Instrument schon früh stark ab: So bestimmte der Bauflächenerlaß von 1978[599], daß die Richtwerte*

- den Flächenbedarf aus der "Eigenentwicklung*" der Gemeinden nicht beschränken[600] und
- für die "großzügige Ausweisung von Wohnbauflächen im ländlichen Raum (einschließlich der Verdichtungsbereiche) kein Hindernis sein dürften[601].

Eine andere wichtige Folge der "juristischen" Diskussion in Baden-Württemberg war die Einberufung der Kommission "Land-Kommunen*" durch die Landesregierung.

V.A.1.2.4. DIE KOMMISSION LAND-KOMMUNEN* UND DIE FOLGEN FÜR DIE REGIONALPLANUNG

Laut einer Regierungserklärung der Landesregierung Baden-Württemberg vom 24.6.80 hatte diese Kommission den Auftrag, Vorschläge für die Erweiterung des von kommunaler Seite als "zu eng"

---

592 EMENLAUER/LANG 1980
593 EMENLAUER/LANG 1980, S. 154
594 EMENLAUER/LANG 1980, S. 158
595 PÜTTNER/RIFFEL 1978
596 SCHULZ ZUR WIESCH 1978
597 PÜTTNER/RIFFEL 1978, S. 97
598 TESDORPF 1978, S. 145
599 Bauflächenerlaß des baden-württembergischen Innenministeriums von 1978 (INNENMINISTERIUM BADEN-WÜRTTEMBERG 1978 G)
600 INNENMINISTERIUM BADEN-WÜRTTEMBERG 1978 G, S. 406
601 INNENMINISTERIUM BADEN-WÜRTTEMBERG 1978 G, S. 407

empfundenen Handlungsspielraums der kommunalen Selbstverwaltung zu erarbeiten[602]. Dabei sollten Vorschläge zur

- Neuordnung der Finanzbeziehungen zwischen dem Land und den Kommunen*,
- Delegierung weiterer Aufgaben an die Kommunen* und
- zur Erweiterung der kommunalen Handlungsspielräume

durch eine Reduzierung der Fachplanungs*- und landesplanerischen Vorgaben[603] im Mittelpunkt stehen. Allein schon diese Auftragsvorgaben zeigen, wie stark die Kommunen* aus der "juristischen" Diskussion stiegen.
Bei der Kommission handelte es sich um ein mit Vertretern der Landesregierung und der kommunalen Spitzenverbände paritätisch besetztes Gremium[604].

V.A.1.2.4.1. Arbeitsergebnisse der Kommission

Aufgabenschwerpunkte der Kommission waren die Organisation und der Aufgabenbereich der Regionalplanung[605], wozu die Kommission u.a. folgende Vorschläge erarbeitete:

- Planungskonzeption
Die Forderung der Kommission nach Beibehaltung der Landesplanung als "Ordnungsplanung" und nicht als aktive "Entwicklungsplanung"[606] blockierte natürlich auch die Entwicklungsmöglichkeiten der Regionalplanung in Richtung einer umfassenderen Planungskonzeption.

- Organisation
Die Kommission schlug zwar nicht die Auflösung der Regionalverbände vor, aber immerhin die Prüfung der Verringerung bzw. Zusammenlegung einzelner Verbandsverwaltungen. Sie begründete dies damit, daß sich in Zukunft der Aufgabenbestand der Regionalplanung vermindere[607], ohne dies jedoch näher zu begründen und ohne auf den nach der Regionalplanerstellung notwendigen Planvollzug einzugehen.

- Ergebnisse zu einzelnen Instrumenten der Regionalplanung
- Instrument 1: "Funktionszuweisung*"

Auch hier zeigte sich die Durchsetzungsfähigkeit der kommunalen Vertreter in der Kommission: So sollten Funktionszuweisungen* wie die Beschränkung einer Gemeinde auf die Eigenentwicklung* oder die Ausweisung von Gemeinden mit verstärkter Siedlungsentwicklung eingeschränkt werden oder ganz wegfallen[608], obwohl Raumwissenschaftler wie HOBERG für die Beibehaltung der Funktionszuweisungen* als "notwendig" plädieren[609].
Auch die Standortplanung, z.B. von Infrastrukturprojekten, sollte nach Meinung der Kommission ohne Beteiligung der Regionalverbände "grundsätzlich den kommunalen Aufgabenträgern überlassen" werden[610].

- Instrument 2: Richtwerte*

Die Regionalplanung sollte auf die Festlegung von Richtwerten* im ländlichen Raum ganz verzichten[611], eine Forderung, wie sie von der Landesregierung später übernommen wurde.

- Instrument 3: Finanzielle Instrumente

Die Kommission schlug vor, daß die Regionalpläne keine Festlegungen über Art und Weise der Durchführung von Maßnahmen und Investitionen kommunaler Aufgabenträger treffen sollten[612]. Selbst auf die bis dahin für die Begründung der Regionalpläne vorgeschriebenen groben Kostenschätzungen für die Verwirklichung vordringlicher Zielsetzungen[613] sollte ganz verzichtet werden[614]. Sogar auf der

---

602 KOMMISSION Land-Kommunen 1981, S. 6
603 Zit. nach MÜNZER 1983, S. 10f
604 MÜNZER 1983, S. 10
605 nach MÜNZER 1983, S. 11
606 Zit. nach MÄDING 1987, S. 54
607 KOMMISSION Land-Kommunen 1981, S. 243
608 Zit. nach HOBERG 1982, S. 61
609 HOBERG 1982, S. 61f
610 KOMMISSION Land-Kommunen 1981, S. 6
611 KOMMISSION Land-Kommunen 1981, S. 6
612 KOMMISSION Land-Kommunen 1981, S. 241
613 § 29, Abs. 4 LANDESPLANUNGSGESETZ 1972 G

für die kommunale Planungshoheit aufgrund des relativ niedrigen Konkretisierungsgrades eigentlich "ungefährlichen" Ebene der Landesplanung sollte dies praktiziert werden: So sollte das Land auf das Kapitel "Maßnahmen und Investitionen" im Landesentwicklungsplan verzichten[615]. Als Begründung dafür wurde, wie nicht anders zu erwarten, die Notwendigkeit der "Freihaltung des kommunalen Handlungsspielraums" angegeben[616]. Das System der an bestimmte Planungen gekoppelten finanziellen Zweckzuweisungen des Landes an die Kommunen* (z.B. für bestimmte Infrastrukturprojekte) sollte nach Meinung der Kommission "möglichst" zugunsten allgemeiner Finanzzuweisungen aufgegeben werden[617]. Dies hätte den Verlust eines idealen Umsetzungsinstruments für die Landesplanung bedeutet.

- Instrument 4: "Stellungnahme"

Im Zusammenhang dieser Arbeit interessiert besonders die Meinung der Kommission zu einem der wichtigsten Umsetzungsinstrumente der Landes- bzw. Regionalplanung, der Stellungnahme. Das Instrument wird von der Regionalplanung im Rahmen der Beteiligung der Behörden als Träger öffentlicher Belange* bei kommunalen Planungen eingesetzt, besonders im Rahmen der Bauleitplanung. Allein die ausführliche Beschäftigung der Kommission mit diesem Thema zeigt, wie "gefürchtet" dieses Instrument bei den Kommunen* ist. Nach Meinung der Kommission läge es z.B. "strenggenommen" nicht im Aufgabenbereich von Trägern öffentlicher Belange*, allgemein zu "städtebaulichen Fragen" Stellung zu nehmen[618]. Dieser Hinweis zielte direkt auf die Regionalplanung, die natürlich versuchen mußte, über derartige Vorschläge, z.B. zur Festsetzung von Bruttowohndichten*, ihre Zielvorstellungen verwirklicht zu sehen. Besonders bedenklich an der Haltung der Kommission war dabei, daß den Regionalverbänden sogar das Recht zur Abfassung von für die Gemeinden unverbindlichen Vorschlägen und Planungsempfehlungen informatorischer Art streitig gemacht wurde. Als ebenso bedenklich muß der Vorschlag der Kommission an die Landes- und Regionalplanung bezeichnet werden, daß sie zu den Stellungnahmen keine öffentlichen Erklärungen abgeben und keine pressemäßige Auswertung vornehmen sollten[619]. Die Begründung dazu, daß dies zu "Mißverständnissen" in der Öffentlichkeit führen könne, da die Stellungnahmen ja nicht bindend seien (!) und einen "innerbehördlichen Charakter" hätten, den es zu wahren gelte[620], ist kaum nachvollziehbar. Die auf Öffentlichkeitsarbeit angewiesene Regionalplanung sollte damit an einer ihrer empfindlichsten Stellen getroffen werden.

- Instrument 5: Genehmigungspflicht in der Bauleitplanung

Die Kommission empfand den Verwaltungsaufwand bei der Genehmigung der gemeindlichen Bauleitpläne als zu groß und empfahl zu prüfen, ob nicht die Genehmigungspflicht der Bebauungspläne in eine "Vorlage- oder Anzeigepflicht" umgewandelt werden könnte[621], was die Kommunen* wiederum erheblich gestärkt hätte[622].

V.A.1.2.4.2. Bewertung

Diese Auswahl an Vorschlägen der Land-Kommunen*-Kommission zeigt deutlich, in welchem Maße die Ergebnisse auf eine Schwächung, wenn nicht sogar auf eine Demontage der Regionalplanung abzielten. Die Folgen der Arbeit der Kommission waren bedeutsam, denn viele ihrer Vorschläge fanden direkt Eingang in das neue Landesplanungsgesetz von 1983, indirekt mit zeitlicher Verzögerung auch in andere gesetzlichen Vorschriften wie das Baugesetzbuch.

V.A.1.3. Phase 3: Die Regionalplanung von 1983 bis heute

V.A.1.3.1. DAS LANDESPLANUNGSGESETZ VON 1983

Eine der wichtigsten Folgen der Tätigkeit der Kommission "Land-Kommunen*" war die Novellierung

---

614 KOMMISSION Land-Kommunen 1981, S. 241
615 KOMMISSION Land-Kommunen 1981, S. 235
616 KOMMISSION Land-Kommunen 1981, S. 236
617 KOMMISSION Land-Kommunen 1981, S. 89
618 KOMMISSION Land-Kommunen 1981, S. 255
619 KOMMISSION Land-Kommunen 1981, S. 255
620 KOMMISSION Land-Kommunen 1981, S. 255
621 KOMMISSION Land-Kommunen 1981, S. 8 und S. 259
622 Diese Forderung wurde später im Baugesetzbuch zum Teil berücksichtigt (BAUGESETZBUCH 1986 G).

des noch gültigen Landesplanungsgesetzes 1983[623].
Neben der Abschaffung der unteren Raumordnungsbehörden auf der Ebene der Landkreise[624] legte das Gesetz auch die Abschaffung des bei der Erstellung des Landesentwicklungsplans wichtigen Landesplanungsrats fest. Dies wurde von der Landesarbeitsgemeinschaft Baden-Württemberg der Akademie für Raumforschung und Landesplanung "außerordentlich" bedauert, da eine "wichtige Beteiligungsmöglichkeit" gesellschaftlich relevanter Kräfte verlorenging[625].
Das Landesplanungsgesetz regelt umfassend die Organisation, Aufgaben, Mittel und Instrumente der Landes- und Regionalplanung in Baden-Württemberg, auf die im einzelnen noch eingegangen wird, soweit es für den Rahmen dieser Arbeit notwendig erscheint[626].

V.A.1.3.2. BEWERTUNG DES LANDESPLANUNGSGESETZES

Die Gelegenheit zu einer Reform der Landes- und Regionalplanung wurde mit der Novellierung des Landesplanungsgesetzes nicht genutzt. Organisation und Aufgabenstellung der Regionalverbände blieben "weitgehend unverändert"[627] erhalten, bei den Instrumenten war infolge des starken Drucks seitens der Kommunen* sogar eine Verschlechterung eingetreten. Aus diesen Gründen stieß das Gesetz bei Raumwissenschaftlern von Anfang an auf Skepsis[628]: "Ich glaube, daß das Landesplanungsgesetz das leistet, was man von einem Landesplanungsgesetz erwarten kann, - und das ist nicht allzu viel", bilanziert MÜNZER und drückt auf diese Weise treffend die Frustration vieler Planungspraktiker aus[629].

V.A.2. Rahmenbedingungen der Regionalplanung in Baden-Württemberg heute

Hier soll nur ein kurzer Überblick über die wichtigsten und über das bisher Gesagte hinausgehenden Rahmenbedingungen der Regionalplanung in Baden-Württemberg gegeben werden, soweit sie für das vorliegende Thema von Bedeutung erscheinen[630].

V.A.2.1. Organisation

Baden-Württemberg ist das einzige Land, welches an einer "kommunalverbandlich" organisierten Regionalplanung festhält[631]. Die Regionalverbände verwalten ihre Angelegenheiten unter eigener Verantwortung[632]. Die innere Organisation läßt sich grob in die fachliche Verbandsverwaltung (Vorgesetzter: Verbandsdirektor) und die politische Verbandsvertretung (Spitze: Verbandsvorsitzender) unterteilen. Weitere Organe sind die Verbandsversammlung und der obligatorische Planungsausschuß, dazu kommen eventuell weitere Ausschüsse. Das Hauptorgan des Regionalverbands ist die Verbandsversammlung mit ihren für fünf Jahre von den Kreisparlamenten gewählten ehrenamtlichen Mitgliedern. Die kommunalen Parlamente fungieren also als "Wahlmänner"[633] für die Ebene der Region. Das passive Wahlrecht ist zwar nicht an die Mitgliedschaft in Kreis- oder Gemeinderat gebunden, in der Praxis aber ist das Doppelmandat typisch[634]. Im Durchschnitt sind über 50% der Mitglieder Landräte, Bürgermeister und andere Kommunalbeamte, weitere 30% stammen aus Kreis- und Gemeinderäten[635]. Diese Amtsverflechtungen führen zu erheblichen Problemen und sind der Hauptkritikpunkt an der Organisation der baden-württembergischen Regionalplanung: So verstehen sich die Regionalparlamente "in erster Linie als

---

623 LANDESPLANUNGSGESETZ 1983 G. SCHMITZ führt die Novellierung sogar ausschließlich auf den Bericht der Kommission Land-Kommunen* zurück (SCHMITZ 1983, S. 1).

624 Damit verbunden war die Abschaffung der Kreisentwicklungspläne.

625 LANDESARBEITSGEMEINSCHAFT 1983, S. 8

626 Zum Zeitpunkt des Abschlusses des Manuskripts (Juni 1991) liegt ein Entwurf der baden-württembergischen Landesregierung zur Novellierung des Landesplanungsgesetzes vor.

627 MÄDING 1987, S. 50

628 Z.B. LANDESARBEITSGEMEINSCHAFT 1983, S. 4; SCHMITZ 1983, S. 31 und 287

629 MÜNZER 1983, S. 19

630 Ausführlicher bei MÄDING 1987

631 MÄDING 1987, S. 50; MÜNZER 1983, S. 18; THARUN 1987, S. 544

632 Sie sind "mittelbare Selbstverwaltungskörperschaften eigener Art" (THARUN 1987, S. 542).

633 MÄDING 1987, S. 50

634 MÄDING 1987, S. 50

635 MÄDING 1987, S. 50, vgl. auch DADOU et al. S. 26

Interessengremien für die Kreis- und Kommunalpolitik"[636], was zu Interessenkonflikten[637] und zu einer "Scheinlegitimationsfunktion" der Verbandsversammlungen führt[638]. Diese Interessenkonstellation geht sogar über die Parteieninteressen hinweg[639]. FÜRST spricht sogar davon, daß sich die Regionalverbände tendenziell eher zu "Kommunalkartellen" als zu Vollzugsebenen der Landesplanung entwickelten[640].
Aufgrund der großen Bedeutung der Organisationsform für die Regionalplanung in Baden-Württemberg sei kurz noch einmal auf die festgestellten Vor- und Nachteile der kommunalverbandlichen Organisation eingegangen: Als wichtigster Vorteil wird gesehen, daß durch die intensive Beteiligung der Kommunen* an der Regionalplanung die für die an harten Instrumenten arme Regionalplanung wichtige Konsensbildung erleichtert wird[641]. Nur so sei zu erreichen, daß die Regionalplanung von den für die Umsetzung wichtigen Kommunen* mitgetragen werde[642]. Die Juristen PÜTTNER und RIFFEL plädieren aus diesem Grund ausdrücklich für die Besetzung der Regionalverbandsgremien mit Kommunenvertretern und wenden sich gegen die bereits erwähnte Entschließung des Landesplanungsrats zur Begrenzung der Anzahl kommunaler Verbandsversammlungsmitglieder[643]. Auch die oberste Landesplanungsbehörde in Baden-Württemberg, das Innenministerium, argumentiert in diese Richtung und stellt in einer Werbebroschüre anscheinend widerspruchslos fest: "Die Mitglieder des ‘Regionalparlaments‘ sind unabhängig,...sie kommen meist aus dem kommunalen Bereich"[644]. Als Vorteil ist die Stärkung der Vermittler-[645] oder "Scharnierfunktion"[646] der Regionalplanung zwischen kommunalen und Landesinteressen zu vermerken. Einen weiteren Vorteil der baden-württembergischen Organisationsform sieht TESDORPF in der Stärkung des politischen "Rangs"[647] der von politischer Unterstützung sehr stark abhängigen Regionalplanung. Ob, wie TESDORPF meint, in Baden-Württemberg trotz der vorherrschenden Doppelmandate ein "deutliches Regionalbewußtsein" bei den Mitgliedern der Verbandsgremien festzustellen ist, bleibt fraglich. Denn TESDORPF beschränkt die Definition des Begriffes auf die Abgrenzung gegenüber anderen Regionen und gegenüber der "Zentralgewalt", dem Land[648], was eine unzulässige Einschränkung bedeutet. Denn die Funktion der Regionalverbände als "Interessenanwalt" gegenüber dem Land ist bereits seit der Gründung der regionalen Planungsgemeinschaften festzustellen und kann nicht als "Regionalbewußtsein" bezeichnet werden. Regionalbewußtsein heißt auch Bewußtsein für innerregionale Belange. Eine "fruchtbare Symbiose" sieht TESDORPF darin, daß aufgrund der kommunalverbandlichen Organisation die Regionalpläne durch die Flächennutzungspläne "vorstrukturiert" würden[649], was aber ebenso als Nachteil gewertet werden kann, wenn man die Notwendigkeit einer eigenständigen Planung aus dem Blickwinkel der Region betrachtet[650].
Gegenüber diesen Vorteilen dominieren die Nachteile der kommunal verorteten Regionalplanung in Baden-Württemberg: Entscheidungen werden nach den kommunalen Erfordernissen der Stadt- und Kreis"fürsten" getroffen. Diese Beschlüsse sind dann häufig nur ein "Spiegelbild" der Beschlüsse aus den Kommunalparlamenten[651]. Da die Kommunen* sich nicht selber durch die Festlegung regionalplanerischer Zielvorstellungen in verbindlicher Form binden und Interessenkonflikten aus dem Weg gehen wollen, verfolgen sie "Strategien der Konfliktminimierung"[652] oder "Konfliktvermeidung"[653].

---

636 EMENLAUER/LANG 1980, S. 159, vgl. auch BENZ/HENRICH 1983, S. 146; TESDORPF 1978, S. 143
637 SCHÜTTLE/STREULE 1980, S. 104. Die Autoren sind Mitarbeiter des Regionalverbandes "Mittlerer Neckar" in Stuttgart.
638 THARUN 1987, S. 544
639 Benz/Henrich zit. nach MÄDING 1987, S. 51
640 FÜRST 1979, S. 11 und 17
641 TESDORPF 1980, S. 101f
642 HERZOG 1981, S. 182
643 PÜTTNER/RIFFEL 1978, S. 34f
644 INNENMINISTERIUM BADEN-WÜRTTEMBERG (o.J.) (ca. 1987), S. 9
645 BENZ/HENRICH 1983, S. 146
646 TESDORPF 1980, S. 101f
647 TESDORPF 1980, S. 102
648 TESDORPF 1980, S. 101f
649 TESDORPF 1980, S. 105
650 TESDORPF 1978, S. 144
651 TESDORPF 1980, S. 101f
652 FÜRST/HESSE 1981, S. 115
653 DADOU et al. 1979, S. 19

Durch die Dominanz von "Leerformeln" und "weichen Formulierungen"[654] entsteht eine Tendenz zur "Selbstblockierung"[655]. Die Feststellung von MÄDING, daß trotz der kommunalfreundlichen Organisation die kommunalen Vertreter in den Verbandsversammlungen die Sachkonzepte der Verwaltung nur "marginal" änderten[656], kann auch ein Indiz für die "Vorentschärfung" und Kompromißbereitschaft[657] der Verwaltung sein.

Der wichtigste Ausschuß des Regionalverbandes ist der Planungsausschuß. Hier werden wichtige Grundsatzentscheidungen für die Verbandsversammlungen vorbereitet und, was in diesem Zusammenhang besonders wichtig ist, Stellungnahmen zu Bauleitplänen der Gemeinden behandelt.

V.A.2.2. Aufgaben

Große Aufgaben werden der Regionalplanung in Baden-Württemberg von der Landespolitik gestellt. So soll sie "Problemlösungen der Gegenwart und der Zukunftsgestaltung" anbieten und die Voraussetzungen für eine "vorausschauende Gestaltung unseres Lebensraumes" schaffen[658].
Auch wenn von der LANDESARBEITSGEMEINSCHAFT "eine vollständige Festlegung der Aufgaben der Regionalplanung bzw. der Regionalverbände" im Landesplanungsgesetz vermißt wird[659], ergeben sich doch die wichtigsten Aufgaben aus diesem Gesetz:

- Die Pflicht zur Aufstellung und Fortschreibung der Regionalpläne (§ 9) mit der Möglichkeit der Aufstellung fachlicher oder räumlicher Teilpläne. Die Aufstellung der Landschaftsrahmenpläne erfolgt nach dem Landesnaturschutzgesetz (§ 8, Abs. 2[660]).
- Die Beteiligung an der Aufstellung des Landesentwicklungsplans und der Fachpläne (§ 5 Abs. 3 Landesplanungsgesetz). Ob das wirklich die "Oberaufgabe" ist[661], muß aufgrund der Wichtigkeit der Umsetzung regionalplanerischer Zielvorstellungen in die Bauleitplanung bestritten werden.
- Die Unterrichtung und Beratung der Träger der Bauleitplanung über Erfordernisse der Raumordnung (§ 12, Abs. 3). FÜRST fordert generell eine Entwicklung der Regionalplanung zur "Beratungsinstitution" für Gemeinden mit Innovationstransfer (z.B. für Sachbereiche wie "flächenhafte Verkehrsberuhigung", "flächensparendes Bauen" etc.[662]). Allerdings muß mit DADOU et al. angemerkt werden, daß eine Beratung der Gemeinden nur in dem Umfang stattfinden kann, wie sie von diesen verlangt wird[663].
- Die Beteiligung an Raumordnungsverfahren (§ 13, Abs. 3)
- Die Mitwirkung an raumbedeutsamen Fachplanungen* (§ 17)
- Die Möglichkeit der Übernahme weisungsfreier Aufgaben von Stadt- oder Landkreisen (§ 9, Abs. 2). In der Praxis kommt dies jedoch kaum vor[664].

Praktisch wichtig sind die von MÄDING angesprochenen "weiteren Informations-, Analyse- und Dokumentationsaufgaben", die die Regionalverbände im Rahmen ihrer Selbstverwaltungskompetenz aufgreifen können[665], was oft sehr stark von der "politischen Rückendeckung" und von der "Persönlichkeit des Planers" abhängig ist.
Nach SCHMITZ[666] kann man die Aufgaben der Regionalplanung in drei Bereiche einteilen:

- Ausformung großräumiger Zielvorstellungen (z.B. der Landesplanung)
- Aufarbeitung regionsspezifischer Raumprobleme und
- Koordinierung der "staatlichen", kommunalen und privaten raumrelevanten Planungen in der

---

[654] FÜRST/HESSE 1981, S. 115
[655] DADOU et al. 1979, S. 19
[656] MÄDING 1987, S. 51
[657] S. Tabelle 2
[658] INNENMINISTERIUM BADEN-WÜRTTEMBERG (o.J.) (ca. 1987), S. 3 und S. 6
[659] LANDESARBEITSGEMEINSCHAFT 1983, S. 5
[660] LANDESNATURSCHUTZGESETZ 1975 G
[661] DADOU et al. 1979, S. 29
[662] FÜRST 1987, S. 4
[663] DADOU et al. 1979, S. 30
[664] Der Regionalverband "Neckar-Alb" z.B. bildet eine Ausnahme: Er ist Träger einer Körperbehindertenschule (zit. nach MÄDING 1987, S. 51).
[665] MÄDING 1987, S. 51
[666] SCHMITZ 1983, S. 27, verändert

Region. Bei Regionalverbänden an Landesgrenzen kommen nach "außen" gerichtete Koordinationsaufgaben in grenzüberschreitenden Raumordnungsgremien (z.B. Kontaktausschüsse, Internationale Raumordnungskommissionen) hinzu.

V.A.2.3. Ausgewählte Instrumente[667]

V.A.2.3.1. INSTRUMENT "REGIONALPLAN"

Obwohl MÜNZER[668] zuzustimmen ist, wenn er die Raumordnung als nicht nur aus dem abgeschlossenen Plan bestehend charakterisiert und die "Dynamik" der Raumordnung betont, spielt doch der Regionalplan eine große Rolle auch in der Planungspraxis. § 9 des Landesplanungsgesetzes beinhaltet die Pflicht zur Aufstellung dieses wichtigen Instrumentes[669]. Neben dem Landesplanungsgesetz regeln Anordnungen[670] das Aufstellungsverfahren. Wichtig ist die mehrstufige Beteiligung der Kommunen* an der Erstellung des Regionalplans[671]. Entgegen manchen Forderungen[672] werden mit Ausnahme von Raumordnungsberichten und Raumordnungskatastern in der Regel keine systematischen Erfolgskontrollen über die Planumsetzung in Baden-Württemberg durchgeführt[673].
Die Inhalte des Regionalplans waren vor der Novellierung des Landesplanungsgesetzes 1983 im Landesplanungsgesetz von 1972 geregelt. Eine Konkretisierung erfolgte in den "Ersten Richtlinien des Innenministeriums für die Ausarbeitung von Regionalplänen"[674]. Allerdings führten diese Minimalkataloge zu von Region zu Region unterschiedlichen Planinhalten[675], so daß im Landesplanungsgesetz 1983 ein "Maximalkatalog" für die Festlegungen angegeben wurde. Die Arbeitsgemeinschaft der Regionalverbände veröffentlichte hierzu weitere Details[676]. Grob kann man folgende Arten der Festlegungen unterscheiden[677]:

- Unter- und Kleinzentren
- (regionale) Entwicklungsachsen*
- Siedlungsbereiche, regionale Grünzüge* und Grünzäsuren
- Gemeinden mit Eigenentwicklung*
- schutzbedürftige Bereiche von Freiräumen
- Bereiche zur Sicherung von Wasser- und Rohstoffvorkommen
- Schwerpunkte für Industrie- und Dienstleistungseinrichtungen
- Freihaltebereiche für eventuelle Trassen und Infrastrukturvorhaben
- Richtwerte* nach "örtlichen Verwaltungsräumen"

Der Plan besteht in der Regel aus einem Textteil und einer Raumnutzungskarte (Maßstab meistens 1 : 100 000). Karten- und Textteil enthalten die für die Region geltenden Plansätze (Grundsätze der Raumordnung und Ziele der Raumordnung und Landesplanung) sowie deren Begründung. Daneben werden auch nachrichtliche Planungen, z.B. von Fachplanungsträgern*, übernommen.
Auch beim Regionalplan zeigen sich die bereits geschilderten Probleme der kommunalverbandlichen Organisation (mangelnde Selbstbindungsbereitschaft der Kommunen*). So dominieren in den baden-württembergischen Regionalplänen "Leerformeln und weiche Formulierungen"[678]. Von vielen Planern werden die Regionalpläne darum als "unrealisierbare Wunschlisten" eingestuft[679]. EMENLAUER und LANG bezeichnen das Grundgerüst des Regionalplans sogar als "nichts weiter als eine

---

667 Das Instrument Stellungnahme wird an anderer Stelle gesondert behandelt.

668 MÜNZER 1983, S. 19

669 Vgl. Abb. "Aufstellungsverfahren von Regionalplänen in Baden-Württemberg" bei MÄDING 1987, S. 52

670 Z.B. "Anordnung des Innenministeriums über die Aufstellung von Regionalplänen" (INNENMINISTERIUM BADEN-WÜRTTEMBERG 1986 G)

671 S. Tabelle 2, vgl. auch BENZ/HENRICH 1983, S. 137f

672 SCHMITZ 1983, S. 36

673 KITTELMANN/HÜBLER 1984, S. 47

674 INNENMINISTERIUM BADEN-WÜRTTEMBERG 1975 G

675 Vgl. Synopse von HOBERG 1982

676 "Empfehlung der Arbeitsgemeinschaft der Regionalverbände zum Inhalt des Regionalplanes" (ARBEITSGEMEINSCHAFT DER REGIONALVERBÄNDE 1986 G)

677 Nach LANDESPLANUNGSGESETZ 1983 G, S. 624 und MÄDING 1987, S. 51

678 FÜRST/HESSE 1981, S. 115

679 EMENLAUER/LANG 1980, S. 154

Zusammenstellung genehmigter oder genehmigungsreifer Flächennutzungspläne". Den Grund dafür sehen sie bei der Verbandsverwaltung, die den Inhalt des Regionalplans durch eine weitgehende Zustimmung zu den Bauleitplänen der Gemeinden "präjudiziert"[680].
Ein weiteres grundsätzliches Problem der Festsetzungen im Regionalplan ist die oft unzureichende Spezifizierung der Plansätze nach "Grundsätzen der Raumordnung", "Zielen der Raumordnung und Landesplanung", Planungsempfehlungen, nachrichtlichen Übernahmen (z.B. von Fachplanungen*) und Plansatzbegründungen[681], wie sie durch das Innenministerium gefordert wird[682]. Oft widersprechen sich die Plansätze, so daß in der Öffentlichkeit oder auch für die Umsetzer (z.B. die Gemeinden) kaum erkennbar ist, was eigentlich die "wahren Erfordernisse" der Regionalplanung sind. Gerade für die wichtigste Funktion des Regionalplans, die Funktion als informatives Steuerinstrument, ist eine klare Unterscheidung der verschiedenen Plansatztypen notwendig. Allein durch seinen Informationsgehalt kann ein Regionalplan manchmal gegen landes- und regionalplanerische Erfordernisse gerichtete Festsetzungen der Bauleit- und Fachplanung* verhindern, indem er die "non-decisions" dieser Planungsträger beeinflusst[683]. Oft sind die Unklarheiten im Regionalplan keine "schludrige Planerarbeit", sondern "politisch gewollt und das Ergebnis fataler verbaler Kompromisse"[684]. SCHMITZ fordert daher eine "gestufte Verbindlichkeit" der verschiedenen Plansatztypen nach "sachlicher Tiefe", "räumlicher Genauigkeit" und nach den "zeitlichen Zielhorizonten der Planaussage"[685]. KISTENMACHER betont daneben die Wichtigkeit der Plansatzbegründungen[686]: Neben Informationsfunktionen verschiedener Art und der Funktion als "Selbstkontrolle" weist er den Begründungen auch die Funktion als "nicht unmittelbar verbindlichen Handlungsrahmen...im Sinne von sachlichen und methodischen Planungs- und Koordinierungshilfen" zu[687]. Um diese Funktionen erfüllen zu können, müssen auch die Plansatzbegründungen räumlich und sachlich konkret formuliert sein.
Zur Realisierung der bereits erwähnten "Spezialisierungsstrategien" schlägt KISTENMACHER die Regionalisierung planerischer Festsetzungen vor, wie es das Landesplanungsgesetz ja auch rechtlich ermöglicht (z.B. Aufstellung von Teilregionalplänen). Allerdings sollte diese Regionalisierung nicht nur nach Ordnungsräumen ("Verdichtungsraum", "ländlicher Raum"), sondern problemorientiert nach "Problemräumen" erfolgen[688].
Nachstehend sei auf einige ausgewählte Einzelelemente planerischer Festsetzungen in den Regionalplänen eingegangen, soweit sie für das Thema relevant erscheinen.

- Planelement "Funktionszuweisungen*":

Aufgrund der mangelnden "direkten Wirkung" (keine regionalplanerisch umsetzbare Koppelung mit entsprechenden Maßnahmen[689]) haben Funktionszuweisungen* für Gemeinden[690] in der Regel eine relativ geringe Bedeutung bei der Umsetzung[691]. Dazu kommt, daß sich, wie bei Planfestsetzungen allgemein üblich, die Funktionszuweisungen* an eine Gemeinde teilweise widersprechen können (z.B. Einstufung einer Gemeinde als zentraler Ort und gleichzeitige Auflage zur Eigenentwicklung*), ohne daß dabei auf mögliche Zielkonflikte eingegangen wird[692]. Auch sind die Funktionszuweisungen* für die Gemeinden nicht verbindlich, sondern, seit der Hochphase der "juristischen Diskussion", laut Innenministerium Baden-Württemberg "zunächst als Vorschläge anzusehen". Gegenvorschläge der Gemeinden dürfen danach nur abgelehnt werden, wenn sie zur Erfüllung der Aufgaben der Regionalplanung ungeeignet seien[693]. In Baden-Württemberg besitzen verbindliche, für die

---

680 EMENLAUER/LANG 1980, S. 170
681 Vgl. dazu auch FÜRST/HESSE 1981, S. 115 und SCHMITZ 1983, S. 19
682 INNENMINISTERIUM BADEN-WÜRTTEMBERG 1986 G
683 LANGE 1979, S. 446ff
684 SCHMITZ/TREUNER 1990, S. 25
685 SCHMITZ 1983, S. 19
686 KISTENMACHER 1988, S. 10
687 KISTENMACHER 1988, S. 10
688 KISTENMACHER 1988, S. 7; vgl. auch HOBERG 1982, S. 62
689 KISTENMACHER 1988
690 Z.B. Gemeinden mit Eigenentwicklung*, Gemeinden mit verstärkter Siedlungsentwicklung, zentralörtliche Festlegungen etc.
691 VOGLER, Interview
692 KISTENMACHER 1988, S. 32
693 Schreiben des Innenministeriums Baden-Württemberg an den baden-württembergischen Städtetag vom 5.12.77, zit. nach TESDORPF 1978, S. 144

Bauleitplanung operationalisierbare Funktionszuweisungen* für Gemeindeteile "Seltenheitswert"[694]. In Orten mit "Eigenentwicklung*" sollte der örtliche Siedlungsflächenbedarf die Obergrenze für die Baulandausweisung sein[695]. In der Praxis liegt aber aufgrund des Kompetenzvorsprungs der Gemeinden auf diesem Gebiet die Beweislast faktisch bei der Regionalplanung: Sie muß nachweisen, daß der errechnete Eigenentwicklungsbedarf* der jeweiligen Gemeinde überhöht ist, um bei übertriebenen Flächenbedarfsberechnungen einschreiten zu können. Dieser Nachweis ist jedoch äußerst schwer zu führen. Auch sind die nach der Verwaltungsreform großen Gemeinden oft zu vielfältig strukturiert, als daß für das gesamte Gemeindegebiet eine Festsetzung der Eigenentwicklung* zu rechtfertigen wäre. Aus diesem Grund fordert HOBERG zu Recht die Festlegung der Eigenentwicklung* mindestens ortsgenau, also auf der Basis von Teilorten[696].

- Planelement "Entwicklungsachsen"*:

Achsenfestlegungen enthalten "in der Regel keine" Umsetzungshinweise und sind darüber hinaus "theoretisch und fachlich" mangelhaft fundiert. Immerhin ist allein durch die kartographische Darstellung der Entwicklungsachsen* in der Raumnutzungskarte eine gewisse Koordinationsfunktion gegeben[697]. Trotzdem sollte die fehlende Operationalisierbarkeit der Entwicklungsachsen* durch die zusätzliche Ausweisung von regionalplanerisch geeigneten Siedlungsbereichen oder restriktiven Festsetzungen (z.B. Ausweisung regionaler Grünzüge*) ausgeglichen werden[698].

- Planelemente zur Siedlungssteuerung:

Schon angemerkt wurde, daß die Flächensteuerung der Regionalplanung aufgrund des Überangebots in den bestehenden Flächennutzungsplänen von den Gemeinden sehr oft unwirksam gemacht wird. Dies ist auch in Baden-Württemberg der Fall[699]. Die Gemeinden haben darüber hinaus erreicht, daß auf "positivplanerische* Festlegungen" in den Regionalplänen weitgehend verzichtet wird[700]. Selbst der geringe Ansatz einer Positivplanung*, die Ausweisung von "Bereichen mit verstärkter Siedlungsentwicklung", ist für die Gemeinden nicht verbindlich, sondern nur ein "regionalplanerisch abgesichertes Angebot" für die Unterbringung des Flächenbedarfs[701]. Kritisiert wird auch die mangelnde räumliche Konkretisierung und Differenzierung dieses Planelements[702].
Für besondere Problemräume fordert HOBERG eine stärkere Konkretisierung und Regionalisierung siedlungssteuernder Planelemente. Diese "Zonen erhöhten Regelungsbedarfs"[703] sollten gesondert im Regionalplan mit Hilfe eines genauen "Abgrenzungsverfahrens" ausgewiesen werden[704]. Abgrenzungskriterien sollten Siedlungsdichte, Nutzungsansprüche, der absehbare Siedlungsdruck und die sich überlagernden Nutzungsansprüche sein[705]. In diesen Zonen sollte die Anwendung von Planelementen hoher Regelungsintensität, bis hin zur "parzellennahen"[706] Ausweisung, zulässig sein. Auch sollte geprüft werden, ob hier flächenhafte Ausweisungen von "Wohnsiedlungsschwerpunkten" möglich seien, also ein wirkungsvolles Planelement zur "Positivplanung*"[707] angewendet werden könnte. Die Aufnahme eines neuen Planelementes "Ort mit Siedlungsabrundung" (Beschränkung der örtlichen Eigenentwicklung* auf die Abrundung des Siedlungsgebiet)[708] ist aufgrund der unzureichenden Operationalisierbarkeit weniger zu empfehlen.
Kleinräumige Ausweisungen durch die Regionalplanung stellen hohe Anforderungen an die Begründung[709]. Das hierbei sicher auftretende Problem des Eingriffs in die kommunale Planungshoheit

---

694 TESDORPF 1980, S. 105
695 HOBERG 1982, S. 43
696 HOBERG 1982, S. 62
697 HOBERG 1982, S. 35
698 HOBERG 1982, S. 35
699 BRUDER 1981, S. 190
700 BENZ/HENRICH 1983, S. 143
701 HOBERG 1982, S. 42
702 HOBERG 1982, S. 82
703 HOBERG 1982, S. 118
704 HOBERG 1982, S. 175
705 HOBERG 1982, S. 167
706 HOBERG 1982, S. 117
707 Für HOBERG ist eine solche Ausweisung unverzichtbar (HOBERG 1982, S. 58).
708 HOBERG 1982, S. 63
709 HOBERG 1982, S. 116

sollte nicht durch eine Beschneidung der Planelemente, sondern durch eine engere Beteiligung der Gemeinden und durch eine stärkere Aufsicht der Genehmigungsbehörde gelöst werden[710].

- Planelemente zum Sachbereich "Gewerbe":
Die Funktionszuweisung* "(regional bedeutsamer) Industrie- und Gewerbestandort" gilt in der Praxis nur als "regionalplanerisch abgesichertes Angebot"[711]. Umsetzungsprobleme bereiten wieder einmal die mangelnden Verwirklichungshinweise, die aufgrund der hierfür fehlenden Instrumente auf seiten der Regionalplanung (z.B. finanzielle Anreizinstrumente, unzureichende Koordination mit Fördergeldern vergebenden Behörden) auch nicht möglich erscheinen[712]. Die eigentlichen Adressaten dieses Planelements sind daher die Fördermittel vergebenden Institutionen des Landes und des Bundes[713]. Auch hier gilt: Je weitergehend ein Ziel räumlich und sachlich differenziert ist, desto durchsetzungsstärker und koordinationswirksamer ist es[714]. Daher fordert HOBERG auch hier "Zonen erhöhten Regelungsbedarfs" mit der Möglichkeit konkreter Ausweisungen ähnlich dem Sachbereich "Siedlung"[715]. Neben den in diesem Zusammenhang weniger interessanten Möglichkeiten zur Wirtschaftsförderung sollten in solchen Zonen Nutzungsbeschränkungen für Industrie- und Gewerbestandorte aus Gründen der Umweltvorsorge möglich sein[716].

- Planelemente zur Freiraumsicherung:
Das wichtigste Planelement ist die Ausweisung regionaler Grünzüge*[717]. Die flächenmäßig rahmenhafte Ausweisung von "Grünzäsuren" hält HOBERG demgegenüber nur für "symbolisch"[718]. Bei hinreichend konkretem Flächenbezug (KISTENMACHER plädiert für "gebietsscharfe", also parzellennahe Ausweisung[719]) und "griffigen Zielformulierungen" gibt HOBERG den regionalen Grünzügen* "gute Durchsetzungschancen" gegenüber den Trägern der Bauleitplanung[720]. Bedingung hierfür ist natürlich, daß regionale Grünzüge* auch ausgewiesen werden. Hier sieht SCHULZ ZUR WIESCH insbesondere für strukturschwache Regionen Probleme: Privatunternehmen könnten hier die Arbeitsmarktschwäche gezielt zur Abwehr regionalplanerischer Auflagen (z.B. in Form von Restriktionsflächen) einsetzen[721]. Auch regionale Grünzüge* können manchmal wirkungslos sein. So berichtet HERDEN von einem Fall im Bereich des Regionalverbandes "Unterer Neckar". Die Stadt Heidelberg überbaute eine geplante regionale Grünzone*, obwohl der Stadt diese Planung bekannt war. Von seiten der Landes- und Regionalplanung konnte HERDEN zuerst überhaupt keine Reaktion feststellen. Später stimmte die Regionalplanung der Erweiterung in die geplante Freihaltefläche zu, da die Stadt Heidelberg "versprochen" hatte, nicht weiter in diese Fläche zu expandieren. Die Entscheidung für diese Stellungnahme fiel im Planungsauschuß mit 11:9 Stimmen[722].

- Planelement Richtwerte*:
Am Beispiel der Richtwerte* läßt sich am deutlichsten der politische Stellenwert der Regionalplanung in Baden-Württemberg aufzeigen. Gehörten sie nach dem Landesplanungsgesetz 1972 noch zum "Mindestinhalt" des Regionalplans, verloren sie 1978 ihre Funktion als Steuerungsinstrument für den ländlichen Raum[723]. Auch in Groß- und Mittelstädten von Verdichtungsräumen entfalteten sie seitdem "nur noch sehr schwache" Steuerwirkungen[724], insgesamt geht die Steuerwirkung "gegen 0"[725]. Nach dem Landesplanungsgesetz 1983 (§ 37) gelten die vor dem Inkrafttreten dieses Gesetzes verbindlich

---

[710] HOBERG 1982, S. 116 und S. 166
[711] HOBERG 1982, S. 80
[712] HOBERG 1982, S. 83
[713] HOBERG 1982, S. 86
[714] HOBERG 1982, S. 87
[715] HOBERG 1982, S. 88
[716] HOBERG 1982, S. 89
[717] HOBERG 1982, S. 105. Synonym: Regionale Freihaltefläche*
[718] HOBERG 1982, S. 112
[719] KISTENMACHER 1988, S. 50
[720] HOBERG 1982, S. 114
[721] SCHULZ ZUR WIESCH 1978, S. 35
[722] HERDEN 1983, S. 177, aus dem Englischen übersetzt
[723] TESDORPF 1978, S. 143f
[724] TESDORPF 1978, S. 143f
[725] FÜRST/HESSE 1981, S. 115

gewordenen Richtwerte* nicht mehr in den ländlichen Räumen (inkl. ihrer Verdichtungsbereiche) und in den strukturschwachen Teilen der Randzonen um die Verdichtungsräume. Mit der Abschaffung des 2. Bauflächenerlasses 1988[726] wurden auch die Richtwerte* vollständig abgeschafft. Immerhin operieren einzelne Regionalverbände mit "Orientierungswerten"[727].
Nach GUST zeigt sich der wachsende Stellenwert der Regionalpläne an den aufwendigen Änderungsverfahren, die notwendig werden, wenn ein Plansatz einem konkreten Vorhaben[728] entgegensteht. Man kann es auch andersherum sehen: Entgegen regionalplanerischen Zielvorstellungen kann ein konkretes Vorhaben über eine Planänderung durchgesetzt werden.

V.A.2.3.2. FINANZIELLE INSTRUMENTE

MÄDING bemängelt, daß noch immer die oft geforderte stärkere regionale Mitbestimmung bei der Verteilung staatlicher Fördermittel fehle (Beispiele: Stadtsanierung, Dorfentwicklung etc.). So seien die Regionalverbände weder in den dafür wichtigen "Verteilerausschüssen" bei den Regierungspräsidien noch im "Ausschuß zur Koordination der Förderung komunaler Investitionen" auf Landesebene vertreten[729]. Im Gegensatz dazu sind alle drei kommunalen Spitzenverbände in diesen Gremien vertreten[730], woraus wieder die politische Bedeutung der Regionalverbände deutlich wird. Nicht einmal Stellungnahmen zu regional bedeutsamen öffentlichen Infrastrukturprojekten werden von der Regionalplanung außerhalb von Raumordnungsverfahren eingeholt. Eine eigene Investitionskompetenz zur Durchsetzung regionalplanerischer Ziele gibt es ohnehin nicht. Diese völlig unzureichende Beteiligung der Regionalplanung bei der finanziellen Förderung von Projekten führt zu äußerst fragwürdigen Vorgehensweisen. So unterstützt der Regionalverband "Ost-Württemberg" pauschal alle Förderungsanträge der Regionsgemeinden, soweit sie ihm überhaupt bekannt werden. Damit verzichtet er auf eine innerregionale Koordination. Nicht die Koordination gelte als Planungserfolg, sondern die Höhe der für die Region gewonnenen Mittel, ohne Rücksicht darauf, ob diese im Einklang mit den regionalplanerischen Zielvorstellungen eingesetzt werden oder nicht[731]. Angesichts dieser Sachverhalte ist es unverständlich, wenn das baden-württembergische Innenministerium in einer seiner Broschüren feststellt, daß die Regionalplanung die Umsetzung der Pläne u.a. durch die Steuerung der staatlichen Finanzhilfen betreibe[732].

V.A.2.4. Verhältnis der Regionalverbände zu den Gemeinden

Aufgrund der kommunalverbandlichen Organisation und der mehrstufigen Beteiligung der Gemeinden an der Regionalplanerstellung dominiert ein "kooperativer Planungsstil anstatt einer autorativen Umsetzung der Landesplanung"[733]. HENRICH betont den "vergleichsweise äußerst frühen Zeitpunkt der kommunalen Beteiligung" in Baden-Württemberg[734]. Die Gemeinden würden nicht nur rechtzeitig, sondern auch in den entscheidenden Planungsphasen beteiligt[735], für ihn eine "idealtypische Ausgestaltung der rechtsschützenden kommunalen Beteiligung"[736] und in "vollem Umfang den verfassungs- und rahmenrechtlichen Anforderungen entsprechend"[737]. Auch die Information der Gemeinden von seiten der Regionalplanung in Form von Raumordnungsberichten und Begründungen zu den Plansätzen etc. bewertet er als "ausreichend"[738].
Wegen der Wichtigkeit sei hier nochmals das genaue Beteiligungsverfahren der Gemeinden an der Regionalplanung mit Schwerpunkt auf der juristischen Perspektive angeführt:

---

[726] INNENMINISTERIUM BADEN-WÜRTTEMBERG (1988a G)
[727] Z.B. der Regionalverband Bodensee-Oberschwaben
[728] GUST nennt als Beispiel die umstrittene Industrieansiedlung der Firma "Daimler-Benz" in Rastatt (GUST 1990, S. 81).
[729] MÄDING 1987, S. 54; vgl. auch EMENLAUER/LANG 1980, S. 174. Dieser Sachverhalt wurde von VOGLER im Interview bestätigt (VOGLER, Interview).
[730] MÄDING 1987, S. 54
[731] EMENLAUER/LANG 1980, S. 174
[732] INNENMINISTERIUM BADEN-WÜRTTEMBERG (o.J.) (ca. 1987), S. 11
[733] FÜRST 1987, S. 5
[734] HENRICH 1981, S. 230
[735] HENRICH 1981, S. 233
[736] HENRICH 1981, S. 233
[737] HENRICH 1981, S. 238
[738] HENRICH 1981, S. 235

Beteiligungsstufe 1: In und außerhalb der von ihnen dominierten Verbandsgremien (z.B. im Rahmen von Anfragen in der Verbandsversammlung) wirken die Gemeinden an der Aufstellung des Regionalplanes mit. Hierzu werden nicht nur "grundsätzlich" schriftliche Verfahren in Form von Stellungnahmen gewählt[739], auch Telefonkontakte auf dem "kleinen Dienstweg" spielen eine Rolle. Diese Beteiligungsformen ergeben sich u.a. aus § 22 des Landesplanungsgesetzes. Danach müssen die Gemeinden Auskunft über von ihnen beabsichtigte Planungen erteilen, soweit sie für die Landes- bzw. Regionalplanung von Belang sind.
Beteiligungsstufe 2: Die in Form einer schriftlichen Stellungnahme formulierten Bedenken und Anregungen der Gemeinden zum Regional- oder Teilregionalplanentwurf werden von der Regionalplanung mit dem Ziel "eines weitgehenden Meinungsausgleichs" erörtert.
Beteiligungsstufe 3: Nach Fertigstellung des Plans (Satzungsbeschluß durch die kommunal bestimmten Verbandsgremien) gehen alle Bedenken und Anregungen der Kommunen* zusammen mit dem Plan zur Verbindlichkeitserklärung zum Innenministerium. Dieses prüft u.a., ob die von den Gemeinden geäußerten Bedenken einer Genehmigung entgegenstehen.

Aufgrund dieser an Kommunenfreundlichkeit wohl kaum mehr zu überbietenden Beteiligungsverfahren sehen BENZ und HENRICH "im Gegensatz zu vielen Klagen aus dem kommunalen Bereich" zu Recht bisher keinen entscheidenden Abbau der kommunalen Selbstverwaltung durch die Regionalplanung[740]. Wahrscheinlich wollen die Kommunen* nur ihren über die Bestimmungen des Grundgesetzes hinausreichenden Handlungsspielraum erhalten[741].
Aufgrund der fehlenden "harten" Instrumente und der Dominanz "weicher" Plansätze spielt das "Aushandeln" von Kompromissen während eines Verfahrens (z.B. im Rahmen der Stellungnahmen der Regionalplanung zu Bauleitplänen) eine große Rolle. Besonders die Kommunen* nutzen den aus ihrer Sicht bestehenden Vorteil der vor einem Verfahren durch den Regionalplan nur unzureichend konkretisierten raumordnerischen Erfordernisse, indem sie auf "Verhandlungsstrategien", auf "Überredung" und "Überzeugung" setzen ("Bargaining"[742]). Die wenigen restriktiv angelegten regionalplanerischen Festsetzungen können dadurch oft "erfolgreich" durch die Gemeinden "aufgeweicht" werden[743]. Zwar ist auch die Landes- (und Regional-)planung in Baden-Württemberg "traditionell auf Aushandelungsprozesse orientiert"[744]. Da die Regionalplanung außer einer Zurücknahme der Steuerungsintensität ihrer Ziele aber kaum Gegenleistungen für die Gemeinden anbieten kann, ist sie beim "bargaining" oft der Verlierer[745]. Dazu kommen gemeindliche Strategien der Ausübung politischer Macht und "Veto-Strategien" (Mitwirkungsverweigerung, Rückzug aus Verhandlungsprozessen), die von der Regionalplanung kaum sanktionierbar sind. Die Problemlösungsfähigkeit kann bei "bargaining-Strategien" darüber hinaus durch "gegenseitig eskalierende Abwehr- und Abgrenzungsbestrebungen" beeinträchtigt" werden[746]. Da auch das baden-württembergische Innenministerium "traditionell kommunenfreundlich" ist[747], können die Gemeinden auch über die landespolitische "Schiene" einiges erreichen (z.B. über ihre Spitzenverbände).
Von Sanktionsmöglichkeiten macht die kommunalverbandlich organisierte Regionalplanung natürlich nur selten Gebrauch, den theoretisch offenen Weg der Verwaltungsgerichtsbarkeit beschreitet sie kaum. HERDEN berichtet vom Beispiel einer versuchten Normenkontrollklage des Regionalverbandes "Rhein-Neckar" gegen einen Bebauungsplanentwurf der Gemeinde Hockenheim für ein Einkaufszentrum: Die Normenkontrollklage wurde vom Verwaltungsgericht Mannheim mit der Begründung zurückgewiesen, daß der Regionalverband wegen § 1, Satz 4 Bundesbaugesetz ("Die Bauleitpläne sind den Zielen der Raumordnung und Landesplanung anzupassen") zu einer Klage nicht berechtigt sei, da der Bebauungsplan sich erst im Entwurf befinde[748].

---

[739] HENRICH 1981, S. 235
[740] BENZ/HENRICH 1983, S. 144
[741] BENZ/HENRICH 1983, S. 141; vgl. auch EMENLAUER/LANG 1980, S. 175
[742] BENZ/HENRICH 1983, S. 140f
[743] EMENLAUER/LANG 1980, S. 169
[744] FÜRST 1979, S. 16
[745] BENZ/HENRICH 1983, S. 142
[746] BENZ/HENRICH 1983, S. 142
[747] BENZ/HENRICH 1983, S. 143
[748] HERDEN 1983, S. 174

V.A.2.5. Verhältnis der Landes- und Regionalplanung zu politischen Entscheidungsträgern

Die bereits beschriebenen Probleme im Spannungsfeld "Raumordnung - Politische Entscheidungsträger" gelten im besonderen Maße für die Regionalplanung in Baden-Württemberg. Indikator dafür ist die von FÜRST für die Landesplanung festgestellte "strukturelle" politische Schwäche[749]. Als Beispiel dafür zitiert er einen Presseartikel aus dem amtlichen "Staatsanzeiger", in dem sich der damalige Ministerpräsident des Landes, Späth, mit deutlichen Worten gegen die verbreitete "Planeritis" wendet[750].

V.A.2.6. Verhältnis der Regionalverbände zu den Genehmigungsbehörden

Genehmigungsbehörde für die meisten Flächennutzungspläne ist das Landratsamt. Eine Ausnahme bilden die Flächennutzungspläne der "Großen Kreisstädte", die das Regierungspräsidium genehmigt. Dieses ist zugleich höhere Raumordnungsbehörde (§ 21, Abs. 2 Landesplanungsgesetz).
Da diese Behörde als "Vollzugsbehörde" für die Regionalplanung fungiert, ist sie für diese von großer Bedeutung. So hat das Regierungspräsidium u.a. zu prüfen, ob die Kommunen* bei der Erstellung der Bauleitpläne die Ziele der Raumordnung und Landesplanung beachtet und die "Grundsätze" "berücksichtigt" haben[751]. Als höhere Landesplanungsbehörde besitzt es die Fachaufsicht über die Regionalverbände. Eine "Planung" in Form der Aufstellung eines eigenen Raumordnungsplans führt das Regierungspräsidium zwar nicht durch, allerdings erarbeitet es, ähnlich den Regionalverbänden, für die Gemeinden "landesplanerische Gutachten" und ist in Form von Stellungnahmen als Träger öffentlicher Belange* auch bei Bauleitplanverfahren beteiligt. Darüber hinaus führt es zusätzlich zum Regionalverband das Raumordnungskataster. Bei vielen Gelegenheiten tritt es natürlich auch für die Umsetzung von raumordnerischen Erfordernissen ein und konkretisiert dabei oft selbst die sich aus Landesentwicklungsplan und Regionalplan ergebenden Zielvorstellungen. Der Hinweis von DADOU et al., wonach die Regierungspräsidien keine Planung betreiben, ist demnach zu relativieren[752]. Die Interessenlage von Regionalverbandsverwaltung und Regierungspräsidium sind gegenüber den Gemeinden weitgehend identisch. Das Regierungspräsidium verfügt im Gegensatz zur Regionalplanung in Baden-Württemberg gegenüber den Gemeinden über ein "indirektes" Sanktionsmittel: Die Gemeinden sind sich der Tripelfunktion der Regierungspräsidien als Raumordnungs-, höhere Naturschutz- und Genehmigungsbehörde bewußt und versuchen deshalb, sich bei Verhandlungen über die Beilegung kleinerer Raumordnungskonflikte der Interessenlage des Regierungspräsidiums anzunähern. Mögliche Sanktionspotentiale von Landratsamt und Regierungspräsidium sind dabei:

- Aussprechen von Genehmigungsauflagen für die Bauleitpläne der Gemeinden
- Aussetzen der Genehmigung der Bauleitpläne (Zeitverzögerung)
- Ausnehmen von Teilen der Gemeindeplanung aus der Genehmigung

Ein vollständiges "Nichtgenehmigen" der Bauleitpläne tritt in der Praxis selten auf. Das "Winken" mit den Sanktionspotentialen wirkt dann nicht, wenn aufgrund schlechter Koordination die Regionalplanung mit voreiligen Zugeständnissen an die Gemeinde dem Regierungspräsidium "in den Rücken fällt" oder die Gemeinden sich in wichtigeren Fällen am sowieso umstrittenen Regierungspräsidium[753] vorbei auf der politischen Schiene direkt an die Landesregierung wenden[754]. Oft wird dann wiederum die Regionalplanung durch den auf diesem Wege erzielten "politischen Kompromiß" veranlaßt, seine Vorgaben zurückzunehmen[755].
Den für eine wirkungsvolle Zusammenarbeit notwendigen Informationsfluß zwischen Regierungspräsidium und Regionalverband bezeichnet TESDORPF als "recht mager"[756]. Er fordert die Verbesserung der regionalplanerischen Möglichkeit, Planungsziele selber zu vollziehen bzw. an deren

---

[749] FÜRST 1979, S. 11

[750] Staatsanzeiger vom 24.1.79, zit. nach FÜRST 1979, S. 16

[751] Zit. nach MÄDING 1987, S. 53

[752] DADOU et al. 1979, S. 34. Allerdings sind die raumordnerischen Gutachten und Stellungnahmen der Regierungspräsidien keine "Ziele der Raumordnung und Landesplanung" und damit für die Gemeinden nicht unmittelbar verbindlich.

[753] Die Regierungspräsidien stehen bei den Gemeinden traditionell in einem schlechten Ansehen, u.a. wegen der fehlenden direkten parlamentarischen Kontrolle (THARUN 1987, S. 544).

[754] EMENLAUER/LANG 1980, S. 170

[755] EMENLAUER/LANG 1980, S. 170

[756] TESDORPF 1978, S. 144

Vollzug mitzuarbeiten[757], da durch die bisherige Aufgabenteilung von Planung und Vollzug ein "Planungswirrwarr" entstehe, welcher den Spielraum der Regionalplanung "von allen Seiten" beschneide[758].

V.A.2.7. Landschaftsrahmenplanung und Umweltverträglichkeitsprüfung

Das Bindeglied zwischen Landschafts- und Regionalplanung stellt die Landschaftsrahmenplanung dar. Dabei weist die Raumordnung interessante Parallelen zur Landschaftsplanung auf Gemeindebene und zum Umweltschutz generell auf: So entsteht nach SCHARPF und SCHNABEL die Notwendigkeit der Raumordnung ähnlich wie die des Umweltschutzes durch auftretende negative externe Effekte ("soziale Kosten") bei privaten Standortentscheidungen, die dem Verursacher nicht direkt anrechenbar sind[759]. Das bekannteste Instrument der Landschaftsrahmenplanung ist für die Regionalplanung der von ihr aufzustellende Landschaftsrahmenplan, der die regional bedeutsamen Belange von Naturschutz und Landschaftspflege regeln soll. Ähnlich wie bei der Durchführung von Evaluierungen stellt sich auch hier das Problem der Wahl externer oder verbandsinterner Gutachter. Entgegen der Meinung der Regionalplaner, aber wohl zu Recht, machten Vertreter des Naturschutzes anläßlich einer Tagung über das Thema "Verhältnis Landschaftsrahmenplan - Regionalplan" deutlich, daß die die Abwägung durchführende Behörde (Regionalverband) nicht gleichzeitig auch das "politisch unbeeinflußte" Abwägungsmaterial aufbereiten könne[760], so daß zumindest die Erstellung der fachlichen Grundlagen für den eigentlichen "Behördenplan" an externe Bearbeiter (z.B. Hochschulen) vergeben werden sollte.
Landschaftsrahmenpläne werden entweder "primär" direkt in den Regionalplan integriert oder "sekundär" nach Erstellung des Regionalplans. Beide Vorgehensweisen bieten Vor- und Nachteile, allerdings wird neuerdings eher die Sekundärintegration favorisiert: Bei der bereits zitierten Tagung stimmten die meisten Teilnehmer für diese Vorgehensweise, was bei einer deutlichen Trennung von Umweltverträglichkeitsprüfung und Landschaftsrahmenplanung auch als der bessere Weg erscheint.
Das baden-württembergische Innenministerium sieht die Hauptfunktion des Landschaftsrahmenplans in einer bloßen "Raumbeobachtung"[761], was sicher eine unzureichende Beschränkung seiner Funktionen ist und auf Problempunkte dieses Instruments der Regionalplanung hinweist.
KISTENMACHER und LÄPKE kritisieren das bisher bestehende System zur Integration ökologischer Systeme in die Landes- und Regionalplanung"[762] und fordern "neue Methoden"[763]. Analog zum Regionalplan wird auch bei der Landschaftsrahmenplanung für eine stärkere räumliche Konkretisierung plädiert. KISTENMACHER schlägt dazu vor, "Regionale Landschaftsberichte" herauszugeben und eine "Landschaftsfunktionenkarte" im Maßstab 1: 50000 oder 1: 25000 zu erstellen, was den Gemeinden eine Hilfe wäre, ohne ihre Planungshoheit zu verletzen[764]. Die Frage ist nur, was dann die Gemeinden damit tun.
Grundsätzlich ist eine wirkungsvolle Integration ökologischer Systeme wohl nur durch Umweltverträglichkeitsprüfungen möglich[765], die zu Recht als große Chance für die Raumordnung gesehen werden. Allerdings muß eine ausschließliche Einbeziehung der Umweltverträglichkeitsprüfung in das Raumordnungsverfahren aus der Sicht der Landschaftsplanung unzureichend sein, da auf diese Weise ausschließlich (größere) Einzelprojekte auf ihre Umweltverträglichkeit hin geprüft werden. Summeneffekte, wie sie z.B. von der Umsetzung eines gesamten Regionalplans ausgehen, können mit dieser Verfahrensweise nicht auf ihre Umweltverträglichkeit hin überprüft werden. Hier wird auch die "neue" Aufgabe des Landschaftsrahmenplans deutlich. Als wichtige materielle Grundlage für die Umweltverträglichkeitsprüfung wird er in Zukunft noch wichtiger werden[766]. Probleme bereiten beim

[757] TESDORPF 1978, S. 144
[758] TESDORPF 1978, S. 144
[759] SCHARPF/SCHNABEL 1979, S. 7
[760] MERIAN/WINKELBRANDT 1987, S. 168
[761] INNENMINISTERIUM BADEN-WÜRTTEMBERG (o.J.) (ca. 1987), S. 11
[762] KISTENMACHER/LÄPKE/STEINEBACH 1980, S. 40
[763] KISTENMACHER/LÄPKE/STEINEBACH 1980, S. 40; vgl. auch: FÜRST 1987, S. 189 und KITTELMANN 1984, S. 59
[764] KISTENMACHER et al. 1988, S. 17f
[765] Es wäre reizvoll zu untersuchen, inwieweit das mittlerweile eingeführte "gestufte" Verfahren zur Umweltverträglichkeitsprüfung auch zum Problem der politisch bedingten "Kompromißstufen" (s. dazu Tabelle 2) führen kann, wie es von MERIAN und WINKELBRANDT auch bei der Erstellung der Landschaftsrahmenpläne gesehen wird (MERIAN/WINKELBRANDT 1987, S. 169).
[766] AMANN et al. 1988, S. 150

Landschaftsrahmenplan noch immer die Aufstellungsmethoden. Der Grund dafür ist wohl der für ökologische Fragestellungen ungewöhnliche regionale Maßstab. Einerseits werden gebietsscharfe Aussagen erwartet, andererseits sind bei diesem Maßstab ökologische Geländeerhebungen und Messungen mit topologischem Flächenbezug kaum mehr möglich. Aus diesem Grund wurde die Planungsgruppe "Ökologie und Umwelt" von der baden-württembergischen Landesanstalt für Umweltschutz beauftragt, ein Methodenkonzept für die Landschaftsrahmenplanung zu entwickeln[767]. Dazu führte die Planungsgruppe interessante und ernüchternde Vorerhebungen über die Art der bisher in den Planungsregionen des Landes erarbeiteten Landschaftsrahmenpläne durch[768]. So stellten die Bearbeiter fest, daß in den Landschaftsrahmenplänen weniger die ökologischen Belange als vielmehr die Belange der Land- und Forstwirtschaft berücksichtigt wurden. Auch sei eine umfassende Landschaftsrahmenplanung "schon aufgrund der personellen und finanziellen Rahmenbedingungen für die Arbeit der Regionalverbände meist nicht durchgeführt" worden. Flächendeckend und in regionsrelevantem Maßstab erhobene ökologische Grunddaten "lagen häufig nicht vor"[769]. Einen Grund für diesen geringen Stellenwert des Landschaftsrahmenplans sehen AMANN et al. in der "skeptischen Einstellung" der kommunal dominierten Verbandsversammlungen und der Konfliktscheue[770]. Die Landschaftsrahmenplanung beschränke sich größtenteils auf die Ermittlung "schutzwürdiger Bereiche" und der Übernahme bestehender Daten von Fachbehörden[771]. Diese Funktionen des Landschaftsrahmenplans sind zwar wichtig und sollten beibehalten werden (z.B. für die Erstellung eines regionalen Biotopverbundsystems). Allerdings sollte ein Landschaftsrahmenplan noch mehr leisten. Für die Entwicklung einer Methodik zur Ausarbeitung eines Landschaftsrahmenplans wären nach AMANN et al u.a. folgende Punkte wichtig:

- Das Setzen von Umweltqualitätszielen[772] als "Soll-Werte"[773]. Mehr oder weniger inhaltsleere Begriffe wie "ökologisches Gleichgewicht" genügen als Zielindikatoren nicht[774]. Die Erarbeitung solcher Zielvorstellungen ist gerade für das Instrument "Umweltverträglichkeitsprüfung" höchst bedeutsam: Dieses Instrument kann nur dann sinnvoll eingesetzt werden, wenn klar ist, vor welchem Zielhintergrund eine Eingriffsmaßnahme auf ihre Umweltverträglichkeit geprüft werden soll;
- Die Entwicklung von Methodiken zur Durchführung umweltbezogener Wirkungs- und Verträglichkeitsanalysen;
- Die Entwicklung "ökologisch verträglicher Nutzungsmuster"[775];
- Aussagen zu den Landschaftspotentialen hinsichtlich ihrer Eignung, Empfindlichkeit und Beeinträchtigungsgefährdung bei bestimmten Nutzungen;
- Aufstellen eines Maßnahmenkatalogs und einer Liste von Empfehlungen an Fachplanungsträger* und Gemeinden[776];
- Evaluierung der getroffenen Maßnahmen;

Mit einem dermaßen angelegten Landschaftsrahmenplan könnte auch das vorherrschende "Begründungsdefizit" bei der Anwendung des wichtigen Instruments "Ausweisung regionaler Grünzüge*" beseitigt werden[777].

Als Ergänzung zu Landschaftsrahmenplan und "Projekt-Umweltverträglichkeitsprüfungen" (u.a. im Rahmen von Raumordnungsverfahren) sehen AMANN et al. die "Plan-Umweltverträglichkeitsprüfung", d.h. die Prüfung der Umweltverträglichkeit des gesamten Regionalplans[778], als bedeutsam an. Nur auf diese Weise können "räumliche Summeneffekte" (etwa die Bodenversiegelung eines Raumes durch

---

767 Publiziert in: LANDESANSTALT FÜR UMWELTSCHUTZ 1987

768 AMANN et al. 1988, S. 151ff

769 AMANN et al. 1988, S. 151

770 AMANN et al. 1988, S. 151

771 AMANN et al. 1988, S. 151

772 AMANN et al. 1988, S. 151

773 HÜBENER/HALBERSTADT 1976, S. 91

774 KITTELMANN/HÜBLER 1984, S. 68

775 AMANN et al. 1988, S. 152

776 AMANN et al. 1988, S. 153

777 AMANN et al. 1988, S. 153

778 AMANN et al. 1988, S. 153, vgl. auch EBERLE 1988. Erst vor kurzem legte die EG einen "Vorschlag für eine Richtlinie des Rates über die Umweltverträglichkeitsprüfung bei Politiken, Plänen und Programmen" vor. Würde sie verwirklicht, müßten u.a. "Pläne und Programme zur Bodennutzung", also auch Regionalpläne, einer Plan-UVP unterzogen werden [EUROPÄISCHE KOMMISSION o.J. (ca. 1991U)]

Einzelstrassenprojekte) bzw. die "Summenwirkung von parallelen oder zeitlich aufeinanderfolgenden Eingriffen"[779] ausreichend beurteilt werden. Als Pendant zum Raumordnungsbericht fordern AMANN et al. zusätzlich auf der Seite der Landschaftsrahmenplanung die Erstellung "regionaler Freiraumberichte" mit Planungshinweisen u.a. für die Gemeinden[780]. Zu prüfen wäre auch die Praxiseignung von Informationsinstrumenten wie Flächenhaushaltskataster zum vorbeugenden Bodenschutz[781] bis hin zu kompletten Umweltinformationssystemen[782]. Obwohl bisher nur wenig Methodikansätze für Plan-Umweltverträglichkeitsprüfungen vorliegen, legt EBERLE einen, wenn auch noch relativ wenig differenzierten Verfahrensansatz vor[783]. Ähnlich wie bei der Evaluierung gilt auch hier: je konkreter die Regionalplansätze, desto einfacher ist eine Umweltverträglichkeitsprüfung[784]. Seinen Verfahrensansatz wendet EBERLE in einem Fallbeispiel auf "ausgewählte Aspekte" des Regionalplanes Neckar-Alb an[785]. In einer Art "ex-post-Umweltverträglichkeitsprüfung"[786] untersucht er damit bereits ausgewiesene "regionalplanerisch abgesicherte" Wohnbauflächen des Regionalverbandes (Positivausweisung). Obwohl das Ergebnis dieses methodisch sicher noch nicht ausgereiften Verfahrens mit entsprechender Vorsicht zu genießen ist[787], überrascht doch, daß nur 25% des im Regionalplan eingezeichneten Wohnbauflächenangebotes konfliktfrei sind hinsichtlich ihrer Auswirkungen auf die Umweltsituation[788], bei Berücksichtigung der Gefährdung von Biotopvernetzungsstrukturen sind es sogar nur 15%[789].

V.A.2.8. Öffentlichkeitsarbeit

V.A.2.8.1. ALLGEMEINES

Die Öffentlichkeitsarbeit der Raumordnung wird stark kritisiert. FÜRST wirft der Landesplanung in Baden-Württemberg vor, in der Öffentlichkeit nicht präsent zu sein[790]. Sie habe versäumt, sich politische Unterstützung zu schaffen. Das Raumordnungsfeld werde von Wirtschafts- und vom Landwirtschaftsministerium wirkungsvoller besetzt[791]. EMENLAUER und LANG meinen, daß die Öffentlichkeit selbst bei einer verbesserten Öffentlichkeitsarbeit "kaum Notiz von der Regionalplanung" nehme[792]. Das geringe Interesse der Öffentlichkeit an der baden-württembergischen Regionalplanung und die Schwierigkeit der Mobilisierung der "Raumopfer" führen sie auf den binnenadministrativen Streit um formale Erhaltung von Handlungsspielräumen zurück. Auch würden die materiellen Interessen der Region durch die Administration zu stark abstrahiert[793].

V.A.2.8.2. RAUMORDNUNGSBERICHTE

Neben ihrer Informationsfunktion für die Öffentlichkeit dienen regionale Raumordnungsberichte der Dokumentation des "Ist"-Zustandes der raumstrukturellen Situation vor Beginn der Aufstellung eines

---

779 EBERLE 1988, S. 172

780 AMANN et al. 1988, S. 154

781 Vgl. dazu SCHOLICH/TUROWSKI 1986

782 Vgl. z.B. RAUSCHELBACH 1987. Nach EBERLE enthält dieses Dornier-Projekt bereits "gewisse Elemente" einer Regionalplan-UVP (EBERLE 1988, S. 174)

783 Vgl. Abb. Verfahrensablauf für eine Regionalplan - Umweltverträglichkeitsprüfung bei EBERLE 1986, S. 15. Ein ähnliches Verfahren bei KISTENMACHER/EBERLE/BUSCH 1987

784 EBERLE 1986, S. 12

785 EBERLE 1986, S. 21

786 bzw. Evaluierung der regionalplanerischen Ausweisungen für den Sachbereich "Umwelt"

787 Im 1987 publizierten Verfahren z.B. werden im Sachbereich "Biotop- und Artenschutz" in einem Fall keine schutzwürdigen Flächen angenommen, nur weil die (bekanntermaßen lückenhafte) Biotopkartierung der Bezirksstelle für Naturschutz "keine Biotope" aufweise (KISTENMACHER/EBERLE/BUSCH 1987, S. 245). Abgesehen von der problematischen Beschränkung des Biotopbegriffes auf "höherwertige Biotope" können fachbehördliche Kartierungen auf die jeweilige Fragestellung abgestimmte eigene Bestandsaufnahmen kaum ersetzen.

788 EBERLE 1986, S. 22

789 EBERLE 1986, S. 23

790 FÜRST 1979, S. 17

791 FÜRST 1979, S. 17

792 EMENLAUER/LANG 1980, S. 154

793 EMENLAUER/LANG 1980, S. 178

Regionalplanes. In dieser Funktion werden sie u.a. zur Raumdiagnose ("Strukturanalyse") und zum Auffinden raumstruktureller Problempunkte für die Zielfindung benutzt. Neuerdings kann der regionale Raumordnungsbericht über eine Bestandsaufnahme und eine Raumdiagnose hinaus auch eine "Darstellung über die Umsetzung der Ziele im verbindlichen Regionalplan enthalten", wie das Innenministerium in seiner Anordnung schreibt[794]. Hier ist zu fragen, ob ein unverbindlicher Raumordnungsbericht der richtige Platz für die wichtigen und notwendigen Umsetzungshinweise an Gemeinden und Fachplanungsträger* ist. Besser geeignet wäre dafür der verbindliche Regionalplan selbst, doch ließ sich dies anscheinend gegen den Willen der Gemeinden nicht durchsetzen.
Das Berichtswesen ist ähnlich wie die Landschaftsrahmenplanung in der Praxis noch unzureichend entwickelt.

V.A.2.9. Kapazitäten und "Auflösungsgerüchte"

Ein wichtiger Einflußfaktor für die Arbeit der Regionalverbände in Baden-Württemberg ist ihre Arbeitskapazität[795]. Oft bildet der Personalbestand die Grenze für regionalplanerisches Engagement[796]. Sowohl für die bereits bestehenden (Koordinationsaufgaben, Auseinandersetzung mit Fachplanungen* und Gemeinden), als auch für neue Aufgaben (qualifizierte Landschaftsrahmenplanung, Umweltverträglichkeitsprüfungen, Evaluierungen u.a.) fehlen die personellen und materiellen Ausstattungen[797]. FÜRST glaubt sogar, daß die administrative, personelle und finanzielle "Ressourcenausstattung...zur zentralen Größe" werde, da davon abhänge, in welchem Maße die Regionalplanung Abwägungsprozesse durch eigene Informationssysteme beherrschen, neue Themen erschließen und konzeptionell vorantreiben könne[798]. Die aufgrund der "äußerst begrenzten" Ressourcen entstehende Zeitknappheit für die einzelnen Mitarbeiter birgt die Gefahr von Handlungsroutinen und damit undifferenzierter und ungenügender Behandlung der einzelnen Sachprobleme. So wird allein durch die geschäftsmäßige Abwicklung der rechtlich normierten Konsultationen mit den Gemeinden die Arbeitskapazität der Regionalverbände bis an ihre äußerste Grenze beansprucht[799]. Eine ausreichende Zahl qualifizierter Planer ist nicht nur für die Planerstellung, sondern auch für die Umsetzung von großer Wichtigkeit[800]. Größere Arbeitskapazitäten könnten eine bessere Betreuung und eine bessere technische Unterstützung der regionalen Mandatsträger ermöglichen[801], was sich in einer stärkeren "politischen Rückendeckung" niederschlagen könnte. Auch könnte die Einrichtung einer dann möglichen Informationsstelle "Regionalverband" zu wichtigen Klientelbeziehungen führen. Doch die Diskussion bei den politischen Entscheidungsträgern hat weniger eine Verstärkung als vielmehr eine Auflösung der Regionalverbände im Auge. So hat z.B. der Bund der Steuerzahler die Auflösung der Regionalverbände "zur Debatte gestellt"[802]. Er begründet dies damit, daß die Regionalverbände ihre Aufgabe, "die Herstellung der Regionalpläne", erfüllt hätten, ohne jedoch auf die anderen Aufgaben der Regionalplanung (u.a. Planvollzug) einzugehen. Die Regionalverbände wurden daraufhin vom baden-württembergischen Innenminister Schlee "verteidigt" ("Auf die Regionalverbände kann nicht verzichtet werden"[803]). Als Begründung dafür gab er die über die Planerstellung hinausgehenden Aufgaben der Regionalverbände wie das Aufgreifen "akuter Probleme der Umelt-, Siedlungs- und Energiepolitik" an und betonte, daß ein Verzicht auf die Regionalverbände der Verzicht auf "ein Stück Partnerschaft zwischen Staat und Kommunen*" bedeuten würde[804]. Besonders die Aufgabe der "Erhaltung einer lebenswerten Umwelt" werde von den Regionalverbänden mehr und mehr aufgegriffen und in Lösungskonzepte umgesetzt. So nannte Schlee als Beispiele die in letzter Zeit festzustellende Spezialisierung der Regionalverbände auf räumlich und sachlich konkrete Schutzkonzepte wie Flachwasserzonenschutz am Bodensee, Kiesabbaukonzepte, regionale Energieprogramme, Eilzugssysteme im ländlichen Raum etc..

---

794 INNENMINISTERIUM BADEN-WÜRTTEMBERG 1986 G
795 Z.B. SCHMITZ/TREUNER 1990, S. 25
796 MÜNZER 1983, S. 16; MÄDING 1987, S. 54
797 TESDORPF 1980, S. 7; FÜRST 1987, S. 189
798 FÜRST 1987, S. 4
799 SCHULZ ZUR WIESCH 1980, S. 669
800 KISTENMACHER/EBERLE 1980, S. 661
801 BAESTLEIN/WOLLMANN 1980, S. 686
802 SCHWÄBISCHE ZEITUNG vom 6.8.87
803 SCHWÄBISCHE ZEITUNG vom 7.8.87
804 SCHWÄBISCHE ZEITUNG vom 7.8.87

So begrüßenswert die deutliche Inschutznahme der Regionalverbände durch den Innenminister auch ist, die verbale Zustimmung reicht angesichts der vielfältigen Probleme der Regionalplanung wohl nicht aus. Denn ohne auf die diesbezüglichen Probleme einzugehen, stellte der Innenminister gleichzeitig fest: Die kommunalverbandliche Organisation habe sich "voll bewährt"[805]. Auf jeden Fall zeigt dieses Beispiel, daß die etwas pauschale Behauptung von MÄDING, wonach die schwierigste Phase der Existenzbedrohung für die Regionalverbände überstanden sei und ein "breiter politischer Konsens" über das Weiterbestehen vorherrsche[806], zu relativieren ist.

V.A.3. Zusammenfassung: Allgemeine Bewertung der Regionalplanung in Baden-Württemberg

Nach EMENLAUER und LANG ist die Regionalplanung nicht in der Lage gewesen, das hohe Konfliktniveau bei der Umsetzung der landesplanerischen Ziele zu bewältigen. Es sei nicht gelungen, "die institutionellen Eigeninteressen öffentlicher Planungsträger auf ein einheitliches, von allen Verwaltungsebenen akzeptiertes Konzept über die anzustrebende räumliche Entwicklung des Landes zu vereinheitlichen und daran zu binden"[807]. Anders ausgedrückt: die Interessenunterschiede zwischen Gemeinden, Fachplanungen* und Landes- bzw. Regionalplanung sind zu groß, als daß ein wirkungsvoller Konsens über die allgemeine räumliche Entwicklung hergestellt werden könnte. Dies gilt um so mehr, als die "schwache"[808] Regionalplanung über keine ausreichend "harten" Instrumente verfügt, um einen Konsenszwang durchsetzen zu können. Besonders deutlich zeigt sich dies an der Umsetzung der im Landesentwicklungsplan aufgestellten Zielvorstellungen durch die Regionalplanung. Im Gegensatz zur eher zweckoptimistischen Meinung des Innenministers ("Der Landesentwicklplan greift gestaltend und zielgerichtet ein"[809]), bilanzieren EMENLAUER und LANG vor dem Hintergrund ihrer Untersuchungen im Regionalverband Ostwürttemberg, daß, gemessen an den Forderungen des Landesentwicklungsplans, die Regionalplanung am "Nullpunkt des Möglichen" hängen geblieben" sei[810]. Ob dieses Ergebnis verallgemeinerbar ist, wird zu untersuchen sein.

V.B. Vorstellung des Untersuchungsraums

V.B.1. Definition wichtiger Gebietskategorien

Zunächst gilt es, den "Begriffswirrwarr" um die verschiedenen Raumbezeichnungen am Bodensee zu klären, da viele von ihnen für die Verortung von Erfordernissen der Raumordnung verwendet werden. Das **"Bodenseegebiet"** spielt für die internationale Raumordnung am Bodensee eine Rolle und entspricht ungefähr dem Wassereinzugsbereich des Sees mit Ausnahme des Rheintals, aber unter Einbeziehung des Schweizer Kantons Schaffhausen. Das **"Hinterland"** deckt sich ungefähr mit dem **"seefernen Bereich"** der internationalen Raumordnung und umfaßt das Bodenseegebiet mit Ausnahme des die Ufergemeinden umfassenden **"Bodenseeuferbereichs"**. Diese für die heutige Bodenseeraumordnung wichtige Raumkategorie wurde erstmals im Landesentwicklungsplan 1971 und im Bodenseeerlaß[811] abgegrenzt. Allerdings beschränkt sich die Abgrenzung des Uferbereichs im "Gesamtkonzept für den Bodenseeraum"[812] auf die ufernahen Bereiche der Ufergemeinden und widerspricht damit der verbindlichen Ausweisung im Bodenseeerlaß bzw. im Landesentwicklungsplan von 1971. Eine neue Raumkategorie **"Seenahes Hinterland"** wurde von HECKING et al. in die Diskussion gebracht[813]. Sie bezeichnet die Gemeinden der "zweiten Linie" am Bodensee. Der Begriff **"Bodenseeraum"** umfaßt aus der Sicht der baden-württembergischen Raumordnung ein genau abgegrenztes Gebiet: Es entspricht den Einzugsbereichen der Mittelzentren Konstanz, Radolfzell, Singen, Überlingen, Friedrichshafen, Ravensburg und Wangen und deckt sich damit ebenfalls in etwa mit dem wasserwirtschaftlichen

---

805 SCHWÄBISCHE ZEITUNG vom 7.8.87

806 MÄDING 1987, S. 54

807 EMENLAUER/LANG 1980, S. 154

808 DADOU et al. 1979, S. 36

809 INNENMINISTERIUM BADEN-WÜRTTEMBERG (o.J.) (ca. 1987), S. 7

810 EMENLAUER/LANG 1980, S. 170

811 INNENMINISTERIUM BADEN-WÜRTTEMBERG (1971 G) und LANDTAG VON BADEN-WÜRTTEMBERG (1971)

812 GESAMTKONZEPT FÜR DEN BODENSEERAUM 1975, Karte

813 HECKING et al. 1987

Einzugsgebiet des Sees[814]. Mit diesen Raumkategorien nicht zu verwechseln sind Abgrenzungen aus der Sicht anderer Disziplinen[815] oder die umgangssprachliche Verwendung solcher und ähnlicher, zumeist nicht scharf abgrenzbarer Begriffe (z.B. "Bodenseelandschaft", "Bodenseeregion"). Die "**Region Bodensee-Oberschwaben**" ist das Planungsgebiet des gleichnamigen Regionalverbandes und umfaßt die Landkreise Bodenseekreis, Sigmaringen und Ravensburg. Der "**Bodenseekreis**" ist der direkt nördlich an den Bodensee angrenzende südlichste Landkreis der Region. Das größte Problem bereitet die Abgrenzung der "**Uferzone**". Zwar legte das Bodensee-Gesamtkonzept der Landesregierung die Uferzone auf einen 100 bis 500 m breiten Uferstreifen fest, forderte aber gleichzeitig eine noch genauere Festlegung durch die Regionalplanung[816]. Diese ist bis heute nicht erfolgt. Zwar operiert die Regionalplanung in ihrem Bodenseeuferplan mit drei "Uferstreifen" (500, 1000 und 2000 m Streifen entlang des Bodenseenordufers[817]), verwendet den Begriff aber auch allgemein für alle an das Bodenseeufer unmittelbar angrenzenden Raumeinheiten. Das "Internationale Leitbild für das Bodenseegebiet" verwendet die "Uferzone" häufig in seinen Plansätzen, grenzt sie aber nur schematisch ab[818]: So soll die Uferzone die "unmittelbar vom See beeinflußte Landfläche" umfassen[819].
Anzumerken ist, daß sich auch die Mitglieder der Raumordnungsbehörden oder über den Bodenseeraum publizierende Raumwissenschaftler nicht immer an diese Definitionen halten.
Die vorliegende Untersuchung wird auf den Ebenen "Region", "Bodenseekreis" und "Gemeinde" mit den jeweils entsprechenden Methoden durchgeführt.

V.B.2. Naturräumliche Kurzcharakterisierung

Naturräumliche Verhältnisse können für das Verständnis raumstruktureller Probleme wesentlich sein. In besonderem Maße gilt dies für das Untersuchungsgebiet. Die im Südosten von Baden-Württemberg gelegene Region Bodensee-Oberschwaben umfaßt vier große naturräumliche Einheiten, die im wesentlichen von Süden nach Norden angeordnet sind:

- Neben dem Bodensee selbst das direkt nördlich daran angrenzende Bodenseebecken[820],
- die durch eiszeitliche Ablagerungen geprägten Hügelländer,
- die Schmelzwassersedimente ("Platten") der nach Norden entwässernden Flüsse sowie
- ein kleiner Anteil an der Schwäbischen Alb.

Die Vielgestaltigkeit der Bodenseelandschaft beruht auf einem kleinräumig wechselnden Ökotopgefüge[821]. Dieses wird zum einen durch sich am Bodensee kleinräumig ändernde natürliche Einflußparameter wie der Klimafaktoren "Niederschlag" (von der Leelage des Hegaus bis zum Alpenstau bei Lindau) und "Wind" (auf den seenahen Bereich beschränkte Föhneinwirkung) oder die durch die Eiszeit kleinräumig wechselnden Geländeformen geprägt[822]. Dazu kommt die großräumige "Mittelstellung" des Bodensees zwischen ozeanischen, kontinentalen und submediterranen Klimaeinflüssen[823]. Auch der Mensch bestimmt mit seinen Nutzungsformen die Vielgestaltigkeit der Landschaft, z.B. durch den kleinräumigen, oft an die naturräumliche Situation angepaßten

---

814 GESAMTKONZEPT FÜR DEN BODENSEERAUM 1975, S. 13

815 Z.B. des Bodenseegeschichtsvereins, der die Südgrenze des "Bodenseeraums" ohne Rücksicht auf Staatsgrenzen ungefähr bei Zürich setzt und sich damit dem raumordnerischen "Bodenseegebiet" annähert

816 GESAMTKONZEPT FÜR DEN BODENSEERAUM 1975, S. 49

817 REGIONALVERBAND BODENSEE-OBERSCHWABEN 1984, S. 21

818 Vgl. FEURSTEIN 1986, S. 29

819 INNENMINISTERIUM BADEN-WÜRTTEMBERG 1983, S. 11

820 Das naturräumlich abgegrenzte Bodenseebecken deckt sich weitgehend mit der administrativen Raumschaft "Bodenseekreis", inklusive einem kleinen Teil des Landkreises Ravensburg.

821 Diesen "ökologischen Fleckerlteppich" gibt besonders gut die "ökologische Standorteignungskarte" des Regionalverbandes wieder (REGIONALVERBAND BODENSEE-OBERSCHWABEN 1980)

822 Vgl. dazu KIEFER 1972 und MAURER 1982

823 Am deutlichsten zeigt sich dies an der Vegetation: Submediterrane, z.B. die Schmerwurz (Tamus communis), dealpine Florenelemente und Eiszeitrelikte wie die Mehlprimel (Primula farinosa) wachsen oft nur wenige Kilometer voneinander entfernt. Die im ozeanisch-maritimen Klimabereich schwerpunktmäßig verbreitete Stechpalme (Ilex aquifolium) findet in Süddeutschland im Bodenseebecken ihre nordöstliche Verbreitungsgrenze. An den südexponierten Molassefelsen im Raum Sipplingen-Überlingen finden sich Elemente der eher östlich verbreiteten Steppenheide. Die Besonderheit des Bodenseeraums spiegelt sich auch im Vorkommen von mehreren Arten endemischer höherer Pflanzen wider, wozu z.B. die ausschließlich am Bodensee vorkommende Strandschmiele (Deschampsia littoralis) oder das Bodenseevergißmeinnicht (Myosotis rehsteinerii) gehören.

Nutzungswechsel (etwa den Wechsel zwischen Feld und Wald). Das sich daraus ergebende Mosaik kleiner ökologischer Einheiten ist einer der wesentlichen Gründe für die Attraktivität, aber auch für die Sensibilität der Bodenseelandschaft.

V.B.3. Die wichtigsten raumstrukturellen Probleme im Untersuchungsraum

In seiner Typologie der Raumordnungsregionen stuft STIENS die Region Bodensee-Oberschwaben als "ländlich mit günstiger Struktur" ein. Er begründet dies mit der relativ günstigen Arbeitsmarktsituation und der Attraktivität für dem Fremdenverkehr (Seenähe und Allgäu). Hier seien "konstante Wanderungsgewinne...insbesondere aus der Ruhestandswanderung zu erwarten". Die Zuwanderungen könnten wegen ihrer Altersstruktureffekte ('Florida-Effekt') langfristig zu einem Problem für die Regionen dieses Typs werden, der Fremdenverkehr auch im Hinblick auf die Beeinträchtigungen von Landschaft und Ökologie[824].
In der Tat gehört der Bodenseeraum zu den am dichtesten besiedelten Gebieten Mitteleuropas[825]. SINZ bezeichnet ihn als eine "Mischung aus prosperierender süddeutscher Industrieregion und fremdenverkehrsorientiertem Alpenvorland" und bewertet diese Raumstruktur positiv: So könne der Bodenseeraum als Beispiel für eine Region gelten, die es geschafft hat, ihre "Begabungen" zu nutzen und wirtschaftlich erfolgreich zu sein[826]. Bei einem solchen Erfolg scheinen die von SINZ eher nebenbei angesprochenen "ernsten" Umweltprobleme[827] nachrangig zu sein. Die Lösung dieses angedeuteten Zielkonflikts wird von SINZ der Raumordnung zugeschoben[828].
Ernste Umweltprobleme sind aber vorgezeichnet. Denn neben Industrie und Gewerbe hat der gesamte Bodenseeraum eine große überregionale Bedeutung für den Fremdenverkehr (Bodenseeufer, Moorbäder, Skitourismus im Allgäu) wie auch für den Natur- und Artenschutz[829]. Von herausragender Bedeutung ist die Funktion des Bodensees als landesweit bedeutsamer Trinkwasserspeicher, aus dem Wasser über ein Fernversorgungssystem bis in den Mittleren Neckarraum gepumpt wird[830].

Diese für die gesamte Region gemachten Aussagen gilt es nach Teilräumen zu differenzieren. Die stärkste regionsinnere raumstrukturelle Spannung resultiert aus den großen Unterschieden zwischen dem Bodenseebecken und der übrigen Region. So findet man im Raum Friedrichshafen-Ravensburg Bevölkerungsdichten* von über 700 E/qkm[831], während in den strukturschwachen Gebieten des Hinterlandes (Allgäu und Oberer Linzgau) oft nicht einmal 60 Einwohner auf den qkm Gemeindefläche kommen[832]. Im Bodenseebecken konzentrieren sich die Bevölkerung und, historisch bedingt (z.B. durch Graf Zeppelin in Friedrichshafen) die Industrie, während aus dem strukturschwachen Raum Abwanderungstendenzen bis heute festzustellen sind[833]. Im Hinterland sind auch die im Landesvergleich höchsten Arbeitslosenquoten zu finden (z.B. betrug das Jahresmittel des Dienststellenbezirks Pfullendorf 1986 7,9%[834]), im Bodenseekreis liegt die Arbeitslosigkeit dagegen meist unter dem Landesdurchschnitt[835]. Im Bodenseebecken konzentrieren sich auch die schutzwürdigen Landschaftspotentiale, so daß hier die stärksten Zielkonflikte vorgegeben sind. Diese Raumnutzungskonflikte[836] lassen sich u.a. an folgenden, eng miteinander verflochtenen und nach den hier interessierenden Sachbereichen ausgewählten Indikatoren festmachen:

---

824 STIENS 1988, S. 54f
825 DANIELLI 1986, S. 20
826 SINZ 1987, S. 11 und S. 13
827 SINZ 1987, S. 11
828 SINZ 1987, S. 13
829 Vgl. THIELCKE 1990U, S. 33ff
830 STRUBELT/KAMPE 1987, S. 58
831 Der Verwaltungsraum Friedrichshafen erreichte bereits 1976 eine Bevölkerungsdichte* von 715 E/qkm (REGIONALVERBAND BODENSEE-OBERSCHWABEN 1976, Bd. II, S. 13).
832 Nach VOGLER 1981, S. 17
833 VOGLER 1981, S. 17
834 Nach REGIERUNGSPRÄSIDIUM TÜBINGEN 1987aU
835 So betrug 1986 das Jahresmittel des auch strukturschwache Gemeinden des Hinterlandes umfassenden Dienststellenbezirks Überlingen 5,1% (nach REGIERUNGSPRÄSIDIUM TÜBINGEN 1987aU).
836 Vgl. dazu ausführlicher DREXLER 1980

- Starke Zuwanderungen

Die Gunstfaktoren des Bodenseeraums (prosperierende Wirtschaft, attraktive Landschaft zum Wohnen und Erholen) führen schon seit längerer Zeit zu hohen Zuwanderungsraten[837]. Wie Abb. 1 zeigt, liegen die Zuwanderungen in den Bodenseeraum, besonders aber in den Bodenseekreis, weit über dem Landesdurchschnitt. Die Zuwanderer stammen dabei weniger aus Baden-Württemberg als aus dem norddeutschen Raum, so daß sich eine klassische Nord-Süd-Wanderung ergibt. Zuwanderungen machen auch den Hauptteil an der überdurchschnittlich starken Bevölkerungsentwicklung in der Region aus[838].

Tabelle 3: Bevölkerungsentwicklung 1.1.1978 - 31.12.89 absolut und in %
(Quellen: REGIONALVERBAND BODENSEE-OBERSCHWABEN 1978, S. 203ff, STATISTISCHES LANDESAMT 1991, S. 44)

Raum	Zunahme absolut	Zunahme in %
Bodenseekreis	+ 16107	+ 9,8
Region Bodensee-Oberschwaben	+ 36536	+ 7,3
Land Baden-Württemberg	+ 498243	+ 5,5

Abbildung 1: Wanderungssalden im Vergleich (in %)

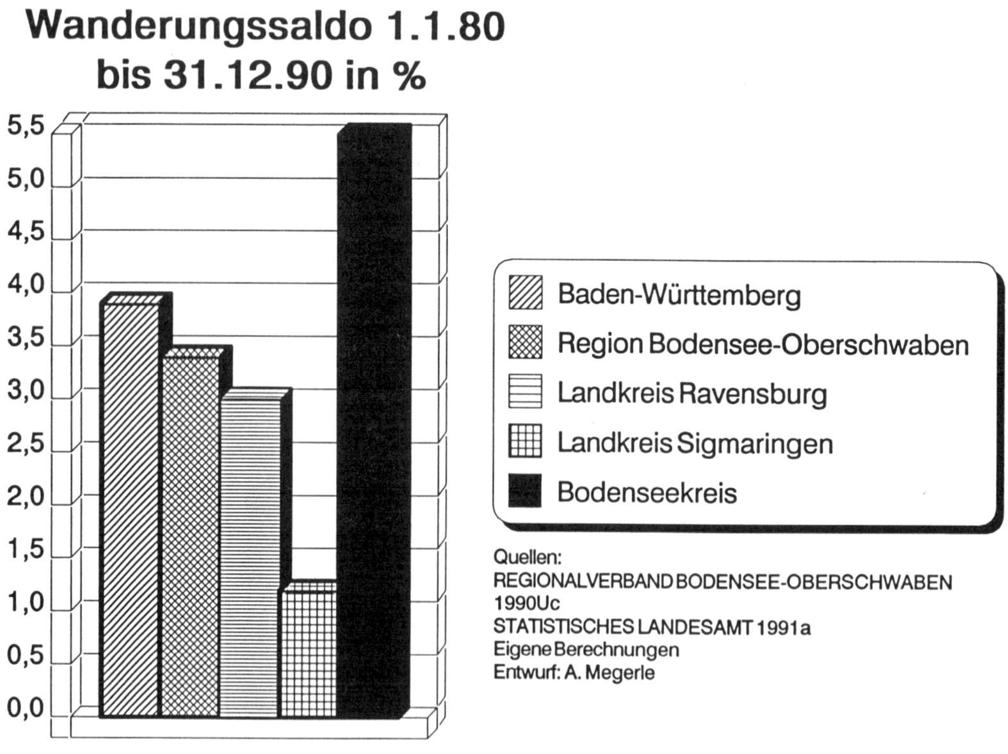

837 VOGLER 1981a, S. 221

Abbildung 2: Entwicklung der Siedlungsfläche in den Bodenseeufergemeinden des Untersuchungsgebiets

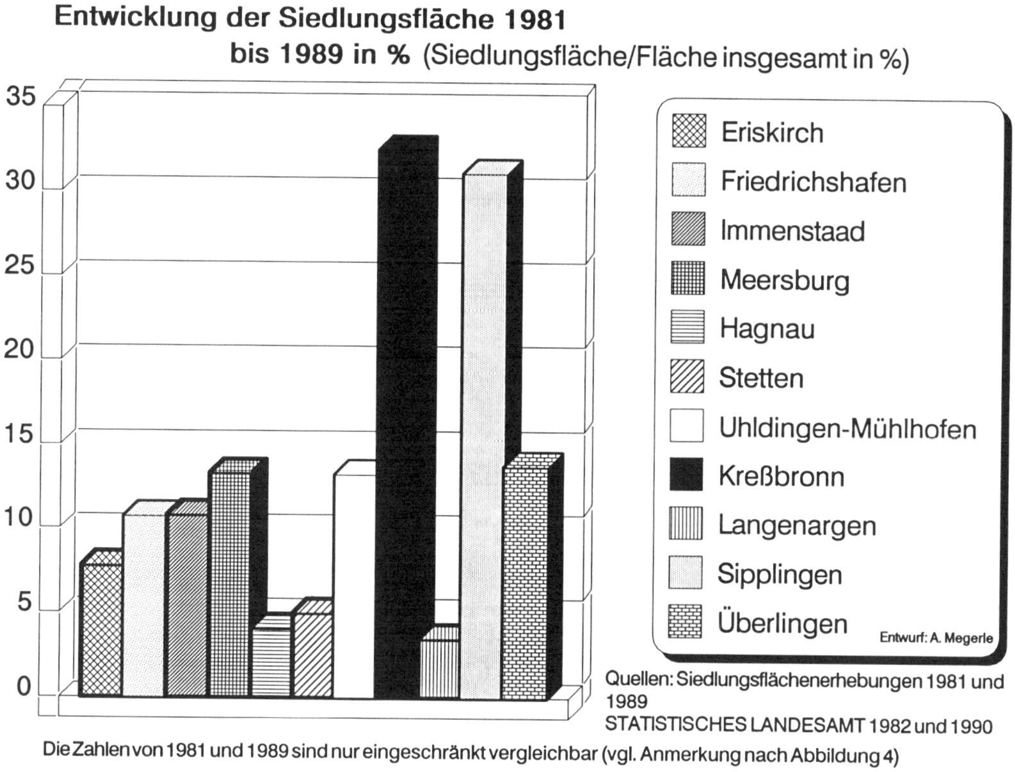

838 S. Tabelle 3 und Abbildungen bei HECKING et al. 1987

Abbildung 3: Entwicklung der Siedlungsfläche in den Untersuchungsgemeinden des seenahen Hinterlandes

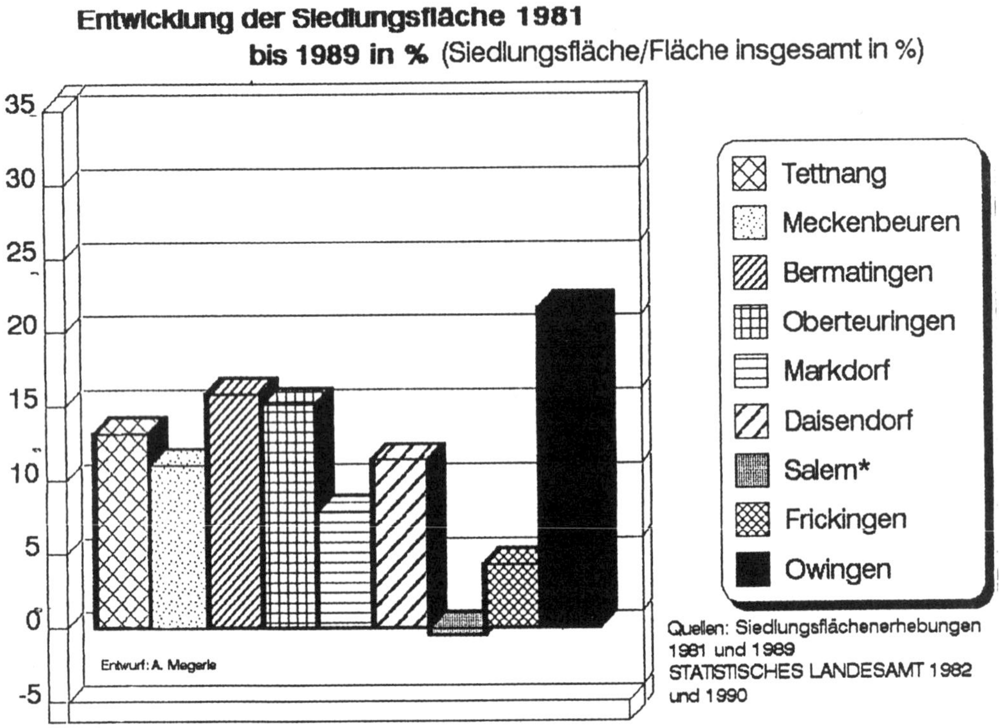

Die Zahlen von 1981 und 1989 sind nur eingeschränkt vergleichbar
(vgl. Anmerkung nach Abbildung 4)
* der scheinbare Siedlungsflächenrückgang in Salem ist nicht real, sondern aufgrund von Änderungen in der statistischen Aufnahme bedingt

Abbildung 4: Entwicklung der Siedlungsfläche in verschiedenen Raumschaften (Vergleichszahlen zu Abb. 2 und 3)

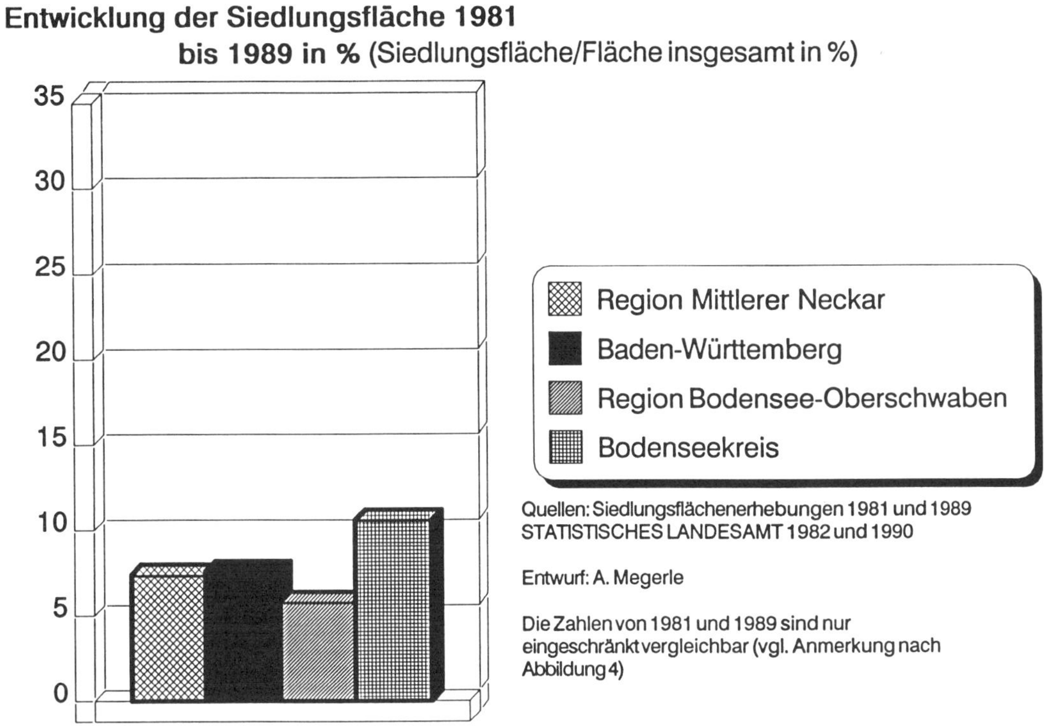

Anmerkung zu den Abbildungen 2 bis 4:

Die Zahlen von 1981 und 1989 sind u.a. aus folgenden Gründen nur eingeschränkt vergleichbar:

1. Die Definition von "Siedlungsfläche" hat sich geändert:

"Siedlungsfläche 1981" = Gebäude- und Freifläche, Betriebsfläche, Erholungsfläche, Verkehrsfläche.

"Siedlungsfläche 1989" = "Siedlungs- und Verkehrsfläche" = Gebäude- und Freifläche, Betriebsfläche - Abbauland, Erholungsfläche, Verkehrsfläche, Friedhofsfläche[839].

2. Durch die Einführung des "Automatischen Liegenschaftsbuches" in einem Teil der Gemeinden ergeben sich Unterschiede durch geänderte statistische Aufnahmemethoden.

Trotzdem geben die Zahlen die Tendenzen der Siedlungsentwicklung im wesentlichen wieder.

- Starke Zunahme der Siedlungsflächen

Die Abbildungen 2[840] und 3 zeigen die im landesweiten Vergleich (Abbildung 4) außerordentlich starke Entwicklung der Siedlungsfläche in den letzten Jahren im Uferbereich und im seenahen Hinterland. Bei den einzelnen Gemeinden sind dabei starke Unterschiede festzustellen. Neben den Zuwanderungen ist die steigende Siedlungsfläche auch auf die steigenden Ansprüche an die Wohnraumgröße und damit die Verringerung der Belegungsdichte zurückführen.

---

[839] STATISTISCHES LANDESAMT 1990, S. 7 und STATISTISCHES LANDESAMT 1982

[840] Vgl. dazu auch Abbildungen bei HECKING et al. 1987

- Starke Zunahme der Beschäftigten in der Industrie

Bedingt durch die schon seit 30 Jahren andauernde überdurchschnittliche Wirtschaftsentwicklung im Bodenseeraum, die steigende Bedeutung der standortunabhängigen Industrie, und vor allem in jüngerer Zeit, der Dienstleistungs-[841] und Informationsbranche[842], erfährt der Bodenseeraum eine starke Zunahme der im sekundären, tertiären, aber auch quartären Sektor Beschäftigten[843]. Schon 1976 sprach der Regionalverband von der festzustellenden Entwicklung des Bodenseeraums zum "Industrie- und Dienstleistungsraum"[844].

---

841 VOGLER 1981a, S. 221

842 Vgl. dazu ELLGER 1988

843 S. Abb. 6

844 REGIONALVERBAND BODENSEE-OBERSCHWABEN 1976, Bd. I, S. 13

Abbildung 5: Vergleich der Einwohnerentwicklung mit den Richtwerten* des Regionalverbandes für die Verwaltungsräume des Bodenseekreises

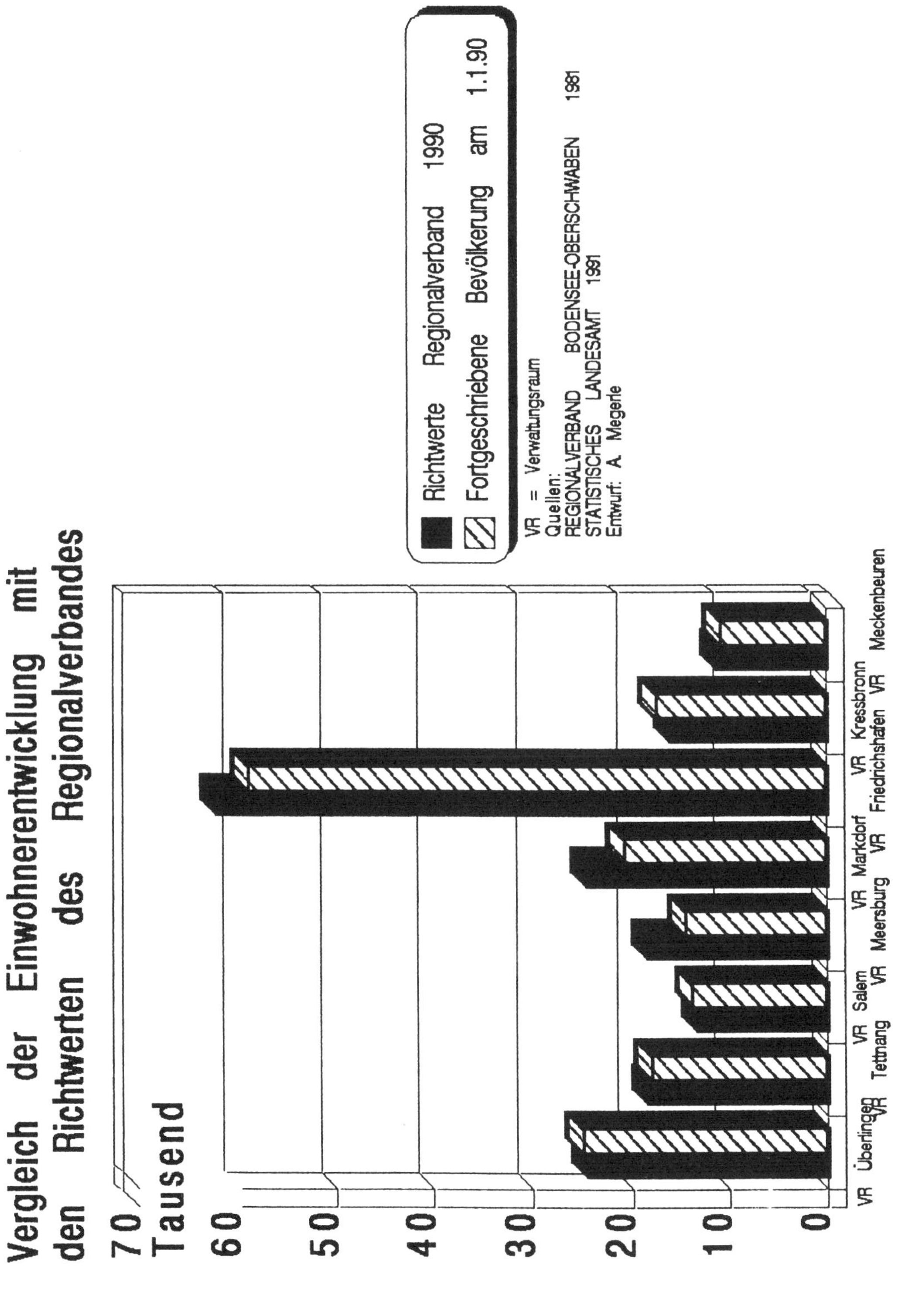

Abbildung 6: Entwicklung der versicherungspflichtig Beschäftigten im Bodenseekreis

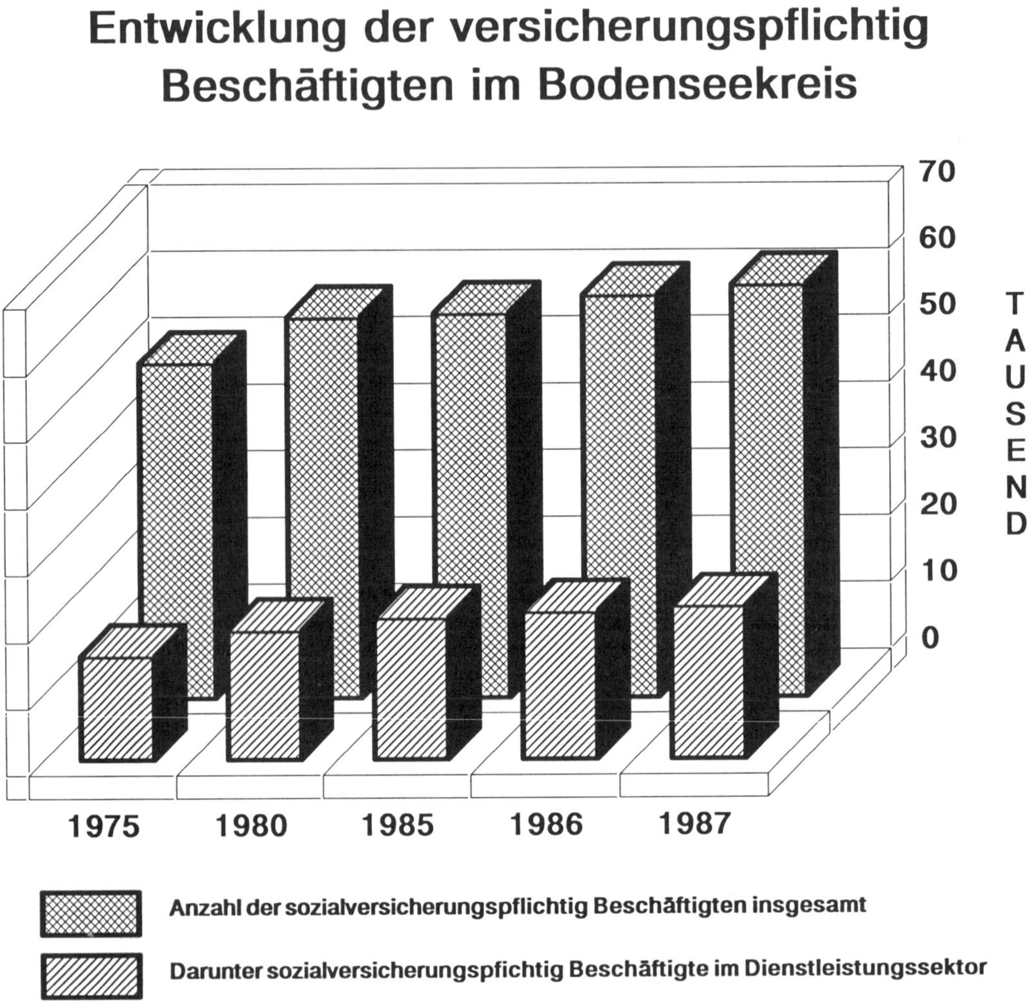

Quelle: STATISTISCHES LANDESAMT 1988 Entwurf: A. Megerle

- Verdichtung und Ausbau des Strassennetzes

Größtenteils bedingt durch die von der Vereinödung* geprägte Siedlungsstruktur mit ihren vielen Siedlungskernen (über 3600 Wohnplätze in der Region[845]), besitzt das Bodenseegebiet eines der dichtesten Strassennetze in Baden-Württemberg[846], so daß es in diesem Raum nur noch wenig "unzerschnittene verkehrsarme Räume über 100 qkm" gibt[847], die ein wichtiger Indikator für die ökologische Bewertung wie auch für die Bewertung eines Raumes für eine ruhige Erholung sind. Dazu kommt die überdurchschnittlich hohe PKW-Dichte, durch die das Strassennetz immer stärker in Anspruch genommen wird. Dies wiederum verstärkt den Druck, ob zu Recht oder nicht, seitens der Strassenbauverwaltungen zu einem immer stärkeren Ausbau auch der nachrangigen Strassen, was ein

---

845 REGIONALVERBAND BODENSEE-OBERSCHWABEN 1990U

846 Vgl. u.a. VOGLER 1981a, S. 223

847 LASSEN 1987, S. 533; LASSEN 1990, S. 326f, s. Abbildung 7

großes regionales Problem darstellt[848]. Neben lokal und regional wichtigen Strassenzügen sind die Bundesfernstrassen von großer Wichtigkeit, die laufend ausgebaut, teilweise sogar neu trassiert werden (Umgehungsstrassen) und dadurch das Strassennetz verdichten. Auf die Besonderheit des Bodenseeraums hinweisende Planungshilfen (z.B. die Karte "Umweltempfindliche Räume bei der Bundesfernstrassenplanung", die am Bodensee mehrere "stark empfindliche Räume" ausweist[849]), machen die im Untersuchungsgebiet besonders starken Zielkonflikte offenkundig, können sie jedoch kaum mildern oder gar verhindern.

---

848 VOGLER 1981a, S. 223
849 DEUTSCHER BUNDESTAG 1978

Abbildung 7: Flächenzerschneidung durch Strassen

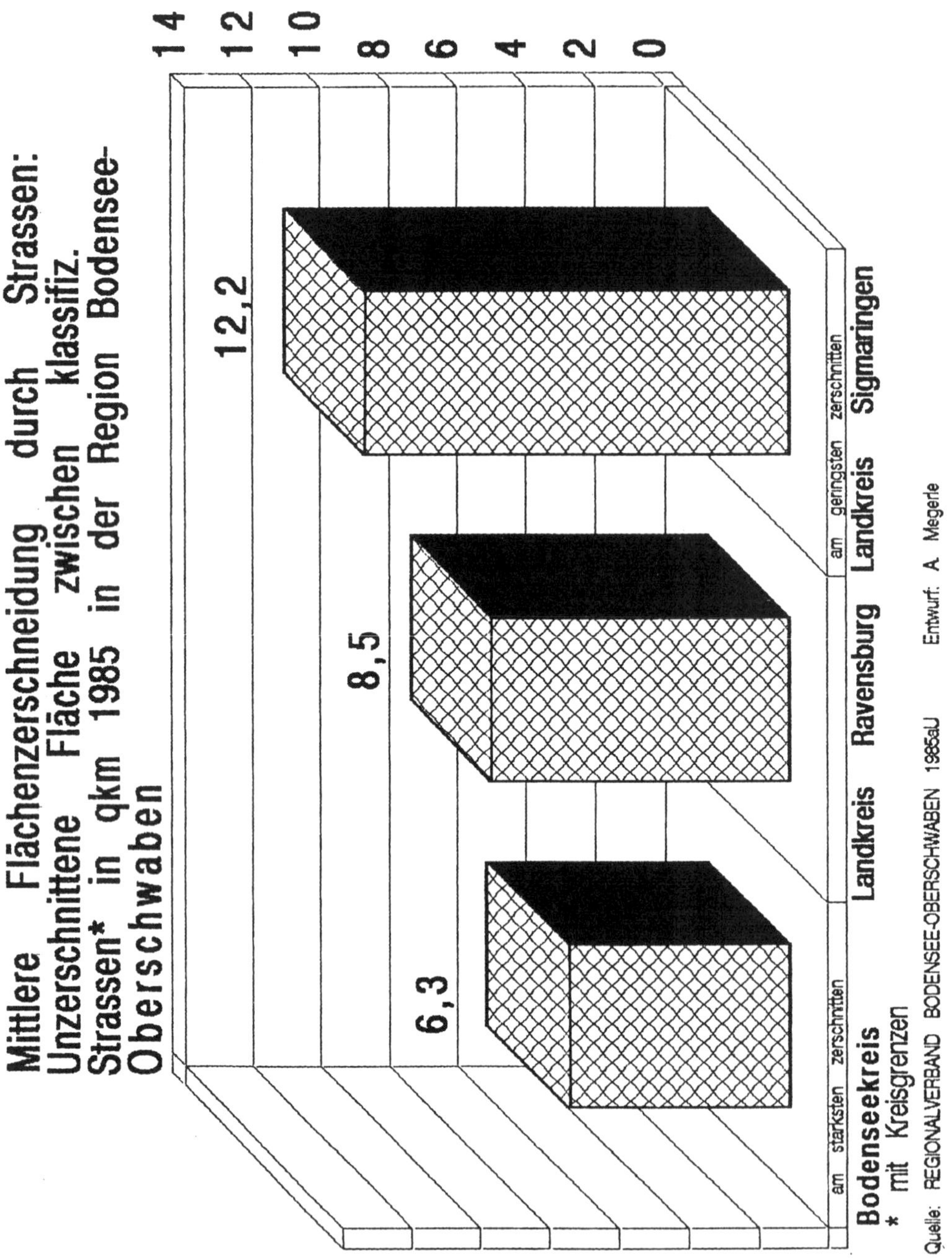

Ökologische Probleme

Die starken Zuwanderungen bringen nicht nur eine verstärkte Siedlungsflächenentwicklung und einen steigenden Motorisierungs- und Strassendichtegrad. Auch die Nachfrage nach Freizeit- und Sporteinrichtungen (Steigerung der Nachfrage nach Booten und Liegeplätzen, Yachthäfen, Tennis- und Golfplätzen etc.) verstärkt sich. Dem stehen die Belange des Schutzes des Bodensees als Trinkwasserspeicher und die Belange des Landschafts-, Natur- und Artenschutzes gegenüber. Der Bodensee ist z.B. für Zugvögel ein Rast- und Überwinterungsplatz von europäischer Bedeutung[850]. Überregionale Bedeutung besitzt auch sein Biotopinventar: Uferbiotope wie Strandrasen, Trockenbiotope auf den Molassehängen und vor allem Feuchtgebiete wie Kalkquellbiotope mit Enzianen und Orchideen gehören zu den europaweit bedeutsamen und hochgradig gefährdeten Biotopen und benötigen dringend Schutz. Schon jetzt werden die gerade im Bodenseekreis nur wenigen, zu kleinen und unzureichend durch Verordnung geschützte Gebiete[851] größtenteils durch die Schadbreiten- und Zerschneidungseffekte des dichten Straßennetzes (Versiegelung, Lärm) und durch Nutzungsüberlagerungen im Zusammenhang mit einer zu starken und ungelenkten Frequentierung durch Erholungssuchende[852] zum Teil schwer beeinträchtigt.

Die besondere Situation des Bodensees innerhalb des Landes Baden-Württemberg bietet ein gutes Beispiel großräumigen Nutzungskonflikts. Neben der guten Literaturlage sowie der Verbundenheit des Autors mit diesem Raum spielt diese Tatsache für die Auswahl des Bodenseeraumes als Untersuchungsraum die wichtigste Rolle.
In diesem Spannungsraum agiert die Regionalplanung.

V.C. Die Akteure

V.C.1. Der Regionalverband Bodensee-Oberschwaben

V.C.1.1. Strukturell-organisatorische Rahmenbedingungen

Durch die Verwaltungs- und Gebietsreform entstand der Regionalverband aus sehr unterschiedlich strukturierten Landesteilen: Der badische Altkreis Überlingen (heute zum Bodenseekreis gehörend) war Teil der regionalen Planungsgemeinschaft "Westlicher Bodensee-Linzgau-Hegau", der Altkreis Tettnang (heute ebenfalls zum Bodenseekreis gehörend) und der Kreis Ravensburg gehörten zur Planungsgemeinschaft "Östlicher Bodensee-Allgäu". Die "neue" Regionalplanung wurde daher "zumindest in der Anfangsphase" von daraus resultierenden Integrationsproblemen beeinträchtigt[853].
Die Geschäftsstelle des Regionalverbandes wurde neben dem Verbandsdirektor mit weiteren zwei Planern und vier bis fünf Personen für technische Mitarbeit bzw. Sekretariat besetzt. Der Regionalverband gehört damit zu den kleineren Regionalverbänden in Baden-Württemberg[854].
Auch für die Gremien des Regionalverbandes Bodensee-Oberschwaben gilt die bereits für die baden-württembergischen Verbandsversammlungen allgemein getroffene Feststellung: "Das kommunale Element dominiert...sehr deutlich"[855]. Neben dem Planungsausschuß spielen der Verwaltungsausschuß sowie die Kontaktausschüsse zu den benachbarten Regionalverbänden eine Rolle. Aufgrund seiner Grenzlage ist der Regionalverband auch in internationalen Raumordnungsgremien wie der Deutsch-Schweizerischen Raumordnungskommission vertreten[856].

V.C.1.2. Materielle Problemlage und Problemwahrnehmung durch die Verbandsverwaltung

Für die Verbandsverwaltung stand und steht das bereits dargelegte Problem der innerregionalen

---

850 THIELCKE 1990U, S. 33ff

851 Vgl. dazu BUND o.J. (ca. 1987U)

852 Vgl. z.B. LEUSHACKE/THIELCKE-RESCH 1989; MEGERLE 1990

853 Vgl. BENZ 1982, S. 125

854 BENZ 1982, S. 130

855 BENZ 1982, S. 131

856 ZENGERLING o.J. (ca. 1982U), S. 18

Disparitäten zwischen dem "Hinterland" und dem Raum Ravensburg-Friedrichshafen (Bodenseebecken) im Vordergrund[857]. Daher bestehen die Aufgaben für den Regionalverband im wesentlichen in "Entwicklungsaufgaben" für die "strukturschwachen" Bereiche im Hinterland und in "Ordnungsaufgaben" für die Bereiche Bodensee-Ravensburg. Die Auffassung, daß "Entwicklungsaufgaben" für die Region wirklich die "Regel" sein sollten[858], muß angesichts der großen Ordnungsprobleme in weiten Teilen der Region relativiert werden. Deutlich wird dies an den zahlreichen "Ordnungsinitiativen" des Regionalverbandes, so u.a. in den Bereichen "Flächensparendes Bauen", "Seensanierung", "Schilf- und Flachwasserzonenschutz". Dem Leitbild für die Bodenseeregion liegt, wie der Landesplanung auch, ein "Sowohl -als auch"-Standpunkt zugrunde: Der Raum sollte sowohl eine "tragfähige wirtschaftliche Eigenentwicklung*" als auch Maßnahmen zur "Erhaltung der Kulturlandschaft" und zur "Sicherung des ökologischen Ausgleichs innerhalb der Region" erfahren[859]. Diesen Weg will man als Mittelweg zwischen den Leitbildern der "Region als ökologischen Ausgleichsraum" und als "unbegrenzt entwicklungsfähigem Wirtschaftsraum" verstanden wissen[860].

V.C.1.3. Die ersten Arbeiten des Regionalverbandes

Im Jahre 1974 begann der neu geschaffene Regionalverband mit den Arbeiten für den Regionalplan. Zur Bestandsaufnahme der raumstrukturellen Verhältnisse und zur Raumdiagnose wurde zuerst ein zweibändiger regionaler Raumordnungsbericht erarbeitet[861]. Dazu wurden Gespräche mit allen Gemeinden der Region geführt und über 350 Träger öffentlicher Belange* um ihre Stellungnahme gebeten[862]. 1974 wurde auch das Raumordnungskataster angelegt[863].

V.C.1.4. Das Planungsverständnis der Verbandsverwaltung

Parallel dazu wurde der Regionalverband bei den seit Mitte der siebziger Jahre verstärkt aufgenommenen Bauleitplanverfahren beteiligt. Hier zeigte sich bereits das Planungsverständnis des Regionalverbandes: Angesichts der kommunalen Widerstände verzichtet die Verbandsverwaltung von vorneherein auf eine "perfektionistische Steuerung" und setzt mehr auf die "raumordnerische Koordination im Einzelfall" (problembezogene Koordination, Einsatz von Informations- und Überzeugungsstrategien), besonders in der Durchführungsphase von Bauleitplanverfahren[864]. Diese engen Beziehungen zu den Kommunen* werden zum einen über die kommunalen Vertreter in den Verbandsgremien vermittelt, die über die bei den Sitzungen der Gremien gegebenen Gelegenheiten hinaus "sehr häufig" mit der Verbandsverwaltung im persönlichen Kontakt und somit in einem "ständigen Informations- und Meinungsaustausch"[865] stehen. Darüber hinaus entwickelt die Verbandsverwaltung ihre Konzeptionen auch in enger Abstimmung mit den Gemeindeverwaltungen und -vertretern vor Ort. In "Koordinationsgesprächen" und Ortsterminen werden "Konflikte abgeklärt" und Abstimmungen "versucht"[866]. Der Kontakt zu den Gemeinden wird dadurch erleichtert, daß sich die Verbandsverwaltung auch als "Anwalt der Gemeinden"[867] gegenüber Fach- oder Landesplanungen versteht. Beide Seiten haben z.B. Interesse an gemeinsamen Forderungen nach "entwicklungsfördernden Maßnahmen an das Land"[868]. Die Kommunen* profitieren dabei von der "hohen Informationsbasis"[869] der in engem Kontakt mit den Bewilligungsbehörden stehenden Verbandsverwaltung.
Neben den bereits im allgemeinen Teil genannten Vorteilen (z.B. kann das Konfliktniveau auf einem niedrigen Stand gehalten werden[870]) dieses Planungsverständnisses seien hier auch Nachteile angeführt:

---

[857] BENZ 1982, S. 129
[858] BENZ 1982, S. 128
[859] VOGLER 1981, S. 20
[860] VOGLER 1981, S. 18
[861] REGIONALVERBAND BODENSEE-OBERSCHWABEN 1976 Bd. I und II
[862] BENZ 1982, S. 132
[863] BENZ 1982, S. 132
[864] Vgl. auch BENZ 1982, S. 130
[865] BENZ 1982, S. 143
[866] BENZ 1982, S. 143
[867] BENZ 1982, S. 143
[868] BENZ 1982, S. 146
[869] BENZ 1982, S. 150
[870] BENZ 1982, S. 147

Die intensiven Abstimmungsprozesse sind aufwendig, was die investierte Zeit[871], aber auch das investierte Personal betrifft (Kapazitätsbindung). Daneben weisen die gefundenen "Kompromißlösungen" die typischen Merkmale "konfliktvermeidender Entscheidungen" auf[872]. So werden z.B. in den Festsetzungen des Regionalplans die "Handlungsoptionen offen gelassen". Sie sollen nach BENZ durch die prozeßorientierte Mitwirkung der Verbandsverwaltung an der kommunalen Bauleitplanung ausgefüllt werden[873], eine Forderung, deren Realisierung zu überprüfen wäre. Ein weiterer Nachteil ist der Zwang der Verbandsverwaltung zur Aufrechterhaltung eines "kooperativen Verhältnisses" zu den Gemeinden[874]. Die Gefahr dabei ist, daß die Verbandsverwaltung in ihren Planungen den kommunalen Interessen weitgehend entgegenkommt[875], was die Umsetzung einer eigenen regionalen Planung natürlich erschweren würde.
Von Wichtigkeit sind die Folgen dieses Planungsverständnisses für die Planungskonzeption: Eine "umfassende regionale Planung" kann weder aus Kapazitätsgründen[876] noch aus Gründen der politischen Durchsetzbarkeit geleistet werden[877]. Problemlösungsversuche erfolgen daher kleinmaßstäbig[878] und anhand spezieller Sachthemen im Rahmen der Implementation. Die Klärung der Frage, ob die Verbandsverwaltung in dem für die Implementationsbedingungen typischen "interorganisatorischen Netzwerk" aufgrund ihres Informationsvorsprungs und ihrer Vielzahl von Kontakten wirklich eine "zentrale Position" einnimmt und damit die Nachteile der fehlenden eigenen Umsetzungsinstrumente ausgleichen kann[879], wird ebenfalls ein wichtiger Aspekt dieser Untersuchung sein. Bereits BENZ deutet "mögliche Vollzugsdefizite" in der Arbeit des Regionalverbandes Bodensee-Oberschwaben an, so z.B. die "Politisierung von Problembereichen" mit einer "Hochzonung" der Entscheidungsbereiche in den landespolitischen Bereich, wo der Regionalverband nur geringe Einwirkungsmöglichkeiten habe[880]. Ob dies nicht auch Möglichkeiten einer Interessenkoalition mit dem Land gegenüber den Kommunen* bietet[881], muß geprüft werden.
Die Öffentlichkeitsarbeit des Regionalverbandes muß differenziert betrachtet werden. Wohl ist richtig, daß er weniger die "politische Öffentlichkeit" anspricht[882], obwohl die diesbezügliche Pressearbeit in manchen Fällen durchaus beeindruckt, so z.B. bei der Ankündigung der für die Landschaftsrahmenplanung bedeutsamen "Ökologischen Standorteignungskarte", bei der bereits 1978 gegen die Meinung der Strassenbauverwaltung die Rekultivierung von Strassen gefordert wurde[883]. Diese Form wird aber erst gewählt, wenn Gespräche mit den zuständigen Behörden (hier der Strassenbauverwaltung) zuvor keine akzeptablen Ergebnisse bringen. Regelmäßige Informationsveranstaltungen der Verbandsverwaltung für die Gemeindeverwaltungen, z.B. über das Thema "Möglichkeiten des verdichteten Flachbaus zur Flächeneinsparung", sind für den Regionalverband charakteristisch und kennzeichnen die wichtigste Richtung der Öffentlichkeitsarbeit: Sie richtet sich an die Entscheidungsträger in den Fachplanungen* und bei den Gemeinden.
Eine wichtige Rolle spielen Beratungsgespräche im Vorfeld kommunaler Bauleitplanverfahren, um die die Gemeinden "in Einzelfällen" sogar "aus eigener Initiative" nachsuchen[884]. Immerhin ist der Regionalverband für die Gemeinden in den Bauleitplanverfahren manchmal von Wichtigkeit. So vertritt er seine Stellung nicht nur bei den Beratungsgesprächen und als Träger öffentlicher Belange* im Rahmen der schriftlichen Anhörung, sondern nimmt auch an den "Koordinierungsgesprächen" beim Regierungspräsidium teil, die zur Vorbereitung der Genehmigungsentscheidung "unter Beteiligung der wichtigsten Träger öffentlicher Belange*" geführt werden[885]. Ob die regionalplanerischen Interessen "in

---

871 BENZ 1982, S. 146
872 BENZ 1982, S. 146
873 BENZ 1982, S. 146
874 BENZ 1982, S. 147
875 BENZ 1982, S. 147
876 So verfügt der Regionalverband nicht über die ausreichende personelle Kapazität, um sich in "Detailprobleme" einarbeiten zu können (BENZ 1982, S. 148).
877 BENZ 1982, S. 148
878 BENZ 1982, S. 150
879 BENZ 1982, S. 151
880 BENZ 1982, S. 151
881 Diese Möglichkeit wird auch von BENZ vorsichtig angedeutet (BENZ 1982, S. 151f).
882 BENZ 1982, S. 152
883 WOCHENBLATT vom 4.11.78
884 BENZ 1982, S. 152
885 BENZ 1982, S. 152

der Regel" dabei auch durch die höhere Landesplanungsbehörde unterstützt werden[886], muß ebenfalls geprüft werden. Auch die Frage, ob die Verbandsverwaltung aufgrund ihres Informationsvorsprungs wirklich eine "dominierende Position" gegenüber den Mitgliedern der Verbandsgremien einnimmt[887], ist im Rahmen dieser Arbeit zu untersuchen. BENZ sieht die dadurch gegebene latente Gefahr von "Legitimationsdefiziten" der Verwaltung gegenüber der Politik immerhin als gering an[888].

V.C.1.5. Arbeiten an den Plänen

Das zuvor dargelegte Planungsverständnis des Regionalverbandes relativiert die Wichtigkeit der Raumordnungspläne, vor allem für die Umsetzung regionalplanerischer Erfordernisse. Trotzdem sind sie als "manifest" gewordene Entscheidungen und als Dokumentation der Leitbilder von Wichtigkeit. Nachstehend sei die Abfolge der für die Planaufstellung bedeutsamen Verfahrensschritte dargestellt[889]: 1978 war der wichtigste Plan, der Regionalplan, im wesentlichen erarbeitet, so daß er, vorbereitet durch eine intensive Pressearbeit[890], in die Anhörung gehen konnte[891]. Der Satzungsbeschluß lag am 11.12.79 vor[892], und am 4.2.81 wurde der Plan vom Innenministerium für verbindlich erklärt[893].
Der zweite verbindliche Plan war der "Bodenseeuferplan". Es war das erste Mal in Baden-Württemberg, daß von § 9 Abs. 1 des Landesplanungsgesetzes Gebrauch gemacht und ein "Teilregionalplan" für einen Teilraum der Region aufgestellt wurde. Dieser Plan umfaßt im wesentlichen den Bodenseeuferbereich, was die Wichtigkeit der Probleme in diesem Bereich der Region betont. Der Plan ging am 8.12.82 in die Anhörung[894], der Satzungsbeschluß erfolgte am 14.12.83[895], und am 15.11.84 wurde der Plan für verbindlich erklärt[896].
Seit dieser Zeit arbeitet der Regionalverband hauptsächlich an der Umsetzung der Plansätze im Rahmen seiner Beteiligung an Fach- und Gemeindeplanungen in Form von schriftlichen Stellungnahmen, Ortsterminen usw., an Projekten wie der Neuordnung des Schienenpersonennahverkehrs und dem "Seen-" und dem "Schilfprogramm". Zusätzlich bereitet er die Fortschreibung des Regionalplans vor.

V.C.1.6. Der Einfluß der "Planerpersönlichkeit"

Von erheblicher Bedeutung für die Arbeit des Regionalverbandes Bodensee-Oberschwaben waren von Anfang an die Persönlichkeiten der Planer. Am Beispiel des Verbandsdirektors, Hermann Vogler, der von 1974 bis 1987 die Verbandsverwaltung leitete[897] und nach eigenen Angaben die Regionalplanung als "extrem stark personenbezogen" einstuft[898], sei auf diesen Gesichtspunkt näher eingegangen. Die von DREXLER festgestellte weitgehende Identität zwischen Regionalplanung und Umweltpolitik im Bodenseeraum[899] ist nicht nur auf die Relevanz dieses Themas im Untersuchungsgebiet, sondern auch auf die Schwerpunktarbeit im Themenbereich "Umweltvorsorge" durch den Verbandsdirektor zurückzuführen, die wohl aus einer persönlichen Neigung her stammt. Zahlreiche Veröffentlichungen[900] und öffentliche Vorträge[901] zeigen, wie Vogler versuchte, innerhalb des Leitbildes des "Sowohl - als auch" eine "ökologische Raumplanung" durchzusetzen. Wichtig ist in diesem Zusammenhang seine Sachkompetenz in Fragen des Naturschutzes, die er u.a. in den Stiftungsbeirat der landeseigenen

---

886 BENZ 1982, S. 152
887 BENZ 1982, S. 153
888 BENZ 1982, S. 153
889 Die materiellen Inhalte der Pläne sind an anderer Stelle dargelegt.
890 Z.B. SÜDKURIER vom 26.10.78: Regionalverband Bodensee-Oberschwaben - "Informationszentrale für Kommunen*" - Nach vier Jahren Arbeit Regionalplan aufgestellt
891 REGIONALVERBAND BODENSEE-OBERSCHWABEN 1978
892 REGIONALVERBAND BODENSEE-OBERSCHWABEN 1979
893 REGIONALVERBAND BODENSEE-OBERSCHWABEN 1981
894 REGIONALVERBAND BODENSEE-OBERSCHWABEN 1982
895 REGIONALVERBAND BODENSEE-OBERSCHWABEN 1983
896 REGIONALVERBAND BODENSEE-OBERSCHWABEN 1984
897 SCHWÄBISCHE ZEITUNG vom 22.10.87
898 SCHWÄBISCHE ZEITUNG vom 14.8.87
899 DREXLER 1980, S. 13
900 Z.B. VOGLER 1981; VOGLER 1981a; VOGLER 1986
901 so z.B. vor Studenten der Fachhochschule Weingarten (SCHWÄBISCHE ZEITUNG vom 14.8.87)

"Stiftung Naturschutzfonds" und in zahlreiche, mit der Raumordnung befaßte Gremien (u.a. in die forschungsbegleitende Arbeitsgruppe bei HOBERG[902]) einbrachte. Wichtig für das Verständnis seiner Planungsauffassung der "problemorientierten Kooperation" sind seine vielen Kontakte zu den in der Region maßgeblichen Parteien und zu Landespolitikern. Auch war eine intime Ortskenntnis der Region für seine Arbeit von großer Wichtigkeit. Bei der Verwirklichung seiner Planungen setzte er nahezu vollständig auf "informelle Gespräche" und "Verhandlungen" "im stillen Kämmerlein", so daß er eine Öffentlichkeitsarbeit "in der Zeitung" meistens ablehnte[903]. Trotzdem versuchte er, seine Ziele durch Koalitionsbildungen "mit interessierten Gruppen" durchzusetzen[904]. Dieses Planungsverständnis konnte er nur aufgrund seiner starken Vertrauensstellung anwenden, die er besonders bei den Kommunen* genoß. Nach eigenen Angaben bedarf es zur Regionalplanung eines "persönlichen Grundvertrauens zwischen den Beteiligten", welches Kompromisse ermögliche[905]. Auch die Vorreiterrolle, die der Regionalverband Bodensee-Oberschwaben für viele Sachbereiche in der Regionalplanung Baden-Württembergs übernahm (z.B. erste Aufstellung eines Teilregionalplans, Koordination des Schilfprogramms, eigene Konzepte zur Aufrechterhaltung der Bahnnebenstrecken etc.), muß vor diesem Hintergrund gesehen werden.
Interessanterweise wechselte Vogler 1987 von der Regionalplanung in das "feindliche Lager". Er ist seitdem Oberbürgermeister der Stadt Ravensburg, was einige bemerkenswerte Änderungen in seiner Perzeption von Regionalplanung und regionalen Problemen mit sich brachte. Auf diesen Aspekt wird noch eingegangen.

V.C.2. Das Regierungspräsidium Tübingen

Diese Behörde ist in mehrerlei Hinsicht für den Regionalverband von großer Wichtigkeit:

- Erstens ist sie höhere Raumordnungsbehörde (§ 21 Abs. 2 Landesplanungsgesetz) und u.a. mit der Durchführung von Raumordnungsverfahren befaßt,
- zweitens ist sie für den Regionalverband Rechtsaufsichtsbehörde (§ 35 Abs. 1 Landesplanungsgesetz) und
- drittens ist sie Genehmigungsbehörde für die Flächennutzungspläne der großen Kreisstädte (§ 6 und 11 Baugesetzbuch) und kontrolliert damit mit dem Landratsamt zusammen die Umsetzung von Erfordernissen der Landes- und Regionalplanung.

Ebenso wie der Regionalverband wird auch das Regierungspräsidium als Träger öffentlicher Belange* bei den Bauleitplanverfahren der Gemeinden beteiligt[906]. Daneben erstellt es im Vorfeld dieser Verfahren landesplanerische Gutachten und lädt bei Bedarf die wichtigsten Beteiligten zu Koordinationsgesprächen ein. Von der Interessenlage her kann es meistens als Verbündeter der Regionalplanung angesehen werden. Nach eigenen Angaben wirkt das Regierungspräsidium zusammen mit den Landratsämtern darauf hin, daß sich die Gemeinden bei der Ausweisung von neuen Bauflächen zurückhalten. Die Frage, ob ein solches Hinwirken "in der Regel gelingt", soll ebenfalls ein Aspekt dieser Untersuchung sein[907].
Das Regierungspräsidium hat also bei der Umsetzung der Regionalplanung für den Regionalverband eine große Bedeutung. Ob die hierfür notwendige enge Koordination immer ausreichend gegeben ist, soll im weiteren ebenfalls untersucht werden.

V.C.3. Das Landratsamt Bodenseekreis

Ähnlich wie das Regierungspräsidium hat das Landratsamt die Funktion der "Kontrollbehörde" für die Umsetzung der Erfordernisse der Regionalplanung auf Gemeindeebene: Sie ist Genehmigungsbehörde für die meisten Flächennutzungs- und Bebauungspläne[908]. Als "Mischung" zwischen einer kommunalen und einer Landesbehörde ist es hinsichtlich seiner Interessenlage in einer Zwickmühle. Die Folgen eines derartigen Interessenkonflikts für die Rolle dieses Akteurs in Umsetzungsverfahren ist sicher von Interesse.

---

[902] HOBERG 1982
[903] SCHWÄBISCHE ZEITUNG vom 14.8.87
[904] VOGLER, Interview
[905] SCHWÄBISCHE ZEITUNG vom 14.8.87
[906] REGIERUNGSPRÄSIDIUM TÜBINGEN 1987U
[907] REGIERUNGSPRÄSIDIUM TÜBINGEN 1987U
[908] LANDRATSAMT BODENSEEKREIS 1987U

V.C.4. Das Innenministerium Baden-Württemberg

Das Innenministerium Baden-Württemberg ist für den Regionalverband Bodensee-Oberschwaben oberste Raumordnungs- (§ 35 Abs. 1 Landesplanungsgesetz) und Fachaufsichtsbehörde (§ 35 Abs. 2 Landesplanungsgesetz). In dieser Funktion stellt es u.a. den Landesentwicklungsplan auf. Die Verbindung zur Region wird z.B. durch die Entsendung von Vertretern zu Sitzungen der Verbandsgremien aufrechterhalten.

V.C.5. Die Deutsch-Schweizerische Raumordnungskommission

Nachdem den internationalen Zusammenschlüssen für eine koordinierte internationale Raumordnung am Bodensee "Euregio Bodensee" und "Internationale Bodenseekonferenz" aus unterschiedlichen, hier nicht zu diskutierenden Gründen, "keine Wirksamkeit beschieden ist"[909], ist heute nur noch die 1973 ins Leben gerufene "Deutsch-Schweizerische Raumordnungskommission"[910] von größerer Bedeutung. Die Mitglieder auf deutscher Seite sind der Bund, die Länder Baden-Württemberg und Bayern sowie die Regionalverbände Hochrhein-Bodensee und Bodensee-Oberschwaben. Dazu kommen die Mitglieder aus der Schweiz[911]. Der räumliche Zuständigkeitsbereich der Kommission ist "nicht abschließend abgegrenzt" und richtet sich nach dem behandelten Fachgebiet[912]. Die Kommission hat die Aufgabe, beide Staaten berührende Fragen gemeinsam zu beraten, zu informieren (z.B. durch mit Raumordnungsberichten vergleichbaren "Bestandesaufnahmen"[913]) und "Empfehlungen" an die jeweiligen Regierungen zu richten[914]. Die wichtigste Leitlinie für die Arbeit der Kommission ist ihr 1983 veröffentlichtes "Internationales Leitbild für das Bodenseegebiet"[915], nach Selbsteinschätzung ihr "wichtigstes Ergebnis der Arbeit" überhaupt[916]. Es wird zu prüfen sein, ob diese Bewertung sich in der Implementation des Leitbilds niederschlägt.

V.C.6. Die Gemeinden

Ohne speziell auf die einzelnen untersuchten Gemeinden einzugehen, sei hier nur auf zwei für Baden-Württemberg allgemein wichtige Charakteristika kommunalpolitischer Tätigkeiten hingewiesen:
Wichtig ist die Doppelfunktion des Bürgermeisters (ab 20.000 Einwohner Oberbürgermeisters) als Oberhaupt des Gemeinderats und gleichzeitigem Chef der Verwaltung, was ihm eine außergewöhnliche Macht verleiht. Wichtig ist auch der Einflußfaktor der Ortschaftsräte, besonders bei mehrere Teilorte umfassenden Gemeinden. Diese Ortschaftsräte sind die ehemaligen Gemeinderäte kleinerer Gemeinden, die bei der Verwaltungsreform der jetzigen Gemeinde zugeschlagen wurden. Zwar ist de jure ihre Macht sehr beschränkt, doch haben sie ein starkes Mitspracherecht bei Entscheidungen über ihre Teilorte.
Weitere, für den empirischen Teil dieser Untersuchung relevante Akteure werden bei Bedarf vorgestellt.

---

[909] ZENGERLING o.J. (ca. 1982U), S. 18; DREXLER 1980, S. 48f. Die Gegenmeinung wird von GÖRGMAIER vertreten, der die internationale Bodenseekonferenz als "Modell für Europa" bezeichnet (GÖRGMAIER 1986, S. 541).

[910] ZENGERLING o.J. (ca. 1982U), S. 18

[911] ZENGERLING o.J. (ca. 1982U), S. 18

[912] BUNDESAMT FÜR RAUMPLANUNG 1985, S. 7

[913] BUNDESAMT FÜR RAUMPLANUNG 1985, S. 9

[914] BUNDESAMT FÜR RAUMPLANUNG 1985 S. 7 und ZENGERLING o.J. (ca. 1982U), S. 18

[915] INNENMINISTERIUM BADEN-WÜRTTEMBERG 1983

[916] BUNDESAMT FÜR RAUMPLANUNG 1985, S. 15

VI. Untersuchungsschritt 1: Steuerungswirksamkeit landes- und regionalplanerischer Vorgaben ("Soll-Ist-Vergleich")

Anhand des bereits vorgestellten "idealtypischen Evaluierungsverfahrens" soll die Teilevaluierung aufgrund der bereits beschriebenen besonderen raumstrukturellen Probleme des Untersuchungsraumes auf folgende Sachthemen beschränkt werden ("Reduktionsstrategie"):

- Siedlungswesen, mit Betonung der durch die Ausweisung von Wohnbau- und Gewerbeflächen entstehenden Raumkonflikte,
- Natur- und Landschaftsschutz, soweit im Zuständigkeitsbereich der Landes- und Regionalplanung liegend.

Als erster Schritt der "Teilevaluierung" sollen durch einen Vergleich der landes- und regionalplanerischen Leitbilder mit der tatsächlich erfolgten raumstrukturellen Entwicklung ("Soll-Ist-Vergleich") Erkenntnisse über den Umsetzungsgrad der Erfordernisse der Landes- und Regionalplanung gewonnen werden (angestrebtes Ergebnis: "schlichtes Erfolgsmaß"). Dazu werden folgende Untersuchungsschritte eingesetzt:

- Zuerst sollen die wichtigsten der bisher für das engere Untersuchungsgebiet (Bodenseekreis) erarbeiteten raumordnerischen Konzepte, Pläne, Gutachten etc. in ihrer zeitlichen Abfolge vorgestellt, ihr wesentlicher Inhalt im Hinblick auf das jeweils vertretene Leitbild zusammenfassend dargestellt und das jeweilige Leitbild hinsichtlich seiner Plausibilität kurz bewertet werden. Der Vorteil dieser Verfahrensweise besteht darin, daß auch Erkenntnisse über die zeitliche Entwicklung des heutigen Leitbilds bzw. über die sich im Zeitverlauf ändernden Leitbilder erwartet werden können. Dazu sollen nicht nur die rechtsverbindlichen Raumordnungspläne, sondern auch Gutachten und andere Dokumentationen raumordnerischer Erfordernisse herangezogen werden. Dabei muß einschränkend festgestellt werden, daß hier angesichts des gerade für den gewählten Untersuchungsraum überaus reichlichen Materials sowie aus Gründen der Erreichbarkeit der oftmals "grauen" Literatur keine Vollständigkeit angestrebt, geschweige denn erreicht werden konnte.
- In einem zweiten Untersuchungsschritt soll anhand ausgewählter, zumeist statistischer Indikatoren die tatsächlich erfolgte raumstrukturelle Entwicklung dargestellt werden. Hierzu kann im wesentlichen auf die umfangreiche Arbeit von HECKING et al.[917] zurückgegriffen werden.
- Der dritte Untersuchungsschritt schließlich besteht aus einem Vergleich der Untersuchungsschritte 1 und 2. Aus diesem Vergleich sollen dann generelle Erkenntnisse über die Umsetzung der Erfordernisse von Landes- und Regionalplanung im Untersuchungsgebiet gezogen werden ("Soll-Ist-Vergleich"). Dieses Ergebnis kann als "schlichtes Erfolgsmaß" nach FISCHER[918] verstanden werden.
- Gleichzeitig soll aber zumindest für Teilbereiche versucht werden, in einem vierten Schritt mit Hilfe von Wirkungs- und Implementationsanalysen zu einer Vorstellung über das "eigentliche Erfolgsmaß" nach FISCHER[919] der Regionalplanung im Untersuchungsraum zu kommen.

VI.A. Raumordnerische Konzepte, Pläne und Gutachten für den Untersuchungsraum

Da eine vollständige Auflistung aller für den Untersuchungsraum existierenden Dokumentationen der Raumordnung hier nicht möglich ist, wird ein Schwerpunkt auf die Vorstellung der "offiziellen", verbindlichen und aktuellen Pläne gelegt (Landesentwicklungs- und Regionalpläne). Die Inhalte der Regionalpläne der regionalen Planungsgemeinschaften ähneln sich sehr[920] und sind für die heutigen Probleme fast nur noch von historischem Interesse. Aus diesem Grund wird nur der Regionalplan des

---

917 HECKING et al. 1987

918 FISCHER 1984

919 FISCHER 1984

920 "Die Ähnlichkeit der Entwicklungspläne erübrigt eine Gegenüberstellung" (DREXLER 1980, S. 21).

regionalen Planungsverbandes "Westlicher Bodensee-Linzgau-Hegau" ausführlicher dargestellt[921]. Bei der Charakterisierung der Leitbilder soll vor allem auf die gewählten Sachthemenbereiche eingegangen werden. Wo möglich, sollen darüber hinaus die verschiedenen Interessenlagen der Akteure herausgearbeitet werden, besonders im Hinblick auf das Verhältnis Landes- bzw. Regionalplanung zu den betroffenen Gemeinden.

VI.A.1. Die "Hinweise für die langfristige Planung im Bodenseegebiet" von 1962

VI.A.1.1. Planvorstellung

Bereits 1962[922] legte die Landesregierung mit ihren "Hinweisen für die langfristige Planung im Bodenseegebiet"[923] als "Vorstufe zum Landesentwicklungsplan"[924] ein Leitbild für die Entwicklung des baden-württembergischen Bodenseeraumes vor. Nach DREXLER war dies der Ausdruck für die traditionell große Beachtung des Bodenseegebiets durch das Land aufgrund der sogenannten "badischen Hypothek"[925]. Schon damals verfolgte das Land das bereits angedeutete Leitbild des "Sowohl-als auch": Neben der Bewahrung der "landschaftlichen Schönheit" des Bodenseeraumes wollte man der "wirtschaftlichen Weiterentwicklung...größere Chancen" einräumen[926]. Die Rechtsverbindlichkeit dieses Plans war im Vergleich zu heutigen Raumordnungsplänen schwach: So wurden die "Hinweise" den Landesbehörden, Gemeinden, Trägern öffentlicher Belange* und den sonstigen der Aufsicht des Landes unterstehenden Körperschaften, Anstalten und Stiftungen des öffentlichen Rechts, den Bundesbehörden, wie auch den regionalen Planungsgemeinschaften nur "zur Beachtung empfohlen", waren also für die Gemeinden de facto unverbindlich[927]. Immerhin mußten Landesbehörden, die von den "Hinweisen" abweichen wollten, das zuständige Regierungspräsidium davon unterrichten. Die übrigen Planungsträger wurden nur um diese Vorgehensweise "gebeten"[928]. Die Regionalpläne der regionalen Planungsgemeinschaften Westlicher Bodensee-Linzgau-Hegau und Östlicher Bodensee-Allgäu von 1962 bzw. 1964 waren "weitgehend mit den 'Hinweisen' abgestimmt"[929]. Den durch die Wahl des Leitbildes des "Sowohl-als auch" absehbaren Zielkonflikten versuchte man bereits damals durch eine Zweiteilung des Planungsgebietes in eine seenahe[930] und eine "Hinterland"-Zone[931] zuvorzukommen. In der seenahen Uferzone, so bereits damals die landesplanerische Zielvorstellung, sollte primär "durch zielbewußte Handhabung des Natur- und Landschaftsschutzes sowie der Landschaftspflege die Schönheit der Landschaft erhalten" werden[932]. Schon damals wurde, wenn auch noch zurückhaltend, die später immer wiederkehrende Zielvorstellung formuliert, daß die "notwendige" industrielle Weiterentwicklung "zur Entlastung der Uferzone vor allem in geeigneten Standorten des Hinterlandes gefördert werden" sollte[933]. Allerdings "sollten" nur "neue" Industriebetriebe das "unmittelbare Seeufer" meiden, die bestehenden Betriebe waren hier "ebenso notwendig und erwünscht wie anderswo"[934]. Diese Zielvorstellung klammerte also die bei anstehenden Industrieerweiterungen absehbaren Zielkonflikte von vornherein aus. Auch standen Zielvorstellungen dieser Art neben Forderungen wie der nach dem damals noch diskutierten Ausbau des Hochrheins für die Großschiffahrt mit Anschluß des Bodenseegebiets an das Wasserstraßennetz, ohne daß auf mögliche Zielkonflike eingegangen worden wäre. So hätten die Folgewirkungen des Wasserstraßenanschlusses (Industrialisierung großer Bereiche der Uferzonen) das Leitbild des Schutzes der Uferzone sicher zunichte gemacht.

---

[921] Hinsichtlich der politischen Hintergründe der verschiedenen Planungen, besonders aus der Umweltperspektive, sei auf die für dieses Thema wichtige Dissertation von DREXLER verwiesen (DREXLER 1980).

[922] Entwurf von 1960, zit. nach DREXLER 1980, S. 22

[923] INNENMINISTERIUM BADEN-WÜRTTEMBERG 1962

[924] Der damalige Innenminister Dr. Filbinger im Vorwort (INNENMINISTERIUM BADEN-WÜRTTEMBERG 1962)

[925] DREXLER 1980, S. 22. Gemeint sind die Nachwirkungen der südbadischen Autonomiebestrebungen während der Bildung des Landes Baden-Württemberg.

[926] Filbinger im Vorwort (INNENMINISTERIUM BADEN-WÜRTTEMBERG 1962)

[927] ZENGERLING o.J. (ca. 1982U), S. 8

[928] INNENMINISTERIUM BADEN-WÜRTTEMBERG 1962, S. 8

[929] REGIERUNG DES LANDES BADEN-WÜRTTEMBERG 1966, S. 99

[930] Hier tauchte der Begriff "Uferzone" erstmals auf, ohne jedoch definiert zu werden.

[931] REGIERUNG DES LANDES BADEN-WÜRTTEMBERG 1966, S. 99

[932] INNENMINISTERIUM BADEN-WÜRTTEMBERG 1962, S. 11

[933] INNENMINISTERIUM BADEN-WÜRTTEMBERG 1962, S. 11

[934] INNENMINISTERIUM BADEN-WÜRTTEMBERG 1962, S. 14

Hinsichtlich der schon damals anhand einiger Indikatoren[935] als Problem erkannten Siedlungsverdichtung am See war als Planungsziel angeführt, daß im "Seeuferbereich"[936] "weitere Siedlungsverdichtungen möglichst" zu vermeiden seien[937]. Auch sollten sich die Ortschaften "am See...möglichst nicht mehr entlang dem Ufer weiter ausdehnen", sondern ins Hinterland hineinwachsen[938]. Ein wichtiger Ansatz zur Lösung der absehbaren Zielkonflikte hätte die Forderung nach Anpassung der Bebauung an die Gesichtspunkte des geforderten "Landschaftspflegeplans" sein können[939]. Da aber weder Inhalt noch Rechtsstatus eines solchen Plans definiert und seine Erstellung für die Gemeinden unverbindlich war, blieb auch dieser Plansatz ohne Wirkung.
Interessanterweise setzte das Land bereits damals "Bevölkerungsrichtwerte*" als Instrument ein. Diese Richtwerte* waren allerdings weniger für Ordnungs- als für Entwicklungsaufgaben gedacht und daher weit überhöht[940]. Schon damals war ein gewisser "Richtwertewirrwarr" dadurch gegeben, daß die regionale Planungsgemeinschaft "Westlicher Bodensee-Linzgau-Hegau" die für die Richtwerte* maßgeblichen zentralörtlichen Verflechtungsbereiche anders abgrenzte als das Land, darüber hinaus ein anderes Richtwertebezugsjahr wählte und folglich andere Richtwerte* berechnete[941]. Aus diesem Grund blieb dem Land nichts anderes übrig, als den planenden Stellen die Verwendung beider Richtwerte* zu erlauben[942].

VI.A.1.2. Bewertung

Im Leitbild des "Sowohl-als auch", das u.a. durch das kommentarlose Nebeneinander sich widersprechender Grundsätze deutlich wird, liegt bereits der Keim für die unzureichenden Lösungsansätze der sich später zuspitzenden Zielkonflikte zwischen den verschiedenen Raumnutzungen des engeren Bodenseeraums. Diese Zielkonflikte werden zwar erahnt und teilweise auch ausgesprochen. Allerdings ist der diesbezügliche Lösungsansatz (Unterteilung des Planungsgebietes in "Uferzone" und "Hinterland") voller Widersprüche: Einerseits wird der Anschluß an das Großschiffahrtsnetz mit einer damit verbundenen Industrieansiedlung in der "Uferzone" gefordert, andererseits soll die "Uferzone" geschützt werden. Dazu kommt die relativ schwache Rechtskraft, was den Plan im Unverbindlichen steckenbleiben läßt. Die Operationalisierungsfähigkeit des Plans ist äußerst gering. So wird eine dafür notwendige genaue Definition der Planungsgebietskategorien wie "Uferzone" oder "Seeuferbereich" nicht vorgenommen. Im Gegensatz zur ursprünglichen Absicht[943] besitzt der Plan daher keine "koordinierende" Wirkung. Die Plansätze der "Hinweise" sind kaum mehr als "vielversprechende Leerformeln"[944].

VI.A.2. Der "Entwicklungs- und Raumordnungsplan" der regionalen Planungsgemeinschaft "Westlicher Bodensee-Linzgau-Hegau" von 1962

VI.A.2.1. Planvorstellung

Unter Beteiligung von Vertretern des Regierungspräsidiums und des Innenministeriums[945] wurde dieser Plan als erster Regionalplan der regionalen Planungsgemeinschaften in Baden-Württemberg erarbeitet. Die in den "Hinweisen" als Problem erkannte Siedlungsverdichtung sah die Planungsgemeinschaft eher positiv. So wurde von "optimistisch" hohen Wanderungsgewinnen[946] mit "kräftiger Ausdehnung der

---

935 "Bauplatzmangel" aufgrund von "schnellem Wachstum", Hinweise auf zunehmende Verbauung des Seeufers (INNENMINISTERIUM BADEN-WÜRTTEMBERG 1962, S. 23f)

936 Auch dieser Begriff wurde ohne Definition verwendet.

937 INNENMINISTERIUM BADEN-WÜRTTEMBERG 1962, S. 22

938 INNENMINISTERIUM BADEN-WÜRTTEMBERG 1962, S. 24

939 INNENMINISTERIUM BADEN-WÜRTTEMBERG 1962, S. 23

940 INNENMINISTERIUM BADEN-WÜRTTEMBERG 1962, S. 27

941 INNENMINISTERIUM BADEN-WÜRTTEMBERG 1962, S. 28. Hieraus wird die mangelnde Koordination der verschiedenen Planungsebenen deutlich.

942 INNENMINISTERIUM BADEN-WÜRTTEMBERG 1962, S. 28. Dies reduzierte die Steuerwirkung dieser Richtwerte* faktisch auf Null.

943 INNENMINISTERIUM BADEN-WÜRTTEMBERG 1962, S. 36

944 DREXLER 1980, S. 22

945 PLANUNGSGEMEINSCHAFT WESTLICHER BODENSEE - LINZGAU - HEGAU 1962, S. 8

946 PLANUNGSGEMEINSCHAFT WESTLICHER BODENSEE - LINZGAU - HEGAU 1962, S. 15

Wohn- und Siedlungsflächen" für den Bodenseeraum ausgegangen, weil dieser Raum "mit dem Wachstum seiner Städte, den kraftvollen Ansätzen industrieller Durchdringung..." die Ballungsgebiete des Landes "entlasten" sollte[947]. Die Planungsgemeinschaft akzeptierte also nicht einmal das Leitbild des "Sowohl-als auch". Angestrebt wurde die Entwicklung des Bodenseeraums zum "unbegrenzt entwicklungsfähigen Wirtschaftsraum"[948]. Dies läßt sich auch an anderen Punkten belegen: Während die Festlegungen zum Siedlungs- und Verkehrswesen und zum Bereich Industrie erstaunlich konkret waren[949], zeichneten sich diejenigen zum Themenbereich "Natur- und Landschaftsschutz" durch Unverbindlichkeiten und abstrakte Raumbezüge aus[950]. Im Unterschied etwa zu den Festsetzungen der "Hinweise" waren jetzt die Belange des Landschaftsschutzes den Siedlungsbelangen nachgeordnet. So sollte zwar die vom See aus sichtbare Landschaft "grundsätzlich" unter Landschaftsschutz gestellt werden. Die völlig überdimensionierten[951] Ortserweiterungsgebiete sollten allerdings davon ausgenommen sein. Der Bodensee selbst war für die Gemeinden "nur als Trinkwasserspeicher" von Interesse, und nur in diesem Zusammenhang sind die unkonkret bleibenden Appelle zum Schutz des Bodenseeraums zu verstehen[952].

VI.A.2.2. Bewertung

Der Plan spiegelt deutlich das Gründungsmotiv der meisten regionalen Planungsgemeinschaften wider, nämlich die Verbesserung der Struktur- und Finanzschwäche der Gemeinden mit Hilfe von Landesfördermitteln[953]. Mit ihrem Leitbild geht die Planungsgemeinschaft noch über das bereits in den "Hinweisen" des Landes beschriebene Leitbild des "Sowohl-als auch"[954] noch hinaus, indem es de facto eine verstärkte industrielle Entwicklung des Bodenseeraums fordert. Durch einen Vergleich der "Hinweise" mit dem Regionalplan der Planungsgemeinschaft "Westlicher Bodensee - Linzgau - Hegau" wird auch die Durchsetzung der kommunalen, gegen Schutzanstrengungen gerichteten Interessen der Mitglieder der Planungsgemeinschaft deutlich. Während die Interessen der Kommunen* an einem Schutz des Bodenseeraums, sofern überhaupt vorhanden[955], sich auf den "Trinkwasserspeicher Bodensee" beschränken, unterscheidet sich das Interesse des Landes immerhin um einige bedeutsame Nuancen davon. Bei ihm kommt zum Interesse am Schutz des Bodensees als Trinkwasserspeicher das Interesse an dessen Schutz als landesweit bedeutsames Erholungsgebiet. Von der Notwendigkeit eines Schutzes der Landschaft als Selbstzweck bzw. zur Umweltvorsorge gegenüber den wirtschaftlichen und sozialen Kräften eines freiheitlich-demokratischen Systems jedoch sind beide Seiten noch weit entfernt, wie es zu dieser Zeit auch nicht anders zu erwarten ist. Anstatt Schutz wollten die Gemeinden des Bodenseeraumes mehr Einwohner. "Immer neue Bebauungspläne und Zonenpläne werden aufgestellt", "eine Gemeinde mit 3000 Einwohnern am nördlichen Bodenseeufer" erstellte einen Flächennutzungsplan für 9000 Einwohner[956]. Als Gründe für diese Interessenlage der Kommunen* nennt ZENGERLING[957]: "mehr Einwohner bedeuten mehr Einkünfte, mehr Einkünfte bedeuten den Bau einer Festhalle, eines neuen Rathauses, einer Schule, Verbesserung der Straßen, Verschönerung des Ortsbildes. Damit wird die Gemeinde wieder attraktiv für neue Zuzüge...". Die daraus resultierenden Belastungen erschienen

---

947 PLANUNGSGEMEINSCHAFT WESTLICHER BODENSEE - LINZGAU - HEGAU 1962, S. 15

948 nach VOGLER 1981, S. 18

949 Z.B. für die "Stadtregion" Überlingen: "Die als Seestrasse geführte B 31 ist auszubauen und durch die parallel in ca. 5-8 km vom See entfernt verlaufende, neu zu bauende Autobahn Lindau-Hegau zu entlasten" (PLANUNGSGEMEINSCHAFT WESTLICHER BODENSEE - LINZGAU - HEGAU 1962, S. 48).

950 Z.B. für die "Stadtregion" Überlingen: "Eine der vornehmsten Aufgaben ist die Erhaltung und Gestaltung der Landschaft, insbesondere im (nicht definierten, Anm. d. Verf.) Seeuferbereich" (PLANUNGSGEMEINSCHAFT WESTLICHER BODENSEE - LINZGAU - HEGAU 1962, S. 48).

951 So wurde allein für das Gebiet der heutigen Stadt Überlingen ein Flächenbedarf für eine Einwohnerzahl von über 30.000 prognostiziert (PLANUNGSGEMEINSCHAFT WESTLICHER BODENSEE - LINZGAU - HEGAU 1962, S. 48). Die Gemeinde hatte am 1.1.90 19.766 Einwohner (STATISTISCHES LANDESAMT 1991).

952 DREXLER 1980, S. 21

953 Vgl. auch DREXLER 1980, S. 21; ZENGERLING spricht vom "Wunsch- und Forderungskatalog" der Gemeinden [ZENGERLING o.J. (ca. 1982U), S. 8].

954 verkürzt: "Sowohl Landschaftsschutz als auch Industrialisierung"

955 Nach ZENGERLING wurde in der damaligen Zeit bei der Aufstellung von Bebauungsplänen "noch nicht einmal" "die Frage der Abwasserklärung gelöst" (ZENGERLING o.J. (ca. 1982U), S. 6).

956 ZENGERLING o.J. (ca. 1982U), S. 6

957 ZENGERLING o.J. (ca. 1982U), S. 6

"aus der Sicht einer Gemeinde oft noch nicht so groß"[958]. ZENGERLING bewertet die noch abzuwägenden raumordnerischen Plan-"Grundsätze" hinsichtlich ihrer Umsetzung durch die Gemeinden kritisch: "Zwar ist jede Gemeinde bereit, den Uferbereich sorgsam zu schützen.... Wenn es jedoch um Neuausweisung oder Erweiterung von Siedlungsflächen geht, dann gilt der Grundsatz immer nur für die anderen. Nur allzuoft beugt sich auch ein Gemeinderat den massiven Forderungen oder den Schalmeienklängen privater Interessenten"[959].

VI.A.3. Der Landesentwicklungsplan von 1971

VI.A.3.1. Planvorstellung

Anläßlich einer Landtagsdebatte zu einer großen Anfrage der CDU über das Thema "Sorge um die Erhaltung der Bodenseelandschaft" am 3.12.70 wurde erstmals ein konkreter Vorschlag zur Umsetzung der landesplanerischen Erfordernisse zum Schutze der (noch immer nicht näher definierten) "Uferzone" von der SPD vorgebracht: In einem Antrag forderte diese Partei die Ausweisung eines nicht bebaubaren Uferstreifens von 300 m Breite[960]. Dieser Antrag wurde zwar abgelehnt; immerhin wurde im 1971 von der Landesregierung beschlossenen Landesentwicklungsplan aber erstmals der "Bodenseeuferbereich" konkret abgegrenzt: Im Anhang wurden alle zu dieser Raumkategorie gehörende Gemeinden und Gemeindeteile detailliert aufgelistet[961]. Allerdings hatte die Auflistung angesichts der kaum operationalisierbaren Plansätze für diese Raumkategorie[962] vorerst wenig Bedeutung. Auch blieb das bereits bekannte Leitbild des "Sowohl-als auch" weiterhin aktuell. So sei in den Entwicklungsachsen* eine weitere "maßvolle" gewerbliche Entwicklung mit den am Bodensee vorrangigen Erfordernissen der Erholung, des Fremdenverkehrs und der Erhaltung des Landschaftsbildes "durchaus vereinbar"[963]. Die Forderung nach Realisierung "größerer Siedlungsvorhaben sowie Industrieansiedlungen...möglichst in seeabgewandten Teilen des Uferbereichs" sowie nach Entlastung des Uferbereichs durch die industriell-gewerbliche Entwicklung des "Hinterlands" stand nicht in den Plansätzen selbst, sondern nur in deren Begründung[964]. Immerhin zeigen diese Sätze die ersten Bemühungen um eine konkretere Ausformung des bis dahin abstrakt gebliebenen Leitbildes des "Sowohl-als auch".
Aufgrund der zunehmenden Siedlungsentwicklung mußte der Raum Friedrichshafen/Ravensburg inklusive der Gemeinde Markdorf als "Verdichtungsbereich" ausgewiesen werden[965].

VI.A.3.2. Bewertung

Hinsichtlich der Berücksichtigung von Umweltbelangen bewertet DREXLER den Landesentwicklungsplan 1971 als noch "weit" hinter den Festlegungen der "Hinweise" von 1962 zurückbleibend[966]. Dieses Phänomen ist wohl aus der unterschiedlichen Rechtsverbindlichkeit dieser beiden Pläne erklärbar, denn der Landesentwicklungsplan wurde am 11.4.72 als Gesetz beschlossen[967] und erhielt damit die höchstmögliche Verbindlichkeitsstufe. Aus Gründen der für die Erreichung dieser Verbindlichkeit notwendigen Konsensfindung mußte der Plan in der Konkretheit seiner Forderungen, hinsichtlich der Umweltbelange, sowie der Problembereiche "Siedlungsverdichtung" und "Industrieansiedlung bzw. -erweiterung" noch hinter den weit weniger verbindlichen "Hinweisen" zurückbleiben. ZENGERLING kritisiert den "weiten Spielraum" und die "Auslegungsmöglichkeiten" der Plansätze des Landesentwicklungsplans 1971[968]. Diese hätten die Entwicklung am deutschen

---

958 ZENGERLING o.J. (ca. 1982U), S. 7
959 ZENGERLING o.J. (ca. 1982U), S. 9
960 Zit. nach DREXLER 1980, S. 46
961 LANDTAG VON BADEN-WÜRTTEMBERG 1971, S. 237
962 Beispiel: "Das Bodenseegebiet...ist in seiner Entwicklung so zu fördern, daß der Uferbereich des Bodensees unter Wahrung des Landschaftscharakters als bedeutender Erholungsraum weiter ausgebaut wird, dabei vor allem die unmittelbar an das Seeufer angrenzende Landschaft in ihrer natürlichen Eigenart weitestgehend erhalten und der Zugang zum Seeufer für die Allgemeinheit erweitert wird" (LANDTAG VON BADEN-WÜRTTEMBERG 1971, S. 237).
963 LANDTAG VON BADEN-WÜRTTEMBERG 1971, S. 239
964 LANDTAG VON BADEN-WÜRTTEMBERG 1971, S. 237
965 LANDTAG VON BADEN-WÜRTTEMBERG 1971, Karte
966 DREXLER 1980, S. 55
967 DREXLER 1980, S. 56
968 ZENGERLING o.J. (ca. 1982U), S. 10

Bodenseeufer nicht steuern können[969]. Damit berührt er wieder das Problem der abstrakt bleibenden "Grundsätze der Raumordnung".

VI.A.4. Der "Erlaß des Innenministeriums über die Bauleitplanung im Uferbereich des Bodensees" (Bodenseeerlaß) von 1971

VI.A.4.1. Vorstellung des Erlasses

Am 26.7.71, in den Amtsmonaten des SPD-Innenministers Krause, wurde die erste konkrete Umsetzungsvorschrift für die Erfordernisse der Landesplanung im Bodenseeraum in Form eines Erlasses des Innenministeriums erarbeitet[970]. Der im wesentlichen bis heute gültige und für die Landes-, Regional- und Bauleitplanung überaus wichtige Erlaß richtete sich vornehmlich an die Gemeinden des bereits im Landesentwicklungsplans definierten Bodenseeuferbereichs. Begründet wurde diese besondere Form der Durchsetzung landesplanerischer Belange gegenüber den Gemeinden mit der "besonderen Bedeutung, die dem Uferbereich des Bodensees als einem hervorragenden Erholungsraum des Landes zukommt"[971]. Die Vorschriften des Erlasses sind zum größten Teil in Form von für die Gemeinden verbindlichen, aber im Rahmen ihrer Planungshoheit noch abzuwägenden "Grundsätzen" niedergelegt, andere Teile dagegen sind unmittelbar verbindlich. Die meisten Festsetzungen des Erlasses sind für die hier behandelten Sachbereiche von besonderer Wichtigkeit und sollen daher ausführlicher vorgestellt werden. Im einzelnen wird festgelegt:

- Größere Siedlungsvorhaben (insbesondere Hochhäuser) sowie Industrieansiedlungen sollen "möglichst in seeabgewandten Teilen und nicht in Landschaftsschutzgebieten des Uferbereichs errichtet werden"[972].

Dieser Grundsatz war bereits aus dem Begründungsteil des Landesentwicklungsplans bekannt und sollte wohl durch die Erlaßform an Gewicht gewinnen. Allerdings war in Landschaftsschutzgebieten grundsätzlich das Errichten von Siedlungen schon vor der Veröffentlichung des Erlasses auch außerhalb des Uferbereichs untersagt.

- Der "freie Ausblick zum See und der Blick vom See auf das Ufer" dürfe durch die Neuausweisung von Baugebieten nicht nachteilig verändert werden.
- "Größere Wohnsiedlungen...dürfen nur ausgewiesen werden, wenn nachweislich ein echter Bedarf hierfür vorliegt und wenn sie sich in die betreffende Landschaft einfügen".

Die hier erstmals direkt angesprochene Bedarfsfrage für Siedlungen ist sicher von herausragender Bedeutung. Allerdings wurde eine für die Umsetzung dieser Vorschrift wichtige Vorgabe einer detaillierten und nachvollziehbaren Bedarfsnachweisführung durch die Gemeinde nicht verlangt.

- "Flächenintensive Siedlungsformen sollten vorgesehen werden".

Das Innenministerium rechnete sonderbarerweise ausdrücklich auch eine Bebauung mit ein- bis zweigeschossigen Wohngebäuden dazu, da diese auch "in hohem Maße sowohl den freien Ausblick zum See als auch den ungehinderten Einblick vom See in die Landschaft" gewährleisteten[973]. Dieser die landschaftsästhetischen Belange über- und die zumindest heute besser bekannten ökologischen Belange (Stichwort "flächenverbrauchender Einfamilienhausbau") unterbetonende Grundsatz bedarf wohl dringend einer Neufassung.

- Die Bauleitplanung in den "baulich verdichteten Bereichen" u.a. von Friedrichshafen und Überlingen sei von den Bestimmungen "etwas freier gestellt".

Besondere Bedeutung erlangt dieser Grundsatz bei geplanten Industrieneuansiedlungen, die, so die einzige Einschränkung, "vorzugsweise den nicht ländlichen Teilen des Uferbereichs zugeordnet werden" solle (aber im Uferbereich angesiedelt werden können[974]).

- Die Aufstellung von Flächennutzungsplänen sei im gesamten Uferbereich erforderlich und sollte "baldmöglichst" in Angriff genommen bzw. zum Abschluß gebracht werden[975].

Diese wichtige Forderung hatte keine praktische Bedeutung mehr, da in den Wirren der bald danach einsetzenden Verwaltungsreform die Erstellung der Flächennutzungspläne faktisch zum Erliegen kam.

---

969 ZENGERLING o.J. (ca. 1982U), S. 10
970 INNENMINISTERIUM BADEN-WÜRTTEMBERG 1971 G
971 INNENMINISTERIUM BADEN-WÜRTTEMBERG 1971 G, S. 988
972 INNENMINISTERIUM BADEN-WÜRTTEMBERG 1971 G, S. 988f
973 INNENMINISTERIUM BADEN-WÜRTTEMBERG 1971 G, S. 989
974 INNENMINISTERIUM BADEN-WÜRTTEMBERG 1971 G, S. 989
975 INNENMINISTERIUM BADEN-WÜRTTEMBERG 1971 G, S. 989

Erst ab Mitte der siebziger Jahre wurde die Arbeit an diesen Plänen wieder aufgenommen. In diesem Zusammenhang hätte auch die Forderung nach Überprüfung und Anpassung der nach dem (schon seit längerem) außer Kraft getretenen Badischen Aufbaugesetz[976] erstellten Flächennutzungsplänen von Gemeinden des damaligen Regierungsbezirkes Südbaden durch konkrete Vorgaben umgesetzt werden müssen. "Zeitgeistbedingt" sahen diese Pläne völlig überdimensionierte Siedlungsflächenausweisungen vor. Aus diesem Grund verlangte der Bodenseeerlaß eine Überprüfung dieser Pläne hinsichtlich ihrer Berücksichtigung von "Erfordernissen der Sicherung und des Ausbaus der Erholungsfunktion des Bodenseeraumes". Das Innenministerium ging sogar davon aus, "daß eine inhaltliche umfassende Neuplanung im Sinne von Paragr. 2 Abs. 1 und 7 BBauG" erforderlich sei. Dieser Zusatz bedeutete nichts anderes, als daß das Land den Bodenseegemeinden vorwarf, bei der Erstellung der bisherigen Flächennutzungspläne die Belange des Erholungswesens nicht ausreichend berücksichtigt zu haben. Die frühzeitige und stringente Anwendung dieser Anpassungsvorschrift hätte vielleicht die Durchsetzung einer umgehenden "Korrigierung" der Flächennutzungspläne aus den sechziger Jahren erleichtert, wie das an anderer Stelle untersuchte Fallbeispiel "Dornier" noch zeigen wird.

- Die für die Bebauung vorgesehenen Bauflächen seien bereits im Flächennutzungsplan als "Baugebiete", d.h. mit Angabe des Nutzungsmaßes darzustellen, was auch die Angabe der Zahl der Vollgeschosse als Höchstzahl umfasse[977].
- Die im Bundesbaugesetz vorgeschriebene Regelung, wonach Bebauungspläne aus dem Flächennutzungsplan zu entwickeln seien, habe im Uferbereich "besondere Bedeutung", Ausnahmen davon würden nur restriktiv zugelassen[978].

Auch diese Vorschrift war aufgrund der bereits genannten Gründe für die Verschiebung der Flächennutzungsplanerstellung de facto ohne Bedeutung.

- Solange eine Gemeinde im Uferbereich noch keinen Flächennutzungsplan "auf der Grundlage des Bundesbaugesetzes" aufgestellt habe, müßten alle Bebauungspläne vor der Genehmigung durch das Landratsamt dem Regierungspräsidium vorgelegt werden[979].

Diese Vorschrift bekräftigt die Wichtigkeit des Regierungspräsidiums als Genehmigungsbehörde gegenüber dem kommunal "befangenen" Landratsamt.

- Bebauungspläne sollten "möglichst umfassende und konkrete Festsetzungen" enthalten[980].
  - Größere Ferienhaussiedlungen sollten "in der Regel" als Sondergebiete ausgewiesen werden[981].
  - Bei Bebauungsplänen müsse das Maß der baulichen Nutzung "auf mehrfache Weise" (Festsetzung von Grundflächenzahl, Geschoßflächenzahl, Zahl der Vollgeschosse, ggf. absolute Größe der Grundfläche in qm) und die Bauweise "sorgfältig" (Festsetzung von Baulinien, Baugrenzen, ggf. Stellung der baulichen Anlagen, Höhenlage der baulichen Anlagen) bestimmt werden[982].
  - Zusammen mit dem Bebauungsplan "sollten" örtliche Bauvorschriften über die "äußere Gestaltung" der Gebäude erlassen werden (z.B. Farbanstrich[983]).
  - Im Innenbereich sei "sorgfältig zu prüfen", ob ein Anspruch auf Erteilung der Baugenehmigung nach § 34 BBauG[984] bestehe. Ein diesbezügliches Vorhaben sei z.B. "bedenklich" und damit "unzulässig", wenn es den "schutzwürdigen Belangen der Gestaltung des Orts- und Landschaftsbildes" widerspreche[985].
  - Bei Vorhaben "von nach Größe und Funktion übergeordneter Bedeutung" ("größere

---

[976] Dieses Gesetz war die rechtliche Grundlage für die Erstellung von Flächennutzungsplänen im ehemaligen Baden vor der Verabschiedung des Bundesbaugesetzes 1965.
[977] INNENMINISTERIUM BADEN-WÜRTTEMBERG 1971 G, S. 990
[978] INNENMINISTERIUM BADEN-WÜRTTEMBERG 1971 G, S. 990
[979] INNENMINISTERIUM BADEN-WÜRTTEMBERG 1971 G, S. 990
[980] INNENMINISTERIUM BADEN-WÜRTTEMBERG 1971 G, S. 990
[981] INNENMINISTERIUM BADEN-WÜRTTEMBERG 1971 G, S. 990
[982] INNENMINISTERIUM BADEN-WÜRTTEMBERG 1971 G, S. 990f
[983] INNENMINISTERIUM BADEN-WÜRTTEMBERG 1971 G, S. 991
[984] Zulässigkeit von Vorhaben innerhalb der im Zusammenhang bebauten Ortsteile, wenn es sich "nach Art und Maß der baulichen Nutzung, Bauweise und der Grundstücksfläche, die überbaut werden soll, in die Eigenart der näheren Umgebung unter Berücksichtigung der für die Landschaft charakteristischen Siedlungsstruktur einfügt, die Erschließung gesichert ist und wenn sonstige öffentliche Belange nicht entgegenstehen..." (BUNDESBAUGESETZ 1976 G) (INNENMINISTERIUM BADEN-WÜRTTEMBERG 1971 G, S. 991).
[985] INNENMINISTERIUM BADEN-WÜRTTEMBERG 1971 G, S. 991

Siedlungsvorhaben und Industrieansiedlungen"), haben die unteren Baurechtsbehörden die Akten zuvor dem Regierungspräsidium vorzulegen und dessen Weisung abzuwarten[986]. Als "größere Siedlungsvorhaben" definiert der Bodenseeerlaß Gebäude mit mehr als vier Vollgeschossen, drei- und mehrgeschossige Baukörper von mehr als 30 m Länge sowie Wohngebäude mit mehr als 20 Wohneinheiten[987]. Bei einer geplanten Bebauung oder wesentlichen Änderung der Bebauung auf Ufergrundstücken nach § 34 BBauG müßten die Akten in jedem Falle dem Regierungspräsidium vorgelegt werden[988]. Auch dieses Beispiel zeigt die besondere Bedeutung des Regierungspräsidiums.

- Im Außenbereich sei ein nichtprivilegiertes Vorhaben nach § 35 Abs. 2 und 3 BBauG "regelmäßig unzulässig", insbesondere dann, wenn durch das Vorhaben das Orts- und Landschaftsbild sowie Landschaftsschutzgebiete nachteilig verändert werden würden[989].

VI.A.4.2. Bewertung

Der Bodenseeerlaß konkretisiert erstmals das Leitbild der Landesplanung am Bodensee durch genauere Vorgaben. Trotz dieser grundsätzlich positiv zu beurteilenden Entwicklung zeigte bereits eines der ersten wichtigen Bauleitplanverfahren, wie unzureichend der Bodenseeerlaß die Probleme lösen kann: Die Stadt Meersburg hatte Anfang der siebziger Jahre die Aufstellung des Bebauungsplanes "Fohrenberg - Stadtallmend - Hintere Lehren" begonnen[990]. Auf dem 22 Hektar großen Planungsgebiet sollte ein völlig neuer Ortsteil für rund 3000 Einwohner entstehen. Die Planung erfolgte, wie zu dieser Zeit wegen der bereits beschriebenen "Flächennutzungsplanlücke" während der Verwaltungsreform häufig ohne vorbereitende Flächennutzungsplanung[991]. Ohne die erforderliche Genehmigung[992] (!) des damals als Genehmigungsbehörde zuständigen Regierungspräsidiums Freiburg abzuwarten, begann die Gemeinde mit Erschließungsmaßnahmen und genehmigte die ersten Bauvorhaben[993]. Der Bebauungsplan wurde vom Regierungspräsidium Freiburg jedoch unter Berufung auf den Bodenseeerlaß nicht genehmigt. Der Grund dafür bestand nicht in einer Überschreitung der Vorgaben des Erlasses hinsichtlich des baulichen Maßes, hier hatte die Gemeinde sich strikt an die Vorgaben gehalten[994], sondern in der unzureichenden Abwasserentsorgungsplanung und vor allem der fehlenden Abstützung auf eine "geordnete Flächennutzungsplanung"[995]. Der Hintergrund der zweiten, formalen Begründung war jedoch die "Bedarfsfrage", wie die Gemeinde Meersburg zu erkennen glaubte, was aber vom Regierungspräsidium, wohl aus Gründen der Rechtsunsicherheit, dementiert wurde[996]. Die Gemeinde warf der Genehmigungsbehörde eine "zu enge Auslegung" des Erlasses vor, den sie auf die Funktion eines "Hochhauserlasses" reduziert sehen wollte[997]. Der Bedarf war nur durch eine Liste von 150 Bauwilligen "nachgewiesen" worden, was dem Regierungspräsidium nicht ausreichte, da u.a. nicht nachgewiesen wurde, wann die dort aufgeführten Personen zu bauen gedachten[998].

Diese in der Presse in scharfer Form ausgetragene Auseinandersetzung zeigt, daß die primär wichtige Bedarfsfrage im Bodensee-Erlaß nicht konkret genug geregelt wurde. Der Bodenseeerlaß, hinsichtlich seiner konkreten Zielvorgaben in den Bauleitplanverfahren für die Gemeinden des Uferbereichs mittlerweile eine weitgehend akzeptierte Routinevorgabe, zielt mit seinen Vorschriften im wesentlichen auf eine bessere optische Einbindung der Bebauung in die Landschaft, nicht auf eine Verringerung der

---

986 INNENMINISTERIUM BADEN-WÜRTTEMBERG 1971 G, S. 991

987 INNENMINISTERIUM BADEN-WÜRTTEMBERG 1971 G, S. 991

988 INNENMINISTERIUM BADEN-WÜRTTEMBERG 1971 G, S. 991

989 INNENMINISTERIUM BADEN-WÜRTTEMBERG 1971 G, S. 991

990 SÜDKURIER vom 16.12.72

991 SÜDKURIER vom 3.1.73

992 Dies wirft ein Licht auf die damaligen Verfahrensverhältnisse und zeigt den Druck, dem die Genehmigungsbehörde durch die "normative Kraft des Faktischen" von seiten der Gemeinden oft ausgesetzt war.

993 SÜDKURIER vom 16.12.72

994 Der Bürgermeister von Meersburg hielt den Bodensee-Erlaß sogar "prinzipiell für richtig" (SÜDKURIER vom 3.1.73).

995 SÜDKURIER vom 30.12.72

996 SÜDKURIER vom 30.12.72. Interessanterweise war das Regierungspräsidium trotzdem grundsätzlich der Meinung, daß die Bedarfsfrage "im Kernbereich des Bodensee-Erlasses" liege (SÜDKURIER vom 30.12.72), was die Bedeutsamkeit dieser Frage unterstreicht.

997 SÜDKURIER vom 5.1.73

998 SÜDKURIER vom 5.1.73. Diese Information ist aber zur Beurteilung des Flächenbedarfs von großer Wichtigkeit.

Bebauung oder, mit Ausnahme der Forderung nach einer geregelten Abwasserentsorgung[999], auf eine stärkere Berücksichtigung ökologischer Belange bei der Inanspruchnahme von Bauflächen im Uferbereich.
Ob die Interessen des Landes (Schutz des Bodenseeraums als landesweit bedeutsamer Erholungsraum und Schutz des Bodensees als landesweit bedeutsamer Trinkwasserspeicher) dadurch auch längerfristig gewahrt bleiben, muß aus ökologischer Sicht bezweifelt werden. Nach DREXLER ist der Bodenseeerlaß "um Jahre zu spät" herausgegeben[1000] und ungenügend umgesetzt worden. Darüber hinaus nennt DREXLER eine Reihe von realisierten Großwohnbauprojekten (u.a. Appartmenthäuser), für die "kein dringender Bedarf im Sinne des Bodensee-Erlasses" nachgewiesen werden konnte und die nach Errichtung stark von Zweitwohnungsbesitzern genutzt wurden[1001], was wiederum auf die im Erlaß vernachlässigte Bedarfsfrage hinweist.
Aufgrund der unzureichenden statistischen Unterlagen tut sich die Landesregierung schwer bei der Erfolgskontrolle des Erlasses. Auf eine diesbezüglich von dem SPD-Landtagsabgeordneten Dr. Precht gestellte kleine Anfrage im Landtag hin[1002] teilte das Innenministerium mit, daß "eine Erfassung sämtlicher genehmigter und verwirklichter Baumaßnahmen im Bodenseeuferbereich" aufgrund des "enormen" Verwaltungsaufwandes "nicht möglich" sei[1003]. Hinsichtlich des Verbotes des Bauens im Außenbereich war der Bodenseeerlaß relativ erfolgreich. Nach Angaben des Innenministeriums wurden von 1971 bis 1985 außer einer Obstlagerhalle im Landkreis Konstanz und einer Werkhalle mit Verwaltungsgebäude[1004] keine "größeren Baumaßnahmen" verwirklicht[1005].
Eine genaue Bewertung der Wirksamkeit des Erlasses ist schwierig. Gemessen an seiner generellen Zielrichtung (Verhinderung von optisch störender Bebauung und Bebauung ohne Anschluß an Kläranlagen) ist der Erlaß wohl relativ erfolgreich gewesen. Auch darf die Steuerungskraft eines Erlasses auf die "non-decisions" der Gemeinden nicht unterschätzt werden: Sicher hat der Erlaß so manches kommunale Prestigeobjekt erst gar nicht zum "Thema" werden lassen. Was die Frage des "echten Bedarfs" angeht, so muß der Erfolg hier angesichts der Beispiele von DREXLER und der an anderer Stelle gezeigten Beispiele bezweifelt werden. Auch bei Industrieerweiterungen, bei denen das "Arbeitsplatzargument" auf der Gegenseite schwer wiegt, hat der Erlaß keine großen Erfolge zu verzeichnen. Pauschal zu behaupten, daß der Bodensee-Erlaß "entscheidend dazu beigetragen habe, eine überdimensionierte Siedlungs- und Bautätigkeit im Uferbereich einzudämmen und eine ungezügelte Industrialisierung in unmittelbarer Nähe des Bodenseeufers zu verhindern", wie es die Landesregierung in ihrem Landesentwicklungsplan 1983 tut[1006], ist auf jeden Fall übertrieben. Neben der fehlenden Regelung der Bedarfsfrage ist die Beschränkung auf den eng abgegrenzten Uferbereich ein weiteres Problem des Erlasses. Wichtig wäre eine Erweiterung des Geltungsbereichs des Erlasses über den Uferbereich hinaus auf den seenahen Bereich. Obwohl im Bodensee-Gesamtkonzept angekündigt und von der "Systemanalyse" gefordert[1007], ist dies bis heute nicht geschehen.
Nochmals zu betonen ist die wichtige Änderung der Interessenkonstellation der wichtigsten Akteure durch die Verwaltungsreform. Waren zuvor die Auseinandersetzungen zumeist bilateral zwischen Kommunen* (Gemeinden, Landkreise und regionale Planungsgemeinschaften) und dem Land (Landesplanung) verlaufen, trat nunmehr ein neuer "dritter" Akteur auf die Bühne: der "Mischling" Regionalverband, der mit der Interessenstruktur der Verbandsverwaltung eher am Land, derjenigen der

---

999 Die diesbezüglichen Vorschriften sind im Rahmen dieser Arbeit nicht angeführt.
1000 DREXLER 1980, S. 58
1001 DREXLER 1980, S. 65
1002 LANDTAG VON BADEN-WÜRTTEMBERG 1985
1003 LANDTAG VON BADEN-WÜRTTEMBERG 1985
1004 Die 1 ha große, direkt am Bodenseeufer liegende Halle gehört der Firma "MTU" in Friedrichshafen-Manzell. Die Genehmigung durch das Regierungspräsidium Tübingen erfolgte trotz "erheblicher Bedenken" u.a. von seiten der Raumordnung mit dem Hinweis auf die dadurch stattfindende Schaffung von Arbeitsplätzen, obwohl das Gebiet unter Landschaftsschutz steht und die Lagerhalle nur wenig neue Arbeitsplätze bereitstellt (LANDTAG VON BADEN-WÜRTTEMBERG 1981). Das Regierungspräsidium teilte darüber hinaus mit, daß weitere Gewerbeerweiterungen im Uferbereich nicht mehr genehmigt würden (zit. nach BUND 1986eU). Neben der geringen Wirksamkeit des Bodensee-Erlasses zeigt dieses Beispiel auch, daß die Behörden ihre "Selbstbindungen" oft nicht einhalten können: Sowohl die Industrieerweiterung "Dornier" als auch diejenige der "Bodenseewerke" wurden kurze Zeit später vom Regierungspräsidium Tübingen genehmigt.
1005 LANDTAG VON BADEN-WÜRTTEMBERG 1985
1006 INNENMINISTERIUM BADEN-WÜRTTEMBERG 1984, S. 294
1007 S. nachfolgendes Kapitel

Verbandsvertretung eher an den Kommunen* orientiert ist.

VI.A.5. Das Gutachten zu einem Landschaftsrahmenplan ("Buchwald-Gutachten") von 1975 und die Folgediskussion über das Leitbild für den Bodenseeraum

VI.A.5.1. Vorstellung des Gutachtens

Bereits 1962 stellte der Ökologe Buchwald in einem Gutachten für die Landesregierung fest, daß "die derzeitige Beanspruchung der Bodenseelandschaft am baden-württembergischen Ufer durch Siedlungen, Industrie und Gewerbe...zu einer ständigen...verschärften Belastung der Landschaft und der natürlichen Landschaftsfaktoren zu einem Ausmaße geführt hat, das die Grenzen der Tragfähigkeit erreicht"[1008]. Damit kritisierte BUCHWALD schon frühzeitig das Leitbild des "Sowohl-als auch" der Landesregierung. So erklärte er 1965: "Wir verlangen zuviel vom Bodensee! Er soll Schiffahrtsstrasse und Trinkwasserspeicher, Sportgewässer und Absetzbecken für Abwässer sein, und an seinen Ufern sollen Siedlungen, Industrie, Naturschutzgebiete und Kulturgärten, Strassen und Eisenbahnen Platz finden"[1009]. Diese Meinung fand auch in seinem 1974 veröffentlichten und berühmt gewordenen "Gutachten für einen Landschaftsrahmenplan Bodensee - Baden-Württemberg"[1010] Niederschlag. BUCHWALD lehnte darin das Leitbild des "Sowohl-als auch" der Landesregierung nicht grundsätzlich ab, sondern versuchte es zu ergänzen. So bekannte er sich sogar ausdrücklich zum Leitbild des Landesentwicklungsplans von 1971. Da dieses Faktum in der Folgezeit öfters vergessen wurde, sei die diesbezügliche Aussage direkt zitiert: "Die Planungsgruppe sieht in der einmaligen, unersetzbaren und überregionalen Bedeutung des Bodenseeraumes als Erholungsgebiet eigenständiger Prägung und von internationalem Rang sowie des Sees als Trinkwasserspeicher die zwingende Verpflichtung zur Entscheidung für das Leitbild 1" (des Landesentwicklungsplans 1971): "Nutzungskombination Erholungsverkehr/Landwirtschaft/Trinkwasserspeicher mit einer ökologisch tragbaren Industrienutzung im Hinterland bzw. in den vom See abgewandten Teilen der Ufergemeinden"[1011]. Allerdings zeigt die Betonung der "ökologisch tragbaren" Industrienutzung, daß BUCHWALD weitergehende und konkrete Maßnahmen zur Sicherung der unbestreitbar vorhandenen überregional bedeutsamen ökologischen Ausgleichsleistungen (Trinkwasserspeicher, Biotop- und Artenschutz, Erholungsraum) des Bodenseeraums verlangte, insbesondere:

- eine stärkere Ausweisung von Schutzgebieten,
- finanzielle Ausgleichsleistungen für die Aufrechterhaltung der Ausgleichsfunktionen, z.B. für auf umweltunverträgliche Industrien verzichtende Kommunen*[1012], deren Finanzkraft nach einem Wirtschaftsgutachten von Kunz und Spöri und im Gegensatz zur Meinung der Landesregierung zumeist vorwiegend von der gewerblichen Entwicklung abhängig war[1013].

VI.A.5.2. Bewertung

Für die Landesregierung spricht, daß sie trotz der bekannten kritischen Einstellung von Buchwald zu ihrem Leitbild den Auftrag zur Erstellung des Gutachtens an ihn vergab. Leider ließ sie das BUCHWALD-Gutachten sehr bald in der Schublade verschwinden. Die ursprünglich von der Landesregierung beabsichtigte Verwendung des Gutachtens als "Entscheidungshilfe bei Planungen und Beschlüssen über den Bodensee"[1014] wurde daher nie realisiert. Ein bald darauf von der Landesregierung in Auftrag gegebenes Gegengutachten ("Kunz/Spöri-Gutachten") des dem Wirtschaftsministerium nahestehenden "Instituts für südwestdeutsche Wirtschaftsforschung" brachte die Leitbilddiskussion bald wieder auf den alten Kurs des "Sowohl-als auch"[1015] zurück. Der Grund für diese Zurückweisung könnte darin bestehen, daß der BUCHWALDsche Begriff "ökologischer

---

[1008] Zit. nach DREXLER 1980, S. 24

[1009] Zit. nach DREXLER 1980, S. 44

[1010] BUCHWALD et al. 1973

[1011] BUCHWALD et al. 1973, S. 14. Von einem eigenen "Buchwald-Leitbild" kann damit eigentlich kaum gesprochen werden, wie es DREXLER etwa tut (DREXLER 1980, S. 69), Buchwald relativiert und konkretisiert das Leitbild des Landesentwicklungsplans nur.

[1012] BUCHWALD et al. 1973, S. 22

[1013] Zit. nach DREXLER 1980, S. 69

[1014] Zit. nach DREXLER 1980, S. 70

[1015] Zit. nach DREXLER 1980, S. 70

Ausgleichsraum" von der Landesregierung falsch interpretiert wurde[1016]. Die Landesplanung und auch die Regionalplanung verstanden darunter die Beschränkung der gesamten Region in ihrer "Entwicklung" und "vor allem" auf die Wahrnehmung von "Ausgleichsfunktionen" (Tourismus, Erholung, Trinkwasserlieferung) für "benachbarte Ballungsräume"[1017], anders ausgedrückt: die berühmte "Käseglocke". Dieses Leitbild wurde aus regionalwirtschaftlichen und ökologischen Gründen als "Irrweg" zurückgewiesen[1018]. Im einzelnen wurden dafür folgende Gründe genannt:

- Nur rund 4-7% der Bevölkerung lebten am Bodensee vom Fremdenverkehr.
- Ein ökologischer Ausgleich sei nur dort möglich, wo Landschaften in direktem naturräumlichen Zusammenhang stünden, was im Falle der Landschaften am Bodensee und im Ballungsraum Mittlerer Neckar nicht der Fall sei.
- Das Konzept des "ökologischen Ausgleichsraums" fördere die Illusion der Großstadtregionen, daß die Störung ökologischer Kreisläufe bei ihnen ohne Gefahr weitergehen könne, da es ja einen Ausgleichsraum dafür gebe[1019].

Diese Argumente zeigen, daß die Zurückweisung der Buchwald-Vorschläge zu pauschal erfolgte. Buchwald hatte z.B. nirgends verlangt, daß alle Bewohner des Bodenseeraums nur noch vom Fremdenverkehr zu leben hätten, sondern umweltfreundliche Industrien ausdrücklich zugelassen. Nach Meinung der Landes- und Regionalplanung war die zweite Leitbild-Alternative "eine Ausschöpfung aller Standortvorteile und eine weitere Förderung der Zuwanderung" in die Region. Sie komme aus ökologischen Gründen allerdings nicht in Frage[1020]. Die Landes- und Regionalplanung gehe von einer "dritten Alternative" aus[1021]. Sie bestehe in einer "tragfähigen wirtschaftlichen Eigenentwicklung* für die Bodenseeregion, eingeschränkt durch die ökologischen Grenzen der Kulturlandschaft"[1022].
Damit fand das bisher vor allem vom Land vertretene Leitbild des "Sowohl-als auch" offiziell Eingang in die Regionalplanung.
BUCHWALD als anerkannter Ökologe wußte sehr wohl, daß eine großräumige funktionsräumliche Aufgabenteilung, ein traditionelles Konzept der Raumordnung, für die Ökologie nicht unbedingt positiv sein mußte. Bei diesem Konzept besteht die Gefahr, daß ein Zurückdrängen ökologischer Aspekte in "Reservate" erfolgt, was dem Anspruch nach Berücksichtigung ökologischer Gesetze auf "100%" des Raumes nicht gerecht werden würde[1023]. BUCHWALD ging mit seinen Vorschlägen aber weniger in die Richtung eines großräumigen funktionalen Aufgabenteilungskonzepts als vielmehr in die Richtung eines "abgestuften Nutzungskonzeptes", welches von den unterschiedlichen Leistungsvermögen und Vorzügen verschiedener Raumeinheiten ausgeht[1024]. Ein um solche Verwirklichungsvorschläge ergänztes Leitbild wäre aber wohl für den Bodenseeraum angemessener als das undifferenziertere Leitbild des "Sowohl-als auch" der Landesregierung. Die ökologische Ausgleichsfunktion des Bodenseeraumes in vielen Bereichen ist ebenso ein Faktum, wie die Gefährdung durch die Zunahme der Siedlungs- und Industriedichte. Ein Leitbild des abgestuften Nutzungskonzepts würde auch der bereits 1975 erhobenen Forderung von HANNß nach "entscheidender Beschneidung" u.a. des zukünftigen industriellen Wachstums am Bodensee gerechter werden[1025].

VI.A.6. Raumordnung und Förderpolitik des Landes in den siebziger Jahren im Untersuchungsraum

Für die Konkretisierung und die Umsetzung der rahmenhaften Vorgaben des Landesentwicklungsplans ist die Förderpolitik des Landes in jener Zeit von Bedeutung, wie sie aus dem "Wegweiser zu staatlichen Förderungs- und Finanzierungsmöglichkeiten in Baden-Württemberg"[1026] hervorgeht.
So erkannte der Regionalverband frühzeitig die Wichtigkeit der Realisierung von Planvorstellungen im

---

1016 Nach HÜBLER ist die falsche Interpretation des Begriffes "Ökologischer Ausgleichsraum" ein generelles Problem (HÜBLER 1980, S. 107).
1017 Z.B. VOGLER 1981a, S. 221 und VOGLER 1981 S. 18
1018 VOGLER 1981, S. 18
1019 VOGLER 1981, S. 18
1020 VOGLER 1981, S. 20
1021 VOGLER 1981a, S. 221
1022 VOGLER 1981a, S. 221
1023 Daher wird die "großräumige funktionsräumliche Aufgabenteilung" von Ökologen auch "zurückhaltender" eingeschätzt (HÜBLER 1980, S. 107).
1024 Vgl. dazu HÜBLER 1980, S. 107
1025 HANNß 1975, S. 32
1026 Zit. nach REGIONALVERBAND BODENSEE-OBERSCHWABEN 1976 Bd. I., S. 30

Hinterland über Förderprogramme[1027]. Allerdings wurden die Gemeinden Markdorf und Tettnang "auch im Hinblick auf ihre Entlastungsfunktion in der 2. Linie zum Bodenseeuferbereich"[1028] als Landesausbauorte gefördert. Diese Ausweisung erfolgte gegen den Willen des Regionalverbandes[1029], der bereits damals erkannte, daß die bisher auf den Uferbereich beschränkten Siedlungs- und Gewerbeverdichtungsprobleme auf die 2. Linie übergriffen und eine Wirtschaftsförderung des Landes in diesem Bereich den unerwünschten Konzentrationsprozeß beschleunigen würde[1030]. Immerhin zeigt sich an einem Beispiel, daß die leitbildhaften Vorschläge des Buchwald-Gutachtens trotz der grundsätzlichen Zurückweisung gelegentlich eine praktische Bedeutung für die Landespolitik bekamen. So beklagte sich der Regionalverband Bodensee-Oberschwaben in seiner Stellungnahme zum "Gesamtkonzept für den Bodenseeraum" darüber, daß die Landesregierung "auf der Basis des Buchwald-Gutachtens" den unmittelbar am See liegenden (!) Mittelbereich* Überlingen ersatzlos aus dem Gebiet des regionalen Aktionsprogramms Alb-Oberschwaben gestrichen habe, und zwar "unter Hinweis auf die Vorrangigkeit des Erholungswesens in diesem Raum"[1031]. Trotz der auch im Raum Überlingen sich verstärkenden problembeladenen Konzentrationstendenzen setzte sich der Regionalverband in seinem Raumordnungsbericht für eine Förderung von Arbeitsplätzen in diesem Bereich durch das Land für "umweltfreundliche Betriebe auf seeabgewandten Flächen" ein[1032].
Interessanterweise beschwerte sich der Regionalverband schon damals über die Widersprüche zwischen den einzelnen Sektorplanungen des Landes: So widersprachen sich nicht nur Verkehrs- und Strukturpolitik, sondern auch Behördenstandort- und Strukturpolitik[1033]. "Es wird deutlich, daß die Bewältigung der aufgezeigten Probleme...von einer erheblich verbesserten Koordination der staatlichen Aktivitäten abhängt"[1034].

VI.A.7. Das "Gesamtkonzept für den Bodenseeraum" von 1975

Auch das Erscheinen des "Gesamtkonzeptes für den Bodenseeraum"[1035] im Jahre 1975 muß vor dem Hintergrund der Diskussion um das Buchwald-Gutachten gesehen werden. Der damalige Innenminister Schieß betonte die Funktion des Gesamtkonzeptes als "deutliche Absage an das Buchwald-Gutachten"[1036]. Das zeigte sich in der Betonung der "Doppelfunktion" des Bodenseeraums als "Siedlungs- und Wirtschaftsraum" sowie als "Erholungsraum" mit "reizvoller landschaftlicher Eigenart"[1037]. Die Verbindlichkeit des Konzepts beschränkte sich auf eine "vorläufige" Ausrichtung der Planungen der Landesbehörden daran. Für die Gemeinden sollte es nur als "Hilfe für die planerischen Überlegungen" dienen[1038]. Zum erstenmal jedoch wurde das Leitbild des "Sowohl-als auch" des Landes durch eine sorgfältige Unterscheidung zwischen dem Uferbereich und dem Hinterland des Sees[1039] differenziert. So wurde im raumdiagnostischen Teil des Konzeptes festgestellt, daß die Erholungsfunktion der Bodenseelandschaft "namentlich im Uferbereich" aufgrund der "weiterhin lebhaften Siedlungs- und Wirtschaftsentwicklung und einen entsprechend hohen Flächenverbrauch...in Frage gestellt" sei[1040]. Deutlich wurde auch erstmals als eine Ursache dafür die Bauflächenpolitik der Gemeinden genannt, die "auch heute noch weitgehend auf eine über die Bedürfnisse der örtlichen Bevölkerung hinausgehende Erschließung von Wohn- und Gewerbegebieten ausgerichtet" sei[1041]. Trotzdem gab es Widersprüche. Paradoxerweise hatte die stürmische Entwicklung der Neubauten am

---

1027 REGIONALVERBAND BODENSEE-OBERSCHWABEN 1976 Bd. I., S. 68
1028 REGIONALVERBAND BODENSEE-OBERSCHWABEN 1976 Bd. I., S. 30
1029 SAEGER, Interview
1030 Vgl. SYSTEMANALYSE ZUR LANDESENTWICKLUNG BADEN-WÜRTTEMBERG (1975). Trotz der überdurchschnittlichen Siedlungsbelastung gehören die Orte Tettnang und Markdorf noch immer zu den "Räumen mit Strukturschwächen" (REGIONALVERBAND BODENSEE-OBERSCHWABEN 1991Ub, S. 8).
1031 REGIONALVERBAND BODENSEE-OBERSCHWABEN 1976 Bd. I., S. 64
1032 REGIONALVERBAND BODENSEE-OBERSCHWABEN 1976 Bd. I., S. 69
1033 REGIONALVERBAND BODENSEE-OBERSCHWABEN 1976 Bd. I., S. 31
1034 REGIONALVERBAND BODENSEE-OBERSCHWABEN 1976 Bd. I., S. 32
1035 GESAMTKONZEPT FÜR DEN BODENSEERAUM 1975
1036 Zit. nach DREXLER 1980, S. 71
1037 Zit. nach DREXLER 1980, S. 71
1038 GESAMTKONZEPT FÜR DEN BODENSEERAUM 1975, Schieß im Anschreiben
1039 GESAMTKONZEPT FÜR DEN BODENSEERAUM 1975, S. 16
1040 GESAMTKONZEPT FÜR DEN BODENSEERAUM 1975, S. 16
1041 GESAMTKONZEPT FÜR DEN BODENSEERAUM 1975, S. 19

See laut dem Gesamtkonzept sogar eine gute Seite: Aufgrund des so entstehenden Überangebots sei "eine gewisse Beruhigung...beim Bau von Zweit- und Ferienwohnungen eingetreten"[1042]. Besser kann man den "Zweckoptimismus" der Landesplanung nicht dokumentieren.
Auch beim Sachbereich "Gewerbe" zeigte sich laut "Gesamtkonzept" der Einfluß der Gemeinden: Obwohl nach dem Gutachten von Kunz und Spöri neben dem Eigenbedarf jeder Gemeinde in den 17 zentralen Orten des Bodenseeraums bis 1990 zusätzlich nur 423 ha Gewerbeflächen benötigt wurden, hatten allein die zentralen Orte zu diesem Zeitpunkt bereits 1051 ha Gewerbeflächen ausgewiesen[1043]. Dazu kamen noch die "weit über ihren Bedarf hinausgehenden" Gewerbeflächen der "nichtzentralen" Gemeinden[1044].
Der Bodenseeerlaß wurde erstmals bewertet: Er habe "positive Ergebnisse" gebracht[1045].
Konkrete Folgen für die Formulierung des Leitbilds oder seiner Konkretisierung im "Raumordnungskonzept" hatte diese Raumdiagnose allerdings nicht. Weiterhin galt das Leitbild des "Sowohl-als auch", allerdings durch die starke Differenzierung in Uferbereich und Hinterland modifiziert. So sollte einerseits "das ökologische Gleichgewicht im gesamten Bodenseeraum" gesichert werden, die "Kultur- und Erholungslandschaft in ihrer charakteristischen Eigenart" erhalten werden, andererseits die industriell-gewerbliche Wirtschaft und der Dienstleistungssektor weiter entwickelt werden[1046]. Diese "Doppelfunktion" des Bodenseeraumes sollte durch ein Raumordnungskonzept konkretisiert[1047] und es sollten Umsetzungswege aufgezeigt werden. Immerhin wurden erstmals die Probleme der Gewährleistung dieser Doppelfunktion angesprochen: Sie könne nur dann erhalten bleiben, wenn eine Gliederung in "Funktionsbereiche" erfolge, denen "unterschiedliche Aufgaben" zukämen[1048], was nichts anderes war als eine kleinräumigere Variante des Buchwald-Konzeptes. Zusätzlich wurden erstmals Bevölkerungsrichtwerte* bekanntgegeben, die, abgesehen von ihrer Unverbindlichkeit, wie üblich völlig überhöht und damit zur Steuerung der Siedlungsflächen nicht brauchbar waren. Wichtiger Plansatz für den Sachbereich "Siedlung" im Untersuchungsgebiet war: "Die Siedlungsentwicklung des Uferbereichs ist auf geeignete, seeabgewandte Standorte im Uferbereich und in die im unmittelbar angrenzenden Hinterland gelegenen Zentralen Orte zu lenken". Als Begründung dazu wurde festgestellt, daß "einer Überlastung des Uferbereichs vor allem dadurch begegnet werden" könne, daß die Siedlungsentwicklung sich "nicht weiter parallel zum Seeufer" vollziehe[1049]. Zur Entlastung wurde auch hier bereits die Bereitstellung "seeabgewandter Flächen" für die bauliche Entwicklung als ausreichend erachtet, besonders bei den Städten Friedrichshafen und Überlingen[1050]. Diese beiden Städte wurden wohl besonders erwähnt, damit man die Ausnahmeregelung für diese Gemeinden von wichtigen Festsetzungen des Bodenseeerlasses nicht in Frage gestellt sehen sollte. Für den Sachbereich "Freihalteflächen" wurde ein äußerst grobes "Konzept" in Form von Karten vorgelegt, das nicht operationalisierbar und daher für die Umsetzung in den Gemeinden nicht geeignet war. Hinsichtlich des Sachbereichs "Gewerbe" erschien dem Gesamtkonzept eine weitere industrielle Entwicklung im Uferbereich vertretbar, wenn auch auf die Mittel- und Oberzentren beschränkt. In einem gewissen Widerspruch dazu wurde festgestellt, daß der Uferbereich allgemein bereits "günstig mit Arbeitsstätten ausgestattet" sei[1051].
Eine wichtige Forderung des Gesamtkonzeptes war die Ausweisung geeigneter seeferner Ersatzflächen für die langfristige Verlagerung störender, nicht ufergebundener gewerblicher oder baulicher Anlagen aus der Uferzone. Leider wurde dieser wichtige Plansatz in der Folgezeit nicht mehr aufgegriffen. Besonderen Wert legte das Gesamtkonzept auf raumordnerische Regelungen im Uferbereich und in einer im bebauten Gebiet rund 100 und im Außenbereich rund 500 m breiten Uferzone[1052]. Allerdings wurde weniger aus ökologischer als aus landschaftsästhetischer Sicht argumentiert. Nur so ist zu

---

1042 GESAMTKONZEPT FÜR DEN BODENSEERAUM 1975, S. 19
1043 GESAMTKONZEPT FÜR DEN BODENSEERAUM 1975, S. 19
1044 GESAMTKONZEPT FÜR DEN BODENSEERAUM 1975, S. 19
1045 GESAMTKONZEPT FÜR DEN BODENSEERAUM 1975, S. 19
1046 GESAMTKONZEPT FÜR DEN BODENSEERAUM 1975, S. 29ff
1047 GESAMTKONZEPT FÜR DEN BODENSEERAUM 1975, S. 33. Der Konkretisierung waren aber durch den kleinen Maßstab der Karten im Kartenteil (1 : 200.000) bereits Grenzen gesetzt.
1048 GESAMTKONZEPT FÜR DEN BODENSEERAUM 1975, S. 33. Gemeint war die Differenzierung in Uferbereich und Hinterland.
1049 GESAMTKONZEPT FÜR DEN BODENSEERAUM 1975, S. 33
1050 GESAMTKONZEPT FÜR DEN BODENSEERAUM 1975, S. 38
1051 GESAMTKONZEPT FÜR DEN BODENSEERAUM 1975, S. 33
1052 GESAMTKONZEPT FÜR DEN BODENSEERAUM 1975, S. 55. Damit wurde dieser Begriff erstmals konkret definiert.

erklären, wieso die Entlastung durch Verschiebung konfliktträchtiger Siedlungs- und Gewerbenutzungen auf die seeabgewandte Seite bereits als Entlastungsziel angestrebt wurde.
Vorgaben für die Aufstellung der Teilregionalpläne wurden aufgestellt, von denen aber einige später nicht ausreichend eingehalten wurden, wie die Erarbeitung von Belastbarkeitsgrenzen für den Uferbereich[1053].
Ein wichtiger Punkt war die geforderte Überarbeitung des Bodensee-Erlasses. So sollte der Geltungsbereich erweitert, stärkere Vorgaben an die Siedlungsgestaltung gestellt und die "Bedarfsfrage" besser geregelt werden[1054]. Auch diese wichtige Forderung wurde bis heute nicht umgesetzt.
Die konkreten, für die Sachbereiche "Naturschutz und Landschaftspflege" vorgeschlagenen Maßnahmen waren "in ganzen Passagen"[1055] mit den Vorschlägen von Buchwald identisch, so daß die Landesregierung in dieser Form versuchte, die "reinen Sachmaterialien" von Buchwald (Nutzungskartierungen, Schutzgebietsvorschläge etc.) ohne seine "störenden" leitbildhaften Raumentwicklungsvorschläge verwenden zu können. Die Nachrangigkeit dieser Belange für die Landespolitik ergibt sich aus dem Plansatz, wonach die Kultur- und Erholungslandschaft...so weit wie möglich vor weiteren Beeinträchtigungen und Zerschneidungen zu bewahren" sei[1056].
Das Gesamtkonzept sollte neben der Konkretisierung des bekannten Leitbildes auch zur Koordination der Arbeit der Regionalverbände Hochrhein-Bodensee und Bodensee-Oberschwaben dienen[1057]. Dazu gehörten konkretere Vorgaben für die Aufstellung der Regional- und Teilregionalpläne "Bodenseeufer". Die Meinung von DREXLER, wonach sich das Land durch die konkreteren Vorgaben "über die Planungshoheit der Regionalverbände" hinweggesetzt habe[1058], kann nicht nachvollzogen werden, da es zum einen eine solche Planungshoheit im Landesplanungsgesetz gar nicht gibt, zum anderen wäre ohne die massive Unterstützung durch das Land die Aufstellung der Teilregionalpläne mit ihren an Parzellenschärfe grenzenden Festsetzungen gegen den Willen der Kommunalvertreter in den Verbandsgremien wohl nie durchgesetzt worden. DREXLER zitiert zur Bekräftigung seiner Meinung die Kritik der "Regionalpolitiker" am Gesamtkonzept, welches sie als "Heeresdienstverordnung" bezeichneten[1059]. Bei diesen "Regionalpolitikern" handelt es sich aber größtenteils um Vertreter der Kommunen*.
Die damalige Forderung nach "regionalen Kosten-Nutzen-Analysen" wurde, wie so vieles, leider nie in qualifizierter Form umgesetzt[1060].
Der Regionalverband Bodensee-Oberschwaben befürwortete die im Gesamtkonzept aufgezeigten Möglichkeiten zur Uferentlastung "grundsätzlich"[1061]. Allerdings wehrte er sich gegen eine "pauschale Konzeption" und sah eine Entlastungswirkung schon allein durch die Verlagerung der Entwicklungsschwerpunkte auf "seeabgewandte Flächen und Teilorte", "seeabgewandte Gemeinden" und Gemeinden auf der "2. Linie" als gegeben an[1062], obwohl auch hier die Konzentrationstendenzen bereits spürbar wurden. Eher nachrangig wurde auch eine Entlastung durch "Verstärkung der Entwicklungsimpulse in seefernen zentralen Orten" gefordert[1063]. Hinsichtlich der Abgrenzung des aufzustellenden Teilregionalplans "Bodenseeufer" plädierte der Regionalverband für die sinnvollere Abgrenzung nach dem Geltungsbereich des Bodenseeerlasses und nicht nach einer 100 bis 500m breiten Uferzone[1064].

VI.A.8. Die "Systemanalyse zur Landesentwicklung Baden-Württemberg" von 1975

Wichtig für die Leitbilddiskussion war die 1975 herausgegebene "Systemanalyse"[1065], die zum ersten Mal

1053 GESAMTKONZEPT FÜR DEN BODENSEERAUM 1975, S. 54
1054 GESAMTKONZEPT FÜR DEN BODENSEERAUM 1975, S. 71
1055 DREXLER 1980, S. 71
1056 GESAMTKONZEPT FÜR DEN BODENSEERAUM 1975. Hervorhebung vom Verfasser.
1057 ZENGERLING spricht von der "Klammer zwischen den beiden Regionalverbänden" [ZENGERLING o.J. (ca. 1982U), S. 12].
1058 DREXLER 1980, S. 71
1059 DREXLER 1980, S. 71
1060 GESAMTKONZEPT FÜR DEN BODENSEERAUM 1975, S. 30
1061 REGIONALVERBAND BODENSEE-OBERSCHWABEN 1976 Bd. I., S. 64
1062 REGIONALVERBAND BODENSEE-OBERSCHWABEN 1976 Bd. I., S. 64f
1063 REGIONALVERBAND BODENSEE-OBERSCHWABEN 1976 Bd. I., S. 65
1064 REGIONALVERBAND BODENSEE-OBERSCHWABEN 1976 Bd. I., S. 66
1065 SYSTEMANALYSE ZUR LANDESENTWICKLUNG BADEN-WÜRTTEMBERG 1975

in der besonderen Form einer systemanalytisch-interdisziplinären Vorgehensweise "Entscheidungshilfen für die Landesentwicklung" bereitstellen wollte. Ohne ein neues großräumiges Leitbild für den Bodenseeraum zu formulieren, forderte das Gutachten eine "Erweiterung bzw. Korrektur der Ziele des Landesentwicklungsplans" für die Region Bodensee-Oberschwaben[1066]. So sollte eine "weitere Verwendung des Uferbereichs für Nicht-Erholungszwecke, aber auch für einzelne belastende Erholungsnutzungsarten vermieden werden"[1067]. Zur Entlastung des Uferbereichs hielten die Gutachter "eine Verlagerung des Zuwachspotentials an Arbeitsplätzen und der damit verbundenen Nutzungsansprüche" (Infrastruktur, Siedlungsflächen) in den "bodenseeabgewandten Teil der Region" für empfehlenswert. Sie prognostizierten eine Verstärkung des Siedlungsdrucks nicht nur auf den Uferbereich, sondern auch auf die Achse Stockach-Überlingen-Markdorf, also auf den seenahen Bereich des Hinterlandes. Damit erteilten sie der bislang vom Land angenommenen Entlastungswirkung durch Verlagerung auf den "seeabgewandten Bereich" der 2. Linie eine deutliche Absage. Als Schlußfolgerung ihrer Ergebnisse forderten sie die "erhebliche Ausdehnung des ausgewiesenen, besonders geschützten Uferbereichs" ins Hinterland[1068]. Darüber hinaus machten die Gutachter konkrete Vorschläge für die allgemeine Umsetzung raumordnerischer Erfordernisse. So schlugen sie für die Verdichtungsräume von Baden-Württemberg u.a. folgende Maßnahmen vor[1069]:

- Verzicht auf kommunale Ansiedlungshilfen mit Subventionscharakter,
- generelle Agglomerationssteuer,
- partieller Ansiedlungsstop von Gewerbebetrieben.

Trotz der Kritik am undifferenzierten Leitbild des "Sowohl-als auch" erreichte die Systemanalyse "keine Revision der Bodenseepolitik"[1070]. Dies lag nicht zuletzt am Widerstand der Kommunen*. So mußte die Landesregierung sich auf Druck der kommunalen Spitzenverbände hin von den Ergebnissen der Systemanalyse zumindest für die Region "Ostwürttemberg" distanzieren[1071].

Daß das Land sein Leitbild für die Region Bodensee-Oberschwaben aufrechterhielt, wird auch in den 1975 veröffentlichten Bevölkerungsrichtwerten* deutlich: Bis 1990 prognostizierte das Land einen Zuwachs der Bevölkerung in der Region um 54.000, während die "Systemanalyse" von einem Rückgang der Bevölkerung von 25.000 bis 1990 ausging[1072]. Der Unterschied zwischen diesen beiden Richtwerten* lag in der Prognosemethodik: Bei der Prognose des Landes handelte es sich um eine Ziel-*, bei derjenigen der Systemanalyse um eine Trendprognose*.

VI.A.9. Die "Grundlagen für den Regionalplan" von 1976

Als Bestandsaufnahme der raumstrukturellen Verhältnisse (Regionaler Raumordnungsbericht) legte der Regionalverband Bodensee-Oberschwaben 1976 seine "Grundlagen für die Aufstellung der Ziele im Regionalplan" vor[1073].

Neben raumstrukturellen Bestandsaufnahmen und raumdiagnostischen Feststellungen entfaltete dieser regionale Raumordnungsbericht in manchen Sachbereichen bereits "Zielqualität". So wurden z.B. im ersten Band die Richtwerte* des Landes (Bevölkerung und Arbeitsplätze) auf die Mittelbereiche* der Region unter Annahme bestimmter Zielvorstellungen verteilt[1074]. Der Raum Ravensburg/Friedrichshafen (ungefähr in den Grenzen des 1971 ausgewiesenen Verdichtungsbereichs) wurde dabei als "oberzentraler Wirtschaftsraum" mit 80.000 bis 100.000 Arbeitsplätzen ausgewiesen[1075].

VI.A.10. Der Regionalplan von 1981

Dieser für die Teilevaluierung wichtige Plan (Rechtsverbindlichkeit für die Gemeinden, bis heute andauernde Gültigkeit, hoher Konkretisierungsgrad) soll ausführlicher behandelt werden.

1066 SYSTEMANALYSE ZUR LANDESENTWICKLUNG BADEN-WÜRTTEMBERG 1975, S. 163
1067 SYSTEMANALYSE ZUR LANDESENTWICKLUNG BADEN-WÜRTTEMBERG 1975, S. 163
1068 SYSTEMANALYSE ZUR LANDESENTWICKLUNG BADEN-WÜRTTEMBERG 1975, S. 163
1069 Diese Maßnahmen könnte man sich auch gut zur Problementschärfung für den Verdichtungsbereich Friedrichshafen - Ravensburg vorstellen.
1070 DREXLER 1980, S. 75
1071 EMENLAUER/LANG 1980, S. 157
1072 REGIONALVERBAND BODENSEE-OBERSCHWABEN 1976 Bd. I., S. 42
1073 REGIONALVERBAND BODENSEE-OBERSCHWABEN 1976 Bd. I und II
1074 REGIONALVERBAND BODENSEE-OBERSCHWABEN 1976 Bd. I., S. 44ff
1075 REGIONALVERBAND BODENSEE-OBERSCHWABEN 1976 Bd. I. S. 16

Die Verbindlichkeit des Plans gilt für die Plansätze, die Strukturkarte (Maßstab 1 : 200 000) und die Raumnutzungskarte (Maßstab 1 : 100 000[1076]). Die Begründungen der Plansätze und die von der Genehmigung ausgenommenen, aber im Plan abgedruckten Plansätze sind also nicht verbindlich. Der Plan besteht aus konkreten Zielen der Raumordnung und Landesplanung und Grundsätzen der Raumordnung, bei denen es trotz der grundsätzlichen Verbindlichkeit erforderlich sein kann, "die Reichweite der Verbindlichkeit im Einzelfall zu klären". In der Genehmigung des Regionalplans wird betont, daß Festsetzungen zur "Förderung" "wegen der Haushaltshoheit der Planungs- und Finanzierungsträger keine Rechtspflicht begründen, Finanzhilfen zu gewähren", was ein Schlaglicht auf den praktischen Wert solcher Festsetzungen wirft[1077].

VI.A.10.1. Das allgemeine Leitbild für den Untersuchungsraum

Am Beispiel des Verdichtungsbereiches Ravensburg-Friedrichshafen zeigt sich, daß grundsätzlich weiterhin am Leitbild des "Sowohl-als auch" festgehalten wurde. Einerseits sollten hier qualifizierte Arbeitsplätze, z.B. im Dienstleistungsbereich, geschaffen werden, um u.a. "Entlastungsaufgaben für Verdichtungsräume zu übernehmen"[1078], andererseits sollten im Verdichtungsbereich "zusammenhängende Landschaften zur Sicherung des ökologischen Ausgleichs und zur Verringerung des Landschaftsverbrauchs von Bebauung freigehalten werden[1079].
Aufbauend auf der im "Gesamtkonzept" begonnenen Differenzierung wurde nunmehr bei der Festlegung der Zielvorstellungen für die einzelnen Sachbereiche stärker zwischen dem Uferbereich und dem Hinterland unterschieden.

VI.A.10.2. Der Sachbereich "Bevölkerung" im Regionalplan

Eine der wichtigsten Maßnahmen zur Steuerung der Siedlungsflächenentwicklung in der Region war die Aufteilung der Bevölkerungsrichtwerte* des Innenministeriums auf die Verwaltungsräume[1080]. Sie waren für die Bedarfsermittlung der Wohnbauflächen verbindlich. Die auch nach Meinung des Regionalverbandes weit überhöhten und daher keine Steuerungskraft entfaltenden Richtwerte* führten in der Folgezeit zur Ausweisung von Siedlungsflächen "nach den Maximalwerten"[1081]. An der überzogenen Bauflächenausweisung änderte auch der Versuch des Regionalverbandes nichts, die Richtwerte* wenigstens im Bodenseeuferbereich als Steuerungsinstrument einzusetzen: Hier sollten sie als "Obergrenze" gelten[1082].
Ob die Verantwortung für die daraus resultierenden und bis heute andauernden Konflikte in diesem Raum wirklich allein dem Innenministerium zugeordnet werden kann[1083], muß angesichts der Verantwortung der Kommunen* im Rahmen ihrer Planungshoheit in Frage gestellt werden. Ein Problem war sicherlich, daß die Richtwerte* nur für die Verwaltungsräume, nicht aber für einzelne Gemeinden festgesetzt wurden, so daß sich keine Gemeinde für die Einhaltung der Richtwerte* voll "verantwortlich" fühlen mußte. Trotz der überhöhten Richtwerte* brachten die Gemeinden im Anhörungsverfahren zum Regionalplanentwurf "allgemeine Einwendungen gegen das Instrumentarium der Richtwerte*" vor[1084]. Von den Gemeinden Friedrichshafen und Eriskirch wurde sogar eine Erhöhung der Richtwerte* beantragt[1085]. Daß auch der Bodenseekreis als Landkreis eine Erhöhung der Richtwerte* "für" die Städte Friedrichshafen und Überlingen forderte[1086], zeigt die Interessengleichheit des Landkreises mit den Gemeinden in diesem Falle. Wohl als Ersatz für die nicht vorhandene Steuerungskraft der Richtwerte* hatte die Verbandsverwaltung in ihrem Entwurf eigene Vorschläge, unabhängig vom damals noch geltenden Bauflächenerlaß, zur Festsetzung von Bruttowohndichten*

1076 REGIONALVERBAND BODENSEE-OBERSCHWABEN 1981
1077 Genehmigungsschreiben des Regierungspräsidiums Tübingen, zit. nach: REGIONALVERBAND BODENSEE-OBERSCHWABEN 1981
1078 REGIONALVERBAND BODENSEE-OBERSCHWABEN 1981, S. 4
1079 REGIONALVERBAND BODENSEE-OBERSCHWABEN 1981, S. 5
1080 S. Abb. 5
1081 DREXLER 1980, S. 89
1082 REGIONALVERBAND BODENSEE-OBERSCHWABEN 1981, S. 26
1083 DREXLER 1980, S. 89
1084 BENZ 1982, S. 139
1085 BENZ 1982, S. 139
1086 BENZ 1982, S. 139

gemacht, die aber "aus dem Plan gestrichen wurden"[1087]. Nach BENZ waren der Grund dafür die "kommunalen Widerstände"[1088], nach SAEGER die grundsätzlichen Bedenken gegen die Festsetzung von Bruttowohndichten* für kleine Bezugsräume[1089].
Aufgrund der Schwierigkeiten mit den Richtwerten* arbeitete der Regionalverband im wesentlichen mit einer eigens erstellten "vorläufigen mittleren Trendprognose" der Bevölkerungsentwicklung nach Mittelbereichen. Diese Prognose lag weiter unter den Richtwerten* und sollte der "Ermittlung des Infrastrukturbedarfs" dienen[1090].
Trotz des "hohen Prognoserisikos" gab der Regionalverband für die Mittelbereiche* darüber hinaus verbindliche Erwerbsstellenrichtwerte vor. Für die hier interessierende Flächenberechnung für Industrie und Gewerbe "sind" sie neben den örtlichen Standortfaktoren als "Orientierungshilfe" zugrunde zu legen[1091]. Aufgrund methodischer Probleme wurde eine Festlegung auf Gemeindeebene vermieden.

VI.A.10.3. Der Sachbereich "Siedlungswesen" im Regionalplan

Folgende Plansätze sind hierbei für den Untersuchungsraum relevant:

- "Im Uferbereich des Bodensees soll die natürliche und kulturelle Eigenart der Landschaft erhalten und die Siedlungsentwicklung auf geeignete seeabgewandte Standorte in den Ufergemeinden, vorrangig aber in die Bereiche mit verstärkter Siedlungsentwicklung im Umland gelenkt werden"[1092].
- "Im Uferbereich des Bodensees ist die Siedlungsentwicklung außerhalb von Friedrichshafen und Überlingen auf die Eigenentwicklung* zu beschränken, damit die Uferlandschaft und die Voraussetzungen für den Fremdenverkehr erhalten bleiben. Mit einer zurückhaltenden Ausweisung von Bauflächen ist anzustreben, daß die Zuwanderungen in den Uferbereich verlangsamt werden"[1093].

Die Eigenentwicklung*, so der Regionalverband in seiner Begründung, könne in den Ufergemeinden aufgrund der starken Nachfrage nur noch mit einer direkten Beteiligung der Gemeinden an der Bauplatzvergabe gewährleistet werden[1094]. Eine nähere Definition von "Eigenentwicklung*" erfolgte nicht. Auch nach Meinung des Landrates des Bodenseekreises als Vertreter der Genehmigungsbehörde wäre eine "exakte" Definition des Begriffs "Eigenentwicklung*" aber erforderlich[1095].
Das Mittelzentrum Friedrichshafen wurde als "Bereich mit verstärkter Siedlungsentwicklung" ausgewiesen[1096]. Laut Plansatzbegründung umfaßt diese Festlegung die Möglichkeit der Siedlungsflächenausweisung für den Eigenbedarf und, "in begrenztem Umfang", auch für Wanderungsgewinne[1097].

- "Im gesamten Uferbereich sollen Baugebiete grundsätzlich in seeabgewandten Bereichen der Ufergemeinden ausgewiesen werden...Darüber hinaus ist zur Entlastung des Uferbereichs des Bodensees eine Verlagerung der Siedlungsentwicklung in das Umland, vor allem nach Owingen, Salem, Markdorf, Oberteuringen, Meckenbeuren und Tettnang anzustreben".
- Den "örtlichen Siedlungsschwerpunkten" Bermatingen, Frickingen, Heiligenberg, Neukirch und Deggenhausertal-Wittenhofen (Gemeinden der "2. Linie") "im ländlichen Raum" sollte eine "angemessene Siedlungsentwicklung" ermöglicht werden[1098].

Darunter verstand der Regionalverband eine Eigenentwicklung* und mögliche Wanderungsgewinne. Dieses Planelement wurde erst nach der Beteiligung der Kommunen* am Regionalplanentwurf

---

[1087] BENZ 1982, S. 140
[1088] BENZ 1982, S. 140
[1089] SAEGER, Interview
[1090] REGIONALVERBAND BODENSEE-OBERSCHWABEN 1990Uc, S. 2
[1091] REGIONALVERBAND BODENSEE-OBERSCHWABEN 1981, S. 29f
[1092] REGIONALVERBAND BODENSEE-OBERSCHWABEN 1981, S. 7
[1093] REGIONALVERBAND BODENSEE-OBERSCHWABEN 1981, S. 49. Angesichts dieser gemeindescharfen Festsetzung bleibt die Meinung von HOBERG unklar, daß Orte mit Eigenentwicklung* nicht gesondert ausgewiesen worden seien, sondern sich im Umkehrschluß ergäben (HOBERG 1982, S. 50).
[1094] REGIONALVERBAND BODENSEE-OBERSCHWABEN 1981, S. 50
[1095] LANDRATSAMT BODENSEEKREIS 1987U
[1096] REGIONALVERBAND BODENSEE-OBERSCHWABEN 1981, S. 47
[1097] REGIONALVERBAND BODENSEE-OBERSCHWABEN 1981, S. 50. Es stellt sich die Frage, was unter einem "begrenzten Umfang" zu verstehen ist.
[1098] REGIONALVERBAND BODENSEE-OBERSCHWABEN 1981, S. 49f

aufgenommen[1099]. Die ursprüngliche Konzeption, die Beschränkung der Gemeinden des ländlichen Raumes auf die Eigenentwicklung*, mußte aufgrund der "starken Angriffe seitens der kommunalen Instanzen" während des Beteiligungsverfahrens aufgegeben werden[1100].
HOBERG bewertet die Regelungsintensität der Planelemente des verbindlichen Regionalplans zur Siedlungsentwicklung im Vergleich zu den Festsetzungen anderer Regionalverbände als eher "rahmenartig"[1101]. Konkretere Positivausweisungen fehlen, mit Ausnahme der gemeindescharf ausgewiesenen Siedlungskategorien ("Bereiche mit verstärkter Siedlungsentwicklung", "Eigenentwicklung" und "angemessene Siedlungsentwicklung"), nahezu völlig. Diese Feststellungen überraschen angesichts der großen Regelungsbedürftigkeit der Siedlungsprobleme gerade im Bodenseeuferbereich. Zu Recht weist HOBERG darauf hin, daß "die räumlich konkrete Form des Planelements nach wie vor höhere Durchsetzbarkeitschancen" habe, da mit dieser Version eine abweichende Schwerpunktsetzung durch die kommunale Bauleitplanung leicht prüfbar sei und die Abwägung erleichtert" werde. Eine Positivausweisung von Siedlungsbereichen sei "unverzichtbar" für die Koordinierung mit der kommunalen Bauleitplanung[1102].
Hinzuweisen ist auch auf sich widersprechende "Grundsätze". So legte ein Plansatz fest, daß für die vom Bodenseeerlaß weitgehend befreiten Gemeinden Friedrichshafen und Überlingen die "Ziele für den Uferbereich des Bodensees zugrunde zu legen" seien, so z.B. das Ziel einer Verlangsamung der Zuwanderungen mit einer zurückhaltenden Ausweisung von Bauflächen[1103]. Dem stand die Ausweisung des Mittelzentrums Friedrichshafen als "Bereich mit verstärkter Siedlungsentwicklung" gegenüber[1104].

VI.A.10.4. Die Sachbereiche "Landschaftsrahmenplanung - Landschaftsschutz" im Regionalplan

Nach der Terminologie von KISTENMACHER ist der Landschaftsrahmenplan des Regionalverbands Bodensee-Oberschwaben "primärintegriert"[1105], d.h. direkt in den Regionalplan einbezogen. Für den Untersuchungsraum relevante planerische Festsetzungen dazu sind:

- "Die freie Landschaft in der engeren Uferzone soll grundsätzlich von Bebauung...freigehalten werden"[1106].
- "Im Verdichtungsbereich Ravensburg/Friedrichshafen, im Uferbereich des Bodensees...sind regionale Grünzüge*
  - -für den Naturhaushalt und das Gebietsklima
  - -zur Sicherung leistungsfähiger und zusammenhängender Flächen für die Landwirtschaft
  - -zur Erhaltung von Erholungsflächen in Stadtnähe und am Bodenseeufer
  - -zur räumlichen Gliederung der Stadtlandschaft

  sowie zur Wahrung des Landschaftsbildes und der Ufersilhouette als zusammenhängende Landschaften zu erhalten.

  Die regionalen Grünzüge* setzen sich aus den in der Raumnutzungskarte ausgewiesenen Freihalteflächen und den direkt benachbarten oder von Freihalteflächen umschlossenen Wäldern, Wasserschutz- und Wasserschongebieten sowie Natur- und Landschaftsschutzgebieten zusammen; sie gehen in die freie Landschaft über".
- "Neben den Schutzgebieten sind die Freihalteflächen und Wälder im Bereich der regionalen Grünzüge* von Bebauung grundsätzlich freizuhalten"
- "Die Freihalteflächen sind in der Raumnutzungskarte in den Grundzügen festgelegt; sie sind in Landschafts- und Bauleitplänen auszuformen und nach den jeweils vorliegenden Erkenntnissen der Ökologie abzugrenzen".

Laut der Plansatzbegründung gelten folgende Gesichtspunkte für die Abgrenzung der Freihalteflächen:

- Sicherung des Naturhaushalts.

Hier wird das bereits angerissene Maßstabsproblem der Landschaftsrahmenplanung deutlich: Nach Meinung des Regionalverbands sind "ökologische Zusammenhänge, Wechselwirkungen und

---

1099 BENZ 1982, S. 134f
1100 BENZ 1982, S. 134
1101 HOBERG 1982, S. 54
1102 HOBERG 1982, S. 56ff
1103 REGIONALVERBAND BODENSEE-OBERSCHWABEN 1981, S. 48f
1104 REGIONALVERBAND BODENSEE-OBERSCHWABEN 1981, S. 47f
1105 KISTENMACHER 1988, S. 13
1106 REGIONALVERBAND BODENSEE-OBERSCHWABEN 1981, S. 7

Belastungsgrenzen für größere Landschaften bisher nicht ausreichend erfaßbar"[1107]. In der Praxis spielt daher eine eigentlich aus landbaulicher Sicht erstellte "Ökologische Standorteignungskarte" für die Abgrenzung der Freihalteflächen eine große Rolle.

- Erhaltung von besonders leistungsfähigen landwirtschaftlichen Nutzflächen.
- Erhaltung von Erholungsgebieten in Stadtnähe und am Bodenseeufer.
- Schutz des Landschaftsbildes[1108].
- "Die Ausweisung weiterer Natur- und Landschaftsschutzgebiete soll vorrangig im Verdichtungsbereich Ravensburg/Friedrichshafen, im Uferbereich des Bodensees...geprüft werden"[1109].

Eine teilweise Kompensation zu den fehlenden Detailregelungen für den Sachbereich "Siedlung" erfolgt durch den nach HOBERG "hohen Steuerungsanspruch" bei der Festsetzung der regionalen Freihalteflächen*[1110], die in der Raumnutzungskarte gebietsscharf ausgewiesen werden. HOBERG nennt den Regionalverband Bodensee-Oberschwaben dabei sogar als "Beispiel für hohe räumliche Genauigkeit"[1111]. Auch ihm fällt die "siedlungsnahe (=siedlungsbegrenzende) Ausweisung" auf[1112], die die beabsichtigte siedlungssteuernde Funktion der Freihaltefläche in Form einer Restriktionsfläche deutlich macht. Allerdings ist HOBERG zu widersprechen, wenn er meint, daß die regionalen Freihalteflächen* des Regionalverbands Bodensee-Oberschwaben im Unterschied zu anderen Regionalverbänden die "gleiche Zielqualität" besäßen wie Schutzgebiete: Schutzgebiete werden parzellenscharf abgegrenzt und bieten darüber hinaus durch ihre individuell verfaßten Rechtsverordnungen eine bessere Rechtssicherheit, insbesondere gegenüber Eingriffen von privater Seite. Aus diesem Grund hat sich auch Verbandsdirektor Vogler intensiv für die Unterschutzstellung der regionalen Freihalteflächen* als Landschaftsschutzgebiete eingesetzt.
Positiv anzumerken ist der Verzicht auf Ausweisungen von auch nach Meinung von HOBERG nur "symbolisch" wirkenden "Grünzäsuren" durch den Regionalverband[1113]. Insgesamt sind die Festsetzungen der regionalen Freihalteflächen* als "Ziele der Raumordnung und Landesplanung" durch den Regionalverband äußerst positiv zu bewerten. HOBERG bescheinigt der Ausweisung dabei "gute Durchsetzungschancen" gegenüber der Bauleitplanung[1114], was zu überprüfen sein wird.

VI.A.10.5. Der Sachbereich "Gewerbe" im Regionalplan

Für diesen Sachbereich war der wohl wichtigste Plansatz:

- "Die Verlegung oder die Teilverlegung von Gewerbe- und Industriebetrieben aus der Uferzone in das Umland ist vor allem bei Erweiterungsvorhaben anzustreben".

In der Begründung wurde darauf hingewiesen, daß dies "insbesondere" für den Raum Friedrichshafen-Immenstaad gelten solle. Darüber hinaus wurden "regional bedeutsame Industrie- und Gewerbeorte", darunter das Mittelzentrum Friedrichshafen mit Immenstaad[1115], ausgewiesen. Diese Ausweisung stand im Widerspruch zur Beschränkung der Siedlungsflächen der Gemeinde Immenstaad auf die Eigenentwicklung*[1116]. Nach Meinung der Genehmigungsbehörde umfaßte die Darstellung der regionalen Gewerbe- und Industriestandorte in der Raumnutzungskarte zum Teil auch Aussagen zur Verortung von kommunalen Flächenausweisungen[1117], was aber nicht ganz stimmte: Die Verwaltung wies explizit darauf hin, daß es sich hierbei teils um nachrichtliche Übernahmen aus den Bauleitplänen der Gemeinden handle und daß die endgültige Festlegung Aufgabe der Bauleitplanung sei[1118]. Teilweise handelte es sich bei den Ausweisungen um ein "regionalplanerisch abgesichertes Angebot"[1119] ohne

---

1107 REGIONALVERBAND BODENSEE-OBERSCHWABEN 1981, S. 36f
1108 REGIONALVERBAND BODENSEE-OBERSCHWABEN 1981, S. 37f
1109 REGIONALVERBAND BODENSEE-OBERSCHWABEN 1981, S. 40
1110 HOBERG 1982, S. 55
1111 HOBERG 1982, S. 107
1112 HOBERG 1982, S. 108
1113 HOBERG 1982, S. 112
1114 HOBERG 1982, S. 114
1115 REGIONALVERBAND BODENSEE-OBERSCHWABEN 1981, S. 50f
1116 VOGLER, Interview
1117 Genehmigungsschreiben des Regierungspräsidiums Tübingen, zit. nach: REGIONALVERBAND BODENSEE-OBERSCHWABEN 1981
1118 REGIONALVERBAND BODENSEE-OBERSCHWABEN 1981, S. 52
1119 HOBERG 1982, S. 80

Verbindlichkeit für die Gemeinden.
Hinsichtlich der Regelungsintensität rangiert der Regionalverband im landesweiten Vergleich diesmal allerdings weit hinten[1120]. Ein Problem sind die fehlenden Verwirklichungshinweise. Neben Allgemeinplätzen scheint eine "weitergehende Vorgabe von Realisierungsmaßnahmen"[1121] nicht möglich. Auch hier sieht HOBERG in einer sachlich und räumlich weitergehenden Differenzierung der Ziele zum Planelement eher Vorteile hinsichtlich der Durchsetzungsstärke als bei "rahmenartigen Festlegungen"[1122].
Für Ordnungsräume wie den Bodenseeuferbereich schlägt HOBERG im Rahmen der Ausweisung als "Zone erhöhten Regelungsbedarfs" weitergehende Festlegungen vor, wie z.B. Nutzungsbeschränkungen für überörtlich bedeutsame Industrie- und Gewerbestandorte sowie flächenhafte "Positivplanungen*"[1123].

VI.A.10.6. Bewertung

Der Regionalplan ist als Umsetzungsinstrument für weniger konkrete Raumordnungspläne wie den Landesentwicklungsplan oder das Gesamtkonzept von großer Wichtigkeit.
Grundsätzlich ist die Weiterentwicklung der im Gesamtkonzept begonnenen Aufteilung des Planungsgebiets in den Uferbereich als Ordnungs- und das Hinterland als Entwicklungsraum in Verbindung mit entsprechenden Zielvorstellungen zu begrüßen. Dadurch relativiert sich das bisherige Leitbild des "Sowohl-als auch" zumindest für den Uferbereich. Während grundsätzlich bei den hier interessierenden Sachbereichen die Positivausweisungen eine geringe Rolle spielen, scheint die Festsetzung von Restriktionsflächen (regionale Freihalteflächen*) von Bedeutung zu sein. Allerdings wird klar, daß bereits der Entwurf zur Anhörung des Planes "sehr stark an der politischen Durchsetzbarkeit orientiert"[1124] war. Dies belegen die zahlreichen, sich widersprechenden Grundsätze[1125], unkonkret bleibende Ausweisungen und nicht ausreichend definierte Begriffe ("Eigenentwicklung*", "Uferzone") auch für den verbindlichen Plan. In den im wesentlichen rahmenartigen Vorgaben dokumentiert sich neben dem kommunalen Widerstand auch das Planungsverständnis der Verbandsverwaltung. Vielleicht beschränkte sich die Verbandsverwaltung auch auf rahmenartige Vorgaben, weil die Erstellung des Teilregionalplans "Bodenseeufer" seit dem Gesamtkonzept beschlossene Sache war.

VI.A.11. Der Teilregionalplan "Bodenseeufer" ("Bodenseeuferplan") von 1984

Zur Regelung der besonderen Probleme des Bodenseeuferbereichs wurde ein Teilregionalplan "Bodenseeufer" (Bodenseeuferplan) für diesen Bereich aufgestellt. Als Planungsgrundlage standen neben dem Raumordnungskataster und der ökologischen Standorteignungskarte auch die im Gesamtkonzept ertmals erwähnte "Uferkarte" im Maßstab 1 : 5000 zur Verfügung, die neben den Eigentumsverhältnissen der Gemeinden die bestehenden und geplanten Landschafts- und Naturschutzgebiete enthielt[1126].
Schon frühzeitig waren die in diesem Plan vornehmlich zu regelnden Sachthemen bestimmt:

- Besserer Schutz der Uferlandschaft (u.a. Schutz der Flachwasserzone)
- Verkehrsberuhigung in der Uferzone
- "verbindliche" Regelung der Bebauung (Stop des Landschaftsverbrauchs)[1127].

Der am 15.11.84 vom Innenministerium genehmigte und noch geltende Plan umfaßt als Geltungsbereich im wesentlichen die Ufergemeinden und somit den Geltungsbereich des Internationalen Leitbilds für das Bodenseegebiet. Allerdings, so der Regionalverband, seien bei den Festsetzungen zu bestimmten Sachgebieten auch einzelne "Umlandgemeinden" betroffen. Seeseitig erstreckt sich der Geltungsbereich

---

[1120] HOBERG 1982, S. 84
[1121] HOBERG 1982, S. 83
[1122] HOBERG 1982, S. 87
[1123] HOBERG 1982, S. 89
[1124] BENZ 1982, S. 146
[1125] KITTELMANN nennt als Beispiel für einen nicht evaluierbaren Plansatz einen der "Grundsätze" aus dem Regionalplan Bodensee-Oberschwaben: "Im Uferbereich des Bodensees soll die natürliche Eigenart der Landschaft erhalten bleiben" (KITTELMAMM/HÜBLER 1984, S. 65).
[1126] GESAMTKONZEPT FÜR DEN BODENSEERAUM 1975, S. 57
[1127] WOCHENBLATT vom 4.11.78

auf die Flachwasserzone bis zur "Halde" (etwa 390 m Höhenlinie[1128]). Der Plan wurde über Koordinierungsgremien (z.B. "Kontaktausschüsse") mit ähnlichen Planungen des Regionalverbands "Hochrhein-Bodensee" und der anderen Bodenseeanliegerstaaten koordiniert. Besonders bemerkenswert an diesem Plan ist sein hoher Konkretisierungsgrad, der sich neben den sehr detaillierten textlichen Festsetzungen auch im Maßstab der Raumnutzungskarte (1 : 25.000) niederschlägt.
Bei den Regelungen des Flachwasserzonenschutzes und des Schilfschutzes übernahm der Regionalverband die Aufgabe der Konkretisierung von Fachplanungen* (Wasserwirtschaft und Naturschutz). Die Flachwasserzone des Bodenseeufers wurde dazu in zwei verschiedene Schutzzonen und in eine "allgemeine" Flachwasserzone mit unterschiedlichen Eingriffsregelungen unterteilt. Der Schutz der am Bodensee stark zurückgehenden Schilfgebiete war ein persönliches Anliegen des Verbandsdirektors Vogler. Hierzu regelte und koordinierte der Bodenseeuferplan den Schutz der noch verbliebenen und die Renaturierung der bereits beeinträchtigten Schilfgebiete (Schilfprogramm: Sperrung von Schilfgebieten, Unterschutzstellungsvorschläge etc.). Durch seine Kontakte zur Stiftung Naturschutzfonds des Landes konnte Vogler hierbei gleichzeitig auch die Finanzierung dieser Projekte sichern, was normalerweise der Raumordnung verwehrt ist. MÜNZER sieht in dieser Übernahme von Fachplanungsaufgaben* durch die Regionalplanung ein Beispiel für die "Zurückhaltung" der Fachplanungen* gegenüber der Raumordnung[1129].
Entgegen den Erwartungen wurde der Sachbereich "Siedlung" nicht explizit im Plan angesprochen. Wie bereits im Regionalplan auch, erfolgte der Versuch der Siedlungssteuerung nicht über "Positivausweisungen", sondern über die Ausweisung von Freihalteflächen. Diese "Vorrangbereiche für den Natur- und Landschaftsschutz" sind von Nutzungen freizuhalten, die einer Ausweisung von Landschafts- und Naturschutzgebieten entgegenstehen[1130]. Allerdings sind diese Schutzgebiete nur "anzustreben", und die Nutzungsrestriktionen beschränken sich auf die Bebauung[1131], was die Vorrangbereiche hinsichtlich ihrer Rechtswirkung den im Regionalplan ausgewiesenen "regionalen Freiflächen*" naherückt.
Durch die "nachrichtliche Übernahme" der regionalen Freihalteflächen* in den Maßstab des Bodenseeuferplans wurde natürlich eine für die Verbandsverwaltung willkommene hohe Konkretisierungsstufe erreicht, die wie die Ausweisungen der "Vorrangbereiche" an Parzellenschärfe grenzt. Die Planverfasser betonen aber in ihrer Begründung, daß die "Feinabgrenzung" der künftigen Schutzgebiete im jeweiligen Schutzverordnungsverfahren festgelegt werde[1132]. Leider war mit der Ausweisung der Vorranggebiete keine "Veränderungssperre" verbunden, wie VOGLER meint[1133]. Dazu hätte es der begleitenden Verordnung des Gebietes als Schutzgebiet durch die Naturschutzbehörden bedurft, was aber infolge der unzureichenden Arbeitskapazitäten dieser Behörden bis heute nur ansatzweise gelungen ist[1134]. Aufgrund der nicht erfolgten Differenzierung der beiden Schutzkategorien können z.B. gegen eine zukünftige Ausweisung als Naturschutzgebiet gerichtete Eingriffe auf der Basis dieser Ausweisungen überhaupt nicht geahndet werden. Die Rechtsverbindlichkeit beschränkt sich auf öffentliche, nicht aber auf private Eingriffe. Dazu kommt die nicht parzellenscharfe Ausweisung, die in Grenzbereichen keine eindeutige Flächenzuordnung und damit keinen eindeutigen Schutz gewährleistet. Darüber hinaus wurden bei der Ausweisung der Vorranggebiete die nachrichtlich aus den Bauleitplänen der Gemeinden übernommenen bestehenden und geplanten Siedlungsflächen, inklusive einer "Pufferzone", sorgsam ausgespart[1135]. Die Ausweisung der "Vorrangbereiche" wurde u.a. mit der immer stärker werdenden Überbauung des 500 -, 1000 - und 2000 m "Uferstreifens" begründet[1136].

VI.A.11.1. Das Anhörungsverfahren zum Bodenseeuferplan

Wie wichtig die Kompromißstufe "Anhörung" beim Zielfindungsprozeß in der Regionalplanung sein

[1128] REGIONALVERBAND BODENSEE-OBERSCHWABEN 1984, Vorbemerkung
[1129] MÜNZER 1983, S. 15. Leider ist am Bodensee eine solche Zurückhaltung seitens der Strassenbauverwaltung nicht zu spüren.
[1130] REGIONALVERBAND BODENSEE-OBERSCHWABEN 1984, S. 20
[1131] REGIONALVERBAND BODENSEE-OBERSCHWABEN 1984, S. 20
[1132] REGIONALVERBAND BODENSEE-OBERSCHWABEN 1984, S. 24
[1133] VOGLER 1986, S. 145
[1134] BUND o.J. (ca. 1987U)
[1135] REGIONALVERBAND BODENSEE-OBERSCHWABEN 1984, Karte
[1136] S. Karte 4. Der Begriff "Uferzone" wird hier also entgegen der Forderung des Gesamtkonzeptes nicht eindeutig definiert.

kann, wird im Falle der Anhörung zum Entwurf des Bodenseeuferplans deutlich[1137].
Die Schutzbestimmungen des "Entwurfs zur Anhörung" erfuhren als Ergebnis der Anhörung eine Verschlechterung: So wurden in acht Bereichen die Ausweisungen der "Vorrangbereiche" zurückgenommen, nur in einem Bereich wurde die ausgewiesene Fläche vergrößert[1138]. Dies war größtenteils infolge der Widerstände der betroffenen Gemeinden erfolgt, wie die Auswertung des Sitzungsprotokolls der Verbandsversammlung ergab[1139]: So wünschte die Gemeinde Eriskirch eine Beschränkung der Ausweisung von Freihaltebereichen auf die Vorschläge ihres Flächennutzungsplans, die Gemeinden Kressbronn und Tettnang verlangten die Herausnahme von Sonderkulturflächen.

VI.A.11.2. Bewertung

Hinsichtlich der politischen Durchsetzung der Planfestsetzungen meint VOGLER, daß die Beschränkung auf wenige, aber konkrete Festsetzungen dem Bodenseeuferplan ein "vergleichsweise großes kommunal- und regionalpolitisches Interesse und damit erhöhte Chancen für seine Durchsetzung" gebracht habe. Dies stehe im Widerspruch zu der herrschenden Meinung, daß die Regionalpläne flächendeckend und umfassend angelegt sein und möglichst "nicht zu konkrete Festsetzungen enthalten sollten". "Aus den Erfahrungen mit dem Bodenseeuferplan ergeben sich genau die umgekehrten Schlußfolgerungen"[1140].
Trotzdem ist im Falle des Uferplans bei manchen Sachthemen die Differenzierung wohl noch nicht weit genug erfolgt. Aufgrund der in ihrer Schutzstärke sehr unterschiedlichen Schutzkategorien "Naturschutzgebiet" bzw. "Landschaftsschutzgebiet" wurde von seiten des privaten Naturschutzes eine Differenzierung der "Vorranggebiete" in diese Teilkategorien angeregt. Nur so würde der aus Landessicht unterdurchschnittliche Anteil der bestehenden und sich im Verfahren befindlichen Naturschutzgebiete im Bodenseeuferbereich deutlich werden. Ein anderes Beispiel ist die noch immer starke Dominanz von "Grundsätzen". So ist die Ausweisung von Schutzgebieten, die Erweiterung der Schilfbestände im Uferbereich oder auch die Renaturalisierung beeinträchtigter Uferbereiche nur "anzustreben". Insofern ist die Meinung des Innenministeriums, wonach es sich bei den Festsetzungen des Bodenseeuferplans um "stringente Regelungen" handle, denen sich die Bauleitpläne der Gemeinden "anpassen müssen"[1141], zu relativieren.
Zu kritisieren wäre auch die unzureichende Beschränkung der Festsetzungen auf die Ufergemeinden. Angesichts der sich immer mehr in das Hinterland verlagernden Probleme, z.B. hinsichtlich der starken Siedlungstätigkeit, hätte der Geltungsbereich des Bodenseeuferplans zumindest auf die Gemeinden der "2. Linie"[1142] ausgedehnt werden müssen.
Besonders fällt das Fehlen von Positivregelungen für den für den Uferbereich wichtigsten Sachbereich, das Siedlungswesen, auf. Flächenhafte Ausweisungen von aus der Sicht der Regionalplanung geeigneten Siedlungsbereichen hätten sicher eine gute Steuerwirkung gehabt, konnten aber gegen den Willen der Gemeinden nicht durchgesetzt werden. Bei den Wohnbauflächen hätte für die Einhaltung der im Regionalplan gemachten Auflagen (z.B. "Eigenentwicklung*") die "Bedarfsfrage" gestellt werden müssen. Der Begriff "Eigenbedarf" wurde nicht ausreichend konkretisiert, obwohl die im Uferplan abgedruckten Zahlen der im Geltungsbereich vorhandenen Zweitwohnungen zeigen, daß diese Planfestsetzung in der Praxis noch immer unterlaufen wird[1143]. Auch die weitgehenden Ausnahmeregelungen der Regionalplanfestsetzungen im Uferbereich für die Gemeinden Friedrichshafen und Überlingen hätten problematisiert werden müssen. Der Bodenseeuferplan mit der Möglichkeit der konkreten Festsetzung hätte darüber hinaus Gelegenheit zur Lösung der aus der Festsetzung widersprüchlicher Grundsätze im Regionalplan resultierenden Probleme gegeben.
Die geplante Fortschreibung des Bodenseeuferplans[1144] würde die Chance zur Verbesserung dieses relativ wirkungsvollen Instrumentes mit sich bringen.

[1137] REGIONALVERBAND BODENSEE-OBERSCHWABEN 1982
[1138] BUND o.J. (ca. 1985U)
[1139] REGIONALVERBAND BODENSEE-OBERSCHWABEN 1983U, S. 19
[1140] VOGLER 1986, S. 145
[1141] INNENMINISTERIUM BADEN-WÜRTTEMBERG 1985, S. 4
[1142] Interessanterweise forderte HECKING 1989 die Ausdehnung der "seenahen" Uferzone bis zur Grenze des Wassereinzugsgebietes Bodensee. Diese ökologisch orientierte Abgrenzung wird auch von Umweltverbänden verlangt (INTERNATIONALE SCHUTZGEMEINSCHAFT BODENSEERAUM 1990U, S. 5)
[1143] S. Kapitel VI.C.4.4.
[1144] SAEGER, mdl. Mitteilung vom 23.5.91

VI.A.12. Das "Internationale Leitbild für das Bodenseegebiet" von 1983

VI.A.12.1. Vorstellung des Leitbilds

1983 wurde von den "Gemeinsamen Raumordnungskommissionen Bundesrepublik Deutschland, Schweizerische Eidgenossenschaft und Republik Österreich" das "Internationale Leitbild für das Bodenseegebiet" veröffentlicht[1145]. Bereits 1975, auf der vierten Sitzung der Deutsch-Schweizerischen Raumordnungskommission, war eine Arbeitsgruppe zur Erarbeitung dieses Leitbildes eingesetzt worden[1146]. Die Federführung wurde dem baden-württembergischen Innenministerium übertragen. Ein "erster Vorentwurf" lag bereits 1976 vor. Allerdings spürte man wohl, daß einem internationalen Leitbild ohne die Beteiligung österreichischer Stellen wenig Erfolg beschieden wäre. Aus diesem Grund wurde dieses Land 1977 eingeladen, sich an der Erarbeitung des Leitbildes als "Beobachter" zu beteiligen. Die daraufhin vom Land Vorarlberg entsandten Vertreter Österreichs wurden in der Folgezeit "in allen Phasen" wie vollberechtigte Mitglieder behandelt. Erst am 8.11.82 wurde das Leitbild in Ravensburg von der Deutsch-Schweizerischen Raumordnungskommission und, mangels einer "schweizerisch-österreichischen Kommission", am 14. Okt. 1983 von der deutsch-österreichischen Raumordnungskommission beschlossen[1147]. Neben diesen Verzögerungen in der Planerstellung ist die äußerst geringe Verbindlichkeit dieses Plans Indikator für die schwierige internationale Konsensfindung: Sie besteht in einer völlig unverbindlichen "Empfehlung" ohne jede Rechtskraft.
Das Leitbild verstärkt das bereits bekannte "Sowohl als auch"-Konzept: Neben einer pauschalen Absage an das Leitbild des "ökologischen Ausgleichsraums" beeinhaltet dies die Feststellung, daß ein "einseitiger Verzicht auf wirtschaftliche Entwicklung...der ansässigen Bevölkerung nicht zumutbar" sei. Einzige Einschränkung für die wirtschaftliche Entwicklung im Uferbereich soll sein, daß hier "umweltfreundliche Arbeitsplätze z.B. im Dienstleistungssektor bevorzugt werden" sollen[1148]. Andererseits aber soll "die Leistungsfähigkeit des Naturhaushaltes" bewahrt, und die "Landschaft und ihre charakteristischen Bestandteile" sollen erhalten und gepflegt werden[1149].
Die geringe Verbindlichkeit und die Widersprüche des Leitbilds schlagen sich auch in den wichtigsten Plansätzen hinsichtlich des Themenbereichs "Siedlung - Industrie - Umwelt" nieder:

- Leitsatz 2.4: "Zwischen Bodensee und seeabgewandter Landschaft sind verbindende Freiräume zu erhalten"[1150].
- Leitsatz 2.5: "Die noch freie Uferzone ist von weiterer Bebauung freizuhalten; in den natürlichen und naturnahen Abschnitten sind weitere Eingriffe zu vermeiden"[1151].
- Leitsatz 3.1: "Im Uferbereich ist die Siedlungstätigkeit an den Bedürfnissen der ansässigen Bevölkerung auszurichten; sie soll besonders in den Teilen, die dem See zugewandt sind, nicht parallel zum Ufer erfolgen, auf weiteren Zweitwohnungsbau soll verzichtet werden"[1152].
- Leitsatz 3.3: "Der Landschaftsverbrauch soll verringert werden durch flächensparende Erschließung und Bebauung sowie durch Sanierung und Modernisierung des Bestandes; Zersiedelung und Zerschneidung der Landschaft sollen vermieden werden[1153].
- Leitsatz 4.2: "Die weitere industriell-gewerbliche Entwicklung soll sich vorrangig im seefernen Bereich vollziehen, im Uferbereich darf sie nur außerhalb der Uferzone erfolgen".

In der Begründung wurde erläutert, daß selbst im Uferbereich "auf einen maßvollen, unter dem Gesichtspunkt des Gewässerschutzes vertretbaren, industriell-gewerblichen Ausbau nicht verzichtet werden" könne[1154].

[1145] INNENMINISTERIUM BADEN-WÜRTTEMBERG 1983
[1146] FEURSTEIN 1986, S. 28
[1147] FEURSTEIN 1986, S. 28
[1148] INNENMINISTERIUM BADEN-WÜRTTEMBERG 1983, S. 29
[1149] INNENMINISTERIUM BADEN-WÜRTTEMBERG 1983, S. 18f
[1150] INNENMINISTERIUM BADEN-WÜRTTEMBERG 1983, S. 21
[1151] INNENMINISTERIUM BADEN-WÜRTTEMBERG 1983, S. 22
[1152] INNENMINISTERIUM BADEN-WÜRTTEMBERG 1983, S. 24
[1153] INNENMINISTERIUM BADEN-WÜRTTEMBERG 1983, S. 26
[1154] INNENMINISTERIUM BADEN-WÜRTTEMBERG 1983, S. 31

VI.A.12.2. Bewertung

Nach FEURSTEIN ist das "Internationale Leitbild" "keine bloße Zusammenfassung nationaler oder regionaler Leitbilder"[1155]. Allerdings hätten die einzelnen Leitsätze aufgrund der unterschiedlichen Verhältnisse in den jeweiligen Anliegerstaaten ein "unterschiedliches Gewicht"[1156]. "Eine wesentliche Funktion des Leitbildes" liege darin, "daß die innerstaatliche Durchsetzung von bestimmten Anliegen, wie etwa die Freihaltung von Uferzonen...leichter ist, wenn unter Hinweis auf das Leitbild aufgezeigt werden kann, daß auch am übrigen Bodensee ähnlich vorgegangen" werde. Allerdings müsse das Leitbild "durch weitere Empfehlungen für bestimmte Sachbereiche" ausgeformt und vertieft werden[1157]. Sicher ist die knappe und kurze Plansatzformulierung zu begrüßen, allerdings sind die Plansätze unzureichend konkretisiert. Sie widersprechen sich zum Teil, wie es für das Leitbild des "Sowohl-als auch" typisch ist. Ihr Inhalt bleibt weit hinter den Festsetzungen von Regional- und Bodenseeuferplan zurück. Die wenigen Ansätze zu konkreteren Festlegungen (z.B. Leitsätze 2.5 und 4.2) sind wegen der fehlenden oder unzureichenden Begriffsdefinitionen (z.B. "Uferzone") nicht operationalisierbar. Dazu kommen fehlende Umsetzungshinweise (z.B. zur Einschränkung des Zweitwohnungsbaus) und beim Themenbereich "Siedlung" die hinter den Festsetzungen des Bodenseeerlasses zurückbleibende Ignorierung der Bedarfsfrage. Die Interessenlage der Raumordnungspolitiker hinsichtlich des Schutzes des Bodenseeraums beschränkt sich noch immer auf dessen Funktion als Erholungsraum und Trinkwasserspeicher, so daß wirkliche ökologische Problemlösungen nicht angeboten werden.
Die Tatsache, daß die Forderungen des Leitbildes noch hinter denen der teilweise zeitlich zuvor verbindlich gewordenen Regional- und Bodenseeuferpläne zurückbleibt, wird sogar als "Umsetzungserfolg" gefeiert: So ist für FEURSTEIN ein Umsetzungsindikator, daß der Regionalplan der Region Allgäu "alle notwendigen Ziele" enthalte und die Uferpläne der Regionalverbände Bodensee-Oberschwaben und Hochrhein-Bodensee die Festsetzungen zum Flachwasserschutz enthielten[1158]. Selbst der offizielle "Bericht zur Umsetzung des Internationalen Leitbilds für das Bodenseegebiet" der 8. Konferenz der Regierungs- und Ressortchefs der Bodenseeanrainerländer vom November 1987[1159] stützt sich auf diese Art "Erfolgskontrolle": Der "Zielerreichungsgrad" wurde im wesentlichen (für die Leitsätze zum Sachbereich "Siedlung" nahezu ausschließlich) anhand der Aufnahme der Festsetzungen des Leitbilds in andere Programme und Pläne bestimmt[1160].

Tabelle 4: Leitsätze des "Internationalen Leitbilds" und ihre Erfolgskontrolle nach dem Umsetzungsbericht der Deutsch-Schweizerischen Raumordnungskommission (Quelle: DEUTSCH-SCHWEIZERISCHE RAUMORDNUNGSKOMMISSION 1987U)

Leitsätze	Zielerreichungsindikatoren nach dem Umsetzungsbericht
2.4, 2.5	Ausweisung der Vorrangbereiche durch die Regionalverbände, Erlassen von Schutzverordnungen durch die Naturschutzbehörden
3.1	Festsetzung im Regionalplan (u.a. der Eigenentwicklung* und von Freihalteflächen)
3.3	Festsetzungen im Regionalplan

Selbst beim Indikator "Erlassen einer Schutzverordnung" ist die "Implementation bis zum Schluß" nicht erfaßt. Der Autor weiß aus eigener Erfahrung, daß die Zielvorstellungen bei der Schutzverordnung zum im Umsetzungsbericht zitierten Beispiel "Naturschutzgebiet Hepbach-Leimbacher Ried" nicht umgesetzt wurden.

[1155] FEURSTEIN 1986, S. 28. FEURSTEIN ist in der Raumplanung von Vorarlberg beschäftigt und war in dieser Funktion an der Erarbeitung des "Leitbilds" beteiligt.
[1156] FEURSTEIN 1986, S. 28
[1157] FEURSTEIN 1986, S. 30
[1158] FEURSTEIN 1986, S. 30
[1159] DEUTSCH-SCHWEIZERISCHE RAUMORDNUNGSKOMMISSION 1987U
[1160] S. Tabelle 4

Wichtig wäre, daß die hier angerissenen Probleme bei einer eventuellen Fortschreibung des "Internationalen Leitbildes" Berücksichtigung fänden.

VI.A.13. Der Landesentwicklungsplan von 1983

Der wichtigste Plansatz im aktuellen Landesentwicklungsplan für den Sachbereich "Siedlung" lautet:

- "Die Region Bodensee-Oberschwaben...ist in ihrer Entwicklung so zu fördern, daß
  - der Uferbereich des Bodensees unter Wahrung des Landschaftscharakters und Beachtung der limnologischen Erfordernisse als Erholungsraum weiter ausgebaut...wird
  - die Siedlungsentwicklung auf geeignete seeabgewandte Standorte im Uferbereich, vorrangig aber in die im unmittelbar angrenzenden Hinterland gelegenen Zentralen Orte, gelenkt wird und daß dabei vor allem die unmittelbar an das Seeufer grenzende Landschaft in ihrer natürlichen und kulturellen Eigenart weitestgehend erhalten wird"[1161].

Dieser Plansatz zeigt, wie wichtig mittlerweile die Differenzierung zwischen "Uferbereich" und "Hinterland" ist: Eigene getrennte Plansätze werden für diese Gebietseinheiten aufgestellt. Bezogen auf die Region ändert sich am bisherigen Leitbild jedoch nichts, wie die Begründung dieses Plansatzes deutlich macht: So werden für das Gebiet außerhalb des Uferbereichs eine "verstärkte Siedlungsentwicklung" und "ausreichende Erwerbsmöglichkeiten" angestrebt[1162].
Anzumerken ist, daß nunmehr der "vorrangige" Entlastungseffekt nicht in der bisher immer betonten Lenkung der Siedlungsentwicklung auf die "seeabgewandten" Standorte, sondern auf die unmittelbar angrenzenden Zentralen Orte im Hinterland gesehen wurde, was nichts anderes als eine Reaktion auf die tatsächliche Siedlungsentwicklung ist, deren bisher auf die Ufergemeinden beschränkten Probleme nunmehr auf die Gemeinden der 2. Linie "überschwappt"[1163].

VI.A.14. Das "Hecking-Gutachten" von 1987

Ähnlich wie für den Verdichtungsraum "Mittlerer Neckar"[1164] vergab die Landesregierung Ende 1986 einen Forschungsauftrag an das Städtebauliche Institut der Universität Stuttgart[1165] zu Problemen der Siedlungsentwicklung am See. Auslöser war die regionalplanerische Festsetzung der Eigenentwicklung* nach § 8 Abs. 2 Nr. 4 des Landesplanungsgesetzes für die Gemeinden des Uferbereichs mit Ausnahme von Überlingen und Friedrichshafen. Die Raumordnungsbehörden hatten trotz dieser Festsetzung "eine überdurchschnittliche Siedlungstätigkeit" festgestellt[1166] und wollten aus diesem Grund die "Eigenentwicklung*" besser definiert sehen. HECKING et al. sollten fachliche Grundlagen zur Konkretisierung des Problems liefern. Die genaue Funktion dieses Gutachtens hat ein bisher[1167] noch nicht erschienenes juristisches Gutachten, welches bei dem während der "juristischen Diskussion" nicht unbedingt auf kommunaler Seite stehenden Freiburger Juristen Wahl in Auftrag gegeben wurde, fachlich zu begründen. Das Hecking-Gutachten soll die "planungsrechtlichen Möglichkeiten für eine wirksame Entwicklungssteuerung" besonders hinsichtlich der Bemessung der Siedlungstätigkeit von Gemeinden mit Eigenentwicklung* aufzeigen[1168]. Die Zielrichtung dieses landespolitischen Vorstosses ist also klar. Jetzt endlich soll die "Bedarfsfrage" der Baulandausweisung der Gemeinden geklärt und geregelt werden.

VI.A.14.1. Untersuchungsmethode

HECKING et al. erarbeiteten zur Erfüllung des oben angeführten Auftrags zuerst eine Art "Raumordnungsbericht" für den Sachbereich Siedlungswesen auf verschiedenen Untersuchungsraumebenen (Gemeinde, Uferbereich, "seenahes Hinterland") für den Landkreis

---

1161 INNENMINISTERIUM BADEN-WÜRTTEMBERG 1984, S. 42

1162 INNENMINISTERIUM BADEN-WÜRTTEMBERG 1984, S. 294

1163 Die SPD hatte bereits 1981 in der Landtagsdebatte anläßlich einer großen Anfrage der FDP/DVP zur "Entwicklung des Bodenseeraums" auf dieses Problem hingewiesen (LANDTAG VON BADEN-WÜRTTEMBERG 1981, S. 1911).

1164 STUTTGARTER ZEITUNG vom 17.1.89

1165 DEUTSCH-SCHWEIZERISCHE RAUMORDNUNGSKOMMISSION 1987U, S. 25f

1166 HECKING et al. 1987, S. 6

1167 bis zum 27.5.91

1168 HECKING et al. 1987, S. 6

Konstanz und die Region Bodensee-Oberschwaben[1169]. Der Schwerpunkt lag dabei auf den Ebenen "Uferbereich" und "seenahes Hinterland"[1170]. Nach einer kurzen Darstellung der für den Untersuchungsraum typischen "Standort- und Entwicklungsbedingungen" und der landes- und regionalplanerischen Leitbildvorgaben besteht der Schwerpunkt der Arbeit in einer "Analyse der gemeindlichen Bevölkerungs- und Siedlungsflächenentwicklung unter Berücksichtigung der Festlegungen des regionalen Siedlungs- und Freiraumkonzepts", was einem "Soll-Ist-Vergleich" einer Evaluierung nahekommt. Durch eine "Darstellung der Gründe, Erklärungszusammenhänge und räumlichen Auswirkungen dieser Entwicklung" versuchten HECKING et al. Wirkungszusammenhänge herauszufinden. Ein prognostischer Teil und eine Ableitung der wichtigsten Planungsprobleme sowie Planungsvorschläge aus fachlicher Sicht runden die Untersuchung ab[1171].
Vom Verfahrensansatz her kann man das Gutachten als "Teilevaluierung der Regionalplanung" mit Reduktionsstrategien für den Sachbereich "Siedlung" und die Implementationsebene "Gemeinde" ansehen. Die Untersuchungsmethode beschränkte sich im wesentlichen auf eine Auswertung verschiedener amtlicher Statistiken (Siedlungsflächen-, Bevölkerungs-, Wohnungs- und Beschäftigtenstatistik) sowie von Luftbildern (Vergleich der Befliegungen 1969/71 und 1986 des Landesvermessungsamtes[1172]) für die o.a. Teiluntersuchungsräume.

VI.A.14.2. Untersuchungsergebnisse

Die Beschreibung des raumstrukturellen Zustands (=Ist-Zustand) ergab im wesentlichen eine Bestätigung der bisher bereits bekannten Raumnutzungskonflikte und Planungsprobleme am See: "Der Konflikt zwischen der aus der Wohn-, Arbeits-, Verkehrs- und Freizeitfunktion resultierenden Siedlungsflächenexpansion und den begrenzten landschaftlichen und ökologischen Ressourcen stellt sich also mit aller Schärfe"[1173]. HECKING et al. führen dazu als Beispiele an:

- den im Landesvergleich überdurchschnittlichen und anhaltenden Landschaftsverbrauch,
- die starke "siedlungsstrukturelle Belastung des Uferbereichs, stellenweise auch des seenahen Hinterlandes" mit einem "Trend zu einer bandartigen Entwicklung" am Ufer und "besonders flächenextensiven Siedlungserweiterungen im seeabgewandten Hinterland[1174].

Daß dies auch als ein "Erfolg" der noch immer auf den Entlastungseffekt durch Verlagerung des Siedlungspotentials in seeabgewandte Bereiche abzielenden Landes- und Regionalplanung dargestellt wird, zeigt die Fragwürdigkeit dieser Zielvorstellung. Der darin liegende Widerspruch wird aber von HECKING et al. nicht problematisiert.

- die hohe Umweltbelastung vor allem im Uferbereich, die HECKING et al. vor allem auf die drohende Beeinträchtigung des Trinkwasserspeichers Bodensee reduzieren. Immerhin deuten sie die überregional bedeutsamen Grundwasser-, Oberflächenwasser- und Biotoppotentiale an[1175] und bestätigen somit Buchwald zumindest in Teilen.

Eines der wichtigsten Ergebnisse, das ja gleichzeitig auch der eigentliche Anlaß der Untersuchung war, ist die Feststellung, daß die aus der Eigenentwicklung* resultierenden Wohnflächenansprüche landesweit, vor allem aber am Bodensee, höher seien als im Bauflächenerlaß angenommen[1176]. Als Grund dafür nennen die Autoren eine Unterschätzung der gestiegenen Wohnansprüche[1177]. Ein anderer möglicher Grund, die überdimensionierte Baulandpolitik der Gemeinden, wird nicht erwähnt. Auf die hohen Wohnansprüche führen HECKING et al. auch die festgestellten Diskrepanzen bei den Bevölkerungsrichtwerten* zurück[1178]. Mit Anspielung auf die Überhöhung fordern HECKING et al., die Richtwerte als "empirisch belegte Trendanalysen" und nicht als politische Zielwerte zu konzipieren[1179]. Dem ist entgegenzuhalten, daß eine Steuerwirkung von den Richtwerten* nur ausgehen kann, wenn sie "politisiert" werden. Diese Umwandlung der Richtwerte* in politische Ziele könnte ja

---

1169 HECKING et al. 1987, S. 11
1170 HECKING et al. 1987, S. 73
1171 HECKING et al. 1987, S. 6f
1172 HECKING et al. 1987, S. 9f
1173 HECKING et al. 1987, S. 155
1174 HECKING et al. 1987, S. 150f
1175 HECKING et al. 1987, S. 152
1176 HECKING et al. 1987, S. 152
1177 HECKING et al. 1987, S. 152
1178 S. Abb. 5
1179 HECKING et al. 1987, S. 153

nicht nur, wie geschehen, in einem Aufschlag, sondern auch in einem Abschlag auf die fachlich ermittelte Trendanalyse bestehen.
Die starke Siedlungsflächenexpansion im Untersuchungsraum führen die Autoren vor allem auf nicht direkt beeinflußbare externe Faktoren ("Wohlstand", Attraktivität des Bodenseegebiets etc.) zurück[1180].

VI.A.14.3. Reaktionen auf das Gutachten

Aus Angst vor der Beeinträchtigung der Planungshoheit war das Echo auf die Veröffentlichung des Gutachtens bei den Gemeinden äußerst negativ. Bei der Vorstellung des Gutachtens in der Verbandsversammlung wurde es von den Gemeinden faktisch zurückgewiesen. Angesichts der beabsichtigten Veröffentlichung des Rechtsgutachtens, so die kommunalen Vertreter, schwane den Gemeinden "nichts Gutes"[1181].
Demgegenüber kam es im Landtag von Baden-Württemberg zu zahlreichen Initiativen. Die Diskussion dürfte durch die Veröffentlichung des Rechtsgutachtens einen neuen Höhepunkt erreichen.

VI.A.14.4. Schlußfolgerungen von HECKING et al.

Hier seien nur die für diese Untersuchung wichtigen Vorschläge von HECKING et al. diskutiert. Infolge der auf das seenahe Hinterland übergreifenden Problemlage schlagen HECKING et al. die Erweiterung des Geltungsbereichs des Bodensee-Erlasses "zumindest auf Problemräume wie Teile des seenahen Hinterlandes" und "das Umland größerer Städte" vor[1182]. Auch bei den sich größtenteils erst in Aufstellung befindlichen Flächennutzungsplänen der Gemeinden der Landkreise Ravensburg und Sigmaringen soll versucht werden, "argumentativ" auf die Planinhalte im Sinne des Bodensee-Erlasses einzuwirken[1183]. Ein weiteres Argument von HECKING et al. zur Erweiterung des Bodensee-Erlasses (Der Erlaß biete eine Handhabe, neuen Industrieansiedlungen in Landschaftsschutzgebieten entgegenzutreten) übersieht, daß auch außerhalb des Bodensee-Erlasses das Errichten baulicher Anlagen in Landschaftsschutzgebieten in der Regel verboten ist. Als weitere Konsequenz fordern HECKING et al. die verstärkte flächendeckende Erhebung von Daten zur Raum- und Umweltqualität als Voraussetzung für Planung, mit einem "angemessenen Zeit- und Kostenrahmen". Getreu ihrem "optisch-landschaftsästhetischen" Schwerpunkt verlangen die Autoren zum dritten eine verstärkte staatliche Förderung bei der Sanierung von "wenig einladenden Stadträndern" und "ungeordneten" Gewerbegebieten.
Das "Regionalbewußtsein" der Gemeinden versuchen HECKING et al. in einer weiteren Schlußfolgerung anzusprechen: Sie fordern die Gemeinden auf, "gemeinsame Probleme von Siedlungsentwicklung und Landschaftserhalt auch gemeinsam" zu lösen, was natürlich dem kommunalen Egoismus, etwa im Bereich der gewerbesteuerversprechenden Industrieansiedlung, entgegengesetzt ist. Auch sollten die Gemeinden das Instrument Flächennutzungsplan verstärkt als Mittel städtebaulicher "Ordnung" nutzen[1184], was wohl eine versteckte Aufforderung zur Reduzierung der Baulandneuausweisungen zugunsten innerörtlicher Baulückenauffüllung sein soll. Versteckt wird die Ausweisung von Bauland zwischen den vom Regionalverband ausgewiesenen Entwicklungsachsen* durch die Gemeinden kritisiert[1185]: Der Vorschlag zur Problemlösung ist aus der Sicht der Regionalplanung bedenklich. So soll in jedem einzelnen Konfliktfall geprüft werden, "inwieweit vom Regionalplan abweichenden begründeten Planungszielen der Gemeinde entgegenkommen werden kann"[1186]. Die Realisierung dieses Vorschlags heißt nichts anderes als die Institutionalisierung einer weiteren "Kompromißstufe"[1187] und birgt verschiedene Gefahren: ein Aufweichen des Regionalplans, eine mögliche Ungleichbehandlung der verschiedenen Gemeinden durch die individuelle Lösungen verlangenden Verhandlungsstrategien und eine weitere Belastung der beschränkten Verhandlungskapazitäten des Regionalverbands. Zuzustimmen ist der Forderung nach einer

---

[1180] HECKING et al. 1987, S. 153

[1181] SÜDKURIER vom 3.12.88. Ein Bürgermeister meinte sogar, der Gutachter hielte die Gemeinden "für blöd" (a.a.O.).

[1182] HECKING et al. 1987, S. 155

[1183] HECKING et al. 1987, S. 156

[1184] HECKING et al. 1987, S. 156f

[1185] Die vielerorts bereits festgestellte verstärkte Siedlungsflächenzunahme in Bereichen zwischen den Entwicklungsachsen* ist ein weiteres Ergebnis von HECKING et al. und zeigt die diesbezügliche Steuerungsschwäche der Regionalplanung.

[1186] HECKING et al. 1987, S. 158

[1187] S. Tabelle 2

weitgehenden und frühzeitigen Übernahme der Landschaftspläne in die Flächennutzungspläne[1188]. HECKING et al. verteilen trotz der sorgfältig analysierten prekären Problemlage an alle Beteiligten gute Noten, was den Charakter des Gutachtens als "politisches Gutachten" deutlich macht.
Als "schlichtes Erfolgsmaß" nach FISCHER geben HECKING et al. eine recht positive Bewertung der Regionalplanung, die "ausdrücklich Würdigung" verdiene[1189]. Teilweise im Widerspruch zu ihren eigenen Indikatoren kommen die Autoren zu folgenden Erfolgsergebnissen der Regionalplanung:
Die prägenden Landschaftseinheiten im Bodenseeraum hätten trotz des Siedlungsdrucks "in weiten Teilen" erhalten und vor Zersiedlung bewahrt werden können. Ein Zusammenwachsen der Orte entlang des Sees hätte durch die regionalen Grünzüge* "zumindest in weiten Teilen" vermieden werden können[1190]. Natürliche Uferlandschaften hätten durch entsprechende Schutzmaßnahmen (Natur- und Landschaftsschutzgebiete, regionale Grünzüge*) erhalten werden können. Auch die Bauleitplanung bekommt eine gute Bewertung. So hätten die Seeufergemeinden durch ein gewachsenes ökologisches Bewußtsein Zurückhaltung bei der Ausweisung von Bauland geübt[1191]. Ein Problem bestehe allerdings im optischen Erscheinungsbild der Ortsränder, was durch "bauliche Arrondierungen" oder "Pflanzungen" allerdings "spürbar" verbessert werden könne[1192].
Auch die Expansion größerer Industriebetriebe ("Dornier", "Bodenseewerke") in den von den Auflagen des Bodenseeerlasses weitgehend freigestellten Bereichen Friedrichshafen, Immenstaad und Überlingen werfe Fragen "nach dem künftigen Siedlungs- und Landschaftsbild" auf[1193]. Diese auf optisch-landschaftsästhetische Belange beschränkte und damit unzureichend erfaßte Problemlage des Uferbereichs (ökologische Probleme werden nicht einmal erwähnt) ist vielleicht durch die Mitarbeit von zahlreichen, vornehmlich gestalterische Aspekte berücksichtigenden Architekten in der Autorengruppe zu erklären. Auf die Schwierigkeiten hinsichtlich der Erweiterung der bisher auf den Uferbereich beschränkten Probleme in das (seenahe) Hinterland reagieren HECKING et al. widersprüchlich: Einerseits soll der hohe Wert der Landschaft bei der künftigen baulichen Entwicklung "als besonderes Kapital erkannt werden", andererseits sei es "zu begrüßen", daß den seeferneren Gebieten bei der künftigen Baulanderweiterung "erhöhte Aufmerksamkeit" geschenkt werde[1194]. Allerdings beschränken die Autoren diese Anregung auf die "optische" Gestaltung der Bauerweiterungsgebiete. Besondere Verantwortungen für das "Siedlungsbild" (!) des Bodenseeraums sehen sie dann noch bei den Bauherrn und den Architekten (!). Die Erweiterung des "Bewußtseins" dieser Zielgruppe sei entscheidender als neue Vorschriften[1195]. Neben der Diskrepanz zwischen der festgestellten Problemlage und der Bewertung der Akteure überrascht besonders, wie gut die eigentlichen Auslöser dieser Untersuchung wegkommen, nämlich die Gemeinden.
Als Maßnahmen zur Besserung der Problemlage schlagen HECKING et al. für die einzelnen Teiluntersuchungsräume vor:

- auf der Ebene der Regionalplanung:
    - Uferzone: Einflußnahme auf großräumige Standortentscheidungen entsprechend dem Regionalplan.
    - Seenahes Hinterland: Einflußnahme auf sparsame Flächenausweisungen und geeignete Standorte im Bauleitplanverfahren[1196].

Hierzu ist anzumerken, daß die Regionalplanung an Standortentscheidungen nicht immer ausreichend beteiligt ist[1197], so daß diesbezügliche Vorschriften notwendig wären. Die bisher bereits praktizierte Anwendung der anderen, von den Autoren vorgeschlagenen Instrumente hat auch aus Gründen allgemeiner Probleme der Regionalplanung[1198] nichts an der festgestellten Problemlage geändert, was den Autoren anscheinend entgangen ist.

- auf der Ebene der Gemeinde:
    - Uferzone: Aufwertung durch Gestaltungs- und Freiraumkonzepte und bauliche

[1188] HECKING, G. (1989/90), S. 88
[1189] HECKING et al. 1987, S. 151
[1190] HECKING et al. 1987, S. 126f
[1191] HECKING et al. 1987, S. 127
[1192] HECKING et al. 1987, S. 127
[1193] HECKING et al. 1987, S. 128
[1194] HECKING et al. 1987, S. 128
[1195] HECKING et al. 1987, S. 128
[1196] HECKING et al. 1987, S. 130
[1197] VOGLER, Interview
[1198] S. vorhergegangene Kapitel

Arrondierungen.
- Uferzone, insbesondere Friedrichshafen, Immenstaad u.a.: Sofern möglich, alternative Angebote am Ort in Anspruch nehmen.
- Seenahes Hinterland: flächensparende Siedlungsformen, richtige Standortwahl vor Ort, Sorgfältige Gestaltplanung in FNP* und BP*, ergänzende Gestaltkonzepte für Bebauungspläne.
- Umland Ravensburg, Friedrichshafen und Singen: wie oben, darüber hinaus: keine weitere Ausweitung, sondern Arrondierung größerer Orte durch FNP*, BP*.
- Restlicher Untersuchungsraum: wie oben, ferner: Aufwertung mangelhafter Randzonen durch Gestaltungs- und Freiraumkonzepte, bauliche Arrondierungen[1199].

VI.A.14.5. Bewertung

Bei der Bewertung darf die Funktion des HECKING-Gutachtens als "politisches" Gutachten (Indikatoren: vorsichtige Frageform bei den Planungsvorschlägen, versteckte Kritik an Gemeinden etc.) nicht vergessen werden, da sie für die Beurteilung der fachlichen Konzeption des Gutachtens von Wichtigkeit ist.
Zwar geben die von HECKING et al. vorgelegten Statistiken eine gute Grundlage für einen "Soll-Ist"-Vergleich hinsichtlich der landes- bzw. regionalplanerischen Vorgaben. Allerdings zeigt sich in den Schlußfolgerungen, in der Ursachenforschung sowie im Maßnahmenteil, wie wichtig Wirkungszusammenhänge zur eindeutigen Erforschung der Akteurebeteiligung wären. Daß dieser Teil im Unterschied zur restlichen Untersuchung nicht ausführlich bearbeitet wurde, spiegelt sich u.a. in der unzureichenden Berücksichtigung des Problembereichs "Gemeinden" wider. Durch Wirkungsanalysen hätte man diesen Einflußfaktor auf die Siedlungsprobleme am See zumindest abschätzen können. Stattdessen wird etwas zu pauschal Lob verteilt. Im Hinblick auf die Fragestellung nach dem Einfluß der Planfestsetzung "Eigenentwicklung*" auf die siedlungsstrukturelle Entwicklung am Bodensee ist die von den Autoren gewählte Untersuchungsmethodik daher als unzureichend zu bewerten.
Der Verdienst der Autoren liegt vor allem in der Aufbereitung der die wichtigsten raumstrukturellen Probleme des Bodenseeraums aufzeigenden Daten der aus amtlichen Unterlagen erhobenen Statistik. Besonders wichtig ist die von HECKING et al. in die Diskussion gebrachte Aufteilung des Hinterlandes in das (nicht explizit genannte) seeferne und das "seenahe Hinterland". Darüber hinaus wäre die Einführung einer das Gewässereinzugsgebiet des Bodensees umfassenden Gebietskategorie "Hinterland" für Planungszwecke zu prüfen.

VI.B. Zusammenfassung: Das geltende planerische Leitbild für den Untersuchungsraum

Das Leitbild für die Region Bodensee-Oberschwaben für die hier relevanten Sachbereiche stellt sich kurz zusammengefaßt wie folgt dar:
- Das generelle Leitbild des "Sowohl-als auch" für die Region hinsichtlich der ökologischen und wirtschaftlichen Belange gilt weiterhin, was eine Absage an die Leitbilder des "ökologischen Ausgleichsraums" und des "abgestuften Nutzungskonzepts" beinhaltet.
- Das Leitbild des "Sowohl-als auch" wird jedoch durch die Unterteilung der Region in die Planungsräume "Uferbereich" und "Hinterland" als eine Art "Vorrangbereiche" relativiert: Im Hinterland sollen die Entwicklungs- und Entlastungsaufgaben (Siedlung, Gewerbe) dominieren, während im Uferbereich Ordnungsaufgaben (Schutz der Erholungslandschaft) vorrangig sein sollen. Industrie- und Siedlungsflächenzuwachs sollen möglichst vom Uferbereich in das Hinterland verlegt werden. Aufgrund der sich in Richtung Hinterland ausweitenden Probleme besteht eine Tendenz zur Ausdehnung des Planungsraums "Uferbereich" in das "seenahe Hinterland".
- Die ökologischen Belange werden noch immer stark auf die Funktion des Bodensees als Trinkwasserspeicher und als Erholungsraum beschränkt. Demgegenüber werden andere ökologische Erfordernisse erst in Ansätzen thematisiert (vgl. z.B. Schilfprogramm).

Dieses Leitbild soll als "Soll-Wert" zum anschließenden Vergleich mit dem raumstrukturellen Zustand als "Ist-Wert" herangezogen werden.

[1199] HECKING et al. 1987, S. 130ff

VI.C. Soll-Ist-Vergleich der Raumentwicklung anhand ausgewählter Indikatoren

Hinsichtlich der hier verwendeten statistischen Indikatoren konnte im wesentlichen auf die Arbeit von HECKING et al., auf Aktualisierungen durch den Regionalverband[1200] sowie auf Veröffentlichungen des Statistischen Landesamtes zurückgegriffen werden. Eine ausführliche Indikatorendiskussion kann in diesem Rahmen nicht geleistet werden.

VI.C.1. Indikatoren zur Bevölkerungsentwicklung

Die ungebrochene Anziehungskraft des Uferbereichs und des seenahen Hinterlandes dokumentiert sich in den Ergebnissen von HECKING et al.: Die Bevölkerungszunahme von 1968 bis 1985 lag hier bei rund 12%, in der übrigen Region bei "nur" 9%. Hinsichtlich der Differenzierung der aktuellen Bevölkerungsentwicklung von 1982 bis 1985 nach Gemeinden stellen HECKING et al. einen Zunahmeschwerpunkt in den Gemeinden Eriskirch (Bevölkerungszunahme um 887 Einwohner, das sind 32,5%), Salem und Owingen fest. Die im Uferbereich, teilweise aber auch im seenahen Hinterland anzutreffenden Bevölkerungsdichten* von 2.500 E/qkm und darüber zeigen nach HECKING et al. den hier "fortschreitenden Verstädterungsprozeß"[1201].
Die Bevölkerungsentwicklung der Region wird stark durch das Wanderungsverhalten beeinflußt. Dieses wiederum prägt "entscheidend" die Nachfrage nach Siedlungsflächen[1202]. Die größten Wanderungsgewinne weisen der nähere und weitere Uferbereich und das seenahe Hinterland, aber auch der Verdichtungsbereich um Ravensburg auf (Stadt-Umland-Wanderungen). Besonders die Ufergemeinden Immenstaad und Eriskirch haben "weit überdurchschnittliche" Wanderungsgewinne zu verzeichnen[1203]. Die hier dargestellten Grundtendenzen halten nach HECKING et al. auch in jüngster Zeit an[1204]. Insgesamt "gewannen" die Landkreise Konstanz und Bodenseekreis von 1968 bis 1985 50.093 Einwohner hinzu, davon entfielen allein 32.449 Einwohner auf die Ufergemeinden[1205].

Tabelle 5: Wanderungssalden einiger ausgewählter Verwaltungsräume des Untersuchungsraums vom 1.1.1980 bis 1.1.1989
(aus: REGIONALVERBAND BODENSEE-OBERSCHWABEN 1990Uc, S. 7)

Verwaltungsraum	Wanderungssaldo
Überlingen	+1490
Kreßbronn	+1170
Salem	+ 847
Markdorf	+ 59

Trotz der völlig überhöhten Bevölkerungsrichtwerte* der Regionalplanung haben die meisten Verwaltungsräume ihre für 1990 prognostizierten Richtwerte* erreicht bzw. überschritten[1206].
Als Nebenergebnis wurde von HECKING et al. die bereits von TREUBEL festgestellte Bedeutung des Uferbereichs als Altersruhesitz bestätigt[1207]: In den Landkreisen Konstanz und Bodenseekreis hatten zum Untersuchungszeitpunkt ca. 1500 Menschen ihren Altersruhesitz[1208]. Trotzdem spielt diese Zahl für die siedlungsstrukturellen Probleme des ufernahen Bereichs, relativ gesehen, keine große Rolle.

[1200] REGIONALVERBAND BODENSEE-OBERSCHWABEN 1990U, 1990Ua, 1990Ub und 1990Uc
[1201] HECKING et al. 1987, S. 75
[1202] HECKING et al. 1987, S. 75. S. dazu Abbildung 1
[1203] S. Tabelle 5
[1204] HECKING et al. 1987, S. 75
[1205] HECKING et al. 1987, S. 76
[1206] S. Abbildung 5
[1207] TREUBEL 1976U, S. 55
[1208] HECKING et al. 1987, S. 77

VI.C.2. Indikatoren zur Siedlungsentwicklung

Zum innerregionalen Vergleich bilden HECKING et al. den Indikator "Siedlungsflächenverbrauch je 10.000 Einwohner". Als Ergebnis stellen sie fest: "Sämtliche Landkreise des Untersuchungsbereichs liegen über dem Landesdurchschnitt"[1209]. Dies zeigt, wie stark im Untersuchungsgebiet der Ein- und Zweifamilienhausbau noch immer dominiert und hinsichtlich des Flächenverbrauchs ein Problem darstellt. Es zeigt aber auch, daß die Gemeinden durch Festsetzungen in ihren Bauleitplänen diese flächenextensive Bebauung erst ermöglichen.
Im Uferbereich nahm die Siedlungsfläche von 1968 bis 1983 um 39% zu (Landesdurchschnitt: 27%[1210]). Das starke Wachstum der Siedlungsfläche in den Ufergemeinden verläuft seit 1974 ungebremst. Besonders auffallend ist der starke Anstieg der Siedlungsfläche im seenahen Hinterland, ein deutlicher Indikator für die Ausweitung der durch die Siedlungsentwicklung verursachten Problembereiche in Richtung Hinterland. Im seenahen Hinterland ist auch die am weitesten geöffnete "Schere" zwischen der Zunahme der Bevölkerung und der Zunahme der Siedlungsfläche festzustellen. Dies kann als Indikator für eine "Take-off"-Phase genommen werden: Noch liegen die Baulandpreise niedriger als in den Ufergemeinden, so daß flächenextensive Bebauung noch einigermaßen erschwinglich ist[1211], andererseits ist die Nachfrage so groß, daß sich Verdichtungsprobleme ähnlich wie im Uferbereich abzeichnen. Auch bei der Gebäude- und Freifläche war die stärkste Zunahme im Uferbereich festzustellen[1212]. Im Vergleich zu den frühen siebziger Jahren hat sich der Zuwachs generell verlangsamt, aber noch immer werden in einzelnen Gemeinden Spitzenwerte von über 20% Siedlungsflächenzuwachs in fünf Jahren erreicht. Die Schwerpunkte des Zuwachses liegen in den Gemeinden Friedrichshafen, Immenstaad, Markdorf, Oberteuringen, Meckenbeuren und Tettnang. Hier ist nach HECKING et al. eine "fortschreitende Zersplitterung von Landschaftsräumen" festzustellen[1213]. Die Verfasser gewinnen durch eine Überlagerung von vier der wichtigsten siedlungsstrukturellen Einzelindikatoren (Besiedlungsgrad*, Bevölkerungsdichte*, Beschäftigtendichte* und Verkehrsnetzdichte*) den Indikator "siedlungsstruktureller Belastungsgrad". Die Einzelindikatoren werden hierbei gleich gewichtet[1214]. Folgendes Ergebnis stellen sie für ausgewählte Gemeinden des Untersuchungsraums fest:

- "sehr stark belastet" sind die Gemeinden Friedrichshafen, Immenstaad, Ravensburg und Weingarten;
- "stark belastet" sind die Gemeinden Sipplingen, Überlingen, Uhldingen-Mühlhofen, Daisendorf, Meersburg, Hagnau, Meckenbeuren, Langenargen, Kressbronn, Sigmaringen, Sigmaringendorf, Altshausen, Baienfurt, Wangen und Leutkirch[1215].

Auch hier zeigt sich die Problemhäufung neben Gemeinden im Gebiet der oberen Donau in den Ufergemeinden und den Gemeinden des Verdichtungsbereichs "Ravensburg - Friedrichshafen". Wangen und Meckenbeuren sind frühere Entlastungsorte des Hinterlandes, die nunmehr selbst eine Entlastung benötigen.

VI.C.3. Indikatoren zur Beschäftigtenentwicklung

Die Region Bodensee-Oberschwaben erreichte 1978 bis 1984 mit 6,3% die zweithöchste Beschäftigtenzunahme im Land Baden-Württemberg. Die Beschäftigtenrate im Dienstleistungssektor stieg dabei sogar um + 16,5%, was die höchste Zunahme im Land darstellt[1216]. Abb. 6 zeigt für den Bodenseekreis die relativ starke Zunahme der beiden Gruppen auch in jüngerer Zeit. Wie die Volkszählung 1987 ergab, erfolgte die Zunahme der Erwerbspersonen im Bodenseekreis vor allen im Uferbereich[1217].

1209 HECKING et al. 1987, S. 50
1210 HECKING et al. 1987, S. 66. S. Abb. 2 bis 4
1211 HECKING, G. 1989/90, S. 87
1212 HECKING et al. 1987, S. 67
1213 HECKING et al. 1987, S. 73
1214 HECKING et al. 1987, S. 18
1215 HECKING et al. 1987, S. 18 und S. 152
1216 INNENMINISTERIUM BADEN-WÜRTTEMBERG 1986, S. 66
1217 REGIONALVERBAND BODENSEE-OBERSCHWABEN 1990Ud, S. 10

VI.C.4. Indikatoren zur Baulandnachfrage

Baulandpreise zählen zu den "zentralen Bestimmungsfaktoren der Siedlungsentwicklung"[1218]. Darüber hinaus spiegeln sie auch das Nachfragepotential wider.

VI.C.4.1. Grundstückspreise für Wohnbauland

1986 weisen die höchsten Preise für Wohnbauland im Untersuchungsgebiet erwartungsgemäß die Gemeinden des Uferbereichs auf. Die Preise bewegen sich hier deutlich auf einem höheren Niveau (Durchschnittsmaximalwerte zwischen 260 und 600 DM/qm) als im seenahen Hinterland (Durchschnittsmaximalwerte zwischen 180 und 450 DM/qm[1219]) der Region Bodensee-Oberschwaben, so daß ein deutlicher Preisgradient vom Ufer weg festzustellen ist, überlagert von einem Gradienten Verdichtungsbereich - ländlicher Raum. Die Werte erreichen bereits 1986 "Großstadtniveau", besonders in Ferienorten wie Unteruhldingen und Sipplingen. Aufgrund des schnell abfallenden Preisniveaus in Richtung Hinterland liegt der rechnerische Durchschnitt im seenahen Hinterland zwar um fast die Hälfte niedriger als im Uferbereich[1220], allerdings ist auch zwischen seenahem Hinterland und "restlicher Region" bereits ein deutlicher Niveauunterschied festzustellen[1221]. Noch größer ist der Unterschied zwischen Ufergemeinden und dem restlichen Untersuchungsraum, wo neben dem relativ niedrigen Niveau ein breiteres Preisspektrum festzustellen ist. Das breite Spektrum dokumentiert die kleinräumlich wechselnden Standortfaktoren für den Wohnungsmarkt. Der wichtigste Preisfaktor ist jedoch die Ufernähe[1222].

Die Entwicklung der Grundstückspreise im Uferbereich und im seenahen Hinterland übertrifft teilweise die Entwicklung in Großstädten[1223]. Auch hier spricht der im Vergleich zum restlichen Untersuchungsraum[1224] weit stärkere prozentuale Anstieg der Preise im seenahen Hinterland[1225] für eine "Take-off"-Phase in diesem Bereich. Die hohen und stark ansteigenden absoluten Werte in den Ufergemeinden[1226] spiegeln die starke Nachfrage bei zurückgehendem Angebot wider. Im Vergleich zu Großstädten erreicht der Uferbereich damit das Preisniveau für mittlere Wohnlagen (freistehende Ein- und Zweifamilienhäuser) von Städten wie Düsseldorf und Bonn[1227].

VI.C.4.2. Wohnungsbau

Bereits die Wohnungsstichprobe 1978 ergab einen "überdurchschnittlichen Siedlungsflächenverbrauch" für die Region Bodensee-Oberschwaben im Landesvergleich[1228].

[1218] HECKING et al. 1987, S. 29
[1219] HECKING et al. 1987, S. 29
[1220] HECKING et al. 1987, S. 29
[1221] Vgl. Abb. "Entwicklung der mittleren Grundstückspreise für Wohnungsbau 1968 bis 1986 in verschiedenen Gebietskategorien bei HECKING et al. 1987.
[1222] Vgl. HECKING et al. 1987, S. 30
[1223] HECKING et al. 1987, S. 30
[1224] 1968 bis 1986 über 300% (HECKING et al. 1987, Abb. 2.3/6)
[1225] 1968 bis 1986 über 400% (HECKING et al. 1987, Abb. 2.3/6)
[1226] 1968 bis 1986 über 500% bei Durchschnittswerten über 300 DM/qm (HECKING et al. 1987, Abb. 2.3/6 und 2.3/5)
[1227] RING DEUTSCHER MAKLER 1987
[1228] HECKING et al. 1987, S. 100

Tabelle 6: Wohnungen 1.1.80 und 1.1.89, Basis GWZ* 1968
(aus: REGIONALVERBAND BODENSEE-OBERSCHWABEN 1990U, verändert)

	Wohnungen 1.1.80	Wohnungen 31.12.88 (Basis GWZ* 1968)	Veränderungen in %
Gemeinden im Uferbereich	20 682	25 524	+ 23,4
Gemeinden im seenahen Hinterland	42 857	51 240	+ 19,6
Bodenseekreis	63 539	76 764	+ 20,8
Region Bodensee-Oberschwaben	183 330	216 038	+ 17,8
Land Baden-Württemberg	3 620 449	4 134 364	+ 14,2

Wie Tabelle 6 zeigt, ist die Wohnbautätigkeit besonders in seenahen Gebieten überdurchschnittlich hoch. Eine Sättigungsgrenze ist nicht erkennbar: "Alle vorliegenden Untersuchungsergebnisse deuten vielmehr zumindest mittelfristig auf eine weiterhin expandierende Wohnflächennachfrage im Uferbereich und im seenahen Hinterland hin..."[1229]. Daneben fällt der "weit über dem Landesdurchschnitt" liegende Anteil der Ein- und Zweifamilienhäuser auf[1230]. Die Entwicklung in den letzten Jahren zeigt, daß der Bau von Ein- und Zweifamilienhäusern im Uferbereich noch stärker ansteigt als im seenahen Hinterland: Von 1968 bis 1986 kamen im Uferbereich ca. 9000, im seenahen Hinterland ca. 7500 neue Ein- und Zweifamilienhäuser dazu[1231]. Die in dieser Form realisierten, und durch die Baulandpolitik der Gemeinden realisierbaren, gewachsenen Wohnungsansprüche zeigt auch die Reduzierung der Belegungsdichte im Untersuchungszeitraum um ein Drittel[1232], was sich in einer sich öffnenden Schere zwischen prozentualem Anstieg der Bevölkerungs- und der Wohnungsentwicklung widerspiegelt. In der Gemeinde Stetten beispielsweise erfolgte aus diesem Grund trotz leichtem Bevölkerungsrückgang ein Anstieg des Wohnungsbestandes um fast 40%[1233].

VI.C.4.3. Indikator "Ferien- und Zweitwohnungen"

Als wichtiges Motiv für den Zweitwohnungsbau am Bodensee gab es bis 1974 die Möglichkeit von Sonderabschreibungen von Werbungskosten oder Freibeträgen[1234]. Auch heute wird der Wohnungsbau "in größerem Umfang" durch den Bau von Zweitwohnungen und Zweithäusern sowie durch

[1229] HECKING et al. 1987, S. 102
[1230] HECKING et al. 1987, S. 101
[1231] HECKING et al. 1987, S. 110
[1232] HECKING et al. 1987, S. 101
[1233] HECKING et al. 1987, S. 114
[1234] FRANCKE 1975, S. 229

Ferienwohnungen bestimmt[1235]. Zweitwohnungen und Zweithäuser sind am Flächenverbrauch mitbeteiligt. Krippendorff rechnet mit ca. 640 qm pro zweitgenutztem Gebäude[1236].
Um die Entwicklung des Zweit-, Freizeit- und Ferienwohnungsbestandes im Untersuchungsraum zu dokumentieren, wurden verschiedene Erhebungen miteinander verglichen[1237].

Tabelle 7: Zweit- und Freizeitwohnungsbestand in Ufergemeinden des Untersuchungsraums in den Jahren 1975, 1986 und 1987

Gemeinde	Bestand 1975 nach TREUBEL	Bestand 1986 nach HECKING et al.	Bestand 1987 nach VZ* (Wohneinheiten)
Sipplingen	167	202	185
Überlingen	184	523	507
Uhldingen-Mühlhofen	200	210	608
Meersburg	127	420	244*****
Daisendorf	120	209	75
Stetten	20	.	25
Hagnau	60	215	156
Immenstaad	67	ca. 1706**	544
Friedrichshafen	.	ca. 50 - 60	291
Eriskirch	20	ca. 53 - 63 ***	42
Langenargen	70	560	344
Kressbronn	50	115 ****	217

Quellen:

TREUBEL 1975U, S. 76
HECKING et al. 1987, S. 115 und 117
REGIONALVERBAND BODENSEE-OBERSCHWABEN 1990U, S. 7 und 15
STATISTISCHES LANDESAMT 1990U

Legende:

. Keine Angaben
** Teilweise als Ferienwohnungen vermietete Zweitwohnungen müssen davon abgezogen werden (Doppelzählung)
*** Schätzwert
**** Nach HECKING et al. erscheint der Wert etwas niedrig
***** Nur Freizeitwohneinheiten (ohne Zweitwohneinheiten)

Diesen Angaben zufolge ist der Gesamtbestand an Zweit- und Ferienwohnungen in letzter Zeit erheblich angestiegen. Wenn man bedenkt, daß im Bodenseekreis von ca. 76.800[1238] Wohnungen

1235 HECKING et al. 1987, S. 115. Eine ähnliche Einschätzung vertritt der Regionalverband (REGIONALVERBAND BODENSEE-OBERSCHWABEN 1990U, S. 19). Unter Zweitwohnungen und Zweithäusern werden hier Wohneinheiten verstanden, die von keinem Haushaltsmitglied der Hauptwohnung genutzt werden. Freizeitwohnungen und -häuser werden vom Eigentümer oder Mieter als "Zweitwohnung" primär für Erholungszwecke benutzt. Nicht als Freizeitwohneinheiten gelten Wohneinheiten, die wie ein Hotelzimmer nur kurzfristig von einem Haushalt gemietet werden und in die anschliessend andere Haushalte in stetem Wechsel einziehen. Diese werden hier als "Ferienwohnung" bezeichnet (nach REGIONALVERBAND BODENSEE-OBERSCHWABEN 1990U, verändert).

1236 Zit. nach RÖCK 1987, S. 175

1237 S. Tabelle 7

1238 76.764 Wohnungen am 1.1.89 auf der Basis GWZ* 1968 (REGIONALVERBAND BODENSEE-OBERSCHWABEN 1990U, S. 15)

3.845[1239] Zweit- und Freizeitwohnungen sind, wird deutlich, daß der Zweit- und Ferienwohnungsmarkt in manchen seenahen Gemeinden zum dominierenden Nachfragefaktor des Wohnungsmarktes geworden ist.
Nach der Erhebung von HECKING et al. konzentrieren sich die Zweit- und Ferienwohnungen auf den Uferbereich, aber auch im seenahen Hinterland scheint es eine rege Nachfrage zu geben: So besitzt die Gemeinde Heiligenberg 90 Zweit- und 20 bis 25 Ferienwohnungen, Oberteuringen 80 Ferienwohnungen[1240].
Zwar ist das Zweitwohnungsproblem nach VOGLER kein "regionales" Problem[1241], allerdings sind zumindest Anzeichen für ein Problem für Teile der Region vorhanden. Wie Tabelle 7 zeigt, sind aufgrund der unsicheren Erhebungsmethoden genaue Aussagen über den Zweit- und Freizeitwohnungsbestand, mit Ausnahme von Volkszählungsdaten, fast nicht möglich. Nach RÖCK schwankten die Angaben über Zweitwohnungen in der Region vor der Volkszählung zwischen 2 und 30%[1242] des Wohnungsbestandes. Mit Ausnahme der Volkszählungsdaten hängen die Erhebungen meistens von den Angaben der Gemeinden ab[1243], so daß bei Gemeinden, die keine Zweitwohnungssteuer erheben, eine Erhebung nahezu unmöglich ist (z.B. im Falle von Friedrichshafen[1244]). Dazu kommt, daß die Zweitwohnungssteuer durch Vermieten legal umgangen werden kann[1245], was besonders in Städten wie Friedrichshafen und Überlingen mit ihrer großen lokalen Wohnungsnachfrage stark verbreitet sein könnte[1246]. Auch darf keine Zweitwohnungssteuer erhoben werden, wenn das Objekt "ausschließlich" als Kapitalanlage dient[1247]. Immerhin spielt die Kapitalanlage bei ca. 16% der Zweitwohnungsbesitzer in den baden-württembergischen Ufergemeinden eine "große Rolle"[1248]. Nach Angaben eines bei HECKING et al. zitierten Bürgermeisters zahlen Wohnungsbaugesellschaften, die Zweitwohnungen bauen wollen, für Grundstücke mit Seesicht "jeden Preis". Als Gegeninstrument, so der Bürgermeister, bliebe ihm nur die Ausweisung von Bauflächen in geringem Umfang für die Eigenentwicklung*[1249].
Stärkere raumstrukturelle Wirkungen der Zweitwohnungsbesitzer ergeben sich auch aus ihren Freizeitbedürfnissen. In Sipplingen betreiben 25% der Zweitwohnungsbesitzer Wassersport[1250], was sicher zu einer Verschärfung des Konfliktes "Flachwasserzonen- und Schilfschutz" versus "Hafenerweiterungen und Bootsverkehr" beiträgt. Immerhin 23% der Zweitwohnungsbesitzer wollen ihr Objekt später als Altersruhesitz nutzen[1251].
Nach HECKING et al. sehen die Gemeinden die Entwicklung im Zweitwohnungsbau "grundsätzlich kritisch". Dafür seien "landschaftsbezogene Gründe" maßgeblich, vor allem aber das Hochtreiben der Grundstückspreise, was den Zugang zum Immobilienmarkt für Einheimische erschwert. So möchten die Gemeinden "eher restriktiv" vorgehen, allerdings sei das hierfür notwendige Instrumentarium im Baugesetzbuch und in der Landesbauordnung "unzureichend"[1252]. Jedoch bleibt unklar, ob HECKING et al. auch diejenigen Regelungen des Baugesetzbuches meinen, wonach Gemeinden in Fremdenverkehrsgebieten die Pflicht zur Genehmigung von Begründung oder Teilung von Wohnungseigentum festsetzen können[1253]. Dies könnte durchaus eine Verbesserung der aus der Zahl

---

1239 VZ* 1987 (aus: REGIONALVERBAND BODENSEE-OBERSCHWABEN 1990U, S. 15)

1240 HECKING et al. 1987, S. 115

1241 VOGLER, Interview

1242 RÖCK 1987, S. 177

1243 Nach VOGLER beinhalten diese Erhebungen "alle Unsicherheitsfaktoren" (VOGLER, Interview).

1244 HECKING et al. 1987, S. 15

1245 SCHWÄBISCHE ZEITUNG vom 21.1.87

1246 Diese Vermutung wird vom Chef des Stadtplanungsamtes, RABOLD, geteilt (RABOLD, Interview).

1247 Urteil des baden-württembergischen Verwaltungsgerichtshofs, zit. nach: BWGZ 2/87, S. 57

1248 TREUBEL 1976U, S. 107

1249 HECKING et al. 1987, S. 116

1250 TREUBEL 1976U, S. 25

1251 TREUBEL 1976U, S. 25

1252 HECKING et al. 1987, S. 115

1253 LANDTAG VON BADEN-WÜRTTEMBERG 1986a. Die Gemeinde Uhldingen-Mühlhofen macht bereits von dieser Möglichkeit Gebrauch, allerdings nur für das Gebiet ihres Teilortes Unteruhldingen. Zusätzlich ist hier u.a. die Errichtung von Ein-Zimmer-Wohnungen sowie Zwei-Zimmer-Wohnungen unter 60 qm satzungsrechtlich unzulässig (zit. nach SÜDKURIER vom 4.7.90). In Meersburg wurde jedoch noch 1990 auf die Einführung einer entsprechenden Satzung u.a. aus Gründen der zu drastischen "Einschränkung des Privateigentums" "vorerst" verzichtet (SCHWÄBISCHE ZEITUNG vom 6.7.90).

der Zweitwohnungen resultierenden Problemsituation bringen. Allerdings müssen diesbezügliche Erfahrungen[1254] noch abgewartet werden, obwohl RÖCK bereits jetzt auf die "zu enge Begrenzung" dieser rechtlichen Möglichkeiten hinweist, da "Umweltgesichtspunkte weitgehend ausgeklammert" seien[1255].
Die Haltung der Gemeinden gegenüber den Zweitwohnungen nach HECKING et al. entspricht im wesentlichen den Ergebnissen der Befragung von TREUBEL aus dem Jahre 1975: Danach war die Mehrheit der Ufergemeinden des Untersuchungsgebiets an einer Zunahme der Zweitwohnungen "nicht interessiert". Allerdings bildete die Gemeinde Daisendorf eine Ausnahme; sie war an einer Zunahme der Zweitwohnungen interessiert und beauftragte sogar die Gemeindeverwaltung zum aktiven Engagement in dieser Richtung[1256]. Die u.a. auch zur Kontrolle des "baulichen Wildwuchses" eingesetzte Zweitwohnungssteuer ist zum Ausgleich der Belastungen durch den Zweitwohnungsbau nicht ausreichend. Darüber hinaus betrachten schon jetzt manche Gemeinden die Steuer als "willkommenes Zubrot", also als Einnnahmequelle[1257]. Hier besteht die Gefahr, daß die Gemeinden ihre restriktive Haltung gegenüber Zweitwohnungen aufgeben. In Verbindung mit der für die Gemeinden zunehmenden Rechtssicherheit könnte eine Änderung der Feststellung von TREUBEL eintreten. Dieser hatte 1975 den Einnahmen aus der Zweitwohnungssteuer für die Gemeinden keine Bedeutung zugemessen, was er aber hauptsächlich mit der Furcht der Gemeinden vor Beschwerden und Rechtsstreitigkeiten begründete[1258]. Wichtig wäre eine Fortschreibung der Ferien- und Zweitwohnungen über Volkszählungen hinaus. Hierfür sollten gesetzliche Grundlagen geschaffen werden.

Im Gegensatz zu den Freizeitwohnungen (Zweitwohnungen) ist gegen Ferienwohnungen nach HECKING et al. "in der Regel nichts einzuwenden", da sie zumeist im Besitz von Einheimischen sind und zu deren Erwerb beitragen[1259]. Immerhin tragen sie zu höheren Mietpreisen und zur Angebotsverknappung für das lokale Nachfragepotential bei und verstärken somit den Druck auf die Baulandneuausweisung.

VI.C.4.4. Indikator "Immobilienmarkt"

Eine EDV-gestützte Analyse der Immobilienanzeigen der überregionalen "Stuttgarter Zeitung" wurde durchgeführt, um Hinweise u.a. zu folgenden Fragestellungen zu erhalten:

- Wie verteilt sich die überregionale Nachfrage nach Immobilien in der Region nach Gemeinden? Aufgrund der unbefriedigenden Datenlage zu Zweitwohnungen, besonders im seenahen Hinterland, sollte abgeschätzt werden, inwieweit die Auswertung darüber Aussagen erlaubt.
- Wie unterscheidet sich das Preisniveau für angebotene Wohnungsimmobilien in den Gemeinden der Region?

Hier sollte besonders auf die Unterschiede des Preisniveaus der überregional angebotenen Immobilien im Vergleich zu den bei HECKING et al. auch für den lokalen Wohnungsmarkt erhobenen Preisindikatoren abgehoben werden.

- Kann der Einflußfaktor "Eigenentwicklungsauflage*" auf den Immobilienmarkt abgeschätzt werden?

Bei Funktionieren dieses regionalplanerischen Instruments wäre zu erwarten, daß in Gemeinden, die Bauflächen nur noch für die Eigenentwicklung* ausweisen dürfen, relativ gesehen weniger Immobilien überregional angeboten werden können.

VI.C.4.4.1. UNTERSUCHUNGSMETHODE

Ausgewählt wurden alle Samstagsausgaben der Stuttgarter Zeitung aus dem Jahre 1987. Die Auswertung umfaßt sämtliche Zeitungsannoncen, in denen Immobilien aus ausdrücklich genannten Gemeinden des Untersuchungsgebiets aufgeführt sind. Diese machen aber von den insgesamt zum Bodenseeraum

[1254] RÖCK 1987, S. 181
[1255] RÖCK 1987, S. 180
[1256] TREUBEL 1976U, Anhang
[1257] DER NEUE BODENSEEANZEIGER vom 15.5.87
[1258] TREUBEL 1976U, S. 35
[1259] HECKING et al. 1987, S. 116

erschienenen Anzeigen nur einen kleinen Anteil aus. Die Auswertung erlaubt aus diesem Grund keine Aussagen über das Gesamtangebot einer Gemeinde an überregional angebotenen Immobilien. Bei der angegebenen Immobilienanzahl handelt es sich folglich um absolute Mindestwerte. Ein Immobilienangebot wurde einer Gemeinde auch dann zugeschlagen, wenn der Zusatz "bei" angegeben war (z.B.: "Ferienhaus bei Salem"). Mehrfach erscheinende Serienanzeigen wurden dabei nur einmal erfaßt. Wurde die angebotene Anzahl eines Immobilientyps nicht konkret, sondern mit "mehrere" angegeben, wurden zwei Objekte angenommen, so daß sich auch in dieser Hinsicht Mindestwerte ergeben. Es wurden die Immobilientypen "Haus", "Wohnung", "Bauplatz" und "Grundstück" unterschieden. Darüber hinaus wurden Angaben über die geforderten Preise, über die Größe des Objekts u.a erfaßt[1260]. Manche Erfassungen eignen sich zu quantitativen Auswertungen. So kann bei Angabe der Flächengröße und des Preises ein Qotient für Vergleichszwecke errechnet werden. Leider können im Rahmen dieser Arbeit nur einige wenige Auswertungsergebnisse dargestellt werden[1261].

VI.C.4.4.2. AUSGEWÄHLTE UNTERSUCHUNGSERGEBNISSE

Bei den Ergebnissen sind folgende Punkte zu berücksichtigen:

- Die Nennung einer Gemeinde in einer Zeitungsannonce heißt nicht, daß das Angebot auch genau aus dieser Gemeinde stammt. Besonders bei Angabe des Zusatzes "**bei** Gemeinde XY" ist zu vermuten, daß der Gemeindename aus Image- und Bekanntheitsgründen gewählt wurde. So gehen die hohen Werte der Gemeinde Uhldingen-Mühlhofen[1262] wohl zum Teil auf Kosten der benachbarten Gemeinden Daisendorf und Bermatingen.
- Die überregional angebotenen Immobilien sind zumeist Objekte aus den oberen Preisklassen, die nicht das gesamte Preisklassenspektrum der jeweiligen Gemeinde wiedergeben (im Gegensatz etwa zum Immobilienteil der Regionalzeitung "Südkurier"). Allerdings kann dies bei der Verwendung als Indikator in diesem Zusammenhang von Vorteil sein: Es wird angenommen, daß diese Immobilien auch überregional verkauft werden, so daß durch die Immobilienanzahl auch Hinweise über die Umsetzung der Planungsauflage "Eigenentwicklung*" und der daraus resultierenden Folgen für die Siedlungsproblematik möglich sind.
- Zwar flossen Serien- und Wiederholungsannoncen nur einmal in die Auswertung ein, trotzdem sind doppelt ausgewertete Immobilien nicht ganz auszuschließen, z.B., wenn ein Objekt von mehreren verschiedenen Maklern angeboten wurde. Bei diesem Fall dürfte es sich allerdings um die Ausnahme handeln.
- Es ist anzunehmen, daß manche 1987 angebotenen Immobilien bereits 1986 oder erneut 1989 angeboten wurden, was bei Jahresvergleichen mit anderen Statistiken zu berücksichtigen ist.
- Es ist zu betonen, daß es sich um angebotene, und nicht um tatsächlich verkaufte Immobilien handelt, was die Vergleichbarkeit mit diesbezüglichen Statistiken erschwert, z.B. mit der des Ringes deutscher Makler.

Karte 1 zeigt die erfaßten Immobilienangebote für die Gemeinden der Region Bodensee-Oberschwaben. Generell sind die Immobilientypen "Wohnung" und "Haus" stark, die anderen beiden Typen nur schwach vertreten. Erwartungsgemäß werden die meisten Immobilien in Ufergemeinden angeboten, wo der Immobilientyp "Wohnung" dominiert. Spitzenreiter sind hier die Gemeinden Überlingen und Uhldingen-Mühlhofen. Interessanterweise handelt es sich bei der Gemeinde Uhldingen-Mühlhofen um eine Gemeinde, die nur noch Bauflächen für den Eigenbedarf ausweisen dürfte, während die Stadt Überlingen von dieser regionalplanerischen Auflage freigestellt ist. Auch Gemeinden wie Immenstaad mit seinem hohen Hausanteil und Meersburg dürften nur noch Flächen für den Eigenbedarf ausweisen. Trotzdem erreichen sie die Werte der von dieser Auflage ebenfalls befreiten Stadt Friedrichshafen. Der Faktor "Eigenentwicklung*" schlägt im Immobilienangebot also nicht durch, was hinsichtlich der Fragestellung ein wichtiges Ergebnis ist.
Vergleicht man die Zahlen der in einem Jahr überregional angebotenen Wohnungsimmobilien mit denen der 1986 in der jeweiligen Gemeinde fertiggestellten Wohnungen[1263], so zeigt sich die Wichtigkeit

---

1260 S. Anlage 5

1261 S. Karten 1 und 2 und Abbildungen 8 und 9

1262 Oft erscheint der Name der Altgemeinde "Unteruhldingen", welcher u.a. wegen seiner Pfahlbaurekonstruktionen einen hohen Bekanntheitsgrad und ein positives Image besitzt.

1263 S. Tabelle 8

des Faktors "überregionales Angebot" für den Wohnungsmarkt (z.B. für die Preise) trotz aller zuvor gemachten Einschränkungen: Ein relativ hoher Prozentsatz der in einem Jahr erstellten Wohnungen wird demzufolge überregional verkauft, größtenteils wohl als Zweitwohnungen. Daraus kann man schließen, daß

- die Umsetzung der Planungsauflage "Eigenentwicklung*", gemessen an ihrem Anspruch, nicht funktioniert und
- die Gemeinden mehr Bauland ausweisen, als für den lokalen Bedarf gebraucht wird.

Abbildung 8: Auswertung Immobilienmarkt Stuttgarter Zeitung: Wohnungspreise 1987 in DM/qm in verschiedenen Gebietskategorien der Region Bodensee-Oberschwaben

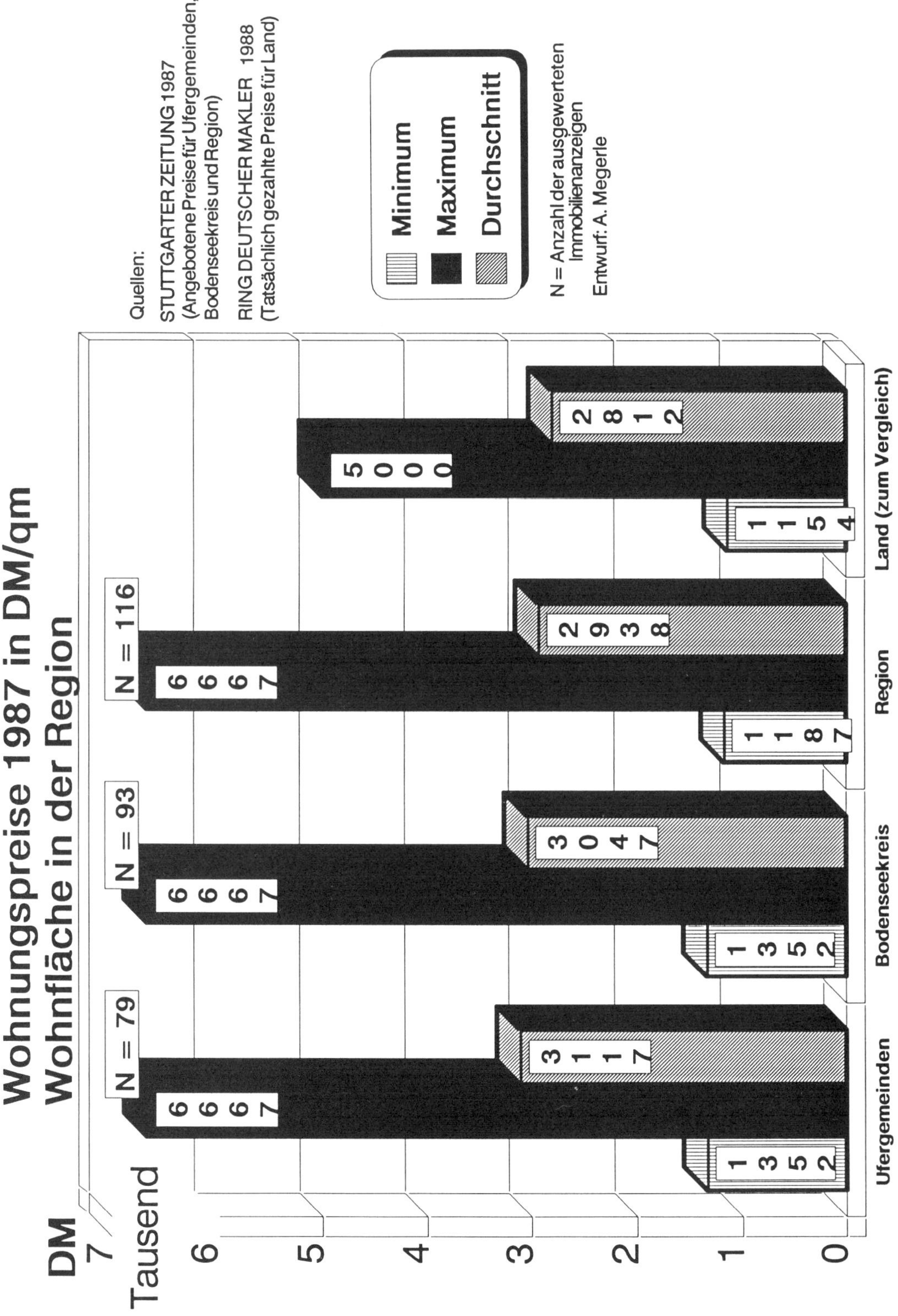

Abbildung 9: Auswertung Immobilienmarkt Stuttgarter Zeitung: Wohnungspreise 1987 in DM/qm in verschiedenen Gebietskategorien der Region Bodensee-Oberschwaben. Gebietskategorien jeweils ohne Teilkategorie

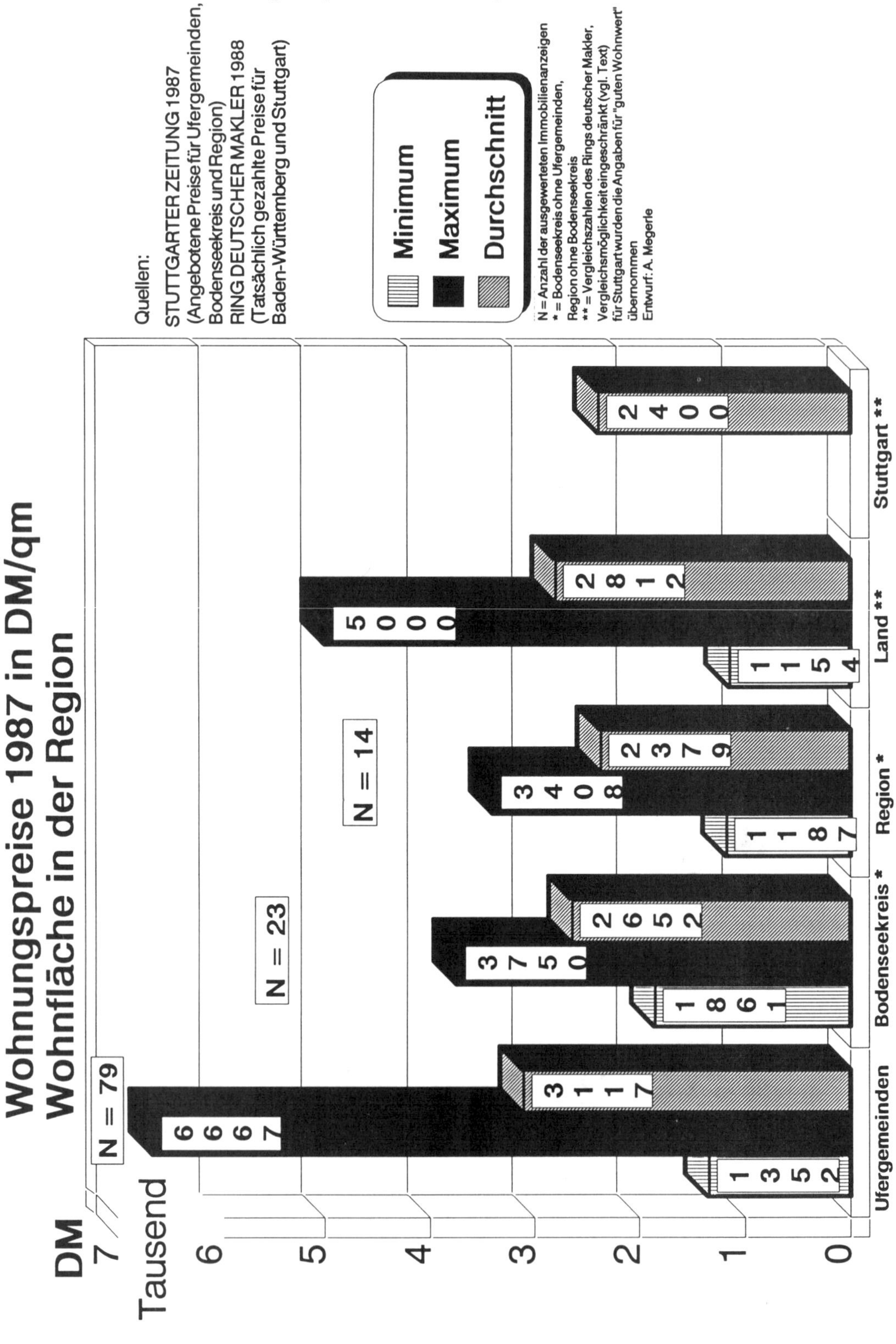

Tabelle 8: Vergleich zwischen der Anzahl der 1986 fertiggestellten und 1987 überregional angebotenen Anzahl von Wohnungsimmobilien der Ufergemeinden der Region

Gemeinde	Wohnungszugang 1986[1]	Überregional angebotene Wohnungen 1987[2]
Sipplingen	15	6
Überlingen	139	35
Uhldingen-Mühlhofen	51	35
Meersburg	22	16
Stetten	11	0
Hagnau	23	5
Immenstaad	50	14
Friedrichshafen	143	25
Eriskirch	20	1
Langenargen	91	6
Kressbronn	51	6

Quellen:

1 aus: HECKING et al. 1987, S. 105, Zugang einschließlich Baumaßnahmen an bestehenden Gebäuden

2 eigene Erhebungen (Quelle: STUTTGARTER ZEITUNG 1987)

Das Angebot des "seenahen Hinterlandes" liegt deutlich unter dem Niveau der Ufergemeinden. Manche Gemeinden wie z.B. Bermatingen tauchen in den Anzeigen gar nicht auf. Für das grundsätzlich auf noch niedrigerem Niveau liegende Hinterland der "restlichen" Region gilt es zu differenzieren. Einerseits weisen Fremdenverkehrsgemeinden wie Illmensee (Ferienwohnungsangebote), Isny (Ski- und Wandertourismus), Bad Waldsee (Moorbad) und Beuron (Naturpark Obere Donau) relativ viele Angebote auf, während andererseits zahlreiche Gemeinden gar nicht genannt werden (z.B. Krauchenwies) oder relativ wenig Angebote aufweisen (z.B. Messkirch).

Bei der Auswertung der Wohnungspreise[1264] wurden die Gemeinden zu den Gebietskategorien "Ufergemeinden", "Bodenseekreis" (umfaßt die Ufergemeinden sowie die Gemeinden der "2. Linie") und "restliche Region" zusammengefaßt[1265].
Tabelle 9 zeigt die Preisentwicklung für Wohnungsimmobilien in den Ufergemeinden.

1264 S. Karte 2

1265 S. Abb. 8 und 9

Tabelle 9: Auswertung des Bodensee-Immobilienmarktes in der Presse: Vergleich der Preise in DM/qm für Wohnimmobilien 1975 und 1987 von ausgewählten Gemeinden

Gemeinde	Preisangabe 1975[1]	Preisangabe 1987[2]
Sipplingen	1400 - 1900	.
Überlingen	1300 - 1700	3145
Meersburg	1300 - 1600	2897
Unteruhldingen	1300	3350[3]

Quellen:

. = keine Angaben
1 = Auswertung von FRANCKE (FRANCKE 1975, S. 229): Auswertung des Immobilienmarkts im Samstagteil der Regionalzeitung "Südkurier" für Eigentumswohnungen
2 = Auswertung des Immobilienmarkts im Samstagteil der überregionalen Zeitung "Stuttgarter Zeitung" für alle auswertbaren Wohnimmobilien (Immobilien mit Preis- und Größenangabe), Durchschnittswerte (STUTTGARTER ZEITUNG 1987)
3 = Gesamtgemeinde Uhldingen-Mühlhofen

Obwohl die Zahlen aus der regionalen ("Südkurier") und überregionalen ("Stuttgarter Zeitung") Presse aufgrund des unterschiedlichen Angebotsspektrums nicht direkt vergleichbar sind, ist die Tendenz klar zu erkennen: Die von FRANCKE bereits 1975 festgestellten "ungeahnten Preissteigerungen auf dem örtlichen Immobilienmarkt"[1266] haben sich danach enorm verstärkt.
Abbildung 8 zeigt die heutige Angebotspreissituation in verschiedenen Gebietskategorien der Region. Allerdings wird das Bild durch das starke Übergewicht der Immobilienanzahl in den ufernahen Gebieten verfälscht, so daß in Abbildung 9 die in einer Gebietskategorie jeweils enthaltene Unterkategorie weggelassen wurde (z.B. umfaßt der Bodenseekreis hier nicht die Ufergemeinden). Die Werte für das Land Baden-Württemberg sind nur eingeschränkt vergleichbar, da es sich hierbei um tatsächlich verkaufte Immobilien handelt, was das hohe Maximum von über 6600 DM/qm im Angebot einer Ufergemeinde erklärt. Betrachtet man die Durchschnittswerte, so erreichen die Ufergemeinden ein Niveau von über 3100 DM/qm. Dies übertrifft selbst die vom Ring deutscher Makler für 1987 angegebenen Verkaufspreise von 2300 bis 2500 DM/qm für Eigentumswohnungen mit "gutem Wohnwert" in der sonst landesweit an der Spitze der Immobilienpreise stehenden Landeshauptstadt Stuttgart[1267].
Angesichts des zuvor festgestellten hohen Anteils überregional angebotener Wohnungen am Wohnungsgesamtzugang einer Gemeinde ist die Auswirkung auf das allgemeine Preisniveau, d.h. unter Einschluß "lokaler Immobilien", sicher als beträchtlich anzunehmen.
Trotz des erwartungsgemäßen Rückgangs des Preisniveaus mit zunehmender Entfernung vom Ufer[1268] bleiben die Durchschnittswerte erstaunlicherweise auf einem hohen Niveau (vgl. Beispiel Stuttgart). Dies läßt vermuten, daß es sich auch bei den "Hinterland"-Immobilien um "Luxusimmobilien" der oberen Preisklasse handelt. Leider konnte im Rahmen dieser Untersuchung kein Vergleich mit der Wohnungszugangstatistik für die Gemeinden des Hinterlandes durchgeführt werden. Es ist allerdings zu vermuten, daß hier der Anteil der überregional angebotenen Immobilien und damit die Wirkung auf das örtliche Preisniveau im Vergleich zum Uferbereich weitaus geringer ist.

1266 FRANCKE 1975, S. 230
1267 RING DEUTSCHER MAKLER 1987
1268 S. Abb. 9

VI.C.4.4.3. DAS BEISPIEL LANDESENTWICKLUNGSGESELLSCHAFT (LEG)

Ein interessantes Nebenergebnis der Auswertung war die Entdeckung, daß die landeseigene Landesentwicklungsgesellschaft "LEG" Immobilien aus den Gemeinden Uhldingen-Mühlhofen und Salem in Serienanzeigen in der Stuttgarter Zeitung anbietet[1269]. Dies steht in klarem Gegensatz zu den landes- bzw. regionalplanerischen Zielvorstellungen, wonach die Zuwanderungen in den Uferbereich beschränkt werden sollen. Damit vom Autor konfrontiert, teilte die LEG mit, daß sie eine Gesellschaft sei, die sich nach marktwirtschaftlichen Gegebenheiten ausrichten müsse. "In den vergangenen Jahren" seien "einige wenige Einzelprojekte" im Bodenseekreis realisiert worden. Das Projekt Salem stamme noch aus dem Jahre 1979, das Projekt in Unteruhldingen wurde wegen der dort vorhandenen landeseigenen Grundstücke (!) begonnen. Die überregionale Werbung sei erst erfolgt, nachdem man längere Zeit vergeblich versucht habe, die Objekte auf lokaler Ebene zu verkaufen[1270]. Die marktwirtschaftliche Ausrichtung des Unternehmens hätte aber leicht politisch beeinflußt werden können, da der Aufsichtsratsvorsitzende der LEG, Herzog, damals gleichzeitig Wirtschaftsminister des Landes Baden-Württemberg war. Dieser sah in seinem Schreiben die Erfüllung raumordnerischer Zielvorstellungen bei den beiden Projekten sichergestellt, da Salem "Umland" sei und Unteruhldingen "seeabgewandte Seite". Er bat um Verständnis dafür, daß die LEG aufgrund ihrer marktwirtschaftlichen Ausrichtung "in unregelmäßigen Abständen vereinzelt auch überregionale Werbung" betreiben müsse[1271]. Obwohl das ebenfalls mit diesem Sachverhalt konfrontierte Regierungspräsidium gleichfalls von einem "Einzelfall"[1272] ausging, deutet doch die vergebliche Vermarktung der Wohnungen darauf hin, daß die Baulandausweisung der Gemeinde Uhldingen-Mühlhofen für eine bloße Eigenentwicklung* überdimensioniert ist. Es zeigt auch, daß...

- landeseigene, marktwirtschaftlich wirtschaftende Betriebe die landesplanerischen Zielsetzungen unterlaufen können,
- landeseigene Unternehmen hervorragend geeignete potentielle Instrumente der Landesplanung wären; diese Instrumente werden aber kaum genutzt. Hier spiegelt sich der geringe Stellenwert der Landesplanung im Spektrum der Politiksektoren wider,
- durch politische Vorgaben (z.B. Verzicht auf marktwirtschaftliche Ausrichtung bei raumwirksamen Unternehmensentscheidungen) sich über die Schaffung eines Instrumentes hinaus auch eine Vorbildfunktion erreichen ließe, die der Landesplanung in der Öffentlichkeit, aber auch bei Privatunternehmen, ein besseres Image und damit eine bessere Durchsetzungschance geben würde.

Die Landesplanung wird sich solange auch gegenüber Gemeinden nicht durchsetzen können, solange das Land nicht selbst sich mit allen Behörden und Einrichtungen der verschiedenen Politiksektoren an die eigenen Festsetzungen hält.

VI.C.4.5. Indikator "Uferzonenüberbauung"

Karte 4 zeigt den Grad der Überbauung der drei im Bodenseeuferplan ausgewiesenen Uferstreifen im Jahre 1982. Da die zumeist bis 1990 gültigen Flächennutzungspläne 1982 im wesentlichen in Bearbeitung waren, sind Teile der "Planung" bereits "Bestand" geworden. In der Größenordnung hat sich seit dieser Zeit aber nichts geändert. Die Angaben der Karte können als Indikator für die Bereitschaft der Gemeinden zur Entlastung der "Uferzone" verwendet werden. Es überrascht, daß trotz der zahlreich dokumentierten Erfordernisse der Landes- und Regionalplanung nach Entlastung der Uferzone diese noch immer nicht in erwartetem Maße umgesetzt werden. So war in der Uferzone des Bodenseekreises noch 1982 die Überbauung von 3% aller drei Uferzonen allein bis 1990 geplant. Zwar sind viele Gemeinden durch ihre Lage auf die ufernahe Planung ihrer Baugebiete angewiesen (z.B. Sipplingen). Bei weit ins Hinterland reichenden Gemeinden wie Friedrichshafen, wo 4% der 500m-Uferzone als Baugebiet bis 1990 verplant waren, entfällt diese Begründung jedoch.

VI.C.4.6. Indikator "Schutzgebiete"

Nach Meinung des Innenministeriums ist die Ausweisung von Schutzgebieten ein "wichtiges Instrument",

---

[1269] STUTTGARTER ZEITUNG vom 18.4.87

[1270] LANDESENTWICKLUNGSGESELLSCHAFT 1987U

[1271] WIRTSCHAFTSMINISTERIUM BADEN-WÜRTTEMBERG 1987U

[1272] REGIERUNGSPRÄSIDIUM TÜBINGEN 1987U

um die Bebauung im Uferbereich künftig in einem "ökologisch verträglichen Rahmen" zu halten[1273]. Aus diesem Grund sollen auch die regionalen Grünzüge* unter Landschaftsschutz und die im Bodenseeuferplan ausgewiesenen Vorrangbereiche unter Landschafts- und Naturschutz gestellt werden. Somit ist der Umsetzungsgrad dieser Vorgaben an der Unterschutzstellungspraxis der Naturschutzbehörden (Landratsamt und Regierungspräsidium) abzulesen.
Aufgrund der unzureichend erfolgten Differenzierung des Bodenseeuferplans zwischen Landschafts- einerseits und Naturschutzgebietsvorrangfläche andererseits (der Bodenseeuferplan gibt nur an, ob ein Vorrangbereich unter Natur- und unter Landschaftsschutz oder nur unter Landschaftsschutz gestellt werden soll[1274]), kann über den "Soll-Wert" bei den Naturschutzgebieten wenig gesagt werden. Ein Vergleich bringt hier also gewisse Probleme. Eine deutliche Unterscheidung zwischen den beiden Schutzgebietstypen wäre aber aufgrund ihrer höchst unterschiedlichen Schutzziele wichtig.

VI.C.4.6.1. LANDSCHAFTSSCHUTZGEBIETE

Hier gilt es, zwischen den ufernahen Bereichen und dem "seenahen Hinterland" zu unterscheiden. In der ufernahen Zone stehen bereits relativ große Bereiche unter Landschaftsschutz. So wurde 1982 das wichtige Landschaftsschutzgebiet "Bodenseeufer" ausgewiesen, welches von Sipplingen bis Immenstaad fast 3000 ha Uferzone der potentiellen Bebauung entzieht[1275].

[1273] INNENMINISTERIUM BADEN-WÜRTTEMBERG 1985, S. 4
[1274] REGIONALVERBAND BODENSEE-OBERSCHWABEN 1984, S. 20
[1275] LANDRATSAMT BODENSEEKREIS 1987aU, S. 12, s. Tabelle 10

Tabelle 10: Umsetzung der Festsetzungen zum Freiflächenschutz im Bodenseeuferplan durch die Naturschutzbehörden

Vorrangbereich laut Bodensee-uferplan 1984	Schutz kategorie#	Umsetzung
1 Bereich zur Erweiterung des LSG "Westliches Bodenseeufer" U	LSG, N	+/- Bereits während der Erarbeitung des Bodenseeuferplans 1982 als LSG ausgewiesen. Allerdings wurde bis heute[1276] kein einziges Naturschutzgebiet bzw. flächenhaftes Naturdenkmal ausgewiesen [1 2]
2 Bereich "Argenaue" H	LSG, N	- In der Planung[2]
3 Bereich zur Erweiterung des LSG "Degersee/Schleinsee" H	LSG	+ + Ausweisung erfolgte 1986[2]
4 Bereich zur Erweiterung des LSG "Tettnanger Wald" H	LSG	-- Keine Ausweisung, Planung unbekannt
5 Bereich "Seewald und Schussenniederung" H	LSG	-- Keine Ausweisung oder Planung bekannt
6 Bereich "Rotachtal, Raderacher Hügelland, Leimbacher Ried H	LSG, N	+ + Ausweisung erfolgte 1983[2].
7 Bereich "Lipbach- und Brunnisachniederung" H, L	LSG, N	-- Keine Planung oder Ausweisung bekannt. Die Ausweisung des Gebietes "Brunnisachaue" als NSG wurde vom RP abgelehnt

[1276] 28.5.91

Abkürzungen und Quellen:

#	= Vorschlag laut Bodenseeuferplan
LSG	= Landschaftsschutzgebiet
NSG	= Naturschutzgebiet
N	= Naturschutzgebiet oder Naturdenkmal
RP	= Regierungspräsidium Tübingen
+ +	= Voll umgesetzt
+	= Umsetzung nur teilweise erfolgt
-	= Umsetzung bisher nur geplant
--	= Keine Umsetzung erkennbar
H	= Gebiet umfaßt hauptsächlich das Hinterland
U	= Gebiet umfaßt hauptsächlich Uferzone
1	= REGIONALVERBAND BODENSEE-OBERSCHWABEN 1984, S. 20
2	= LANDRATSAMT BODENSEEKREIS 1987aU, S. 24ff

Allerdings umfaßt das Schutzgebiet zum größten Teil keine seeabgewandten Bereiche und umgeht die Ortslagen der Gemeinden[1277]. Hierbei wird deutlich, daß Landschaftsschutzgebiete zwar empfindliche Landschaftsbereiche vor Überbauung schützen können, als Steuerinstrument für den Baulandbedarf allerdings nicht ausreichen, da die ohne Schutz bleibenden Flächen für eine Bedarfssteuerung zu groß sind. Im Zusammenhang mit der geplanten Überarbeitung des bestehenden Landschaftsschutzgebietes "Württembergisches Bodenseeufer" ist ein einheitliches Landschaftsschutzgebiet entlang des gesamten Bodenseeufers geplant[1278]. Die Ausweisung der Landschaftsschutzgebiete im Bereich der "2. Linie" ("seenahes Hinterland") hinkt im Vergleich zum ufernahen Bereich sehr stark nach[1279]. Immerhin konnte das Vorranggebiet für Natur- und Landschaftsschutz Nr. 3 des Bodenseeuferplans ("Hügelland und Seenplatte südlich der Argen und Nonnenbachtal") 1986 als Landschaftsschutzgebiet, das Vorranggebiet Nr. 6 zum Teil 1983 ausgewiesen werden[1280]. Die Ausweisung der Vorranggebiete Nr. 2 ist bei den Naturschutzbehörden schon seit etlichen Jahren in der Planung[1281]. Bei mehreren Vorrangbereichen (Nr. 4, 5 und 7) fand eine Umsetzung jedoch bis heute[1282] nicht statt. Die weitere Schutzgebietsplanung macht deutlich, daß durch die Landschaftsschutzgebiete eine Steuerwirkung für die Siedlungsentwicklung im Hinterland noch weniger gegeben ist als im ufernahen Bereich. Außer bei den geplanten Landschaftsschutzgebieten "Gehrenberg" und "Heiligenberg" handelt es sich bei den im Hinterland geplanten Landschaftsschutzgebieten nämlich im wesentlichen um sogenannte "dienende" Landschaftsschutzgebiete[1283] als Pufferzonen für Naturschutzgebiete und weniger um "siedlungsbegrenzende" Schutzgebiete.
Angemerkt sei, daß auch die Ausweisung eines Landschaftsschutzgebietes keinen endgültigen Schutz vor Bebauung sichert. So würde das Landratsamt bei einer von privater Seite geforderten Bebauung des Bereiches "Hüniwiese" in einem Landschaftsschutzgebiet bei Friedrichshafen das Verfahren um die Aufhebung des Landschaftsschutzgebietes eröffnen, sobald ein entsprechender Gemeinderatsbeschluß vorliege[1284].

VI.C.4.6.2. NATURSCHUTZGEBIETE

Im Vergleich zu den Landschaftsschutzgebieten sieht es bei den Naturschutzgebieten im Bodenseekreis wesentlich schlechter aus. Von den vielen schutzwürdigen Gebieten (Nach den Angaben der Bezirksstelle für Naturschutz und Landschaftspflege muß man mit noch ca. 27 auszuweisenden

---

[1277] LANDRATSAMT BODENSEEKREIS 1983, Karte

[1278] LANDRATSAMT BODENSEEKREIS 1987aU, S. 13

[1279] LANDRATSAMT BODENSEEKREIS 1983, Karte, s. Tabelle 10

[1280] LANDRATSAMT BODENSEEKREIS 1987aU, S. 24 und 26

[1281] LANDRATSAMT BODENSEEKREIS 1987aU, S. 26

[1282] 28.5.91

[1283] LANDRATSAMT BODENSEEKREIS 1987aU, S. 24f

[1284] Der erste Landesbeamte, KRUSCHWITZ, am 12.4.91 mdl. an den Verfasser. Hier deuten sich, analog zur Beteiligung der Gemeinden an der Regionalplanung, "Kompromißstufen" an.

Naturschutzgebieten allein im Bodenseekreis rechnen[1285]) wurden in jüngerer Zeit nur drei Gebiete ausgewiesen[1286], bei zwei Naturschutzgebieten wurde die Schutzverordnung novelliert[1287]. Ebenso ist die vom Regionalverband als flächenhafte Naturdenkmale vorgeschlagene Unterschutzstellung der Schilfbestände, mit Ausnahme eines kleinen Bestandes bei Süßenmühle, bis heute[1288] nicht erfolgt. Von den für den Bodenseekreis wichtigen Feuchtgebieten wurde in jüngerer Zeit ein einziges unter flächenhaften Naturdenkmalschutz gestellt[1289]. Der Bodenseekreis liegt damit mit seiner Unterschutzstellungspraxis weit unter dem Landesdurchschnitt[1290]. Allerdings reicht bei den Naturschutzgebieten der Indikator "Ausweisung als Naturschutzgebiet" noch nicht aus, um die Qualität der Umsetzung überprüfen zu können. Hierzu bedarf es der zusätzlichen Untersuchung der Schutzflächengrößen sowie der "Schutzstärke", was die Eingriffsregelungen in der jeweiligen Schutzverordnung betrifft. Da diese Untersuchungen im Rahmen dieser Arbeit nicht durchgeführt werden können, mag eine kurze Übersicht genügen: Die Durchschnittsgröße aller Naturschutzgebiete des Bodenseekreises (ohne das überregional bedeutsame und schon in den dreissiger Jahren unter Schutz gestellte Naturschutzgebiet "Eriskircher Ried") liegt bei 35,5 ha, was im Vergleich zum Landesdurchschnitt aller Landkreise (72,02 ha) äußerst gering ist. Die Schutzstärke (Untersuchung der Schutzverordnungen) konnte im Rahmen dieser Untersuchung ebenfalls nicht erhoben werden. Allerdings muß sie aufgrund der vom Autor in der Naturschutzarbeit gemachten Erfahrungen als für die Sicherung des Schutzzwecks grundsätzlich nicht ausreichend bezeichnet werden, was durch Untersuchungen einzelner Gebiete bestätigt wird[1291]. Im Naturschutzgebiet "Eriskircher Ried" etwa wurde festgestellt, daß die "ehemals weiten Riedflächen trotz der Ausweisung als Naturschutzgebiet im Zuge der Intensivierung der Landwirtschaft auf einen schmalen Bereich zurückgedrängt" wurden[1292]. Dieser für einen hinsichtlich des Erholungs- und Biotoppotentials überregional bedeutsamen Raum überraschende Befund ist zum Teil auf die unzureichende Umsetzung bei den Naturschutzbehörden zurückzuführen ("Vollzugsdefizit"). Neben anderen Faktoren spielen hier besonders die für eine rasche und vollständige Umsetzung unzureichenden Arbeitskapazitäten eine große Rolle. Ein wichtiger Einflußfaktor bei Unterschutzstellungsverfahren ist der Widerstand von Trägern öffentlicher Belange*. So wurde die Schutzverordnung für das Naturschutzgebiet "Hepbach-Leimbacher Ried" u.a. aufgrund des Widerstandes der Stadt Friedrichshafen aus der Sicht des Naturschutzes nahezu wirkungslos gemacht. Besonders im Naturschutzbereich ist das Fehlen von Datensystemen u.a. zur Erfolgskontrolle ein besonderes Problem. Trotzdem wären qualifizierte Evaluierungen, dies sei nebenbei bemerkt, auch in diesem Bereich von großer Wichtigkeit.

VI.C.5. Ergebnis des Soll-Ist-Vergleichs: Der Erfolg der Regionalplanung

Vergleicht man den aus dem Leitbild und den Erfordernissen der Regionalplanung herauslesbaren "Soll-Wert" mit dem aktuellen raumstrukturellen Zustand hinsichtlich der ausgewählten Sachbereiche, so stellt man fest, daß wesentliche Zielvorstellungen nicht realisiert werden konnten.
Der starke Siedlungsdruck auf den engeren Uferbereich geht weiter. Die aufgrund des Siedlungsdruckes entstehenden Probleme greifen immer stärker auch auf das Hinterland aus. Das "seenahe Hinterland" ist bereits von der Entwicklung erfaßt, so daß die immer noch vorhandene regionalplanerische Zielvorstellung nach einer Entlastung des Siedlungsdruckes durch Verlagerung in "seeabgewandte" Bereiche längst überholt ist[1293]. Selbst die Verlagerung in die "2. Linie" kann nichts mehr zur Problemlösung beitragen. Es ergibt sich das Paradoxon, daß, wenn sie mit Erfolg praktiziert werden kann, eine solche Verlagerung noch zur Verstärkung der siedlungsstrukturellen Probleme in diesem Bereich beiträgt.
Hinsichtlich der wichtigsten Instrumente der Landes- und Regionalplanung (z.B. Festsetzung der "Eigenentwicklung*") konnten Hinweise für ein "Greifen" nicht gefunden werden. So wird ein relativ

---

1285 BEZIRKSSTELLE FÜR NATURSCHUTZ UND LANDSCHAFTSPFLEGE o.J. (1988U)

1286 BUND o.J. (ca. 1987U), S. 21

1287 Naturschutzgebiete "Jägerweiher" und "Seefelder-Achmündung", mdl. Mitteilung des Landratsamtes Bodenseekreis 6.6.91

1288 28.5.91

1289 LANDRATSAMT BODENSEEKREIS 1987 und mdl. Mitteilung 6.6.91

1290 BUND o.J. (ca. 1987U)

1291 Z.B. LEUSHACKE/THIELCKE-RESCH 1989

1292 LEUSHACKE/THIELCKE-RESCH 1989, S. 1

1293 Vgl. auch Presseartikel "Die Planungen des Regionalverbands reichen immer weiter ins Hinterland des Sees" (SCHWÄBISCHE ZEITUNG vom 5.7.91)

hoher Prozentsatz der jährlichen Wohnungszugänge auch in den Gemeinden mit Eigenentwicklung* überregional verkauft und verursacht dadurch einen Mehrbedarf an Siedlungsfläche.
Schon bei dieser Messung des schlichten Erfolgsmaßes lassen sich Hinweise auf die Rolle der Akteure und auf Ursache-Wirkungen-Beziehungen finden. So wird z.B. der Einflußfaktor der Gemeinden deutlich. Durch beträchtliche und zum Teil überdimensionierte Ausweisungen von Bauflächen in den ufernahen Bereichen unterlaufen etliche Gemeinden die regionalplanerischen Zielvorstellungen. Besonders fällt dies in denjenigen Gemeinden auf, die eigentlich nur noch für den Eigenbedarf Bauflächen ausweisen dürften.
Die Umsetzung der Festsetzungen des Freiraumschutzes (regionale Grünzüge*, Vorranggebiete für Landschafts- und Naturschutz) ist im Bereich des Landschaftsschutzes teilweise erfolgt, insbesondere haben die regionalen Freihalteflächen "gehalten". Trotzdem sind auch hier noch Umsetzungsschwächen festzustellen, insbesondere bei den verantwortlichen Naturschutzbehörden. Obwohl der Bodenseeuferplan bereits seit 1984 Verbindlichkeit erreicht hat und die Ausweisung der Vorrangbereiche für den Landschaftsschutz in enger Absprache mit den Naturschutzbehörden erfolgte, ist die Unterschutzstellung vieler Bereiche noch nicht einmal in der konkreten Planung.
Im Naturschutz erreicht die Umsetzung der Vorschläge und Erfordernisse der Regionalplanung noch nicht einmal Mindestqualität. Aufgrund der recht allgemein gehaltenen Formulierungen dieser Erfordernisse ist bei dieser Bewertung die vom Autor vorgenommene Konkretisierung durch Indikatoren zu berücksichtigen. Darüber hinaus wurden bei den Ausweisungen Konfliktbereiche (z.B. geplante Baugebiete der Gemeinden) in der Regel ausgespart. Selbst bei einer vollständigen Umsetzung der regionalplanerischen Schutzvorgaben in Schutzgebiete als "Negativsteuerung" sind deshalb die verbleibenden Flächen so groß, daß eine Steuerwirkung auf die Größe der Siedlungserweiterungen ("Bedarfsfrage"), im Gegensatz zur Meinung des Innenministeriums, kaum gegeben ist.
Durch diese Bewertung relativiert sich die positive Bewertung des regionalplanerischen Erfolges durch HECKING et al. und nähert sich der eher negativen Bewertung von DREXLER[1294]. Dieser geht jedoch kaum auf den Einflußfaktor "Gemeinden" ein, sondern sieht die Ursache für die "Restriktionen der Regionalplanung" am See fast ausschließlich in der unzureichenden Unabhängigkeit der Region vom Land. So geht auch sein Problemlösungsvorschlag in diese Richtung. Er fordert eine "eigenständige Regionalplanung mit deutlichen regionalpolitischen Akzenten"[1295].
Interessanterweise bewertet selbst der ehemalige Verbandsdirektor des Regionalverbandes, VOGLER, den Erfolg seiner regionalplanerischen Anstrengungen als "mäßig bis schlecht". Dieses Ergebnis führt er auf die generellen Probleme der Regionalplanung zurück[1296].
Trotz gewisser Hinweise sagt dieses "schlichte" Erfolgsmaß noch nichts über die genaue Einflußstärke des Regionalverbands an diesem Ergebnis und über die Ursachen der unzureichenden Umsetzung aus. Dazu bedarf es weitergehender Ursachen- und Wirkungsanalysen. Anzumerken ist, daß die grundsätzlich negative Bewertung der Umsetzung der Erfordernisse der Regionalplanung in den ausgewählten Sachbereichen durch die schwer meßbaren, allerdings unbetritten vorhandenen Erfolge der Regionalplanung auf anderen Gebieten relativiert wird. Zu nennen wäre etwa die "Bewußtseinsbildung" der öffentlichen Planungsträger. So haben die zahlreichen Initiativen des Regionalverbandes in diese Richtung, u.a. zum Schilfschutz, zum Flachwasserzonenschutz usw. viele bisherige "non-decision"-Bereiche überhaupt erst thematisiert und problematisiert und umgekehrt die Realisierung vieler gegen Erfordernisse der Regionalplanung gerichteter "Schubladenpläne" der Gemeinden verhindert.
Die neue Generation der Flächennutzungspläne läßt auf ein "Umdenken" bei manchen Gemeinden in jüngster Zeit hoffen. Nach SAEGER wurde die Bauflächenausweisung in vielen Gemeinden am Bodensee deutlich reduziert[1297].

[1294] DREXLER 1980, S. 15 und 88ff

[1295] DREXLER 1980, S. 92

[1296] VOGLER, Interview

[1297] SAEGER, Interview

VII. Untersuchungsschritt 2: Umsetzungsgrad landes- und regionalplanerischer Vorgaben - Gründe und Wirkungszusammenhänge

Zur Ursachen- und Wirkungsanalyse für die festgestellte unzureichende Umsetzung landes- bzw. regionalplanerischer Vorgaben sollen zwei Teiluntersuchungen mit verschiedenen methodischen Ansätzen durchgeführt werden. Zum einen soll über die Auswertung von Akten und Presseverlautbarungen eine verfahrensbegleitende Untersuchung an zwei Umsetzungsverfahren (Fallbeispiele) durchgeführt werden. In beiden Fällen geht es um Verfahren zu Industrieerweiterungen im Bodenseeuferbereich.
Zum anderen sollen Stellungnahmen des Regionalverbands Bodensee-Oberschwaben zu Bauleitplänen von Gemeinden im Uferbereich ausgewertet werden. Auch hierbei werden zwei Fallbeispiele herangezogen[1298]. Die Schwerpunkte ergeben sich aus den gewählten Sachbereichen und aus der Untersuchungsebene "Gemeinde". Die Untersuchung ist so abgefaßt, daß jeweils das erste der beiden gewählten Fallbeispiele ausführlich behandelt wird, das jeweils zweite ist weniger breit angelegt.

VII.A. Verfahrensbegleitende Untersuchung an Fallbeispielen als Teil 1 der Ursachen-Wirkungs-Analyse

Ähnlich wie beim Untersuchungsansatz von KONUKIEWITZ soll die Methode "Fallbeispiel" bei der Untersuchung der Verfahrensabläufe der Planungen für zwei Gewerbeflächenerweiterungen am Bodensee (Firma "Dornier" in Immenstaad/Bodensee und Firma "Bodenseewerke" in Überlingen) genutzt werden. Dabei werden im wesentlichen einschlägige Akten, behördliche Stellungnahmen, Protokolle und Presseartikel im Zeitverlauf analysiert. Ein Schwerpunkt soll dabei die Verhaltensanalyse der für die Umsetzung von Erfordernissen der Landesplanung relevanten Akteure sein.
Ziel dieser Analysen ist es, Aussagen über Möglichkeiten einer Teilevaluierung der Regionalplanung durch die Analyse von Fallbeispielen zu gewinnen, besonders was die Aufdeckung von Ursachen- und Wirkungszusammenhängen betrifft. Ein anderes Ziel ist es, herauszufinden inwieweit die eingesetzten Methoden Aussagen über die Steuerungsfähigkeit speziell der Regionalplanung am Bodensee erlauben. Die Wirkungsketten werden dabei, so weit wie möglich, bis auf den Maßstab des Bebauungsplanes verfolgt, um zu Erkenntnissen über die "letztendliche Umsetzung" kommen zu können.
Die Methode "Fallbeispiel" wird dabei als Ergänzung zum "Soll-Ist"-Vergleich nach HECKING et al. im Rahmen der Teilevaluierung gesehen. Hinsichtlich der von WOLLMANN[1299] geforderten "Identifikation der Akteure" sei auf die vorherigen Kapitel verwiesen.
Es muß angemerkt werden, daß im Rahmen dieser Arbeit nicht erschöpfend auf alle relevanten Daten zurückgegriffen werden konnte, so daß die Wirkungs- und Ursachenanalysen nicht vollständig sein können. Im Sinne von KONUKIEWITZ[1300] konnte besonders die Erforschung der "Nicht-Entscheidungen" längst nicht in ausreichendem Maße durchgeführt werden. Immerhin lassen sich aus den vorhandenen Materialien Erkenntnisse über die wichtigsten Handlungsgeflechte, -routinen und Interessen der beteiligten Akteure ziehen.

VII.A.1. Auswahlbegründung der Fallbeispiele

Sowohl von kommunaler Seite als auch von seiten der Regionalplanung wurden die Industrieerweiterungen "Dornier" und "Bodenseewerke" von den Interviewpartnern als die konfliktreichsten Verfahren zwischen Regionalplanung und den beteiligten Gemeinden bezeichnet[1301]. Die Bedeutung dieser Verfahren spiegelt sich in zahllosen Presseartikeln und Akten wider, so daß die

---

[1298] Zur Lage der Fallbeispielräume s. Karte 3
[1299] WOLLMANN 1980, S. 32
[1300] KONUKIEWITZ 1985, S. 58f
[1301] Sowohl LÜDECKE, als auch VOGLER sprachen von der "härtesten Auseinandersetzung" (VOGLER, LÜDECKE, Interviews).

Materiallage als gut zu bezeichnen ist[1302]. Aufgrund der "Dimension" der Verfahren sind alle für Umsetzungsverfahren landes- und regionalplanerischer Erfordernisse relevanten Akteure beteiligt. Allerdings steckt in dieser Dimension auch ein Problem: Verfahren um landesweit bedeutsame Unternehmen wie die Firma "Dornier" sind nicht unbedingt exemplarisch für raumordnerische Umsetzungsverfahren. Andererseits sind landesweit bedeutsame Betriebe für die Industriestruktur des Bodenseekreises typisch. Auch können die Handlungsroutinen und Interessen der Akteure (verwendete Durchsetzungsstrategien, verwendete Instrumente) durchaus auf andere Fälle übertragen werden. Allerdings wäre ein Vergleich mit Verfahren einer anderen "Dimension" sicher von Vorteil, was im Rahmen dieser Arbeit in Kapitel VII.B. ansatzweise versucht werden soll.

[1302] Zum Fallbeispiel Bodenseewerke vgl. Studie von BECK (BECK 1989)

VII.A.2. Fallbeispiel 1: Die Erweiterungspläne der Firma "Dornier"

Tabelle 11: Das Verfahren zur Erweiterung der Firma "Dornier" im Überblick

Zeit	Verfahrensschritt
1962	Ausweisung der geplanten Erweiterungsfläche im Flächennutzungsplan 1962
1978	Flächennutzungsplanentwurf; Reduzierung der geplanten Erweiterungsfläche; Regionalverband und Regierungspräsidium erheben gegen die Planung keine Bedenken
1980	Flächennutzungsplanentwurf; Regionalverband und Regierungspräsidium erheben erstmals Bedenken
1982	Flächennutzungsplanentwurf
1982	Verdoppelung der geplanten Erweiterungsfläche
9.9.82	Positive Vorentscheidung auf der Ebene der beteiligten Ministerien
28.10.82	Beginn der Koordinationsbesprechungen; Regierungspräsidium stellt grundsätzliche Bedenken zurück
8.4.83	Genehmigung des Flächennutzungsplans durch das Regierungspräsidium Tübingen
1984	Erster interner Bebauungsplanentwurf der Gemeinde Immenstaad
1984 bis 1986	Intensive Verhandlungen zwischen Regierungspräsidium und Gemeinde
31.1.85	Pressekonferenz des BUND* und Beginn der überregionalen Diskussion über die Industrieerweiterung
2.6.86	Beginn des offiziellen Bebauungsplanverfahrens; Auslegung des ersten Bebauungsplanentwurfs
	Auslegung des zweiten Entwurfs
	Genehmigung des Bebauungsplans durch das Landratsamt Bodenseekreis

Tabelle 11 zeigt den Verfahrensablauf für die Erweiterungsplanung, wie sie im folgenden dargestellt wird.

VII.A.2.1. Vorgeschichte

Im Jahre 1962 genehmigte das Regierungspräsidium Südbaden den Flächennutzungsplan der Gemeinde Immenstaad. Dieser Plan enthielt eine geplante Gewerbefläche nördlich der B 31, nur wenige hundert Meter entfernt vom Bodenseeufer[1303]. Die Genehmigung erfolgte, obwohl diese Planung im Widerspruch zu den in den "Hinweisen" dokumentierten Erfordernissen der Landesplanung stand. Die geplante Gewerbefläche wurde über 15 Jahre lang nicht in Anspruch genommen: Noch in einer der ersten Entwürfe des Flächennutzungsplans der Verwaltungsgemeinschaft Friedrichshafen-Immenstaad von 1978 war nur ein Teil dieser Fläche als geplante Gewerbefläche ausgewiesen[1304]. Die bereits 1962 erfolgte planerische Flächensicherung war als Erweiterungsmöglichkeit für die seit 1958 direkt am See liegende Firma "Dornier" gedacht.

VII.A.2.2. Das Flächennutzungsplanverfahren Ende der siebziger Jahre

Ende der siebziger Jahre begann das Flächennutzungsplanverfahren der Verwaltungsgemeinschaft Friedrichshafen - Immenstaad. Der Entwurf des Flächennutzungsplans von 1978 sah neben einem Teil der bereits 1962 ausgewiesenen Fläche nördlich der B 31 (="DO 3") eine weitere Intensivierung der Bebauung im bestehenden Werksgelände vor (="DO 1") sowie eine Erweiterung des Werksgeländes in Richtung Westen entlang des Bodenseeufers (="DO 2")[1305].
Obwohl die baden-württembergische Landes- und Regionalplanung sich inzwischen fest institutionalisieren konnten und Leitbilder erarbeiteten, die eine Industrieerweiterung am Bodenseeufer grundsätzlich ablehnten, konnte sie sich erst anläßlich des Flächennutzungsplanverfahrens Friedrichshafen - Immenstaad in die "Dornier"-Planung einschalten. Im Gegensatz zum privaten Naturschutz[1306] wurden von seiten der Regionalplanung zu Beginn des Verfahrens noch keine dokumentierten Bedenken gegen die Ausweisung der geplanten Erweiterungsfläche geäußert[1307]. In der "vorläufigen Stellungnahme" des Regionalverbandes Bodensee-Oberschwaben zum Flächennutzungsplanentwurf wurden lediglich Maßnahmen zur "Milderung" der Auswirkungen der geplanten "Dornier"-Erweiterung vorgeschlagen[1308]. Eine kurze Anmerkung in der Hauptstellungnahme zum Flächennutzungsplanentwurf läßt allerdings vermuten, daß sich die Regionalverbandsverwaltung auf dem "kleinen Dienstweg" intensiver mit dem "Dornier"-Problem auseinandergesetzt hat. So wird vorgeschlagen zu prüfen, ob nicht ein im Flächennutzungsplanentwurf ausgewiesenes geplantes Gewerbegebiet im Bereich der Ziegelei Immenstaad (nördlich der geplanten "Dornier"-Erweiterungsfläche) "als Alternative zu den geplanten Gewerbeflächen für die Firma Dornier nördlich der B 31 zu sehen" sei[1309]. Noch im gleichen Jahr bestand der Regionalverband Bodensee-Oberschwaben im Flächennutzungsplanverfahren darauf, daß die Firma "Dornier" ihre gegen eine Verlagerung der geplanten Erweiterung in das Umland sprechenden Gründe darlegte[1310]. In seiner 2. Stellungnahme zum Flächennutzungsplanentwurf äußerte der Regionalverband erneut die Meinung, daß die vorliegenden Argumente der Firma "Dornier" zur Erweiterung am Seeufer "noch nicht überzeugend" seien. Darüber hinaus konnte er nunmehr den im Entwurf vorliegenden Regionalplan zitieren, wonach eine Verlagerung oder Teilverlagerung von Industriebetrieben aus der "Uferzone" in das "Umland" anzustreben sei, besonders bei Erweiterungsvorhaben[1311].

[1303] REGIONALVERBAND BODENSEE-OBERSCHWABEN 1986U, S. 12

[1304] VERWALTUNGSGEMEINSCHAFT FRIEDRICHSHAFEN-IMMENSTAAD 1978, Beilage Nr. 45. Der Stand der Eintragungen wird mit "Januar 1979" angegeben.

[1305] VERWALTUNGSGEMEINSCHAFT FRIEDRICHSHAFEN-IMMENSTAAD 1978

[1306] Zit. nach BUND 1986U, S. 14

[1307] Weder im "Arbeitspapier zur Vorbereitung der Stellungnahme des Regionalverbandes zum Flächennutzungsplan für den Verwaltungsraum Friedrichshafen" von 1976/77 (REGIONALVERBAND BODENSEE-OBERSCHWABEN (o.J.) (ca. 1976/77U)) noch in der "Vorläufigen Stellungnahme zum Entwurf des Flächennutzungsplans des Verwaltungsraums Friedrichshafen/Immenstaad" (REGIONALVERBAND BODENSEE-OBERSCHWABEN (1977U)) erhob der Regionalverband Einwände gegen die geplante Gewerbefläche.

[1308] REGIONALVERBAND BODENSEE-OBERSCHWABEN 1977U

[1309] REGIONALVERBAND BODENSEE-OBERSCHWABEN 1980U

[1310] REGIONALVERBAND BODENSEE-OBERSCHWABEN 1986U, S. 12

[1311] Plansatz 7.2 (3) des nunmehr vorliegenden verbindlichen Regionalplans (REGIONALVERBAND BODENSEE-OBERSCHWABEN 1982U)

Auch das Regierungspräsidium konnte sich erst im Verlauf des Flächennutzungsplanverfahrens einschalten. Es äußerte "Bedenken" gegen die vorgesehene Erweiterung "in der Nähe des Uferbereichs" im Hinblick auf Planziel 3.11.13 des Landesentwicklungsplans. Die Erweiterung, so die Behörde, würde zu einer erheblichen Steigerung des Bedarfs an Wohnflächen in diesem Gebiet führen. Das Regierungspräsidium schlug vor, Betriebe mit einer "derartig hohen Zahl" von Beschäftigten in Zukunft im "Hinterland" anzusiedeln[1312]. Die Gemeinde Immenstaad stellte dazu lapidar fest, daß die weitere Entwicklung der Firma "Dornier" "überwiegend auf der Basis des derzeit genehmigten Flächennutzungsplans" erfolge[1313].
Erst ein Jahr später nannte die Firma "Dornier" den Genehmigungsbehörden die gegen eine Verlagerung ins Hinterland sprechenden Gründe. Diese bestanden aus allgemein gehaltenen, betriebswirtschaftlichen Argumenten wie "unproduktive Wegzeiten" und "zusätzliche Infrastruktur"[1314]. Die vom Regionalverband vorgeschlagenen Alternativstandorte außerhalb des Bodenseeuferbereichs (z.B. im Raum Markdorf) lehnte die Firma ohne konkrete Begründung ab[1315]. In einem Schreiben an den Ministerialdirigenten im Innenministerium Bueble drohte die Firma direkt mit einer Erweiterung ihres Werksgeländes in München und mit dem Abbau von Arbeitsplätzen in Immenstaad, wenn die Erweiterungsplanung in Immenstaad blockiert werde[1316].
Wohl aufgrund dieser Drohung fiel am 9.9.1982 im Innenministerium auf hoher Ebene die weitreichende Entscheidung für die Genehmigung der "Dornier"-Erweiterung[1317]. Die hierfür vorgebrachte Argumentation ist in diesem Zusammenhang von Interesse, so daß nachstehend aus dem diesbezüglichen Aktenvermerk zitiert sei: Zwar sei, so der Aktenvermerk, die Ausweisung des Baugebiets "DO 3" "im Hinblick auf die wiederholt geäußerten Zielvorstellungen[1318] für das Bodenseegebiet nicht wünschenswert" und das Umweltministerium "über die angestrebte Entwicklung nicht glücklich", jedoch gebe es weder im Landesentwicklungs- noch im Regionalplan "landesplanerische Zielsetzungen" bzw. "Ziele der Raumordnung und Landesplanung", die eine bauliche Entwicklung der Firma "Dornier" am vorgesehenen Standort ("DO 3") ausschließen würden.
Bereits hier wird der wichtige Unterschied zwischen den Plansatztypen "Grundsätze der Raumordnung" und "Ziele der Raumordnung und Landesplanung" für die Praxis deutlich, denn nach der späteren Meinung des Regionalverbandes Bodensee-Oberschwaben hätte eine Ausweisung der Planungsfläche als regionale Freihaltefläche* ("Ziel der Raumordnung und Landesplanung") die "Dornier"-Erweiterung verhindern können. In diesem Zusammenhang war auch die Meinung des Umweltministeriums von Bedeutung, nach der es keine "handfesten Gründe in bezug auf die Natur, die Landschaft und die Landwirtschaft" gebe, die die Gewerbeflächenausweisung verbieten würden[1319]. Diese Feststellung bedeutete nichts anderes als eine Abkehr vom Verursacherprinzip in der Umweltvorsorge. Denn danach wäre die Beweislast hinsichtlich der Auswirkungen der Planung auf die Natur und die Landschaft nicht auf seiten der Firma, sondern der Behörden gelegen. Abgesehen davon wurde auch vom Umweltministerium keine Anstrengung unternommen herauszufinden, ob es "handfeste" Gründe für die

---

1312 REGIERUNGSPRÄSIDIUM TÜBINGEN 1982bU und Schreiben des Regierungspräsidiums vom 19.3.80 (zit. nach GEMEINDE IMMENSTAAD 1980U)

1313 GEMEINDE IMMENSTAAD 1980U

1314 REGIONALVERBAND BODENSEE-OBERSCHWABEN 1986U, S. 12. Detailliertere Angaben über die Ablehnung von Erweiterungsorten im Hinterland teilte die Firma "Dornier" dem Regierungspräsidium erst mit Schreiben vom 14.4.86 mit. Als Argumente für die Notwendigkeit der Erweiterung auf der Planungsfläche wurden hier wiederum die höheren Kosten angeführt (u.a. für die auf einem Standort im Hinterland notwendig werdenden Neuerrichtung der Sicherheitsinfrastruktur) sowie die Notwendigkeit der räumlichen Konzentration von Fachleuten zum "interdisziplinären Austausch" an einem Standort. Indirekt wurde angedeutet, daß die Firma in München über Erweiterungsmöglichkeiten verfüge (DORNIER 1986U).

1315 Regionalverbandsbericht o.J. (ca. 1986), S. 3, zit. nach BUND 1986U

1316 Regionalverbandsbericht o.J. (ca. 1986), S. 4, zit. nach BUND 1986U

1317 Die Entscheidung fiel auf der Ebene der Ministerialdirigenten von Innen-, Umwelt- und Wirtschaftsministerium. Hinzugezogen waren der Regierungspräsident von Tübingen und ein Mitarbeiter des dortigen Referates Raumordnung (REGIERUNGSPRÄSIDIUM TÜBINGEN 1982bU). Diese Entscheidung kann als typische, den Handlungsrahmen der an der späteren Umsetzung beteiligten Behörden bestimmende "decision" interpretiert werden. Die eine Uferfreihaltung fordernden Grundsätze der Raumordnung wurden damit zu "non-thematics".

1318 Gemeint sind "Erfordernisse der Raumordnung", Anm. d. Verf.

1319 REGIERUNGSPRÄSIDIUM TÜBINGEN 1982bU. Eine Ausweisung des Gebietes als Freihaltefläche hätte der Landesplanung die Möglichkeit geboten, eine Anpassung des Flächennutzungsplans gemäß § 1, Abs. 4 BBauG zu verlangen: Dem geplanten Baugebiet hätte dann die Genehmigung versagt werden können

Ausweisung einer Vorrangfläche hätte geben können. Nach Angaben des BUND* war dem amtlichen Naturschutz (Bezirkstelle für Naturschutz und Landschaftspflege Tübingen und Kreisnaturschutzbeauftragter) wenigstens seit 1980/1981 die Schutzwürdigkeit der unmittelbar an "DO 3" angrenzenden Lipbachaue im Osten sowie der "Heger Weiher" im Norden des Planungsgebietes bekannt[1320]. Bei einer genaueren Prüfung der Auswirkungen einer "Dornier"-Erweiterung am geplanten Standort in diesem Stadium wären die später von den Naturschutzverbänden und der Bezirksstelle für Naturschutz vorgebrachten Bedenken frühzeitig erkannt worden. Selbst das Regierungspräsidium Tübingen argumentierte in einer seiner ersten Stellungnahmen zum Entwurf des Flächennutzungsplans noch gegen die "Dornier"-Erweiterung aufgrund der damit verbundenen Beeinträchtigungen von geschützten Feuchtgebieten[1321].

Doch selbst bei einer festgestellten Schutzwürdigkeit der Fläche als regionale Freihaltefläche* wäre die Durchsetzung einer solchen Festsetzung gegenüber dem rechtsverbindlichen Flächennutzungsplan der Gemeinde kaum möglich gewesen.

Neben dem grundsätzlichen "Ja" zur geplanten "Dornier"-Erweiterung wurde beschlossen, durch Gespräche zwischen dem Regierungspräsidenten, dem Bürgermeister der Gemeinde Immenstaad, dem Landrat des Bodenseekreises sowie Vertretern der Firma "Dornier" eine Reduzierung der Planung "zu erreichen". Als Verhandlungsziele wurden folgende Punkte vereinbart:

- Es sei "daran zu denken", daß das Baugebiet "DO 2" fallen gelassen werde, da dieses "eindeutig landesplanerischen Zielsetzungen" widerspreche, weil der Platz dem Bodensee "zugewandt" sei[1322].

Hier wird das Problem der Umsetzung von "Grundsätzen der Raumordnung" (Grundsatz der Verlagerung von Industrieerweiterungen in seeabgewandte Lagen) deutlich: Naturräumlich gesehen liegt das Gebiet "DO 3" ebenfalls "seezugewandt". Da aber für keines der beiden Gebiete ein planungsrestriktives "Ziel der Raumordnung und Landesplanung" festgelegt war, mußte der Konflikt politisch entschieden werden. Die Funktion des zitierten Grundsatzes kann hier also als "politische Kompromißformel" (im Gegensatz zu einem "fachlichen Erfordernis der Raumordnung") bezeichnet werden.

- Es müsse erreicht werden, daß die Firma "Dornier" die "heutigen großen Parkflächen[1323]" durch die Errichtung von Parkbauten reduziere",
- ferner, "daß im Flächennutzungsplan in bezug auf das Baugebiet ‘DO 3‘ Zeitstufen angegeben werden". Ausgangspunkt hierfür sei die Tatsache, daß die Firma bisher keine Angaben zu ihrem Flächenbedarf für Betriebserweiterungen gemacht habe.
- Das Umweltministerium hielt Beschränkungen in der Höhenentwicklung der geplanten Betriebsgebäude sowie die Aufstellung eines Grünordnungsplanes "für unerläßlich"[1324].

Aufgrund der so entstandenen "landespolitischen" und daher übergeordneten Vorgaben konnte das Regierungspräsidium nun gar nicht mehr anders, als am 28.10.82 anläßlich einer der eigens wegen der "Dornier"-Planung angesetzten "Koordinierungsbesprechungen"[1325] seine Bedenken gegen das nördlich der B 31 vorgesehene eingeschränkte Gewerbegebiet ("DO 3") "zurückzustellen". Zur Begründung für

---

[1320] BUND 1986U, S. 14. Angesichts der in diesem Gebiet vorkommenden bedrohten Biotoptypen (Bachaue, mesotrophe Stillgewässer), die bereits damals nach § 16 LANDESNATURSCHUTZGESETZ geschützt waren, ist dies auch anzunehmen. Die Naturschutzverbände protestierten bereits 1979 im Rahmen ihrer Bedenken und Anregungen während des Flächennutzungsplanverfahrens Friedrichshafen/Immenstaad gegen die Ausweisung der "Dornier"-Erweiterungsflächen (ARBEITSGEMEINSCHAFT NATURSCHUTZ BODENSEE 1979U, S. 11).

[1321] REGIERUNGSPRÄSIDIUM TÜBINGEN 1982bU

[1322] REGIERUNGSPRÄSIDIUM TÜBINGEN 1982bU

[1323] Gemeint sind ebenerdige Parkplätze, Anm. d. Verf.

[1324] REGIERUNGSPRÄSIDIUM TÜBINGEN 1982bU. Nach Angaben des Regionalverbandes wurden bei dieser Besprechung zusätzlich folgende Verhandlungsziele beschlossen:
- Die Gebäudehöhe solle auf drei Geschosse bzw. 12 bis 15 m beschränkt werden;
- Die Flächenausweisung solle auf "ca. 16 ha" beschränkt werden.
Allerdings konnten in der o.a. Aktennotiz des Regierungspräsidiums keine diesbezüglichen Angaben gefunden werden [Regionalverbandsbericht o.J. (ca. 1986), S. 4, zit. nach BUND 1986U].

[1325] Teilnehmer: Vertreter des Regierungspräsidiums (u.a. Referat Raumordnung), des Regionalverbands, des Landratsamtes, der Gemeinden Friedrichshafen und Immenstaad sowie Vetreter von "Dornier" (REGIERUNGSPRÄSIDIUM TÜBINGEN 1982aU). Zu einzelnen Koordinierungsbesprechungen wurden auch Vertreter von Gemeinderatsfraktionen zugelassen (SCHWÄBISCHE ZEITUNG vom 4.3.86), die in einem Fall aber vom Regierungspräsidenten unter Protest wieder ausgeladen wurden (SCHWÄBISCHE ZEITUNG vom 10.4.86).

diese plötzlich geänderte Haltung wurde angeführt, daß "nur auf dieser Fläche" für die Firma "Dornier" längerfristig eine Möglichkeit bestehe, betriebliche Erweiterungen in räumlich-funktionellem Zusammenhang mit dem bisherigen Standort vorzunehmen[1326]. Außerdem decke sich diese Fläche "weitgehend mit der bereits im genehmigten Flächennutzungsplan der Gemeinde Immenstaad aus dem Jahre 1962 enthaltenen gewerblichen Baufläche"[1327].
Nicht einmal zwei Monate später mußte das Regierungspräsidium in einem Schreiben an die Verwaltungsgemeinschaft Friedrichshafen-Immenstaad feststellen, daß "in der jetzigen Fassung des Flächennutzungsplanentwurfs der Umfang dieser Fläche[1328] verdoppelt wurde"[1329]. In der Tat sollte die 1962 geplante Fläche nun vollständig zur Erweiterung der Firma "Dornier" zur Verfügung stehen. Obwohl von seiten des Regierungspräsidiums betont wurde, daß Bedenken nach wie vor bestünden und die geplante Ausweisung mit den für den Bodenseeuferbereich geltenden "raumordnerischen Zielsetzungen" "nur sehr schwer zu vereinbaren" sei, wurden die Bedenken mit Berufung auf die von der Firma "Dornier" dargelegten Gründe erneut zurückgestellt. Immerhin wurde versucht, die auf Ministerialdirigentenebene beschlossenen Planungsauflagen durchzusetzen. Durch die Umformulierung und Entschärfung dieser Auflagen wird die Kompromißhaltung des Regierungspräsidiums deutlich[1330].

1326 REGIERUNGSPRÄSIDIUM TÜBINGEN 1982aU. Allerdings lag den Behörden bis zu diesem Zeitpunkt keine genaue Begründung der Firma für die Notwendigkeit einer Erweiterung am vorgesehenen Standort vor.

1327 REGIERUNGSPRÄSIDIUM TÜBINGEN 1982aU. Dieses Argument hätte nicht schwer wiegen dürfen, denn laut Bodenseeerlaß von 1971 hätte die Gemeinde Immenstaad bereits 1971 ihren nach dem badischen Aufbaugesetz erstellten Flächennutzungsplan von 1962 überprüfen und ggf. anpassen müssen.

1328 Gemeint ist "DO 3", Anm. d. V.

1329 REGIERUNGSPRÄSIDIUM TÜBINGEN 1982bU

1330 S. Tabelle 12

Tabelle 12: Wichtige Planungsauflagen des Regierungspräsidiums Tübingen für die Planung "Dornier" und ihre Umsetzung durch die Gemeinde Immenstaad

Auflage des Regierungspräsidiums	Quelle	Umsetzung durch die Gemeinde
Inanspruchnahme der Planungsfläche von DO 3 im Rahmen des nachweisbaren Bedarfs von Süden nach Norden, Vorgabe in Flächennutzungsplan für Bebauungsplanung aufnehmen, wonach eine Aufteilung des Gebiets in mindestens zwei Erschließungsabschnitte mit festgelegter Reihenfolge ihrer Verwirklichung vorzunehmen sei.	1,2	--
Grünordnungsplan für "DO 3"	1	+ [6]
Umsetzung der im Flächennutzungsplan enthaltenen Höhenbegrenzung von drei Geschossen in eine Höhenbegrenzung von 12 bis 15m im Bebauungsplan	1	-
Verzicht auf Planungsbereich "DO 2"	1,2,3	+ [6]
Reduzierung der bestehenden ebenerdigen Parkplätze in "DO 1" u.a. durch Errichtung von Tiefgaragen oder Parkierungsgebäuden	1,2,3	--
Keine Ausweisung von Parkflächen in der Grünzone entlang der L 207	1,2	+ [6]
Unterbringung der für das Gewerbegebiet benötigten Stellplätze im Planungsgebiet selbst	2	+ +
Unterbringung der Stellplätze unterirdisch bzw. mehrgeschossig	2,3	--
Dachbegrünung für die Gebäude	4	- [6]
Herausnahme der privaten Grünfläche im Nordosten aus der Betriebsfläche	4	+ + [6]
Verbot jeglicher Nutzung der privaten Grünfläche im Nordosten	4	+ [7]

Legende:

-- = Umsetzung erfolgte nicht
- = Umsetzung erfolgte nur eingeschränkt
+ = Umsetzung erfolgte verspätet
+ + = Umsetzung erfolgte auflagengemäß
1 = REGIERUNGSPRÄSIDIUM TÜBINGEN 1982aU
2 = REGIERUNGSPRÄSIDIUM TÜBINGEN 1982bU
3 = REGIERUNGSPRÄSIDIUM TÜBINGEN 1986U
4 = REGIERUNGSPRÄSIDIUM TÜBINGEN 1986aU
5 = BEZIRSSTELLE FÜR NATURSCHUTZ UND LANDSCHAFTSPFLEGE 1986U
6 = GEMEINDE IMMENSTAAD 1986U
7 = GEMEINDE IMMENSTAAD 1986aU

So verlangte die Aufsichtsbehörde zwar ebenfalls den Verzicht auf eine bauliche Entwicklung südlich der B 31 parallel zum Seeufer, da diese "eindeutig raumordnerischen Festsetzungen" widerspreche. Dazu zitierte das Regierungspräsidium die bekannten Grundsätze aus dem für verbindlich erklärten Regionalplan. Allerdings, so das Regierungspräsidium, seien "geringfügige Änderungen des bestehenden Betriebsgeländes ("DO 1") in westlicher Richtung denkbar". Auch der Verzicht auf die Ausweisung von Parkflächen entlang der L 207 wurde "aus raumordnerischen Gründen" verlangt, da sonst die Freihaltung einer im "Bodenseekonzept"[1331] geforderten Grünverbindung zwischen dem Ufer und der im Regionalplan Bodensee-Oberschwaben ausgewiesenen regionalen Freihaltefläche* in diesem Bereich nicht mehr möglich sei. Allerdings vermerkte das Regierungspräsidium nur, daß die Stellplätze "möglichst" unterirdisch bzw. mehrgeschossig unterzubringen seien. Hinsichtlich der bestehenden, baurechtlich genehmigten Parkplätze im Bereich "DO 1" und "DO 2" beschränkte sich das Regierungspräsidium sogar auf eine bloße "Anregung": Hier "sollten" die ebenerdig angelegten Stellplätze durch geeignete Maßnahmen in den nächsten Jahren reduziert werden (z.B. durch Errichtung von Tiefgaragen oder Parkierungsgebäuden). Als einzige weitergehende Auflage wurde die Forderung eines Grünordnungsplans für den Bereich "DO 3" in die Auflagen für die Gemeinde mit aufgenommen.
Hinsichtlich der langfristigen Entwicklung der Firma konnte das Regierungspräsidium eine spätere Ausdehnung der gewerblichen Flächen in nördlicher Richtung bis zum Wald "nicht in Aussicht" stellen. Auch begründe die Zulassung der gewerblichen Baufläche "DO 3" "keinen Anspruch auf eine spätere Verlegung der B 31"[1332]. Diese Klauseln waren wohl im Hinblick auf das "planerische Leitbild" der Gemeinde Immenstaad angeführt worden, welches bereits im Flächennutzungsplan-Entwurf von 1978 in einer "2. Stufe" eine "bauliche Entwicklung" in Richtung auf den nördlich der Planungsfläche "DO 3" gelegenen Waldrand vorsah[1333]. Sie zeigen, daß es die Möglichkeiten der Behörden überstieg, eine langfristige Perspektive für den absehbaren Flächenmehrbedarf der Firma "Dornier" zu eröffnen.
Obwohl der wichtigste Teil der Planung, die Fläche "DO 3", nunmehr trotz raumordnerischer Bedenken von der Genehmigungsbehörde "abgesegnet" war, wehrte sich die Gemeinde Immenstaad gegen die Planungsauflagen. Sie machte gegenüber den Auflagen des Regierungspräsidiums "Vorbehalte gegen die beabsichtigte Einschränkung im Bereich 'DO 2' bzw. in der Grünzone entlang der L 207 geltend". Aus diesem Grund mußte das Regierungspräsidium Tübingen, um nicht die Genehmigung des gesamten Flächennutzungsplanes zu gefährden, der Gemeinde "dringend" empfehlen, bei der Vorlage des Flächennutzungsplans zur Genehmigung einen "Antrag auf Herausnahme aus der Genehmigung gem. § 6 Abs. 3 BBauG"[1334] der "auf stärkste Bedenken stoßenden beiden Punkte ('DO 2' und Parkflächen

---

[1331] REGIERUNGSPRÄSIDIUM TÜBINGEN 1982bU. Gemeint ist das "Gesamtkonzept für den Bodenseeraum" von 1975.
[1332] REGIERUNGSPRÄSIDIUM TÜBINGEN 1982bU
[1333] VERWALTUNGSGEMEINSCHAFT FRIEDRICHSHAFEN-IMMENSTAAD 1978, Beilage Nr. 3
[1334] § 6 (3) des Bundesbaugesetzes ermächtigte die höhere Verwaltungsbehörde unter bestimmten Voraussetzungen, "auf Antrag der Gemeinde räumliche oder sachliche Teile des Flächennutzungsplanes von der Genehmigung" auszunehmen. Diese Vorschrift wurde geschaffen, um die schnelle Genehmigung eines Flächennutzungsplanes trotz kleinerer Meinungsverschiedenheiten zwischen Gemeinde und Genehmigungsbehörde zu ermöglichen (BUNDESBAUGESETZ, S. 13). Die Anwendung deutet in der Regel darauf hin, daß eine Gemeinde nicht gewillt ist, Planungsauflagen der Genehmigungsbehörde umzusetzen.

entlang der L 207)" zu stellen[1335]. Dieser Empfehlung folgte die Gemeinde, so daß mit Schreiben vom 8.4.83 der Flächennutzungsplan und damit die Planungsflächen "Dornier", mit Ausnahme dieser umstrittenen Bereiche, vom Regierungspräsidium genehmigt wurde[1336].

VII.A.2.3. Das Bebauungsplanverfahren Phase 1

Bereits am 9.10.79 hatte der Gemeinderat der Gemeinde Immenstaad beschlossen, für das Planungsgebiet einen Bebauungsplan aufzustellen. Da jedoch zu dieser Zeit das Verfahren noch in der behördeninternen Diskussion war, hätte ein solcher Bebauungsplan wohl keine Chance gehabt, genehmigt zu werden.
Einen ersten Bebauungsplanentwurf legte die Gemeindeverwaltung dem Gemeinderat dann 1984 vor[1337]. Dieser Entwurf bestand aus drei Teilbebauungsplänen ("DO 1", "DO 2" und "DO 3"), die bis zu 22 m hohe und 200 m lange Gebäude vorsahen. Große Flächen sollten ebenerdigen Stellplätzen vorbehalten bleiben. Die bereits beim Flächennutzungsplanverfahren geäußerten Bedenken und Genehmigungsauflagen des Regierungspräsidiums waren also von der Gemeindeverwaltung überhaupt nicht berücksichtigt worden. Im Gegenteil: Obwohl das Regierungspräsidium die Teilflächen "DO 1" und "DO 2" als nicht genehmigungsfähig ansah und diese daher durch den kurze Zeit zuvor genehmigten Flächennutzungsplan nicht gedeckt waren, sah der Bebauungsplanentwurf genau diese Flächen wieder vor. Auch hatte die Gemeinde weder die Auflage nach Unterteilung des Planungsbereiches "DO 3" in mindestens 2 Abschnitte noch die Höhenbegrenzung von maximal 15m in ihre Planung übernommen[1338].
Erst 1985, nach weiteren Einsprüchen des Regierungspräsidiums und etlichen Planänderungen, änderte die Gemeinde ihre Planung im Bereich "DO 3": Sie verzichtete hier auf die ebenerdigen Stellplätze im südwestlichen und nordöstlichen Bereich. Für die durch den Flächennutzungsplan nicht gedeckte Fläche "DO 2"[1339] bestand die Gemeinde allerdings weiterhin auf ihrer Planung[1340]. Auch die geforderte abschnittsweise Unterteilung des Planungsbereiches "DO 3" wurde von der Gemeinde nicht vorgenommen.
Die divergierenden Interessenlagen zwischen Regierungspräsidium und Gemeinde werden durch folgende Bemerkung des Bürgermeisters von Immenstaad, Finkbeiner, im Protokoll einer Besprechung der Gemeinde mit Vertretern der Firma "Dornier" deutlich: "Offensichtlich will er[1341] in einem Gespräch mit Herrn Dr. Niefer[1342] erreichen, daß die Firma 'Dornier' auf die Ausweisung der Kantinen- und EDV-Erweiterung verzichtet[1343]. *Dies darf nicht geschehen*"[1344]. Auf der Basis dieser Besprechung beschloß die Gemeinde Immenstaad Ende 1985, die Bebauungsplanverfahren "DO 1-Erweiterung" und "DO 3" sowie, gleichzeitig über die Verwaltungsgemeinschaft, das dazu notwendige Änderungsverfahren des Flächennutzungsplans einzuleiten[1345].

Das bisherige Verfahren lief größtenteils unter Ausschluß der Öffentlichkeit verwaltungsintern ab. Die betroffenen Bürger von Friedrichshafen und Immenstaad wurden nur insoweit beteiligt, als sie ihre gesetzlich festgelegten Mindestrechte bei der Aufstellung des Flächennutzungsplanes der Verwaltungsgemeinschaft Friedrichshafen-Immenstaad geltend machen konnten.
Die öffentliche Diskussion über die großräumigen Folgen der geplanten "Dornier"-Erweiterung setzte erst Ende Januar 1986 ein, als der Regionalverband Bodensee-Oberschwaben des Naturschutzverbandes BUND*[1346] in einer Pressekonferenz die Öffentlichkeit über die Planung und die seiner Meinung nach

---

[1335] REGIERUNGSPRÄSIDIUM TÜBINGEN 1982aU
[1336] REGIERUNGSPRÄSIDIUM TÜBINGEN 1983U
[1337] Bis zum endgültigen "Entwurf zur Auslegung" wurden über 20 Bebauungsplanentwürfe erarbeitet (SCHWÄBISCHE ZEITUNG vom 4.6.86).
[1338] GEMEINDE IMMENSTAAD 1984U
[1339] Seitdem aus unerklärlichen Gründen "DO 1-Erweiterung" genannt
[1340] Der Regionalverband vermerkt in seinem Bericht dazu lapidar: "Die Pläne weichen in mehreren Punkten von den vereinbarten Einschränkungen ab" [Regionalverbandsbericht o.J. (ca. 1986), S. 5, zit. nach BUND 1986U].
[1341] Gemeint ist Regierungspräsident Dr. Gögler, Anm. d. Verf.
[1342] Vorstandsmitglied beim Mutterkonzern von "Dornier", Daimler-Benz, Anm. d. Verf.
[1343] = "DO 1-Erweiterung", Anm. d. Verf.
[1344] GEMEINDE IMMENSTAAD 1985U, Hervorhebung vom Verf.
[1345] GEMEINDE IMMENSTAAD 1985U. Die Gemeinde Immenstaad betreibt die Flächennutzungsplanung in einer Verwaltungsgemeinschaft mit Friedrichshafen.
[1346] Der Regionalverband des BUND* darf nicht mit dem ähnlich lautenden Träger der Regionalplanung verwechselt werden.

drohenden Folgen für den Bodenseeraum informierte[1347]. Der gegen die "Dornier"-Erweiterung opponierende Naturschutzverband befürchtete durch die Industrieerweiterung eine Vergrößerung der Firma um ca. 4000 Arbeitskräfte[1348], was seiner Meinung nach durch die größtenteils überregionale Besetzung der neugeschaffenen Stellen zu einem "enorm zunehmenden Siedlungsdruck" mit allen Folgeproblemen führen würde, so beispielsweise zur "Beeinträchtigung des Erholungsgebietes Bodensee". Als wichtigste Argumente gegen die geplante Erweiterung führte der BUND* Zitate aus den zahlreichen Raumordnungsplänen und -gutachten an, deren Grundsätze alle auf eine Siedlungs- und Gewerbeentwicklung außerhalb des Uferbereichs abzielten[1349]. Auch sah er einen Zusammenhang mit der beabsichtigten Erweiterung der Firma "Bodenseewerke" in Überlingen[1350] und anderen, kleineren Gewerbeerweiterungen in der Uferzone wie der Firma "MTU". Die geplante Erweiterung hätte, so der BUND*, auch eine Zerstörung einer Fläche zufolge, die für den Schutz des geplanten direkt angrenzenden Naturschutzgebiets "Lipbachaue-Heger Weiher" als Pufferzone vom BUND* zur Ausweisung als Landschaftsschutzgebiet beantragt worden war. Des weiteren würde die gewerbliche Nutzung dieser Fläche nicht ausgleichbare Schädigungen und Beeinträchtigungen des geplanten Naturschutzgebietes selbst nach sich ziehen. Als Alternativen zur projektierten Erweiterungsfläche schlug der BUND* Standorte im strukturschwachen Raum Pfullendorf, Meßkirch, Saulgau sowie im westlichen Allgäu vor[1351].
Erst das durch diese Pressekonferenz hervorgerufene Echo[1352] verlagerte die Diskussion des "Dornier"-Problems von der lokalen auf die überregionale Ebene. Zum ersten Mal wurden jetzt auch die großräumigen Auswirkungen dieser größten Industrieerweiterung der Nachkriegszeit am Bodensee öffentlich diskutiert.

VII.A.2.4. Die "Dornier"-Erweiterung aus überlokaler Sicht

Nach der Pressekonferenz des BUND* vom 19.1.86 wurde die "Dornier"-Erweiterung von einem lokalen Bauleitplanungsproblem zu einem überregional bedeutsamen Raumordnungsproblem.
Im baden-württembergischen Landtag fand auf Antrag der Partei der Grünen am 27.2.86 eine "Aktuelle Debatte" zum Thema "Industrieansiedlungspolitik im Bodenseeraum" statt[1353]. Hier wurde zum erstenmal die Meinung der verschiedenen Parteien sowie der Landesregierung zum "Dornier"-Problem deutlich[1354]:
Die Partei der Grünen befürchtete, daß allein die Ausweisung der 26 ha großen Erweiterungsfläche "etwa 10 000 Menschen" in den Raum bringen würde. Von dieser Partei wurde die "Dornier"-Erweiterung auch in engem Zusammenhang mit anderen drohenden Firmenerweiterungen im Uferbereich gesehen. Solche Erweiterungen lehnte die Partei ab, "weil dieser Raum jetzt schon völlig überlastet ist", und nahm die "Dornier"-Erweiterung zum Anlaß für eine generelle Diskussion über die für den Bodenseeraum angemessene Landespolitik (Leitbilddiskussion). So favorisierten die Grünen ein an Buchwald angelehntes Raumordnungsmodell. Ihre Begründung dafür lautete, daß "man den

---

1347 BUND 1986U

1348 BUND 1986U. Diese Zahl wurde von der Gemeinde Immenstaad zwar immer bestritten, von "Dornier" jedoch im Hinblick auf die volle Ausschöpfungsmöglichkeit der Bebauungsplankapazität als "nicht ganz unrealistisch" bezeichnet (SCHWÄBISCHE ZEITUNG vom 24.5.86).

1349 Pikanterweise hatten Mitarbeiter der Firma "Dornier" selbst in einem der wichtigsten den Bodensee betreffenden Raumordnungsgutachten, der Systemanalyse zur Landesentwicklung von Baden-Württemberg von 1975, festgestellt: "Grundsätzlich erscheint eine Verlagerung des Zuwachspotentials an Arbeitsplätzen und der damit verbundenen Nutzungsansprüche (Infrastruktur, Siedlungsfläche etc.) in den bodenseeabgewandten Teil der Region empfehlenswert" (SYSTEMANALYSE ZUR LANDESENTWICKLUNG BADEN-WÜRTTEMBERG a.a.O., S. 163).

1350 S. folgendes Kapitel

1351 BUND 1986U

1352 U.a. wurde in der Zeitschrift "Der Spiegel" darüber berichtet (SPIEGEL vom 3.2.86)

1353 LANDTAG VON BADEN-WÜRTTEMBERG 1986. Für die Grünen sprach der Abgeordnete Hermann, für die CDU der Abgeordnete des Bodenseewahlkreises Arnegger, für die SPD der Friedrichshafener Abgeordnete Dr. Precht und für die FDP/DVP der Abgeordnete Dr. Bauer

1354 Bis zu diesem Zeitpunkt lag nur eine kurze Stellungnahme des damaligen Regierungssprechers der baden-württembergischen Landesregierung, Kleinert, vor. Er merkte an, daß Ministerpräsident Späth für die "Dornier"-Erweiterung nicht zuständig sei. Dies sei Sache der Gemeinden (!). "Allerdings registriere die Landesregierung grundsätzlich mit Genugtuung, wenn die wirtschaftliche Substanz des Landes gestärkt werde" (zit. nach SÜDKURIER vom 13.2.86). Für das Folgende vgl. LANDTAG VON BADEN-WÜRTTEMBERG 1986, S. 3513ff.

Bodensee nicht einerseits als Wasserspeicher und Erholungsgebiet und andererseits als Industriegebiet entwickeln kann". Als weitere Argumente wurden die Aussagen der Systemanalyse 1975 sowie statistische Daten über die Entwicklung des Besiedlungsgrades* herangezogen. Der Bodensee-Erlaß wurde negativ bewertet: Er habe "nichts gebracht".
Die CDU dagegen stand nach eigenen Worten "zur Gleichrangigkeit" der verschiedenen Nutzungsansprüche an den Bodenseeraum, damit zum Leitbild des "Sowohl-als auch", und befürwortete die "Dornier"-Erweiterung wie geplant. Als Argument dafür wurde u.a. der Bodenseeuferplan des Regionalverbandes Bodensee-Oberschwaben zitiert, der das geplante Gewerbegebiet enthalte[1355]. Als weiteres Argument wurde die frühzeitige Ausweisung der betreffenden Fläche im Flächennutzungsplan von 1962 und das "Internationale Leitbild" herangezogen, welches das Bauvorhaben stütze[1356].
Die SPD nahm eine Zwischenposition ein: Sie legte sich anläßlich dieser Debatte noch nicht fest, sondern forderte eine "alle Aspekte umfassende Prüfungsphase". Zwar kritisierte sie den übermäßigen Flächenverbrauch der Planung und das Fehlen von Planungsalternativen, auch von "alternativen Erweiterungsstandorten in Baden-Württemberg". Die Partei forderte allerdings auch, daß der jetzige Standort der Firma "Dornier" "nicht gefährdet werden" dürfe.
Die FDP kritisierte das Leitbild der CDU ("Gleichrangigkeit der Nutzungsansprüche") und nannte mögliche "Dornier"-Erweiterungsorte im strukturschwachen Hinterland des Sees (Leutkirch, Kißlegg, Pfullendorf, Saulgau). Außerdem forderte sie eine größere bauliche Verdichtung auf dem bestehenden Firmengelände, u.a. durch die Ablösung der ebenerdigen, flächenverbrauchenden Parkplätze durch Tiefgaragen. Allerdings wandte sie sich ebenfalls nicht direkt gegen eine Erweiterung am geplanten Standort.
Von Innenminister Schlee wurde neben den bereits von der CDU vorgetragenen Argumenten die durch die "Dornier"-Erweiterung abzusehende Neuschaffung von Arbeitsplätzen betont. Obwohl die Ausweisung des Bodenseeuferbereiches bereits im Landesentwicklungsplan von 1971 erfolgt und der "Dornier"-Planungsbereich auf Gemarkung Immenstaad voll darin enthalten war, behauptete der Innenminister, daß sich der Planungsbereich nicht im Uferbereich befinde. Aus der Sicht der Raumordnung und Landesplanung, so der Innenminister weiter, habe es keine "durchschlagenden Gründe" gegeben, die Genehmigung für den gesamten Bereich "Dornier" zu versagen, da im Regional- und Bodenseeuferplan keine diesbezüglichen "Ziele" enthalten seien. Auch die "vergleichsweise geringe landwirtschaftliche, landschaftliche und ökologische Bedeutung dieses in Frage kommenden Geländes" rechtfertige die Ausweisung einer Freihaltefläche hier nicht[1357]. Die nachrichtliche Aufnahme des Planungsbereiches "DO 3" in Regional- und Bodenseeuferplan wurde von Schlee, ähnlich wie dies die CDU getan hatte, als weiteres Argument für die Erweiterung angesehen. Hinsichtlich der Frage der Genehmigung wurde der Minister deutlich: Die Erweiterung werde zugelassen. Allerdings müßten Fragen zur Einpassung der baulichen Nutzung in die Bodenseelandschaft "offen und objektiv" und unter Hinzuziehung einer "Vielzahl von Fachleuten", darunter Gutachtern "von außen", behandelt werden. Eine Erweiterung auf einen Standort im Hinterland komme nicht in Frage, da etwas "organisch Gewachsenes" sonst auseinandergerissen werden müsse.

Am 17.4.86 beschäftigte sich der Planungsausschuß des Regionalverbandes Bodensee-Oberschwaben zum ersten Mal mit der "Dornier"-Erweiterung. Anlaß dafür war eine Anfrage der SPD-Fraktion der Regionalverbandsversammlung vom 21.3.86. Sie bat die Verbandsverwaltung, "darüber zu berichten, ob das Bauvorhaben der Firma 'Dornier' mit den Zielsetzungen und Grenzen des Regionalplans und des Bodenseeuferplans in Einklang steht oder in welchen Punkten sich Überschneidungen ergeben". Zwar stützten sich die Planungen der Firma "Dornier" auf den Flächennutzungsplan. Es sei aber nicht ersichtlich, ob auch die Bestimmungen und Grenzen der überörtlichen Planung eingehalten würden. Auch befürchtete die SPD mit Blick auf die "Bodenseewerke" eine Präjudizwirkung für andere, ähnliche Projekte im Bodenseeraum[1358]. Die Verbandsverwaltung fertigte einen ausführlichen Bericht über den Stand des Verfahrens. Die Bearbeiter nannten darin die Zahl von tausend neuen Arbeitsplätzen, die nach Angaben der Firma "Dornier" durch die geplante Erweiterung in den nächsten zehn Jahren neu

1355 LANDTAG VON BADEN-WÜRTTEMBERG 1986, S. 3513ff. Dieses Argument ignoriert das Planungsrecht: Die Übernahme der geplanten Gewerbefläche in den Bodenseeuferplan erfolgte nachrichtlich.

1356 LANDTAG VON BADEN-WÜRTTEMBERG 1986, S. 3513ff. Daß sich Gegner wie Befürworter der "Dornier"-Erweiterung auf das "Internationale Leitbild" stützen können, beweist seine Widersprüchlichkeit und damit Unbrauchbarkeit zur Dokumentation der raumplanerischen Zielvorstellungen.

1357 Diese Meinung steht im Widerspruch zu den Untersuchungsergebnissen von KAULE et al. (KAULE et al. 1986U).

1358 REGIONALVERBAND BODENSEE-OBERSCHWABEN 1986U, S. 1

geschaffen würden. In der regionalplanerischen Beurteilung der Firmenerweiterung taten sich die Bearbeiter allerdings schwer. So argumentierten sie, daß zwar die Grundsätze des Regionalplans auf eine Verlegung der Industriebetriebe aus der Uferzone in das Umland abzielten, daß aber durch den nicht absehbaren Bau einer "seefernen Entlastungsstrasse...die entsprechenden Voraussetzungen für eine Verlagerung" entfallen seien[1359]. Das zweite Argument, welches nach Meinung der Verbandsverwaltung gegen eine Verlagerung der Firma "Dornier" sprach, bestand in der bereits bekannten Behauptung, daß ein "ökologisch begründeter Vorrangbereich...im Regionalplan und im Bodenseeuferplan nicht enthalten" sei. Erstaunlicherweise teilte der Regionalverband mit, daß "bis heute" den Naturschutzstellen keine Erkenntnisse vorlägen, "die eine Anpassung des seit 1962 geltenden Flächennutzungsplanes nach § 1, Abs. 4 BBauG erzwingen könnten"[1360]. Das dritte Argument betraf die Ablehnung einer Verlagerung durch die Firma "Dornier" selbst: "Angesichts der Alternative München ist es nicht gelungen, die Firma von einem dritten Betriebsstandort im Umland des Bodensees zu überzeugen". Eine Präjudizwirkung für andere Projekte im Bodenseeraum sah die Verbandsverwaltung nicht, "weil in der Regel andere rechtliche Vorgaben und unterschiedliche Gegebenheiten bei Landschaft, Siedlung und Infrastruktur vorliegen"[1361]. Anhand statistischer Daten wies der Regionalverband nach, daß Industrie- und Gewerbebetriebe an der starken Überbauung "nur in geringem Umfange" beteiligt seien. Der größere Anteil der bebauten Fläche gehe auf Kosten der Wohnbebauung. Zum ersten Mal legte der Regionalverband auch eine Schätzung vor, die die großräumige Auswirkung der geplanten "Dornier"-Erweiterung betraf. Danach bedeute die Neuschaffung von 1000 angenommenen Arbeitsplätzen bei dieser Firma etwa 1500 bis 1700 neue Einwohner im Bodenseekreis[1362]. Daß diese neuen Einwohner neuen Wohnraum benötigten und daher die Schaffung von hochqualifizierten Arbeitsplätzen in direktem Zusammenhang mit dem Problem der Überbauung der Uferzone stand, wurde vom Regionalverband nicht erwähnt. So konnte die "Schwäbische Zeitung" als Befürworterin der "Dornier-Erweiterung" verkünden: "Nicht die Industrie, sondern Wohnungsbau und Verkehr belasten das Bodenseegebiet"[1363].

Der Planungsausschuß des Regionalverbandes "Bodensee-Oberschwaben" beschloß mehrheitlich, daß er

---

1359 REGIONALVERBAND BODENSEE-OBERSCHWABEN 1986U, S. 3. Der Regionalverband ging bei der Konzipierung seines Regionalplans vom Bau einer Autobahnquerspange Stockach - Lindau (A 98) aus, deren Trassenverlauf ca. 5 bis 10 km vom Seeufer entfernt verlaufen sollte. Die Planung für den Bau dieser Strasse wurde jedoch nach heftigem Widerstand von Bürgerinitiativen sowie nach der Veröffentlichung einer der Planung ablehnend gegenüberstehenden Umweltverträglichkeitsprüfung (MINISTERIUM FÜR ERNÄHRUNG, LANDWIRTSCHAFT, UMWELT UND FORSTEN 1984) vorläufig nicht mehr weiterverfolgt. Das Argument des Regionalverbandes, laut Stuttgarter Zeitung "eine Formel, die Erweiterungspläne mit den Aussagen des Regionalplans in Einklang zu bringen" (STUTTGARTER ZEITUNG vom 22.4.86), ist kaum nachvollziehbar, wenn der Regionalverband in seinem Bericht nur eine Seite später hinsichtlich der Anforderungen von Gewerbebetrieben an den Standort schreibt: "Gewerbegebiete gibt es überall, die Verkehrserschliessung wird immer weniger als entscheidender Mangelfaktor genannt" (REGIONALVERBAND BODENSEE-OBERSCHWABEN 1986U, S. 4).

1360 REGIONALVERBAND BODENSEE-OBERSCHWABEN 1986U, S. 3. Hier zeigt sich, daß noch immer genaue Untersuchungen über die Schutzwürdigkeit der Planungsfläche fehlten, obwohl ein Antrag des BUND* auf Unterschutzstellung des Bereichs "Lipbachaue - Heger Weiher" vom 15.1.88 detailliert die ökologische Bedeutung der Planungsfläche nachwies und auf die zu erwartenden Zielkonflikte ausführlich einging (BUND 1986bU). Das Gutachten lag seit Anfang Februar den verantwortlichen Naturschutzstellen vor.

1361 REGIONALVERBAND BODENSEE-OBERSCHWABEN 1986U. Die Verbandsverwaltung übersah dabei die Existenz einer "politischen Präjudizwirkung", wie das Fallbeispiel "Bodenseewerke" zeigt (s. nachfolgendes Kapitel).

1362 REGIONALVERBAND BODENSEE-OBERSCHWABEN 1986U, S. 23. Diese Berechnung setzt sich folgendermaßen zusammen: Aufgrund der in der Firma "Dornier" dominierenden hochqualifizierten Arbeitsplätze, zumeist in der Forschung und Entwicklung neuer Technologien, geht der Regionalverband davon aus, daß von 1000 neuen Arbeitsplätzen ca. 800 von außerhalb der Region und 200 aus der Region besetzt werden. Die 800 Erwerbstätigen von außerhalb werden ca. 300 neue Arbeitsplätze bei den Dienstleistungen nach sich ziehen, von denen 200 aus der Region und 100 von außerhalb besetzt werden. Bei einer durchschnittlichen Haushaltsgröße von 2,3 Personen (Durchschnittswert des Bodenseekreis) ergeben diese 900 zusätzlichen Erwerbspersonen ca. 2000 neue Einwohner im Pendeleinzugsgebiet. Unter der Annahme, daß 70 bis 80% davon im Bodenseekreis wohnen, bedeuten 1000 neue Arbeitsplätze bei "Dornier" etwa 1500 bis 1700 zusätzliche Einwohner in seenahen Bereichen der Region.

1363 SCHWÄBISCHE ZEITUNG vom 18.4.86. Der "Südkurier" meldete gar: "Regionalverband für Ausbau-Pläne" (SÜDKURIER vom 19.4.86), woraus die aus der kommunalverbandlichen Organisation resultierende Widersprüchlichkeit der Regionalplanung auch in der Öffentlichkeit deutlich wird.

gegen die "Dornier"-Erweiterung keine Bedenken habe.

Nach dieser Planungsausschußsitzung war der Regionalverband zwar nahezu immer bei den Koordinierungsbesprechungen im Regierungspräsidium vertreten, trat aber selbst nicht mehr direkt in Kontakt mit der Gemeinde. Das Regierungspräsidium hatte nunmehr die Rolle des Durchsetzers landes- und regionalplanerischer Erfordernisse gegenüber der Gemeinde voll übernommen.

Am selben Tag, an dem die Planungsausschußsitzung stattfand, brachte die Fraktion der Partei "Die Grünen" im baden-württembergischen Landtag einen Antrag zu den "Auswirkungen der geplanten Erweiterung der Firma Dornier in Immenstaad und Perspektiven für die zukünftige Entwicklung der Bodenseeregion" ein[1364]. In diesem ausführlichen Antrag konfrontierten die Grünen die Landesregierung mit den gegen die Industrieerweiterung gerichteten Grundsätzen der für den Bodenseeraum geltenden Raumordnungspläne und -gutachten und fragten nach ihrem "Stellenwert". Das Innenministerium vertrat in seiner Antwort die bekannte Meinung, daß Ziele der Raumordnung und Landesplanung der "Dornier"-Erweiterung nicht entgegenstünden. Als weitere Argumente für die Genehmigung der Erweiterung wurde die bereits 1962 erfolgte Ausweisung der Fläche im Flächennutzungsplan sowie die Tatsache genannt, daß die "Dornier"-Erweiterungsfläche außerhalb der Uferzone nach der Definition des Bodenseeleitbildes liege[1365]. Der Planungsbereich sei nicht als regionale Freihaltefläche* ausgewiesen worden, da

- erhebliche Vorbelastungen vorhanden seien,
- die Fläche am Rande der Freifläche "Dürrenberg"[1366] liege und keine direkte Verbindung zum Bodenseeufer besitze.

Zum ersten Mal wurde der Unterschutzstellungsantrag des BUND* für den Planungsbereich erwähnt, dessen "Prüfung", so das Innenministerium, noch nicht abgeschlossen sei[1367]. Hinsichtlich der überlokalen Auswirkungen vertrat das Innenministerium die Meinung, daß die durch die Neuschaffung von Arbeitsplätzen seitens der Firma absehbaren Zuwanderungen in das Bodenseegebiet zu keinen landesplanerisch relevanten Problemen führten:

- die zu erwartende Siedlungsentwicklung werde in "ökologisch vertretbarem" Maß stattfinden,
- zusätzliche Umweltbelastungen seien weder durch eventuell notwendig werdende Straßenaus- oder neubauten noch durch die sich erhöhenden Abwassermengen zu erwarten,
- die Erholungsfunktion des Bodenseeraums und der Fremdenverkehr würden durch die "Dornier"-Erweiterung "nicht beeinträchtigt"[1368].

Laut Innenministerium wurden Alternativstandorte von der Firma aus "wirtschaftlichen Erwägungen" abgelehnt. Auch habe die Firma mit der Verlagerung an ihren zweiten wichtigen Standort München gedroht. Die Landesregierung sei der Auffassung, daß der Wegzug des Unternehmens "zu einem strukturellen Defizit im Bodenseeraum führen würde". Die geplante Betriebserweiterung könne zum Abbau der regionalen Arbeitslosigkeit beitragen, da im Gefolge der Ansiedlung qualifizierter Arbeitnehmer auch Arbeitsplätze für weniger qualifizierte Arbeitnehmer entstünden. Hinsichtlich der Forderung nach einer qualifizierten Umweltverträglichkeitsuntersuchung für die "Dornier"-Erweiterung[1369] teilte das Innenministerium mit, daß die im Bebauungsplanverfahren vorgesehene Bürgerbeteiligung nach § 2a BBauG den Vorausetzungen der EG-Richtlinie zur

---

1364 LANDTAG VON BADEN-WÜRTTEMBERG 1986a

1365 Diese Interpretation ist nicht einsichtig, da es eine genaue Definition der Uferzone nicht gibt.

1366 Die "Dornier"-Erweiterungsfläche ist Teil der Freifläche "Dürrenberg", die vor der Erweiterung mit 342,5 ha Größe und 9,3 km Umfang als eine der letzten größeren, von Verkehrswegen unzerschnittenen Freiflächen (vgl. LASSEN 1987, 1990) regionale Bedeutung besitzt (nach: MINISTERIUM FÜR ERNÄHRUNG, LANDWIRTSCHAFT, UMWELT UND FORSTEN 1984, Karte). Allein dieses Kriterium hätte zur Begründung einer Sicherung als "regionale Freihaltefläche*" ausreichen müssen.

1367 LANDTAG VON BADEN-WÜRTTEMBERG 1986a, S. 16. Immerhin dauerte diese "Prüfung" zum Zeitpunkt der Beantwortung der Anfrage der Grünen (9.7.86) bereits fast ein halbes Jahr, und sie dauert bis heute (28.5.91) an

1368 Dieser Feststellung lagen keine entsprechenden Gutachten zugrunde.

1369 Diese Forderung wurde u.a. von den Naturschutzverbänden (BUND 1986Uc), der SPD (SCHWÄBISCHE ZEITUNG vom 21.4.86) und der Partei "Die Grünen" (LANDTAG VON BADEN-WÜRTTEMBERG 1986a, S. 6f) vertreten.

Umweltverträglichkeitsuntersuchung bereits nach geltenden Recht entspreche[1370]. Das Innenministerium betonte in diesem Zusammenhang erneut, daß dem Bodenseeraum nicht die Funktion eines "ökologischen Ausgleichsraums" zugewiesen werden könne.

Trotz der offensichtlichen großräumigen Auswirkungen der "Dornier"-Planung beschäftigte sich die Deutsch-Schweizerische Raumordnungskommission erst auf Antrag des privaten Naturschutzverbandes BUND* mit der Industrieerweiterung[1371]. Obwohl bereits am 8.3.86 die Kommission vom BUND* über diese Planung informiert worden war, fand die entscheidende Sitzung erst am 13.5.87 statt. Zu diesem Zeitpunkt war andernorts die endgültige Entscheidung über die "Dornier"-Erweiterung längst gefallen. Interessanterweise kam die Kommission nicht nur zu dem Schluß, daß die "Dornier"-Erweiterung "den Vorstellungen des Bodensee-Leitbildes" entspreche, sondern sie führte diese Planung sogar als Musterbeispiel für die "in beachtlichem Maße" erfolgte Berücksichtigung des internationalen Leitbildes an[1372].

Intensiv beschäftigten sich die politischen Parteien mit dem Problem der "Dornier"-Erweiterung[1373]; sie wurde auf diesem Weg auch zum Auslöser für eine allgemeine Diskussion über das zukünftige Leitbild der Bodenseeregion insgesamt. Die aus der Presse analysierten Meinungen wichtiger Meinungsbildner wie Parteien, Publizistik, Verwaltung, Verbände usw. zur "Dornier"-Erweiterung zeigt Tabelle 13.

Tabelle 13: Ausgewählte Stellungnahmen zur "Dornier"-Erweiterung

Institution	Stellungnahme	Quelle
Verbände		
BUND*	--	SchZ 01.02.86
Landesnaturschutz-verband	--	PM 3/1986 03.03.86
IHK*	+ +	SchZ 27.02.86
IHK*	+ + +	SK 4.03.86
DGB Kreisverband	--	*

1370 LANDTAG VON BADEN-WÜRTTEMBERG 1986a, S. 22. Diese seitens der baden-württembergischen Landesregierung lange aufrechterhaltene Behauptung stieß bei der Mehrzahl der UVP-Spezialisten auf rechtliche und fachliche Bedenken. Ein Mitglied der EG-Kommission teilte der BUND*-Landesgeschäftsstelle in Nordrhein-Westfalen damals mit, daß zwar Umsetzungsmaßnahmen für die EG-Richtlinie in der gesamten Bundesrepublik noch nicht getroffen worden seien, daß aber trotz der fehlenden Bundes- und Ländergesetze bereits jetzt Umweltverträglichkeitsprüfungen laut EG-Richtlinie durchgeführt werden müßten (KOMMISSION DER EUROPÄISCHEN GEMEINSCHAFTEN 1988U).

1371 DEUTSCH-SCHWEIZERISCHE RAUMORDNUNGSKOMMISSION 1986U. Der BUND* schaltete die Kommission ein, weil er in der "Dornier"-Erweiterung einen Verstoß gegen Satz 4.2 des "Internationalen Leitbildes für das Bodenseegebiet" sah.

1372 DEUTSCH-SCHWEIZERISCHE RAUMORDNUNGSKOMMISSION 1987aU, S. 1

1373 So führten die Landtagsfraktionen von SPD und Grünen eigene Anhörungen durch.

Parteien		
SPD Ortsverband FN	+	SchZ 20.02.86
CDU Ortsverband FN	+ + +	SK 28.02.86
CDU Ortsverband Immenstaad	+ + +	SchZ 27.03.86
CDU Ortsverband Immenstaad	+ + +	SchZ 21.04.87
FDP Ortsverband Immenstaad	+ +	SchZ 08.04.86
JUSO Kreisverband	+/-	SchZ 20.02.86
SPD Kreisverband	-	SchZ 25.02.86
SPD Kreisverband	+/-	SchZ 20.03.86
SPD Kreisverband	+	SchZ 19.04.86
Grüne Kreisverband	--	SchZ 06.03.86
FDP Kreisverband	+	SchZ 14.03.86
CDU Kreisverband	+ + +	SchZ 25.03.86
SPD Regionalverband	+	SK 21.04.86
Grüne Landtagsfraktion	--	WB 20.02.86
Grüne Landtagsfraktion	---	SchZ 17.04.86
CDU Landtagsfraktion	+ +	SK 28.02.86
SPD Landtagsfraktion	+/-	SK 28.02.86
FDP Landtagsfraktion	-	SchZ 02.04.87
Landtagsabgeordnete		
Dr. Precht (SPD)	-	SK 13.02.86
Dr. Precht (SPD)	+/-	SchZ 01.03.86
Arnegger (CDU)	+ +	SchZ 01.03.86
Arnegger (CDU)	+ + +	SchZ 15.04.87
Prof. Dr. Bauer (FDP)	--	** 23.09.86
Minister/Ministerien		
Innenminister Schlee	+ +	SchZ 28.02.86
Staatsministerium	+/-	SK 17.04.86
lokale/regionale Presseorgane		
Schwäbische Zeitung	+ + +	SchZ 01.02.86

Überregionale Presse-organe		
Südwestpresse	--	SWP 04.04.86
Stuttgarter Zeitung	-	SZ 15.03.86
*	-	*
Der Spiegel	-	Sp. 03.02.86
TAZ	---	TAZ 06.03.86
Dornier-Betriebsräte		
Betriebsrat "Dornier-System"	--	SK 26.02.86
Gesamtbetriebsrat	+ + +	SK 26.02.86
Sonstige		
Gemeinde Immenstaad	+ + +	SZ 15.03.86
Landrat Tann	+ +	SchZ 06.06.86

Legende:

+ + +	= Für Erweiterung wie geplant
+ +	= Für Erweiterung am vorgesehenen Standort
+	= Tendenz für Erweiterung am vorgesehenen Standort
+/-	= Unentschieden
-	= Tendenz gegen Erweiterung am vorgesehenen Standort
--	= Gegen Erweiterung am vorgesehenen Standort
---	= Gegen jede Erweiterung
SchZ	= SCHWÄBISCHE ZEITUNG
SK	= SÜDKURIER
SZ	= STUTTGARTER ZEITUNG
PM	= Pressemitteilung
SWP	= Südwestpresse
WB	= WOCHENBLATT
TAZ	= "Tageszeitung"
*	= Thurgauer Volksfreund, Vorarlberger Nachrichten, Tagesspiegel (Zürich), ohne Datum (ca. Februar 1986)
**	= BAUER 1986U
FN	= Friedrichshafen

Deutlich werden daraus im wesentlichen zwei Punkte:

- Die Neigung zur ablehnenden Haltung gegenüber der "Dornier"-Erweiterung nimmt, besonders bei der Presse, tendenziell mit der Entfernung von der Region zu. Hier spiegeln sich die starken Unterschiede zwischen den lokalen (z.B. Arbeitsplatzschaffung) und überregionalen Interessen (z.B. Schutz des Bodensees als Trinkwasserspeicher) wider.
- Die Neigung zur zustimmenden Haltung steigt im Laufe der Zeit tendenziell bei allen Meinungsbildnern an (Ausnahmen sind der Naturschutzverband BUND* und die Partei der Grünen). Hier wird der im Laufe des Verfahrens immer stärker werdende Druck der die Erweiterung kompromißlos befürwortenden "Basis vor Ort", d. h. der jeweiligen örtlichen Parteigliederung, der Lokalpresse etc. auf die jeweils hierarchisch höhere Stufe deutlich.

Tabelle 14 zeigt die im Zuge der grundsätzlichen Leitbilddiskussion geäußerten Meinungen.

Tabelle 14: Stellungnahmen zur Entwicklung des Bodenseeraumes im Zusammenhang mit der "Dornier"-Erweiterung

Stellungnehmender	Stellungnahme	Quelle
Politiker		
Ministerpräsident Späth	Am Bodensee "die Bremsen einlegen" -	Sch 28.04.87
Ministerpräsident Späth	Bodensee als "High-Tech"-Raum +	Sch 15.06.87
Innenminister Schlee	Naturschutz darf Wirtschafts-entwicklung nicht verhindern +	SWP 12.10.88
Landrat Tann	Wachstum noch nicht ausgeschöpft +	Sch 02.01.87
Parteien		
CDU Landtagsfraktion	Bodenseegebiet wirtschaftlich aufrüsten +	SZ 02.09.88
FDP Kreisverband	keine weitere Industrieausdehnung im Uferbereich -	Sch 02.07.87
FDP Kreisverband	Erweiterung von Industriebetrieben in Grenzen, keine Neuansiedlungen +/-	Sch 06.05.87
Grüne Kreisverband	Bodensee als "ökologisches Vor-ranggebiet" -	Sch 18.07.87
Abgeordnete		
Arnegger (CDU)	Ansiedlungen von Häusern und Industrie unter Berücksichtigung ökologischer Gesichtspunkte +/-	Sch 15.04.87
Arnegger (CDU)	Bodensee kein ökologischer Aus-gleichsraum +	Sch 31.03.87
Dr. Precht (SPD)	Planungshoheit der Gemeinden aus Gründen des Umweltschutzes einschränken -	*
Verband		
IHK*	Industrieansiedlungen überall notwendig +	Sch 30.04.87

Legende:

+	Bodensee eher als Wirtschaftsraum entwickeln/pro Expansion
-	Bodensee eher keine Expansion/eher Beschränkung/eher ökologischer Ausgleichsraum
+/-	Durch ökologische Gegebenheiten eingeschränkte Expansion
Sch	= SCHWÄBISCHE ZEITUNG
SWP	= Südwestpresse
SZ	= STUTTGARTER ZEITUNG
*	= PRECHT 1987U

Deutlich wird, wie widersprüchlich diese Meinungen sich darstellen. Diese Widersprüche zeigen sich nicht nur anhand der Meinungsunterschiede verschiedener Hierarchiestufen einer Institution (z.B. Partei), sondern auch bei den Meinungsäußerungen einer einzigen Person (z.B. Ministerpräsident Späth). Hier tritt ein wichtiger und kaum abschätzbarer Einflußfaktor auf die raumordnerische Zielfindung hervor: die teilweise heftigen Schwankungen der "Tagespolitik".

VII.A.2.5. Das Bebauungsplanverfahren Phase 2

Nach dem faktischen Rückzug des Regionalverbandes aus dem Verfahren ist die folgende Phase durch häufige Besprechungen zwischen der Gemeinde und dem Regierungspräsidium gekennzeichnet. Diese Besprechungen sollen ausführlicher dargelegt werden, da sie deutlich machen, wie schwer sich das Regierungspräsidium tat, im Verlauf seiner "Rückzugsgefechte" auch nur die kleinsten Wünsche zur Planänderung bei der Gemeinde durchzusetzen.
Aufgrund des durch die Diskussion der überregionalen Aspekte der Planung erzeugten öffentlichen Drucks gab die Gemeinde Immenstaad immerhin der wichtigsten Forderung des Regierungspräsidiums nach: Anläßlich der vierten Koordinationsbesprechung am 10.3.86[1374] räumte sie gegenüber dem Regierungspräsidium ein, daß sich die Aufstellung des Bebauungsplanes "DO 1-Erweiterung" "gegebenenfalls" erübrige[1375]. Auf dieser Besprechung "forderte" das Regierungspräsidium erneut die Einhaltung seiner Planungsauflagen, die es jetzt "Mindestbedingungen" nannte und die teilweise bis hin zu Planungsdetails konkretisiert waren. Erst jetzt sagte die Gemeinde zu, einen Grünordnungsplan aufzustellen und bis zum 15.4.86, dem von der Gemeinde angestrebten Termin zur Beendigung der Planung[1376], eine Parkierungskonzeption zu erarbeiten. Bereits zu diesem Zeitpunkt war der Zeitdruck so groß, daß die Gemeinde sich nicht einmal imstande sah, die durch die Planung auftretenden Nutzungskonflikte, eine wesentliche Forderung des Bundesbaugesetzes und eine wichtige Voraussetzung für eine gesetzlich geforderte Abwägung, in den Bebauungsplan mit aufzunehmen. Dabei waren noch immer wesentliche Planungsinhalte zwischen dem Regierungspräsidium und der Gemeinde umstritten. So wollte die Gemeinde eine Nutzung der privaten Grünfläche im Nordosten des Planungsgebietes durch "Dornier" ermöglichen, während das Regierungspräsidium diese direkt an das geplante Naturschutzgebiet angrenzende Fläche außerhalb des Firmengeländes ausgewiesen sehen wollte. Auch plante die Gemeinde, die zwischen den einzelnen bebaubaren Flächen des Plans ("Baufenster") gelegenen "Grüngürtel" beliebig verschiebbar festzusetzen, was aber nach Meinung der Naturschutzverwaltung des Regierungspräsidiums mit ökologischen Vernetzungserfordernissen nicht hätte vereinbart werden können. Immerhin sagte der Bürgermeister von Immenstaad zu, mit Ausnahme der Werkhallen eine Verpflichtung zur Begrünung der Gebäudedächer in den Bebauungsplan mit aufzunehmen. Doch in einer nur wenige Wochen später angefertigten Aktennotiz[1377] bemängelte das Regierungspräsidium, daß wesentliche Forderungen der Naturschutzverwaltung noch immer "nicht berücksichtigt" worden seien. So wollte die Gemeinde die Grüngürtel beliebig verschiebbar festsetzen, während das Regierungspräsidium dies nur "ausnahmsweise" gestattet sehen wollte. Und im Gegensatz zum Regierungspräsidium wollte die Gemeinde noch immer die Einbeziehung der nordöstlich angrenzenden privaten Grünfläche in das Firmengelände erlauben. Darüber hinaus beabsichtigte die Gemeinde sogar, die Nutzung dieser privaten Grünfläche für kleinere Anlagen zu erlauben. Das

[1374] Mit zwei Teilnehmern der Fa "Dornier" (SCHWÄBISCHE ZEITUNG vom 4.3.86)
[1375] REGIERUNGSPRÄSIDIUM TÜBINGEN 1986U
[1376] Dieser Termin konnte jedoch nicht eingehalten werden, da der Regierungspräsident das entsprechende Koordinierungsgespräch aufgrund der noch immer unklaren Punkte verschob (zit. nach BUND 1986dU).
[1377] Zit. nach BEZIRSSTELLE FÜR NATURSCHUTZ UND LANDSCHAFTSPFLEGE 1986U

Regierungspräsidium dagegen meinte, daß "Dornier" die Errichtung irgendwelcher Nebenanlagen auf dieser Fläche nicht gestattet werden dürfe. Darüber hinaus bemängelte es, daß, entgegen der Zusage des Bürgermeisters, die Festsetzung der Dachbegrünung im Bebauungsplan noch immer fehle[1378]. So waren über 20 Planentwürfe der Gemeinde und ca. zehn Besprechungen mit dem Regierungspräsidium (davon fünf mit dem Regierungspräsidenten persönlich) notwendig, bis der Regierungspräsident, der sich ein Entscheidungsrecht in diesem Verfahren von Anfang an vorbehalten hatte, "grünes Licht" für das weitere Verfahren geben konnte[1379]. Daran wird deutlich, welchen Widerstand die Gemeinde gegen die Planauflagen des Regierungspräsidiums leistete. Auf der Basis dieser Besprechungen beschloß der Gemeinderat von Immenstaad am 2.6.86 die öffentliche Auslegung des Bebauungsplanentwurfes "Dornier 3"[1380].

VII.A.2.5.1. DER BEBAUUNGSPLAN - ENTWURF ZUR ANHÖRUNG 1

Mit Schreiben vom 12.06.86 beteiligte die Gemeinde Immenstaad die Träger öffentlicher Belange*, darunter auch den Regionalverband, am Bebauungsplanverfahren "DO 3"[1381]. Vier Tage später erfolgte die öffentliche Auslegung[1382]. Zusammen mit dem Entwurf des Bebauungsplans übersandte die Gemeinde bei der Beteiligung der Träger öffentlicher Belange* auch den Entwurf eines Grünordnungsplans, obwohl dies nach Auffassung der Gemeinde "nicht unbedingt erforderlich" gewesen wäre[1383]. Der erste große Erfolg des Regierungspräsidiums hatte seinen Niederschlag in der Planung gefunden: Die Gemeinde hatte auf die Aufstellung eines Bebauungsplanes "DO 1-Erweiterung" (bzw. "DO 2") verzichtet. Tabelle 15 zeigt die Flächenbilanz dieses Bebauungsplanentwurfs.

1378 Zit. nach BEZIRSSTELLE FÜR NATURSCHUTZ UND LANDSCHAFTSPFLEGE 1986U

1379 Bürgermeister Finkbeiner in: SCHWÄBISCHE ZEITUNG vom 4.6.86

1380 SCHWÄBISCHE ZEITUNG vom 4.6.88

1381 GEMEINDE IMMENSTAAD 1986bU

1382 SCHWÄBISCHE ZEITUNG vom 4.6.88

1383 GEMEINDE IMMENSTAAD 1986bU

Tabelle 15: Flächenbilanzen der Bebauungsplanentwürfe "DO 3" (Auswahl) (Quellen: GEMEINDE IMMENSTAAD 1986U und 1986aU)

Flächentyp und -größe	1. Entwurf	2. Entwurf
Gesamtfläche im Geltungsbereich		
in qm	237 510	237 510
in % der Planungsfläche	100,0%	100,0%
Landwirtschaftliche Nutzfläche		
in qm	35 160	35 160
in % der Planungsfläche	15,0%	14,8%
Private Grünflächen		
-Teilfläche 1 Südwest	28 530	28 530
-Teilfläche 2 Nordost	22 180	30 500
Gesamt in qm	50 710	59 030
in % der Planungsfläche	21,0%	24,8%
Verkehrsfläche (öffentlich und privat)		
-Zufahrt Nord in qm	5 890	5 890
-Zufahrt Süd in qm	5 840	5 540
-Unterführung B 31 in qm	1 530	1 270
Gesamt in qm	13 260	12 700
in % der Planungsfläche	6,0%	5,4%
Überbaubare Flächen		
-Quartier 1 in qm	18 720	18 720
-Quartier 2 in qm	22 430	22 430
-Quartier 3 in qm	16 690	16 690
-Quartier 4 in qm	32 070	24 870
Gesamt in qm	89 910	82 710
in % der Planungsfläche	38,0%	34,8%
Fläche für Stellplätze		
in qm	14 710	14 710
in % der Planungsfläche	6,0%	6,2%
Sonstige Flächen		
in qm	33 760	27 490
in % der Planungsfläche	14,0%	11,6%
Fläche für zeitlich begrenzte Nebenanlagen		
in qm		5 150
in % der Planungsfläche		2,2%

So umfasste das Planungsgebiet des Bebauungsplans 23,8 ha, von denen ca. 9 ha in vier verschiedenen Baufenstern ("Quartiere") überbaubar waren. Die einzelnen Baufenster waren durch Grüngürtel voneinander getrennt und von privaten Grünflächen im Nordosten und Südwesten (zusammen 5,1 ha) einer landwirtschaftlichen Fläche im Nordwesten (3,5 ha) sowie einer Stellplatzfläche im Süden (1,5 ha für ca. 1200 bis 1400 KFZ) entlang der B 31 umrahmt[1384]. Wiederum hatte sich die Gemeinde nicht an die Auflagen des Regierungspräsidiums gehalten. So ermöglichte die Gemeinde der Firma "Dornier" ausdrücklich die Anlage ebenerdiger Parkplätze. Festsetzungen für flächensparende Parkeinrichtungen (z.B. Parkhäuser) erfolgten nicht. Die für ein Projekt dieser Dimension sehr kurze Begründung des

[1384] GEMEINDE IMMENSTAAD 1986U (auch für das Folgende)

Bebauungsplanentwurfes enthielt außer einer Beschreibung der Planinhalte nur die Feststellung, daß man mit dem Bebauungsplan der Firma "Dornier" eine "maßvolle Erweiterung" ermöglichen sowie den Bestand und eine "ausgewogene Entwicklung" von Arbeitsplätzen sichern wolle. Im übrigen wurden die bereits bekannten Erweiterungsargumente der Firma "Dornier" von der Gemeinde übernommen. Durch die Gliederung des Planungsgebietes in "Planungsfenster" mit unterschiedlichen Nutzungsvorgaben wollte man "der exponierten Lage am Bodenseeufer im Sinne des Naturschutzgesetzes" Rechnung tragen. Die Angaben über die durch "Dornier" geplante Nutzung des Gebietes (es seien u.a. "Bürobauten", "Versuchshallen" und "Gelände für Freilandversuche" geplant) waren wenig konkret. Aussagen über die zu erwartende Zahl von Arbeitsplätzen fehlten.

Der beigegebene Grünordnungsplan bestand aus 3 Plänen:

- einem Bestandsplan. Dieser Bestandsplan umfaßt die Ergebnisse dreier Nutzungskartierungen, bei denen jedoch, außer einzelnen Vegetationsaufnahmen, keinerlei ökologische Grunddaten (z.B. geoökologische oder tierökologische Daten) erhoben wurden bzw. aus Zeitgründen nicht erhoben werden konnten;
- einem Plan "Nutzungskonflikte". Dieser Plan umfaßt die aufgrund der Kartierungen des Bestandsplanes zu erwartenden Nutzungskonflikte, mußte aber infolge der unzureichenden Angaben über die Nutzungsplanung unvollständig bleiben[1385];
- einem Maßnahmenplan. Dieser Plan umfasste Vorschläge für Ausgleichsmaßnahmen zur Milderung der aufgezeigten Nutzungskonflikte.

Aus dem Maßnahmenplan wurden einzelne Maßnahmen aus dem vom Regierungspräsidium geforderten Grünordnungsplan in den Bebauungsplan übernommen. Dadurch wollte man die "Einbindung" des Gewerbegebietes in die Bodenseelandschaft erreichen.
Entscheidend für die Umsetzung des Grünordnungsplans ist der Grad der Übernahme der Festsetzungen in den Bebauungsplanentwurf. Im vorigen Fall wurden folgende Festsetzungen übernommen:

- Erhaltung und Unterhaltung des Pflanzenbestandes im Bereich des Lipbach;
- Einpflanzung des Gesamtgebietes durch einen mindestens 3 m breiten Pflanzstreifen;
- Gliederung der Planungsfläche durch mindestens 20 m breite, überwiegend mit Hochstämmen zu bepflanzende "Grüngürtel" zur Schaffung eines "netzartigen Grünsystems";
- Bepflanzung dieser Flächen mit "standortgerechten Arten der potentiellen natürlichen Vegetation"[1386].

VII.A.2.5.1.1. Bewertung des Bebauungsplanentwurfs

Die Festsetzungen des Bebauungsplanentwurfs zeigen noch immer die lückenhafte Umsetzung der Planungsauflagen des Regierungspräsidiums. Für ein Projekt dieser Dimension war die Begründung zum Bebauungsplan unzureichend. Besonders fällt das Fehlen folgender wichtiger Punkte auf:

- detaillierte Begründung der Notwendigkeit einer Industrieerweiterung in Ufernähe;
- konkrete Angaben über die beabsichtigte Nutzung des Gebiets durch "Dornier". Angesichts der Lage des Planungsgebiets (angrenzend an ein geplantes Naturschutzgebiet und nur wenige Hundert Meter vom "Trinkwasserspeicher Bodensee" entfernt) ist es erstaunlich, daß sich die Gemeinde über die zu erwartende Nutzung des Planungsgebiets so wenig Gedanken machte.
- Qualifizierte und nachvollziehbare Auseinandersetzung ("Abwägung") mit den für den Planungsbereich geltenden Grundsätzen der Raumordnung.

Schon diese Aufzählung zeigt, warum der Bebauungsplanentwurf für das Regierungspräsidium nicht genehmigungsfähig war.

VII.A.2.5.1.2. Die Sachbereiche "Naturschutz und Landschaftspflege - lokale ökologische Auswirkungen"

Angesichts der Wichtigkeit der mit ökologischen Erfordernissen argumentierenden raumordnerischen Grundsätze im Planungsbereich sowie im Hinblick auf die von verschiedenster Seite vorgebrachte Behauptung, daß die Ausweisung einer regionalen Freihaltefläche* im Planungsbereich jeglicher

---

1385 Interessanterweise wurden die erhobenen, auf den Erhalt der offenen Agrarflächen des Planungsgebiets angewiesenen Tierarten (sogenannte "Offenlandarten" wie die hier vorkommenden Rote-Liste*-Arten Rebhuhn und Kiebitz) in der Beschreibung der Nutzungskonflikte weggelassen.

1386 GEMEINDE IMMENSTAAD 1986U

fachlicher Grundlage entbehre, sei auf diese Aspekte hier näher eingegangen. Sie spiegeln darüber hinaus gut die divergierenden Interessenlagen von Landesplanung und Gemeinde wider und sind auch für die Funktionen des Planungsgebiets hinsichtlich des Erholungs- und Biotoppotentials von Bedeutung.

Bereits gleichzeitig mit der Pressekonferenz vom 19.1.86 hatte der BUND* beim Regierungspräsidium Tübingen einen ausführlich begründeten Antrag auf Unterschutzstellung eines kombinierten Landschafts- und Naturschutzgebietes "Lipbachaue - Heger Weiher" gestellt[1387]. Dieses geplante Schutzgebiet umfasste sowohl die direkt an den Planungsbereich "DO 3" angrenzenden Gebiete "Lipbachaue" und "Heger Weiher" (geplantes Naturschutzgebiet) als auch den Planungsbereich "DO 3" selbst als geplantes Landschaftsschutzgebiet. Das BUND*-Gutachten begründete die beantragte Ausweisung des Landschaftsschutzgebiets auf dem Gebiet der "DO 3"-Erweiterungsfläche hauptsächlich mit der Notwendigkeit der Errichtung einer Pufferzone (sogenanntes "dienendes Landschaftsschutzgebiet") für das geplante, die unbestritten schutzwürdigen Bereiche[1388] der Lipbachaue (hochwertige Bachaue mit floristischem und vegetationskundlichem Wert, bundesweit bedrohter Biotoptyp) und der "Heger Weiher" umfassende Naturschutzgebiet. Eine Gewerbeerweiterung auf dieser Fläche lehnte der BUND* hauptsächlich aus folgenden Gründen ab:

- Erstens, so das Hauptargument des BUND*, würden die zu erwartenden Schadbreiteneffekte von Lärm-, Licht- u.a. Emissionen den Schutz des Kernbereiches des geplanten Schutzgebietes zunichte machen[1389].
- Zweitens würde die Freifläche "Dürrenberg", eine der größten noch von Verkehrswegen wenig zerschnittenen Freiflächen des baden-württembergischen Bodenseegebiets, teilweise überbaut werden.
- Drittens würde die Vernetzung des Schutzgebiets mit der Restlandschaft durch die Bebauung zu gravierenden ökologischen Zerschneidungseffekten führen.

Da ein Unterschutzstellungsverfahren für ein Naturschutzgebiet erfahrungsgemäß etliche Jahre dauert und eine akute Gefährdung des Gebiets durch das zu erwartende Bebauungsplanverfahren gegeben war, beantragte der BUND* zusätzlich zu der Unterschutzstellung die "einstweilige Sicherstellung" nach § 60, Abs. 2 NATURSCHUTZGESETZ. Der Antrag auf einstweilige Sicherstellung wurde vom Regierungspräsidium als zuständige höhere Naturschutzbehörde mit der aus fachlicher Sicht nur schwer nachvollziehbaren Begründung zurückgewiesen, man müsse zuerst das Bebauungsplanverfahren[1390] abwarten[1391]. Später schrieb das Regierungspräsidium, daß der Bereich des geplanten Gewerbegebietes selbst nicht Gegenstand eines Unterschutzstellungsverfahrens sein könne, da der rechtskräftige Flächennutzungsplan von 1983 dort ein Gewerbegebiet vorsehe[1392].
Im Bebauungsplanentwurf der Gemeinde fehlte zu diesem Sachbereich eine qualifizierte Erhebung, Darstellung und, im Zusammenhang mit dem Nutzungskonzept von "Dornier", Bewertung der absehbaren Änderung folgender wichtiger ökologischen Daten:

- floristische und vegetationskundliche Aufnahmen mit Bewertung ihrer regionalen und lokalen Gefährdung,
- Aufnahmen der vorkommenden Tierarten mit Bewertung ihrer Gefährdung,
- tierökologische Untersuchungen, besonders über die von Wildtieren benötigten Vernetzungsstrukturen (Art, Dimension etc.),
- Untersuchungen zum Vorkommen regional und lokal gefährdeter Biotoptypen,
- Untersuchungen zum Problem des Schadbreiteneffektes für das angrenzende geplante Naturschutzgebiet anhand des geplanten Nutzungskonzeptes,
- Untersuchungen geoökologischer Parameter wie potentielle Grundwassergefährdung, potentielle Änderungen des Mikro- und Mesoklimas etc..

Die aus diesen Untersuchungen resultierenden Nutzungskonflikte zwischen Belangen der Gewerbegebietsnutzung und Belangen ökologischer Art hätten dargestellt werden müssen. Darauf aufbauend, hätten dann die nachvollziehbare politische Abwägung dieser Konflikte untereinander, die politische Entscheidung sowie die Festsetzung eventuell notwendiger und fachlich abgesicherter

---

1387 BUND 1986bU

1388 Sogar die Gemeinde Immenstaad war dieser Meinung (GEMEINDE IMMENSTAAD 1986U).

1389 BUND 1986bU (auch für das Folgende)

1390 also die Gefährdung des Gebietes!, Anm. d. Verf.

1391 REGIERUNGSPRÄSIDIUM TÜBINGEN 1986bU

1392 REGIERUNGSPRÄSIDIUM TÜBINGEN 1986cU

Ausgleichs- und Ersatzmaßnahmen vorgenommen werden können. Diese Punkte wären im Rahmen einer umfassenden Umweltverträglichkeitsuntersuchung zu überprüfen gewesen. Abgesehen von der Tatsache, daß ein Grünordnungsplan von den Vorgaben einer fertigen Planung ausgehen mußte, zeigt sich der Unterschied zu einer Umweltverträglichkeitsuntersuchung auch in den Festsetzungen selbst, die allesamt eher auf eine landschaftsästhetische Einbindung, nicht aber auf einen wirkungsvollen ökologischen "Ausgleich" hinausliefen. Ein Grund dafür ist wohl, daß die Nutzungskonflike in diesem Planungsstadium noch nicht einmal in Ansätzen erhoben worden waren, so daß die eventuell notwendig werdenden Ausgleichsmaßnahmen gar nicht qualifiziert festgesetzt werden konnten.
Daraus wird deutlich, daß die Entscheidung zur Bereitstellung der Planungsgrundlagen für die "Dornier"-Erweiterung bei der Gemeinde ohne die Hinzuziehung ausreichender Abwägungsmaterialien gefallen war.
Um die Auswirkungen eines Projektes dieser Größenordnung auf die Umwelt qualifiziert beurteilen zu können, wäre jedoch nicht nur eine Umweltverträglichkeitsuntersuchung des vorgegebenen Standorts, sondern eine Untersuchung notwendig gewesen, die sich auch mit Alternativstandorten außerhalb der Gemeinde hätte beschäftigen müssen. Auch im Hinblick auf die gegen eine solche Prüfung sprechende Interessenlage der Gemeinde hätte eine solche umfassende Umweltverträglichkeitsuntersuchung im Falle "Dornier" nur im Auftrag des Innenministeriums bzw. Regierungspräsidiums durchgeführt werden können, da der Prüfungsraum über das Gebiet der Gemeinde Immenstaad hinausgegangen wäre.

VII.A.2.5.1.3. Das "Kaule"-Gutachten

Aufgrund der Bedenken des BUND* gegen die "Dornier"-Erweiterung am geplanten Standort und aus Furcht vor möglichen Normenkontrollklagen[1393] gab die Gemeinde Immenstaad ein eigenes Gutachten bei Prof. Dr. Kaule vom Institut für Landschafts- und Umweltplanung der Universität Stuttgart in Auftrag. Der Zweck des Gutachtens war nicht die Bereitstellung von Abwägungsmaterialien für die politischen Entscheidungsträger zum Sachbereich "Naturschutz". Vielmehr sollte Ziel des Gutachtens sein, aus fachlicher Sicht zu den Bedenken des BUND* Stellung zu nehmen[1394]. Hier zeigt sich die Interessenlage der Gemeinde, die das Gutachten als Argumentationshilfe für eine reibungslosere Durchsetzung ihrer bereits fertigen Planung benötigte. Nach Angaben der Gemeinde Immenstaad fanden Ergebnisse dieses Gutachtens später Eingang in den 2. Bebauungsplanentwurf[1395].
Auch das "Kaule"-Gutachten war kein Ersatz für eine Umweltverträglichkeitsuntersuchung. So stellten KAULE et al. ausdrücklich fest, daß die Standortwahl und andere überörtliche Gesichtspunkte "nicht Inhalt dieser Stellungnahme" seien. Explizit bemängelten sie, daß "eine vergleichende landschaftsökologische Untersuchung betriebswirtschaftlicher Standorte nicht vorliege"[1396].
Das Gutachten umfasste die Ergebnisse folgender Einzeluntersuchungen:

- eine Einschätzung der unmittelbar an den Planungsbereich angrenzenden Lipbachaue im überörtlichen Zusammenhang hinsichtlich ihrer landschaftsökologischen Bedeutung sowie
- eine Einschätzung der Teilflächen des Planungsgebiets hinsichtlich ihrer landschaftsökologischen Bedeutung.

Daneben wurden die im Untersuchungsgebiet vorkommenden Biotoptypen einschließlich Tier- und Pflanzenarten erhoben, soweit sie in der kurzen Untersuchungszeit überhaupt zu erheben waren.
In seiner Untersuchung kamen KAULE et al. zu folgenden Ergebnissen:

- Aufgrund der "besonderen Erscheinung" der Lipbachaue im Bodenseebecken komme den einzelnen Flächen "eine vergleichsweise hohe Bedeutung zu"[1397].
- Das Untersuchungsgebiet stehe "ökologisch im Zusammenhang mit verschiedenen wertvollen Biotopen", darunter "außerordentlich reichhaltigen Vogelbiotopen" und bilde einen "ökologisch bedeutenden Raum". "Der Erhaltung und Entwicklung der Achse[1398] kommt eine hohe Priorität im örtlichen und überörtlichen Zusammenhang zu"[1399].
- In einem gesonderten Bewertungsverfahren ("Risikoeinschätzung") wurden die einzelnen Bauabschnitte des Planungsgebiets näher untersucht. Als Ergebnis wurde der nordöstliche

[1393] Bürgermeister Finkbeiner mündl. am 4.12.86
[1394] KAULE et al. 1986U, S. 3
[1395] GEMEINDE IMMENSTAAD 1986aU
[1396] KAULE et al. 1986U, S. 3
[1397] KAULE et al. 1986U, S. 7
[1398] gemeint ist die Lipbachaue, Anm. d. Verf.
[1399] KAULE et al. 1986U, S. 9

Teil des Planungsgebiets als wertvollste Teilfläche ausgewiesen[1400]. Hier sei "eine Überprüfung der Bebauungs-Konzeption unabdingbar". Doch auch der in der Mitte des Bebauungsplangebietes liegende Teilbereich sei mit "höheren Problemen" behaftet, unter anderem durch "erhebliche" Störung des großräumigen Zusammenhangs von verschiedenen ökologisch erhaltenswerten Flächen[1401]. Hier wird deutlich, daß die Untersuchung von KAULE et al. nur eine relative Bewertung vornehmen konnte. Denn der Verlust der von den Autoren absolut als "erhaltenswert" eingestuften "offenen Agrarlandschaft" durch Bebauung wurde in diesem Verfahren "nicht berücksichtigt"[1402]. Ziel des Kaule-Gutachtens war nicht die Untersuchung der Möglichkeit der Bebauung aus ökologischer Sicht, sondern die Untersuchung der Auswirkungen der Bebauung sowie das Erarbeiten von "Verbesserungsvorschlägen". Anders ausgedrückt: Die Tatsache der Bebauung war für den Gutachter bindende Vorgabe.

- Aufbauend auf ihrer Risikoeinschätzung machten die Gutachter ausführliche Vorschläge "zur Minderung des Risikos" in Form eines detaillierten Bebauungskonzeptes (Zeitliche Abfolge der Bebauung, Erhalt schützenswerter Flächen im Betriebsgelände, Flächengestaltung, Anpflanzungen etc.[1403]), die hier nicht im einzelnen wiedergegeben werden können.

Als wichtigste Gesamtmaßnahme empfahlen KAULE et al. "dringend, eine Änderung des Bebauungsplanes vorzunehmen"[1404].

VII.A.2.5.1.3.1. Bewertung des "Kaule"-Gutachtens

Trotz der "besonderen" Motive der Gemeinde Immenstaad ist die Hinzuziehung eines externen Gutachters zu begrüßen, obwohl sich die Zahl der von Innenminister Schlee in der Landtagsdebatte angekündigten "Gutachter von außerhalb" auf dem Gebiet der Ökologie auf einen reduzierte. Der Nutzen des Gutachtens zur Bewertung der "Dornier"-Planung aus ökologischer Sicht wird im wesentlichen durch folgende Problempunkte eingeschränkt:

- Die Tatsache, daß die Gutachter vom Faktum der grundsätzlich im Planungsgebiet vorgesehenen Bebauung ausgehen mußten, zeigt, daß das Gutachten keine Umweltverträglichkeitsuntersuchung war. Weder eine "Null-Alternative" noch Alternativstandorte außerhalb des vorgesehenen Planungsgebietes konnten berücksichtigt werden. Deutlich wird dies an der Verwendung von Bewertungsverfahren, die nur eine relative Bewertung der einzelnen Teilflächen zulassen. Die in Kommentaren angedeutete absolute Bewertung mancher Flächen weisen darauf hin, daß wohl sämtliche Teilflächen erhaltenswert waren.
- Die kurze vorgegebene Zeit reichte zur Durchführung aller notwendigen Untersuchungen nicht aus. So weisen KAULE et al. öfters darauf hin, daß weitere Untersuchungen notwendig seien, um "besser abgesicherte Einschätzungen vornehmen zu können"[1405]. Ein Beispiel dafür sind die vom BUND* in seiner Stellungnahme befürchteten "Schadbreiteneffekte" auf das angrenzende geplante Naturschutzgebiet.
- Die bei Vorhaben dieser Größenordnung wichtigen, bei Verwirklichung der Planung zu befürchtenden "baustellenbedingten" ökologischen Beeinträchtigungen konnten nach Angaben der Gutachter nicht berücksichtigt werden"[1406].
- Das Gutachten umfaßte nur die Aspekte des Natur- und Landschaftsschutzes. Zu weiteren ökologischen Problempunkten (Lärm, Abwasser, Auswirkungen auf den Landschaftshaushalt etc.) konnten keine qualifizierten Angaben gemacht werden.

Kritisch anzumerken ist, daß die Autoren zu wenig auf den Wert "potentieller Biotope" eingingen. Dabei handelt es sich um Flächen, die zum Zeitpunkt der Kartierung aufgrund von zu diesem Zeitpunkt herrschenden Beeinträchtigungen aus floristischer bzw. faunistischer Sicht zwar nicht als "erhaltenswürdig" eingestuft werden können, bei denen die geoökologischen Verhältnisse aber noch so

---

[1400] KAULE et al. 1986U, S. 14
[1401] KAULE et al. 1986U, S. 19
[1402] KAULE et al. 1986U, S. 16
[1403] KAULE et al. 1986U, S. 18ff
[1404] KAULE et al. 1986U, S. 21
[1405] KAULE et al. 1986U, S. 12
[1406] KAULE et al. 1986U, S. 18

intakt sind, daß bei einem Ende dieser Beeinträchtigungen die Flora und Fauna sich in einem absehbaren Zeitraum regenerieren könnte. Beispielweise weisen KAULE et al. darauf hin, daß sich die zur Zeit belasteten Gräben im Planungsbereich ohne Beeinträchtigungen "in wenigen Jahren" erholen würden[1407]. Des weiteren sind die von KAULE et al. für ihre Risikoeinschätzung angenommenen Nutzungsplanungen zu pauschal. So geht er einfach davon aus, daß in den Werkshallen kein nennenswerter Lärm entstehe und schädliche Abgase, Abwässer und Abfälle nicht an die Umgebung abgegeben würden[1408], obwohl kein konkretes Nutzungskonzept der Firma vorlag[1409]. KAULE et al. deuten dieses Problem an, wenn sie in ihrer Stellungnahme zu den Bedenken und Anregungen des BUND* zugeben, daß sie z.B. keine Auswirkungen von Emissionen untersuchen könnten, da diesbezügliche Angaben fehlten[1410].

VII.A.2.5.1.3.2. Die Reaktion der Gemeinde auf das "Kaule"-Gutachten

Das Gutachten wurde im Gemeinderat Immenstaad nur in nichtöffentlicher Sitzung behandelt[1411] und bis zum Abschluß des Verfahrens nicht veröffentlicht. Selbst den Gemeinderäten von Immenstaad wurde kein Exemplar zur Verfügung gestellt. Die Veröffentlichung wurde vom Bürgermeister von Immenstaad mit der Begründung abgelehnt, daß er im Hinblick auf ein eventuelles Normenkontrollverfahren das Gutachten nicht herausgeben könne[1412]. Wie KAULE selbst in einem Nachtrag zu seinem Gutachten schreibt, erschienen der Gemeinde seine Vorschläge "nicht realisierbar"[1413]. Statt einer Herausnahme der ökologisch wertvollsten Teilfläche im Nordosten des Planungsgebiets, wie von ihm vorgeschlagen, sollte in diesem Bereich nur die Bebauungsmöglichkeit "verringert" werden, was nach KAULE et al. zwar eine "erhebliche Verbesserung", aber keinen "Ausgleich" darstellte[1414]. Als Reaktion auf dieses gegen ihre Interessenlage gerichtete Gutachten ließ die Gemeinde ein weiteres Gutachten anfertigen, welches aber ebenfalls nicht veröffentlicht wurde und auf das weitere Planungsverfahren keinen großen Einfluß hatte.

Die bewußt völlig unzureichende Berücksichtigung ökologischer Belange in der Planung lassen deutlich werden, wie stark die Gemeinde auf ihr vorgefaßtes Ziel, der Firma "Dornier" ihre Werkserweiterung mit allen Mitteln zu ermöglichen, fixiert war. Die bedenklich stimmende Nichtveröffentlichung für die Planung wesentlicher Gutachten ist ein Indikator dafür.

VII.A.2.5.1.4. Die Stellungnahmen zum Bebauungsplan - "Entwurf zur Anhörung 1"

*VII.A.2.5.1.4.1. Die Stellungnahme des BUND**

Die ausführlichste Stellungnahme der Anhörung stammte vom Naturschutzverband BUND*[1415], der im Rahmen der Bürgerbeteiligung seine Bedenken und Anregungen ausbreitete. Da hier alle gegen die Erweiterung sprechenden raumordnerischen und ökologischen Bedenken zusammengefaßt wurden, sei auf diese Bedenken ausführlicher eingegangen, soweit sie noch nicht behandelt wurden.
Ausgehend von den Berechnungen des Regionalverbandes, befürchtete der BUND* hinsichtlich der großräumigen Auswirkungen der Industrieerweiterung bei 4000 neuen Arbeitsplätzen Zuwanderungen in Höhe von ca. 8300 Einwohnern in den Pendlereinzugsbereich der Firma, davon 5800 bis 6600 in den Bodenseekreis. Allein diese Zuwanderungen erforderten die Bereitstellung von 3000 Wohnungen und bedeuteten eine Mehrbelastung des Uferbereichs durch ca. 4000 neu hier stationierte Kraftfahrzeuge. Darüber hinaus mußte, so der BUND*, mit starkem Nachfragedruck nach ökologisch bedenklichen Bootsliegeplätzen, Tennisplätzen u.ä. durch die überdurchschnittlich hohen Ansprüche an Freizeiteinrichtungen der zusätzlichen "Dornier"-Beschäftigten gerechnet werden. Ausführlich

---

[1407] KAULE et al. 1986U, S. 12

[1408] KAULE et al. 1986U, S. 14

[1409] Angesichts des rüstungsindustriellen Produktionsschwerpunktes der Firma "Dornier" ist eine gewisse Geheimhaltung der geplanten Nutzung erklärbar.

[1410] KAULE et al. 1986U, Anhang, S. 2

[1411] SÜDWESTPRESSE vom 29.10.86

[1412] Bürgermeister Finkbeiner telefon. an BUND* am 4.12.86

[1413] KAULE et al. 1986U, S. 21a

[1414] Gemeinderatssitzung am 22.8.86, zit. nach KAULE et al. 1986U, S. 21a

[1415] BUND 1986eU (auch für das Folgende)

bemängelte der BUND* erneut die fehlende Berücksichtigung und nicht nachvollziehbare Abwägung der für das Planungsgebiet geltenden Grundsätze der Raumordnung.
Hinsichtlich der ökologischen Auswirkungen der Planung warf der BUND* der Gemeinde "unzureichende Beschäftigung" mit dieser Materie vor. Eine Abwägung der Naturschutzbelange mit den Zielen von "Dornier" habe nicht stattgefunden. Auch vermißte der Naturschutzverband einen "qualifizierten und nachvollziehbaren" Bedarfsnachweis für die Dimensionierung der geplanten Baufläche sowie die Offenlegung der geplanten Nutzung des Gebiets. Aufgrund öffentlicher Äußerungen von Firmenvertretern befürchtete der BUND*, daß im geplanten Erweiterungsbereich nicht nur Forschungs-, sondern auch Produktionsbereiche mit nicht abschätzbaren potentiellen Umweltgefahren (Freisetzung von Chemikalien, Grundwasserschädigung, Lärm etc.) eingerichtet werden sollten. Ausführlich erläuterte der Naturschutzverband seine Forderung nach Durchführung einer Umweltverträglichkeitsprüfung für das geplante Vorhaben nach den Vorgaben der EG-Richtlinie und bedauerte, daß das Innenministerium auf die Durchführung einer solchen Prüfung verzichtet habe.
Im einzelnen forderte er hierzu die Untersuchung folgender Alternativen zur Inanspruchnahme der Planungsfläche:

- Verdichtungen auf dem bestehenden Firmengelände
- Verdichtungen auf dem Firmengelände und Teilerweiterung im Planungsgebiet
- Erweiterung des Gewerbegebiets wie geplant
- Erweiterung im "seeabgewandten" Hinterland
- Erweiterung in strukturschwachen Bereichen der Region.

Neben diesen allgemeinen Bedenken ging der BUND* auch konkret auf die Festsetzungen des Bebauungsplanes ein: So forderte er die Rücknahme der östlichen Bebauungsplangrenze, um die angrenzenden Flächen des geplanten Naturschutzgebietes besser schützen zu können. Hinsichtlich der planungsrechtlichen Erlaubnis der Anlage ebenerdiger Stellplätze warf der BUND* (wie die zahlreichen diesbezüglichen Besprechungen zwischen Regierungspräsidium und Gemeinde zeigten, berechtigterweise) der Gemeinde vor, "verschwenderisch" mit dem Boden umzugehen. Bei den grünordnerischen Festsetzungen bemängelte er das Fehlen von tierökologischen Erhebungen sowie von Untersuchungen zu Vernetzungs- und Schadbreiteneffekten, auch im Zusammenhang mit der zu erwartenden Zunahme des Verkehrs im und um den Planungsraum. Der Unterschied zwischen Grünordnungsplan und Umweltverträglichkeitsuntersuchung wurde vom BUND* gleichfalls herausgestellt. So ging der Grünordnungsplan zwar auf die Nutzungskonflikte ein, verzichtete aber auf eine Bewertung. Die im Grünordnungsplan vorgeschlagenen Maßnahmen, so z.B.

- "Minimierung der Erschließungswege"
- "Reduzierung der Regenwasserversickerung in den Freiflächen" u.a.

waren dem BUND* zu wenig konkret und zu unverbindlich. Er vermißte Aussagen über zu erwartende Grundwasserabsenkungen und Änderungen des Mikro- und Mesoklimas. Besonders kritisierte er das fehlende Verbot der Errichtung von baulichen Anlagen jeglicher Art auf der privaten Grünfläche im Nordosten. Bedenken dieser Art hatte auch das Regierungspräsidium immer wieder gegenüber der Gemeinde vorgebracht.
Hinsichtlich der Ausgleichsmaßnahmen (Pflanzungen, Grünbrücken) kritisierte der BUND* die ungenügende Dimensionierung und die unzureichend verbindlichen örtlichen Festsetzungen. So war die genaue Lage der vernetzungsfördernden "Grünbrücken" zwischen den einzelnen Baufenstern noch immer nicht klar.
Mit der Bebauung der Fläche, so der BUND*, würde auch ein wichtiges, in unmittelbarer Nähe zum Ferienwohngebiet Immenstaad liegendes Naherholungsgebiet gestört werden[1416].

Die vom BUND* vorgebrachten Bedenken wurden auch behördlicherseits von der Bezirksstelle für Naturschutz und Landschaftspflege geteilt, wie ein diesbezüglicher interner Aktenvermerk beweist: "Hinsichtlich der Analyse der Nutzungskonflikte im Grünordnungsplan trifft der BUND* genau die Problematik, die sich auftut, wenn man die Grenze zwischen Grünordnungsplan und Umweltverträglichkeitsuntersuchung ziehen will", und: "Die landesplanerischen und ökologischen Bedenken des BUND* werden auch von der BNL* geteilt, die auch heute noch die Realisierung des Baugebietes "DO 3" für falsch hält"[1417].
Auch KAULE et al. gingen im Auftrag der Gemeinde Immenstaad auf die Bedenken des BUND*

[1416] BUND 1986cU
[1417] BEZIRKSSTELLE FÜR NATURSCHUTZ UND LANDSCHAFTSPFLEGE 1986aU

ein[1418]. Sie teilten nicht nur die meisten davon[1419], sondern stimmten auch den Vorschlägen des BUND* zur Planänderung zu, so z.B. der Herausnahme der privaten Grünfläche im Nordosten des Planungsgebiets. Die vom BUND* befürchteten großräumigen "mittelbaren" Folgewirkungen der Industrieerweiterung konnten sie, da sie nicht Gegenstand ihres Gutachtens waren, allerdings nicht berücksichtigen, obwohl sie nach ihren Angaben "für den Arten- und Biotopschutz bedeutsam sein" könnten. Hinsichtlich der vom BUND* in die Diskussion gebrachten möglichen Grundwasserabsenkungen forderten KAULE et al. die Erarbeitung eines hydrogeologischen Gutachtens, welches ebenso wie ihr Gutachten zwar erarbeitet, aber nie veröffentlicht wurde[1420]. Angesichts der Fülle der Bedenken und Anregungen hinsichtlich der tatsächlichen und potentiellen Auswirkungen der Industrieerweiterung auf die Umwelt ist die Tatsache, daß allen diesen Bedenken nicht in Form qualifizierter Gutachten nachgegangen wurde, nur mit der ausschließlichen Fixierung der Gemeinde, aber auch des Landes, auf die Industrieerweiterung zu erklären, die jede qualifizierte Abwägung mit Belangen des Umweltschutzes unmöglich machte.

VII.A.2.5.1.4.2. Die Stellungnahme des Regionalverbandes "Bodensee-Oberschwaben"

Der im Verfahren kaum mehr in Erscheinung tretende Regionalverband gab seine Stellungnahme als Träger öffentlicher Belange* am 3.7.86 ab[1421]. Da die Weichen behördenintern vor der Einleitung des offiziellen Bebauungsplanverfahrens bereits für die Genehmigung der geplanten "Dornier"-Erweiterung gestellt waren, blieb dem Regionalverband nichts anderes übrig, als "seine Bedenken hinsichtlich einer Verlagerung in das Umland" zurückzustellen. Der Regionalverband begründete seine Stellungnahme mit dem Verzicht der Gemeinde auf das Baugebiet "DO 2". Hinsichtlich der Festsetzungen des Bebauungsplans begrüßte der Regionalverband die Festsetzung der privaten Grünfläche im Nordosten des Planungsgebiets, da so dem im Bodenseeuferplan festgesetzten "Vorrangbereich für den Natur- und Landschaftsschutz" entsprochen werde[1422]. Im übrigen ging die Geschäftsstelle davon aus, daß mit dem abschnittsweisen Ausbau von "DO 3" auch der anläßlich der Koordinierungsbesprechung vom 10.3.86 festgelegte abschnittsweise Bau der Parkhäuser bzw. Parkdecks festgesetzt werde[1423].

VII.A.2.5.1.5. Die Behandlung der Bedenken und Anregungen im Gemeinderat

Neben BUND* und Regionalverband wurden Bedenken und Anregungen von 15 weiteren Trägern öffentlicher Belange*, darunter auch dem Regierungspräsidium, und 34 Privatpersonen bzw. -institutionen erhoben[1424]. Die wichtigsten Träger öffentlicher Belange*, das Regierungspräsidium sowie die eigentliche Genehmigungsbehörde des Bebauungsplans, das Landratsamt Bodenseekreis, machten auf die vielfältigen Mängel des Bebauungsplanentwurfs aufmerksam: So forderten sie u.a. die Aufnahme genauer Arbeitsplatzzahlen in den Plan, die Konkretisierung der Parkplatzpläne, die verstärkte Übernahme von wichtigen Festsetzungen des Grünordnungsplans etc.[1425]. Aufgrund der zahlreichen Bedenken der Genehmigungsbehörden konnte die Gemeinde nicht anders, als diesbezügliche Änderungen im Plan vorzunehmen. Interessanterweise beschloß der Gemeinderat von Immenstaad einstimmig, den überarbeiteten Entwurf neu auszulegen, was wohl als Indikator für die Wirksamkeit des "sanften" Druckes seitens der Genehmigungsbehörden aufgefaßt werden kann[1426].

1418 KAULE et al. 1986U, S. 2ff

1419 Eine Ausnahme bildete die vom BUND* befürchteten Auswirkungen der Industrieerweiterung auf das Mikro- und Mesoklima. Die diesbezüglichen Bedenken wurden von KAULE et al. nicht geteilt (KAULE et al. 1986U, S. 3).

1420 KAULE et al. 1986U, S. 2ff

1421 REGIONALVERBAND BODENSEE-OBERSCHWABEN 1986aU

1422 Die Westgrenze dieses Vorrangbereiches verläuft direkt an der Ostgrenze des Planungsbereichs.

1423 REGIONALVERBAND BODENSEE-OBERSCHWABEN 1986aU

1424 Alle Bedenken und Anregungen wurden während einer Gemeinderatssitzung am 27.10.86 behandelt (SÜDKURIER vom 20.10.86, und handschriftliches Protokoll des Autors, auch für das Folgende). Interessanterweise handelte es sich bei der Mehrzahl der Bedenken erhebenden Privatpersonen um Feriengäste des westlich des Planungsgebietes gelegenen Ferienwohnparks. Diese befürchteten eine Beeinträchtigung ihrer Erholungslandschaft sowie ihres Ferienparks (SCHWÄBISCHE ZEITUNG vom 29.10.86). Auch die Betreibergesellschaft dieses Parks selbst, die FEWOPA, erhob aus diesen Gründen Bedenken gegen die "Dornier"-Erweiterung (KAULE et al. 1986U, Anhang S. 5). Beides deutet auf Zielkonflikte zwischen der Gewerbeerweiterung und den Belangen der Ferienerholung in diesem Bereich hin.

1425 Die ähnlich lautenden Bedenken und Anregungen dieser beiden Behörden lassen eine intensive Koordination vermuten.

1426 SCHWÄBISCHE ZEITUNG vom 29.10.86

VII.A.2.5.2. DER BEBAUUNGSPLAN - ENTWURF ZUR ANHÖRUNG 2

Nach der vom Gemeinderat beschlossenen Überarbeitung des Bebauungsplans erfolgte vom 10.11.86 bis 10.12.86 die öffentliche Auslegung des zweiten Entwurfs[1427].
Erstaunlicherweise wich auch dieser Bebauungsplanentwurf trotz der vorausgegangenen intensiven Besprechungen mit dem Regierungspräsidium immer noch in mehreren Punkten von den Vorgaben des Flächennutzungsplans von 1983 ab:

- Der im Flächennutzungsplan als "landwirtschaftliche Nutzfläche" ausgewiesene Bereich zwischen der westlichen Bebauungsgrenze und der L 207 wurde im Bebauungsplanentwurf teilweise als Baugebiet ausgewiesen[1428]. Die Gemeinde begründete diese ihrer Meinung nach "geringfügige Abweichung" damit, daß, bezogen auf den gesamten überbaubaren Planbereich, die im Flächennutzungsplan vorgesehene Grundflächenzahl nicht überschritten worden sei. Dieses Argument läßt aber außer acht, daß im Flächennutzungsplan auch die Lage der Bauflächen festgesetzt wird.
- Die im Flächennutzungsplan festgelegte Zahl der Vollgeschosse wurde in Teilbereichen des Planungsgebiets überschritten. Hierzu stellte die Gemeinde fest, daß diese Festsetzung das Ziel eines geringeren Flächenverbrauchs verfolge, ohne auf die eventuell negativen Auswirkungen hoher Gebäude für die Landschaft in unmittelbarer Nähe zum See und zum Ferienwohnpark einzugehen. Abgesehen vom Bodensee-Erlaß, stand dieses Argument der Gemeinde auch im Widerspruch zu ihrer unverändert gebliebenen Festsetzung der Möglichkeit zur Anlage ebenerdiger Stellplatzflächen.

Hinsichtlich der vom Regierungspräsidium gewünschten Parkdecks bzw. Parkhäuser sollte nach dem Willen der Gemeinde erst der über 1200 bis 1400 Kraftfahrzeuge hinausgehende Stellplatzbedarf verbindlich in Parkhäusern vorgesehen werden.
An diesen Beispielen zeigt sich deutlich, daß die Gemeinde noch immer versuchte, sich u.a. durch die Festsetzung von "Ausnahmen" von den Absprachen mit dem Regierungspräsidium zu lösen.
Von Interesse ist die jetzt relativ ausführliche Behandlung der aus dem Landesentwicklungsplan, dem Regionalplan, dem Bodenseeerlaß sowie dem "Internationalen Leitbild" resultierenden Erfordernisse der Landes- und Regionalplanung. Nach der Aufzählung der für den Planungsbereich geltenden "Grundsätze der Raumordnung" stellt die Gemeinde dazu zusammenfassend fest, daß "Ziele der Raumordnung und Landesplanung der Ausweisung einer gewerblichen Baufläche im Bereich des Bebauungsplanes ‘DO 3‘ nicht entgegen stehen". Zwar sei sich die Gemeinde der Grundsätze "durchaus bewußt", trotzdem habe sie "in Anbetracht des seit Jahrzehnten vorhandenen Unternehmens" an dem Standort festgehalten. Auch das "Internationale Leitbild" sei nur eine "rahmenhafte Vorgabe". Eine qualifizierte und nachvollziehbare Abwägung der Grundsätze untereinander legte die Gemeinde also nicht vor.

Immerhin wurde der Bebauungsplan nunmehr qualifizierter begründet, aber immer noch zu wenig konkret. So führte die Gemeinde die Notwendigkeit der langfristigen Sicherung der 4200 Arbeitskräfte der Firma "Dornier" sowie die Schaffung von 1000 weiteren Arbeitsplätzen in den nächsten zehn Jahren an. Hinsichtlich des Arguments der Erweiterungsgegner, daß für den zusätzlichen Arbeitskräftebedarf neue Wohnbauflächen notwendig werden würden, schrieb die Gemeinde, daß über die in den Flächennutzungsplänen der Verwaltungsgemeinschaft dargestellten Wohnbauflächen hinaus keine weiteren Ausweisungen notwendig seien, ohne dies jedoch konkret nachzuweisen[1429]. Immerhin legte die Gemeinde nunmehr auch eine Begründung für die Wahl der Planungsfläche vor. Sie konkretisierte dabei die bereits bekannten Argumente von "Dornier".

Jetzt legte die Gemeinde auch ein konkreteres Nutzungskonzept für die einzelnen Bauquartiere vor, allerdings erfüllte sie wiederum nicht die Forderung des Regierungspräsidiums, die zeitliche Abfolge der Bebauung verbindlich festzulegen[1430]. Auch war diesem Nutzungskonzept wieder nicht zu entnehmen, ob neben Forschungs- und Entwicklungs- auch Produktionsanlagen im Planungsgebiet

---

[1427] SCHWÄBISCHE ZEITUNG vom 6.11.86

[1428] GEMEINDE IMMENSTAAD 1986aU

[1429] Andere Bürgermeister sehen das anders. So nannte der Bürgermeister von Überlingen, Ebersbach, als Argument für die Notwendigkeit weiterer Siedlungsflächen im Bodenseeraum ausdrücklich die Gewerbeerweiterungen "Bodenseewerke" und "Dornier" (SCHWÄBISCHE ZEITUNG vom 5.10.88).

[1430] S. Tabelle 16

vorgesehen waren. Dem Konzept konnten darüber hinaus auch keine Angaben über eventuell anfallende Emissionen, Abfälle und Abwässer und über die Notwendigkeit der Lagerung ökosystemgefährdender Stoffe etc. entnommen werden.

Tabelle 16: Nutzungskonzept für die einzelnen Bauquartiere des zweiten Bebauungsplanentwurfs "DO 3" (Quelle: GEMEINDE IMMENSTAAD 1986aU)

Nummer des Bauquartiers (von S nach N)	Nutzungskonzept der Firma "Dornier" nach Angaben der Gemeinde	Zeitplanung	Angaben über Beschäftigte
1	Halle für Ariane; Eingangsbereich mit Pforte; Verwaltungsgebäude; Parkhaus: 200 bis 400 Stellplätze	"alsbaldig" "Baugesuch liegt vor"	50 200
2	Elektronikbereich; Büro-, Labor-, Integrationsflächen	"in den nächsten 10 Jahren"	1500
3	Heizhaus, Stromversorgung, Instandhaltungsbetriebe; Versorgung und Dienstleistung, Feuerwehr, Lager, Transport, Kundendienst; Sicherheitsbereiche	"in den nächsten 10 Jahren"	150
4	Forschung Raumtransport system "Hermes"; Wasserstofftechnologie; 2. Parkhaus: 600 bis 800 Stellplätze	"in den nächsten 10 Jahren"	400-500
Summe der im Endausbau im Planungsbereich Beschäftigten:			ca. 2400

"Nicht zuletzt in Anbetracht der vom BUND*... geäußerten Bedenken"[1431] ging die Gemeinde nun auch ausführlicher auf die Belange des Naturschutzes und der Landschaftspflege ein, die im Rahmen des Grünordnungsplanes näher geregelt wurden. Die Gemeinde gab zum ersten Mal zu, daß Teile des Planungsbereiches schutzwürdig seien, schätzte die Schutzwürdigkeit der einzelnen Bereiche aber "unterschiedlich" ein. So stufte sie das im unmittelbaren Geltungsbereich des Bebauungsplanes liegende Gebiet als "erheblich vorbelastet" ein, während sie die "besondere Schutzwürdigkeit der im Osten unmittelbar angrenzenden "Lipbachaue" betonte.
Die im Vergleich zum ersten offiziellen Bebauungsplanentwurf geänderten Festlegungen waren im wesentlichen Übernahmen aus dem Grünordnungsplan und dem unveröffentlichten "KAULE"-

1431 GEMEINDE IMMENSTAAD 1986aU, S. 13. Hier wird die wichtige Rolle dieses Naturschutzverbandes in diesem Verfahren deutlich.

Gutachten. Auch waren nach Angaben der Gemeinde Erkenntnisse diverser Gutachten wie eines Lärm-, eines Verkehrs- sowie eines meteorologischen Gutachtens in die Planung mit eingeflossen, welche aber, wie auch das "KAULE"-Gutachten, nicht veröffentlicht wurden. Die einzige relevante Änderung des Plans betraf die private Grünfläche im Nordosten des Planungsbereiches. Die angrenzende überbaubare Fläche wurde um 8320 qm verkleinert. Allerdings wurden davon nur 1600 qm der angrenzenden privaten Grünfläche zugeschlagen, um wenigstens einen geringen Teil der nach KAULE et al. ökologisch wertvollsten Fläche zu sichern. Die restliche Fläche wurde "Freiluftversuchen und Nebenanlagen" der Firma "Dornier" vorbehalten.
Neben weiteren Pflanzgeboten und anderen kleineren ökologischen Verbesserungen wurden auch Auflagen zu Dach- und Fassadenbegrünungen in den Planentwurf aufgenommen. Allerdings bestand die Pflicht zur Anlage von Dachbegrünungen auf Werkshallen nur, soweit "technisch möglich und zumutbar". Die diesbezüglichen Festsetzungen waren also für die Firma unverbindlich. In einem Entwurf für die Begründung zum zweiten Bebauungsplanentwurf ging die Gemeinde relativ spät auf die notwendige und planungsentscheidende Abwägung der verschiedenen Belange dieses Bebauungsplanverfahrens ein[1432]. Sie soll nachstehend angeführt und aus planungsfachlicher, nicht planungsjuristischer Sicht interpretiert werden.
Die Gemeinde begründete die Notwendigkeit des Bebauungsplans mit § 1 Abs. 6 BBauG, wonach die Schaffung von Vorausetzungen für eine möglichst günstige Wirtschaftsstruktur zu den Aufgaben einer Gemeinde gehöre. Die Gemeinde gab zu, daß die Festsetzungen des Bebauungsplanes weitgehend durch die speziellen Bedürfnisse von "Dornier" bestimmt seien und daß eine weitere Reduzierung der Gebäudehöhen bzw. der Baufelder ohne einen "Verlust der Funktionalität der baulichen Anlagen" nicht möglich sei. Hinsichtlich der Bedeutung des Bodenseeraums als Urlaubs- und Erholungsraum beschränkte sich die Gemeinde auf die Angabe, daß sie sich des "hohen Ranges" dieser Bedeutung "bewußt" sei. Die Belange des Naturschutzes und der Landschaftspflege habe sie, nach eigenen Angaben, "in besonderer Weise" durch die Übernahme des wesentlichen Inhalts des Grünordnungsplans in den Bebauungsplan in die Abwägung eingestellt. Den Vorschlägen des Grünordnungsplans und des "KAULE"-Gutachtens, so die Gemeinde weiter, habe sie dadurch Rechnung getragen, allerdings nur "soweit dies ohne Gefährdung der Funktionalität der geplanten baulichen Anlagen überhaupt möglich war".
Diese Zitate verdeutlichen, daß sich bei der Abwägung alle anderen Belange von vornherein den Belangen von "Dornier" unterzuordnen hatten. Eine sachgerechte Abwägung war daher nicht möglich. So ist es nicht verwunderlich, daß sich das "Bewußtsein" der Gemeinde über die Bedeutung des Bodenseeraumes als Erholungsraum nicht z.B. im Einholen von Gutachten über die Auswirkungen der Industrieerweiterung auf diesen Bereich niederschlug.
Immerhin wurden die Belange des Natur- und Landschaftsschutzes aufgrund des starken Drucks des amtlichen und vor allem privaten Naturschutzes, wenn auch nicht ausreichend, erhoben. Allerdings konnten diese Belange nur dort Berücksichtigung durch baurechtliche Festsetzungen finden, wo die Interessen von "Dornier" noch Freiräume offenliessen. Die unzureichende Berücksichtigung dieser Belange wird daran deutlich, daß selbst die Gemeinde sich im klaren war, daß aufgrund der Schwere der absehbaren Eingriffe in Natur und Landschaft "ein vollständiger Ausgleich...nicht möglich sein wird". Hinsichtlich der Belange des Umweltschutzes beschränkte sich die Gemeinde im wesentlichen auf das Lärmproblem, zu dem sie auch ein Gutachten einholte. Als Ergebnis gab sie an, daß aufgrund der bisher gemachten Erfahrungen mit der Firma auch im Planungsgebiet "DO 3" nicht mit höheren Lärmemissionen zu rechnen sei.

An diesem Beispiel eines Abwägungsvorgangs wird die geringe praktische Bedeutung der "Grundsätze der Raumordnung" als Abwägungsfaktoren deutlich. Dadurch, daß die Gemeinde von vorneherein den Belangen der Firma den Vorrang einräumt, und dadurch, daß viele Belange nur unzureichend ermittelt wurden, konnte eine sachgerechte und nachvollziehbare Abwägung der verschiedenen Grundsätze untereinander gar nicht stattfinden.

VII.A.2.5.3. STELLUNGNAHMEN ZUM 2. ENTWURF UND BEHANDLUNG IM GEMEINDERAT

VII.A.2.5.3.1. Die Stellungnahme des BUND*

Neben den bereits in seiner ersten Stellungnahme erhobenen Bedenken zog sich der BUND* in seiner

---

[1432] Dieser Teil fehlte allerdings im Auslegungsexemplar der Bebauungsplanbegründung vom 27.10.86.

zweiten Stellungnahme[1433] auf eine erste Verteidigungsstellung zurück: So traten die noch immer erhobenen grundsätzlichen Bedenken gegen die Industrieerweiterung jetzt in den Hintergrund, und praktische Vorschläge zur stärkeren Berücksichtigung von Belangen des Naturschutzes dominierten. Der BUND* warf der Gemeinde vor, bei der Bemessung der Bauflächen nicht auf das Minimierungsgebot geachtet zu haben, da die vorgesehene Baufläche mehr Arbeitsplätze vorsah, als die Gemeinde behauptete. Hinsichtlich der Zurücknahme der Bebauung im Nordosten des Planungsgebietes begrüßte der BUND* zwar diese geringfügige Planungsänderung, bemängelte jedoch, daß viele wichtige Festsetzungen aus dem Grünordnungsplan nicht übernommen wurden. Auch sah der BUND* in der Freihaltung der ökologisch wichtigen nordöstlichen Planungsfläche keinen wirksamen Ausgleich, da die Fläche bisher intensiv als landwirtschaftliche Nutzfläche genutzt wurde und eine Renaturierung, wenn überhaupt, nur längerfristig zu erreichen sei.
Interessant ist die Behandlung der BUND*-Bedenken durch den Gemeinderat Immenstaad[1434]. An den in dieser Sitzung behandelten Punkten wird deutlich, daß teilweise erst jetzt Bedenken aus der ersten Stellungnahme des BUND* behandelt wurden.
So argumentierte die Gemeinde hinsichtlich der landesplanerischen Erfordernisse, daß diese alle erst nach 1971 aufgestellt worden seien, der Flächennutzungsplan der Gemeinde jedoch die Planungsflächen bereits 1962 ausweise[1435]. Die Gemeinde ging von der landesplanerischen Unbedenklichkeit der Planungsfläche aus, da ansonsten der Flächennutzungsplan von 1983 nicht hätte genehmigt werden dürfen, und wies damit die Verantwortung dem Regierungspräsidium zu. Hinsichtlich der Aussagen des BUND* zur Schutzwürdigkeit des Gebietes gab die Gemeinde zu, daß sie durch das "KAULE"-Gutachten "teilweise bestätigt" würden. Sie befand als Ergebnis des Gutachtens, daß bei Verwirklichung "bestimmter Maßnahmen...nach Aussagen des Gutachters die Ausweisung des Plangebiets durchaus für möglich gehalten" werde. Dieses Ergebnis war aber nach KAULE et al. durch die Art des Untersuchungsauftrags gar nicht Gegenstand der Untersuchung und ist in dieser Form bei KAULE et al. auch nicht zu finden[1436]. Die Gemeinde ging noch einen Schritt weiter und behauptete, daß die von KAULE et al. geforderten "bestimmten Maßnahmen" durch die grünordnerischen Festsetzungen "weitgehend" verwirklicht worden seien, was im Widerspruch zu der oben dargelegten minimalen Berücksichtigung des "KAULE"-Konzepts steht. Immerhin räumte die Gemeinde die Berechtigung "gewisser Bedenken im Bereich der Ökologie" ein. Allerdings erscheine es nach Abwägung der Belange Landschafts- und Naturschutz sowie der Erholungsfunktion mit den ökonomischen Belangen der Firma "Dornier" und der Schaffung von Arbeitsplätzen "sachgerecht", den ökonomischen Belangen den Vorrang einzuräumen. Hinsichtlich der vom BUND* befürchteten Auswirkungen auf die Umwelt räumte die Gemeinde die Möglichkeit "gewisser Gefahren" ein, allerdings seien diese "bei keiner Baumaßnahme völlig auszuschließen". So würden Grundwasserabsenkungen "möglichst" vermieden. Die bereits anläßlich der ersten Anhörung geäußerten BUND*-Bedenken hinsichtlich der mangelnden Wirksamkeit der diesbezüglichen Festsetzungen im Planentwurf zur Biotopvernetzung akzeptierte die Gemeinde nicht. Hinsichtlich des Vorwurfs der geringen Beachtung der Belange des Erholungswesens und des Fremdenverkehrs stellte die Gemeinde fest, daß im Flächennutzungsplan kein Naherholungsgebiet ausgewiesen sei, daß folglich also gar keine solchen Belange existierten.
Der ihr vorgeworfenen unzureichenden Abwägung hielt sie entgegen, daß eine "umfassende Würdigung aller Probleme soweit möglich durchgeführt wurde". Mit dem Bebauungsplan sei ein vernünftiger Kompromiß zwischen allen Belangen gefunden worden. Als Bürge für die ausreichende Berücksichtigung der Grundsätze der Raumordnung wurde ausdrücklich der Regionalverband angeführt, der keine Einwendungen gegen den vorliegenden Bebauungsplan vorgebracht habe[1437].

VII.A.2.5.3.2. Die Stellungnahme des Regionalverbandes

Neben dem BUND* nahm auch der Regionalverband zum zweiten Entwurf Stellung[1438]. Da die Bedenken und Anregungen seiner ersten Stellungnahme noch gar nicht ausführlich behandelt worden waren, mußte er erneut auf seine erste Stellungnahme verweisen. Darüber hinaus unterstützte er weitere Festsetzungen zugunsten der Grünflächen. Seine Forderung nach planungsrechtlicher Festsetzung der

[1433] BUND 1986fU
[1434] GEMEINDE IMMENSTAAD 1986dU
[1435] Diesem Argument zufolge hätte die Gemeinde die Grundsätze gar nicht berücksichtigen müssen.
[1436] KAULE et al. 1986U
[1437] GEMEINDE IMMENSTAAD 1986dU
[1438] REGIONALVERBAND BODENSEE-OBERSCHWABEN 1986bU

abschnittsweisen Errichtung von Parkdecks wurde nach Meinung der Gemeinde "weitestgehend Rechnung getragen"[1439]. Allerdings hatte der Gemeinderat nur eine Änderung der Formulierung beschlossen, ohne daß dies Auswirkungen auf den Inhalt gehabt hätte.

VII.A.2.6. Die "endgültige" Entscheidung

Am 7. August 1986 wurde die Erweiterung der Firma "Dornier" faktisch noch vor Ende des offiziellen Bebauungsplanverfahrens vorentschieden: An diesem Tag stimmte das Regierungspräsidium Tübingen einem interessanterweise von der Stadt Friedrichshafen[1440] gestellten Antrag zu, nördlich der B 31 ungefähr 200 PKW-Stellplätze anzulegen[1441]. Der Antrag war mit der Begründung erfolgt, daß nach einem am 25.7.86 erfolgten Bombenanschlag auf "Dornier" "entsprechende Sicherheitsmaßnahmen" notwendig geworden seien.
In der Gemeinderatssitzung am 22.12.86 wurden die Bedenken und Anregungen der zweiten Auslegung beraten, der Bebauungsplan jedoch ohne wesentliche Änderung als Satzung beschlossen[1442].

Der Bebauungsplan "Dornier 3" wurde mit Schreiben vom 20.2.87 vom zuständigen Landratsamt Bodenseekreis mit unwesentlichen Auflagen genehmigt[1443]. Diese Entscheidung wurde vom Gemeinderat Immenstaad "mit großer Befriedigung" zur Kenntnis genommen. Sprecher aller Fraktionen drückten ihre "tiefe Befriedigung über den glücklichen Abschluß dieses für Immenstaad so wichtigen Wirtschaftsprojektes aus". Ohne die Festsetzung der Gewerbefläche im Flächennutzungsplan 1962, so der Bürgermeister der Gemeinde, Finkbeiner, "wäre die Sache sicher nicht so leicht gewesen"[1444].
Bald nach der Genehmigung des Bebauungsplanes wurde mit dem Bau der Industriehallen begonnen.

VII.A.2.7. Zusammenfassung

Die seit 1962 öffentlich bekannte Planung der Gemeinde Immenstaad für eine Industrieerweiterung der landesweit bedeutsamen Firma "Dornier" im Uferbereich des Bodensees widerspricht wesentlichen Erfordernissen der Raumordnung und wird daher von Regierungspräsidium und Regionalverband opponiert. Ohne konkreten Anlaß können sich diese Behörden lange Zeit nicht mit der Planung beschäftigen.
Eine Vereinbarung auf Ebene der beteiligten Ministerien, aber unter Miteinbeziehung des Regierungspräsidiums Tübingen (inklusive des dortigen Referats "Raumordnung"), bedeutet faktisch bereits 1982 eine Vorentscheidung für die Industrieerweiterung, ohne daß die Öffentlichkeit oder wichtige Träger öffentlicher Belange* zunächst davon erfahren.
Die an diese Vereinbarung gebundenen und für das weitere Verfahren relevanten Behörden Regionalverband und Regierungspräsidium akzeptieren die Industrieerweiterung im Uferbereich. Während der Regionalverband sich auf eine Rolle als "fachlicher Berater" des Regierungspräsidiums beschränkt und sich aus dem eigentlichen Verfahren mehr und mehr zurückzieht, beginnt das Regierungspräsidium gegen die Firmeninteressen vertretende Gemeinde einen verbissenen, behördeninternen "Rückzugskampf" um die Durchsetzung von Planungsauflagen. Kurz vor Beginn der offiziellen Bauleitplanverfahren eröffnet der BUND* als anerkannter Naturschutzverband die öffentliche Diskussion. Erst daraufhin wird die Industrieerweiterung hinsichtlich ihrer überregionalen Auswirkungen diskutiert. So beschäftigen sich u.a. der Landtag von Baden-Württemberg und die Deutsch-Schweizerische Raumordnungskommission mit der "Dornier"-Erweiterung.
Eine Ausweisung der Planungsfläche als "Regionale Freihaltefläche*" durch die Regionalplanung könnte die Industrieerweiterung am vorgesehenen Standort verhindern. Diese Ausweisung unterbleibt aber
a. aufgrund der Ausweisung der Fläche als geplantes Gewerbegebiet im Flächennutzungsplan der Gemeinde Immenstaad und

---

[1439] GEMEINDE IMMENSTAAD 1986dU

[1440] Die Stadt Friedrichshafen unterhält mit der eigentlich dafür zuständigen Gemeinde Immenstaad eine Verwaltungsgemeinschaft. Es ist aber unüblich, daß diese bei ausschließlich eine Gemarkung betreffende Bebauungsplanverfahren in Aktion tritt. Hier ist eher die Demonstration einer Interessengemeinschaft gegenüber dem Regierungspräsidium zu vermuten (Allianzeffekt).

[1441] STADT FRIEDRICHSHAFEN 1986U; REGIERUNGSPRÄSIDIUM TÜBINGEN 1986dU

[1442] SCHWÄBISCHE ZEITUNG vom 20.12.86

[1443] SCHWÄBISCHE ZEITUNG vom 25.2.87

[1444] SCHWÄBISCHE ZEITUNG vom 25.2.87

b. aufgrund angeblich unzureichender fachlicher Schutzgründe, obwohl KAULE, die Bezirksstelle für Naturschutz und der BUND* die Schutzwürdigkeit der betreffenden Fläche am Ende des Verfahrens belegen.
Trotz der vielfältigen öffentlichen Kritik an diesem Projekt wird der Bebauungsplan für die Industrieerweiterung schließlich vom zuständigen Landratsamt genehmigt.
Das Regierungspräsidium erreicht, unterstützt durch die öffentliche Diskussion, neben der Herausnahme der Planung "DO 2" (= "DO 1"-Erweiterung) sowie der Herausnahme der Planung von Stellplätzen entlang der L 207 nur unwesentliche Planungsverbesserungen.

VII.A.2.8. Ausblick

Schon jetzt ist abzusehen, daß die Genehmigung dieser Industrieerweiterung am Bodenseeufer keine Problemlösung, sondern nur eine Problemverlagerung gebracht hat. Wie im Verfahren deutlich wurde, konnten die Behörden keine längerfristigeren Lösungskonzepte für den dargestellten Zielkonflikt entwickeln. So schreibt "Dornier" am 14.4.86 an das Regierungspräsidium Tübingen: "Zusammenfassend ist festzustellen, daß Dornier für die weitere Unternehmensentwicklung über ausreichende Expansionsmöglichkeiten an den Betriebsstandorten verfügen muß". Diese Expansionsmöglichkeiten liegen aber in der Umgebung des Werkes nicht mehr vor, ohne daß die direkt am See gelegene Uferzone mit allen Folgekonflikten bebaut wird. Bald nach Genehmigung des Bebauungsplans hat die Firma "Dornier" den Sprung über das bisher als Ostgrenze des Betriebsgeländes fungierende Naturschutzgebiet "Lipbachmündung" gemacht und das dort gelegene Betriebsgelände der ehemaligen Ziegelei "Grenzhof" aufgekauft[1445]. Wenige hundert Meter vom Seeufer entfernt, in einem Bereich, den KAULE et al. in ihrem Gutachten noch zur Gestaltung als "Ausgleichsmaßnahme" für den Naturschutz mit dem Abriß von Gebäuden und der Öffnung der Bachaue vorgeschlagen haben[1446], soll ein Ausbildungszentrum der Firma entstehen.
Weitere Flächenkäufe der Fa. "Dornier" im Norden von "DO 3", direkt angrenzend an das geplante Naturschutzgebiet "Lipbachsenke", sollen der Firma auch in Zukunft Expansionsmöglichkeiten sichern.

VII.A.3. Fallbeispiel 2: Das Verfahren zur Erweiterung der Firma "Bodenseewerke"

Dieses Fallbeispiel soll, im Unterschied zum Fallbeispiel "Dornier", nur in seinen wesentlichsten Grundzügen dargestellt werden[1447]. Ziel ist es dabei, durch einen Vergleich der beiden Fallbeispiele Gemeinsamkeiten und Unterschiede sowie deren Ursachen herauszuarbeiten, um ggf. zu verallgemeinerungsfähigen Aussagen über den Erfolg der Regionalplanung und die Rolle der Gemeinden zu kommen.
Durch ihre zeitliche Überschneidung haben sich beide Verfahren gegenseitig stark beeinflußt.

Ähnlich wie bei "Dornier" handelt es sich bei den "Bodenseewerken" um eine alteingesessene Firma, die seit 1945 in Überlingen ansässig ist. Auch die Produktionsstruktur ist ähnlich: So stellen die Bodenseewerke Analysegeräte, Regelungs- und Navigationsgeräte her, zu einem größeren Teil für die Rüstung[1448]. Ebenso wie die Firma "Dornier" beschäftigen die Bodenseewerke einen überdurchschnittlich hohen Anteil an Akademikern, unter denen ein entsprechend viele Dienstleistungs- und Informationsbeschäftigte zu vermuten sind.

VII.A.3.1. Vorgeschichte

Im Mai 1985 richtete die in Überlingen in der Uferzone gelegene Firma "Bodenseewerke", mit ca. 2000 Beschäftigten[1449] einer der größten Arbeitgeber der Stadt[1450], an die Stadtverwaltung die Anfrage, ob ein für eine Erweiterung notwendig werdender zusätzlicher Flächenbedarf von ca. 10 ha bis zum Jahre 2000 "im Bereich der Stadt Überlingen als zusammenhängendes Industriegelände nachweisbar" sei[1451].

[1445] Dr. Wiedmann, Oberbürgermeister der Stadt Friedrichshafen, mdl. an den Autor
[1446] KAULE et al. 1986U, S. 20
[1447] Ausführlich vgl. BECK 1989
[1448] STADT ÜBERLINGEN 1986U
[1449] Die Zahl der Beschäftigten bezieht sich nur auf das Werk in Überlingen.
[1450] SÜDKURIER vom 10.2.86
[1451] Zit. nach STADT ÜBERLINGEN 1986U

Diese Anfrage richtete die Firma zusätzlich auch an die Verwaltungen anderer Gemeinden des Bodenseeraumes, darunter auch an Gemeinden im "Hinterland" wie Stockach, Saulgau[1452] und Pfullendorf[1453]. Über die durch die geplante Erweiterung zu erwartende Anzahl neuer Arbeitsplätze machte die Firma zuerst Angaben von 1800 bis 2000, später von 1000[1454]. Der Regionalverband Bodensee-Oberschwaben ging von einer "Verdoppelung der Kapazität" aus[1455]. Die Angabe des Naturschutzverbandes BUND* in der "Dornier"-Pressekonferenz im Januar 1986 von 3000 neuen Stellen, wurde von der Firmenleitung weder bestätigt noch dementiert[1456].
Die Stadtverwaltung Überlingen beantwortete die Anfrage der Firma, indem sie ihr sowohl eine planungsrechtlich bereits gesicherte Erweiterungsfläche von 12 ha in einem geplanten Gewerbegebiet anbot, als auch, als "Übergangslösung", eine kleinere Erweiterungsmöglichkeit im Anschluß an das bestehende Firmengelände in der Uferzone in Aussicht stellte. Diese Fläche war der Firma jedoch zu klein. Auch wurden angesichts der Lage in der Uferzone nach Meinung der Gemeinde "sowohl städteplanerische" als auch "regionalplanerische" Bedenken geäußert[1457].
"Auf Vorschlag der Bodenseewerke" wurde von der Gemeinde Überlingen daraufhin der Standort Andelshofen, ein ebenfalls im Uferbereich gelegener Teilort von Überlingen, untersucht[1458]. Die für eine Erweiterung der Firma nach Meinung der Stadt Überlingen "geeignete" Fläche war allerdings im Regionalplan als "regionale Freihaltefläche*" ausgewiesen. Aus diesem Grund beantragte die Gemeinde im April 1986 beim Innenministerium die Herausnahme dieses Bereichs aus der regionalen Freihaltefläche*[1459] und suchte für diesen Antrag auch die Unterstützung des Regionalverbandes Bodensee-Oberschwaben. Diese Unterstützung wurde jedoch verweigert, der Antrag wurde vom Innenministerium abgelehnt[1460].
Es überrascht, daß sich der Regionalverband daraufhin von der Stadt Überlingen in Zugzwang gebracht sah. Obwohl die Firma noch mitten in Verhandlungen mit Gemeinden im Hinterland stand[1461], also keine direkte Notwendigkeit zu diesem Schritt gegeben war, schlug die Geschäftsstelle des Regionalverbands den "Alternativstandort" Überlingen-"Postbühl" für die Werkserweiterung in Überlingen vor[1462]. Dieser Schritt ist um so weniger verständlich, als dieser Standort als Gewerbegebiet im unmittelbaren Uferbereich wesentlichen Zielvorstellungen der Regionalplanung widersprach: So hatte die Planungsverwaltung erst am 17.4.86 in ihrer Tischvorlage zur Sitzung des Planungsausschusses zum Thema "Gewerbe- und Industriebetriebe am Bodenseeufer"[1463] ausgeführt, daß eine "Verlagerung von Betriebsteilen in das Umland des Bodensees" eine "Entlastung für den Uferbereich" bringe[1464].
Aber auch der Standort "Postbühl" wurde sowohl von der Stadt Überlingen als auch von der Firma abgelehnt[1465], u.a. "aus topographischen Gründen"[1466].

VII.A.3.2. Der Standort "Langäcker"

Am 25.6.86 schlug die Stadt Überlingen den planungsrechtlich nicht gesicherten Standort "Langäcker" vor[1467]. Damit "übersprang" die Gemeinde die eigentlich zur Begrenzung der Ortsbebauung ausgewiesene "Regionale Freihaltefläche*" des Regionalverbandes[1468] und machte dieses Instrument unwirksam. Trotzdem war die Reaktion des Regionalverbandes auf den Vorschlag positiv: Er habe

1452 REGIONALVERBAND BODENSEE-OBERSCHWABEN 1986cU
1453 STADT ÜBERLINGEN 1986U
1454 STADT ÜBERLINGEN 1986U
1455 REGIONALVERBAND BODENSEE-OBERSCHWABEN 1986U
1456 SÜDKURIER vom 10.2.86
1457 STADT ÜBERLINGEN 1986U
1458 REGIONALVERBAND BODENSEE-OBERSCHWABEN 1986cU
1459 STADT ÜBERLINGEN 1986U. Ausnahmegenehmigung nach § 10, Abs. 3 LANDESPLANUNGSGESETZ
1460 REGIONALVERBAND BODENSEE-OBERSCHWABEN 1986cU
1461 So mit den Gemeinden Pfullendorf und Saulgau (SÜDKURIER vom 10.2.86)
1462 REGIONALVERBAND BODENSEE-OBERSCHWABEN 1986cU
1463 In dieser Sitzung wurde auch die "Dornier"-Erweiterung behandelt.
1464 REGIONALVERBAND BODENSEE-OBERSCHWABEN 1986U, S. 7
1465 STADT ÜBERLINGEN 1986U
1466 Der Höhenunterschied auf der betreffenden Fläche beträgt teilweise 30 m.
1467 STADT ÜBERLINGEN 1986U
1468 Auch der Regionalverband war darüber anscheinend verblüfft (REGIONALVERBAND BODENSEE-OBERSCHWABEN 1986cU).

"keine Einwände" und halte diesen Standort für "akzeptabel", wenn "so rasch wie möglich eine großzügige Eingrünung vorgenommen" werde. Das Innenministerium, so die Gemeinde, habe sich "in ähnlicher Richtung geäußert"[1469].
Die Gemeindeverwaltung, die es nach eigenen Angaben "im Interesse der Stadt" für "unbedingt erforderlich" hielt, "alles daran zu setzen, daß die Erweiterungspläne des Bodenseewerks in Überlingen realisiert werden können", schlug deshalb am 25.6.86 vor, die planungsrechtliche Sicherung der Fläche "Langäcker" voranzutreiben[1470]. Der Flächenbedarf der Firma wurde jetzt mit 14 ha angegeben[1471]. Als Begründung für ihr Engagement gab die Verwaltung an erster Stelle an, daß die Firma "schon seit vielen Jahren durchgehend der größte Gewerbesteuerzahler in der Stadt" sei. Schon eine Verlagerung von nur 10% der Beschäftigten in eine andere Gemeinde bedeute 10% weniger Gewerbesteuer, was "schon für sich gesehen ein enormer Ausfall" wäre[1472]. In diese Richtung gingen auch die Argumente des Gemeinderats: So war ein Gemeinderat der CDU für den Standort "Langäcker", weil die Stadt zukünftige Projekte "nicht so gut finanzieren" könne, wenn die zusätzlichen Gewerbesteuereinnahmen wegfielen. Auch die FDP stimmte "im Grundsatz" der Industrieerweiterung zu, da die Arbeitsplätze und die Gewerbesteuereinnahmen "im Vordergrund" stünden. Die durch die Industrieerweiterung zu befürchtende Belastung der Landschaft wurde von einigen wenigen Gemeinderäten angesprochen, was jedoch von seiten des Bürgermeisters Ebersbach mit dem Hinweis zurückgewiesen wurde, daß Überlingen als "zentraler Ort" im Regionalplan ausgewiesen sei und daher noch keine Grenzen der Belastbarkeit aufweise. Außer einem Gemeinderat der Alternativen Liste stimmten nur zwei Gemeinderäte der SPD "aus ökologischen Gründen" gegen die geplante Erweiterung[1473]. Neben der Antragstellung an die Verwaltungsgemeinschaft[1474] auf Änderung des Flächennutzungsplans wurde die Aufstellung eines Bebauungsplanes "Langäcker", die Rodung einer 3 ha großen Waldfläche auf der Planungsfläche und die Bereitstellung einer 4,5 ha großen "Ausgleichsfläche" für die Neuanlage von Wald beschlossen[1475].
Nur wenige Tage später, Anfang Juli 1986, wurde bereits über die Änderung des Flächennutzungsplans entschieden[1476]. Im Parallelverfahren erarbeitete die Gemeinde Überlingen den Bebauungsplanentwurf für das Plangebiet. Dieser sah entlang der L 200 ein Gewerbegebiet von 18 ha Größe vor, wovon 14 ha bebaut werden konnten[1477].

VII.A.3.3. Die Stellungnahmen der Behörden und Verbände im Bauleitplanverfahren "Langäcker"

VII.A.3.3.1. DIE ROLLE DES PRIVATEN NATURSCHUTZES

Ähnlich wie im Falle "Dornier" spielten die Naturschutzverbände auch im Falle "Bodenseewerke" eine wichtige Rolle. In Briefen an die Genehmigungsbehörden (Landratsamt, Regierungspräsidium), an das Innen- und an das Umweltministerium[1478] wandten sie sich gegen die geplante Industrieerweiterung im Uferbereich. Der BUND* begründete dies mit der Unvereinbarkeit der Erweiterung mit den Zielvorstellungen der Raumordnung[1479]. Wie bei der "Dornier"-Erweiterung erreichten die Naturschutzverbände durch diese Vorgehensweise zweierlei:

- eine öffentliche Diskussion, die vor dem Einsatz der Verbände kaum ermöglicht worden war, da die wichtigsten Gemeinderatssitzungen nichtöffentlich stattgefunden hatten, wie ein SPD-Abgeordneter dem Bürgermeister von Überlingen vorwarf[1480];
- die Einbringung der landespolitischen Perspektive und überregionaler Aspekte in die Diskussion. Dies ermöglichte es, den Widerstand der Landesplanung gegenüber den kommunalen Erweiterungsplänen transparenter zu machen und die durch das "Dornier"-

---

1469 Zit. nach STADT ÜBERLINGEN 1986U
1470 STADT ÜBERLINGEN 1986U
1471 Protokoll des Autors von der Gemeinderatssitzung am 25.6.86
1472 STADT ÜBERLINGEN 1986U
1473 Protokoll des Autors von der Gemeinderatssitzung am 25.6.86
1474 Die Stadt Überlingen ist Mitglied der Verwaltungsgemeinschaft "Überlingen - Owingen - Sipplingen".
1475 STADT ÜBERLINGEN 1986U
1476 REGIONALVERBAND BODENSEE-OBERSCHWABEN 1986cU
1477 SÜDKURIER vom 5.7.86
1478 Z.B. Telex des BUND* vom 10.10.86 an das Umweltministerium
1479 SÜDKURIER vom 5.7.86
1480 SÜDKURIER vom 9.7.86

Verfahren entstandene Diskussion über die großräumigen Folgen der Industrieerweiterungen am See noch zu verstärken.
Weil der BUND* die Industrieerweiterungen "Dornier" und "Bodenseewerke" miteinander in Verbindung brachte, wurden die "kumulativen" Effekte der Planungen auf den Bodenseeraum deutlich und veranlaßten die Behörden, auch auf Landesebene, wieder einmal über das Leitbild des Bodenseeraumes nachzudenken. So beschäftigte sich auch der Landtag von Baden-Württemberg im Rahmen einer bereits im Zusammenhang mit der Behandlung der "Dornier"-Erweiterung erwähnten Debatte mit den "Bodenseewerken".
Über diese überregionalen Aspekte hinaus machten die Naturschutzverbände auch spezielle Bedenken gegen die Erweiterungsfläche "Langäcker" geltend. Erste Tier- und Pflanzenaufnahmen hatten ergeben, daß es sich bei dieser Fläche um einen erhaltenswerten Lebensraum seltener Tier- und Pflanzenarten handelte. So wurden u.a. 14 Arten der Roten Liste* und 25 nach der Bundesartenschutzverordnung geschützte Arten aufgefunden[1481].

VII.A.3.3.2. DIE ROLLE DES REGIONALVERBANDS

Nach der bereits erwähnten ersten Beschäftigung des Regionalverbands mit den "Bodenseewerken" in der Sitzung des Planungsausschusses am 17.4.86[1482] befaßte sich dieser am 30.9.86 erneut mit dem Verfahren[1483]: Hierbei ging es um die Stellungnahme zur beabsichtigten Änderung des Flächennutzungsplanes Überlingen als Grundlage für die planungsrechtliche Sicherung der Fläche "Langäcker". Ähnlich wie im Falle "Dornier" übernahm die Verbandsverwaltung wieder die Rolle des "Faktenlieferanten". So betonte sie die Notwendigkeit der überregionalen Besetzung der neuzuschaffenden Arbeitsplätze im geplanten Erweiterungsgebiet, da 50% dieser Stellen in der Forschung gebraucht würden. Zuwanderungen allein für den Bodenseekreis in Höhe von 700 bis 800 Beschäftigten, ein Mehrbedarf von 700 Wohnungen und ca. 1500 neue Einwohner wurden vom Regionalverband als "indirekte" Folgen der geplanten Industrieerweiterung prognostiziert. Doch wie bereits die erste, so zeichnete sich auch diese Tischvorlage durch eine gewisse Unschärfe aus, denn die Zielvorstellungen der Regionalplanung waren nicht genau erkennbar. So betonte der Regionalverband einerseits die Vorteile der Standorte im Hinterland (Pfullendorf und Saulgau), bei deren Inanspruchnahme sich die Wohnungsnachfrage stärker vom See weg verlagern würde. Auch sah er Probleme hinsichtlich des Landschaftsschutzes bei einer Erweiterung im Raum Überlingen auftauchen. Auf der anderen Seite aber verwendete die Verbandsverwaltung Argumente, die für eine Erweiterung im Bodenseeuferbereich sprachen, teilweise sogar aus firmenunternehmerischer Sicht:

- So bleibe der Bodensee ein "unverzichtbares Argument" für die Werbung von für die Bodenseewerke wichtigen "qualifizierten Führungs- und Nachwuchskräften";
- die Firmenerweiterung sei "unabhängig vom Standort" für den Arbeitsmarkt der Region "von großer Bedeutung";
- die Standorte "Langäcker" und "Postbühl" lägen "seeabgewandt";
- für den Standort "Langäcker" liege "keine Beschränkung[1484] vor";
- für eine strukturpolitisch erwünschte Ansiedlung im weiteren Umland" (Raum Pfullendorf - Saulgau) reichten "offensichtlich" die Anreize der regionalen Strukturpolitik nicht aus".

Für die Regionalverbandsverwaltung war die Diskussion, ob eine Erweiterung im Hinterland oder in Überlingen erfolgen sollte, bereits gelaufen. Zwar hatte sie Bedenken gegen den Standort "Langäcker", da dieser "in der freien Landschaft" jenseits einer regionalen Freihaltefläche* liege[1485]. Dafür favorisierte sie die von ihr selbst vorgeschlagene Fläche "Postbühl": So lautete der Beschlußvorschlag für den Planungsausschuß, daß der Regionalverband die Stadt Überlingen bitten solle, den Standort "Postbühl" als Alternative zu dem mit Bedenken des Regionalverbandes behafteten Standort "Langäcker" "nochmals eingehend zu prüfen". An diesem Beschlußvorschlag änderte auch der Zusatz im zweiten Teil nichts, in dem man die Landesregierung um "Prüfung" bat, wie die "Möglichkeiten zur Förderung qualifizierter Arbeitsplätze im strukturschwachen ländlichen Raum verbessert werden"

[1481] LÖDERBUSCH, W. (o.J.) (1986)
[1482] REGIONALVERBAND BODENSEE-OBERSCHWABEN 1986U
[1483] REGIONALVERBAND BODENSEE-OBERSCHWABEN 1986cU
[1484] REGIONALVERBAND BODENSEE-OBERSCHWABEN 1986cU. Gemeint war wohl eine Beschränkung in Form eines "Zieles der Raumordnung und Landesplanung".
[1485] REGIONALVERBAND BODENSEE-OBERSCHWABEN 1986cU, S. 8

könnten, "auch anhand der aktuellen Beispiele in der Bodenseeregion"[1486]. Nicht einmal dieser Beschlußantrag wurde jedoch vom kommunal dominierten Planungsausschuß angenommen: Mit 11:2 Stimmen bei 4 Enthaltungen[1487] beschloß der Planungsausschuß, gegen die Fläche "Langäcker" in Überlingen "keine Einwände" zu erheben[1488]. Die Gegenstimmen und die Enthaltungen kamen von seiten der Kommunalpolitiker aus dem "Hinterland", die sich teilweise über die Presse für eine Verlagerung der Bodenseewerke in den Raum Pfullendorf einsetzten[1489]. So meinte der Bürgermeister der im Hinterland gelegenen Stadt Sigmaringen, Kuhn, daß er in einer Zustimmung zur geplanten Industrieerweiterung alle im Regionalplan "feierlich festgelegten Grundsätze" zur Siedlungsentwicklung nicht beachtet sehe. Allerdings relativierte er, "so sehr ich den Überlingern das auch gönne", was das Verständnis für die kommunale Interessenlage des Kollegen aus Überlingen deutlich macht[1490]. Die gegen die "Bodenseewerke"-Planung sprechenden Argumente von Kuhn wurden jedoch vom Verbandsvorsitzenden Wäschle mit der Begründung zurückgewiesen, daß es sich bei dieser Industrieerweiterung um eine nach dem Regionalplan zugelassene "Eigenentwicklung*" handle[1491].

VII.A.3.3.3. DIE BESONDERE ROLLE DES REGIERUNGSPRÄSIDIUMS

Die wichtige Funktion des Regierungspräsidiums als "Hüter der Landesplanung" im Verfahren "Dornier" zeigte sich in diesem Verfahren noch deutlicher.
Im Oktober 1986 wurde bekannt, daß das Regierungspräsidium mit seiner Stellungnahme zur Flächennutzungsplanänderung noch "zögere"[1492]. Wohl mit Rückendeckung durch das Innenministerium[1493], mit Unterstützung seitens des privaten Naturschutzes[1494] und mit Hilfe der Öffentlichkeitsarbeit der Gemeinden des Hinterlandes bereitete das Regierungspräsidium seine Stellungnahme als umfangreiche "raumplanerische Beurteilung" vor[1495]. Schon zuvor teilte die Behörde mit, daß es sowohl aus "strukturellen" als auch aus "ökologischen" Gründen "erhebliche Bedenken" gegen den Standort Langäcker habe[1496]. Am 30.1.87 legte das Regierungspräsidium die bescheiden als "Stellungnahme"[1497] bezeichnete 44seitige "raumstrukturelle Bewertung" verschiedener, auch aus der Sicht der "Bodenseewerke"[1498] in Frage kommender Erweiterungsorte vor[1499].

VII.A.3.3.4. DIE "RAUMSTRUKTURELLE BEWERTUNG" DES REGIERUNGSPRÄSIDIUMS

VII.A.3.3.4.1. Vorstellung

Den Anlaß für die Erarbeitung der "raumstrukturellen Bewertung" sah das Regierungspräsidium im Grundsatz des Landesentwicklungsplanes, wonach die Siedlungsentwicklung im Bodenseeraum auf geeignete seeabgewandte Standorte im Uferbereich, vorrangig aber in die im unmittelbar angrenzenden

---

1486 REGIONALVERBAND BODENSEE-OBERSCHWABEN 1986cU

1487 Der Überlinger Bürgermeister Ebersbach ist ebenfalls Mitglied der Verbandsversammlung und des Planungsausschusses. Zwar konnte er an der "weiteren" Beratung und an der Abstimmung wegen Befangenheit nicht teilnehmen, an den Vorberatungen arbeitete er jedoch mit.

1488 SÜDKURIER vom 1.10.86

1489 So der Pfullendorfer Bürgermeister Dinter in der SÜDWESTPRESSE vom 15.10.86

1490 SÜDKURIER vom 1.10.86

1491 Zit. nach SÜDKURIER vom 1.10.86

1492 SCHWÄBISCHE ZEITUNG vom 17.10.86

1493 Einen Hinweis darauf enthält ein Schreiben des Innenministeriums an den BUND* vom 26.11.86. Hierin ist das Innenministerium der Meinung, daß der Standort Langäcker "...nicht besonders günstig zu bewerten" sei und eine Verlagerung ins strukturell schwächere Hinterland Vorteile biete (INNENMINISTERIUM BADEN-WÜRTTEMBERG 1986U).

1494 Der private Naturschutz begrüßte die Entscheidung des Regierungspräsidenten (zit. nach SCHWÄBISCHE ZEITUNG vom 17.10.86).

1495 SCHWÄBISCHE ZEITUNG vom 17.11.86

1496 Zit. nach SÜDKURIER vom 25.10.86

1497 Diese Bezeichung gibt aber treffend die rechtliche Bedeutung der Ausarbeitung wieder. Wie ein weiteres Verfahren um einen Golfplatz im Bodenseekreis gezeigt hat, stellt eine "raumplanerische Beurteilung" der höheren Landesplanungsbehörde kein Ziel der Raumordnung und Landesplanung dar (KRUSCHWITZ mdl. an den Autor 12.4.91).

1498 Zuvor fanden drei Gespräche zwischen Regierungspräsidium und den "Bodenseewerken" statt (BECK 1989, S. 14).

1499 REGIERUNGSPRÄSIDIUM 1987aU, auch für das Folgende

Hinterland gelegenen zentralen Orte zu lenken sei. Dieser Grundsatz verlange vom Regierungspräsidium als höhere Raumordnungsbehörde, "die weitere Siedlungsentwicklung im Bodenseegebiet sorgfältig zu prüfen".
Die "raumstrukturelle Bewertung" des Regierungspräsidiums umfaßte im wesentlichen eine Untersuchung der für die "Bodenseewerke" in Frage kommenden Erweiterungsstandorte in Überlingen, aber auch in Gemeinden des Hinterlandes (Überlingen: "Langäcker", Salem: "Am Riedweg", Pfullendorf: "Mittlerer Weg"). Interessanterweise kam der Standort in Pfullendorf für die "Bodenseewerke" auch aus Sicht der Firma ausdrücklich als Erweiterungsstandort "in Betracht". Um den aus dieser Sicht optimalen Standort herauszufinden, bewertete das Regierungspräsidium den "Erfüllungsgrad" der Betriebsanforderungen an den Erweiterungsstandort anhand einer Strukturuntersuchung der in Frage kommenden Gemeinden. Dazu wurde die jeweilige zentralörtliche Funktion (u.a. Infrastrukturausstattung) sowie die Bevölkerungs-, Erwerbs- und Siedlungsstruktur untersucht. Hierzu ging die Behörde auch auf die Förderungsmöglichkeiten durch das Land ein, die in Pfullendorf mit Abstand am besten waren. Auch die abzusehenden Auswirkungen der Betriebserweiterung wurden für alle Standorte untersucht. In einer Analyse kam das Regierungspräsidium u.a. im Sachbereich "Naturschutz und Landschaftspflege" zum Schluß, daß die "Landschaft im Raum Pfullendorf von geringerer ökologischer Wertigkeit sei als in Salem oder Überlingen"[1500].
Hinsichtlich der Auswirkungen der Planung auf die jeweilige Siedlungsstruktur ging die Behörde davon aus, daß in den Verwaltungsräumen Pfullendorf und Überlingen die zuwandernden Personen im Rahmen der Ausweisungen der genehmigten Flächennutzungspläne untergebracht werden könnten. Insgesamt stellte das Regierungspräsidium fest, daß es in keinem der untersuchten Räume zu einer den Verdichtungsräumen vergleichbaren Siedlungsflächennutzung kommen würde. Dabei ging sie aber auf eventuelle "Summeneffekte", z.B. durch die zeitgleich ablaufende "Dornier"-Erweiterung, nicht ein.
Als Ergebnis hielt das Regierungspräsidium fest, daß die Anforderungen seitens der Firma in Überlingen "in höherem Maße" erfüllt würden als in den anderen beiden Untersuchungsgemeinden. Allerdings spreche die weitere Berücksichtigung der Auswirkungen der Betriebserweiterung, u.a. auf die Umwelt, für einen Standort in Pfullendorf. Überlingen stehe nach Pfullendorf an zweiter, Salem an dritter Stelle[1501].

VII.A.3.3.4.2. Bewertung

Das Instrument "Raumstrukturelle Beurteilung" eignet sich als Entscheidungsgrundlage für die politischen Entscheidungsträger, da sie Für und Wider einer Industrieerweiterung nachvollziehbar darstellt und bewertet. Allerdings enthält das Gutachten nur relative Bewertungen, was den Unterschied zu einer Umweltverträglichkeitsprüfung verdeutlicht, welche auch die "Nullvariante" zu untersuchen hätte.
Leider war die rechtliche Verbindlichkeit der "raumstrukturellen Bewertung" für die Stadt Überlingen vom juristischen Standpunkt aus gesehen gleich Null, da das Regierungspräsidium bei diesem Verfahrensstand nur eine Stellungnahme zum Flächennutzungsplanänderungsverfahren als "Träger öffentlicher Belange*" abgeben konnte[1502]. Trotzdem hatte das Gutachten de facto eine gewisse Bedeutung. Zum einen war das Regierungspräsidium auch Genehmigungsbehörde für die Bauleitplanung der Stadt Überlingen und besaß damit Sanktionspotential, um die Durchsetzung seines Standpunktes gegenüber der Gemeinde zumindest zu versuchen. Zum anderen aber, und dieser Aspekt ist besonders im Hinblick auf die Funktion des Regionalverbandes von Wichtigkeit, wurden die Zielkonflikte erstmals für die Öffentlichkeit nachvollziehbar und unbeschönigt dargelegt und bewertet.

[1500] REGIERUNGSPRÄSIDIUM 1987aU, S. 23. So wurden als Indikatoren für die "ökologische Wertigkeit" der Landschaft angegeben:
- Vorhandene Schutzgebiete in % der jeweiligen Gemeindefläche;
- Zahl der bestehenden Naturdenkmale;
- Zahl der kartierten Feuchtgebiete
- Dichte der kartierten Biotope und schützenswerten Arten.
Nach Erfahrungen des Autors geben diese längst nicht flächendeckend vorhandenen Daten eher die Qualität der Bearbeitung durch Naturschutzfachleute wieder als die ökologische Qualität der Landschaft. Immerhin ist eine geringere ökologische Empfindlichkeit des Pfullendorfer Raumes im Vergleich zum Uferbereich plausibel.

[1501] REGIERUNGSPRÄSIDIUM 1987aU, S. 29

[1502] REGIERUNGSPRÄSIDIUM 1987aU, S. 5

VII.A.3.3.4.3. Reaktionen

Obwohl die Firma "Bodenseewerke" selbst im Vorverfahren Verhandlungen u.a. mit der Gemeinde Pfullendorf geführt hatte, drohte sie jetzt als Reaktion auf die Veröffentlichung der "raumstrukturellen Beurteilung" mit der Abwanderung nach München[1503], eine Strategie, wie sie auch von der Firma "Dornier" erfolgreich verfolgt wurde.
Natürlich kritisierte auch die Gemeinde Überlingen die Ergebnisse des Gutachtens heftig[1504]. Sie verfolgte weiterhin ihre "Langäcker"-Planung, die sie erst nach einer weiteren abschlägigen Stellungnahme des Regierungspräsidiums sowie des entsprechenden Rates eines von der Stadt eingeschaltenen Rechtsanwaltsbüros aufgab[1505].
Die Naturschutzverbände und der SPD-Landtagsabgeordnete Dr. Precht begrüßten dagegen die Ausarbeitung des Regierungspräsidiums, während Teile der CDU als Reaktion die Abschaffung der Regierungspräsidien forderten[1506].

VII.A.3.4. Der landespolitische Aspekt der Industrieerweiterung und die Folgen

Als Reaktion auf die Veröffentlichung der "raumstrukturellen Bewertung" brachte der CDU-Landtagsabgeordnete Arnegger eine Anfrage im baden-württembergischen Landtag ein[1507]. In dieser bezeichnete er den westlichen Teil des Bodenseekreises, entgegen den Festsetzungen des Landesentwicklungsplanes, als "strukturschwach". Er kritisierte das Regierungspräsidium, das hier die Neuschaffung von Arbeitsplätzen verhindere[1508]. Der Staatssekretär des Innenministeriums, Ruder, beantwortete diese Anfrage. Er betonte, daß eine Verlagerung der Erweiterungspotentiale "nicht verordnet" werden würde[1509].
Diese Initiative brachte die Bodenseewerkeerweiterung auf die Ebene der Landespolitik.
Wohl aufgrund der Drohung der Firma mit einer Abwanderung und im Hinblick auf die bevorstehenden Landtagswahlen schaltete sich daraufhin Lothar Späth, damals Ministerpräsident des Landes Baden-Württemberg, öffentlich in das Verfahren ein. Anläßlich einer Rede in Markdorf sagte er, daß er "in der Seele zutiefst verletzt" wäre, wenn ein solches Unternehmen aus dem High-Tech-Bereich aus dem Bodenseekreis und damit aus Baden-Württemberg abgezogen würde[1510]. Eine solche Entwicklung würde er nicht kampflos hinnehmen. Er erinnerte in diesem Zusammenhang an sein erfolgreiches Engagement im Falle "Dornier"[1511]. Der Behördenweg sei ein Weg, es gebe aber noch einen anderen.

Als Folge dieses Sich-"Einschaltens" des Ministerpräsidenten wurden erneute Verhandlungen seitens des Landes mit der Gemeinde Überlingen aufgenommen[1512]. So fand am 29.2.88 eine "Besprechung der Standortprobleme der Bodenseewerke im Staatsministerium unter dem Vorsitz des Ministerpräsidenten" statt[1513]. Als Ergebnis dieser Verhandlungen mußte das Regierungspräsidium, entgegen den Ergebnissen seiner eigenen "raumstrukturellen Bewertung", der Stadt Überlingen signalisieren, daß andere im Flächennutzungsplan ausgewiesene Gewerbegebiete als der Erweiterungsstandort

---

1503 SÜDKURIER vom 8.1.88

1504 SCHWÄBISCHE ZEITUNG vom 7.2.87

1505 BECK 1989, S. 16

1506 SCHWÄBISCHE ZEITUNG vom 11.3.87. Dies zeigt, daß auch die Regierungspräsidien, ähnlich den Regionalverbänden, von Zeit zu Zeit durch "Auflösungsforderungen" unter Druck gesetzt werden; im Vergleich zu den Forderungen an die Regionalverbände sind diese allerdings weit weniger erfolgversprechend.

1507 SCHWÄBISCHE ZEITUNG vom 5.2.87

1508 SCHWÄBISCHE ZEITUNG vom 5.2.87

1509 Zit. nach SÜDKURIER vom 14.2.87. Der Innenminister selbst, Schlee, ist gleichzeitig CDU-Landtagsabgeordneter im Wahlkreis Sigmaringen - Pfullendorf und konnte daher aus Befangenheitsgründen nicht an der öffentlichen Diskussion teilnehmen.

1510 Zit. nach SÜDKURIER vom 13.1.88. Eine Notwendigkeit für diese Alternative war, wie bereits ausgeführt, nicht gegeben.

1511 Zit. nach SÜDKURIER vom 13.1.88. Dies kann nur heißen, daß die auf der Ebene der Ministerialdirigenten getroffene Entscheidung über ein grundsätzliches "Ja" zur "Dornier"-Erweiterung in Absprache mit dem Ministerpräsidenten getroffen wurde.

1512 PR Überlingen vom 21.1.88

1513 REGIONALVERBAND BODENSEE-OBERSCHWABEN 1988U, S. 4

"Langäcker" für die Bodenseewerke akzeptiert würden[1514].
Im Rahmen dieser politisch ausgehandelten Vorgaben und "unter Federführung des Regionalverbandes" wurde daraufhin eine "vergleichende Standortanalyse mit abschließender Synopse" möglicher Standorte im Raum Überlingen vorgenommen[1515]. Nach internen Koordinierungsgesprächen unter Beteiligung von Regionalverband, Innenministerium, Regierungspräsidium, Landratsamt und der BNL* akzeptierte die Stadt Überlingen den von der Mehrzahl der Beteiligten und vom Regionalverband bereits schon einmal in die Diskussion gebrachten Standort "Postbühl"[1516]. Der Regionalverband würdigte diesen Standort u.a. als:

- am schnellsten realisierbar;
- im Raum Überlingen die geringsten städtebaulichen und landschaftlichen Probleme verursachend;
- seeabgewandt liegend[1517].

Für diesen Standort wurde daraufhin von der Gemeinde ein Bebauungsplan aufgestellt, der später von der zuständigen Behörde (Landratsamt) auch genehmigt wurde.

VII.A.4. Ergebnisse und Diskussion der Fallbeispiele "Dornier" und "Bodenseewerke"

Anhand einer Analyse der eingesetzten Instrumente und Strategien sowie der Rolle der am Verfahren beteiligten Akteure soll versucht werden, vor allem folgende Fragen zu beantworten:

- Mit welchem Erfolg hat sich die Landes- bzw. Regionalplanung in den Verfahren durchgesetzt?
- Haben sich dabei die Instrumente der Raumordnung als ausreichend erwiesen?
- Wie haben sich die wichtigsten Vertreter der Landes- und Regionalplanung hinsichtlich der Wahl ihrer Instrumente und Durchsetzungsstrategien verhalten?
- Welches waren die "Gegner" der Landes- und Regionalplanung in den Implementationsphasen der Verfahren und welches waren ihre Motive?
- Welche Rolle spielen die Gemeinden? Sind sie "Umsetzer" oder Gegner der Landes- und Regionalplanung?
- Hätten die Industrieerweiterungen im Uferbereich durch die Anwendung anderer Instrumente oder anderer Durchsetzungsstrategien verhindert werden können?

VII.A.4.1. Allgemeine Unterschiede und Gemeinsamkeiten der beiden Verfahren

Beide Verfahren ähneln sich in der "Dimension" sehr. Bei beiden Firmen handelt es sich um "High-Tech"-Unternehmen mit einem überdurchschnittlich hohen Anteil an Akademikern und Beschäftigten des tertiären und quartären Sektors. Der Produktionssektor umfaßt zu einem großen Teil Rüstungsgüter. Die zwei Firmen haben aus diesen und anderen Gründen "landespolitische Bedeutung". Beide Verfahren haben sich gegenseitig beeinflußt. Da die wichtigste Verfahrensphase (Vorbereitung der offiziellen Bauleitplanung) beim "Dornier"-Verfahren zeitlich vor derjenigen beim Verfahren um die "Bodenseewerke" lag, war die Beeinflussung des "Bodenseewerke"-Verfahrens durch "Dornier" besonders stark. Diese schwer meßbaren Beeinflussungen ergeben sich aus der Beteiligung der gleichen Akteure an beiden Verfahren. Gemeinsam ist auch der besonders zum Verfahrensende hin stark zunehmende Zeitdruck. Dieser Zeitdruck fällt aber genau in die Phase, in der Zielkonflikte transparent werden und Aushandlungsprozesse in ihre intensive Phase treten. Aus diesen und anderen Gründen werden die weitreichenden und den meisten Erfordernissen der Raumordnung widersprechenden Entscheidungen zum grundsätzlichen "Ja" zu den Industrieerweiterungen am Bodensee ohne ausreichende Entscheidungsgrundlagen wie qualifizierte und umfassende Umweltverträglichkeitsprüfungen getroffen.
Die wichtigsten Phasen beider Verfahren liegen im Bereich der internen Vorverhandlungen, wo weder alle Fachbehörden noch die Öffentlichkeit ausreichend beteiligt sind. Die zur Entscheidungsfindung eigentlich vorgesehenen offiziellen Bauleitplanverfahren mit ihren Abwägungsprozeduren werden zum Vollzugsinstrument der bereits vorliegenden Verhandlungsergebnisse reduziert. Beide Verfahren werden letztendlich gegen die fachlichen Argumente der untergeordneten Behörden von der

---

1514 SÜDWESTPRESSE vom 22.1.88
1515 REGIONALVERBAND BODENSEE-OBERSCHWABEN 1988U, S. 3
1516 REGIONALVERBAND BODENSEE-OBERSCHWABEN 1988U, S. 4
1517 REGIONALVERBAND BODENSEE-OBERSCHWABEN 1988U, S. 7

Landespolitik "politisch" entschieden. In beiden Verfahren wird die "landespolitische Schiene" zum erfolgreichsten Durchsetzungsinstrument der Gemeinden und der Industrie.
Beide Verfahren zeigen auch eine ähnliche Interessenkonstellation der Akteure. Auf der einen Seite steht die jeweilige Gemeinde in nahezu identischer Interessengleichheit mit der jeweiligen Firma, auf der anderen Seite stehen die "fachlichen Teile" der Landes- und Regionalplanung (Regierungspräsidium und Innenministerium). Die Grenze der Interessen geht quer durch den kommunalverbandlich organisierten Regionalverband: Während die fachlich arbeitende Verbandsverwaltung eher auf der Interessenseite von Regierungspräsidium und Innenministerium steht, neigen die Mitglieder der kommunal dominierten Verbandsgremien eher zur Interessenseite der Gemeinden[1518]. Dabei geht die gemeinsame Interessenlage oft über alle Parteiengrenzen hinweg. Interessenunterschiede treten eher innerhalb der einzelnen Hierarchieebenen der Parteien auf. So bewerten die jeweiligen Landesvertretungen der Parteien aus ihrer überlokalen Perspektive aus die Industrieerweiterungen am See in Nuancen anders als die jeweilige kommunale Parteiebene.
Die wichtigsten Unterschiede der beiden Verfahren ergeben sich aus der Länge der "Vorgeschichte". Während diese im Falle "Dornier" bis in die sechziger Jahre zurückreicht, beginnt das Verfahren um die "Bodenseewerke" erst 1985. So fehlen hier, im Gegensatz zum "Dornier-Verfahren", die Akteure bindende "Altlasten"-Entscheidungen (im Falle "Dornier" z.B. die Ausweisung der Planungsfläche im Flächennutzungsplan von 1962).

VII.A.4.2. Die Rolle des Regionalverbands

Soweit aus den untersuchten Unterlagen ersichtlich, beschäftigt sich der Regionalverband relativ spät mit der "Dornier-Erweiterung". Obwohl die Planung bereits seit 1962 bekannt ist, bringt erst das Flächennutzungsplanverfahren des Verwaltungsraums Friedrichshafen einen Anlaß, Bedenken zu erheben.
Trotz zahlreicher Indizien wird die Schutzwürdigkeit der Erweiterungsfläche "Dornier" als "Regionale Freihaltefläche*" von den zuständigen Behörden in dieser Phase nicht überprüft, wohl, weil Durchsetzungschancen gegenüber der Genmeinde nicht gesehen werden.
In beiden Verfahren wird der Regionalverband nicht in der Bedarfs-, sondern erst in der Standortplanung eingeschaltet. Immerhin findet im Fall "Bodenseewerke" die Einschaltung durch den Ausnahmeantrag der Gemeinde Überlingen zur Überbauung einer regionalen Freihaltefläche* relativ früh statt.
Notwendig wäre es gewesen, frühzeitig den Kontakt mit den Firmen zu suchen, um in einem frühen Planungsstadium (Stadium der Bedarfsplanung) bereits gemeinsam ein längerfristiges Konzept für die Firmen hinsichtlich ihrer Standortplanung zu erarbeiten. In beiden Fällen zeigt sich das Fehlen eines solchen Konzeptes, so daß ein Aufbrechen der bei den nächsten Erweiterungen noch stärker werdenden Zielkonflikte abzusehen ist.
In beiden Verfahren zieht sich der Regionalverband weitgehend aus der Umsetzungsphase zurück und beschränkt seine Rolle auf die Tätigkeit als "Informationsstelle". Teilweise übernimmt er dabei Aufgaben, die eigentlich der planenden Gemeinde (z.B. im Rahmen einer Umweltverträglichkeitsprüfung) zufallen müßten, wie die Prognose der Auswirkungen der "Dornier"-Planung auf den Arbeitsmarkt und die Siedlungsstruktur am See. Durch diese Rollenannahme erfolgt eine Arbeitsteilung mit dem Regierungspräsidium: Der Regionalverband wird zum "fachlichen Berater", auch für das Regierungspräsidium, während das Regierungspräsidium als "Umsetzer" gegenüber den Gemeinden tätig wird. Indikatoren für diese Aufgabenteilung sind die knapp gehaltenen Stellungnahmen des Regionalverbandes zu den Bauleitplänen im "Dornier"-Verfahren sowie die Tatsache, daß wesentliche Punkte dieses zu den wichtigsten Umsetzungsinstrumenten gehörenden Instruments bei der Behandlung der Bedenken und Anregungen nach der ersten Auslegung des Bebauungsplanentwurfs im Verfahren "Dornier" schlichtweg vergessen wurden. Der einzige vom Regionalverband in seiner "Dornier"-Stellungnahme geforderte Punkt, die planungsrechtliche Festsetzung von Parkhäusern, wurde von der Gemeinde Immenstaad nicht umgesetzt. Die geringe Bedeutung der Stellungnahmen spiegelt auch die Wichtigkeit der Vorverhandlungen wider. Aufgrund der daraus resultierenden Bindungen kann der Regionalverband sein Instrument kaum mehr nutzen. Dieser Rückzug aus der Umsetzung widerspricht in gewissem Maße der Feststellung von BENZ,

[1518] Die Interessen von Gemeinderat und -verwaltung sind dabei größtenteils identisch, was wohl an der integrierenden Funktion des Bürgermeisters liegt. Eine von manchen Autoren angenommene "fachliche Verbundenheit" von Regionalverbands- und Gemeindeverwaltung konnte bei den untersuchten Fällen nicht festgestellt werden.

wonach der Regionalverband Bodensee-Oberschwaben aufgrund seines Informationsvorsprungs eine "zentrale Position" im "innerorganisatorischen Netzwerk" innehabe, mit der er seine mangelnde Entscheidungsbefugnisse ausgleichen könne[1519]. Im Verfahren um die "Bodenseewerke" sieht BECK den Regionalverband als "wichtigen und einflußreichen Akteur"[1520], zählt ihn aber nicht zu den wichtigsten.

Die Gründe für die fehlende Umsetzungsorientierung liegen hauptsächlich an der unklaren Interessenlage des Regionalverbandes. Einerseits müßte die Verbandsverwaltung auf eine möglichst vollständige Umsetzung der von ihr wesentlich mitverfaßten "Erfordernisse" hinsichtlich der Uferentlastung drängen. Andererseits ist sie durch die Dimension der beiden Verfahren und die damit verbundene starke Politisierung eng an die Vorgaben der kommunal dominierten Verbandsgremien gebunden. Dieser Konflikt wird an den Tischvorlagen deutlich, wie sie die Verbandsverwaltung für die Sitzungen der Verbandsgremien zu den Industrieerweiterungen ausgearbeitet hat. Diese Tischvorlagen sind bis zur Unkenntlichkeit der Interessenlage "entschärft", was die Dokumentationskraft der regionalplanerischen Zielvorstellungen betrifft. Ohne Bewertung stehen Für und Wider nebeneinander, tendenzmäßig wird aber die kommunale Interessenlage bevorzugt. Diese Unschärfe hat zur Konsequenz, daß sowohl Gegner als auch Befürworter der Industrieerweiterungen sich in den Vorlagen bestätigt finden: So zitieren Gegner daraus die gegen eine Erweiterung in unmittelbarer Nähe des Sees sprechenden "Grundsätze" und die Folgeprognosen (z.B. Höhe der zu erwartenden Zuwanderungen), während die kommunalen Befürworter ebenfalls Argumente finden können, z.B. hinsichtlich der Notwendigkeit der Schaffung von Arbeitsplätzen im Uferbereich. Nicht umsonst bewertete die Stadt Überlingen die Tischvorlage des Regionalverbandes vom 17.4.86 zu den Industrieerweiterungen als "gut fundiert" und merkte an, daß "vieles auch für die Erweiterung des Bodenseewerks zu verwenden" sei[1521].

Die starke Abhängigkeit von der kommunalen Seite hat zwei Gründe: Zum einen wird die Verbandsverwaltung von der kommunal dominierten Verbandsversammlung kontrolliert. Zum anderen muß die Verwaltung "gute Beziehungen" zu den Gemeinden aufrechterhalten, um auch in Zukunft ihre Informations- und Überzeugungsinstrumente anwenden zu können (Zwang zum Konsens). Nur so ist auch zu erklären, wieso die Verbandsverwaltung im "Bodenseewerke"-Verfahren den im Uferbereich liegenden Standort "Postbühl" vorschlägt, während das Regierungspräsidium seine raumstrukturelle Bewertung erarbeitet und eine Verlagerung ins Hinterland empfiehlt. Sogar das Innenministerium artikuliert die Erfordernisse der Regionalplanung deutlicher und plädiert noch vor der Erarbeitung der "raumstrukturellen Bewertung" für eine Erweiterung im Hinterland. Diese unscharfe Position des Regionalverbandes hat wichtige Nachteile. So fällt er als Unterstützer für das Regierungspräsidium und das Innenministerium als "Anwalt der Landes- und Regionalplanung" in der Auseinandersetzung faktisch aus (fehlender Allianz- und Klientelbildungseffekt). Das Regierungspräsidium ist gezwungen, die Rolle des "Umsetzers" allein zu übernehmen. Der Vorteil der frühzeitigen Festlegung auf den Standort "Postbühl" ist, daß der "beste aller Uferbereichsstandorte" frühzeitig in die Diskussion gebracht wird.

Die zahlreichen, auch vom Regionalverband in seinem Regionalplan aufgestellten "Grundsätze der Raumordnung" erweisen sich hinsichtlich ihres eigentlichen Zwecks (als von der Gemeinde abzuwägende Zielvorstellungen der Regionalplanung) größtenteils als ziemlich bedeutungslos. Gründe dafür sind u.a. ihre Widersprüchlichkeit, ihre unzureichende Operationalisierbarkeit sowie die fehlenden Sanktionsmöglichkeiten bei einer eventuell unzureichenden Berücksichtigung. Die Interessenfixierung der Gemeinden auf die jeweilige Industrieerweiterung ist zu stark, als daß eine sachgerechte Abwägung dieser Grundsätze stattfinden könnte. Trotzdem haben die "Grundsätze" eine gewisse Bedeutung, wie die Verfahren zeigen. So fungieren sie zum einen bei der öffentlichen Diskussion über die Industrieerweiterungen als wichtige Dokumentation landes- und regionalplanerischer Erfordernisse für die Öffentlichkeit. In dieser Funktion helfen sie, trotz oder gerade wegen ihrer Widersprüchlichkeit, die Zielkonflikte transparent zu machen. Zum anderen fungieren sie als "politische Meinungserklärung" der Landesplanung gegenüber der Gemeinde. Diese "Meinungserklärung" zingt die Gemeinde Immenstaad im Zusammenhang mit der öffentlichen Diskussion immerhin zu einer Verzögerung des Planungsverfahrens und zu Teilverbesserungen der Planung im Sinne der Landes- bzw. Regionalplanung (Aufgabe der Teilplanung "DO 1-Erweiterung" bzw. "DO 2" und der Stellplätze im westlichen Bereich des Planungsgebiets "DO 3"). Im Falle "Bodenseewerke" ermöglichten die "Grundsätze" dem Regierungspräsidium die Erarbeitung der

---

1519 BENZ 1982, S. 151

1520 BECK 1989, S. 9

1521 STADT ÜBERLINGEN 1986U

"raumstrukturellen Bewertung". Daß solche "politischen Meinungserklärungen" von seiten der Landesbehörden von den Gemeinden zumindest zum Teil ernst genommen werden müssen, hängt sicher mit dem Sanktionspotential zusammen, welches die Landesbehörden gegenüber den Gemeinden besitzen: der unausgesprochene Wink mit Verzögerungen bzw. mit Aussetzen der Plangenehmigung oder die Möglichkeit, kostspielige Planauflagen festzusetzen. Dieses Sanktionspotential zwingt auch die Gemeinden bis zu einem gewissen Grad zur Konsenssuche.
In beiden Verfahren zeigt sich die Wichtigkeit des regionalplanerischen Instruments "Regionale Freihaltefläche*" als ein die Bebauung verhinderndes "Ziel der Raumordnung und Landesplanung" (Restriktivplanung). Es kann somit als eines der wichtigsten Planelemente des Regionalplans bezeichnet werden. Im Fall "Dornier" wäre eine Ausweisung des Planungsgebiets als "regionale Freihaltefläche*" das einzige Instrument des Regionalverbandes gewesen, welches die Industrieerweiterung im Uferbereich hätte verhindern können[1522]. Im Gegensatz zur Meinung der Gemeinde Immenstaad, die behauptete, eine Ausweisung des Planungsgebietes als regionale Freihaltefläche* sei aufgrund der Vorbelastungen nicht in Frage gekommen, weist das KAULE-Gutachten deutlich auf die Schutzwürdigkeit der Planungsfläche hin. Die Ausweisung einer ökologisch begründeten regionalen Freihaltefläche* hätte folglich ohne weiteres durch entsprechende Untersuchungen fundiert begründet werden können. Auch eine frühzeitige Beteiligung privater Naturschutzverbände, z.B. im Rahmen einer qualifizierten Umweltverträglicheitsprüfung, hätte auf die Schutzwürdigkeit der Fläche frühzeitig aufmerksam gemacht. Wahrscheinlich ist jedoch, daß die Verbandsverwaltung dieses Instrument von vorneherein als politisch nicht durchsetzbar gegenüber den kommunal dominierten Verbandsgremien eingestuft und daher gar nicht in das Verfahren eingebracht hat.
Auch im Falle "Bodenseewerke" ist das Instrument "Regionale Freihaltefläche*" von großer Wichtigkeit: Es führt dazu, daß der Regionalverband frühzeitig in das Verfahren mit einbezogen wird und trägt wesentlich zum Aufgeben des in einer regionalen Freihaltefläche* liegenden Standorts "Andelshofen" durch die Stadt Überlingen bei. Die Stärke des Instruments zeigt sich daran, daß sogar das als kommunenfreundlich geltende Innenministerium der Stadt Überlingen eine Ausnahmegenehmigung zur Überbauung der Freihaltefläche verweigert, wohl um keine Präzedenzfälle zu schaffen. Allerdings zeigen sich im Falle "Bodenseewerke" Fehler der Ausweisung. Ein "Überspringen" der zur "negativen" Siedlungssteuerung eingesetzten Freihaltefläche* durch die Gemeinde (Standort "Langäcker") hätte nicht möglich sein dürfen. Aufgrund der großen Bedeutung der "Regionalen Freihalteflächen*" ist vor einer "Aufweichung" dieses Instruments, etwa in Form der Erlaubnis "regionalplanerisch erwünschter" Eingriffe (z.B. für den Bau von Ortsrandparkplätzen) unbedingt zu warnen.
Nach VOGLER war der ausschlaggebende Faktor für die Entscheidung "Pro Erweiterung", auch für den Regionalverband, die Drohung der Firmen, bei Nichtgenehmigung nach München abzuwandern[1523].

VII.A.4.3. Die Rolle des Regierungspräsidiums

Das Regierungspräsidium entwickelt sich in beiden Verfahren, nach den Gemeinden, zum wichtigsten Akteur[1524]. Aufgrund der äußeren Zwänge der Regionalplanung und gemäß den gesetzlichen Vorgaben übernimmt die Behörde die Funktion des "Anwalts der Regional- und Landesplanung". Obwohl es im Falle "Dornier" außer höherer Raumordnungsbehörde nur Genehmigungsbehörde für den Flächennutzungsplan, nicht aber für den Bebauungsplan ist (hier ist das Landratsamt Genehmigungsbehörde), übernimmt die Behörde in diesem Fallbeispiel die Durchsetzung landes- und regionalplanerischer Erfordernisse gegenüber der Gemeinde in Form von "Koordinationsgesprächen". Die Rechtsgrundlage dafür bietet u.a. der Bodenseeerlaß. Für diese Rolle benutzt es die vom Regionalverband zur Verfügung gestellten Sachargumente, wie z.B. die gegen eine Erweiterung am Standort sprechenden "Grundsätze der Raumordnung". Obwohl zu Beginn des Verfahrens das Regierungspräsidium massive Vorbehalte gegenüber der Erweiterung am Standort äußert, muß die Behörde von der auf Landesebene getroffenen positiven Entscheidung zur Industrieerweiterung als Handlungsrahmen ausgehen. Als Folge davon beschränkt sie sich auf die Durchsetzung von Planungsauflagen und -verbesserungen gegenüber der Gemeinde Immenstaad. Vergleicht man allerdings die verbindlichen Festsetzungen des genehmigten Bebauungsplans mit den während des Verfahrens vom Regierungspräsidium geforderten Planungsverbesserungen (z.B. Festsetzung des Baus von flächensparenden Tiefgaragen), so zeigt sich, daß sich das Regierungspräsidium trotz zahlreicher

---

[1522] Dies ist auch die Meinung des ehemaligen Verbandsdirektors VOGLER (Interview).
[1523] VOGLER (Interview)
[1524] BECK weist der Behörde im Verfahren um die "Bodenseewerke" sogar die "zentrale Rolle" zu (BECK 1989, S. 48).

Koordinationsbesprechungen und, aufgrund des starken Widerstandes der Gemeinde, trotz zäher Verhandlungen meist nicht durchsetzen konnte. Eine Ausnahme hiervon bildet höchstens der Wegfall der Planungsfläche "DO 2" (="DO 1"-Erweiterung) und der Stellplätze. Die geringe Durchsetzungskraft des Regierungspräsidiums kann auf die starke Stellung der Gemeinde zurückgeführt werden. Diese hatte aufgrund der landespolitischen Vorgaben die wichtigsten Sanktionspotentiale des Regierungspräsidiums (Genehmigungsverweigerung oder -aussetzung) nicht mehr zu fürchten.
Im Falle "Bodenseewerke" besaß das Regierungspräsidium andere Handlungsmöglichkeiten, da, im Unterschied zum Fall "Dornier", keine bindenden übergeordneten Entscheidungen vorlagen. Diese Handlungsoption, und die während des "Dornier"-Verfahrens gemachten Erfahrungen, veranlaßte die Behörde, ihre "raumstrukturelle Bewertung" zu erarbeiten. Ein solches Vorgehen stellt einen völlig neuartigen Versuch zur Durchsetzung landes- und regionalplanerischer Belange gegenüber den Gemeinden dar. Doch auch im Fall "Bodenseewerke" kann sich das Regierungspräsidium nicht durchsetzen, da wie im Fall "Dornier" auch, die Landespolitik in Form ihres höchsten Repräsentanten, des Ministerpräsidenten, eingreift und alle Bemühungen der Mittelbehörde zunichte macht.
Die Durchsetzungsfähigkeit gegenüber den Gemeinden muß in beiden Fällen insgesamt als "begrenzt" bewertet werden.
Es ist zu vermuten, daß auch das Innenministerium eine wichtige Rolle in beiden Verfahren übernimmt. Allerdings schlägt sie sich nicht in den untersuchten Akten nieder.

VII.A.4.4. Die Rolle der Gemeinden

In beiden Fallbeispielen wird die egoistische Interessenvertretung der beiden Gemeinden deutlich: Sie setzen alles daran, die gegen die landes- und regionalplanerischen Grundsätze gerichteten Industrieerweiterungen auf ihrem Gemeindegebiet durchzusetzen. Ein Regionalbewußtsein ist kaum feststellbar: Keine der Gemeinden ist bereit, auf die Industrieerweiterung zugunsten strukturschwacher Räume (z.B. Pfullendorf) im Hinterland des Bodensees zu verzichten. Statt eines Regionalbewußtseins deuten Äußerungen in den Verbandsgremien eher auf eine "kommunale Kumpanei" hin: So "gönnt" der Bürgermeister von Sigmaringen, Kuhn, anläßlich einer Sitzung des Planungsausschusses der Stadt Überlingen die Industrieerweiterung, entgegen fachlicher Bedenken.
Diese Interessenkonstellation geht über die Parteigrenzen hinweg[1525], was auch in den Abstimmungen über die Projekte in den Gemeinderäten deutlich wird. Erstaunlich ist, mit welchem Engagement besonders die Bürgermeister, in Baden-Württemberg aufgrund ihrer Doppelfunktion als Oberhaupt des Gemeinderats und Chef der Verwaltung besonders mächtig, sich für die Industrieerweiterungen stark machen. Eine vollständige, teilweise sogar übermäßige Interessengleichheit der Gemeinden mit der jeweiligen Firma ist ein Indikator dafür[1526]. Diese Interessenlage führt dazu, die Industrieerweiterung von vornherein als beschlossene Sache zu behandeln. Aufgrund dieser Parteilichkeit der Gemeinde ist sie zu einer unabhängigen Abwägung aller Belange nicht mehr fähig. Zur Durchsetzung ihrer Interessen stellt sich die Gemeinde gegen Erfordernisse der Landes- und Regionalplanung, die gegen eine Industrieerweiterung auf den geplanten Flächen sprechen.
Die Gemeinden versuchen ihre Interessen u.a. durch folgende Strategien durchzusetzen:

- Durch ihre Hinweise auf die Eilbedürftigkeit der Entscheidungen wollen sie Druck auf die Genehmigungsbehörden ausüben.
- Bei den zahlreichen Koordinationsbesprechungen fällt auf, daß immer die gleichen Punkte zur Verhandlung anstehen, ja, daß die Gemeinde Immenstaad sogar bereits getroffene Vereinbarungen, wie die Festsetzung des Verbots jeglicher Nutzung der nordöstlichen privaten Grünfläche, noch nicht umgesetzt hat. Diese "Konsensverweigerung" ist für die hauptsächlich mit Informations- und Überzeugungsinstrumenten arbeitenden Genehmigungsbehörden ein fast unlösbares Problem.
- Durch lokale und regionale Pressearbeit verstehen es die Gemeinden, sich eine Klientel zu schaffen, die ebenfalls zur Druckverstärkung auf die Genehmigungsbehörden beiträgt. Demgegenüber verfügen die Behörden der Landes- und Regionalplanung vor Ort nur über die Klientel der Naturschutzverbände.

Deutlich werden auch die Ursachen der hart vertretenen Gemeindeinteressen: Es gilt, die

---

1525 Der Bürgermeister der Gemeinde Immenstaad Finkbeiner ist Mitglied der CDU, der Bürgermeister von Überlingen Ebersbach ist Mitglied der SPD.

1526 Auch BECK stellt beim Fallbeispiel "Bodenseewerke" bei der Problemsicht der Stadt Überlingen "große Ähnlichkeiten mit der Sicht des Unternehmens" fest (BECK 1987, S. 41).

Gewerbesteuereinnahmen zu erhalten bzw. zu vermehren. So ist "Dornier" für die Gemeinde Immenstaad der größte Gewerbesteuerzahler und die größte Einnahmequelle[1527]. Allein 1985 zahlte die Firma ca. 4 Mill DM Gewerbesteuer an die Gemeinde Immenstaad[1528]. Auch die Firma "Bodenseewerke" ist für die Gemeinde Überlingen der größte Gewerbesteuerzahler.

Abbildung 10: Gewerbesteuern netto in DM/Einwohner - 1987

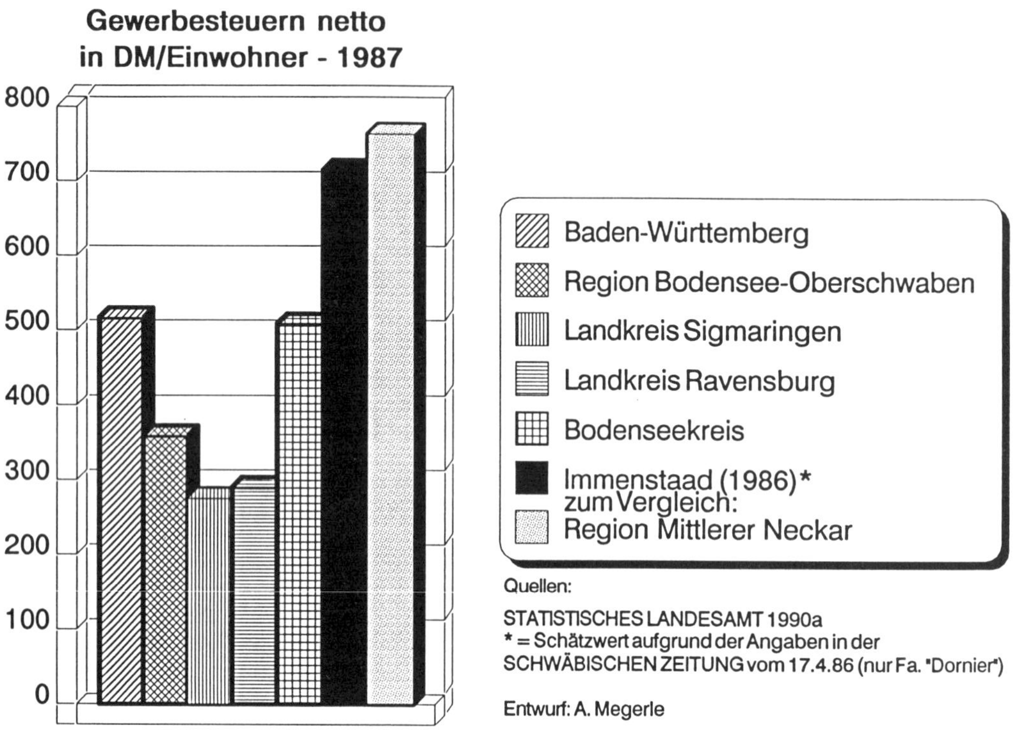

Bedeutung haben die Firmen für die Gemeinden auch als Arbeitgeber. So erfolgten in den letzten Jahren bei der Firma "Dornier" jeweils mehrere hundert Neueinstellungen im Jahr[1529]. Äußeres Zeichen für die örtliche Bedeutung der Firma "Dornier" ist die Tatsache, daß drei Mitglieder des Gemeinderats der Firma angehören[1530]. Dabei dürfte die Interessenbildung der Gemeinde von zwei Faktoren beeinflußt werden: Zum einen steht das Schaffen von Arbeitsplätzen an der Spitze der politischen Werte und Ziele und bestimmt damit die Stärke des Gemeindeprestiges und die Haltung der Gemeindepolitiker im Hinblick auf ihre Wiederwahl. Zum anderen sind die Identifikationspotentiale der Bürger einer Gemeinde mit "ihrer" Firma zu nennen. Ein eng damit zusammenhängendes Motiv für die Gemeinden ist das weitere Wachstum. So weist die Südwestpresse darauf hin, daß die Stadt Überlingen zur Zeit knapp unter 20000 Einwohner aufweist. Wird diese Grenze überschritten, steigt der Bürgermeister zum Oberbürgermeister einer "großen Kreisstadt" auf, was sein Prestige bedeutend

---

1527 S. Abbildung 10
1528 SCHWÄBISCHE ZEITUNG vom 17.4.86
1529 SCHWÄBISCHE ZEITUNG vom 10.12.86
1530 SÜDKURIER vom 20.10.86

erhöht[1531].

VII.A.4.5. Die Rolle der Naturschutzverbände

Aufgrund ihrer guten Kontakte zu den Massenmedien spielen die Naturschutzverbände für die Landes- und Regionalplanung in beiden Verfahren eine wichtige Rolle als wirkungsvolle Klientel vor Ort. Durch Informations- und Überzeugungsstrategien versuchen sie, ihre mit der Landes- und Regionalplanung größtenteils übereinstimmenden Interessen durchzusetzen. Dazu infomieren und mobilisieren sie auch die von den Gemeinden nur unzureichend beteiligte Bevölkerung, was sie teilweise in die Rolle eines "Umsetzers" landes- und regionalplanerischer Erfordernisse versetzt. Durch das Aufzeigen der "reinen" landes- und regionalplanerischen Positionen tragen sie zu einer besseren Transparenz der Zielkonflikte bei und erleichtern die Arbeit der auf Kompromisse angewiesenen Behörden "Regionalverband" und "Regierungspräsidium". Eine herausragende Rolle spielen die Verbände bei der Thematisierung der als "non-decisions" unerwünschten Naturschutzbelange ("non-thematics").

VII.A.4.6. Die Rolle der Landesministerien, insbesondere des Innenministeriums

Obwohl das Land Baden-Württemberg an der Firma "Dornier" beteiligt ist, kann sich die Raumordnung im Innenministerium bei der entscheidenden Besprechung 1982 nicht durchsetzen. Diese Besprechung macht den Stellenwert der Landesplanung in der Hierarchie der verschiedenen landespolitischen Teilbereiche deutlich: Sie steht klar hinter den Erforderissen der Wirtschaftspolitik. Das "Ja" der Landespolitik zum Erweiterungsprojekt kam zu früh. Zum einen erfolgte es vor der Erhebung aller entscheidungsrelevanten Belange. Zum anderen band es die Fach- und Genehmigungsbehörden in ihrer Arbeit dermaßen, daß sie in ihrer Verhandlungsposition gegenüber der Gemeinde äußerst geschwächt waren. Obwohl das Eingreifen der Wirtschaftskräfte innerhalb der Landespolitik (Staatsministerium und Wirtschaftsministerium) bei landesweit bedeutsamen "Renommierfirmen" wie der Firma "Dornier" erklärbar ist, kommt es in der Verwaltungspraxis einem "in den Rücken Fallen" der eigenen Fach- und Genehmigungsbehörden nahe.
Im Fall "Bodenseewerke" erhält das Innenministerium zu Beginn des Verfahrens eine wichtige Funktion, als die Stadt Überlingen um Befreiung von der Freihaltepflicht einer im Planungsbereich ausgewiesenen regionalen Freihaltefläche* nachsucht. Eine Ausnahme wird vom Innenministerium nicht genehmigt, was die Wichtigkeit dieses Instrumentes zeigt.

VII.A.4.7. Die Rolle des Ministerpräsidenten

Auch bei der in beiden Verfahren wichtigen Rolle des Ministerpräsidenten wird der Stellenwert der Landesplanung innerhalb der verschiedenen Politikbereiche deutlich. In beiden Fällen überspielt die "wirtschaftspolitische Vorgabe" die fachliche raumordnerische Auseinandersetzung mit den Projekten. Besonders deutlich wird dies im Fall "Bodenseewerke", wo die Entscheidung des Ministerpräsidenten die vom Regierungspräsidium erarbeitete "raumstrukturelle Bewertung" faktisch wertlos macht. In diesem Fall ist nachgewiesen, daß die Entscheidung des Ministerpräsidenten (Genehmigung der Industrieerweiterung in Überlingen) ohne Notwendigkeit erfolgte: Sogar die Firma selbst stand in Verhandlungen mit der Gemeinde Pfullendorf, so daß eine landesplanerisch erwünschte Erweiterung im Hinterland auch von seiten der Firma offenbar möglich gewesen wäre.

VII.A.4.8. Die Rolle der Firmen

Die Strategie der Firmen ist auf eine Erweiterung am Standort gerichtet. Dies stellt aus ihrer Sicht die einfachste Lösung dar. Obwohl die Firma "Dornier" zum Teil im Besitz des Landes Baden-Württemberg ist, macht sie bis zuletzt keine genauen Angaben über die für eine raumordnerische Beurteilung wichtige Zahl der neuzuschaffenden Arbeitsplätze. Selbst bei Firmen wie "Dornier" lassen sich die gegen eine Erweiterung gerichteten Firmenargumente kaum von den Fachbehörden über eine Plausibilitätskontrolle hinaus überprüfen.
Beide Firmen versuchen ihre Interessen durch die Drohung mit Abwanderung nach München durchzusetzen, obwohl dies zumindest im Fall "Bodenseewerke" nicht plausibel ist. Trotzdem scheinen die Politiker ihre Entscheidungen im wesentlichen auf solchen Argumenten aufzubauen.

1531 SÜDWESTPRESSE vom 1.10.86. Das höhere Einkommen eines Oberbürgermeisters ist hierbei wohl nachrangig.

VII.A.4.9. Die Deutsch-Schweizerische Raumordnungskommission

Die Deutsch-Schweizerische Raumordnungskommission spielt nur im "Dornier"-Verfahren eine Rolle. Sie wird dabei von den Naturschutzverbänden angerufen, die in der Industrieerweiterung einen Verstoß gegen das "Internationale Leitbild" sehen. Auch das Leitbild zeigt jedoch die typischen Probleme einer mit hohen Konsenskosten zustandegekommenen Dokumentation von Zielvorstellungen der Landes- und Regionalplanung. Die Widersprüche sind so stark, daß sich sowohl Gegner (BUND*) als auch Befürworter (CDU-Landtagsfraktion) der Industrieerweiterung auf das "Leitbild" berufen können. Ein solches Leitbild eignet sich nicht als Instrument zur Durchsetzung von Erfordernissen der Landes- und Regionalplanung. Daß die "Dornier"-Erweiterung in einem "Bericht zur Umsetzung" des Leitbilds gar noch als Erfolg der Landesplanung bezeichnet wird, grenzt an Zweckoptimismus.

VII.A.4.10. Die Rolle der Medien

Die große Einflußkraft der Medien auf die Planungsprozesse der Kommunen*, sei sie direkt oder indirekt (durch "'Nicht-Thematisierung' von Problemen und eine positive Zentrierung der Berichterstattung auf lokalpolitische Eliten"[1532] inklusive ihrer Entlastungswirkung für das politisch-administrative System[1533]), wurde zumindest für die Lokal- und Regionalpresse bestätigt. Ob es sich dabei um eine Art "struktureller Gewalt" handelt[1534], mag dahingestellt sein. Sicher aber weist die vollkommen einseitige Berichterstattung auf große Defizite im Bereich der lokalen Kommunikation hin[1535].

VII.A.5. Zusammenfassung und Gesamtergebnis von Teil 1 der Ursachen-Wirkungs-Analyse

Die Methode des Fallbeispiels ermöglicht in der Evaluierung das Aufdecken von Ursachen und Wirkungszusammenhängen durch "tiefenscharfes Eindringen". Bei den untersuchten Fallbeispielen zum Sachbereich "Industrieerweiterung" können trotz der Einschränkungen (z.B. "Dimension" der untersuchten Fälle und Problem der Verallgemeinerbarkeit, Problem der Quellenlage etc.) folgende Ergebnisse und Schlußfolgerungen festgehalten werden:

- Die Umsetzung wichtiger Erfordernisse der Landes- und Regionalplanung scheitert an der Interessenlage der Gemeinden[1536].
- Die Hauptursache dafür ist auf der Ebene der Regionalplanung die kommunalverbandliche Organisation und die kommunale Planungshoheit.
- Aus diesem Grund wird das Regierungspräsidium als "Umsetzer" von Erfordernissen der Landes- und Regionalplanung initiativ. Obwohl diese Behörde im Unterschied zum Regionalverband über Sanktionspotentiale verfügt, muß auch sie bei der Durchsetzung der landes- und regionalplanerischen Vorgaben größtenteils vor den Gemeinden kapitulieren. Der wichtigste Grund dafür liegt im Bereich der Landespolitik, die sich als mächtigster Behördenakteur in die Verfahren einschaltet und sich dem Interessenverbund "Gemeinde - Industriebetrieb" anschließt.
  Die zahlreich postulierten Erfordernisse der Raumordnung nach Entlastung des Uferbereichs des Bodensees werden damit, zumindest was die meßbare Umsetzung betrifft, zur Makulatur.
- Der aufgrund der "Dimension" der Fallbeispiele besonders kraß zu Tage tretende Interessenskonflikt zwischen Landes- und Regionalplanung einer- und Gemeinden andererseits verhindert die Anwendung der üblichen Konsens- und Informationsstrategien. Die Gemeinde ist kein Umsetzer, sondern Widersacher der Landes- und Regionalplanung.

Schon hier zeichnet sich ab, daß zur Lösung der Umsetzungsprobleme in solchen Fällen nur zwei Wege in Frage kommen:

- die Interessenlage der Gemeinden wird geändert und derjenigen der Landes- und Regionalplanung angenähert oder
- die Landes- und Regionalplanung erhält bessere Durchsetzungsinstrumente gegenüber den

---

[1532] HIPPLER/KUTTEROFF 1982, S. 231
[1533] HIPPLER/KUTTEROFF 1982, S. 231
[1534] HIPPLER/KUTTEROFF 1982, S. 247
[1535] Vgl. HIPPLER/KUTTEROFF 1982, S. 249
[1536] Für den Fall Bodenseewerke vgl. auch BECK 1987, S. 66

Gemeinden und/oder eine von den Gemeinden unabhängigere Organisationsform.

VII.B. Instrument Stellungnahme: Untersuchung des Berücksichtigungsgrades regionalplanerischer Aussagen durch die Gemeinden

VII.B.1. Allgemeines zum Instrument "Stellungnahme"

Stellungnahmen sind typische "prozedurale" Instrumente[1537] und gehören zu den wichtigsten Instrumenten der Regionalplanung, da sie für die Umsetzung der regionalplanerischen Erfordernisse im konkreten Planungsfall sorgen sollen. Dieser Bereich sollte sich besonders gut für Evaluierungen eignen, da hier die unterste und am stärksten konkretisierte Stufe in der "Konkretisierungshierarchie"[1538] der Erfordernisse der Regionalplanung im Mittelpunkt steht. Nur auf dieser Stufe ist eine Zielerreichungskontrolle erst vollständig möglich. Darüber hinaus eignen sich Stellungnahmen vorzüglich zur Demonstration von "Planung als Prozeß", die oft im Vorgriff auf einen fertigen Raumordnungsplan stattfindet. Damit können sie Hinweise auf Wirkungszusammenhänge und Ursachen der bisher festgestellten unzureichenden Umsetzung regionalplanerischer Erfordernisse liefern.
Bei der Stellungnahme sind zwei verschiedene Typen zu unterscheiden:

- Typ 1: Die Stellungnahme als reines Informations- und Überzeugungsinstrument im Vorfeld der eigentlichen rechtsverbindlichen Umsetzungsverfahren. Dieses Instrument wird, neben anderen, zur "informellen Beeinflussung im Rahmen des kleinen Dienstwegs"[1539] benutzt und gehört damit zu den typischen Instrumenten eines "kooperativen Planungsverständnisses"[1540]. Allerdings findet diese "Frühkoordination" oft ihre Grenzen an der unzureichenden personellen und fachlichen Kapazität der Raumordnungsbehörden[1541]. Zwar sind die Konflikte bei der offiziellen Anhörung aufgrund solcher "Vorverhandlungen" oft schon ausgeräumt[1542], allerdings häufig auf Kosten notwendiger "Planungstransparenz". So können die im Vorfeld nicht beteiligten Akteure oder die Öffentlichkeit kaum mehr zwischen den "ursprünglichen" und den "Kompromiß"-Erfordernissen der Regionalplanung unterscheiden. Die Beteiligung der Regionalverbände in "Vorverfahren" hängt auch vom Willen des Planungsträgers (also z.B. von der Gemeinde) ab. Eine rechtliche Grundlage bietet § 24 Abs. 2 des Landesplanungsgesetzes[1543].
Dieser Typ wird im folgenden als "Vorfeld"-Stellungnahme bezeichnet.
- Typ 2: Die Stellungnahme, die während eines Umsetzungsverfahrens vom Regionalverband als Träger öffentlicher Belange* abgegeben wird (Rechtliche Grundlagen: § 4, Abs. 1 und § 3 Abs. 2 Baugesetzbuch[1544]). Dieser Typ, im folgenden als "Hauptstellungnahme" bezeichnet, hat im Unterschied zu Typ 1 neben den Informations- und Überzeugungsfunktionen auch meistens eine wichtige rechtliche Funktion: Die Bedenken und Anregungen dieser Stellungnahme müssen in den Abwägungsprozeß des Umsetzungsverfahrens (z.B. der Bauleitplanung der Gemeinde) einfließen. Die einzige "Vollzugskontrolle" für diese Abwägung ist bei diesem Beispiel aber nur die Hinzuziehung der Stellungnahmen des Regionalverbands durch die Genehmigungsbehörde des Bauleitplans bei der Genehmigung[1545]. Das Gewicht des Regionalverbands als Träger öffentlicher Belange* bei der Anhörung wird meistens als gering eingestuft[1546], was durch die Fallbeispiele "Dornier" und "Bodenseewerke" bestätigt wird.

[1537] KONUKIEWITZ bezeichnet als "prozedural" Instrumente, die während eines Verfahrens durch die Beteiligung der Raumordnungsbehörden angewendet werden (KONUKIEWITZ 1985, S. 50).

[1538] EICHNER et al. 1979, S. 45

[1539] MÄDING 1987, S. 53

[1540] FÜRST 1987, S. 4

[1541] SCHARPF/SCHNABEL 1978, S. 39

[1542] TESDORPF 1980, S. 105

[1543] LANDESPLANUNGSGESETZ 1983 G

[1544] BAUGESETZBUCH 1986 G

[1545] MÄDING 1987, S. 53

[1546] Z.B. TESDORPF 1978, S. 144; DADOU et al. berichten von 2 Bebauungsplänen, die trotz der Bedenken des Regionalverbands vom Regierungspräsidium genehmigt wurden (DADOU et al. 1979, S. 92).

Die rechtsverbindliche Stellungnahme konkretisiert oft die im Vorfeld der eigentlichen Beteiligung im Rahmen des "kleinen Dienstwegs" gegenüber Gemeindeverwaltungen und –vertretungen abgesteckten Positionen und erzielten Verhandlungsergebnisse[1547]. Wichtige Vorgabe für die Stellungnahmen baden - württembergischer Regionalverbände ist, daß sie, nach Meinung der Landesregierung, "zumindest" vom Planungsausschuß "gebilligt" sein müssen[1548]. In der Praxis befassen sich die Planungsausschüsse jedoch nur mit wichtigeren Stellungnahmen[1549]. Zwar ist es richtig, daß die Verbandsgremien die Sachkonzepte der Verwaltung "meist nur marginal" ändern[1550]. Allerdings braucht dies weniger ein Indikator für eine "Diktatur der Verbandsverwaltung" sein als ein Hinweis darauf, daß die Verbandsverwaltung bereits im Vorfeld ihre Stellungnahmen "politisiert", d.h. so formuliert, daß ihr keine Hindernisse durch die sich als "Interessengremien für die Kreis- und Kommunalpolitik"[1551] verstehenden Verbandsgremien in den Weg gelegt werden (Opportunitätsabwägung). Durch diesen Vorgang können fachliche Stellungnahmen bereits stark verändert werden.

Wie die Fallbeispiele "Dornier" und "Bodenseewerke" zeigen, muß EMENLAUER und LANG rechtgegeben werden: In der Praxis erfolgt die Beteiligung der Regionalverbände erst sehr spät. Die Beteiligung erschöpft sich häufig in der Abfassung "unwirksamer, aber aufwendiger" Stellungnahmen[1552], worüber sich der im Vorfeld nicht Beteiligte dann oft wundert.

Anders als bei der Beteiligung bei Fachplanungen*[1553] ist die Beteiligung der Regionalverbände bei Bauleitplanverfahren in Baden-Württemberg kaum geregelt. Nur so ist z.B. zu erklären, daß in den von DADOU et al. untersuchten Fällen in einer Gemeinde der Regionalverband noch nie als Träger öffentlicher Belange* beteiligt wurde[1554].

Der eigentliche Erfolg der Stellungnahmen liegt nicht in ihrer rechtlichen Funktion, sondern in ihrer Bedeutung als Überzeugungs- und Informationsinstrument[1555]. Diese Feststellung wird von DADOU et al. gestützt, die meinen, daß die "Stellungnahme nur in ihrer Verbindung mit anderen Einflußmitteln eine Wirkung auf die Bauleitplanung haben kann"[1556].

Insgesamt wird die Stellungnahme als eines der wichtigsten Instrumente der Regionalplanung angesehen[1557], sogar als der "entscheidende Faktor für die Wirksamkeit der Regionalplanung"[1558]. Leider entzieht sie sich gerne der empirischen Forschung[1559]. Wohl aus diesem Grund widmen sich nur wenige Untersuchungen diesem wichtigen Aspekt der Regionalplanung[1560].

VII.B.2. Die Bedeutung der Stellungnahme für den Regionalverband "Bodensee-Oberschwaben"

Die Feststellung von BENZ, wonach das Planungsverständnis des Regionalverbandes Bodensee-Oberschwaben "mehr auf die raumordnerische Koordination im Einzelfall" als auf eine perfektionistische Steuerung durch Planwerke abgestellt sei, wurde schon bestätigt. Die Stellungnahme als eines der wenigen Instrumente der Regionalplanung, mit denen sie diese "Einzelfallkoordinierung" zu realisieren versuchen kann, ist also für die Regionalplanung der hier untersuchten Region von herausragender Bedeutung, ja zusammen mit "Vorfeld"-Besprechungen das wichtigste Instrument

---

1547 FÜRST 1987, S. 4

1548 LANDTAG VON BADEN-WÜRTTEMBERG 1976; MÄDING 1987, S. 53

1549 SAEGER, Interview

1550 MÄDING 1987, S. 51

1551 MÄDING 1987, S. 50

1552 EMENLAUER/LANG 1980, S. 174

1553 Hierzu gibt es vom Land herausgegebene "Beteiligungsgrundsätze" (LANDESREGIERUNG von Baden-Württemberg 1979 G).

1554 DADOU et al. 1979, S. 93

1555 KISTENMACHER/LÄPKE 1980, S. 36

1556 DADOU et al. 1979, S. 76

1557 Z.B. MÄDING 1987, S. 53

1558 KISTENMACHER/EBERLE 1980, S. 660

1559 MÄDING 1987, S. 53

1560 Vgl. z.B. Studien von BENZ und DADOU et al.

überhaupt[1561]. In diesem Zusammenhang wurden Stellungnahmen des Regionalverbands zu Flächennutzungsplanverfahren ausgewählt, da, nach VOGLER, die konfliktreichsten Auseinandersetzungen zwischen Regionalverband und den Gemeinden im Rahmen solcher Verfahren stattfanden[1562].

VII.B.3. Das Beteiligungsverfahren

Am Anfang der Stellungnahme steht die Beteiligung der Regionalplanung an den kommunalen Planungen. Normalerweise wird der Regionalverband im Rahmen der Beteiligung der Träger öffentlicher Belange* an den Bauleitplanverfahren beteiligt ("Hauptstellungnahme"). U.a. aufgrund der Vertrauensstellung des Verbandsdirektors besprachen manche Gemeinden außerhalb bzw. im Vorfeld der offiziellen Beteiligung ihre Planungen mit dem Regionalverband.

VII.B.4. Zur Untersuchungsmethodik und zu den Fallbeispielen

Ergänzend zu den bereits untersuchten Fallbeispielen sollen diejenigen Stellungnahmen des Regionalverbandes Bodensee-Oberschwaben untersucht werden, die im Rahmen der Flächennutzungsplanverfahren für die Verwaltungsräume Friedrichshafen und Meersburg[1563] in schriftlicher Form abgegeben wurden und in den Akten des Regionalverbandes eingesehen werden konnten. Als "verfahrensorientierte" Vorgehensweise wurden sowohl "Vorfeld"-Stellungnahmen als auch "Hauptstellungnahmen" ausgewertet.

Hauptziel dieses Untersuchungsteils ist es, den Grad der Umsetzung der in den Stellungnahmen niedergelegten regionalplanerischen Bedenken und Anregungen durch die Verwaltung bzw. die Gemeinderäte des jeweiligen Verwaltungsraums qualitativ zu bestimmen.
Die Untersuchung ähnelt daher derjenigen von DADOU et al. Allerdings wurde Wert auf eine weniger formale Auswertungsmethode gelegt, da bei Testauswertungen mit einem formalen Auswertebogen[1564] folgende Probleme auftauchten:
Aufgrund der häufigen Kompromißformeln sind die "reinen" Erfordernisse der Regionalplanung in den Stellungnahmen nur sehr schwer durch formale Auswertungen erschließbar. So teilten DADOU et al. die Bedenken der von ihnen untersuchten Regionalverbände in "leicht" und "schwer" ein, ohne aber ihre Einteilungskriterien mitzuteilen. Im vorliegenden Untersuchungsansatz wurde, im Unterschied zu DADOU et al., nicht nur der Berücksichtigungsgrad der Stellungnahmen erfaßt, sondern auch Wert auf die Inhalte gelegt. Nur allzuoft konnten so z.B. "Kompromißformeln" eindeutig bestimmt werden. Trotzdem bleibt häufig unklar, welche Position der Regionalverband vertritt und welchen Umsetzungsanspruch er an die geäußerten Bedenken, Anregungen oder Vorschläge stellt. In manchen Fällen konnte aufgrund des gewählten verfahrensorientierten Ansatzes diese Position bestimmt werden, z.B. durch Auswertung anderer Quellen wie Gemeinderatsprotokollen. Dieser Ansatz erfaßt daneben auch die Verfahrensdynamik, was z.B. Aufschlüsse über Wirkungszusammenhänge erlaubte, etwa hinsichtlich der Rolle anderer Akteure. Auch konnte dabei festgestellt werden, daß sich im Laufe der über einige Jahre dauernden Verfahren die Inhalte und Prioritäten der regionalplanerischen Leitbilder oft änderten, was natürlich Auswirkungen auf die Beurteilung der Umsetzung hat.
Bei der Wirkungsanalyse unterscheiden DADOU et al. drei verschiedene Wirkungstypen:

a. - Wirkungen auf den Inhalt des jeweiligen Bauleitplans
b. - Wirkungen auf den Zeitablauf des Verfahrens
c. - Wirkungen auf die Einstellung der Gemeinden zur Raumordnung[1565].

Im Rahmen dieser Arbeit werden primär die Wirkungen auf den Inhalt des Bauleitplans bestimmt. Aufgrund der Erhebungsprobleme (die "Bewußtseinsbildung" erfolgt eher längerfristig) und der Indikatorbildung können zu Punkt c kaum Angaben gemacht werden. Als Beispiel für einen Indikator zur Bewußtseinsbildung geben DADOU et al. die Einsicht einer Gemeinde an, daß zur besseren

---

1561 Angesichts mangelnder anderer Umsetzungsinstrumente überrascht nicht, daß auch beim Regionalverband "Mittlerer Oberrhein" die Stellungnahme als "Hauptinstrument" gesehen wird (DADOU et al. 1979, S. 50).

1562 VOGLER, Interview

1563 S. Karte 3, Tabellen 17 bis 32 und Abbildungen 11 bis 18

1564 S. Anlage

1565 "Bewußtseinsbildung" (DADOU et al. 1979, S. 80)

Planung die Aufstellung eines Landschaftsplans notwendig sei[1566]. DADOU et al. schreiben selbst in einer Anmerkung, daß auch hier die Wirkungszusammenhänge unklar seien. So sei in den meisten Fällen wohl der Druck der Genehmigungsbehörde stärker als die Einsicht in die Notwendigkeit der Landschaftsplanerstellung[1567]. Wenn nun dieser "Druck" nicht aus den Auswertungsmaterialien erschließbar ist, können keine Angaben zu den Ursache-Wirkungs-Beziehungen gemacht werden. Die Wirkungen auf den Zeitablauf (z.B. Verfahrensverzögerung) werden nur angegeben, wo dies möglich ist. Sie sind für die Beurteilung der Umsetzung von geringerer Relevanz.

Als Vorbedingungen für eine Wirkungsanalyse müssen folgende Informationen verfügbar sein:
- Die Planvorstellungen der Gemeinde zu Beginn eines Verfahrens,
- Die Änderungen dieser Vorstellungen und die Ursachen dafür,
- Die Standpunkte des Regionalverbandes und anderer wichtiger Träger öffentlicher Belange* im Laufe des Verfahrens,
- Die genehmigte Fassung des Bauleitplans bzw. die Gründe für die nicht erfolgte Genehmigung[1568].

Auch im Rahmen der vorliegenden Untersuchung wurde die Erfüllung dieser Bedingungen angestrebt. Doch DADOU et al. geben zu, daß auch ihnen aufgrund der nicht vollständigen Erhebbarkeit dieser Informationen die "genannten Bedingungen für die Feststellbarkeit der Wirkungen nicht immer bekannt" waren[1569]. Als Einflußfaktoren ("modifizierende Faktoren") für die Umsetzung der Stellungnahme geben DADOU et al. an:
- "interne" Einflußfaktoren:
  - die Ausführlichkeit der Stellungnahme;
  - Verfahrensabschnitt, in der die Stellungnahme abgegeben wurde (was z.B. die Rechtskraft der Stellungnahme beeinflussen kann);
  - die "Persönlichkeit" des Planers;
  - die informellen Gespräche vor bzw. während der Abgabe der Stellungnahme;
  - die allgemeine Einstellung der Regionalplanung gegenüber den Gemeinden (Planungsverständnis);
- "externe" Einflußfaktoren:
  - Das Verhalten der Genehmigungsbehörde. So seien ohne Unterstützung durch die Genehmigungsbehörde die Bedenken des Regionalverbands in juristischen Punkten "völlig wirkungslos". Dazu kommen mögliche "Allianzeffekte";
  - das Verhalten anderer relevanter Träger öffentlicher Belange*;
  - das Verhalten der Gemeinde und ihre Einstellung gegenüber dem Regionalverband;
  - das Verhalten relevanter Lobbygruppen, z.B. hinsichtlich der Klientelbildung[1570].

Auch diese Liste ist sicher nicht vollständig, darüber hinaus können die Einflußfaktoren nicht immer erkannt und bewertet werden. Pauschal allerdings zu sagen, daß die Wirksamkeit dieser "modifizierenden" Faktoren nur "vermutet" werden könne[1571], würde bedeuten, daß eine Wirkungsanalyse nahezu unmöglich ist. Immerhin ist bei DADOU et al. der Einflußfaktor "Rolle der Genehmigungsbehörde" unklar. Bei 12 von 19 dem Regionalverband zugesprochenen "Umsetzungserfolgen" regionalplanerischer Erfordernisse werden "Koalitionsbildungen" angesprochen, u.a. mit dem Regierungspräsidium (in welchen Fällen wird nicht mitgeteilt)[1572]. Wie die Fallbeispiele "Dornier" und "Bodenseewerke" bereits gezeigt haben, geht bei einer "Koalition" zwischen Regionalverband und Regierungspräsidium, gemäß den gesetzlichen Vorgaben, die Durchsetzungsstärke gegenüber der Gemeinde aber eher vom Regierungspräsidium als vom Regionalverband aus. In einem solchen Fall kann der Umsetzungserfolg also nicht dem Regionalverband, sondern muß dem Regierungspräsidium zugesprochen werden.
DADOU et al. nennen drei Beispiele, bei denen der Regionalverband keinen Einfluß ausüben konnte[1573]. Obwohl in diesen Fällen die "Forderungen" der Regionalplanung offensichtlich nicht

---

[1566] DADOU et al. 1979, S. 82
[1567] DADOU et al. 1979, S. 82
[1568] DADOU et al. 1979, S. 81
[1569] DADOU et al. 1979, S. 82
[1570] Nach DADOU et al., S. 85ff, ergänzt
[1571] DADOU et al. 1979, S. 87
[1572] DADOU et al. 1979, S. 89ff
[1573] DADOU et al. 1979, S. 92

umgesetzt wurden, hatte diese im weiteren Verfahren anscheinend keine Einwände mehr. Über Sanktionsmöglichkeiten und Gründe der nicht erfolgten Umsetzung machen DADOU et al. keine Angaben.
Von DADOU et al. werden darüber hinaus zwei Beispiele genannt, bei denen der Regionalverband auf die Einflußnahme während eines Bebauungsplanverfahrens ganz verzichtete[1574]. Auch hier teilen die Verfasser weder Gründe noch Vermutungen mit. Eine Möglichkeit wäre, daß es sich beim Bürgermeister einer der Gemeinden um einen wichtigen Mitarbeiter der Verbandsvertretung handelt (z.B. Verbandsvorsitzenden). Hier verzichtet die Verbandsverwaltung aus Gründen möglicher Befangenheit oft grundsätzlich auf eine Einflußnahme.
Ein wichtiger Punkt ist auch, daß die Informationen aus Gesprächen, Akten und Pressemeldungen sehr selektiv sind (z.B. bei "non-decisions"). Nicht alle Stufen im Verfahren sind schriftlich dokumentiert, so daß auch für die folgende Untersuchung weitere Gespräche mit den Akteuren hilfreich gewesen wären, was aber den Rahmen einer solchen Arbeit gesprengt hätte. Aus diesem Grund dürften bei Evaluierungen auch ausdrücklich als solche gekennzeichnete Vermutungen und Spekulationen als Ansatzpunkte weiterer Untersuchungen erlaubt sein. Gerade der für den hier untersuchten Regionalverband wichtige Einflußfaktor "Informelles Gespräch" läßt sich nur selten an Dokumenten festmachen, da ein Vorteil dieses Instruments gerade darin besteht, daß keine Aufzeichnungen angefertigt werden.
Die Wirkungsketten werden bei DADOU et al. nur bis zur Umsetzung in den Flächennutzungsplan verfolgt, was eine sehr starke Einschränkung hinsichtlich der Bewertung der Umsetzung sein muß. Der eigentliche Erfolgsindikator müßte, auch nach DADOU et al., die "gebaute Realität" sein, da sowohl die Ebene "Bebauungsplanung" als auch die Ebene "Baugenehmigung" für die Umsetzung regionalplanerischer Erfordernisse durch die Gemeinde "Schlupflöcher" bieten kann. Allerdings scheitert diese Art Evaluierung an den praktischen Möglichkeiten: Zum einen liegen zwischen Planrealisierung und Planaufstellung oft viele Jahre, zum anderen kommen auf jeder Ebene nochmals unzählige und kaum mehr beherrschbare Einflußfaktoren hinzu, so daß die sowieso schon mit zahlreichen Erhebungsproblemen behafteten Wirkungsanalysen vollends unmöglich gemacht würden. Immerhin gibt der Flächennutzungsplan gute Hinweise auf die grundsätzliche Einstellung der Gemeinde zu den Belangen der Regionalplanung und läßt sich hinsichtlich der Wirkungszusammenhänge wenigstens einigermaßen überschauen.
Ein großes Problem ist die Frage, inwieweit die regionalplanerischen Vorgaben sinnvoll sind oder nicht. Diese Frage ist bei der Untersuchung der Umsetzung solcher Vorgaben von großer Wichtigkeit. Gerade beim Thema Flächenverortung besitzt die Gemeinde in manchen Bereichen eine größere Kompetenz als der Regionalverband. Trotz der damit verbundenen Probleme wurde eine "Plausibilitätsbeurteilung" der Inhalte regionalplanerischer Vorgaben, im Gegensatz etwa zu DADOU et al., ansatzweise versucht.

Tabelle 28 zeigt die Gemeinden der beiden untersuchten Verwaltungsräume. Die Auswahl dieser Gemeinden erfolgte neben praktischen Erwägungen wie der günstigen Aktenlage und der relativ leichten Zugänglichkeit u.a. aus nachstehenden Gründen:

Tabelle 28: Auswertung der Stellungnahmen des Regionalverbandes Bodensee-Oberschwaben: Die Gemeinden der untersuchten Verwaltungsräume

Verwaltungsraum Friedrichshafen	Verwaltungsraum Meersburg
Friedrichshafen Immenstaad	Meersburg Hagnau Daisendorf Stetten Uhldingen-Mühlhofen

Quelle: REGIONALVERBAND BODENSEE-OBERSCHWABEN 1981

[1574] DADOU et al. 1979, S. 93

- Der Verwaltungsraum Friedrichshafen umfaßt neben einer der beiden Seeufergemeinden der Region, die von der landesplanerisch wichtigen "Auflage" der Eigenentwicklung* befreit sind (Friedrichshafen), eine Ufergemeinde, die Bauflächen, zumindest nach den Festsetzungen des Regionalplans, nur noch für die Eigenentwicklung* ausweisen darf (Immenstaad). Erkenntnisziel war hier festzustellen, inwieweit diese unterschiedlichen landesplanerischen Funktionszuweisungen* Unterschiede in den jeweiligen Stellungnahmen und Umsetzungsgraden bewirken. Daneben spricht die Größe des Verwaltungsraums für die Wahl, da die Representativität der Untersuchungsergebnisse für den Bodenseeuferbereich dadurch erhöht wird.
- Der Verwaltungsraum Meersburg umfaßt selbst fünf Ufergemeinden und damit schon einen Großteil der Ufergemeinden der Region "Bodensee-Oberschwaben", so daß dadurch ebenfalls eine relativ hohe Repräsentativität der Aussagen erzielt werden kann.
- Die beiden Verfahren um die Flächennutzungspläne ergänzen sich zeitlich: Das Verfahren um den Flächennutzungsplan des Verwaltungsraums Friedrichshafen begann bereits in der Mitte der siebziger Jahre, während das entsprechende Verfahren im Verwaltungsraum Meersburg erst zu Beginn der achtziger Jahre in die wichtigen Phasen eintrat. Hier ist das Erkenntnisinteresse auch auf die Auswirkungen der im Verfahren Friedrichshafen gemachten Erfahrungen der Regionalplanung auf das Meersburger Verfahren gerichtet.

Im Unterschied zu den Fallbeispielen der beiden Industrieerweiterungen, die hinsichtlich ihrer "Dimension" nicht als alltäglich gelten können, soll hierbei der "Alltagsaspekt" der Regionalplanung in den Vordergrund treten. Dabei sollen mehrere Vorteile genutzt werden:

- Im Rahmen der Verfahren wurden jeweils mehrere Stellungnahmen seitens des Regionalverbandes abgegeben, so daß Aufschlüsse über sich im Laufe eines Verfahrens ändernde Einflußfaktoren, Leitbilder usw. erwartet werden können.
- Der Aspekt "Planung als Prozeß" ist bei den hier behandelten Beispielen von besonderer Bedeutung, da der Regionalplan in beiden Fällen erst während der Flächennutzungsplanverfahren verbindlich wurde.

Der Schwerpunkt dieses Untersuchungsteils liegt beim Fallbeispiel "Verwaltungsraum Friedrichshafen". Die Untersuchung des Fallbeispiels "Verwaltungsraum Meersburg" soll, ähnlich wie bei der Untersuchung der beiden Industrieerweiterungen, vor allem die Repräsentativität erhöhen.
Bei der Analyse der Stellungnahmen wurden folgende Schwerpunkte gesetzt:

- Die Formulierungen des Regionalverbandes wurden genauer untersucht, da sie Aufschlüsse darüber geben, ob es sich bei den Stellungnahmen um die Wiedergabe "reiner Erfordernisse" der Regionalplanung oder durch Kompromißbildung abgeschwächte "politische Stellungnahmen" handelt.
- Untersucht wurde die Umsetzung regionalplanerischer Erfordernisse zu folgenden Sachthemen:
    - Siedlungswesen (inklusive Wohnbau- und Gewerbe)
    - Freihalte- und Schutzflächen

Mit Ausnahme der Schutzflächen (Landschafts- und Naturschutzgebiete) wurden regionalplanerische Bedenken bzw. Anregungen zu fachplanerischen Aufgaben (z.B. im Rahmen des Sachbereichs "Verkehr") also nicht untersucht. Hinsichtlich der einzelnen Sachbereiche wurde unterschieden zwischen:

- Erfordernissen der Regionalplanung in Form von Richtwerten* (z.B. die für das Siedlungswesen wichtigen Bevölkerungsrichtwerte*),
- Erfordernissen der Regionalplanung hinsichtlich des Flächenbedarfs der von der Gemeinde angestrebten Nutzungen,
- Erfordernissen der Regionalplanung hinsichtlich der Flächenverortung.

VII.B.5. Die Akteure

Das Zusammenspiel der wichtigsten Akteure bei Bauleitplanverfahren ergibt sich aus ihren Aufgaben und Funktionen.
Nach internen Zielfindungsprozessen (z.B. unter Beteiligung der Ortschaftsräte) beteiligt die Gemeinde den Regionalverband und andere wichtige Träger öffentlicher Belange* in ihrem eigenen Ermessen an ihrer Planung ("Vorverhandlungen"). Gleichzeitig oder danach unterrichtet sie Regionalverband und Regierungspräsidium von ihren Planvorhaben, was eine landesplanerische Begutachtung der

Gemeindeplanung durch diese Akteure zur Folge hat. Erst nach diesen Vorverhandlungen beginnt die eigentliche Beteiligung aller Träger öffentlicher Belange* im Rahmen des gesetzlich vorgeschriebenen Verfahrens (Baugesetzbuch). Unter anderem nehmen daran auch Regionalverband und Regierungspräsidium teil, die in Form einer schriftlichen Stellungnahme ihre Bedenken und Anregungen gegenüber dem Planentwurf der Gemeinde ("Entwurf zur Anhörung") vorbringen. Alle eingegangenen Bedenken und Anregungen müssen danach von der Gemeinde in die Abwägung, dem wohl wichtigsten Verfahrensschritt, eingestellt werden. Die Abwägung findet letztendlich im Gemeinderat statt. Allerdings werden die Bedenken und Anregungen und die erhobenen Entscheidungsgrundlagen zur Planung (z.B. eventuell für oder gegen eine Planung sprechende Gutachten) von der Gemeindeverwaltung zusammengestellt und mit einem Beschlußvorschlag versehen. Der Gemeinderat folgt in der Regel den Beschlußvorschlägen der Gemeindeverwaltung oder ändert sie nur marginal. Danach wird der Bauleitplan als Satzung beschlossen und zusammen mit den Stellungnahmen der Träger öffentlicher Belange* der Genehmigungsbehörde zugeleitet[1575]. Der Plan wird als Ganzes oder in Teilen genehmigt und erhält durch die Bekanntmachung der Genehmigung seine Rechtsverbindlichkeit.

VII.B.6. Das Verfahren um den Flächennutzungsplan des Verwaltungsraums Friedrichshafen

VII.B.6.1. Einleitung

Für den Regionalverband begann das Flächennutzungsplanverfahren des Verwaltungsraums Friedrichshafen bereits im Aufstellungsstadium 1976 mit mehreren Besprechungen mit dem Stadtplanungsamt. Neben der Tatsache, daß es sich hierbei um eine der ersten Beteiligungen des damals noch jungen Regionalverbandes an einem Flächennutzungsplanverfahren handelte, war es wohl diese außergewöhnlich frühzeitige Beteiligung der Regionalplanung, die den Regionalverband zu der Bewertung "modellhaft" für das "Vorgehen und die Methodik" der Planaufstellung "im Sinne einer umfassenden Entwicklungsplanung" veranlaßte. Das Ergebnis dieser Besprechungen wurde in einem internen "Arbeitspapier" niedergelegt, welches als Grundlage für die endgültige Stellungnahme des Regionalverbandes im Rahmen der Beteiligung der Träger öffentlicher Belange* dienen sollte[1576]. Die "Hauptstellungnahme" sollte erst nach Abschluß der Voranhörungen der einzelnen Verwaltungsraum-Gemeinden abgegeben werden, da der Regionalverband die hier erzielten Ergebnisse "berücksichtigen" wollte.

1575 Die hier untersuchten Verfahren wurden vor Inkrafttreten des Baugesetzbuches, des Wohnungsbauförderungsgesetzes und der Baufreistellungsverordnung abgeschlossen, so daß sie noch nach den Bestimmungen des Bundesbaugesetzes abgewickelt wurden. Nach den Bestimmungen des Baugesetzbuches müssen Bebauungspläne unter bestimmten Bedingungen nicht mehr automatisch zur Genehmigung vorgelegt werden. Eine Anzeige bei der Genehmigungsbehörde durch die planende Gemeinde reicht in diesen Fällen aus [BAUGESETZBUCH (1986 G), WOHNUNGSBAUERLEICHTERUNGSGESETZ (1990 G), BAUFREISTELLUNGSVERORDNUNG (1990 G)].

1576 REGIONALVERBAND BODENSEE-OBERSCHWABEN (o.J.) ca. 1976/77U

Abbildung 17: Das Flächennutzungsplanverfahren des Verwaltungsraums Friedrichshafen und die Beteiligung des Regionalverbandes in Form schriftlicher Stellungnahmen (Ablaufschema)

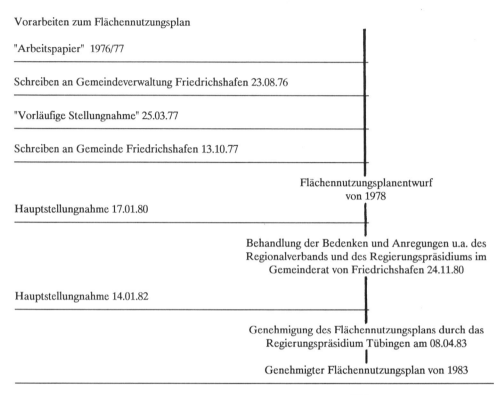

Vorarbeiten zum Flächennutzungsplan

"Arbeitspapier" 1976/77

Schreiben an Gemeindeverwaltung Friedrichshafen 23.08.76

"Vorläufige Stellungnahme" 25.03.77

Schreiben an Gemeinde Friedrichshafen 13.10.77

Flächennutzungsplanentwurf von 1978

Hauptstellungnahme 17.01.80

Behandlung der Bedenken und Anregungen u.a. des Regionalverbands und des Regierungspräsidiums im Gemeinderat von Friedrichshafen 24.11.80

Hauptstellungnahme 14.01.82

Genehmigung des Flächennutzungsplans durch das Regierungspräsidium Tübingen am 08.04.83

Genehmigter Flächennutzungsplan von 1983

Davor wurde neben dem "Arbeitspapier" eine "Vorläufige Stellungnahme"[1577] erarbeitet, beide Papiere wurden der zuständigen Gemeindeverwaltung zugänglich gemacht[1578].
Zwischen diesen schriftlich niedergelegten, "ausführlichen" Stellungnahmen wurden Einzelprobleme betreffende "Kurzstellungnahmen" erarbeitet, die ebenfalls ausgewertet wurden.
Wichtig ist die Tatsache, daß zwischen der Abgabe dieser Stellungnahmen zahlreiche mündliche Kontakte in Form von Telefongesprächen, Besprechungen, sogar Ortsterminen zwischen Regionalverband und der für den Verwaltungsraum planenden Stadtverwaltung von Friedrichshafen stattfanden. Auf solche Kontakte wird in den Stellungnahmen zwar Bezug genommen, allerdings konnten über die Besprechungen selbst keinerlei schriftliche Aufzeichnungen aufgefunden werden, so daß die Wirkung dieser Einflußmittel nicht direkt festgestellt werden konnte[1579]. Gerade im Falle des Regionalverbands "Bodensee-Oberschwaben" mit seinem Planungsverständnis sind solche Kontakte aber von großer Wichtigkeit[1580]. Auf jeden Fall dürften die "vorläufigen" Stellungnahmen die während der Besprechungen vom Regionalverband vertretenen Inhalte einigermaßen zutreffend wiedergeben.

BENZ betont die "Auseinandersetzungen" in der Anfangsphase des Verfahrens zwischen dem Verwaltungsraum Friedrichshafen und dem Regionalverband[1581]. Ein Ziel dieser Untersuchung war daher auch, die Ursachen dieser relativ heftigen Auseinandersetzungen sowie die von beiden Seiten gesuchten Lösungsmöglichkeiten herauszuarbeiten.

[1577] REGIONALVERBAND BODENSEE-OBERSCHWABEN 1977U
[1578] REGIONALVERBAND BODENSEE-OBERSCHWABEN 1980U
[1579] Vgl. dazu auch Untersuchung von DADOU et al. 1979
[1580] Vgl. auch BENZ 1982, S. 143
[1581] BENZ 1982, S. 147

Die Überprüfung der Berücksichtigung von Bedenken und Anregungen erfolgte zumeist durch den Vergleich mit den Festsetzungen des Flächennutzungsplans. Dabei standen für die Untersuchung der Berücksichtigung von Bedenken und Anregungen aus dem "Arbeitspapier" und der "Vorläufigen Stellungnahme" der Flächennutzungsplanentwurf aus dem Jahre 1978[1582], aus der "endgültigen Stellungnahme" der genehmigte Flächennutzungsplan aus dem Jahre 1983 zur Verfügung[1583]. Tabelle 29 gibt einen Überblick über die ausgewerteten Stellungnahmen.

Tabelle 29: Die ausgewerteten Stellungnahmen des Regionalverbandes Bodensee-Oberschwaben im Flächennutzungsplanverfahren des Verwaltungraums Friedrichshafen

Bezeichnung der Stellung-nahme und Datum	Kurzbezeichnung	Verweis auf sonst. Stellungnahmen, Beprechungen, Pläne u.ä.
"Arbeitspapier"	0 o.D. (ca. 1976/77)	-"mehrere Besprechungen" -Gesamtkonzept für den Bodenseeraum
Schreiben an Gemeinde-verwaltung Friedrichshafen	0a 23.08.76	-"mündliche Besprechung"
"Vorläufige" Stellungnahme	0b 25.03.77	-"mehrere Besprechungen"
Schreiben an Gemeinde Friedrichshafen	0c 13.10.77	-Schreiben vom 16.9.77 -Schreiben der Gemeinde vom 6.10.77
Haupt-stellungnahme	1 17.01.80	-Regionalplan (Satzungsbeschluß) -Arbeitspapier 1976/77
Haupt-stellungnahme	2 14.01.82	-1. Hauptstellungnahme

Quellen: siehe Tabelle 17

Die Auswertungsergebnisse können den Abbildungen 11 bis 13 und den Tabellen 18 bis 23 entnommen werden.

VII.B.6.2. Das "Arbeitspapier" der Jahre 1976/77

Im Falle des Arbeitspapiers war die Untersuchung der Umsetzung nicht möglich, da im Rahmen dieser Arbeit eine Umsetzungskontrolle nur anhand des Flächennutzungsplanentwurfes von 1978 vorgenommen werden konnte. Zwischen dem "Arbeitspapier" und dem Erscheinen des Flächennutzungsplanentwurfes erarbeitete der Regionalverband aber noch seine "vorläufige" Stellungnahme, deren Umsetzung auch überprüft wurde. Das "Arbeitspapier sei zur Darstellung der "Verfahrensdynamik" und der Vollständigkeit halber analysiert.

VII.B.6.2.1. ALLGEMEINES

Mangels eines vorliegenden Regionalplans[1584] bezog sich der Regionalverband bei seiner ersten

[1582] VERWALTUNGSGEMEINSCHAFT FRIEDRICHSHAFEN - IMMENSTAAD 1978
[1583] VERWALTUNGSGEMEINSCHAFT FRIEDRICHSHAFEN - IMMENSTAAD 1983
[1584] Der "Entwurf zur Anhörung" wurde erst im Dezember 1978 beschlossen (REGIONALVERBAND BODENSEE-OBERSCHWABEN 1978).

Stellungnahme auf das 1975 von der Landesplanung erarbeitete "Gesamtkonzept für den Bodenseeraum" als Dokumentation regionalplanerischer Erfordernisse.
Grundsätzlich war der Regionalverband mit den ersten Planungsvorstellungen des Verwaltungsraums sehr zufrieden[1585]. So bescheinigte er den Gemeindeplanern einen "erfolgreichen Beginn mit der Entlastung des Ufers". Gleichzeitig nannte er aber auch Ausnahmen, so z.B. die Ausweisung von Flächen für die geplante "Dornier"-Erweiterung. Auch sonst lag der Schwerpunkt der Aussagen des Regionalverbands auf der Zielvorstellung "Uferentlastung". Beispielsweise ging er davon aus, daß in der "direkten Uferzone" nur deutlich "landschaftsbezogene Freizeit- und Erholungseinrichtungen vorgesehen werden sollen".
Dieser Satz kann als typisches Beispiel für eine schwer auswertbare Aussage herangezogen werden: Begriffe wie "direkte Uferzone" und "landschaftsbezogene Freizeit- und Erholungseinrichtungen" werden nicht konkretisiert und sind somit für planungsrechtliche oder planungstechnische Zwecke kaum operationalisierbar.
Hinsichtlich der Schutzbereiche vermißte der Regionalverband eine "umfassende Freiflächenkonzeption". Im übrigen waren die Bedenken und Anregungen in dieser Verfahrensstufe größtenteils noch auffallend zurückhaltend formuliert.

VII.B.6.2.2. AUSSAGEN ZU DEN BEVÖLKERUNGSPROGNOSEN

Außer den unverbindlichen Richtwerten* des "Gesamtkonzeptes" gab es 1976/77 noch keine Richtwertefestlegungen auf Verwaltungsraum- oder Gemeindeebene. Auch die für die Umrechnung der Richtwerte* in den konkreten Flächenbedarf wichtigen Wohndichtewerte waren noch nicht im Rahmen des ersten Bauflächenerlasses der Landesregierung[1586], sondern in einer Art "vorläufigem Bauflächenerlaß" des Regierungspräsidiums Tübingen niedergelegt. Auch Richtwerte* über die zu erwartende bzw. beabsichtigte Entwicklung der Erwerbsstellen waren nicht verbindlich festgelegt.
Obwohl noch kein Regionalplan vorlag, hatte der Regionalverband bereits "vorläufige Richtwerte*" für den Verwaltungsraum berechnet. Diese Richtwerte* sollten nach Angaben des Regionalverbandes keine Begrenzung sein, sondern die "obere Variante" einer "anzustrebenden" Entwicklung darstellen, die "wohl nur sehr schwer zu erreichen sein wird"[1587]. Trotzdem lagen diese Richtwerte* noch um 1600 Einwohner niedriger als die der Bauleitplanung zugrunde gelegten Prognosen des Verwaltungsraums. Dazu kam, daß die Stadtverwaltung Friedrichshafen bei der Bauflächenberechung den Eigenbedarf um 3,5% über der "oberen Bandbreite" des vorläufigen Bauflächenerlasses des Regierungspräsidiums Tübingen ansetzte.
Obwohl der Verwaltungsraum so mit seinen Prognosen weit über den landes- und regionalplanerischen Vorgaben lag, hatte der Regionalverband hinsichtlich der Einwohner- und Arbeitsplatzprognosen des Verwaltungsraums keine Einwände. Erstaunlicherweise teilte der Regionalverband in seiner Stellungnahme mit, daß die Annahmen "durchaus gerecht", da "eingehend begründet" seien. Die Prognose der Erwerbsstellen entspreche allerdings nur "in der Dimension" der Prognose des Regionalverbandes.
Nur hinsichtlich der Bedarfsberechnung für die Sportstätten hatte der Regionalverband Bedenken. Er wies darauf hin, daß die Bevölkerungsrichtwerte* für die direkte Umrechnung in den Infrastrukturbedarf "nicht geeignet" seien, da sie "optimistische" Grenzwerte darstellten.
Es bleibt unklar, wieso der Regionalverband die augenfällige Überschreitung der sowieso schon "optimistischen" und als Steuerinstrument daher ungeeigneten Richtwerte* zu diesem Zeitpunkt einfach hinnahm. Eine Begründungsmöglichkeit ist, daß er noch am Anfang seiner Arbeit stand und aus Gründen der Konsenserhaltung schwerere Konflikte mit den Gemeinden scheute. Ein zweiter Grund mag das Fehlen qualifizierter Prognosedaten als "Ziel der Raumordnung und Landesplanung" sein.

VII.B.6.2.3. AUSSAGEN ZUM FLÄCHENBEDARF

Auch hier bescheinigte der Regionalverband dem Verwaltungsraum einen "stark zurückhaltenden" Ansatz für den prognostizierten Wohnbauflächenbedarf. Seiner Meinung nach waren die Bruttowohndichten* sogar noch zu hoch prognostiziert. Diese Prognosen könnten, so der Regionalverband, darum in Zukunft einen Mehrbedarf aufgrund der Marktanforderungen nach

---

[1585] REGIONALVERBAND BODENSEE-OBERSCHWABEN (o.J.) ca. 1976/77U, auch zum Folgenden
[1586] INNENMINISTERIUM BADEN-WÜRTTEMBERG 1978 G
[1587] REGIONALVERBAND BODENSEE-OBERSCHWABEN 1976, Bd. I, S. 42

niedrigeren Bruttowohndichten* möglich machen.
Auch der prognostizierte Bedarf an Gewerbeflächen war nach Meinung des Regionalverbandes "vom Volumen her angemessen", die Flächen "zurückhaltend" ausgewiesen worden.
Nur in einem Punkt regte der Regionalverband den Verwaltungsraum an, die Ausweisung "nochmals zu bedenken". Es handelte sich um Ausweisungen von Wohnbauflächen im Ortschaftsteil Lipbach. Zur Begründung gab der Regionalverband an, daß hier Wohnbauflächen nur noch für den "Eigenbedarf" ausgewiesen werden sollten.

VII.B.6.2.4. AUSSAGEN ZUR FLÄCHENVERORTUNG

Bei der Flächenverortung wurde der Verwaltungsraum gelobt. So war nach Meinung des Regionalverbandes "erfolgreich versucht worden, einen Beginn mit der Entlastung des Bodenseeufers zu machen und Siedlungsflächen, soweit dies von der rechtlichen Fixierung her möglich sei, in seeabgewandte Gemeindeteile umzudisponieren". Die gemachte Einschränkung ist sicher wichtig, denn schließlich "mußte" der Verwaltungsraum u.a. "aufgrund rechtskräftiger Festlegungen oder anderer Bindungen" Wohnbauflächen "in erheblichem Umfang in der ufernahen Zone" ausweisen[1588]. Nur am Rande sei angemerkt, daß der Begriff "ufernahe Zone" nicht näher definiert wurde.
Bei den Bedenken und Anregungen zu einzelnen Ausweisungen[1589] fällt auf, daß der Regionalverband seine Prüfungsanregungen zumeist mit Belangen des Landschaftsschutzes und des Erholungs- und Freizeitwesens begründete[1590]. Allerdings lassen manche Begründungen (z.B. im Fall Kippenhausen die "Kleinteiligkeit" der Landschaft) den Eindruck fehlender Argumentationsmaterialien erwecken. Erstaunlich ist, daß das zu dieser Zeit bereits gedruckt vorliegende "Buchwald"-Gutachten, welches diesbezügliche Materialien bereitstellt, als Argumentationsgrundlage nicht genannt wird. Es ist zu vermuten, daß der Regionalverband hierbei den Vorbehalten der Gemeinden gegenüber diesem Gutachten Rechung trug.
Weiterhin fällt auf, in welchem Ausmaß der Regionalverband versucht, als "Anwalt der Natur" aufzutreten, z.B. bei den Anregungen zur Sicherstellung von Grünzügen im Bereich Immenstaad und Rotach[1591].
Hinweise auf Meinungsunterschiede zwischen fachlicher Verbandsverwaltung und politischer Verbandsvertretung gewinnt man durch einen Vergleich der Aussagen des "Arbeitspapiers" mit denen eines anderen Schriftstücks. War das für den Planungsausschuß vorbereitete "Arbeitspapier" noch voller Lob für den Verwaltungsraum, so deutet ein Schriftstück der Verbandsverwaltung an, daß diese mit der Berechnung des Eigenbedarfes für die Ausweisung von Wohnbauflächen seitens des Verwaltungsraums überhaupt nicht einverstanden war. So waren die Regionalplaner der Meinung, daß die Berechnung des Verwaltungsraums "ganz erheblich" über dem Maximalwert des Bauflächenerlasses liege[1592]. Der Verwaltungsraum hatte bei seiner Berechnung u.a. einen nicht näher begründeten Stop der beobachteten Stadt-Umland-Wanderung prognostiziert und als Argument für eine größere Flächenausweisung benutzt, da in diesem Fall der bisher außerhalb des Verwaltungsraums befriedigte Wohnflächenbedarf innerhalb des Plangebietes des Verwaltungsraums hätte gedeckt werden müssen. Der Regionalverband wandte sich gegen diese Annahme. Seine Anregung zu einem Gespräch mit dem Innenministerium in dieser Frage zeigt, wie wichtig der Verbandsverwaltung bereits damals eine exaktere Definition des Begriffes "Eigenbedarf" war. Das Schreiben zeigt auch, daß die eigentlichen Konflikte im Alltagsgeschäft des "kleinen Dienstwegs" zwischen den Verwaltungen durchaus kontrovers behandelt werden, während die "ausführlichen" Stellungnahmen durch die notwendige Billigung des mehrheitlich kommunal besetzten Planungsausschusses hinsichtlich der Konfliktpotentiale sehr stark "abgeschwächt" werden. Auf diesen wichtigen Aspekt muß bei der Auswertung von Stellungnahmen unbedingt Rücksicht genommen werden.

[1588] Mit "anderen Bindungen" rechtlicher Art können eigentlich nur privatrechtliche Vereinbarungen z.B. mit Grundstücksbesitzern gemeint sein, die das Ergebnis des eigentlichen Bauleitplanverfahrens schon vorwegnehmen und eine Abwägung kaum mehr zulassen. Auf die Probleme dieser wenig zur Planungstransparenz beitragenden und im Fall Friedrichshafen enorme Sachzwänge verursachenden Vorgehensweise der Gemeinde kann hier nicht näher eingegangen werden.

[1589] S. Tabelle 20

[1590] S. Abbildung 13

[1591] S. Abbildung 13

[1592] REGIONALVERBAND BODENSEE-OBERSCHWABEN 1976U

VII.B.6.3. Die "vorläufige Stellungnahme"

VII.B.6.3.1. ALLGEMEINES

Wie Tabelle 30 zeigt, verschärften sich die Formulierungen des Regionalverbandes in seiner "vorläufigen" Stellungnahme vom März 1977[1593]. Dies ist auffällig, da die Inhalte im Grundsatz denen des internen "Arbeitspapiers" von 1976/77 entsprechen und der Verwaltungsraum seine Planungen nicht wesentlich änderte.

Tabelle 30: Auswertung der Stellungnahmen des Regionalverbandes Bodensee-Oberschwaben zum Flächennutzungsplanverfahren des Verwaltungsraums Friedrichshafen: Vergleich einiger Formulierungen aus dem "Arbeitspapier" und der "Vorläufigen Stellungnahme"

Arbeitspapier 1976/77	"Vorläufige" Stellungnahme vom 25.3.77
Siedlungsflächen wurden durch die Stadt "stark zurückhaltend" ausgewiesen	Siedlungsflächen wurden durch die Stadt "zurückhaltend" ausgewiesen
Ausweisung von Siedlungsflächen wurde durch die Stadt "eingehend" begründet	Ausweisung von Siedlungsflächen wurde durch die Stadt "detailliert" begründet
Eigenbedarfsüberschreitung "durchaus gerecht"	Eigenbedarfsüberschreitung wird vom Regionalverband "für vertretbar" gehalten
Verschiedene Statistiken "der Grund" für Unterschiede in der Eigenentwicklungsberechnung*	Verschiedene Statistiken "ein Grund" für Unterschiede in der Eigenentwicklungsberechnung*

Dies und die Tatsache, daß sämtliche Bedenken und Anregungen aus dem "Arbeitspapier" erneut angesprochen werden mußten, zeigen, daß trotz der zahlreichen Besprechungen mit der Stadt Friedrichshafen kein einziges der Bedenken des Regionalverbandes ausgeräumt bzw. keine einzige Anregung aufgegriffen wurde, wie man es sich am Anfang des Verfahrens durch diplomatische Formulierungen und Einsatz des "kleinen Dienstwegs" in Form laufender Besprechungen wohl noch erhoffte. Besonders deutlich wird dies bei einem der fachlichen Arbeitsschwerpunkte des Regionalverbands: der Sicherung von Landschaftsbereichen für den Landschaftsschutz und die Erholung. So forderte der Regionalverband erneut die Notwendigkeit der Sicherung großflächiger "Grün- und Landschaftsbereiche". Seiner Meinung nach hätte die Sicherung solcher Flächen durch Ausweisung von Landschafts-, Natur- und Wasserschutzgebieten sowie Freizeit- und Erholungsbereichen "noch weitgehender" sein sollen, als es im Flächennutzungsplan schon vorgesehen war. Doch anstatt diese Anregungen aufzugreifen, tat der Verwaltungsraum das Gegenteil: Sämtliche außerhalb von Waldflächen geplanten Landschaftsschutzgebiete wurden aus dem Vorentwurf gestrichen und nur noch solche in den "Entwurf zur Anhörung" aufgenommen, die im Bereich von Waldflächen lagen. Als Begründung dafür wurde angegeben, daß die beiden Gemeinden des Verwaltungsraums mit der Einbeziehung landwirtschaftlicher Flächen "nicht einverstanden" seien[1594]. Dies ist ein Hinweis auf die starke Lobby der Vertreter der Land-, aber wohl auch der Bauwirtschaft in den Gemeinderäten. Denn dieser Beschluß wurde gefaßt, obwohl von seiten der Naturschutzbehörden laufend betont wurde, daß die Ausweisung von Landschaftsschutzgebieten zwar keine Einschränkung der landwirtschaftlichen Nutzung, wohl aber der baulichen Tätigkeit bedeute.

[1593] REGIONALVERBAND BODENSEE-OBERSCHWABEN 1977U, auch zum Folgenden

[1594] VERWALTUNGSGEMEINSCHAFT FRIEDRICHSHAFEN - IMMENSTAAD 1978

VII.B.6.3.2. AUSSAGEN ZU DEN BEVÖLKERUNGSPROGNOSEN

Eine neue Untersuchung des Wohnungsbedarfes des Regionalverbandes[1595] kam zu weit niedrigeren Wachstumsannahmen für die Bevölkerung im Mittelbereich* Friedrichshafen bis 1990 als die Verwaltungsgemeinschaft und lag unter den "vorläufigen" Richtwerten* des Regionalverbandes vom Herbst 1976. Gegen diese Untersuchung wehrte sich die Verwaltungsgemeinschaft in einem Schreiben[1596] an den Regionalverband heftig, da sie ihre auf den "vorläufigen Richtwerten*" basierende Planung gefährdet sah. Der Regionalverband beeilte sich zu betonen, daß für die Berechung der Wohnbauflächen weiterhin die höheren "vorläufigen" Richtwerte* von 1976 gelten würden[1597]. Bei der "Analyse des Wohnungsbedarfs" handele es sich nur um eine "Übersicht", bei der eine "direkte Auswirkung" auf den Entwurf des Flächennutzungsplans "nicht gegeben" sei. Diese Korrespondenz zeigt erneut, wie unrealistisch hoch die Richtwerte* im Vergleich zu realitätsnäheren Untersuchungen waren. Damit fielen sie als Steuerungsinstrument weitgehend aus.
Besonders deutlich werden die Meinungsunterschiede zwischen Verbands- und Stadtverwaltung Friedrichshafen am Beispiel der Erwerbsstellenprognose. So prognostizierte der Verwaltungsraum auf der Basis der nach Meinung des Regionalverbandes "bereits heute zu hohen" Richtwerte* des Innenministeriums eine Zunahme von 6567 Erwerbsstellen im Planungszeitraum. Der Regionalverband dagegen hielt eine Zunahme von 4400 bis 6300 Erwerbsstellen für angemessen, wobei seiner Meinung nach der "kleinere Wert realistischer sein dürfte".
Auch bei der Berechnung des Sportstättenbedarfs artikulierte der Regionalverband seine Bedenken nunmehr deutlicher. So hielt er es für angebracht, die Werte "zu überprüfen und ggf. zu reduzieren".
Wie die Umsetzungskontrolle anhand des 1978 fertiggestellten "Entwurfs zur Anhörung" des Flächennutzungsplans Friedrichshafen - Immenstaad ergab, wurden die in der "vorläufigen Stellungnahme" hinsichtlich der verschiedenen Prognosen geäußerten Bedenken und Anregungen des Regionalverbandes in keinem einzigen Fall berücksichtigt[1598]. Nicht einmal die hohen "vorläufigen" Richtwerte* des Regionalverbandes wurden von der Stadtverwaltung Friedrichshafen als Grundlage für die Bevölkerungsprognosen benutzt.

VII.B.6.3.3. AUSSAGEN ZUM FLÄCHENBEDARF

Bei den Wohnbauflächen bewertete der Regionalverband aufgrund der den Berechungen zugrunde gelegten hohen Bruttowohndichten* die aus den Richtwerten* resultierende Flächenausweisung als "zurückhaltend", ja er hielt sogar für die zugrunde gelegten Richtwerte* größere Flächenausweisungen für "angemessen". Diese Bewertung darf für einen Vertreter des normalerweise im Seeuferbereich auf Bauflächenrestriktion hinarbeitenden Regionalverbandes als erstaunlich bezeichnet werden.
Der Hintergrund für die von der Stadtverwaltung Friedrichshafen auch nach Meinung des Regionalverbandes zu hoch angesetzten Bruttowohndichten* war die Sicherung von in der Flächenbilanz des Flächennutzungsplans nicht auftauchenden Wohnbauflächen. Da abzusehen war, daß die zu hoch angesetzten Bruttowohndichten* zu einem Flächenmehrbedarf führen mußten, wollte der Verwaltungsraum die im Flächennutzungsplanentwurf ausgewiesenen "Hinweisflächen" nicht nur, wie eigentlich vorgesehen, als Erweiterungsoption für die Zeit nach dem Planungszeitraum[1599] verstanden wissen. Diese Flächen sollten als Flächenreserve schon vor 1990 verfügbar sein, "für den Fall, daß in den Bebauungsplänen geringere als die vorgesehenen Brutto-Wohndichten festgesetzt werden"[1600]. Diese Option hätte dem Verwaltungsraum den Vorteil gebracht, daß sie Differenzen mit der Regionalplanung und den Genehmigungsbehörden über Dimension und Verortung von Wohnbauflächen weitgehend aus dem Weg hätte gehen können, da über die "Hinweisflächen" kein genauer Bedarfsnachweis gefordert wurde.
Aus diesem Grund kann, wenn überhaupt, nur von einer teilweisen Umsetzung der Bedenken des Regionalverbandes gesprochen werden[1601].

1595 "Analyse des Wohnungsbedarfs" vom 16.9.77, zit. nach: REGIONALVERBAND BODENSEE-OBERSCHWABEN 1977U
1596 STADT FRIEDRICHSHAFEN 1977U
1597 REGIONALVERBAND BODENSEE-OBERSCHWABEN 1977aU
1598 S. Tabelle 18
1599 Als Planungshorizont galt das Jahr 1990.
1600 VERWALTUNGSGEMEINSCHAFT FRIEDRICHSHAFEN - IMMENSTAAD 1978, S. 61
1601 S. Tabelle 19

VII.B.6.3.4. AUSSAGEN ZUR FLÄCHENVERORTUNG

Auch bei den Aussagen zur Flächenverortung ist eine grundsätzliche Verschärfung der Aussagen des Regionalverbandes festzustellen. War im Arbeitspapier noch die Rede vom "erfolgreichen Beginn" mit der Entlastung des Bodenseeufers[1602], so hieß es jetzt nur noch, daß diese Entlastung "angestrebt" worden sei[1603]. Die Wohnbauflächenausweisungen in der Uferzone (jetzt als 200 bis 900 m breiter Uferstreifen definiert) seien dennoch "größer".
Deutlich geändert hatte sich die Meinung des Regionalverbandes zu den geplanten Wohnbauflächen im Bereich "Immenstaad - Siedlung" (Wohnbauflächen jenseits der B 31-Umgehungsstrasse): War hier im "Arbeitspapier" noch die Rede davon, daß diese Ausweisung "angebracht" sei[1604], so regte der Regionalverband in seiner "vorläufigen Stellungnahme" jetzt die "Überprüfung" dieser Flächenausweisungen an[1605]. Ursache dafür war eine überraschende Änderung des regionalplanerischen Leitbildes für den Immenstaader Ortsteil Kippenhausen. So plädierte der Regionalverband hinsichtlich dieses Ortsteils noch in seinem "Arbeitspapier" für eine "sehr zurückhaltende Flächenausweisung" aufgrund des hier "kleinteiligen Landschaftsraums"[1606], während er in seiner "vorläufigen Stellungnahme", in völligem Gegensatz dazu, es als "denkbar" erachtete, die geplanten Wohnflächen in Kippenhausen auszuweisen[1607]. Diese Änderung der Zielvorstellung für den seeabgewandt liegenden Immenstaader Ortsteil entstand wohl aus einer Notsituation der Regionalplanung heraus: Sie sah sich durch zum Teil bedenkliche Flächenausweisungen der Gemeinde zu Alternativvorschlägen gezwungen.
Auch hier wird jedoch das Dilemma der "seeabgewandten" Entlastung deutlich: Aufgrund der Überlastungserscheinungen am See sind es oft gerade die seeabgewandten Lagen, die aus Gründen des Natur- und Landschaftsschutzes und aus Gründen des Erhalts von Naherholungsräumen freigehalten werden sollten[1608]. Eine Entlastung des Ufers durch eine seeabgewandt orientierte Verlagerung des Siedlungszuwachspotentials würde nicht nur zur Problemverlagerung führen, sondern die Situation noch verschlimmern. Der Entlastungseffekt wäre gering, der Neubelastungseffekt einer bisher weitgehend verschont gebliebenen Landschaft aber groß.
Interessanterweise erhob der Regionalverband jetzt auch gegen die geplanten Bootshäfen im Bereich Friedrichshafen - Seemoser Horn sowie Immenstaad-"Dornier" Bedenken. Noch in seinem "Arbeitspapier" hatte er die Entscheidung darüber ganz dem Seenforschungsinstitut überlassen[1609]. Dies kann als Hinweis für die in jener Zeit beginnende Sensibilisierung des Regionalverbands auf die durch die Hafenerweiterungen verursachten Zielkonflikte gewertet werden.
Auch beim Teilbereich "Flächenverortung" wurden, mit Ausnahme der Bedenken zu den geplanten Hafenerweiterungen (hier konnten keine entsprechenden Ausweisungen im Flächennutzungsplanentwurf aufgefunden werden), keine der Bedenken und Anregungen vom Verwaltungsraum berücksichtigt[1610].

VII.B.6.4. Die erste "Hauptstellungnahme"

Die erste rechtlich einigermaßen verbindliche Stellungnahme zum Flächennutzungsplanentwurf gab der Regionalverband im Januar 1980 ab, also zu einem Zeitpunkt, zu welchem der Satzungsbeschluß des Regionalplanes bereits vorlag[1611]. Demzufolge benutzte der Regionalverband auch den Regionalplan als Grundlage für diese Stellungnahme[1612].
Zusätzlich zur Stellungnahme konnte die Sitzungsvorlage mit den Beschlußempfehlungen der Stadtverwaltung Friedrichshafen für die Gemeinderäte von Friedrichshafen und Immenstaad ausgewertet werden. Darin sind auch die Beschlüsse über die Berücksichtigung der Bedenken und Anregungen des Regionalverbands, teilweise auch des Regierungspräsidiums, enthalten, was

---

1602 REGIONALVERBAND BODENSEE-OBERSCHWABEN (o.J.) ca. 1976/77U
1603 REGIONALVERBAND BODENSEE-OBERSCHWABEN 1977U
1604 REGIONALVERBAND BODENSEE-OBERSCHWABEN (o.J.) ca. 1976/77U
1605 REGIONALVERBAND BODENSEE-OBERSCHWABEN 1977U
1606 REGIONALVERBAND BODENSEE-OBERSCHWABEN (o.J.) ca. 1976/77U
1607 REGIONALVERBAND BODENSEE-OBERSCHWABEN 1977U
1608 Vgl. dazu auch Materialien von BUCHWALD und der ökologischen Standorteignungskarte
1609 REGIONALVERBAND BODENSEE-OBERSCHWABEN (o.J.) ca. 1976/77U
1610 S. Tabelle 21
1611 REGIONALVERBAND BODENSEE-OBERSCHWABEN 1979
1612 REGIONALVERBAND BODENSEE-OBERSCHWABEN 1980U

Aufschlüsse über die Argumente der Gemeinden für die Berücksichtigung bzw. Nichtberücksichtigung der jeweiligen Bedenken und Anregungen sowie über die Rolle des Regierungspräsidiums erlaubt.

VII.B.6.4.1. ALLGEMEINES

Bei der Anhörung als Träger öffentlicher Belange* kritisierten sowohl der Regionalverband als auch das Regierungspräsidium, daß auf die "Ziele"[1613] des sich seit 1976 im Aufstellungsverfahren befindlichen Regionalplans im Flächennutzungsplanentwurf "kein Bezug" genommen wurde[1614]. So wurden z.B. die regionalen Freihalteflächen* nicht in den Flächennutzungsplan übernommen. Die Stadtverwaltung Friedrichshafen gab dafür als Grund an, daß der Flächennutzungsplanentwurf "bereits gefertigt" war, als der verbindliche Regionalplan vorlag. Angesichts der zahlreichen hier dokumentierten Kontakte zwischen Stadtverwaltung Friedrichshafen und Regionalverband bleibt dieses Argument aber unverständlich. Dazu kommt, daß die Landesregierung von Baden-Württemberg in Beantwortung einer kleinen Anfrage zu diesem Thema im Landtag mitteilte, daß auch Aussagen der sich erst in Aufstellung befindlichen Regionalpläne als "Auslegungshilfen" bei der Handhabung des Bundesbaugesetzes im Rahmen von Bauleitplanverfahren herangezogen werden können[1615], also von der Gemeinde zu beachten seien. Die Entgegnung seitens der Stadtverwaltung Friedrichshafen deutet darauf hin, daß hier weniger die Anpassungspflicht der Flächennutzungspläne an die Regionalpläne als vielmehr die "eigenen Interessen" gesehen wurden. So seien nur diejenigen regionalplanerischen Vorgaben "bereits berücksichtigt" worden, die "...eigenen Interessen nicht entgegenstehen und entsprechend belegt sind"[1616].
Da bisher keine einzige Berücksichtigung seiner Bedenken und Anregungen festzustellen war, griff der Regionalverband zu noch schärferen Formulierungen. So fällt auf, daß statt der bisherigen "Anregungen" deutlich verbindlichere Formulierungen wie "ist zu prüfen" oder "eine Prüfung ist gerechtfertigt" verwendet werden[1617]. Diese Tabellen belegen auch die Funktion des Regionalverbandes als "Anwalt von Landschaftsschutz und Erholung". Beispielsweise kritisierte er erneut die Ausweisung von geplanten Landschaftsschutzgebieten lediglich in Waldgebieten und belehrte den Verwaltungsraum, daß bereits das Landeswaldgesetz einen Schutz des Waldes "weitgehend" sichere. Die diesbezüglichen Anregungen gehören zu den wenigen, die von der Stadtverwaltung Friedrichshafen in ihrem Beschlußvorschlag berücksichtigt wurden. Allerdings stößt man hier auf die Rolle des Akteurs "Regierungspräsidium", denn dieser Beschlußvorschlag erfolgte wohl weniger aufgrund der Bedenken des Regionalverbandes als aufgrund einer Stellungnahme des Regierungspräsidiums vom 13.6.80, in der vom Verwaltungsraum die nachrichtliche Übernahme der von den Naturschutzbehörden geplanten Schutzgebiete gefordert wurde[1618]. Deutlich wird dies am Argument der Stadtverwaltung für ihren positiven Beschlußvorschlag zur Übernahme der geplanten Schutzgebiete in den Flächennutzungsplan: Erfolge keine Übernahme, wie vom Regierungspräsidium gefordert, laufe die Stadt Gefahr, "daß der Flächennutzungsplan nicht in vollem Umfang genehmigt werde"[1619]. Dieses Argument zeigt eindeutig die weit stärkere Stellung des "Trägers öffentlicher Belange*" Regierungspräsidium im Vergleich zum Regionalverband aufgrund der von der Gemeinde direkt angesprochenen Sanktionspotentiale. Diese Umsetzung regionalplanerischer Erfordernisse ist zwar auch ein Erfolg für die Regionalplanung, denn die Stellungnahme des Regierungspräsidiums wurde gemeinsam abgesprochen[1620]. Allerdings ist der Erfolg nicht der Durchsetzungskraft der Institution "Regionalplanung" zu verdanken.
Direkt bemängelte der Regionalverband, daß noch immer ein "ausreichend konkretes und durchgängiges Leitbild für die Landschaft im Raum Friedrichshafen" fehle und daß im Flächennutzungsplan keine Aussagen über langfristig von Bebauung freizuhaltende Flächen enthalten seien[1621]. Der Beschlußvorschlag der Stadtverwaltung Friedrichshafen, daß entsprechende Aussagen im Zusammenhang mit dem Landschaftsplan erarbeitet und in den "Erläuterungsbericht" aufgenommen würden, ist wenig überzeugend. Zu diesem Zeitpunkt lag noch nicht einmal der Entwurf zur Anhörung

---

[1613] Gemeint sind wohl "Erfordernisse".
[1614] STADTPLANUNGSAMT FRIEDRICHSHAFEN 1980U
[1615] LANDTAG VON BADEN-WÜRTTEMBERG 1976
[1616] STADTPLANUNGSAMT FRIEDRICHSHAFEN 1980U
[1617] S. Tabelle 19 und 22
[1618] REGIERUNGSPRÄSIDIUM TÜBINGEN 1980U
[1619] STADTPLANUNGSAMT FRIEDRICHSHAFEN 1980U
[1620] SAEGER,Interview
[1621] REGIONALVERBAND BODENSEE-OBERSCHWABEN 1980U

des Landschaftsplans vor. Daher konnte er eine wichtige Funktion, die Bereitstellung von Materialien für die Flächennutzungsplanung, nicht mehr wahrnehmen. Obwohl im Rahmen dieser Arbeit keine genaue Bewertung des Landschaftsplanes Friedrichshafen vorgenommen werden kann, sei als Teil der Plausibilitätsprüfung der Zielvorstellungen des Regionalverbandes kurz auf ihn eingegangen:
Erst mit dem Landschaftsplan - Entwurf zur Anhörung vom März 1981 - wurde ein von seiten der Regionalplanung gefordertes "Freiraumkonzept" vorgelegt. Zu diesem Zeitpunkt hatte dieses Konzept kaum noch Bedeutung, da die Bauflächenplanung im Flächennutzungsplan schon lange feststand. Bereits "zu Beginn der Arbeiten für den Landschaftsplan" hatte der Entwurf des Flächennutzungsplans die fortgeschrittene Planungsphase der Anhörung der Träger öffentlicher Belange* abgeschlossen"[1622], wie die Bearbeiter des Landschaftsplans in ihrem Vorwort bemerken. Aus diesem Grund muß das Freiraumkonzept treffender als "Restflächenkonzept" bezeichnet werden. Deutlich wird dies an der Anmerkung der Bearbeiter des Landschaftsplans, die die "geplanten Umwidmungen"[1623] als "Vorgaben" hinnehmen mußten[1624]. Im übrigen verweist der Landschaftsplan auf "fehlende Grundlagenuntersuchungen" und beschränkt sich in seiner "Verträglichkeitsuntersuchung" zwischen schutzwürdigen Flächen und anderen Nutzungen zumeist auf die Empfehlung, "landschaftspflegerische Begleitpläne" bzw. "Grünordnungspläne" seien zu erarbeiten, was natürlich eine qualifizierte Verträglichkeitsuntersuchung auf der Ebene der Flächennutzungsplanung nicht ersetzen kann[1625]. Eigentlich hätte die Erarbeitung ökologischer Materialien vor der Ausweisung von Bauflächen stattfinden müssen. Dann hätten auch die am Verfahren beteiligten Träger öffentlicher Belange* diese Materialien zur Bewertung der durch die geplante Bebauung absehbaren Zielkonflikte heranziehen können.
Aus diesen hier angerissenen Punkten und aus dem Hinweis, daß die Erstellung des Landschaftsplans nicht von der Gemeinde ausging, sondern auf Druck des Regierungspräsidiums erfolgen mußte[1626], werden die zumindest damals gegen Festsetzungen zum Landschafts- und Naturschutz gerichteten Interessen der Gemeinde deutlich.
Nur am Rande vermerkt sei, daß das pauschale und für den später wichtig werdenden Flachwasserzonenschutz des Bodensees fatale Angebot des Regionalverbandes an den Verwaltungsraum, die Planungen in der "Uferzone" (u.a. "Aufschüttungen") zu "unterstützen", deutlich zeigt, wie wichtig zu diesem Zeitpunkt praktisch verwendbare Planungsgrundlagen und -materialien für den Regionalverband gewesen wären. Diese wurden aber erst mit den "Grundsätzen zum Schutze der Flachwasserzone" 1981[1627] bereitgestellt, als das Flächennutzungsplanverfahren bereits zum größten Teil gelaufen war. Es ist eine Ironie der weiteren Entwicklung, daß der Regionalverband später, im Rahmen der Erstellung und Umsetzung des Bodenseeuferplans, zu einer der wichtigsten Behördenanwälte des Flachwasserzonenschutzes aufsteigen sollte.

VII.B.6.4.2. AUSSAGEN ZU DEN BEVÖLKERUNGSPROGNOSEN

Obwohl der Verwaltungsraum weiterhin die Richtwerte* des Regionalverbandes ignorierte, hielt der Regionalverband eine Anpassung der Bedarfsberechnung für "nicht notwendig", da der errechnete Baulandbedarf "in der Dimension" zutreffe[1628]. Interessanterweise kritisierte der Regionalverband in seiner Stellungnahme auch nicht, daß für die Gemeinde Immenstaad bei der Bevölkerungsprognose seitens des Verwaltungsraums eine Zuwanderung von 1350 Personen bis 1990 angenommen wurde, obwohl diese Gemeinde im Jahr 1975 nur ca. 5000 Einwohner hatte[1629]. Diese Zielprognose*, eine Steigerung der Einwohnerzahl um fast ein Drittel, war der im Gesamtkonzept für den Bodenseeraum[1630] und später auch im Regionalplan[1631] geforderten Eigenentwicklung* für Immenstaad entgegengesetzt.
Das Regierungspräsidium war deutlicher. Es mahnte in seiner Stellungnahme, daß sich der

---

[1622] STADT FRIEDRICHSHAFEN 1981, S. 1
[1623] Gemeint sind die längst vorgenommenen Ausweisungen von Bauflächen im eigentlichen Flächennutzungsplanentwurf.
[1624] STADT FRIEDRICHSHAFEN 1981, S. 29
[1625] STADT FRIEDRICHSHAFEN 1981, S. 194
[1626] STADTPLANUNGSAMT FRIEDRICHSHAFEN 1980U
[1627] MINISTERIUM FÜR ERNÄHRUNG, LANDWIRTSCHAFT, UMWELT UND FORSTEN Baden-Württemberg 1981
[1628] REGIONALVERBAND BODENSEE-OBERSCHWABEN 1980U
[1629] VERWALTUNGSGEMEINSCHAFT FRIEDRICHSHAFEN - IMMENSTAAD 1978, S. 52
[1630] GESAMTKONZEPT FÜR DEN BODENSEERAUM 1975, S. 38
[1631] So bereits im "Entwurf zur Anhörung" von 1978 (REGIONALVERBAND BODENSEE-OBERSCHWABEN 1978, S. 48).

Wohnungsbau der Gemeinde Immenstaad nach dem Regionalplan "im Rahmen der eigenen Entwicklung vollziehen solle". Allerdings kritisierte auch das Regierungspräsidium nicht die Bevölkerungsprognose, sondern vermerkte nur, daß die ausgewiesenen 24 ha Wohnbauflächen selbst "für einen sehr hoch angesetzten örtlichen Bedarf" ausreichten[1632].
Wegen der aus seinen unscharfen Formulierungen nicht erschließbaren Umsetzungsanforderungen des Regionalverbandes kann der Umsetzungsgrad nur für die Bedenken zur Erwerbsstellenprognose angegeben werden. Hier wurden die Bedenken des Regionalverbandes nicht umgesetzt[1633].

VII.B.6.4.3. AUSSAGEN ZUM FLÄCHENBEDARF

Im deutlichem Gegensatz zu seinen früheren Stellungnahmen sprach der Regionalverband jetzt bei den ausgewiesenen Wohnflächen von der "oberen Grenze" des absehbaren Bedarfs und ließ durchblicken, daß er den "Trick" mit der hohen Bruttowohndichte* durchschaut hatte: So kritisierte er jetzt die Option des Verwaltungsraums auf Inanspruchnahme der Hinweisflächen vor 1990, falls sich die gewählten Bruttowohndichten* als für den Markt zu hoch erweisen sollten. Der Beschlußvorschlag der Stadtverwaltung Friedrichshafen, man solle doch einfach die Formulierung dieses Satzes ändern und "im Einzelfall" ergänzen, kann wohl kaum als teilweise Berücksichtigung der Bedenken bezeichnet werden. Auch hier ist zu vermuten, daß dieser Änderungsvorschlag nur aufgrund der ähnlich lautenden Bedenken des Regierungspräsidiums vorgebracht wurde[1634], obwohl der Nachweis nicht deutlich zu führen ist.
Auch die vom Regionalverband vorgebrachten Bedenken hinsichtlich der fehlenden Anrechnung von 31 ha durch Aussiedlung von Betrieben freiwerdende Gewerbefläche wurden von der Verwaltung ohne qualifizierte Begründung zurückgewiesen[1635].
Ebenso änderte sich bei den Gewerbeflächen die Meinung des Regionalverbandes im Vergleich zu seinen früheren Stellungnahmen. So sprach er jetzt von der "obersten Grenze" des absehbaren Bedarfs, ohne allerdings Reduktionswünsche anzumelden.
Als neuen Kritikpunkt brachte er dafür die vom Verwaltungsraum als Sondergebiete ausgewiesenen Ferienhausgebiete in Ailingen und Fischbach in die Diskussion. Sie widersprächen den "Zielen"[1636] des Regionalplans. Diesen Zielvorstellungen zufolge sollten im Uferbereich des Bodensees keine weiteren Gebiete für Zweitwohnungen mehr ausgewiesen werden, mit einer Umwandlung der geplanten Ferienhäuser in Zweitwohnungen müsse aber gerechnet werden. Die Stadtverwaltung Friedrichshafen schlug angesichts dieser Bedenken vor, das Sondergebiet in Ailingen als Wohngebiet auszuweisen. Dies war zwar formell eine teilweise Berücksichtigung der regionalplanerischen Bedenken, inhaltlich brachte es aber keine Änderung. Auch hier zeigt sich, wie wichtig bei der Umsetzungskontrolle neben der Umsetzungsform eine Prüfung der Umsetzungsinhalte ist. Die Ausweisung der Ferienwohnungen in Fischbach blieb weiterhin bestehen. Die Ausweisung eines geplanten Ferienhausgebietes in Immenstaad konnte vom Regionalverband nicht kritisiert werden, da die betreffenden Gebiete bereits durch vor dem Flächennutzungsplan erarbeitete und rechtskräftige Bebauungspläne "festgelegt" waren.
Die Bedenken des Regionalverbands gegen den Bedarf eines geplanten Campingplatzes im Bereich Ailingen wurden ohne Begründung zurückgewiesen.

Tabelle 19 und Abbildung 11 zeigen den geringen Umsetzungsgrad der Bedenken und Anregungen des Regionalverbands zum Flächenbedarf durch die Gemeinden.

1632 Zit. nach GEMEINDE IMMENSTAAD 1980aU
1633 S. Tabelle 18
1634 STADTPLANUNGSAMT FRIEDRICHSHAFEN 1980U
1635 S. Tabelle 19
1636 Gemeint sind wohl "Erfordernisse"

Abbildungen 11 - 16:	Auswertung der Stellungnahmen des Regionalverbands Bodensee-Oberschwaben in zwei Flächennutzungsplanverfahren - Berücksichtigung der Bedenken und Anregungen durch die Verwaltungsräume Friedrichshafen und Meersburg
Abbildung 11 (unten links):	Berücksichtigung der Bedenken und Anregungen durch den Verwaltungsraum Friedrichshafen - Aussagen zum Flächenbedarf
Abbildung 12 (unten rechts):	Berücksichtigung der Bedenken und Anregungen durch den Verwaltungsraum Friedrichshafen - Aussagen zur Flächenverortung
Abbildung 13 (oben links):	Berücksichtigung der Bedenken und Anregungen durch den Verwaltungsraum Friedrichshafen - Argumente des Regionalverbandes
Abbildung 14 (oben rechts):	Berücksichtigung der Bedenken und Anregungen durch den Verwaltungsraum Meersburg - Aussagen zum Flächenbedarf

VR Friedrichshafen
Aussagen zum Flächenbedarf

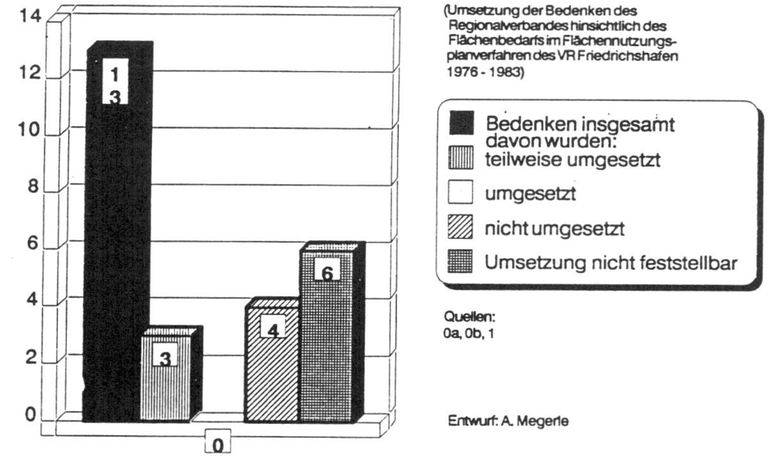

VR Friedrichshafen
Argumente des Regionalverbands

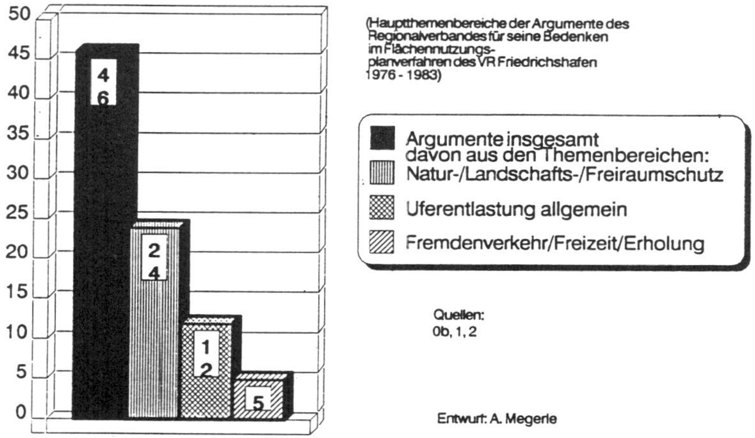

VR Friedrichshafen
Aussagen zur Flächenverortung

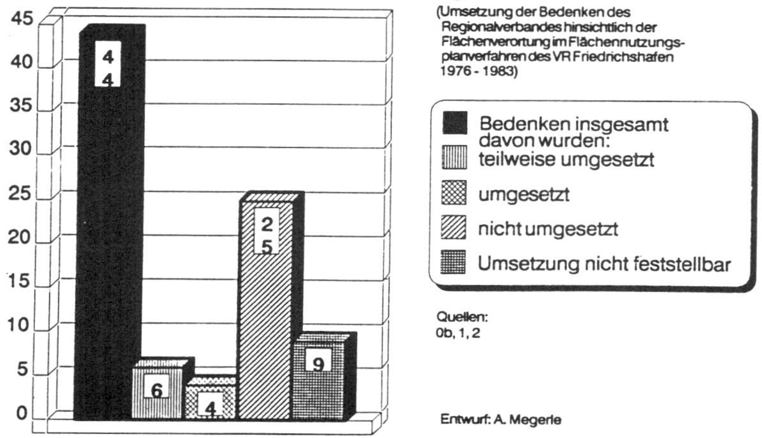

VR Meersburg
Aussagen zum Flächenbedarf

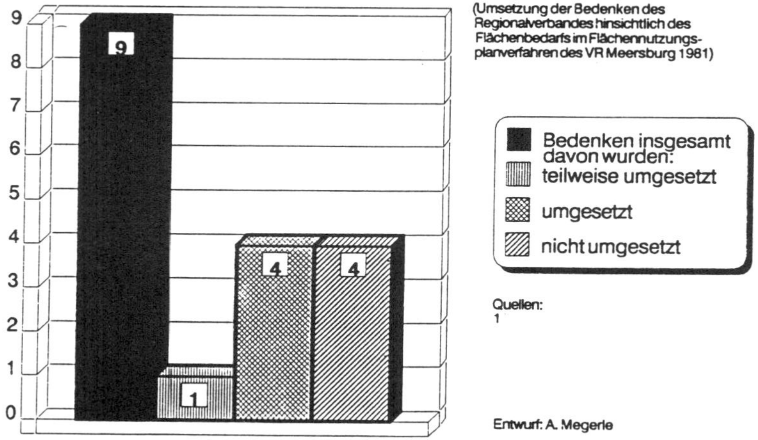

Abbildung 15: Berücksichtigung der Bedenken und Anregungen durch den Verwaltungsraum Meersburg - Aussagen zur Flächenverortung

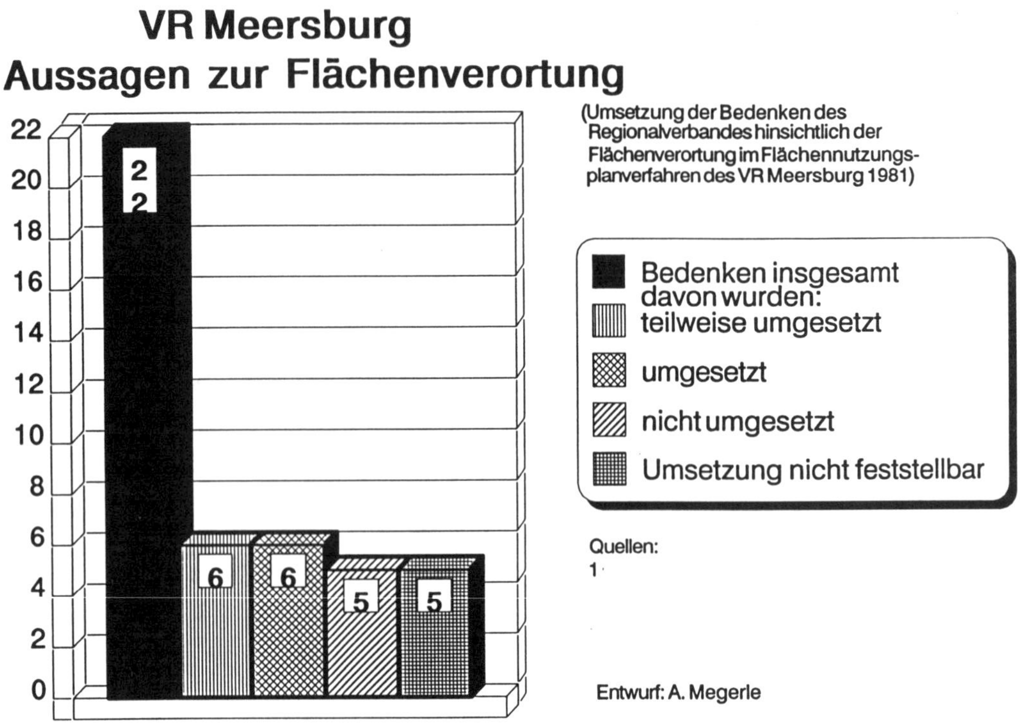

Abbildung 16: Berücksichtigung der Bedenken und Anregungen durch den Verwaltungsraum Meersburg - Argumente des Regionalverbandes

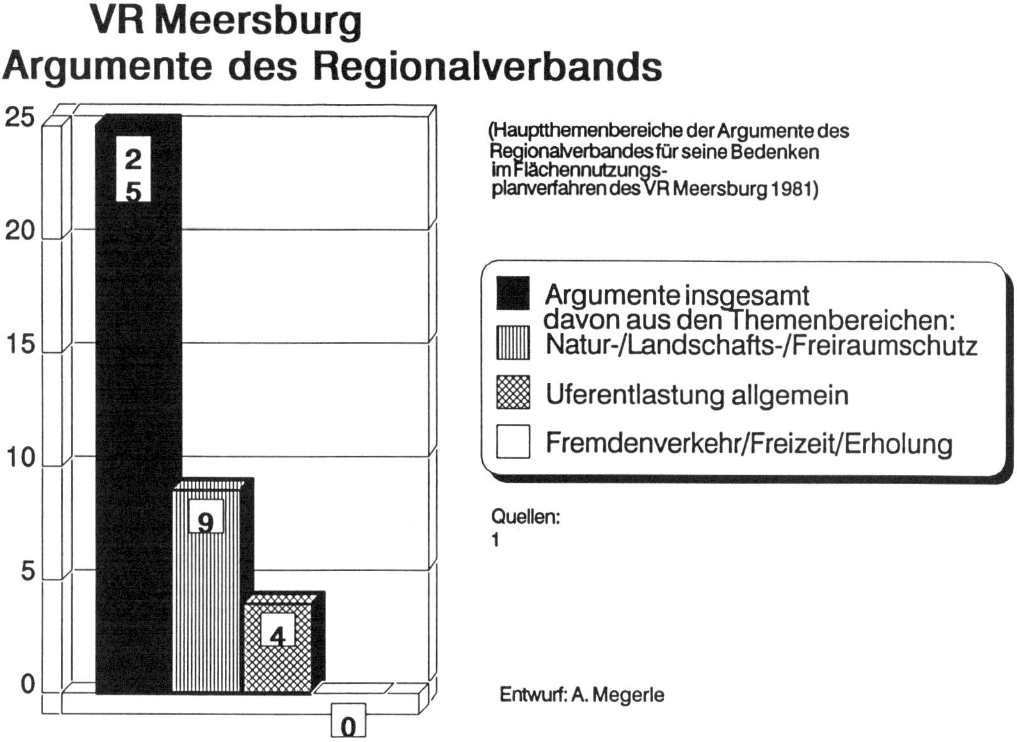

VII.B.6.4.4. AUSSAGEN ZUR FLÄCHENVERORTUNG

Bemerkenswert ist die verstärkt vorgetragene Kritik des Regionalverbandes an der mangelnden Umsetzungsmöglichkeit des verwaltungsraumeigenen Leitbildes: Die zahlreichen bereits vorhandenen Bebauungspläne bzw. die laufenden, vor Abschluß des Flächennutzungsplanverfahrens begonnenen Bebauungsplanverfahren[1637] fügten sich nicht in das Leitbild des Flächennutzungsplans ein. Es gebe, so der Regionalverband in seiner recht scharfen Kritik, "eindeutige Widersprüche sowohl im Hinblick auf die Schwerpunktbildung...aber auch zu den Zielsetzungen des Regionalplans und des Gesamtkonzeptes bezüglich der weiteren Überbauung von freien Flächen in der Uferzone..."[1638]. Konkretes Beispiel dafür ist das zuvor bereits erwähnte Ferienwohnungsgebiet in Immenstaad. Da hierfür schon ein rechtskräftiger Bebauungsplan vorlag, konnte der Regionalverband keine Bedenken erheben, obwohl diese Ausweisung mit den von ihm kritisierten geplanten Ferienhausgebieten in Fischbach und Ailingen vergleichbar war.
Die Meinung der Stadtverwaltung Friedrichshafen zeigt, wie wenig Gewicht die landes- und regionalplanerischen Zielsetzungen hinsichtlich einer Uferentlastung bei der Gemeinde besaßen. So merkte sie an, daß "die (vom Regionalverband, Anm. d. Verf.) genannten Gebiete...schon jahrelang als Bauerwartungs- oder Bauland geplant" seien[1639]. Erst die nach 1990 auszuweisenden Gebiete würden in

[1637] BENZ sieht die Vorwegnahme der Festsetzungen von Flächennutzungsplänen durch vor deren Verbindlichkeit beschlossene Bebauungspläne als generelles Problem (BENZ 1982, S. 129).
[1638] REGIONALVERBAND BODENSEE-OBERSCHWABEN 1980U
[1639] STADTPLANUNGSAMT FRIEDRICHSHAFEN 1980U

seeabgewandten Bereichen ausgewiesen werden (!).
Ein Blick auf Tabelle 22 zeigt, daß kaum ein Bedenken oder eine Anregung des Regionalverbandes von der Stadtverwaltung aufgenommen wurden. Unter den wenigen umgesetzten Bedenken sind darüber hinaus mehrere, die auch vom Regierungspräsidium geäußert wurden, so daß der Einfluß des Regionalverbandes nicht immer genau anzugeben ist. So ist die Herausnahme des Motels aus der Planung eindeutig aufgrund der Bedenken von Landratsamt und Regierungspräsidium erfolgt, da die entsprechenden Bedenken des Regionalverbandes in der Sitzungsvorlage der Gemeindeverwaltung gar nicht aufgeführt wurden (!). Darüber hinaus muß man auch sonst bei der Untersuchung der Wirkungszusammenhänge vorsichtig sein: Laut eigenen Angaben der Gemeindeverwaltung war beispielsweise die geplante Wohnbaufläche "Jettenhausen-Süd" nicht aufgrund der Bedenken des Regionalverbandes aus der Planung herausgenommen worden, sondern weil sie nicht zur Verfügung stand[1640].
Im Hinblick auf das Thema dieser Arbeit kann als Kernsatz dieser Stellungnahme wohl folgende Äußerung des damaligen Verbandsdirektors Vogler gewertet werden: "Die Vorschläge und planerischen Empfehlungen des Regionalverbandes im Rahmen der Beteiligung...sind nicht berücksichtigt..."[1641]. Aus diesem Grund mußte der Regionalverband am 14.1.82 eine zweite Stellungnahme mit der Begründung hinterherschieben, daß die Bedenken der ersten Stellungnahme "nur teilweise" berücksichtigt worden seien und daß der jetzt vorliegende Flächennutzungsplanentwurf in vier Punkten dem Regionalplan widerspreche[1642]. Zwei Punkte davon betreffen fachplanerische Festlegungen, die hier nicht weiter untersucht werden. Der dritte Punkt betrifft die Ausweisung der geplanten Gewerbefläche "Dornier 3". Hier wurden die Bedenken des Regionalverbandes aus den bekannten Gründen[1643] nicht berücksichtigt. Die Bedenken hinsichtlich des vierten Punktes beziehen sich auf einen in der Nähe der Ziegelei "Grenzhof" geplanten Campingplatz. Hier erhob der Regionalverband Bedenken wegen

- der unmittelbaren Seelage
- der Lage in einem bestehenden Landschaftsschutzgebiet und
- der Lage direkt angrenzend an ein geplantes Naturschutzgebiet (!).

Diese Bedenken wurden von der Stadt Friedrichshafen voll berücksichtigt[1644]. Aber auch hier war nicht der Einsatz des Regionalverbandes, sondern der des Regierungspräsidiums als höhere Naturschutzbehörde maßgebend. Dieses hatte dem Verwaltungsraum Friedrichshafen in seiner Stellungnahme vom 2.6.82 eine naturschutzrechtliche Befreiung von der Landschaftsschutzverordnung nicht in Aussicht stellen können. Da auch die Strassenbauverwaltung im Regierungspräsidium "aus Verkehrssicherheitsgründen" "erhebliche Bedenken" anmeldete[1645], stellte der Verwaltungsraum beim Regierungspräsidium Tübingen den Antrag, die Kennzeichnung für den geplanten Campingplatz von der Genehmigung auszunehmen (nach § 6, Abs. 3 BBauG). Diesem Antrag wurde von seiten des Regierungspräsidiums selbstverständlich stattgegeben.
Am 08.04.1983 wurde der Flächennutzungsplan des Verwaltungsraums Friedrichshafen vom Regierungspräsidium Tübingen genehmigt[1646].

VII.B.6.5. Zusammenfassung und Bewertung des Fallbeispiels "Verwaltungsraum Friedrichshafen"

Betrachtet man die Bilanz der Umsetzung regionalplanerischer Erfordernisse durch den Verwaltungsraum Friedrichshafen[1647], so ist die Umsetzung nur in wenigen Fällen erfolgt. Selbst bei den berücksichtigten Bedenken ist die Umsetzung häufig weniger dem Engagement des Regionalverbandes, als, entsprechend der gesetzlich vorgegebenen Aufgabenteilung, dem des Regierungspräsidiums mit seinen Sanktionspotentialen zu verdanken. Der vom Regierungspräsidium ausgeübte Druck wird am deutlichsten, wenn die Behörde dem Verwaltungsraum vorschlägt, eine Planung "auf Antrag des Verwaltungsraums" von der Genehmigung des Flächennutzungsplans ausnehmen zu lassen. Dies bedeutet nichts anderes, als daß diese Planung aus der Sicht des Regierungspräsidiums nicht genehmigungsfähig ist.

[1640] STADTPLANUNGSAMT FRIEDRICHSHAFEN 1980U
[1641] REGIONALVERBAND BODENSEE-OBERSCHWABEN 1980U, s. Tabelle 22 und Abbildung 12
[1642] REGIONALVERBAND BODENSEE-OBERSCHWABEN 1982U
[1643] S. vorstehende Kapitel
[1644] S. Tabelle 23
[1645] REGIERUNGSPRÄSIDIUM TÜBINGEN 1982U
[1646] REGIERUNGSPRÄSIDIUM TÜBINGEN 1983U
[1647] S. Abbildungen 11 und 12 sowie die Tabellen 18 - 23

Demgegenüber besitzt der Regionalverband über Informations- und Überzeugungsinstrumente hinaus kaum Sanktionspotentiale, wenn seine Bedenken und Anregungen nicht berücksichtigt werden. Eine Möglichkeit ist die Koalitionsbildung mit dem "sanktionspotenten" Regierungspräsidium, welche aber nur bei enger Koordination funktioniert. So sollten alle regionalplanerischen Bedenken bei den Anhörungen gemeinsam vorgetragen werden, um ihnen ein entsprechendes Gewicht zu geben.
Was das untersuchte Fallbeispiel betrifft, so hat sich das auf Kooperation und Verhandlung setzende Planungsverständnis des Regionalverbandes nicht durchgehend bewährt. Trotz frühzeitiger Beteiligung, unzähligen Besprechungen, Ortsterminen und zahlreichen Stellungnahmen hat der Einsatz der Informations- und Überzeugungsinstrumente seitens des Regionalverbandes im Falle Friedrichshafen nur wenig Erfolg gezeitigt. Ein Grund dafür ist, daß die Gemeindeverwaltung die Mitarbeit des Regionalverbandes ignorieren konnte, ohne deshalb Sanktionen befürchten zu müssen.
Deutlich wird die divergierende Interessenlage zwischen den beiden Parteien: Die Gemeinden wollen möglichst viel Baugebiete möglichst in der attraktiven Uferzone ausweisen, während der Regionalverband möglichst wenig Baugebiete möglichst seeabgewandt ausgewiesen sehen möchte.
Die Wurzeln der heutigen und, zu einem gewissen Teil, der zukünftigen Probleme des Raumes Friedrichshafen reichen bis in dieses Flächennutzungsplanverfahren zurück. So ist für VOGLER heute einer der größten regionalen Zielkonflikte die Ausweisung großer Gewerbeflächen im Raum Friedrichshafen, die eine Verlagerung in die "2. Linie" verhindern[1648].

VII.B.7. Das Verfahren um den Flächennutzungsplan des Verwaltungsraums Meersburg

VII.B.7.1. Einleitung

Am 29.7.81 nahm der Regionalverband zum ersten Mal zum Flächennutzungsplanentwurf des Verwaltungsraums Meersburg schriftlich Stellung[1649].

1648 VOGLER, Interview
1649 REGIONALVERBAND BODENSEE-OBERSCHWABEN 1981aU, s. Tabelle 31

Tabelle 31: Die ausgewerteten Stellungnahmen des Regionalverbandes Bodensee-Oberschwaben im Flächennutzungsplanverfahren des Verwaltungraums Meersburg

Bezeichnung der Stellungnahme, der Besprechung usw.	Kurzbezeichnung und Datum	Verweis auf sonst. Stellungnahmen, Besprechungen usw.
Stellungnahme	1 29.07.81	-mündlicher Behördentermin am 16.10.80
Stellungnahme	2 13.11.81	-mündlicher Behördentermin -schriftliche Stellungnahme vom 27.07.81 -Ortstermin vom 12.11.81
Stellungnahme	3 o.D.	-mündlicher Behördentermin -schriftliche Stellungnahme vom 27.07.81 -Ortstermin vom 12.11.81
Stellungnahme zur 1. Änderung des FNP*	4 o.D. (1985)	

Dieser schriftlichen Stellungnahme waren, wie im Falle Friedrichshafen, mündliche Behördenbesprechungen vorausgegangen. Der Regionalverband verstand seine Stellungnahmen als Aufzählung von "Anregungen und Bedenken" sowie als "planerische Hinweise". Eine der ausgewerteten Stellungnahmen wurde von der Verwaltung vor Billigung durch den Planungsausschuß abgegeben, galt daher nur "vorbehaltlich der Zustimmung des Planungsausschusses".

VII.B.7.2. Die Behördenbesprechung

Auf der Behördenbesprechung am 21.6.78 teilte der Regionalverband der Gemeinde seine erste Einschätzung der von der Gemeinde erhobenen Planungsdaten mit. Wieder einmal waren die Prognosewerte der Bevölkerungsentwicklung nach Meinung des Regionalverbandes zu hoch angesetzt. Allerdings erklärte er die geplante Wohnbauflächenausweisung von 67 ha für "grundsätzlich akzeptabel", obwohl sie an die "obere Grenze" reiche.
Auch mit der Flächenverortung war der Regionalverband im wesentlichen einverstanden. Nur die Ausweisungen im Westen der Ortslage Stetten sollte die Gemeinde nach Südosten verlagern[1650].

[1650] KRISCH und Partner (Planungsbüro) 1978U

Abbildung 18: Das Flächennutzungsplanverfahren des Verwaltungsraums Meersburg und die Beteiligung des Regionalverbandes in Form schriftlicher Stellungnahmen (Ablaufschema)

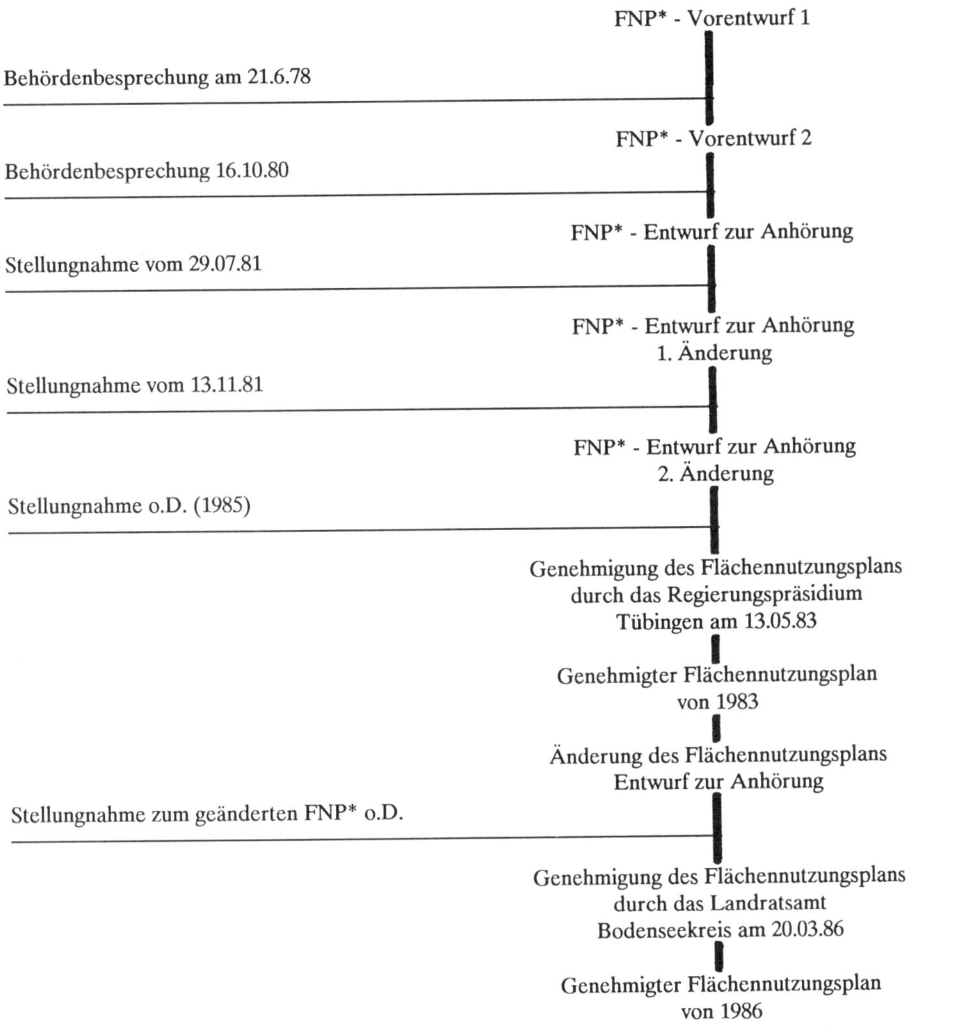

VII.B.7.3. Die erste Stellungnahme

VII.B.7.3.1. ALLGEMEINES

Den sachlichen Schwerpunkt der Stellungnahme bildete das Thema "Siedlungsentwicklung". Der Grund dafür war die Einschätzung des Regionalverbandes, daß diese Entwicklung vor allem in den Gemeinden Uhldingen-Mühlhofen und Daisendorf in den letzten drei Jahrzehnten "besonders groß" gewesen sei und dieser "Siedlungsdruck" in einem Gebiet von "besonderer landschaftlicher Schönheit" stattfinde. Er vertrat deshalb die Meinung, daß Baufläche "nur sehr zurückhaltend" ausgewiesen und eine Reduzierung der geplanten Flächen vorgenommen werden "sollte"[1651].
Hinsichtlich der für alle Gemeinden des Verwaltungsraums geltenden "Eigenentwicklungsauflage*" teilte

[1651] REGIONALVERBAND BODENSEE-OBERSCHWABEN 1981aU

der Regionalverband in seiner Stellungnahme mit, daß "im Grundsatz" das Bemühen anerkannt werde, den Plansatz 7.2. (3) des Regionalplans (Ausweisung von Bauflächen nur für die Eigenentwicklung*) umzusetzen.

VII.B.7.3.2. AUSSAGEN ZU DEN BEVÖLKERUNGSPROGNOSEN

Entgegen den Angaben im Regionalplan (+518 Einwohner[1652]) behauptete der Gemeindeverwaltungsverband, daß aus der Sicht der Regionalplanung ein Wanderungsgewinn von +914 Personen möglich sei[1653]. Selbst der Richtwert* des Regionalplans war aber auch nach Meinung des Regionalverbandes "stark überhöht" und als "absolute Obergrenze" anzusehen[1654]. Aus diesem Grund meinte der Regionalverband, wenn auch vorsichtig, daß es "wünschenswert" gewesen wäre, "wenn...ein geringerer Wert im Flächennutzungsplan angesetzt worden wäre", denn der Wert sei "sehr hoch". Zum angesetzten Wanderungsgewinn kam ein von der Gemeinde angenommener Eigenbedarf von zusätzlich 1090 Einwohnern. Doch weder Regionalverband noch Regierungspräsidium sahen in diesen Annahmen damals einen Verstoß gegen die Auflage der "Eigenentwicklung*". So waren nach Meinung des Regionalverbands die Annahmen für die Eigenentwicklung* "vertretbar". In einem Schreiben des Regierungspräsidiums Tübingen an den Gemeindeverwaltungsverband Meersburg vom 7.1.81 teilte die Behörde mit, daß der angenommene Bevölkerungszuwachs von +2004 E (Zuwanderungen + innerer Bedarf*) sich "mit den raumordnerischen Vorgaben in Übereinstimmung" befinde[1655].
Interessanterweise erfolgte eine Teilreduzierung der Bevölkerungsprognosen durch den Gemeindeverwaltungsverband ausdrücklich aufgrund der Bedenken des Regionalverbands[1656].
Auch bei den Erwerbsstellenprognosen waren die Annahmen des Gemeindeverwaltungsverbands nach Meinung des Regionalverbands "mit Sicherheit zu hoch gegriffen"[1657]. So ging der Gemeindeverwaltungsverband von 1726 bis 1990 zu schaffenden Erwerbsstellen aus, der Regionalverband von nur "ca. 350 bis 400".
Diese Bedenken wurden vom Gemeindeverwaltungsverband umgesetzt[1658].

Sowohl das Regierungspräsidium[1659] als auch der Regionalverband[1660] wollten die höheren Wohndichten eines Verdichtungsbereichs und nicht die eigentlich für den Raum Meersburg nach dem Bauflächenerlaß vorgeschriebenen niedrigeren Wohndichten angenommen wissen. Der Grund dafür war die hohe Bevölkerungsdichte* von über 340 Einwohnern pro qkm im Verwaltungsraum, die die Dichtewerte von Gemeinden des Verdichtungsbereichs (z.B. Kressbronn) noch übertraf. Wahrscheinlich wollten die beiden Behörden auf diesem Weg den aufgrund der überhöhten Zuwanderungsannahmen überdimensionierten Flächenbedarf des Verwaltungsraums reduzieren. Doch trotz "Allianzeffekt" wurden diese Zielvorstellungen des Regionalverbands nur teilweise umgesetzt. Statt des vom Regionalverband geforderten Bruttowohndichteansatzes* von 60 Einwohnern pro ha für die Gemeinde Meersburg und 50 Einwohnern pro ha für die anderen Gemeinden des Verwaltungsraums setzte die Gemeinde für Meersburg den Wert von 50 Einwohnern pro ha, für Oberuhldingen von 40 Einwohner pro ha und für die anderen Gemeinden den äußerst niedrigen Wert von 35 Einwohner pro ha fest[1661] und blieb damit weit hinter den Forderungen des Regionalverbands zurück.
Interessanterweise divergierten die niedrigen Bruttowohndichteannahmen* im Rahmen der Flächennutzungsplanung des Gemeindeverwaltungsverbandes von den im Rahmen der Bebauungsplanung und Baugenehmigung realisierten. So wies der Naturschutzverband BUND* in seiner Stellungnahme[1662] darauf hin, daß bereits jetzt bei Neubaugebieten Bruttowohndichten* von über

---

1652 REGIONALVERBAND BODENSEE-OBERSCHWABEN 1981, S. 28
1653 GEMEINDEVERWALTUNGSVERBAND MEERSBURG 1983, S. 37
1654 REGIONALVERBAND BODENSEE-OBERSCHWABEN 1981aU
1655 REGIERUNGSPRÄSIDIUM TÜBINGEN 1981U
1656 S. Tabelle 24
1657 REGIONALVERBAND BODENSEE-OBERSCHWABEN 1981aU
1658 S. Tabelle 24
1659 REGIERUNGSPRÄSIDIUM TÜBINGEN 1981U
1660 REGIONALVERBAND BODENSEE-OBERSCHWABEN 1981aU
1661 GEMEINDEVERWALTUNGSVERBAND MEERSBURG 1983, S. 45
1662 BUND 1982U

100 Einwohnern pro ha erreicht würden[1663]. Diese hohen Bruttowohndichten* allein boten also schon Platz für regionalplanerisch unerwünschte Zuwanderungen, selbst wenn die überhöhten Bevölkerungsprognosen reduziert worden wären.
Ebenso wie im Fall Friedrichshafen hatte der Gemeindeverwaltungsverband in vielen Fällen mit der Erarbeitung und Realisierung von Bebauungsplänen begonnen, obwohl der Flächennutzungsplan noch im Verfahren war. So entstanden von 1978 bis 1982 allein in Meersburg 212 neue Wohneinheiten für ca. 400-500 Einwohner, die im Flächennutzungsplanverfahren bei der Bedarfsberechung nicht mehr berücksichtigt worden waren[1664].
Resignierend stellte der Regionalverband mit Blick auf die Siedlungsentwicklung in der Gemeinde Meersburg fest, daß "ein Ausweichen auf den Standort Baitenhausen zwingend" sei, "da eine Selbstbeschränkung in der baulichen Entwicklung in Meersburg offenbar nicht durchsetzbar" scheine[1665].

VII.B.7.3.3. AUSSAGEN ZUM FLÄCHENBEDARF

Der Regionalverband konstatierte in seiner Stellungnahme, daß "die Reserven an Bauflächen aufgrund von lückenhaft bebauten Baugebieten" sowie aufgrund "ungenützter Baulücken nach § 34 BBauG" bei der Wohnflächenberechnung "nicht berücksichtigt" worden seien[1666]. Aus diesen und aus Gründen der zu hohen Bevölkerungsprognosen sei der Wohnbauflächenbedarf in Höhe von 59,2 ha "zu hoch angesetzt" und werde den Zielen...im Regionalplan nicht gerecht". Auch dem Regierungspräsidium[1667] erschien der prognostizierte Flächenbedarf zu hoch. Der Regionalverband hielt einen Wohnflächenbedarf von "ca. 30 bis 35 ha" für angemessen, was auch dem Regionalplan entspreche[1668].
Die Gemeinde Daisendorf wies der Regionalverband auf den seiner Meinung nach bestehenden Widerspruch zwischen der "relativ großen Flächenausweisung im Flächennutzungsplan" und der Haltung der Gemeinde in ihrer Stellungnahme zum Entwurf des Regionalplans hin. In ihr hatte die Gemeinde befürwortet, daß die Prioritäten so gesetzt würden, daß "die Landschaft geschont" werde.

Abbildung 14 und Tabelle 25 zeigen den Grad der Umsetzung der regionalplanerischen Bedenken zum angesetzten Flächenbedarf. Im Vergleich zum Verfahren Friedrichshafen ist eine leicht bessere Berücksichtigung der Bedenken durch die Gemeinden erkennbar.
Von Interesse ist, daß auf der Gemarkung der Gemeinde Uhldingen-Mühlhofen eine Reduzierung der geplanten Wohnbauflächen um 28% erreicht werden konnte. Hauptgrund dafür war das Ergebnis einer Baulückenerhebung. Diese ergab, daß Baulücken für rund 204 Wohneinheiten bestanden. Allerdings gab der Gemeindeverwaltungsverband zu bedenken, daß eine Bebauung der Baulücken "nicht zu erzwingen" sei, auch wenn sie in Gebieten lägen, in denen ein bestehender Bebauungsplan noch nicht zu 80% ausgeschöpft sei[1669]. Trotzdem zeigt dieses Beispiel, wie stark seitens der Gemeinden auf Neuausweisung von Flächen gesetzt wurde, anstatt erst einmal zu prüfen, inwieweit der absehbare Bedarf innerhalb der bestehenden Baugebiete zu decken war.
Sowohl der Regionalverband als auch das Regierungspräsidium Tübingen kritisierten den "überhöhten Ansatz" des Gemeindeverwaltungsverbandes hinsichtlich der Gewerbe- und Mischflächen. Anstatt der ausgewiesenen 21,6 ha hielt der Regionalverband 15 - 17 ha[1670], das Regierungspräsidium 18 ha für angemessen[1671].
Hinsichtlich des Bedarfs an Gewerbeflächen berücksichtigte die Gemeinde die Bedenken des Regionalverbands und des Regierungspräsidiums in keiner Weise. Im Gegenteil: Der Bedarf wurde im Flächennutzungsplan sogar noch erhöht. Als Begründung dafür gab der Gemeindeverwaltungsverband an, daß als Berechnungsmodus der im Regionalplan angegebene Prognosedurchschnittswert für die gesamte Region in Höhe von 12-20 ha Gewerbefläche pro 10.000 Einwohner[1672] auf die Einwohnerzahl

---

1663 Der BUND* hatte diese Zahl als Stichprobe aus drei Baugesuchen in Daisendorf ermittelt (BUND 1982U).
1664 BUND 1982U
1665 REGIONALVERBAND BODENSEE-OBERSCHWABEN 1981aU
1666 REGIONALVERBAND BODENSEE-OBERSCHWABEN 1981aU
1667 REGIERUNGSPRÄSIDIUM TÜBINGEN 1981U
1668 REGIONALVERBAND BODENSEE-OBERSCHWABEN 1981aU
1669 GEMEINDEVERWALTUNGSVERBAND MEERSBURG 1983, S. 44
1670 REGIONALVERBAND BODENSEE-OBERSCHWABEN 1981aU
1671 REGIERUNGSPRÄSIDIUM TÜBINGEN 1981U
1672 REGIONALVERBAND BODENSEE-OBERSCHWABEN 1981, S. 56

des Verwaltungsraums umgerechnet wurde. Diese Erklärung ist insofern nicht plausibel, als dieser Durchschnittswert sowohl Gebiete mit Strukturschwächen im Hinterland als auch Gemeinden mit Eigenentwicklung* umfassen sollte. Für eine Ufergemeinde am See war dieser Wert aber auf jeden Fall als überhöht einzustufen. Auf den Aspekt der Eigenentwicklung* ging der Gemeindeverwaltungsverband freilich mit keinem Wort ein[1673].

VII.B.7.3.4. AUSSAGEN ZUR FLÄCHENVERORTUNG

Abbildung 15 und Tabelle 26 zeigen die Ergebnisse der Auswertung. Hierzu seien nur einige Anmerkungen gemacht.

Die vom Regionalverband behauptete Lage des Baugebietes "Hinter Hüllo" in Stetten in einem regionalen Grünzug* war angesichts des Maßstabs der Raumnutzungskarte im Regionalplan nicht eindeutig[1674]. Aus diesem Grund hatte die Gemeinde den regionalen Grünzug* in diesem Bereich nicht in ihren Entwurf des Agrar- und Landschaftsplanes aufgenommen[1675]. Dieses Beispiel zeigt, wie wichtig eine parzellennahe und großmaßstäbige Abgrenzung des wichtigen Instruments "Regionale Freihaltefläche*" bzw. "Regionaler Grünzug*" für Umsetzungszwecke wäre.

Am Beispiel der geplanten Baufläche "Bachler" in Hagnau wird deutlich, daß die Regionalplanung im Uferbereich siedlungsstrukturelle Probleme kaum mehr lösen, sondern nur noch verschieben kann. Zwar listete der Regionalverband zuerst alle Argumente auf, die gegen eine Ausweisung am vorgesehenen Standort sprechen:

- seeseitige Lage
- uferparallele Erstreckung
- Widerspruch "im Grundsatz" zu den Zielvorstellungen des Regionalverbandes hinsichtlich der Siedlungsentwicklung im Uferbereich [Plansatz 7.2 (3) Regionalplan].

Trotzdem hielt der Regionalverband diese Ausweisung "für richtig", da die Gemeinde Hagnau aufgrund ihrer Ortslage "keine andere vertretbare Möglichkeit" zur Ausweisung mehr habe. Der noch in einem internen Entwurf der Stellungnahme zu findende relativierende Zusatz, daß eine "leichte Reduzierung" der vorgesehenen Fläche das Ziel, die Eigenentwicklung* zu befriedigen, "glaubhaft" mache, wurde aus der endgültigen Stellungnahme herausgestrichen[1676].

Einen Hinweis auf die weitere Verfahrensbeteiligung des Regionalverbandes außerhalb der Stellungnahmen findet sich im Erläuterungsbericht des Flächennutzungsplanes im Zusammenhang mit der Änderung der Festsetzungen in Baitenhausen. Hier seien die Änderungen u.a. durch "neuerliche Abstimmungen" mit dem Regionalverband zustande gekommen[1677].

Bemerkenswert ist die "Entschärfung" der Aussagen der offiziellen Stellungnahme im Vergleich zu einem der Stellungnahme vorausgehenden internen Entwurf, wie es anhand der Beispiele in Tabelle 32 deutlich wird:

[1673] GEMEINDEVERWALTUNGSVERBAND MEERSBURG 1983, S. 47

[1674] REGIONALVERBAND BODENSEE-OBERSCHWABEN 1981, Karte

[1675] GEMEINDEVERWALTUNGSVERBAND MEERSBURG 1979, Karte

[1676] REGIONALVERBAND BODENSEE-OBERSCHWABEN 1981aU

[1677] GEMEINDEVERWALTUNGSVERBAND MEERSBURG 1983, S. 43

Tabelle 32: Unterschiede zwischen interner und offizieller Stellungnahme des Regionalverbandes Bodensee-Oberschwaben zum Flächennutzungsplanentwurf des Verwaltungsraums Meersburg (Hervorhebungen vom Verf.)

Interner Entwurf vom 27.7.81	Offizielle Stellungnahme vom 29.7.81
Hinweis des Regionalverbandes an die Gemeinde Daisendorf auf Widerspruch zwischen der "übermäßigen" Flächenausweisung im Flächennutzungsplanentwurf und der Haltung der Gemeinde in ihrer Stellungnahme zum Regionalplan	"... relativ großen ..."
Wohngebiet nördlich des DB-Gleises in der Gemeinde Uhldingen-Mühlhofen "sollte entfallen"	"...Bedenken gegen das Wohngebiet..."
"Eine leichte Reduzierung würde das Ziel, die Eigenentwicklung* zu befriedigen, glaubhaft machen"	(fehlt, betrifft geplante Baufläche "Bachler" in Hagnau)
Sonderflächen "problematisch"	Sonderflächen "nicht unproblematisch"

Diese Unterschiede könnten ein Indiz sein für eine erste "Vorentschärfung" der durch den Sachbearbeiter erarbeiteten Stellungnahme durch die Verbandsverwaltung.

VII.B.7.4. Die zweite Stellungnahme

Bereits am 13.11.81 nahm der Regionalverband ein weiteres Mal zum Flächennutzungsplanentwurf Stellung, da die Gemeinde eine Umplanung vornahm[1678]. Vorausgegangen war ein Ortstermin am 12.11.81. Der Regionalverband hatte gegen die erste Planungsänderung (Neuabgrenzung einer geplanten Wohnbaufläche) keine Einwände, da u.a. der beabsichtigte Flächenerwerb durch die Gemeinde die Eigenentwicklung* sichere. Nur bei der zweiten Planungsänderung hatte der Regionalverband "Bedenken". Eine geplante Baufläche sollte aufgrund der "exponierten Lage" und der Bedeutung der landwirtschaftlichen Nutzfläche "entfallen". Die Umsetzung konnte nicht untersucht werden.

VII.B.7.5. Die dritte Stellungnahme

Eine weitere Planänderung im Bereich der Gemeinde Hagnau (Neuausweisung eines Mischgebiets) nahm das Regierungspräsidium Tübingen zum Anlaß, den Gemeindeverwaltungsverband im Mai 1982 mündlich auf eine erneute Anhörung der Träger öffentlicher Belange* zu drängen[1679]. Interessanterweise hatte die Gemeinde die Träger öffentlicher Belange* nur von der öffentlichen Auslegung der Planänderung benachrichtigt, ohne eine Karte oder einen Erläuterungsbericht dazu beizulegen. Darüber hinaus war die Information über die Auslegung im beigelegten Sitzungsprotokoll der Verwaltungsverbandsversammlung auf Seite 3 unter anderen Tagesordnungspunkten versteckt, so daß neben dem Landratsamt die anderen Träger öffentlicher Belange* diese eigenartige "Beteiligungsform" gar nicht als solche erkannten. Die Verwaltungsgemeinschaft begründete die Neuausweisung des Mischgebietes mit der Notwendigkeit der Flächensicherung für auszulagernde, aber auch neu anzusiedelnde Handwerks- und Gewerbebetriebe. Die vorgesehene Fläche schätzte die Verwaltungsgemeinschaft als "landschaftlich weniger bedeutsam" ein, da sie in einer "nicht einsehbaren Einmuldung" liege. Abgesehen von dieser auf landschaftsästhetische Belange beschränkten Betrachtung

1678 REGIONALVERBAND BODENSEE-OBERSCHWABEN 1981bU

1679 Zit. nach KRISCH und Partner (Planungsbüro) 1982U und 1982aU

wurden ökologische Daten zur Beurteilung jedoch nicht erhoben. Interessanterweise bot die Verwaltungsgemeinschaft der Genehmigungsbehörde und dem Regionalverband sofort auch die eventuelle Halbierung der vorgesehenen Fläche an, was der Regionalverband auch für "richtig" hielt. Der Regionalverband hatte gegen die neue Flächenausweisung unter der Voraussetzung der Wahrung der Eigenentwicklung* "keine Bedenken", da die Gemeinde den Grundsatz der Eigenentwicklung* bereits "seit langer Zeit verfolge" und ihre Baugebiete, wie im vorliegenden Fall, "grundsätzlich in seeabgewandten Bereichen" ausweise.
Mit Schreiben vom 13.5.83 wurde der Flächennutzungsplan vom zuständigen Regierungspräsidium Tübingen genehmigt[1680]. Sechs vom Verwaltungsverband geplante Bau- und Sondergebiete waren "auf Antrag des Verwaltungsverbandes" und auf Rat des Regierungspräsidiums hin von der Genehmigung ausgenommen, was deutlich zeigt, wie oft, wenn auch vergeblich, die Gemeinde gegen die Bedenken des Regierungspräsidiums Planänderungen durchsetzen wollte.

VII.B.7.6. Die Stellungnahme zur ersten Änderung des Flächennutzungsplans

Nur knapp ein Jahr nach der Genehmigung des Flächennutzungsplanes, am 10.7.84, beschloß der Gemeinderat von Meersburg die Aufstellung der ersten Änderung mit neuen Flächenausweisungen[1681]. Für die Gemeinde Daisendorf begründete der Gemeindeverwaltungsverband die Neuausweisungen mit der "anhaltenden Nachfrage nach Baugrundstücken", ohne auf die Probleme der Sicherung der Eigenentwicklung* einzugehen.
Die Meinung des Regionalverbandes zur Flächennutzungsplanänderung war, daß die Flächenausweisungen "nur unwesentlich" seien, allerdings "mit Ausnahme von Daisendorf und Stetten"[1682].
In seiner Stellungnahme wies der BUND* darauf hin, daß die Wohnraumschaffung durch die Stadtsanierung in Meersburg und den damit verbundenen Ausbau der Dachgeschosse, z.B. im Baugebiet "Ofenküche" in Daisendorf, bei der Bedarfsplanung nicht berücksichtigt worden sei[1683]. Darüber hinaus forderte er als Grundlage für die Bedarfsberechnung eine Übersicht über den Bestand an leerstehenden Wohnungen und Häusern sowie Zweitwohnungen und anderen, nicht dauernd bewohnten Wohnungen, was von der Gemeinde aber nicht ausgeführt wurde.
Nach der Äußerung seiner Bedenken und Anregungen erhielt der Regionalverband nicht etwa eine Mitteilung über den Berücksichtigungsgrad seiner Stellungnahme, sondern nur ein kurzes Informationsschreiben der Gemeinde, daß der geänderte Plan jetzt öffentlich ausliege[1684]. Die Bediensteten des Regionalverbands hätten eine Dienstreise unternehmen müssen, um zu erfahren, ob und in welchem Maße ihre Bedenken und Anregungen überhaupt berücksichtigt worden waren. Lapidar antwortete der Regionalverband darum der Gemeinde, daß er davon ausgehe, daß seine Anregungen "weitgehend im ausgelegten Plan berücksichtigt wurden". Wie das Genehmigungsschreiben vom 20.3.86 des Landratsamtes Bodenseekreis jedoch zeigt[1685], war dies nur zum Teil der Fall: Die geplante Siedlungsfläche in Stetten mußte vom Landratsamt von der Genehmigung ausgenommen werden[1686]. Diese Ausweisung war also, entgegen den Bedenken des Regionalverbandes, vom Verwaltungsraum beibehalten worden.

VII.B.8. Ergebnisse und Diskussion der Fallbeispiele zur Auswertung von Stellungnahmen

VII.B.8.1. Zur Methodik

BENZ[1687] ist zuzustimmen, wenn er schreibt: "Die Bewertung der materiellen Problemlösung in der Regionalplanung des Regionalverbandes Bodensee-Oberschwaben kann nicht allein auf einer Beurteilung des Planes beruhen". Wie gezeigt wurde, spielt der Regionalplan aufgrund seiner zu wenig räumlich und sachlich konkretisierten Plansätze bei den Stellungnahmen nur eine geringe Rolle. Für die

[1680] REGIERUNGSPRÄSIDIUM TÜBINGEN 1983aU
[1681] GEMEINDEVERWALTUNGSVERBAND MEERSBURG 1986
[1682] REGIONALVERBAND BODENSEE-OBERSCHWABEN 1985U
[1683] BUND 1985U
[1684] GEMEINDEVERWALTUNGSVERBAND MEERSBURG 1985U
[1685] LANDRATSAMT BODENSEEKREIS 1986U
[1686] S. Tabelle 25
[1687] BENZ 1982, S. 154

Stellungnahmen werden vielmehr eigene, räumlich und sachlich sehr konkrete Zielvorstellungen formuliert und durchzusetzen versucht. Dazu kommt, daß allein durch eine "verfahrensorientierte Auswertung" kurzfristig beschlossene Leitbild- und damit "Soll-Wert"änderungen erfaßt werden können, wie etwa das Beispiel des Ortsteils Kippenhausen im Verfahren Friedrichshafen gezeigt hat.
Auch die seitens der Regionalplanung benutzten Instrumente und Durchsetzungsstrategien können bei einer Auswertung seiner Stellungnahmen sehr gut erfaßt und hinsichtlich ihres Durchsetzungserfolgs bewertet werden. Und schließlich können Wirkungszusammenhänge zumindest zum Teil aufgedeckt werden. Ein Beispiel dafür ist die wichtige Rolle des Regierungspräsidiums als "Allianzpartner" des Regionalverbandes, aber auch als eigener "Durchsetzer" von Zielvorstellungen der Landes- und Regionalplanung. An diesem Beispiel wird deutlich, daß, zumindest in Einzelfällen, eine festgestellte Wirkung, im Gegensatz etwa zur Meinung von DADOU et al.[1688], eindeutig auf den Einfluß eines bestimmten Akteurs zurückgeführt werden kann.
Offenkundig werden auch die Interessenkonstellationen und die Rollen der Akteure, so daß insgesamt eine Auswertung von Stellungnahmen als sehr gut geeignet zur Evaluierung regionalplanerischer Maßnahmen bezeichnet werden kann. Allerdings müssen hier auch die Problembereiche genannt werden. So stellt eine verfahrensorientierte Auswertung von Stellungnahmen hohe Anforderungen an das Untersuchungsmaterial. Es muß möglichst vollständig sein, damit Verfahrensänderungen erfaßt und bewertet werden können. Auch "interne" Dokumente sind zur Erfassung von Wirkungszusammenhängen äußerst hilfreich, so daß die Mithilfe des zu evaluierenden Regionalverbandes eine absolute Notwendigkeit darstellt. Ein Beispiel dafür ist die Rekonstruktion der für die eigentliche Stellungnahme wichtigen Vorverhandlungen und Vorgespräche zwischen Regionalverband und Gemeinden, die wenigstens einigermaßen die Gewinnung eine Vorstellung von den "non-decisions", den Vorgaben und Zwängen für die eigentliche Stellungnahme, erlauben. Mögliche, hier nur am Rand berührte weitere Informationsquellen sind Gemeinderatsprotokolle und Presseartikel sowie Stellungnahmen von potentiellen oder realen Allianzpartnern der Regionalplanung. Neben dem Problem der Herstellung von Ursache-Wirkungs-Zusammenhängen (Frage: Wem ist die Umsetzung zu verdanken?), ergibt sich als ein weiteres Problem der Untersuchung die Frage, was als Umsetzung zu werten ist. So ist es ohne Ortskenntnis fast unmöglich zu sagen, ob eine Flächenreduktion um die Hälfte der vom Regionalverband geforderten Dimension dessen Bedenken teilweise berücksichtigt oder ob die Reduktion qualitativ so erfolgte, daß von einer Umsetzung gar nicht mehr die Rede sein kann. Dazu kommt die Möglichkeit, daß die Gemeinde durch von vornherein überdimensionierte Flächen ausweist, also "Kompromißpufferzonen" plant, deren spätere Herausnahme aufgrund der Einwände von seiten der Regionalplanung von vornherein vorgesehen ist (Beispiel: Neuausweisung Mischgebiet in Hagnau). Die Regionalplanung tut sich aber aufgrund ihres Zwanges zur Aufrechterhaltung des Grundkonsenses schwer, über die Forderung nach Wegfall solcher "Kompromißausweisungen" hinaus weitere Reduktionswünsche durchzusetzen.
Oft ist die Umsetzungsanforderung des Regionalverbandes aufgrund zu allgemein oder zu zurückhaltend formulierter Bedenken sowie einer oft unzureichenden Differenzierung in "Ziele der Raumordnung und Landesplanung" und "planerische Empfehlungen" schwer auszumachen. Hier hilft nur die eigene Erfahrung, die einem im Laufe der Zeit ermöglicht, den Code der Formulierungen in Behördenstellungnahmen zu "knacken" (z.B. Beurteilung des Umsetzungsanspruchs von "Bedenken", "Anregung" etc.).
Schwierig ist auch die "Plausibilitätsprüfung" der regionalplanerischen Zielvorstellungen, u.a. aufgrund eines oft festgestellten Kompetenzvorsprungs der Gemeinden. Von Vorteil ist hier wieder eine gewisse Ortskenntnis des Evaluierers. Auch sind die Verhältnisse am Bodenseeufer auf den ersten Blick relativ einfach: Aus der Sicht der Region ist alles gut, was nicht seenah ausgewiesen wird. Allerdings ist dieses Leitbild aufgrund der zunehmenden Probleme im seeabgewandten Bereich und im seenahen Hinterland in der einfachen Form nicht mehr zu halten. Die Regionalplanung ist hier immer mehr zur genauen Abwägung herausgefordert. Ohne genaue Abwägungsunterlagen besteht allerdings die Gefahr des "Problemverschiebens".
Ein weiteres Problem stellt die Tatsache dar, daß auch in den Stellungnahmen noch immer nicht evaluierbare, da wenig konkrete "Grundsätze" zu finden sind. Immerhin dienen sie für den Regionalverband zur "Selbstbindung" und zur Orientierung beim Abfassen der Stellungnahme.

[1688] DADOU et al. 1979, S. 88

VII.B.8.2. Zum Beteiligungsverfahren

Wie die Untersuchung gezeigt hat, werden die Gemeinden keinesfalls mit der fertigen Stellungnahme konfrontiert[1689]. Im Rahmen von Vorverhandlungen sowie über ihre Vertreter im Planungsauschuß verfügen sie über ausgezeichnete Beteiligungsmöglichkeiten. Die Beteiligung des Regionalverbandes an den Planungen der Gemeinden ist sehr unterschiedlich[1690]. Manche Gemeinden nutzen den Regionalverband als frühzeitige Informationsquelle, andere Gemeinden beteiligen ihn nicht über die gesetzlich vorgeschriebene Art und Weise hinaus. Diese Beobachtung deckt sich mit den Ergebnissen von DADOU et al.[1691].
Die eigentliche Stellungnahme des Regionalverbandes ist ohne die ergänzenden Besprechungen, Ortstermine und "Vorverhandlungen" kaum auszuwerten. Eine Trennung zwischen der "rechtlichen" Stellungnahme und den "ergänzenden" Besprechungen, wie etwa DADOU et al.[1692] sie durchführen, ist in dieser Form nicht möglich. Auch die "ergänzenden" Besprechungen sind Teil des Informations- und Überzeugungsanteils der Stellungnahme.
Es hat sich gezeigt, wie wichtig eine "standardisierte" Beteiligung der Regionalplanung an der Gemeindeplanung (Bedarfs- und Bauleitplanung) sein kann, wie sie etwa für die Beteiligung an den Fachplanungen* durch das Land konkret geregelt ist. Nur so wäre eine "gleichmäßige" und damit gerechtere Anwendung dieses Instruments seitens der Regionalplanung möglich. Neben vielen anderen Vorteilen wäre dies auch für die Einschätzung des Regionalplanungserfolgs von Bedeutung.
Anzustreben wäre auch ein geregeltes "feed-back"-Verfahren: Die Regionalplanung sollte regelmäßig von der Gemeinde über den Fortgang des Verfahrens informiert werden. So könnte die Regionalplanung anhand zugesandter Sitzungsvorlagen, Gemeinderatsprotokolle o.ä. erkennen, ob und in welcher Form ihre Bedenken und Anregungen berücksichtigt wurden ("interne" Erfolgskontrolle"). Von manchen Gemeinden wird dies bereits praktiziert.
Wiederum wurde deutlich, wie wichtig für die Regionalplanung die Hinzuziehung starker Allianzpartner mit ähnlichen Interessen ist, wie z.B. des Regierungspräsidiums. Die Regionalplanung allein ist aufgrund ihrer äußeren Zwänge zu schwach. So werden einzelne ihrer Bedenken von der Gemeinde gar nicht oder erst nach wiederholter Artikulation in die Abwägung eingestellt (Beispiel Ferienwohnungen in Immenstaad). Die rechtliche Funktion der Stellungnahme ist neben der informativen und persuasiven Funktion nachrangig. Dazu kommt, daß die rechtlich vorgeschriebene Abwägung der regionalplanerischen Belange durch die Gemeinde nur selten nachvollzogen und nur in schwereren Fällen aus rechtlicher Sicht sanktioniert werden kann, sofern dies politisch überhaupt gewünscht wird.
Für die Allianzbildung bedeutend ist die Koordinationsleistung. Ansonsten besteht die Gefahr, daß die Genehmigungsbehörde die Bauleitpläne zum Teil ohne Rückkopplung zum Regionalverband genehmigt[1693]. Auf solche Weise würde die Stellung der Landes- und Regionalplanung gegenüber der Gemeinde unnötigerweise geschwächt.

VII.B.8.3. Zur Form der Stellungnahmen

Auch bei der Auswertung der Stellungnahmen stößt man auf Definitionsprobleme. So ist z.B. die Zuordnung der Zielvorstellungen zu "Zielen" oder "Grundsätzen" nicht immer eindeutig möglich, auch für die Gemeinden nicht. Hier wäre eine eindeutige Kennzeichung notwendig.
Auch hier gilt, daß verwendete Begriffe wie "seeabgewandte Gemeindeteile", "Uferzone" (der in einer Stellungnahme im Gegensatz zum Bodensee-Gesamtkonzept als 200 bis 900 m breiter Uferstreifen definiert wurde) oder "seenahe Uferbereiche" etc. auch für die Gemeinde nicht operationalisierbar sind, wenn sie nicht oder widersprüchlich definiert werden. Diese Gebietskategorien sollten daher eindeutig abgegrenzt werden.
Ein Problem stellt die Notwendigkeit der Abfassung von Stellungnahmen zu ganzen Verwaltungsräumen dar, was auf Kosten der Differenzierbarkeit planerischer Zielvorstellungen für einzelne Gemeinden und Teilorte geht. Deutlich wird dies im Fall des Verwaltungsraums Friedrichshafen. So widersprechen sich die Zielvorstellungen der Regionalplanung für die Gemeinde Immenstaad, da dieses Gemeinde einerseits (auch nach Meinung des Regierungspräsidiums) Bauflächen nur noch für den Eigenbedarf

---

1689 Vgl. auch KONUKIEWITZ 1985, S. 99
1690 Von VOGLER im Interview bestätigt (VOGLER, Interview)
1691 DADOU et al. 1979, S. 44
1692 DADOU et al. 1979, S. 47ff
1693 EICHNER et al. 1979, S. 121

ausweisen sollte, andererseits aber mit Friedrichshafen Schwerpunkt gewerblicher Entwicklung sein soll. VOGLER geht davon aus, daß für Immenstaad keine Beschränkung auf die Eigenentwicklung* festgesetzt sei[1694]. Verstärkt wird dieses Problem durch die Richtwerte*. Da diese ebenfalls auf der Basis von Verwaltungsräumen und nicht von Gemeinden aufgestellt sind, ist eine Differenzierung hinsichtlich der Funktion einzelner Gemeinden (z.B. zwischen Friedrichshafen und Immenstaad) nicht ohne weiteres möglich.

VII.B.8.4. Zu den Inhalten der Stellungnahmen

Deutlich wird die Interessenlage der Regionalplanung anhand der am häufigsten verwendeten Argumente[1695]: Er tritt als "Anwalt der Natur und der Erholungsvorsorge" auf. Beim untersuchten Regionalverband spielt hinsichtlich dieser thematischen Schwerpunktbildung auch der Einflußfaktor "Planerpersönlichkeit" eine Rolle. Diese Schwerpunktbildung ist angesichts der entgegengesetzten Interessenlage der Gemeinden durchaus plausibel. Dazu kommt die besondere Bedeutung dieser Themen für den Untersuchungsraum. Trotzdem gibt es auch hier Probleme. Das wichtigste ergibt sich wohl aus den unzureichend erhobenen und für Planungszwecke wenig verfügbaren ökologischen Grunddaten. Außer dem bei den Gemeinden verpönten und daher kaum anwendbaren "Buchwald"-Gutachten verfügt der Regionalverband erst seit 1980 mit der "ökologischen Standorteignungskarte" über eine diesbezügliche Planungsgrundlage, die aber aus ökologischer Sicht noch immer nicht befriedigt. So enthält diese Karte z.B. keine Aussagen darüber, wo und in welcher Form Schutzgebiete auszuweisen sind. Nur so ist eine gewisse "Hemdsärmeligkeit" bei der Argumentation in den Stellungnahmen zu verstehen. Oft sind die Argumente, z.B. für den Landschaftsschutz, wenig untermauert, zu wenig differenziert und besitzen damit keine ausreichende Durchsetzungskraft. So fällt auf, daß die Notwendigkeit von Freihaltebereichen nahezu ausschließlich nicht ökologisch, sondern landschaftsästhetisch-optisch begründet wird. Wenn dann die Gemeinde der Meinung ist, daß Baugebiet "störe nicht", fällt das Kartenhaus der regionalplanerischen Argumentation in sich zusammen.
Ein anderes Beispiel für die Wichtigkeit der Verfügbarkeit ökologischer Daten ist die kleinräumige Baugebietsverortung. So wurden im Falle des Baus des Kreisberufsschulzentrums in Friedrichshafen die Belange des Naturschutzes nicht ausreichend erhoben und waren damit gar nicht hinreichend bekannt. Die Folge davon war, daß das Berufsschulzentrum mitten in einem schutzwürdigen Feuchtgebiet (Orchideen- und Irisvorkommen) errichtet wurde.
Ein weiterer Problempunkt ist die unzureichende Arbeitskapazität, die den Regionalverband nicht genug Möglichkeiten gibt, sich in fachliche Probleme einzuarbeiten und Argumentationsgrundlagen zu erarbeiten[1696].
Die Gefährlichkeit der überhöhten Richtwerte* zeigt sich an vielen Beispielen. Viele durch die starke Siedlungszunahme bedingten Probleme am See heute sind auf diesen Faktor zurückzuführen, denn schließlich wurden die Richtwerte* von den Gemeinden nicht nur zur Berechnung ihrer Wohnbauflächen, sondern, in methodisch höchst anfechtbarer Weise, auch zur Berechnung ihres absehbaren Infrastruktur- und Gewerbeflächenbedarfs benutzt. Der Steuerungseffekt der Richtwerte* ist im Fall der untersuchten Beispiele nicht nur "als gering zu veranschlagen"[1697], sondern zumindest als "nicht vorhanden" zu bezeichnen. In schlimmeren Fällen haben überhöhte Richtwerte* sogar zur Konfliktverschärfung beigetragen.

VII.B.8.5. Die Rolle der Gemeinde

Die Interessengegensätze zwischen Gemeinden einer- und Regionalplanung andererseits dokumentieren sich in zahlreichen Einzelergebnissen.
So ist der kommunale "Respekt" vor verordneten Schutzgebieten oder seitens der Regionalplanung ausgewiesenen Schutzflächen als äußerst gering zu bezeichnen. Die Gemeinde Friedrichshafen plante ursprünglich die Errichtung eines Campingplatzes, die Gemeinde Hagnau eine Gemeinbedarfsfläche in bestehenden Landschaftsschutzgebieten. Die Gemeinde Stetten wies eine Baufläche, die Stadt Meersburg ein Sondergebiet und die Gemeinde Uhldingen-Mühlhofen einen Parkplatz in einer regionalen Freihaltefläche* aus. Zwar mußten alle diese Ausweisungen zurückgenommen werden,

---

1694 VOGLER, Interview
1695 S. Abbildungen 13 und 16
1696 Vgl. auch BENZ 1982, S. 148
1697 BENZ 1982, S. 157

allerdings versuchen die Gemeinden solche Ausweisungen gelegentlich als "Kompromißpuffer" zu verwenden, wie es auch KONUKIEWITZ andeutet, wenn er von der Einbringung nicht verwendbarer Wohnbauflächen als "Tauschmasse" spricht[1698]. Andererseits können diese Ausweisungen durchaus auch "ernsthafte" Planungen darstellen, deren Durchsetzung über Verhandlungen oder über die "politische Schiene" versucht wird. Obwohl sich die Schutzgebietsausweisungen in allen Fällen bewährt haben, zeigen diese Beispiele doch das Vorhandensein einer weiteren potentiellen "Kompromißstufe" weit unterhalb der rechtsverbindlichen Ausweisung von Schutzflächen. Für Evaluierungsmethoden ist daraus der Schluß zu ziehen, daß ein echter Soll-Ist-Vergleich eigentlich erst jenseits aller möglichen Kompromißstufen angestrebt werden sollte. So ist der Umsetzungsindikator "Aufstellen eines Landschaftsplans" für die Evaluierung der regionalplanerischen Zielvorstellung "Schutz der Landschaft" völlig ungeeignet. Zwischen Landschaftsplanerstellung und -umsetzung liegen kaum erhebbare Einflußfaktoren und potentielle Kompromißstufen (gewählte Erstellungsmethodik, Erhebungsqualität ökologischer Grunddaten, Übernahmegrad der unverbindlichen Planfestsetzungen in den verbindlichen Flächennutzungsplan, Grad der Rechtsverbindlichkeit der Schutzverordnungen, Vollzugsqualität der Schutzverordnung etc.), so daß die Zielvorstellung der Regionalplanung voll unterlaufen werden könnte.
Hinsichtlich der Landschaftsplanung stellt VALENTIEN fest, daß die Gemeinden "inzwischen ausgefeilte Strategien entwickelt" haben, "um den formal-rechtlichen Forderungen Genüge zu tun und die faktische Wirksamkeit dennoch auf ein Minimum zu beschränken"[1699].
Das Interesse der Gemeinden ist eindeutig auf ein "Mehr" an Wohnbau- und Gewerbeflächen ausgerichtet, wie schon das "Gesamtkonzept für den Bodenseeraum" 1975 feststellte. Die Hinweise dafür sind zahlreich. So werden Erfassungen von Baulücken erst durchgeführt, wenn die Genehmigungsbehörde Druck ausübt, auch werden die Bedarfsberechnungen auf das eigene Interesse abgestellt. Zu Recht spricht SCHULZ ZUR WIESCH von einer "Vorratsplanung von Bauflächen" bei den Gemeinden[1700]. Ziel der Gemeinden ist dabei, Rechtspositionen zu gewinnen, gegen die spätere Einwände seitens der Landes- und Regionalplanung nichts ausrichten können[1701]. Eine andere Möglichkeit sowohl der Vorratsbeschaffung als auch der Schaffung von "Sachzwängen" ist das Vorziehen von Bebauungsplänen oder das Eingehen privatrechtlicher Bindungen vor der Aufstellung des Flächennutzungsplans.
Andere Beispiele für die Interessenverfolgung der Gemeinden ist die beabsichtigte vorzeitige Nutzung der eigentlich erst für die Zeit nach 1990 gedachten Hinweisflächen der Gemeinde Friedrichshafen oder, bei der Planung von Gewerbeflächen, die Benutzung von Durchschnittsbedarfswerten für die gesamte Region durch eine Ufergemeinde (Meersburg). Auch die Berechnung der Erwerbsstellenprognosen über die überhöhten Bevölkerungsrichtwerte* (Verwaltungsraum Meersburg) kann hier angeführt werden.
Interessant ist in diesem Zusammenhang die Einstellung der Stadt Friedrichshafen zu Ferienwohngebieten. In der Begründung zur weitgehenden Ablehnung der diesbezüglichen Bedenken des Regionalverbands (bereits jetzt dichte Besiedlung, hoher Landschaftsverbrauch) schreibt die Verwaltung, daß "in landschaftlich geeigneten Gebieten...Feriendörfer...weiter Hauptpfeiler des dortigen Fremdenverkehrs sein" werden[1702].
Als Durchsetzungsstrategie setzt die Gemeinde häufig auf die ihrer Meinung nach "knappe Entscheidungszeit", so daß die Genehmigungsbehörden oft gar nicht anders können, als ihre schnelle Zustimmung zu signalisieren. Schon aus Gründen der zu knappen Entscheidungsfrist können Abwägungsprozesse oft nicht vollständig durchgeführt werden. Da diese Phase häufig mit der Phase des Aufbrechens bislang latent gebliebener Konflikte zusammenfällt, ist dieser Aspekt von besonderer Wichtigkeit.
Grundsätzlich kann festgestellt werden, daß die Flächennutzungsplanung aufgrund der Interessenlage der Gemeinden in vielen Fällen nicht als alle Belange berücksichtigende "kommunale Raumordnung", sondern einseitig auf Bauflächenerweiterung ausgerichtete "Bauplanung" bezeichnet werden muß.

[1698] KONUKIEWITZ 1985, S. 219

[1699] VALENTIEN 1984, S. 99f

[1700] SCHULZ ZUR WIESCH 1978, S. 30

[1701] Vgl. dazu auch EICHNER et al. 1979, S. 121

[1702] Auszug aus der Beschlußvorlage für den Gemeinderat Friedrichshafen. Diese wurde von der Stadt mit Schreiben vom 30.12.82 an den Regionalverband übermittelt (STADT FRIEDRICHSHAFEN 1982U).

VII.B.8.6. Bewertung des regionalplanerischen Instruments "Stellungnahme"

Die Meinung von BENZ[1703], wonach in der Phase der Umsetzung des Regionalplanes in die kommunale Bauleitplanung "entscheidende Handlungsmöglichkeiten des Regionalverbandes" lägen, muß angesichts der zuvor dargestellten Ergebnisse stark relativiert werden. Besser ist es zu sagen, daß unter den gegebenen Rahmenbedingungen (Organisation, Instrumente etc.) die Einflußnahme im Rahmen der Bauleitplanung (in Form der "Hauptstellungnahme" in Verbindung mit weiteren Einflußmitteln wie "Vorverhandlungen") für die Umsetzung landes- und regionalplanerischer Zielvorstellungen relativ bedeutsam ist.
Absolut gesehen ist die Durchsetzungsstärke in diesem Bereich als gering zu bezeichnen, selbst wenn man eine eventuelle Filterwirkung der Kompromißstufe "Planungsausschuß" nicht berücksichtigt. Besonders im Verfahren Friedrichshafen, teilweise auch im Verfahren Meersburg, konnten wichtige Erfordernisse nicht durchgesetzt werden. Dieser Befund steht im Widerspruch zum Ergebnis von DADOU et al.. Das Ergebnis stellt auch die weitverbreitete Meinung in Frage, wonach die Informations- und Überzeugungsinstrumente der Regionalplanung (z.B. im Rahmen des "kleinen Dienstwegs") ausreichend seien und eine erfolgreiche Durchsetzung versprächen. Die Durchsetzungserfolge der Regionalplanung beschränken sich fast nur auf diejenigen Fälle, wo Allianzen mit anderen Trägern öffentlicher Belange*, vor allem dem Regierungspräsidium, eingegangen wurden[1704]. Die Behauptung von DADOU et al., wonach der Einfluß des Regionalverbands dann groß war, wenn seine Argumentation sich auf Pläne, Erlasse usw. stützen konnte[1705], vermochte durch diese Untersuchung nur zum Teil (Ausweisung von regionalen Freihalteflächen*) bestätigt zu werden. Immerhin scheint der Regionalplan als Argumentationsgrundlage im etwas später einsetzenden Verfahren "Meersburg" wichtiger zu sein als im Verfahren Friedrichshafen, da er von Verfahrensbeginn an als verbindliche Fassung vorlag. Ob dies allerdings Auswirkungen auf die Durchsetzungsstärke der regionalplanerischen Argumente hat, muß bezweifelt werden. Der Regionalplan enthält die regionalplanerischen Zielvorstellungen in einer für die Stellungnahmen zum Flächennutzungsplan zu wenig konkretisierten Form. Das deutet auch VOGLER an, wenn er feststellt, daß bei Bauleitplanverfahren "vieles nicht genau genug im Regionalplan geklärt" gewesen sei[1706]. Die eigens für die Bauleitplanverfahren formulierten Zielvorstellungen wiesen dann oft Begründungsschwächen auf. Erneut zeigt sich die Wichtigkeit der regionalen Freihalteflächen*. Dort, wo sie ausgewiesen waren, haben sie trotz einiger Begründungsschwächen eine Bebauung der Fläche verhindert.
Ein großes Problem bereitet die Durchsetzung der "Eigenentwicklungsfestsetzung*". Denn, so ERNST, "auf sich allein gestellt wird sich keine Gemeinde bereit finden, auf Eigenentwicklung* beschränkt zu sein..."[1707], da dies ihrer Interessenlage entgegensteht. Zum einen liegt es wohl daran, daß der Regionalverband den Gemeinden sehr stark entgegenkommt, wenn es um die Bedarfsberechnung von Bauflächen und der Eigenentwicklungsquote* geht. Dazu kommt, daß die Eigenentwicklung*, auch nach Meinung von VOGLER[1708] und TANN[1709] nicht kontrollierbar ist. So teilt TANN mit, daß im Genehmigungsverfahren nur der Gesamtrahmen der Siedlungsflächenausweisung überprüft werden könne. Obwohl der 2. Bauflächenerlaß für den Untersuchungsraum nie galt[1710] und heute vollständig abgeschafft wurde, versucht das Landratsamt, ihn als Grundlage zur Berechnung des Eigenentwicklungsbedarfs* zu benutzen. Die diesbezüglichen Angaben gehen aber über die bisher bekannten Berechnungsweisen kaum hinaus und sind für eine Operationalisierung kaum verwendbar. So wurde im 2. Bauflächenerlaß der Eigenbedarf als Bedarf aus natürlicher Bevölkerungsentwicklung (Geburten-Sterbebilanz) und innerer Bedarf* (Verringerung der Belegungsdichte um bis zu 15% in 15 Jahren, Ersatzbedarf und "Gewerbeflächenbedarf der örtlichen gewerblichen Wirtschaft") definiert. Immerhin wird der Eigenbedarf auch hinsichtlich des Gewerbeflächenbedarfs konkretisiert, wenn auch in unzureichender Weise. Demnach gehören dazu "Betriebe zur Versorgung der ortsansässigen Bevölkerung mit Waren und Dienstleistungen des täglichen Bedarfs...sowie sonstige Betriebe, durch die ein ausreichendes Arbeitsplatzangebot in der Gemeinde gesichert werden kann". Was im Falle einer

---

1703 BENZ 1982, S. 161
1704 Vgl. auch DADOU et al. 1979, S. 94
1705 DADOU et al. 1979, S. 93
1706 VOGLER, Interview
1707 ERNST 1980, S. 123
1708 VOGLER, Interview
1709 dem Landrat des Bodenseekreises (LANDRATSAMT BODENSEEKREIS 1987U)
1710 INNENMINISTERIUM BADEN-WÜRTTEMBERG 1984 G, S. 610

Gemeinde geschehen soll, die, wie Immenstaad, zwar eigentlich nur noch Bauland für die Eigenentwicklung* ausweisen soll, andererseits einen Betrieb mit landespolitischer Bedeutung beherbergt, wird nicht angegeben. Nach STILLER ist die Eigenentwicklung* nur "einer eingeschränkten Nachprüfung (Plausibilitätskontrolle) zugänglich"[1711]. Am deutlichsten wird VOGLER. Er bezeichnet die diesbezüglichen Festsetzungen treffend als "Leerformel". Für ihn wäre es ehrlicher zu sagen: "Bleibt so groß wie ihr seid"[1712].
Wichtig ist, daß mit Abschaffung des Bauflächenerlasses den Gemeinden keine Bruttowohndichten* mehr vorgegeben werden können. Diese hatten aber durchaus für die Steuerung der Wohnbauflächendimensionierung im Falle Meersburg eine gewisse Bedeutung.

VII.C. Gesamtzusammenfassung und Ergebnis: Ursachen und Wirkungszusammenhänge der unzureichenden Umsetzung landes- und regionalplanerischer Erfordernisse auf der Ebene der Gemeinden

Die Tatsache ist zwar bekannt, über das Ausmaß ist man sich aber nur selten im klaren:
Sowohl die Fallbeispiele der Industrieerweiterungsverfahren "Dornier" und "Bodenseewerke", als auch die Flächennutzungsplanverfahren der Verwaltungsräume Friedrichshafen und Meersburg zeigen, daß die im Soll-Ist-Vergleich festgestellte unzureichende Umsetzung von Erfordernissen der Landes- und Regionalplanung in den untersuchten Sachbereichen (Siedlungswesen, Gewerbeflächenausweisung sowie Schutz- und Freihaltebereiche) im wesentlichen auf die Tätigkeit der Gemeinden zurückzuführen ist.
Die Ursachen dafür liegen einerseits an den zu eng gezogenen Grenzen der Regionalplanung. Außer über Überzeugungs- und Informationsinstrumente verfügt sie über keine ausreichenden Durchsetzungspotentiale. Deutlich wird dies im Vergleich zum Regierungspräsidium, welches im Unterschied zum Regionalverband über Sanktionspotentiale verfügt (Verschiebung oder Aussetzung der Bauleitplangenehmigung). Das größte Handicap der Regionalplanung in dieser Hinsicht ist jedoch ihre kommunalverbandliche Organisation. Durch die starke Beteiligung der Kommunen* kann der Regionalverband nicht mehr die "reinen" Erfordernisse der Regionalplanung vertreten. Je nach Stärke der gemeindlichen Durchsetzungskraft werden diese über die zahlreich vorhandenen Kompromißstufen an die Interessenlage der Gemeinden "angepaßt". Im Extremfall kann dies zur völligen Aufgabe der regionalen Position führen, wie die Fallbeispiele "Dornier" und "Bodenseewerke" zeigen. In Verfahren solcher Dimension artikuliert sich die gemeindliche Interessenlage am deutlichsten. Im Gegensatz zu den Erfordernissen der Regionalplanung ist sie klar auf Industrie- und Bevölkerungswachstum angelegt. Solange diese Interessenlage die Kommunalpolitik bestimmen muß, ist es widersprüchlich, wenn die Gemeinden sich über die Regionalplanung mehr oder weniger selber kontrollieren. Das Ergebnis entspricht damit dem von EICHNER et al.. Diese Bewertung mißt den Erfolg der Regionalverbände an ihren Lenkungs- und Durchsetzungsansprüchen gegenüber den Gemeinden hinsichtlich der untersuchten Sachbereiche. Der Erfolg der Regionalverbände in anderen Sachbereichen (z.B. Wirtschaftsförderung), als Beratungsstelle für die Gemeinden, als Koordinationsstelle für die Fachplanungen* oder als "Thematisierer" und Einleiter von Initiativen wurde im Rahmen dieser Arbeit nicht untersucht. Besonders im Fall des Regionalverbandes Bodensee-Oberschwaben wird die Wichtigkeit dieser Rolle deutlich. So reichen die Initiativen über Förderung des verdichteten Flachbaus zur Flächeneinsparung über ein Seenschutzprogramm bis hin zu Schilfschutz-, Flachwasserschutzprogrammen und Projekten zur Energieeinsparung und zur Verbesserung des öffentlichen Personennahverkehrs. Diese Themenpalette zeigt die Rolle des Regionalverbands als "Anwalt der Erholungslandschaft und des Landschafts- und Naturschutzes". Nichtmonetäre Flächenansprüche müssen gegenüber den monetär bewertbaren Flächenansprüchen, z.B. der Industrie, durchgesetzt werden. Die Krise der Raumordnung ähnelt in dieser Hinsicht, aber auch in anderen Punkten, der allgemeinen Krise des Umweltschutzes.
Ein weiteres Ergebnis ist, daß bei manchen Gemeinden eine "sachgerechte Abwägung" als "Kern der Bauleitplanung" (u.a. feststellbar durch die Berücksichtigung aller berührten Belange und der

---

1711 REGIERUNGSPRÄSIDIUM TÜBINGEN 1987U
1712 VOGLER, Interview

vollständigen Erfassung der Abwägungsmaterialien)[1713] aufgrund ihrer Interessenlage z.T. nicht möglich ist. Vor diesem Hintergrund ist fraglich, ob das neue Instrument "Umweltverträglichkeitsprüfung" von den Gemeinden nicht nur formal, sondern auch inhaltlich-sachlich so angewendet werden kann und wird, wie es die jeweilige Sachlage erfordert.
Vor der Formulierung von Lösungsansätzen bedarf es genauer Analysen der gemeindlichen Interessenlage. Beides kann im Rahmen dieser Arbeit nicht erschöpfend geleistet werden, soll aber kurz angerissen werden.

Die Hauptursache der unzureichenden Umsetzung der Erfordernisse der Landes- und Regionalplanung ist die Interessenlage der Gemeinde. Diese Interessenlage läßt sich an mehreren, teilweise zusammenhängenden Einzelpunkten festmachen, die hier in einer Auswahl kurz dargestellt sein sollen.

VII.C.1. Die Gewerbesteuer

Die Gewerbesteuer gehört neben Grundsteuer und Einkommensteuerumlage und neben den Finanzzuweisungen zu den wichtigsten Einkommensquellen der Gemeinden[1714]. Die Gewerbesteuer entscheidet darüber, ob eine Gemeinde als "arm oder reich gilt"[1715].
Am deutlichsten haben die Fallbeispiele "Dornier" und "Bodenseewerke" gezeigt, wie die einseitige Fixierung der jeweiligen Gemeinde auf zu erwartende Gewerbesteuermehreinnahmen eine Umsetzung regionalplanerischer Erfordernisse verhindert. Gestützt wird dieses Ergebnis durch den ehemaligen Verbandsdirektor des Regionalverbandes und jetzigen Oberbürgermeisters der Stadt Ravensburg, VOGLER. Bei ihm wird der Interessenkonflikt besonders deutlich, da er einerseits über die Erfahrungen als Verbandsdirektor verfügt, andererseits aber jetzt die Regionalplanung aus gemeindlicher Perspektive erlebt. Dieser Interessenkonflikt läßt sich an Widersprüchen festmachen. Obwohl VOGLER grundsätzlich noch immer die mangelnde Beteiligung des Regionalverbandes an der kommunalen Bauleitplanung im Grundsatz aus seiner Erfahrung heraus kritisiert, würde er die Regionalplanung bei der Bedarfsplanung von Gewerbeflächen eher nicht beteiligen. Die Formulierung des von ihm angegebenen Grundes dafür gibt genau seine Zwangslage wieder:
"Ich lebe nun mal von der Gewerbesteuer (24 Mill. DM/Jahr), so leid mir das tut"[1716]. Ein anderer Widerspruch tut sich auf, wenn VOGLER über sein wichtigstes aktuelles Problem berichtet. Für ihn ist dies eine vor kurzem erfolgte Verlagerung eines Ravensburger Gewerbebetriebes in die in der Nähe von Ravensburg liegende Gemeinde Mochenwangen. Nun sei "Feuer im Haus", obwohl die Verlagerung aus dem übervollen Schussental eigentlich "regional gesehen sinnvoll" wäre. Auch auf die Frage nach dem für ihn wichtigsten regionalen Problem hätte er als Verbandsdirektor sicher eine andere Antwort gegeben denn als Oberbürgermeister: Er habe keine erschlossenen Gewerbeflächen mehr, die er ansiedlungswilligen Betrieben anbieten könnte. Nun müsse er da ausweisen, wo die Grundstücksbesitzer verkaufsbereit seien. Das Problem sei, daß hierbei aus landschaftlicher Sicht "schwierige" Plätze darunter seien. Auch auf einen anderen Aspekt macht VOGLER aufmerksam, auf die "interkommunale Konkurrenz"[1717]. So kann er bei Ausweisungen von über 50 ha Gewerbeflächen seitens der Gemeinde Friedrichshafen "nur nachziehen" sonst hieße es: "Schlaft ihr?"[1718]. KRAUSS sieht in der interkommunalen Konkurrenz um die Gewerbesteuereinnahmen, neben der Antriebsfeder für die beschleunigte Ausweisung und Erschließung von Gewerbeflächen, ein weiteres Problem für die Regionalplanung. So reagierten Kommunalpolitiker "mit Verunsicherung, mit Verärgerung und Ablehnung des überörtlichen Zielsystems", wenn die Anpassung an die Erfordernisse der Raumordnung nicht gleichzeitig auch von den Nachbargemeinden vorgenommen werde[1719]. Die "interkommunale Konkurrenz" muß nicht einmal nur auf Wachstumspotentiale angelegt sein. Nach EMENLAUER und LANG reicht das Interesse der Gemeinde nach "Selbsterhaltung" aus, damit um Arbeitsplätze und Wohnstätten gerungen wird. So versucht die eine Gemeinde die andere mit Hilfe "maximaler Vorleistungen bei der Erschließung von Baugelände und der Bereitstellung gewerbe- und

---

1713 BUCHREITER-SCHULZ/KREITMAYER 1991, S. 107f
1714 JENETZKY 1988, S. 84
1715 JENETZKY 1988, S. 84
1716 VOGLER, Interview, auch zm Folgenden
1717 GÜLDENBERG 1980, S. 122; DEHLER 1982, S. 61. KISTENMACHER und EBERLE sprechen von "wachsenden interkommunalen Verteilungskämpfen" (KISTENMACHER/EBERLE 1980, S. 664).
1718 VOGLER, Interview
1719 KRAUSS 1980, S. 99

bevölkerungsbezogener Infrastruktureinrichtungen" zu übertreffen[1720].
Die relativ starke Bedeutung der Gewerbesteuer zeigt sich an einem weiteren Beispiel aus der Region. So ist sich der Bürgermeister von Salem Kesenheimer der Siedlungsprobleme seiner Gemeinde bewußt. Er spricht von der "Zersiedlungspolitik" seiner Vorgänger. Im gleichen Atemzug aber drückt er seine Hoffnung aus, einen "Großbetrieb" zur "Schaffung von Arbeitsplätzen" ansiedeln zu können[1721].
Neben der Gewerbesteuer spielen auch andere an die Einwohnerzahl gebundene Finanzeinnahmen für das Wachstumsinteresse der Gemeinden eine Rolle (z.B. Einkommensteuer, nicht gebundene Finanzzuweisungen[1722]). Einer der wenigen Autoren, die wohl den Nagel auf den Kopf treffen, ist in dieser Hinsicht GÜLDENBERG. In einer Diskussionsbemerkung teilt er mit, daß es müßig sei, eine Verbesserung des Steuerungsinstrumentariums der Raumordnung zu fordern, solange bei allen Gemeinden ein Wachstumsinteresse vor allem wegen der an das Wachstum gekoppelten Steuern bestehe[1723].
Interessanterweise hatte die Raumordnung schon 1963 erkannt, daß "das kommunale Finanzsystem kommunalpolitische Interessenlagen" bewirke, "die den Bestrebungen der Raumordnung zuwiderlaufen und eine wirksame Landes-, Regional- und interkommunale Planung verhindern". Schon damals wurde erkannt, daß die Gemeinden im Bestreben, die Steuerkraft zu erhöhen, "mit zulässigen und wohl insgeheim auch mit unzulässigen Mitteln" versuchten, "Industriebetriebe anzusiedeln oder örtlichen Betrieben Erweiterungsmöglichkeiten zu verschaffen". Auch wurde damals schon auf das fehlende "Regionalbewußtsein" abgehoben: "Daß dabei auf die Belange der ganzen Region und auf die Ziele der Raumordnung wenig Rücksicht genommen wird, ist bekannt und offensichtlich"[1724].
Trotz dieser frühen Diagnose hat sich seither an diesem Problem nichts geändert.

VII.C.2. Der Einflußfaktor "Interessengruppen"

Der Gemeinderat steht zum einen unter einem "starken Interessendruck"[1725] vor allem seitens zweier Interessengruppen:
a. seitens der Grundbesitzer, die von der Ausweisung ihrer Grundstücke als Baugebiet einen Vermögenszuwachs erwarten[1726] und
b. seitens der Baugesellschaften, die attraktive Immobilien an eine finanzstarke und zumeist von auswärts kommende Klientel verkaufen wollen.
Oft aber ist im Gemeinderat selbst eine "Übervertretung" von Gewerbetreibenden, Unternehmern, freiberuflich Tätigen und Landwirten festzustellen[1727]. Dies führt dazu, daß die lokale und regionale Entwicklung vermehrt aus der Perspektive der eigenen wirtschaftlichen Lage dieser Berufsgruppen heraus beurteilt wird[1728]. So folgten "Bodennutzung und Standortfindung" besonders in den Jahren zwischen 1960 und 1976 "überwiegend...Interessen der Grundstückseigentümer"[1729]. KOCH, der den Einfluß von Interessengruppen am Beispiel einer Fremdenverkehrsgemeinde untersucht hat, stellt fest, daß "die Haltung, die eine ‘Gemeinde‘ zu einem bestimmten Problem, z.B. zum Zuzug älterer Menschen, einnimmt, als ein Ergebnis der Durchsetzung der Interessen einer oder mehrerer Gruppen und der damit verbundenen Meinungsbildung anzusehen" sei[1730]. Übertragen auf seine Untersuchungsgemeinde (Fremdenverkehrsgemeinde Bad Wörishofen) heißt dies, daß in der Auseinandersetzung zwischen den Interessengruppen des Fremdenverkehrsgewerbes und der gegen Fremdenverkehr und für eine verstärkte Ausweisung von Bauflächen gerichteten Interessen der Grundstückseigentümer (Landwirte etc.) die letzteren ihre Interessen "mit Erfolg" vertreten. Indikator dafür ist nach KOCH der Anstieg der Zahl der Wohneinheiten im Vergleich zur Vergrößerung der Bettenzahl im Kurgewerbe. Längerfristig erwartet KOCH dadurch die Abnahme der Kurfunktion in Bad Wörishofen.

[1720] EMENLAUER/LANG 1980, S. 166
[1721] Zit. nach SCHWÄBISCHE ZEITUNG vom 9.10.87
[1722] SANDER/WEIBLEN 1990, S. 86f
[1723] GÜLDENBERG 1980, S. 122
[1724] BORRIES 1963, S. 9
[1725] KISTENMACHER/EBERLE 1980, S. 664
[1726] BAESTLEIN/KONUKIEWITZ 1980, S. 53
[1727] MEIER-DALLACH et al. 1987, S. 390
[1728] MEIER-DALLACH et al. 1987, S. 390
[1729] THARUN 1983, S. 182
[1730] KOCH 1976, S. 162

Ein starker, meist gegen die Erfordernisse der Raumordnung gerichteter Einfluß der Interessengruppe der Grundstücksbesitzer ist auch in der Untersuchungsregion festzustellen. Bereits beim Beispiel Friedrichshafen wurde das Problem der privatrechtlichen Bindungen der Gemeinde vor der Erarbeitung der Bauleitpläne berichtet. Ein anschauliches Beispiel dafür bietet die Stadt Markdorf: Diese Stadt vereinbarte 1980 vertraglich mit Grundstücksbesitzern, daß die Gemeinde ihre Grundstücke in ein Umlegungsverfahren miteinbezog, was den Wert der Grundstücke natürlich anstiegen ließ. Als Gegenleistung dafür verlangte die Gemeinde, daß die Grundstücksbesitzer dafür andere Grundstücke für einen von der Gemeinde favorisierten Kreisstrassenausbau zur Verfügung stellten[1731]. Diese privatrechtlichen Vereinbarungen, seien sie berechtigt oder auch nicht, scheinen einen großen Einfluß auf die Bauleitplanung von Gemeinden zu haben, obwohl man nur selten von Beispielen wie diesen erfährt. Hier besteht die Gefahr, daß Abwägungsentscheidungen durch Sachzwänge vorweggenommen werden. Nur allzuoft geraten Stadtplanungs- und Baureferate hierbei in eine Grauzone zwischen legalen und halblegalen Machenschaften.

VII.C.3. Der Einflußfaktor "Bodenrecht"

In engem Zusammenhang mit dem Faktor "Intessengruppen" ist der Faktor "Bodenrecht" zu sehen. Mit Recht wird festgestellt, die bodenrechtlichen Rahmenbedingungen seien die Ursache dafür, daß es für die Gemeinden einfacher sei, "von der Regionalplanung umfangreichere, oft aber nicht einmal durch solide Analysen belegte Flächenausweisungen zu verlangen" als die Anwendung von Instrumenten zur Mobilisierung oder zur sparsamen Nutzung der "mitunter erheblichen Bauflächenreserven in Bebauungsplänen oder in den unbeplanten Innenbereichen", da dies "mehr Mut und Durchstehvermögen" erfordere[1732]. Das Beispiel Unteruhldingen, wo erst auf Druck seitens der Genehmigungsbehörden hin eine Baulückenanalyse vorgelegt wurde, bestätigt diese Meinung.
Ein anderes Problem, besonders für den Untersuchungsraum, stellen die Baulandpreise dar. Eine bewußte Verknappung des Baulands seitens der Gemeinde bei hohem Nachfragepotential läßt die Baulandpreise steigen[1733], Verhältnisse, wie sie im Uferbereich des Bodensees beobachtet werden und als Problem von den Gemeinden erkannt sind[1734]. Die Reaktion der Gemeinden geht allerdings oft ins andere Extrem. So stellen BAESTLEIN und KONUKIEWITZ fest, daß die Gemeinden oftmals bestrebt seien, "die Preise durch ein reichliches Baulandangebot möglichst niedrig zu halten"[1735].
Unzureichende Eingriffsinstrumente der Gemeinde sind in vielen Fällen ein weiterer Faktor für die unzureichende Umsetzung landes- und regionalplanerischer Erfordernisse. So weist KRAUSS zurecht auf die Begrenztheit des gemeindlichen Instrumentariums beim Bau von Zweitwohnungen hin[1736].
Entgegen seiner Meinung könnte aber ein unerwünschter Einfamilienhausbau durch planungsrechtliche Instrumentarien (entsprechende Festsetzung im Bebauungsplan) leicht durch die Gemeinde verhindert werden[1737].

VII.C.4. Das kommunale "Prestige" als Einflußfaktor

Schon BORRIES stellte 1963 fest, daß derjenige Bürgermeister als erfolgreicher Gemeindevorsteher gelte, der eine "positive Bilanz bei der Industrieansiedlung vorweisen kann"[1738]. Dieser Satz gilt gilt noch immer und unabhängig von der Höhe der zu erwartenden Gewerbesteuereinnahmen. Allein das Wachstum der Gemeinde läßt den Bürgermeister in der Achtung der meisten Bevölkerungsgruppen steigen[1739]. Dieses "psychologische Motiv"[1740] ist allerdings auch durch Wählerpotentiale zu erklären. Immerhin gibt es auch hier eine Entwicklung, die für die Zukunft hoffen läßt. Noch MÜLLER stellte beim Thema "Abwasserentsorgung" erhebliche Defizite bei den Gemeinden fest, die er darauf zurückführte, daß Kommunalpolitiker das Errichten von Kläranlagen als "unproduktive Maßnahmen"

1731 Zit. nach WOCHENBLATT vom 11.2.88
1732 BORCHARD 1985, S. 204ff
1733 BAESTLEIN/KONUKIEWITZ 1980, S. 53; KONUKIEWITZ 1985, S. 82
1734 RABOLD, LÜDECKE, Interview
1735 BAESTLEIN/KONUKIEWITZ 1980, S. 53
1736 KRAUSS 1980, S. 92
1737 KRAUSS 1980, S. 92
1738 BORRIES 1963, S. 10
1739 KONUKIEWITZ 1985, S. 82
1740 BAESTLEIN/KONUKIEWITZ 1980, S. 52

verstanden. Darüber hinaus waren Kläranlagen für die Gemeinden "keine Vorzeigeobjekte politischer Aktivität"[1741]. Heute hat sich das zumindest im Untersuchungsraum geändert. Die meisten Bürgermeister sind so "stolz" auf "ihre" Kläranlage, daß bereits mancherorts ein "interkommunaler Wettbewerb" um die niedrigste Restlastbelastung eingesetzt hat.

VII.C.5. Einflußfaktor "Planungsflexibilität"

Oft weisen die Gemeinden bewußt mehr Flächen aus, als selbst sie für ihren Bedarf als notwendig ansehen. Ein Grund dafür ist das Interesse, in der Planung möglichst flexibel zu bleiben. So ist bei einem auf 10 bis 15 Jahre laufenden Flächennutzungsplan nicht absehbar, ob die ausgewiesenen Flächen auch alle für eine Bebauung zur Verfügung stehen, wenn sie benötigt werden. Beispielsweise kann die Verkaufsbereitschaft der Grundstückseigentümer sehr schwanken[1742]. BOHNERT weist dieser "Vorrat- oder Schubladenplanung" sogar eine "zentrale Rolle" für das gemeindliche Interesse an möglichst viel Bauland zu[1743]. Dazu kommt die traditionelle "Planphobie" der Gemeindepolitiker. Zum einen äußert sich diese in dem Betreben, möglichst wenig "langwierige Aufstellungsverfahren" erdulden zu müssen[1744], zum anderen darin, daß sich die Gemeindepolitiker nie gerne an Pläne binden wollen, da sie einen Verlust ihrer Gestaltungsfreiheit befürchten[1745].

VII.C.6. Der Einflußfaktor "Angst vor Verlust der Planungshoheit"

Auch bei diesem Punkt wird die im Vergleich zu seiner Tätigkeit als Verbandsdirektor veränderte Interessenlage des Oberbürgermeisters VOGLER deutlich. So ist er jetzt gegen manche Instrumente der Regionalplanung, die seine Planungshoheit einschränken könnten wie "Positivplanungen*" (z.B. Ausweisung von zur Bebauung geegneten Flächen) und regionalplanerische Festlegungen für Ortsteile. Treffendes Zitat dafür: "Was will mir ein Regionalplaner in Ravensburg sagen, wo ich bauen soll"[1746]. Die "Verweigerungshaltung"[1747] mancher Gemeinden mit demonstrativer Nichtumsetzung von Erfordernissen ist dann eine Art "Gegenreaktion" auf ein als "Bevormundung" bewertetes Vorgehen seitens der Landes- oder Regionalplanung[1748]. EMENLAUER/LANG schreiben in diesem Zusammenhang den baden-württembergischen Regierungspräsidien eine wichtige Rolle zu: Diese hätten durch die harte Anwendung der Bevölkerungsrichtwerte* in Bauleitplänen die Regionalplanung bei den Gemeinden in "Mißkredit" gebracht. Bleibt zu fragen, was eine "harte" Anwendung sein soll. Wichtiger als dieses Detail ist sicher der Einfluß der Verwaltungsreform. So hat sich das so entstandene Mißtrauen der Gemeinden gegenüber dem Land (Verlust mancher zentralörtlichen Funktion, z.B. durch die Schließung von Grundschulen) in vielen Fällen auf die Regionalplanung übertragen[1749].

VII.C.7. Das Problembewußtsein der Gemeinden

KISTENMACHER/EBERLE zeigen am Beispiel mehrerer Einzelfälle das unzureichende Problembewußtsein der Gemeinden für regionale Raumprobleme auf. So besäßen die Gemeinden eine "mangelnde Einsicht in die Notwendigkeit einer Gesamtbetrachtung der Entwicklung der Flächennutzung". Ein Grund dafür sei die Dominanz der "Tagesproblematik" im Bewußtsein der Akteure[1750], da der "Erfolgshorizont der politischen Entscheidungsträger "primär kurzfristig geprägt" sei[1751]. Längerfristig wirkende Probleme oder Perspektiven, wie sie in der Landes- und Regionalplanung oft anzutreffen sind, haben dann keine Chance auf Thematisierung. Konkrete Folge dieser durch die Untersuchung gestützten Feststellung ist u.a. eine "geringe Qualität der Bauleitplanung" infolge eines

---

1741 MÜLLER 1980, S. 68

1742 BAESTLEIN/KONUKIEWITZ 1980, S. 52; LÜDECKE, Interview

1743 BOHNERT 1980, S. 198

1744 DEHLER 1982, S. 61

1745 BECKER-MARX 1980, S. 7

1746 VOGLER, Interview

1747 MICHEL 1985, S. 104

1748 Vgl. dazu auch GEIPEL 1987, S. 404

1749 EMENLAUER/LANG 1980, S. 160

1750 KISTENMACHER/EBERLE 1980, S. 664

1751 KISTENMACHER 1980, S. 72

unzureichenden Personen- und Mitteleinsatzes[1752].
Längerfristig wirkende Problemlösungen sind z.B. auch im Umweltschutz wenig gefragt. Auch in diesem Bereich ist bei vielen Gemeinden ein Vollzugsdefizit festzustellen. So hat die Stadt Überlingen ihre erst vor wenigen Jahren eingerichtete und vorbildliche Umweltberatung aufgrund finanzieller Engpässe einem Kurhausneubau zum Opfer fallen lassen[1753].
Wie dargestellt wurde, ist im Untersuchungsraum weder das Umweltschutz- oder das Raumordnungs-, noch das Regionalbewußtsein bei den Gemeinden in ausreichendem Maß entwickelt, obwohl VOGLER eine grundsätzlich positive Entwicklung feststellt[1754].

VII.C.8. Der Einfluß der Nachfragestruktur der Bevölkerung

Der steigende "Wohlstandsbedarf" auch bei steigender Bevölkerung[1755] ist ein wichtiger Faktor für die starke Baulandausweisung der Gemeinden. Der Wohlstandsbedarf schlägt sich nieder in der noch immer sinkenden Belegungsdichte und der steigenden Nachfrage nach flächenextensiven Wohnformen[1756]. Dazu kommt, daß das Angebotsspektrum von Wohnobjekten heute sehr breit angelegt sein muß. Nach KONUKIEWITZ ist einer der Hauptgründe für die starke Baulandausweisung durch die Gemeinden das Bestreben, ein qualitativ unterschiedliches Angebot vorrätig zu haben[1757] (Unterschiedliche Parzellengröße zur Verwirklichung unterschiedlicher Wohnformen, z.B. für ältere Menschen etc.).

VII.C.9. Der "Altlastenfaktor"

Auf diesen Faktor verweisen BAESTLEIN und KONUKIEWITZ, wenn sie schreiben, daß die heute oft feststellbaren "innerkommunalen Verteilungskämpfe", z.B. um Zuwachspotentiale bei Wohnbauflächen, oft ihre Ursachen in der Verwaltungsreform hätten. Sie seien häufig bei Gemeinden zu beobachten, die viele früher selbständige Ortsteile umfaßten[1758]. Oft sind solche Verteilungskämpfe auf während der Verwaltungsreform gemachte "Eingemeindungsversprechungen und -zusagen" seitens der heutigen Großgemeinde zurückzuführen. Auf das Phänomen, daß trotz Bewußtseinsentwicklung bei den Gemeinden oft noch überdimensionierte Bauflächen ausgewiesen werden, verweist auch KONUKIEWITZ. Er führt dies auf die langen Vorlaufphasen in der Planung zurück[1759].

VII.C.10. Sonstige Faktoren

Eine vollständige Aufzählung aller Ursachenfaktoren ist an dieser Stelle nicht möglich. Daher seien nur noch einige wenige Punkte angeführt:
PIEPER meint, daß die Gemeinderäte auf der kommunalen Ebene sich gegen die Regionalplanung zur Wehr setzten, weil sie gegenüber der Verwaltung allgemein im Hintertreffen seien[1760].
KISTENMACHERS Argumentation geht in eine ähnliche Richtung: Seiner Meinung nach sind die Aufgaben im Gemeinderat in ehrenamtlicher Arbeit "vielfach nicht mehr in befriedigender Form zu bewältigen"[1761]. Hier bestehe die Gefahr einer "Diktatur der Verwaltung" gegenüber der politischen Interessenvertretung. Zwar ist das "Aufmerksamkeitsmuster" der Verwaltungsspitze grundsätzlich an dem der Gemeindepolitiker ausgerichtet[1762]. Allerdings sitzt der Teufel oft im Detail, und bei der Beurteilung von Details sind Gemeinderäte allzuoft überfordert. Trotzdem macht es sich KUNZE zu einfach, wenn er fordert, daß sich der Gemeinderat "nicht um unbedeutende Detailentscheidungen kümmern" soll[1763].

[1752] KISTENMACHER/EBERLE 1980, S. 664
[1753] SCHWÄBISCHE ZEITUNG vom 24.10.87
[1754] VOGLER, Interview
[1755] KONUKIEWITZ 1985, S. 82
[1756] Z.B. GÜLDENBERG 1980, S. 122
[1757] KONUKIEWITZ 1985, S. 82
[1758] BAESTLEIN/KONUKIEWITZ 1980, S. 52
[1759] KONUKIEWITZ 1985, S. 104
[1760] PIEPER 1980, S. 121
[1761] KISTENMACHER 1980, S. 122
[1762] MÜLLER 1980, S. 71
[1763] KUNZE 1990, S. 61

Ein weiteres Argument lautet, bei der Verwaltung gebe es Umsetzungsprobleme aufgrund der von HUCKE und BOHNE festgestellten Orientierung von Bürokraten an tradierten Verhaltensmustern zur Gewinnung von Sicherheit. Dies führe zur Stabilisierung des "status quo" in allen Bereichen[1764] und verhindere die Umsetzung neuer wichtiger Erkenntnisse, z.B. von seiten der Regionalplanung. Statt "initiativ" verhalte sich die Verwaltung zumeist "reaktiv"[1765]. Grundsätzlich fehle der Verwaltung ein gerade für die Umsetzung von Erfordernissen der Landes- und Regionalplanung wichtiges "permanentes und inhaltlich orientiertes Interesse an dem untersuchten Aufgabenfeld"[1766].
DEHLER nennt als wichtigen Ursachenfaktor die Rolle der Genehmigungsbehörde, die die Abweichungen von den Zielvorstellungen der Landes- und Regionalplanung oft ohne das Einsetzen von Sanktionsmöglichkeiten dulde[1767].

1764 HUCKE/BOHNE 1980, S. 190
1765 MÜLLER 1980, S. 65f
1766 MÜLLER 1980, S. 69
1767 DEHLER 1982, S. 60

VIII. Die Lösungsmöglichkeiten

Aufgrund der kaum zu verändernden grundsätzlichen "Grenzen" der Raumordnung (z.B. Verfassung) sollen hier einige wenige Lösungsmöglichkeiten "innerhalb" dieses Handlungsrahmens angesprochen werden.

VIII.A. Lösungsansätze auf der Ebene der Landes- und Regionalplanung

VIII.A.1. Organisation

Wie die Untersuchung gezeigt hat, ist der kommunale Interesseneinfluß auf der Ebene der Regionalplanung zu groß und für die unzureichende Umsetzung wesentlicher Erfordernisse der Landes- und Regionalplanung in hohem Maße verantwortlich. Von vornherein werden die regionalplanerischen Erfordernisse "kommunalisiert" und verlieren jegliche Aussage- und damit Durchsetzungskraft. Dies kann dazu führen, daß darauf aufbauende Instrumente, wie z.B. eine anzustrebende "Raumverträglichkeitsprüfung" für Finanzzuwendungen, nicht den Erfordernissen gemäß angewendet werden können.
Obwohl viele Bedenken gegen eine staatlich verortete Regionalplanung sprechen, sollte man zumindest auf ein Zurückdrängen des kommunalen Einflusses bei der Organisation der Regionalverbände hinarbeiten. Bereits die Erfahrungen mit den regionalen Planungsgemeinschaften haben gezeigt, daß eine kommunalverbandliche Organisationsform für eine wirksame Regionalplanung nicht geeignet ist[1768]. Es widerspricht den Grundsätzen der Gewaltenteilung, wenn sich die Gemeinden selbst kontrollieren. Als "Sofortmaßnahme" wäre etwa an die Beschränkung der Zahl kommunaler Mitglieder in den Verbandsgremien zu denken, gemäß dem nie realisierten Beschluß des Landesplanungsrates zu Beginn der siebziger Jahre. Mittel- und langfristig käme wohl nur eine wesentliche Verstärkung der staatlichen Mittelinstanzen als Gegenpol zu den Gemeinden in Frage. Hier gibt es zwei Möglichkeiten:

- Stärkung der Ebene des Regierungspräsidiums
- Stärkung der Ebene der Region

Welche Möglichkeit in Frage käme, hängt sicher davon ab, auf welcher Ebene ein Parlament eingerichtet werden könnte. Auf der Ebene der Region wäre ein eigenes, von der Bevölkerung direkt gewähltes Parlament wohl nur möglich, wenn dafür die Landkreise aufgelöst würden. Eine solche, durch Aufgabenverlagerung von den Landkreisen zur Region stattfindende Stärkung der Region würde der Regionalplanung völlig neue Möglichkeiten eröffnen.

VIII.A.2. Instrumente

Die Erfordernisse der Raumordnung sollten, räumlich wie sachlich, so konkret wie möglich in Form von "Zielen der Raumordnung und Landesplanung" formuliert und die Durchsetzungsinstrumente darauf aufgebaut werden. "Grundsätze" sollten lediglich in Ausnahmefällen verwendet werden. Nur durch eine verstärkte Vorgabe von "Zielen" können interessenbedingte "Vorabwägungen" (in Form von "non-decisions") bei den Gemeinden einigermaßen kontrolliert werden.
Grundsätzliche Vorschläge zur Verbesserung des regionalplanerischen Instrumentariums hat KISTENMACHER in seiner Untersuchung am Beispiel des Regionalen Raumordnungsplans Südhessen vorgelegt[1769]. Hier kann nur eine kleine Auswahl davon diskutiert werden.

VIII.A.2.1. Freihalteflächen, Vorrangbereiche für den Natur- und Landschaftsschutz

Wie die Untersuchungen gezeigt haben, ist die Ausweisung von Freihalteflächen und Vorrangbereichen für den Natur- und Landschaftsschutz das beste und zur Zeit einzige Instrument (mit Ausnahme von Information und Überzeugung) zur Siedlungssteuerung. Dieses Instrument muß verstärkt eingesetzt und hinsichtlich seiner Einsatzmöglichkeiten ausgebaut werden. Zu denken wäre an parzellennahe, in Ausnahmefällen sogar parzellenscharfe Ausweisungen flächendeckend für die ganze Region, z.B. im

---

[1768] DEIXLER spricht z.B. von den Problemen des Naturschutzes mit einer "kommunalisierten" Regionalplanung (DEIXLER 1990, S. 359).

[1769] KISTENMACHER 1988, S. 2

Rahmen von Teilregionalplänen. Innerhalb der Freihalte- und Vorrangflächen sollten bei Bedarf Restriktionsauflagen (z.B. Schutz vor Eingriffen von seiten der Landwirtschaft, Einschränkungen für Fachplanungen* wie dem Strassenbau usw.) möglich sein.
Vor allen Dingen müssen die Begründungen der Ausweisungen qualitativ erheblich verbessert werden. So kritisiert VOGLER im nachhinein, daß die Ausweisungen der Freihalteflächen im Regionalplan oft zu schwach begründet waren. Sobald die Gemeinde Planansprüche erhob, waren die Grenzen nur noch schwer haltbar[1770]. Bessere Begründungen können nur durch die Bereitstellung besserer Argumentationsgrundlagen und Planungshilfen erreicht werden. Dazu müssen nicht nur Untersuchungen zur Indikatorenauswahl für die ausreichend begründbare Abgrenzung der Restriktionsflächen durchgeführt werden. Es müssen auch ökologische Grunddaten laufend erhoben und, möglichst in digitaler Form, für alle öffentlichen Planungsträger verfügbar sein. Die Ausweisung von Vorrangbereichen für den Natur- und Landschaftsschutz sollte in enger Zusammenarbeit mit den Fachplanungen* erfolgen. Natürlich wäre eine rein fachliche Ausweisung anzustreben. Allerdings wird man politische Kompromisse, auch in Form von "Kommunalisierungen", nicht ganz vermeiden können. Die Festlegung der Vorrangbereiche ganz den Fachplanungen* zu überlassen, weil diese weniger politisierbar seien[1771], ist keine Lösung, denn auch Fachplanungen* handeln als Länderbehörden "politisch". Um auch gegenüber Ansprüchen von privater Seite Wirkung entfalten zu können, sollten die Vorrangbereiche aber möglichst rasch als Natur- bzw. Landschaftsschutzgebiete geschützt werden.

VIII.A.2.2. Finanzielle Instrumente

Obwohl die Regionalplanung in absehbarer Zeit wohl grundsätzlich nicht über eigene finanzielle Anreizinstrumente verfügen wird, müßte die Koordination zwischen Landes- und Regionalplanungsbehörden und -stellen mit den Finanz- und Haushaltsbehörden sowie den Fördermittelbewilligungsinstitutionen auf allen Ebenen nicht nur verbessert, sondern generell neu geregelt werden. So sollten alle Finanzzuweisungen, die mit der Höhe der Einwohnerzahl einer Gemeinde ansteigen (z.B. Schlüsselzuweisungen) verstärkt nach landes- und regionalplanerischen Kriterien vergeben werden. Der noch oft willkürliche Einsatz von Zweckzuweisungen an Gemeinden[1772] sollte als "Goldener Zügel" für Belange der Raumordnung und Landesplanung genutzt werden. Gerade die Fördermittel und Finanzzuweisungen eignen sich hervorragend als Durchsetzungsinstrumente landes- und regionalplanerischer Erfordernisse. Alle Finanzzuweisungen an Gemeinden, besonders aber die Zweckzuweisungen, sollten einer "Raumverträglichkeitsprüfung" unterzogen werden bzw. eine Raumordnungsklausel enthalten, in der geprüft wird, ob die beabsichtigte Finanzzuweisung auch den Erfordernissen der Landes- und Regionalplanung entspricht. Im Rahmen des Finanzausgleichs[1773] oder der Wohnungsbauförderung[1774] wird von dieser Möglichkeit noch wenig Gebrauch gemacht, doch ist eine solche Raumordnungsklausel bei der "Förderung verkehrswichtiger Strassen" im Rahmen des Gemeindeverkehrsfinanzierungsgesetzes zu finden[1775].
Die Raumordnungsstellen sollten in allen für die Bewilligung von Fördermitteln wichtigen Gremien vertreten sein. So war der Regionalverband Bodensee-Oberschwaben bisher im für die Vergabe von Fördermitteln relevanten "Verteilerausschuß" beim Regierungspräsidium, wenn überhaupt, nur "informell" beteiligt. Auch VOGLER plädiert für eine bessere Beteiligung[1776].

VIII.A.2.3. Richtwerte* und ihr Ersatz

Solange die Umsetzung der Landschaftsplanung noch Schwächen zeigt und parzellennahe

---

[1770] VOGLER, Interview
[1771] DEIXLER 1990, S. 359
[1772] UHLMANN 1983, S. 213
[1773] Vgl. INNENMINISTERIUM BADEN-WÜRTTEMBERG 1986b G
[1774] Weder im Wohnungsbauprogramm 1987 (INNENMINISTERIUM BADEN-WÜRTTEMBERG 1987 G) noch 1988 (INNENMINISTERIUM BADEN-WÜRTTEMBERG 1988 G) sind Raumordnungsklauseln enthalten. In der im Uferbereich gelegenen Stadt Friedrichshafen soll der Wohnungsbau sogar explizit über Aufwendungsdarlehen der Landeszentralbank gefördert werden. Nach 10 Jahren, wenn die Sozialbindung entfällt, stehen diese Wohnungen wieder dem freien Markt zur Verfügung [SCHWÄBISCHE ZEITUNG vom 24.1.90, INNENMINISTERIUM BADEN-WÜRTTEMBERG (1990U)].
[1775] Vgl. INNENMINISTERIUM BADEN-WÜRTTEMBERG 1986a G
[1776] VOGLER, Interview

Restriktionsflächen nicht durchsetzbar sind, sollte trotz aller Nachteile (Richtwerte* sind nach VOGLER "Unsinn"[1777]) geprüft werden, inwieweit verbindliche quantitative Vorgaben für die Gemeinden zur Bemessung ihrer Bauflächen, besonders Wohnbauflächen, durch die Regionalplanung erarbeitet werden könnten. Der Einsatz von Freihalteflächen reicht, wie gezeigt, als siedlungssteuerndes Instrument nicht aus. Solange das Interesse der Gemeinden auf "Wachstum" eingestellt ist, muß eine kontrollierende Institution die "Bedarfsfrage" entscheiden.
Zu denken wäre etwa an die Vorgabe von regional differenzierten Wohndichtewerten. So galt der mittlerweile abgeschaffte zweite Bauflächenerlaß mit seinen Wohndichtefestsetzungen zwar für die Randzonen der Verdichtungsräume, nicht aber für die oftmals ähnliche Siedlungsstrukturprobleme aufweisenden Verdichtungsbereiche im ländlichen Raum.
Zu denken wäre aber auch an "positive" Festsetzungen in Form von "regionalplanerisch abgesicherten" Bauflächen. Die Gemeinden könnten zwar weiterhin nach ihrem eigenen Ermessen ihre Bauflächen verorten, hätten dann aber die Begründungspflicht. Diese "Positiv"-Ausweisungen der Regionalplanung müßten selbstverständlich ebenfalls fundiert begründet werden.

VIII.A.3. Die Chancen der Umweltverträglichkeitsprüfung

Für VOGLER ist die Umweltverträglichkeitsprüfung zwar nur eine "Formalisierung eines vernünftigen planerischen Denkens, nicht mehr" und er lehnt sie als weitere Formalie ab[1778]. Sie kann aber sicher mehr sein.
Umweltverträglichkeitsprüfungen müßten fester Bestandteil der Planungsphasen werden. Sie tragen zu einer besseren Planungstransparenz bei, indem sie Zielfindungsprozesse erleichtern und offenlegen. Sie tragen aber auch als materielle Hilfe zur besseren Planungssicherheit bei. Gerade die immer mehr auf die Regionalverbände zukommenden Aufgaben in den Bereichen "Umwelt-, Natur- und Ressourcensicherung" können ohne Umweltverträglichkeitsprüfungen nicht ausreichend erfüllt werden. Dazu kommt die Vorbild- und "Bewußtseinsförderungsfunktion" der Regionalverbände als "umweltfreundliche Planer" für Fach- und Gemeindeplanungen, aber auch für Politiker und Öffentlichkeit. Ergänzend zu Projekt-Umweltverträglichkeitsprüfungen, die nicht nur im Rahmen von Raumordnungsverfahren, sondern auch bei Industrieerweiterungen, -neuansiedlungen, Baugebietsausweisungen usw. erforderlich wären, müßte die Regionalplanung ihre Regional- und Teilregionalpläne einer Umweltverträglichkeitsprüfung unterziehen ("Plan-UVP"), um auch "Summeneffekte" auf die Umwelt erfassen zu können.

VIII.A.4. Landschaftsrahmenplanung und Monitoring

Für die Durchführung von Umweltverträglichkeitsprüfungen, aber auch als Grundlage für Stellungnahmen, als Material zur Raumdiagnose (z.B. für Zielfindungsprozesse) und zur Erstellung von regionalen Raumordnungsberichten müsste ein laufendes Monitoring, z.B. im Rahmen der Landschaftsrahmenplanung, durchgeführt werden. Regelmäßig erscheinende und zur Veröffentlichung bestimmte regionale Raumordnungsberichte sollten erstellt werden. Darüber hinaus wären regionale Umweltinformationssysteme zu erarbeiten und zu nutzen, möglichst in digitaler Form. Das Raumordnungskatasterwesen sollte als Grundlage für ein Rauminformationssystem genutzt und ausgebaut werden. Die für die Erstellung der Informationssysteme notwendigen Datenerhebungen und -aufarbeitungen könnten oftmals kostengünstig über Werkverträge an externe Bearbeiter vergeben werden. Von besonderer Wichtigkeit, auch im Hinblick auf die Durchführung von Umweltverträglichkeitsprüfungen, wäre die Erarbeitung von Entwicklungszielen auf dem Gebiet des Umwelt- und Naturschutzes. Solche Umweltqualitäts-[1779] bzw. Umweltgüteziele[1780] sind nicht mit konkreten Umweltqualitätsstandards zu verwechseln. Die Erarbeitung solcher Standards sollte den Fachplanungen* überlassen bleiben.
Statt auf endgültige Rezepte für die methodische Beherrschung zu warten, sollte die Regionalplanung bei ihrer Landschaftsrahmenplanung pragmatisch vorgehen. Wichtig wäre u.a. die schnelle Erfassung regional bedeutsamer Biotope. Auf praktische Erfahrungen kann bereits zurückgegriffen werden[1781].

1777 VOGLER, Interview
1778 VOGLER, Interview
1779 Für FÜRST sind Umweltqualitätsziele "unerläßlich" (FÜRST 1990, S. 77).
1780 D'ALLEUX 1987, S. 238
1781 Z.B. KIAS 1990

VIII.A.5. Evaluierung

Die Arbeitsweisen in der Regionalplanung sollten sich verstärkt an Methoden des Projektmanagements orientieren. Darunter fallen auch systematische Evaluierungen. Eine Beschränkung auf die Zielerreichungskontrolle bei den Richtwerten*[1782] reicht nicht aus. Auch Methoden- und Strategieevaluierungen wären hier notwendig, um Hinweise für Reformen der Planungsinstrumente und -strategien gewinnen zu können. Die in regelmäßigen Abständen durchzuführenden Evaluierungen könnten an externe Gutachterbüros vergeben werden.
Eine wichtige Hilfe für Evaluierungen sind in die Erfordernisdokumentationen (z.B. Regionalplan) integrierte, konkrete und möglichst quantifizierbare Erfolgsindikatoren.

VIII.A.6. Die Beteiligung an der Bauleitplanung

Nach VOGLER ist die Krise der Regionalplanung eine Krise der Beteiligung an den Umsetzungs- und Entscheidungsabläufen, zum Beispiel bei der Bauleitplanung. VOGLER fordert hier eine stärkere, auf Mitentscheidung angelegte Einflußnahmemöglichkeit der Regionalplanung auf die Bauleitplanung. Andernfalls sei eine Besserung der Situation der Regionalplanung "nicht zu erwarten"[1783]. Die Regionalplanung sollte nicht erst im Stadium der Anhörung als Träger öffentlicher Belange*, sondern bereits bei der Planerstellung beteiligt werden. Verbindliche Vorgaben dazu müßten in Form von Beteiligungsrichtlinien vom Land kommen[1784]. Bei wichtigen Vorhaben der Gemeinden müßte der Regionalverband bereits an der Bedarfsplanung beteiligt werden. Mit den regional bedeutsamen Industrieunternehmen sollte die Regionalplanung Gespräche mit dem Ziel führen, gemeinsam längerfristige Entwicklungsperspektiven zu entwickeln (z.B. Festlegung möglicher Verlagerungs- und Erweiterungsstandorte etc.).
Zur Beteiligung an der kommunalen Planung gehört die "aktive Auseinandersetzung mit der Kommunalpolitik"[1785]. Hierzu wäre ein stärkeres kommunalpolitisches Engagement der Regionalplaner notwendig. Dieses Engagement kann sich jedoch nur wirkungsvoll entwickeln, wenn es gelingt, den kommunalen Einfluß auf die Regionalplanung zurückzudrängen.
Leider scheint die Uhr rückwärts zu gehen: Die im Zuge von Baugesetzbuch, Wohnungsbauerleichterungsgesetz und Baufreistellungsverordnung erfolgte Stärkung der Kommunen* findet ihren Ausdruck in den Hinweisen des Innenministeriums zum Wohnungsbauerleichterungsgesetz[1786]. Danach kann die Gemeinde die Träger öffentlicher Belange* wahlweise im Rahmen eines von ihr festzusetzenden Anhörungstermins oder durch die Einräumung einer Frist von nur vier Wochen beteiligen. Das Geltendmachen einer Fristverlängerung seitens der Träger öffentlicher Belange* infolge "allgemeiner Arbeitsüberlastung" ist "keine ausreichende Begründung für die Beantragung einer Nachfrist"[1787].

VIII.A.7. Regionalisierung und Spezialisierung

Die genannten Verbesserungsvorschläge können nicht von heute auf morgen und flächendeckend verwirklicht werden. Wichtig ist in der ersten Phase die Beschränkung des regionalplanerischen Engagements auf räumliche und sachliche Problemschwerpunkte[1788]. In solchen "besonderen Problemräumen" bedarf es "regionaler Handlungskonzepte" mit einer mehr "sektoralen Aufgabenstellung"[1789].
Die positiven Erfahrungen des Regionalverbandes Bodensee-Oberschwaben mit seinem Teilregionalplan "Bodenseeufer" können auch für andere Regionen wichtig sein. Teilregionalpläne sollten, auch nach Meinung von VOGLER, für alle Teile der Region aufgestellt werden, in denen

[1782] Wie z.B. beim Regionalverband Bodensee-Oberschwaben als Vorbereitung für die Fortschreibung des Regionalplans (REGIONALVERBAND BODENSEE-OBERSCHWABEN 1990Uc)
[1783] VOGLER, Interview
[1784] VOGLER, Interview
[1785] VOGLER, Interview
[1786] INNENMINISTERIUM BADEN-WÜRTTEMBERG 1990 G
[1787] INNENMINISTERIUM BADEN-WÜRTTEMBERG 1990 G, S. 686
[1788] Auch: VOGLER, Interview
[1789] SCHMITZ/TREUNER 1990, S. 31

konkrete, regelungsbedürftige und regional bedeutsame Probleme vorliegen (z.B. im Bereich des Donautals). Die Gemeinden würden hierbei trotz der dann notwendigen starken Konkretisierung der planerischen Festsetzungen "mitmachen"[1790].
Die im Bodenseeuferplan angerissenen sachlichen Schwerpunkte sollten bei der möglichst bald vorzunehmenden Fortschreibung erweitert werden, u.a. auf das für diesen Teilraum wichtigste Thema "Siedlungswesen". Für Problemräume wie den Bodenseeraum sollte das Land eine Ausweisung als "besondere regelungsbedürftige Zone" ermöglichen. In dieser Zone müßten bis zur Parzellenschärfe gehende Ausweisungen, z.B. von regionalen Freihalteflächen*, Vorrangbereichen für den Natur- und Vorrangbereichen für den Landschaftsschutz sowie auch "Positivplanungen*" in Form von "regionalplanerisch unbedenklichen" Bauflächen möglich sein. Auch hier gilt, daß diese Ausweisungen dann besonders fundiert begründet sein müssen. Gerade eine ökologische Raumordnung braucht präzise Festsetzungen, um Wirkungen erzielen zu können. Die Spezialisierung und Regionalisierung wird dabei nicht weniger, sondern mehr Arbeit von seiten der Regionalplaner verlangen, die sich immer mehr mit Details auseinandersetzen müssen[1791].

VIII.A.8. Öffentlichkeitsarbeit und Koordination

Die Regionalplanung wird immer von "Verbündeten" abhängig sein, die mit ihr zusammen regionalplanerische Erfordernisse umsetzen (vgl. die Rolle der Naturschutzverbände in den Fallbeispielen). Bisher wurden die Verbündeten noch viel zu wenig in der Öffentlichkeit gesucht. Für die Öffentlichkeit wäre besonders wichtig, die aufgrund der kommunalfreundlichen Organisation zahlreichen Kompromißstufen bei den Zielfindungsprozessen der Regionalplanung nachvollziehen zu können, z.B. mit Hilfe zu publizierender sachlicher Informationsmaterialien. Gerade die deutliche Trennung zwischen fachlichem Entscheidungsmaterial und politischer Abwägung ist bei der Regionalplanung noch viel zu wenig transparent. Gelingt es nicht, diese deutliche Trennung im Rahmen einer "marketingorientierten" Öffentlichkeitsarbeit deutlich zu machen, wird die Regionalplanung ihre Situation nicht verbessern können.
Sowohl die Landes- als auch die Regionalplanung müssen sich offensiver den "originären" Politikbereichen zuwenden. Sie müssen versuchen, die ihnen innerhalb der Verwaltung zur Verfügung stehenden Umsetzungsinstrumente zu nutzen. Wie das Beispiel der landeseigenen "Landesentwicklungsgesellschaft" gezeigt hat, gibt es dafür zahlreiche Ansätze, von denen noch viel zu wenig Gebrauch gemacht wird. Solche Instrumente lassen sich durch eine kluge Öffentlichkeitsarbeit sicher "erstreiten".
Ein wichtiger Punkt ist die notwendige enge Koordination mit dem über Sanktionspotentiale verfügenden Regierungspräsidium. Noch immer ist diese in vielen Fällen unzureichend, wie das Fallbeispiel "Bodenseewerke" zeigt. Die Genehmigungsbehörden sollten ebenfalls auf eine optimale Koordination mit den Regionalverbänden hinarbeiten.
Die Regionalplanung muß offen sein für die Aufnahme neuer Themen, um ihre Funktion als Anreger von Initiativen behalten und ausbauen zu können. Dazu muß sie offensiver werden und deutlicher Stellung beziehen. VOGLER deutet dies an, wenn er meint, daß Regionalplanung, die "niemandem weh tut" und nur geduldet wird, wenn sie immer auf der Suche nach Konsens "zu allem ja und amen" sagt, nicht ausreichen kann[1792].
Gerade die Regionalplanung mit ihren Interessen und ihren Themen könnte sich durch eine kluge Öffentlichkeitsarbeit eine wirkungsvolle Klientel schaffen. Es ist abzusehen, daß die Region mit den Zentralisierungsbestrebungen auf der Ebene der EG an Bedeutung gewinnen wird. "Der Bürger lebt immer mehr in der Region". Schon von daher wird Regionalplanung in Zukunft immer wichtiger werden[1793]. Aus diesem Grund ist BECKER zuzustimmen, wenn er meint, daß "im Interesse der gesamten räumlichen Planung alles getan werden sollte, um die Regionalplanung zu stärken"[1794].

[1790] VOGLER, Interview
[1791] Vgl. auch FÜRST 1987, S. 3
[1792] VOGLER, Interview
[1793] VOGLER, Interview; STIENS 1987, S. 553
[1794] BECKER 1987, S. 1

VIII.B. Einige Lösungsansätze auf der Ebene der Gemeinde

VIII.B.1. Das Steuerproblem

Solange die wichtigsten Einnahmen der Gemeinden (Gewerbe-, Einkommenssteuer; Schlüsselzuweisungen etc.) an weiteres Wachstum gekoppelt sind, wird sich an der "egoistischen" Interessenlage und damit an der unzureichenden Umsetzung wachstumsrestriktiver landes- und regionalplanerischer Erfordernisse nichts ändern. Die Anpassungspflicht der Bauleitpläne funktioniert nur bei einer gleichgerichteten Interessenlage von Gemeinden und Regionalplanung[1795]. Durch Reformen des Steuerrechts und des kommunalen Finanzausgleichs müßte versucht werden, ein System zu finden, welches

- die finanziellen Einnahmemöglichkeiten der Gemeinden vom Einwohnerwachstum abkoppelt,
- die "interkommunale Konkurrenz" zurückdrängt und
- durch Raumprobleme (z.B. infolge des Gewerbe- und Siedlungsdrucks) entstehende "externe" soziale Kosten (z.B. Umweltsanierungskosten) in die Kalkulation der Gemeindehaushalte mit einbringen kann.

Viele dieser externen Kosten sind aber nicht einmal annäherungsweise zu bestimmen. Es wird daher eine immer wichtiger werdende Aufgabe einer kritischen Gemeindeöffentlichkeit sein, alle Beteiligungsmöglichkeiten an der Kommunalpolitik zu nutzen, um Verwaltung und Gemeinderat darüber zu unterrichten, was ihnen z.B. eine Freifläche oder eine nicht durch ein Industrieunternehmen verschmutzte Luft wert ist. Dadurch könnte sich das Wertesystem der Kommunalpolitiker ändern. Erst dann wird sich eine Gemeinde für den Naturschutz engagieren, wenn das Image einer Gemeinde nicht von der Höhe der Gewerbesteuer, sondern, kurz gesagt, von der Anzahl der geschützten Gebiete abhängt. Unabhängig davon wäre eine Reduzierung der Bedeutung der Gewerbesteuer aus der Sicht der Landes- und Regionalplanung, aber auch aus der Sicht des Umwelt- und Naturschutzes, sehr zu begrüßen[1796]. Dadurch würde nicht von heute auf morgen eine Änderung der Interessenlage und eine Verbesserung der Umsetzung von Erfordernissen der Regionalplanung bei den Gemeinden eintreten. Trotzdem wären die Gemeinden in ihrer Abwägung nicht dem in dieser Untersuchung festgestellten starken Zwang zur "Industrieflächenausweisung um jeden Preis" ausgesetzt, der jede Abwägung bei Projekten einer bestimmten Größenordnung zur Farce macht. Die reduzierten Einnahmen aus der Gewerbesteuer könnten durch eine Beteiligung der Gemeinden an einer einzuführenden Umweltsteuer ausgeglichen werden. Zur Eindämmung des Flächenverbrauchs für Siedlungszwecke wäre insbesondere eine Flächensteuer- bzw. abgabe wichtig. Eine Umweltsteuer würde dem Verursacherprinzip im Umweltschutz gerecht. Um "Futterneid"[1797] zu vermeiden und keine Anreize für einen überhöhten Flächenverbrauch als kommunale Einnahmequelle zu schaffen, sollte geprüft werden, inwieweit Umweltsteuern durch das Land eingezogen und über Umlagetöpfe an die Gemeinden zurückgegeben werden könnten[1798]. Ein erster Schritt in die richtige Richtung wäre wohl die Ausweisung "übergemeindlicher Gewerbeflächen" für mehrere Gemeinden an umweltverträglichen und regionalplanerisch erwünschten Standorten. Die Gewerbesteuer könnte dann im Verhältnis der gemeindlichen Investitionsanteile gesplittet werden[1799]. Die Ausweisung solcher "übergemeindlicher Gewerbeflächen" wird in Frankreich bereits mit Erfolg praktiziert[1800].

VIII.B.2. Umweltverträglichkeitsprüfung

Zahlreiche Erfahrungen aus Modellprojekten zur kommunalen Umweltverträglichkeitsprüfung liegen mittlerweile vor (z.B. der Kommunalentwicklung Baden-Württemberg). Viele Gemeinden nutzen heute schon die Vorteile von Umweltverträglichkeitsprüfungen, zahlreiche Vorschläge zur Methodik und zu

---

1795 SCHMITZ/TREUNER 1990, S. 29

1796 So ist die FDP in Baden-Württemberg für die Abschaffung der Gewerbesteuer, um die Gemeinden von "sachfremden Entscheidungen zu befreien" (zit. nach SCHWÄBISCHE ZEITUNG vom 6.5.87).

1797 VALENTIEN zur Charakterisierung der kommunalen Interessenlage (VALENTIEN 1984, S. 93)

1798 Zum Thema "Umweltsteuern" und "Umweltabgaben" vgl. BUND 1991. Der aktuelle Stand der Diskussion ist bei NUTZINGER/ZAHRNT 1989 wiedergegeben.

1799 So ein Vorschlag der baden-württembergischen SPD (zit. nach SCHWARZWÄLDER BOTE vom 20.4.91).

1800 CANTONS DE BOURDEAUX/CREST NORD/CREST SUD/LORIOL 1990, S. 2

Verfahren stehen ebenfalls zur Verfügung[1801]. Wichtig wären nicht nur Projekt-Umweltverträglichkeitsprüfungen wie z.B. für kommunale Infrastrukturprojekte, sondern auch Plan-Umweltverträglichkeitsprüfungen, besonders für den Flächennutzungsplan. So hat die Stadt Köln in vorbildlicher Weise ihre Wohnbaulandausweisungen des Flächennutzungsplans einer Umweltverträglichkeitsprüfung unterzogen[1802]. Nur auf diese Weise lassen sich die von EBERLE thematisierten "Summeneffekte"[1803] von Eingriffen auf die Umwelt einigermaßen erfassen. Bedingung dafür ist die Erarbeitung von Umweltgütezielen auch auf der Ebene der Gemeinde[1804]. Umweltqualitätsziele könnten hier sogar als wirkungsvolles Lenkungsinstrument für die bauliche Entwicklung dienen[1805].

VIII.B.3. Monitoring und Evaluierung

Ebenso wie die Regionalplanung sollten die Gemeinden ihre Methoden der laufenden Raumbeobachtung verbessern. Zu Recht fordern HELLSTERN und WOLLMANN eine "indikatorengestützte laufende Stadtbeobachtung" als Pendant zur laufenden Raumbeobachtung der Raumordnung[1806].
Wie bei der überörtlichen Raumordnung tritt auch hier das Problem der oft nicht genügend verfügbaren statistischen Daten auf. Oftmals verfügen die Gemeinden jedoch über dafür brauchbare Verwaltungsvollzugsdaten (z.B. Melderegister, Daten über die Inanspruchnahme kommunaler Infrastruktureinrichtungen etc.), ohne daß ihnen deren Brauchbarkeit zum "Monitoring" immer bewußt ist. Diese Daten können durch möglichst EDV-gestützte Kataster, z.B. Flächenkataster zur Überprüfung der Flächenhaushaltspolitik[1807], ergänzt werden. Wollen die Gemeinden ihrer Bedeutung und Verantwortung als "Umsetzer" von Bodenschutzkonzepten gerecht werden, müssen Instrumente dieser Art verstärkt eingerichtet werden.
Zur Darstellung und Unterrichtung der politischen Entscheidungsträger, aber auch der Öffentlichkeit, schlagen HELLSTERN und WOLLMANN die periodische Erstellung von "Stadtentwicklungsberichten" vor[1808]. Allerdings weisen sie auf das Problem des Widerstandes der Gemeinden gegenüber der Einführung eines solchen Instruments hin. Diese wollen ihren Kritikern keine "Abhakliste" liefern[1809]. Hier ist zu entgegnen, daß das Recht auf Information in einer Demokratie auch auf der Ebene der Kommunen* ernst genommen werden sollte. Nur so kann auch Bewußtsein für bisher "ausgeblendete" Probleme ("non-decisions") entstehen und gefördert werden. Zu überlegen wäre auch, ob die Erstellung solcher Entscheidungsgrundlagen von den Genehmigungsbehörden zur Planungsauflage gemacht werden könnte.
Daß die Tätigkeit der kommunalen Planung gleichfalls einer periodischen, möglichst externen, Evaluierung unterzogen werden müßte, dürfte nach dem zur Raumordnung Gesagten fast selbstverständlich sein.
Auf die sonstigen Möglichkeiten der Kommune* hinsichtlich ihres umweltpolitischen Engagements kann hier nicht eingegangen werden. Schon sind in vielen Gemeinden ein eigenständiges Umweltreferat, Umweltschutzbeauftragte und -berater fester Bestandteil der Verwaltung. Auch umweltfreundliche Beschaffung und umweltfreundliche Gestaltung von Grünflächen sind hier oft genannte Möglichkeiten.

VIII.B.4. "Raumbewußtsein"

KISTENMACHER/EBERLE zitieren eine Untersuchung in Rheinland-Pfalz über das "Bewußtsein" kommunaler Entscheidungsträger für überlokale Probleme. Das Ergebnis dieser Untersuchung ergab, daß sich viele Kommunalpolitiker z.B. über die Gefahren schrittweiser Auflösung von Siedlungskörpern gar nicht bewußt waren[1810]. Zu Recht fordern die beiden Autoren "mehr Untersuchungen" zur

---

[1801] Z.B. FIEBIG 1987
[1802] EICHBERG 1987
[1803] EBERLE 1986, S. 24
[1804] D'ALLEUX 1987, S. 240
[1805] LAHL/HAEMISCH 1990, S. 484ff
[1806] HELLSTERN/WOLLMANN 1984a, S. 508f
[1807] SCHOLICH/TUROWSKI 1986
[1808] HELLSTERN/WOLLMANN 1984a, S. 510
[1809] HELLSTERN/WOLLMANN 1984a, S. 512
[1810] KISTENMACHER/EBERLE 1980, S. 660

Verdeutlichung und Lösung dieses "Bewußtseinsproblems"[1811]. Grundsätzlich verlangen sie mehr Bereitschaft zu "umfassenderer Aufgaben- und Problemorientierung" bei der kommunalpolitischen Meinungs- und Entscheidungsbildung[1812]. Dieser Bereich birgt vielfältige Anforderungen an Planungsverwaltungen. Die Beschränkung der Plandarstellung als Vorlage für die Entscheidungsträger auf zweidimensionale Pläne sollte eigentlich längst der Vergangenheit angehören. Stattdessen sollten plastische und möglichst wirklichkeitsnahe Planmodelle für die Entscheidungsfindung der Politiker erstellt werden. Zu denken wäre etwa an dreidimensionale Zeichnungen, Schrägluftbilder etc.. Bei der Planung von Bauprojekten sollte das in der Schweiz übliche Erstellen von "Phantomgerüsten" (die dreidimensionale Begrenzung des Planungskörpers in Form eines Holzgerüstes im Gelände) zur Regel werden. Eine Ortsbesichtigung unter Anleitung sach- und ortskundiger Führer, die auch außerhalb der eigenen Verwaltung gewonnen werden könnten, ist wohl durch keine technische Planungshilfe zu ersetzen.

Aus Gründen der Beschränkung des Umfangs dieser Untersuchung wird auf eine Gesamtzusammenfassung zur Methodendiskussion in der Evaluierung an dieser Stelle verzichtet. Teilzusammenfassungen dazu finden sich insbesondere in den Kapiteln VII.A.5. und VII.B.8.1..

[1811] KISTENMACHER/EBERLE 1980, S. 660; vgl. auch SCHWEDT 1987, S. 401 und BUCHNER 1979, S. 62

[1812] KISTENMACHER/EBERLE 1980, S. 659

IX. Ausblick auf zukünftige Raumnutzungskonflikte und Lösungsansätze - Das Beispiel Bodensee

IX.A. Konflikte

Zum Abschluß soll kurz auf die in Zukunft am Bodensee sich abzeichnenden Zielkonflikte eingegangen werden, um die abzusehenden steigenden Anforderungen an Problemlösungsprozesse, besonders an die Regionalplanung, aufzuzeigen.
Entgegen den ursprünglichen Meinungen bringt die augenblicklich festzustellende Verschiebung der Wirtschaftssektoren in Richtung tertiärer und quartärer Sektor auf absehbare Zeit keine Dezentralisierung, sondern eine Verstärkung des Trends zur makroräumlichen Konzentration[1813].
Neben der allgemein festzustellenden Nord-Süd-Wanderung der Erwerbstätigen und der "neuen Industrien" in der Bundesrepublik und in Baden-Württemberg, gibt der Anteil und die Entwicklung der Informationsbeschäftigten einen Eindruck von den in Zukunft zu erwartenden raumstrukturellen Verhältnissen am See.
Schon jetzt liegt der Bodenseekreis beim Anteil der Informationsbeschäftigten, besonders innerhalb des verarbeitenden Gewerbes, an der Spitze des Landes[1814]. Zusammen mit zwei Landkreisen des Verdichtungsraums "Mittlerer Neckar" war im Bodenseekreis in den letzten Jahren die stärkste Zunahme dieser Beschäftigtenkategorie in Baden-Württemberg festzustellen[1815]. Es ist abzusehen, daß die raumstrukturelle Entwicklung des Bodenseeraums in Zukunft insgesamt sehr stark durch die Bedeutungszunahme des tertiären bzw. quartären Sektors geprägt werden wird, da der Informationssektor in Zukunft zum wichtigsten agglomerationsbildenden Faktor werden dürfte.
RINGLI sieht eine ähnliche Zukunft für den Bodenseeraum aus großräumigerer Sicht. Danach wird die Lage des Bodensees in der Mitte der drei europäisch bedeutsamen Zentren des tertiären und quartären Sektors, München, Stuttgart und Zürich, für seine künftige Entwicklung von Bedeutung sein. Der Großraum Bodensee wird danach künftig zu einem wichtigen Standort für Betriebe mit hoher Wertschöpfung und zum Lebensraum für hochqualifizierte Arbeitskräfte werden: "Es darf also vermutet werden, daß der Großraum Bodensee im Konzert der europäischen Siedlungsschwerpunkte an Bedeutung gewinnen wird"[1816]. Diese Siedlungsentwicklung wird sich auf die Uferbereiche konzentrieren, sich aber auch auf das seenahe Hinterland ausdehnen, der Zweitwohnungsbau wird zunehmen. "Und schließlich werden sich mehr und mehr Betriebe im High-Technology-Bereich für einen prestigeträchtigen Standort am Bodensee interessieren". Schon jetzt ist eine "Nordwanderung" von "High-Tech"-Unternehmen von Zürich in Richtung Bodensee festzustellen[1817].
Der gemeinsame Markt der EG wird große Auswirkungen auf den Verkehr im Untersuchungsraum mit sich bringen. Für den Strassenverkehr wird Vorarlberg zur "kleinen Drehscheibe" Europas[1818]. Eine von KOHNEN geforderte Anpassung des bestehenden Strassennetzes an die prognostizierte Erhöhung des Strassengüterverkehrsaufkommens[1819] hätte unauflösbare Zielkonflikte mit den ökologischen Belangen des Raumes zur Folge.

Wie sind diese Entwicklungen zu bewerten?

Einerseits widersprechen sie den Zielvorstellungen der Raumordnung, andererseits aber entsprechen sie den wirtschaftspolitischen Leitzielen der baden-württembergsichen Landesregierung. Wie die Fallbeispiele "Dornier" und "Bodenseewerke" gezeigt haben, besteht die Gefahr, daß die Landesplanung wieder einmal hinter den originären Wirtschaftskräften zurückstehen muß. Dabei sind ernste Konflikte allein durch die steigende Wohnflächennachfrage abzusehen, wie eine Vorausschätzung der Siedlungsflächennachfrage im Bereich der baden-württembergischen Ufergemeinden bis zum Jahr 2000

1813 BRUDER 1981, S. 191; ELLGER 1988, S. 172
1814 ELLGER 1988, S. 137
1815 ELLGER 1988, S. 142
1816 RINGLI 1986, S. 4; RINGLI 1987, S. 16ff
1817 RINGLI 1986, S. 5; RINGLI 1987, S. 16ff
1818 KOHNEN 1988, S. 20
1819 KOHNEN 1988, S. 20

von HECKING et al. ergab. Sie erwarten in jedem Fall für die absehbare Zukunft dadurch einen "beträchtlichen Landverbrauch" und einen noch erheblich über ihren Schätzungen liegenden Gesamtflächenverbrauch (inkl. Gewerbeflächen, Zweitwohnungsbau etc.). So prognostizierten HECKING et al. einen Bruttowohnbaulandbedarf in den beiden baden-württembergischen Bodenseelandkreisen zwischen 5 bis 10 qkm je nach Prognosetyp und angesetzter Grundflächenzahl bis zum Jahre 2000[1820]. Besonders zu bemerken ist, daß allein durch die Eigenentwicklung* der Landschaftsraum "noch stärker" belastet werden wird[1821]. Das Statistische Landesamt schätzt die Zunahme der Gesamtbevölkerung im Bodenseekreis von 1988 bis 2005 auf + 10.472 Einwohner[1822], was bei der (optimistischen) Annahme einer durchschnittlichen Bruttowohndichte* von 60 Einwohnern/ha einem Bruttobaulandbedarf von ca. 175 ha entspräche. Der Regionalverband Bodensee-Oberschwaben schätzt den entsprechenden Wohnungsbedarf bis 2000/2005 in seinen "Orientierungswerten" auf ca. 1100 bis 1700 Wohnungen/Jahr, das sind von 1988 bis 2005 18.700 bzw. 28.900 neu zu erstellende Wohnungen.

Die bereits zitierten Lösungsvorschläge von HECKING et al. (u.a. Verzicht auf weiteren Zweitwohnungsbau, Beschränkung des Uferbereichs auf die Eigenentwicklung*, Erweiterung des Geltungsbereichs des Bodenseeerlasses etc.) sind zwar wichtige Ansätze, sie reichen aber zur Lösung dieser Probleme nicht aus. RINGLI fordert aus seiner überregionalen Sichtweise, wirtschafts- und bewohnerfreundliche Metropolen zu schaffen, um so den Druck auf den Bodenseeraum zu mildern[1823]. Die "geordnete Besiedlung" läßt sich nach ihm am besten durch eine auf die Schiene setzende Verkehrspolitik erreichen, ein altes, an die Entwicklungsachsen* als Verkehrsachsen erinnerndes Konzept, das bisher kaum funktionierte. Solange sich nicht die verkehrspolitischen Vorgaben von Grund auf ändern, ist eine solche Lösung auch nicht möglich. Daneben will RINGLI, wie die Raumordnung auch, die Verlagerung des Siedlungszuwachspotentials in den seefernen Bereich erreichen. Dieser müsse aber dazu verkehrs- und siedlungsmäßig "erschlossen" werden. Hier müßte genau untersucht werden, wo der seeferne Bereich anfängt, damit die Entwicklung nicht bald schon von der Richtung Hinterland "marschierenden Siedlungsfront" eingeholt wird, wie es der Landes- und Regionalplanung zur Zeit im seenahen Hinterland, zumindest am nördlichen Bodenseeufer, passiert. Die lokal auch hier abzusehenden Nutzungskonflikte müßten unter Zuhilfenahme sämtlicher Planungshilfen (z.B. Umweltverträglichkeitsprüfungen) gelöst werden. Für das Bodenseeufer schlägt RINGLI eine "bessere Nutzung der bestehenden Bausubstanz" vor, was angesichts der durch hohe und immer noch steigende Wohnansprüche charakterisierten Nachfragestruktur wohl nur schwer zu erreichen sein wird.

Patentlösungen sind also nicht in Sicht. Es bleibt festzuhalten, daß die Siedlungsentwicklung am See allein durch die Eigendynamik in naher Zukunft beträchtliche Belastungen der Landschaft mit sich bringen wird. Nach Stadler ist die bisherige Eindämmung des Landschaftsverbrauchs in Baden-Württemberg zu etwa 2/3 auf gesamtwirtschaftliche Veränderungen und 1/3 auf die Entwicklungssteuerungen (Planung) des Landes zurückzuführen[1824]. Die Belastungen werden also auf den See zukommen, ob die Raumordnung das will oder nicht. Aus diesem Grund sollte auf jede aktive, planerisch-politische Verstärkung dieser Belastung bewußt verzichtet werden. Ein landespolitisch geförderter "High-Tech-Raum Bodensee" verträgt sich nicht mit den überregional bedeutsamen ökologischen Funktionen des Gebietes. Aus diesem Grund muß die Leitbilddiskussion von der Landespolitik endlich deutlich entschieden werden und darf nicht den Zufälligkeiten der Tagespolitik überlassen bleiben.

Leider sind solche Ansätze nicht in Sicht. So bewirkt die Landespolitik am Bodensee weiterhin vermeidbare Belastungen. Beispiele hierfür ist die Subventionierung des Flughafenausbaus von Friedrichshafen mit dem ausdrücklich genannten Ziel der Neuansiedlung von Betrieben mit qualifizierten Arbeitsplätzen[1825].
Eine größere vermeidbare Siedlungsbelastung wird wohl aus der Anwendung des erst vor kurzem

---

1820 HECKING et al. 1987, S. 142
1821 HECKING et al. 1987, S. 143
1822 Zit. nach REGIONALVERBAND BODENSEE-OBERSCHWABEN 1990Ue, S. 7
1823 RINGLI 1986, S. 8
1824 Zit. nach HECKING et al. 1987, S. 120
1825 WOCHENBLATT vom 8.5.91

verabschiedeten Wohnungsbauerleichterungsgesetzes[1826] sowie der Baufreistellungsverordnung[1827] resultieren. Neben einer Reduzierung der Beteiligungsmöglichkeiten der Träger öffentlicher Belange* (z.B. können manche Bebauungspläne ohne entsprechende Flächennutzungsplanung erstellt und geändert werden[1828]) sowie der Einwirkungsmöglichkeiten der Gemeinden bei Privatvorhaben ermöglichen diese Rechtsvorschriften[1829] die Vornahme wesentlicher Änderungen an Hofstellen zu Wohnzwecken sowie die Erstellung von bis zu drei Wohnungen je Hofstelle im Außenbereich ohne Flächennutzungs- bzw. Landschaftsplanung, sofern die erforderlichen Anlagen zur Ver- und Entsorgung vorhanden sind[1830]. Immerhin läßt der letzte Halbsatz hoffen, daß hier mit keiner "Zersiedlung" Vorschub geleistet werden wird, denn die ordnungsgemäße Abwasserentsorgung ist bei vielen Einzelhof- und Weilersiedlungen noch lange nicht gewährleistet. Die Baufreistellungsverordnung geht noch weiter und erlaubt u.a. die Erstellung von Wohngebäuden "geringer Höhe" mit nicht mehr als drei Wohnungen innerhalb des Geltungsbereichs von Bebauungsplänen[1831]. Die Auswirkungen dieser Liberalisierung des Bauplanungsrechts auf die Siedlungsprobleme des baden-württembergischen Bodenseeraums sind noch nicht abzusehen. Im Zusammenhang mit der absehbaren Freiwerdung größerer landwirtschaftlicher Flächen im Zuge von Flächenstillegungen ist zu befürchten, daß die zahlreichen Wohnplätze in der Region Bodensee-Oberschwaben[1832] zu Kernen einer neuen Siedlungsflächenausweitung abseits von Entwicklungsachsen und zentralen Orten werden.
Zum Schutz der ökologischen Funktionen des Bodensees hat die Internationale Schutzgemeinschaft Bodensee im Rahmen einer Petition deshalb gefordert, für den Bodenseeraum Ausnahmeregelungen von diesen Gesetzen zu schaffen[1833].

IX.B. Lösungsansätze

Der Bodenseeraum ist eine Besonderheit im Gefüge der Kulturlandschaften Europas. Statt die zu befürchtenden Probleme noch zu verstärken, sollte der Individualität des Bodenseeraumes durch entsprechende politische Maßnahmen Rechnung getragen werden. Der Bodensee wäre daher als "besonders regelungsbedürftiges Gebiet" ("Sondergebiet") auszuweisen, in dem besondere Maßnahmen der Raumordnungspolitik getroffen werden können. Die Grenze dieses Sondergebietes muß zumindest die ökologisch wichtige Grenze des Wassereinzugsgebietes umfassen. Nur so kann ein abgestuftes und auf die ökologischen Verhältnisse und Funktionen des Bodenseeraumes Rücksicht nehmendes Nutzungskonzept umgesetzt werden. Hier seien nur einige wenige Möglichkeiten dafür erwähnt.

IX.B.1. Öffentlichkeitsarbeit

Die Bevölkerung am See, aber auch die Feriengäste, Ausflügler und Wassersportler müssen über die besonderen Probleme dieses Raumes besser informiert werden. Umwelt- und Siedlungsprobleme müssen thematisiert und Lösungsvorschläge für jedermann angeboten werden (z.B. im Rahmen kommunaler Umweltberatung, verstärkter Öffentlichkeitsarbeit der Regionalverbände, von Modellen zum sanften Tourismus etc.). Auch die Architekten sind gefragt, die steigenden Ansprüche an den Wohn- und Wohnumfeldstandard auf möglichst flächensparende Art und Weise zu befriedigen.

IX.B.2. Ökologisches Gesamtkonzept

Zur Sicherung der unbestreitbar vorhandenen überregionalen ökologischen Funktionen des Bodenseeraumes und als Planungshilfe für alle Eingriffsplanungen sowie für die Bauleitplanung sollte für das "Sondergebiet Bodensee" ein ökologisches Gesamtkonzept erstellt werden. Ein solches Konzept

---

[1826] WOHNUNGSBAUERLEICHTERUNGSGESETZ 1990 G
[1827] BAUFREISTELLUNGSVERORDNUNG 1990 G
[1828] Art. 1 § 1 Abs. 2 WOHNUNGSBAUERLEICHTERUNGSGESETZ 1990 G
[1829] Die Vorschriften des Wohnungsbauerleichterungsgesetzes gelten nur bis 1995 (WOHNUNGSBAUERLEICHTERUNGSGESETZ 1990 G).
[1830] Art. 1 § 4 Abs. 3 WOHNUNGSBAUERLEICHTERUNGSGESETZ 1990 G
[1831] § 1 und 2 BAUFREISTELLUNGSVERORDNUNG 1990 G
[1832] Aufgrund der Vereinödung* über 3600 in der Region, allein im Mittelbereich* Wangen gibt es 776 Wohnplätze (REGIONALVERBAND BODENSEE-OBERSCHWABEN 1990Ua, S. 9).
[1833] INTERNATIONALE SCHUTZGEMEINSCHAFT BODENSEE 1990U

müßte konkrete Umweltqualitätsziele enthalten, damit auch Summeneffekte bei Eingriffsplanungen besser abgeschätzt werden könnten.

IX.B.3. Gewerbe und Industrie, Infrastruktur

Industrieerweiterungen und -neuansiedlungen, auch von landespolitisch bedeutsamen Unternehmen, sollten im Uferbereich grundsätzlich nicht mehr genehmigt werden, wenn dadurch Zuwanderungen oder ein Verbrauch neuer Flächen droht. Mit den hier bereits ansässigen Unternehmen müßten baldmöglichst Gespräche über ihre mittel- und langfristigen Standortansprüche geführt werden. Nur so könnte diesen Unternehmen frühzeitig auch ökologisch weniger bedenkliche und wirtschaftlich sinnvolle Erweiterungsmöglichkeiten angeboten werden.

IX.B.4. Natur- und Umweltschutz

Im "Sondergebiet" Bodensee sollten besondere Maßnahmen zur Förderung des Natur- und Umweltschutzes getroffen werden. Hierfür sind gute Ansätze vorhanden. So hat die Deutsche Umwelthilfe, ein privater Umweltverband, ein internationales "Bodenseeprojekt" zur Förderung des Umweltschutzes am Bodensee ins Leben gerufen. Mit finanzieller Unterstützung des Landes, aber auch des Bundes und der EG müßten Extensivierungsbestrebungen in allen Bereichen der umweltbeeinträchtigenden Wirtschaft gefördert werden (z.B. besondere Förderung von Kleinbetrieben, besondere Förderung flächensparender Gewerbebauten, Ausbau der Extensivierungsförderung in der Landwirtschaft etc.). Diese Programme sollten in enger Absprache bzw. gemeinsam mit allen anderen Anliegerstaaten konzipiert und umgesetzt werden.

IX.B.5. Internationale Raumordnung

Für das "Sondergebiet Bodensee" bedarf es eines grenzüberschreitenden gemeinsamen Leitbildes. Noch immer wird das zur Zeit geltende "Internationale Leitbild" nicht ausreichend umgesetzt[1834]. Ob ein neues Gremium hier Abhilfe bringen kann - KOHNEN schlägt eine trilaterale Bodenseekommission zur besseren Lösung grenzüberschreitender Planungsprobleme vor[1835] - ist fraglich, wäre aber wohl Grundvoraussetzung. Analog zu den Regionalplänen sollte die Fortschreibung dieses Leitbildes möglichst widerspruchsfrei und konkret formuliert werden sowie Umsetzungshinweise und Zeitpläne enthalten.

IX.B.6. Ebene Land

Die Fachbehörden des Landes müßten dringend in ihrer Eigendynamik gebremst und in den Dienst der Landes- und Regionalplanung gestellt werden. Für das "Sondergebiet Bodensee" sollte besonders die Straßenbauverwaltung entsprechende Vorgaben erhalten. Alle landeseigenen Institutionen oder Institutionen mit mehrheitlicher Beteiligung des Landes (z.B. landeseigene Wohnungsbaugesellschaften) sollten in den Dienst der Landes- und Regionalplanung gestellt werden. Zu überlegen wäre auch, raumwirksam tätige, gemeinnützige Institutionen zur Beachtung der landesplanerischen Zielvorstellungen zu verpflichten.
Das System der Bodenseeuferpläne sollte beibehalten und ausgebaut werden. Die Pläne müßten regelmäßig fortgeschrieben, ihr räumlicher Geltungsbereich auf das seenahe Hinterland und auf das Schussenbecken ausgedehnt und die behandelten Sachthemen ergänzt werden (z.B. auf das Thema "Siedlung"). Die Pläne sollten Umsetzungshinweise und Zeitpläne enthalten. Der Bodenseeerlaß sollte nicht nur in seinem räumlichen Geltungsbereich (Gemeinden des seenahen Hinterlandes bis zur Grenze des Wassereinzugsbereiches), sondern auch in seinen Inhalten erweitert werden. Nach Abschaffung des Bauflächenerlasses sollten zumindest im Bodenseeerlaß verbindliche Vorgaben für Wohndichten bei Baulandausweisungen erfolgen.

IX.B.7. Ebene Gemeinde

Den Gemeinden Überlingen und Friedrichshafen ist der Ausnahmestatus bezüglich der

---

[1834] KOHNEN 1988, S. 24
[1835] KOHNEN 1988, S. 24

Eigenentwicklung* zu entziehen[1836]. Zu denken wäre an die Verpflichtung der Gemeinden zu einer besseren Abwägung der ökologischen Belange und zu einer qualifizierteren Nachweisführung des absehbaren Wohnbaulandbedarfs, besonders bei Eigenentwicklung*. So sollte den Gemeinden die Einführung von Projekt- und Planumweltverträglichkeitsprüfungen vorgegeben werden. Laufend fortzuschreibende Baulückenerhebungen, laufende Erhebungen des Auffüllungsgrades von Bebauungsplänen, Realnutzungskartierungen etc. könnten zu Pflichtbeilagen für den Flächenbedarfsnachweis bei der Genehmigung der Bauleitpläne gemacht werden. Eine neue Statistik der Zweit- und Freizeitwohnsitze sollte laufend fortgeschrieben werden. Regionalplanerisch abgesicherte Erweiterungsflächen für Bauland (Positivplanungen*) und die Vorgabe von verbindlichen Richtwerten* für die Bevölkerung und die Erwerbsstellen sollten realisierbar sein. Gerade zur Bekämpfung der großen Wohnungsnot sollten die Gemeinden Bauland erwerben, um die Vergabe an Einheimische zu gewährleisten. Dies stellt zur Zeit die einzig mögliche Sicherung der Eigenentwicklung* dar. U.a. in den Gemeinden Langenargen[1837], Überlingen[1838] und Immenstaad[1839] wird dies bereits seit längerem praktiziert. Die Stadt Friedrichshafen hat vor kurzem damit begonnen[1840]. Bei einkommensschwachen Gemeinden könnten hierfür eventuell Umlagefinanzierungen ermöglicht werden. Die Erschließung großer Baugebiete durch überregionale Baugesellschaften erhöht das Preisniveau und die Wohnungen werden überregional als Zweit- und Freizweitwohnungen sowie an Zuwandernde verkauft. Die einheimischen Wohnungssuchenden werden vom Wohnungsmarkt verdrängt, so daß durch diese Vorgehensweise die Wohnungsnot gefördert wird.
Als Ausgleich für eine anzustrebende geringere Bedeutung der Gewerbesteuer sollte geprüft werden, inwieweit die Gemeinden des Sondergebiets über einen Umlagetopf an einer von den Gewerbebetrieben einzufordernden Umweltsteuer beteiligt werden könnten. Dies käme dem bereits von TREUBEL vorgeschlagenen "umfassenden finanziellen Ausgleich für gemeindliche Selbstbeschränkungen" (z.B. bei Verzicht auf Ansiedlung größerer Industriebetriebe)[1841] entgegen.

IX.B.8. Hinterland

Eine bessere Koordination zwischen Raumordnung und Strukturpolitik wäre dringend notwendig. Wichtig wäre die Imageverbesserung des Hinterlandes durch geeignete Werbekampagnen. Das Land sollte gezielt durch Behördenstandortwahl und Vorgaben an landeseigene Institutionen aktive Strukturpolitik im Hinterland betreiben.

Nur mit der Hilfe eines Leitbildes des "abgestuften Nutzungskonzepts", einer Nutzung aller geeigneten Instrumente, einem offensiven und engagierten Planungsverständnis und einem koordinierten und engen Zusammenwirken mit allen Umsetzern und Allianzpartnern wird es der Landes- und Regionalplanung gelingen, die absehbaren schweren Nutzungskonflikte am See aufzufangen.

[1836] Diese Forderung wird auch von der Internationalen Schutzgemeinschaft Bodensee vertreten (INTERNATIONALE SCHUTZGEMEINSCHAFT BODENSEE 1990U).
[1837] SCHWÄBISCHE ZEITUNG vom 17.1.87
[1838] Für den Ortsteil Hödingen (SÜDKURIER vom 27.6.90)
[1839] SCHWÄBISCHE ZEITUNG vom 5.2.86
[1840] RABOLD, LÜDECKE, Interview
[1841] TREUBEL 1976U, S. 63

X. Zusammenfassung

Anhand einer kritischen Diskussion von vorliegenden Evaluierungsuntersuchungen wird eine auf den vorgegebenen Rahmen der baden-württembergischen Regionalplanung und die spezifischen Verhältnisse des Untersuchungsgebiets zugeschnittene Kombination verschiedener Methoden zur Erfolgskontrolle der regionalen Planung erarbeitet.
Diese Methodenkombination wird am Beispiel der Regionalplanung in der Region Bodensee-Oberschwaben (Baden-Württemberg) mit seinen erheblichen Raumnutzungskonflikten exemplifiziert und getestet.

Als Ergebnis wird eine unzureichende Umsetzung wichtiger Erfordernisse der Landes- und Regionalplanung in den Sachbereichen "Siedlungswesen", "Gewerbeflächenplanung" sowie "Schutz- und Freihaltebereiche" auf der Ebene der Gemeinden festgestellt.

Die Gründe hierfür liegen einerseits bei der Regionalplanung, die über keine ausreichenden Durchsetzungspotentiale verfügt;
andererseits aber auch bei der Interessenstruktur der Gemeinden.
Vor allem das heutige Steuerrecht (z.B. die an die Einwohnerzahl gebundene Einkommenssteuerumlage oder die an Anzahl und Größe von Gewerbebetrieben gekoppelte Gewerbesteuer) und die kaum einmal feststellbare Anwendung des Verursacherprinzips belohnen diejenigen Gemeinden, die überörtliche Belange vernachlässigen.
Verschiedene weitere Faktoren wie das verbreitete "kommunale Prestigedenken" oder der massive Einfluß lokaler Interessengruppen machen viele gesetzlich vorgeschriebene "sachgerechte Abwägungen" faktisch unmöglich.

Die Krise der Raumordnung ähnelt in manchen Bereichen der Krise des Umweltschutzes.

Die nicht oder nur unzureichend vorhandenen Instrumente zur Umsetzung schwächen die Regionalplanung.
Vor allem aber führt die in Baden-Württemberg vorhandene kommunalverbandliche Organisation der Regionalverbände dazu, daß sich die Gemeinden mehr oder weniger selbst kontrollieren.

Als Durchsetzer überörtlicher Erfordernisse kann allein das von den Gemeinden weit weniger abhängige und mit Sanktionspotentialen ausgerüstete Regierungspräsidium einige Erfolge vorweisen. Diese wichtige Funktion könnte auf regionaler Ebene nur durch eine gestärkte, dem übergroßen kommunalen Einfluß entzogene Institution erfüllen. Auch das muß bei der Frage einer möglichen Abschaffung der Regierungspräsidien, die gelegentlich diskutiert wird, bedacht werden.

Trotz des insgesamt nur geringen tatsächlichen Erfolges der Regionalplanung besitzt der Regionalverband aber doch wichtige Funktionen als Initiator und Plattform für die Diskussion von ansonsten kaum transparent werdenden Raumnutzungskonflikten.

Die Lösungsvorschläge für die festgestellte Problematik reichen von einer Verbesserung der Organisation und der Instrumente der Regionalplanung über die Stärkung der kommunalen Zusammenarbeit (z.B. durch die Ausweisung übergemeindlicher Gewerbegebiete) bis hin zu kurzfristig realisierbaren Möglichkeiten der Beschränkung des kommunalen Einflusses auf der Ebene der Regionen.

Ein Ausblick auf zukünftige Raumnutzungskonflikte im Untersuchungsgebiet (Bodenseeraum) soll die Dringlichkeit der notwendigen Veränderungen deutlich werden lassen.

Das Ergebnis zeigt, daß sich die vorgestellte Untersuchungsmethode gut zur Evaluierung landes- bzw. regionalplanerischer Aktivitäten eignet. Probleme bereiten allerdings der hohe Untersuchungsaufwand und der oft erschwerte Zugang zu meist behördeninternen Akten zur Aufdeckung der Wirkungszusammenhänge.

XI. Summary

After discussing current methods for the evaluation of regional planning activities, a proposal consisting of a combination of different evaluation methods is given and tested in the Lake of Constance region (land of Baden-Württemberg, southern Germany).

The results show, that the implementation of important regional planning requirements at the community level is inadequate.

It is necessary to look for the causes within the regional planning system itself. First, it doesn't contain enough instruments to enforce the implementation of its requirements.
Second, its organization as a quasi association of communities makes it a self-controlling system.

On the other hand, causes are mainly concerned with the special interests of the communities. Following the existing tax laws, communities are primarily interested in attracting inhabitants and industry to obtain more money and more influence, regardless of regional planning requirements.

Nevertheless, the regional planning authorities (Regionalverbände) have important functions in starting initiatives and giving a platform for the discussion of regional planning problems.

Possibilities for solving problems are proposed.

To illustrate the urgency requiring change in organisation of the regional planning authorities and of giving them better instruments, existing and future land use conflicts in the Lake of Constance region are discussed.

The results of the tests show the usability of the elaborated method in the evaluation of regional planning activities. A problem is the great need of time to realize such a study and the difficulties in using internal authority acts.

XII. Literaturverzeichnis

XII.A. Veröffentlichte Literatur

ABERLE, G.; PRIEBE, H.; SPEHL, H.; ZIMMERMANN, H. (1981): Regionalpolitik im Wandel - Beiträge zur Bewertung und zur Koordinierung raumwirksamer Politikmaßnahmen, Bonn (= Kleine Schriften der Gesellschaft für Regionale Strukturentwicklung)

AKADEMIE FÜR RAUMFORSCHUNG UND LANDESPLANUNG (1980): Die konzeptionellen Elemente der Landes- und Regionalplanung - Zur Notwendigkeit ihrer Differenzierung und zur Umsetzung in die Bauleitplanung. Sitzung der Sektion IV der Akademie am 19.10.79 in Augsburg und am 8./9.5.80 in Würzburg, Hannover (= Veröffentlichungen der Akademie für Raumforschung und Landesplanung, Beiträge, Bd. 45)

AMANN, E.; EBERLE, D.; HOPPENSTEDT, A. (1988): Landschaftsrahmenplanung in Baden-Württemberg, in: Natur und Landschaft, H. 4, S. 150 - 154

ARBEITSKREIS "WIRKUNGSANALYSEN UND ERFOLGSKONTROLLE IN DER RAUMORDNUNG BEI DER AKADEMIE FÜR RAUMFORSCHUNG UND LANDESPLANUNG" (1984): Begriffe und Funktionen der Evaluierung räumlich relevanter Sachverhalte, in: Hübler, K.-H.: Wirkungsanalysen und Erfolgskontrolle in der Raumordnung, Hannover (= Veröffentlichungen der Akademie für Raumforschung und Landesplanung, Forschungs- und Sitzungsberichte, Bd. 154), S. 29 - 40

BAESTLEIN, A.; KONUKIEWITZ, M. (1980): Implementation der Raumordnungspolitik: Die Schwierigkeiten der Koordination, in: Mayntz, R.: Implementation politischer Programme - Empirische Forschungsberichte, Königstein/Ts (= Neue wissenschaftliche Bibliothek; 97: Sozialwissenschaft), S. 36 - 58

BAESTLEIN, A.; WOLLMANN, H. (1980): "Parlamentarisierung" der Regionalplanung - Königsweg oder Sackgasse?, in: Informationen zur Raumentwicklung, 12, S. 679 - 697

BARNER, J. (1975): Einführung in die Raumforschung und Landesplanung, Stuttgart

BECK, D. (1989): Erweiterungsvorhaben eines High-Tech-Unternehmens - Eine Fallstudie zum Widerstreit zwischen Ökonomie und Ökologie bei der Standortwahl, Konstanz (= SFB 221 - Projekt B 4, Arbeitsbericht Nr. 21/1989)

BECKER, K. (1987): Koordination in der Raumplanung: Schwerpunkt Regionalplanung, in: Raumforschung und Raumordnung, 45, ohne Seitenangabe (Einführung)

BECKER-MARX, K. (1980): Thesen übernotwendiger Korrekturen an den Verfahren der Raumordnung und Landesplanung in der Bundesrepublik Deutschland, in: Becker-Marx, K. (Hrsg.): Das Unbehagen an der Raumordnung (Tagungsbericht), Frankfurt/M., S. 7 - 11

BECKER-MARX, K. (1980a): Raumordnung und Vorrang der Politik, in: Becker-Marx, K. (Hrsg.): Das Unbehagen an der Raumordnung (Tagungsbericht), Frankfurt/M., S. 29 - 53

BECKER-MARX, K. (1985): Ein Requiem für die Raumordnung? Zum zwanzigjährigen Bestehen des Raumordnungsgesetzes, Abgesang oder Ermunterung?, in: Öffentliche Verwaltung, H. 7, S. 272 - 274

BENZ, A. (1980): Neue Konzepte für die Regionalplanung - Dokumente ausgewählter Literatur, in: Informationen zur Raumentwicklung, 12, S. 725 - 732

BENZ, A. (1982): Regionalplanung in der Bundesrepublik Deutschland - Eine empirische Untersuchung zur Organisation und Problemlösungsfähigkeit, Münster (= Beiträge zum Siedlungs- und Wohnungswesen und zur Raumplanung, Bd. 80)

BENZ, A.; HENRICH, F.W. (1980): Regionalplanung in der Bundesrepublik Deutschland, in: Informationen zur Raumentwicklung, 12, S. 699 - 714

BENZ, A.; HENRICH, F.W. (1983): Beteiligung der Gemeinden in der Regionalplanung. Formen und Strategien der Durchsetzung kommunaler Interessen gegenüber dem Staat, in: Hesse, J.J. et al. (Hrsg.): Staat und Gemeinden zwischen Konflikt und Kooperation, Baden-Baden, S. 131 - 151

BENZING, A.; GAENTZSCH, G.; MÄDING, E.; TESDORPF, J. (1978): Verwaltungsgeographie - Grundlagen, Aufgaben und Wirkungen der Verwaltung im Raum, Köln u.a.

BLOCH, A. (1980): Aktuelle Berührungspunkte zwischen den Kommunen und der Raumordnung/Landesplanung, in: Akademie für Raumordnung und Landesplanung (Hrsg.): Die Kommune als Partner der Raumordnung und Landesplanung, Hannover (= Veröffentlichungen der Akademie für Raumforschung und Landesplanung, Forschungs- und Sitzungsberichte, Bd. 135), S. 51 - 57

BLOTEVOGEL, H. H.; HEINRITZ, G.; POPP, H. (1987): Regionalbewußtsein - Überlegungen zu einer geographisch-landeskundlichen Forschungsinitiative, in: Informationen zur Raumentwicklung, H. 7/8, S. 409 - 418

BLUMENBERG, R. (1977): Das System der Raumplanung in der Bundesrepublik Deutschland - eine Organisationsüberprüfung, Göttingen (= Beiträge aus dem Institut für Verkehrswissenschaft an der Universität Münster)

BOHNERT, W. (1980): Planung als Durchsetzungs- und Implementationsstrategie der Verwaltung. Konfliktverarbeitung und Interessenselektivität am Beispiel eines Fachplanungsprozesses, in: Wollmann, H. (Hrsg.): Politik im Dickicht der Bürokratie - Beiträge zur Implementationsforschung, Opladen (= Leviathan: Sonderheft; 3), S. 198 - 221

BORCHARD, K. (1985): Landes- und Regionalplanung versus Planungshoheit der Gemeinden?, in: Institut für Landes- und Stadtentwicklungsforschung des Landes Nordrhein-Westfalen (JIS) (Hrsg.): Beiträge zu Raumforschung, Raumordnung und Landesplanung (= Schriftenreihe Landes- und Stadtentwicklungsforschung des Landes Nordrhein-Westfalen, Bd. 1.042), S. 204 - 209

BORRIES, H.-W. von (1963): Raumordnung und kommunale Finanzen, Stuttgart (= Forschungsarbeiten der Landesgruppe Baden-Württemberg der Deutschen Akademie für Städtebau und Landesplanung, Beitrag Nr. 5)

BRUDER, W. (1981): Wie wirksam sind die Instrumente der Raumordnungspolitik? - Steuerungspotentiale und ihre Defizite, in: Der Bürger im Staat, 31, H. 3, S. 189 - 193

BRÜGGEMANN, J. (1982): Wohnungsbau im Konflikt mit der Raumordnung, in: Segmente raumwirksamer Politik, Bochum (= Schriften für Sozialökologie, Bd. 29), S. 40 - 59

BUCHNER, W. (1979): Stellenwert und Wirkungsmöglichkeiten der Kommunen in der Raumordnung und Landesplanung, in: Akademie für Raumordnung und Landesplanung (Hrsg.): Die Kommune als Partner der Raumordnung und Landesplanung, Hannover (= Veröffentlichungen der Akademie für Raumforschung und Landesplanung, Forschungs- und Sitzungsberichte, Bd. 135) S. 59 - 66

BUCHREITER-SCHULZ, M.; KREITMAYER, C. (1991): Die Stadtbiotopkartierung - eine Herausforderung für die Bauleitplanung und die Baugenehmigungspraxis im Siedlungsbereich, in: Natur und Recht, 13, H. 3, S. 107 - 115

BUCHWALD, K.; HARFST, W.; KRAUSE, E. (1973) (Bearb.): Gutachten für einen Landschaftsrahmenplan Bodensee Baden-Württemberg, im Auftrag des Ministeriums für Ernährung, Landwirtschaft und Umwelt Baden-Württemberg, Stuttgart

BUCHWALD, K. (1979): Thesen zur Wissenschaftlichen Plenarsitzung "Die ökologische Orientierung der Raumordnung", in: Kiemstedt, H. (1979): Methodischer Stand und Durchsetzungsprobleme ökologischer Planung, Hannover (= Veröffentlichungen der Akademie für Raumforschung und Landesplanung, Forschungs- und Sitzungsberichte, Bd. 131), S. 63 - 65

BUND (Bund für Umwelt- und Naturschutz Deutschland e.V.) (1991): Umweltsteuern, in: Natur und Umwelt, Ausgabe Baden-Württemberg, 71, H. 2, S. 12 - 13

BUNDESAMT FÜR RAUMPLANUNG (1985) (Hrsg.): Grenzüberschreitende Zusammenarbeit im Rahmen der Deutsch-Schweizerischen Raumordnungskommission - Rückblick und Ausblick 1984, Tätigkeitsbericht, Bern

BUNDESMINISTERIUM FÜR RAUMORDNUNG, BAUWESEN UND STÄDTEBAU (1983): Raumordnungsbericht 1982, Bonn (= Schriftenreihe des Bundesministers für Raumordnung, Bauwesen und Städtebau, Reihe Raumordnung, H. 06.050)

CANTONS DE BOURDEAUX, CREST NORD, CREST SUD, LORIOL (1990) (Hrsg.): L'avenir économique passe par les zones intercommunales, in: La lettre du district d'aménagement du val de Drôme, N° 3

CLEMENS, H. (1980): Regionalplanung ohne Richtzahlen?, in: Neues Archiv für Niedersachsen, 29, S. 312 - 313

CLEMENS, H. (1980a): Grundsätzliche und methodische Überlegungen zur Erfolgskontrolle landesplanerischer Ziele, in: Neues Archiv für Niedersachsen, 29, S. 403 - 410

CREMER, R. (1975): Zur Fiktion "aktiver" Raumplanung in der Bundesrepublik Deutschland, in: Raumforschung und Raumordnung, 33, H. 6, S. 266 - 274

DADOU, H. et al. (1979) (Bearb.): Einfluß der Regionalplanung in Baden-Württemberg auf die kommunale Bauleitplanung über das Instrument der Stellungnahme. Untersucht am Beispiel von zwei Regionalverbänden. Hrsg.: Universität Karlsruhe, Institut für Regionalwissenschaft, Karlsruhe (= Materialien aus dem Aufbaustudiengang Regionalwissenschaften und Regionalplanung der Universität Karlsruhe, 9)

DAHME, H.-J.; GRUNOW, D. (1983): Die Implementation persuasiver Programme, in: Mayntz, R. (Hrsg.): Implementation politischer Programme, Bd. 2, Opladen, S. 117 - 141

D'ALLEUX, J. (1987): Umweltschonende Siedlungsentwicklung in Erholungsgebieten - eine Erläuterung am Beispiel eigengenutzter Freizeitwohnsitze, in: Informationen zur Raumentwicklung, H. 4, S. 227 - 241

DANIELLI, G.-M. (1986): Die Bodenseelandschaft - Aktualgeographische Studien zur Veränderung eines Grenzraums, Diss., Basel

DEHLER, K.-H. (1982): Vorbereitung und Realisierung der Bauleitplanung: Zeitverzögerungen als Ursache räumlicher und sozialstruktureller Fehlentwicklungen, in: Akademie für Raumordnung und Landesplanung (Hrsg.): Wohnungspolitik und regionale Siedlungsentwicklung (= Veröffentlichungen der Akademie für Raumforschung und Landesplanung, Forschungs- und Sitzungsberichte, Bd. 146), S. 45 - 77

DEIXLER, W. (1990): Unterstützung des Naturschutzes durch die Raumplanung, in: Natur und Recht, 12, H. 8, S. 357 - 360

DEUTSCHER BUNDESTAG (1978): Bundestagsdrucksache 8/2378

DREXLER, A.-M. (1980): Umweltpolitik am Bodensee Baden-Württemberg - Regionalpolitik, Gewässerschutz, Verkehrsplanung, Landschaftspflege und Naturschutz, Konstanz

DYONG, H. (1982): Verwirklichung der Raumordnung durch die vollziehende Verwaltung, dargestellt am Beispiel von Einzelgenehmigungen im Baurecht, in: Akademie für Raumordnung und Landesplanung (Hrsg.): Verwirklichung der Raumordnung (= Veröffentlichungen der Akademie für Raumforschung und Landesplanung, Forschungs- und Sitzungsberichte, Bd. 145), S. 215 - 228

EBERLE, D. (1986): Probleme und Möglichkeiten der Durchführung von Umweltverträglichkeitsprüfungen für einen Regionalplan, Kaiserslautern (= Regional- und Landesplanung Universität Kaiserslautern, Werkstattbericht Nr. 12)

EBERLE, D. (1988): Umweltverträglichkeitsprüfung auch für Regionalpläne?, in: Raumforschung und Raumordnung, 46, H. 4, S. 172 - 174

EICHBERG, J. (1987): Bewertungsmethoden der Umweltverträglichkeitsprüfungen der Stadt Köln, Köln maschinenschriftliches Manuskript

EICHNER, H.; LÄPKE, H.; PREUSSER, J.; STEINEBACH, G. (1979): Analyse und Bewertung der Umsetzung ausgewählter Ziele der Regionalplanung in raumwirksame Maßnahmen - eine exemplarische Erfolgskontrolle des regionalen Raumordnungsplanes Westpfalz im Landkreis Kusel, Kaiserslautern

ELLGER, C. (1988): Informationssektor und räumliche Entwicklung - dargestellt am Beispiel Baden-Württembergs, Tübingen (= Tübinger Geographische Studien, H. 99)

EMENLAUER, R.; LANG, W. (1980): Regionalplanung in Baden-Württemberg - Scheitert die Landesplanung an der kommunalen Interessenstruktur eines ländlich geprägten Raumes?, in: Wollmann, H. (Hrsg): Politik im Dickicht der Bürokratie, Opladen (= Leviathan-Sonderheft 3/79), S. 153 - 179

ERNST, W.; SUDEROW, W. (1976): Die Zulässigkeit raumordnerischer Festlegungen für Gemeindeteile, Hannover (= Schriften der Landesplanung Niedersachsen)

ERNST, W. (1980): Raumordnungspolitik - Illusion oder Wirklichkeit?, in: Neues Archiv für Niedersachsen, 29, H. 2, S. 115 - 129

FEURSTEIN, H. (1986): Das internationale Leitbild für das Bodenseegebiet, in: Berichte zur Raumforschung und Raumplanung, 30, H. 4, S. 28 - 30

FIEBIG, K.-H. (1987): Rahmenbedingungen und Anforderungen an die kommunale Umweltverträglichkeitsprüfung (UVP), Berlin, maschinenschriftliches Manuskript

FINKE, L. (1990): Gedanken zur Effizienzsteigerung des Naturschutzes, in: Naturschutzforum NRW, Beilage der LÖLF-Mitteilungen, Nr. 4, S. 33/7 - 36/10

FINKE, L. (1990a): Vorranggebiete für Naturraumpotentiale, in: Regional- und Landesplanung für die 90er Jahre, Hrsg.: Akademie für Raumforschung und Landesplanung (= Veröffentlichungen der Akademie für Raumforschung und Landesplanung, Forschungs- und Sitzungsberichte, Bd. 186), S. 92 - 100

FISCHER, K. (1978): Konfliktzone Regionalplanung - Bauleitplanung, in: Institut für Städtebau und Landesplanung (Hrsg.): Kommunale Planungspraxis, Karlsruhe, S. 11 - 28

FISCHER, K. (1984): Evaluierung in kleinen Schritten - Vorschläge für vereinfachte Erfolgskontrollen und Wirkungsanalysen auf der Ebene der Regional- und Bauleitplanung, in: Hübler, K.-H.: Wirkungsanalysen und Erfolgskontrolle in der Raumordnung, Hannover (= Veröffentlichungen der Akademie für Raumforschung und Landesplanung, Forschungs- und Sitzungsberichte, Bd. 154), S. 291 - 318

FRANCKE, M. R. (1975): Untersuchungen zum Fremdenverkehr im westlichen Bodenseegebiet und Stein-Schaffhauser Hochrheintal, Frankfurt/Main (= Frankfurter Wirtschafts- und Sozialgeographische Schriften, H. 22)

FÜRST, D. (1979): Thesen zum Entwurf des Landesentwicklungsplans 1979, in: Akademie für Raumordnung und Landesplanung, LAG Baden-Württemberg (Hrsg.): Aktuelle Probleme der Landesplanung in Baden-Württemberg, Hannover (= Veröffentlichungen der Akademie für Raumforschung und Landesplanung, Beiträge, Bd. 52), S. 10 - 18

FÜRST, D. (1987): Regionalplanung - im Aufschwung?, in: Raumforschung und Raumordnung, 45, H. 1/2, S. 2 - 5

FÜRST, D. (1990): Umweltqualitätsstandards im System der Regionalplanung?, in: Landschaft und Stadt 22, H. 2, S. 73 - 77

FÜRST, D.; HESSE, J.J. (1981): Landesplanung, Düsseldorf (= Schriften zur Innenpolitik und Verwaltungswissenschaft, Bd. 1)

GEIPEL, R. (1987): Territoriale Bewußtwerdungsprozesse durch Fremdbestimmtheit regionaler Entwicklung, in: Informationen zur Raumentwicklung, H. 7/8, S. 403 - 407

GEMEINDEVERWALTUNGSVERBAND MEERSBURG (1979): Agrar- und Landschaftsplan, Entwurf zur Anhörung, Meersburg

GEMEINDEVERWALTUNGSVERBAND MEERSBURG (o.J.) (1980): Flächennutzungsplan, Karte und Zwischenbericht zur Behördenbesprechung (entspricht Entwurf zur Behördenanhörung), Meersburg

GEMEINDEVERWALTUNGSVERBAND MEERSBURG (1983): Flächennutzungsplan, Karte und Ergänzungsheft zur genehmigten Fassung, Meersburg

GEMEINDEVERWALTUNGSVERBAND MEERSBURG (1986): Flächennutzungsplan, Karte und Erläuterungen zur genehmigten Fassung, Meersburg

GERHARDT, K. (1973): Regionalverbandsgesetz, Landesplanungsgesetz, Raumordnungsgesetz, Textausgabe mit Einführung und Anmerkungen, 2. Auflage, Stuttgart

GESAMTKONZEPT FÜR DEN BODENSEERAUM (1975), Hrsg.: Landesregierung Baden-Württemberg, Stuttgart

GÖRGMAIER, D. (1986): Landes-, regional- und Bauleitplanung über Grenzen hinweg - Internationale Bodenseekonferenz - Modell für Europa, in: Der Landkreis, 12, S. 541 - 543

GRAF, H. (1983): Die Probleme der kommunalen Finanzentwicklung aus der Sicht der Landesplanung, in: Hesse, J.J.; Ganseforth, H.; Fürst, D.; Ritter, E.-H. (Hrsg.): Staat und Gemeinden zwischen Konflikt und Kooperation, Baden-Baden, S. 83 - 101

GROOTERHORST, J. (1986): Die Ziele der Raumordnung und Landesplanung - Gültigkeitsvoraussetzungen und Konkretheitsanforderungen für eine einzelentscheidungsbindende Wirkung, in: Natur und Recht, H. 7, S. 276 - 284

GÜLDENBERG (1980): Diskussionsbemerkung, veröffentlicht in: Die konzeptionellen Elemente der Landes- und Regionalplanung - Zur Notwendigkeit ihrer Differenzierung und zur Umsetzung in die Bauleitplanung Sitzung der Sektion IV der Akademie am 19.10.79 in Augsburg und am 8./9.5.80 in Würzburg, Hannover (= Veröffentlichungen der Akademie für Raumforschung und Landesplanung, Beiträge, Bd. 54), S. 122

GUST, D. (1990): Auftrag und Anwendung der Regionalplanung, in: Regional- und Landesplanung für die 90er Jahre, Hrsg.: Akademie für Raumforschung und Landesplanung (= Veröffentlichungen der Akademie für Raumforschung und Landesplanung, Forschungs- und Sitzungsberichte, Bd. 186), S. 79 - 91

HANNß, C. (1975): Umweltbelastungen am Bodensee, in: Beihefte zur Geographischen Rundschau, H. 11, S. 22 -33

HARD, G. (1983): Gärtnergrün und Bodenrente - Beobachtungen an spontaner und angebauter Stadtvegetation, in: Landschaft und Stadt, 15, H. 3, S. 97 - 104

HARD, G. (1987): Das Regionalbewußtsein im Spiegel der regionalistischen Utopie, in: Informationen zur Raumentwicklung, H. 7/8, S. 419 - 440

HARMS, A. (1983): Regionalplanung zwischen Dezentralisierung und Kooperation - Die neue Perspektive, in: Hesse, J.J.; Ganseforth, H.; Fürst, D.; Ritter, E.-H. (Hrsg.): Staat und Gemeinden zwischen Konflikt und Kooperation, Baden-Baden, S. 153 - 168

HAUBNER, K. (1981): Was ist eigentlich Raumordnungspolitik?, in: Der Bürger im Staat 31, H. 3, S. 170 - 173

HECKING, G.; MIKULICZ, S.; SÄTTELE, A. (1987): Bevölkerungsentwicklung und Siedlungsentwicklung im Bodenseeraum - eine Untersuchung des städtebaulichen Instituts der Universität Stuttgart im Auftrag des Innenministeriums Baden-Württemberg, Stuttgart

HECKING, G. (1989/90): Über den Rest der Landschaft -Bevölkerungsentwicklung und Siedlungsflächenexpansion im Bodenseeraum, in: Bodenseekreis; Stadt Friedrichshafen (Hrsg): Leben am See, Heimatjahrbuch des Bodenseekreises, Bd. VII, S. 79 - 90

HELLSTERN, G. M.; HÜBLER, K.-H.; WOLLMANN, H. (1984): Möglichkeiten und Grenzen von Erfolgskontrollen und Wirkungsanalysen in der räumlichen Planung auf Bundes- und Landesebene, in: Hübler, K.-H.: Wirkungsanalysen und Erfolgskontrolle in der Raumordnung, Hannover (= Veröffentlichungen der Akademie für Raumforschung und Landesplanung, Forschungs- und Sitzungsberichte, Bd. 154), S. 269 - 290

HELLSTERN, G. M.; WOLLMANN, H. (1984): Entwicklung, Aufgaben und Methoden zur Evaluierung und Evaluierungsforschung, in: Hübler, K.-H.: Wirkungsanalysen und Erfolgskontrolle in der Raumordnung, Hannover (= Veröffentlichungen der Akademie für Raumforschung und Landesplanung, Forschungs- und Sitzungsberichte, Bd. 154), S. 7 - 27

HELLSTERN, G. M.; WOLLMANN, H. (1984a): Evaluierung und Evaluierungsforschung - ein Entwicklungsbericht, in: Hellstern, G.-M.; Wollmann, H. (Hrsg.): Handbuch zur Evaluierungsforschung, Bd. 1, Opladen (= Schriften des Zentralinstituts für sozialwissenschaftliche Forschungen der Freien Universität Berlin, Bd. 35), S. 17 - 93

HELLSTERN, G. M.; WOLLMANN, H. (1984b): Evaluierung und Evaluierungsforschung im Bereich von Wohnungsbau und Städtepolitik, in: Hübler, K.-H.: Wirkungsanalysen und Erfolgskontrolle in der Raumordnung, Hannover (= Veröffentlichungen der Akademie für Raumforschung und Landesplanung, Forschungs- und Sitzungsberichte, Bd. 154), S. 153 - 190

HENRICH, F. W. (1981): Kommunale Beteiligung in der Raumordnung und Landesplanung, Bd. II: Beteiligungsrecht und Beteiligungsverfahren nach dem Landesplanungsrecht der Länder, Münster (= Beiträge zum Siedlungs- und Wohnungswesen und zur Raumplanung, Bd. 73)

HERDEN, W. (1983): Regional policy objectives vers. local authority interests. Case studies from the Rhine-Neckar metropolitan area, in: American-German International Seminar "Geography and Regional Policy", Hrsg.: Adams, J. S. et al., Heidelberg (= Heidelberger Geographische Arbeiten, H. 73), S. 167 - 180

HERZOG, R. (1981): Raumordnungspolitik in Baden-Württemberg, in: Der Bürger im Staat, 31, H. 3, S. 180 - 183

HIPPLER, H.-J.; KUTTEROFF, A. (1982): Medien und Macht im lokalen Kommunikationszusammenhang, in: Schmals, K.M., Siewert, H.-J. (Hrsg.): Kommunale Macht- und Entscheidungsstrukturen, München (= Beiträge zur Kommunalwissenschaft, Bd. 3), S. 231 - 251

HOBERG, R. (1982): Synopse zum Stand der Regionalplanung in Baden-Württemberg - Forschungsauftrag der Forschungsgemeinschaft Bauen und Wohnen Stuttgart, Karlsruhe (= FBW Veröffentlichung Nr. 136)

HUCKE, J.; BOHNE, E. (1980): Bürokratische Reaktionsmuster bei regulativer Politik und ihre Folgen, in: Wollmann, H. (Hrsg): Politik im Dickicht der Bürokratie, Opladen (= Leviathan-Sonderheft 3/79), S. 180 - 197

HÜBENER, A.; HALBERSTADT, R. (1976): Erfolgskontrolle politischer Planung - Probleme und Ansätze in der BRD, Göttingen (= Kommission für wirtschaftlichen und sozialen Wandel, 124)

HÜBLER, K.-H. (1980): Ist eine Neuorientierung der Raumordnungspolitik auch aus ökologischen Gründen erforderlich?, in: Becker-Marx, K. (Hrsg.): Das Unbehagen an der Raumordnung (Tagungsbericht), Frankfurt/M., S. 95 - 109

HÜBLER, K.-H. (1984): Zur Einführung, in: Hübler, K.-H.: Wirkungsanalysen und Erfolgskontrolle in der Raumordnung, Hannover (= Veröffentlichungen der Akademie für Raumforschung und Landesplanung, Forschungs- und Sitzungsberichte, Bd. 154), S. 1 - 5

INNENMINISTERIUM BADEN-WÜRTTEMBERG (1962) (Hrsg.): Hinweise für die langfristige Planung im Bodenseegebiet, Stuttgart

INNENMINISTERIUM BADEN-WÜRTTEMBERG (1983) (Hrsg.): Internationales Leitbild für das Bodenseegebiet - Gemeinsame Raumordnungskommissionen Bundesrepublik Deutschland Schweizerische Eidgenossenschaft Republik Österreich, Stuttgart

INNENMINISTERIUM BADEN-WÜRTTEMBERG (1984) (Hrsg.): Landesentwicklungsplan 1983, Freudenstadt

INNENMINISTERIUM BADEN-WÜRTTEMBERG (1985): Schreiben vom 20.12.85 an den Landtag von Baden-Württemberg

INNENMINISTERIUM BADEN-WÜRTTEMBERG (1986): Landesentwicklungsbericht 1986 für Baden-Württemberg, Stuttgart

INNENMINISTERIUM BADEN-WÜRTTEMBERG (o.J.) (ca. 1987): Landesentwicklung in Baden-Württemberg. Raumordnung - Landesplanung - Regionalplanung, Stuttgart

JENETZKY, J. (1988): Gewerbesteuer - Umweltbelastung vorprogrammiert, in: BUND Landesverband Baden-Württemberg (Hrsg.): Rastatter Rheinaue - Industrie kontra Umwelt, Stuttgart, S. 84 - 85

KERN, H.-P. (1986): Erfolgskontrolle/Evaluierung in der kommunalen Planung - Überlegungen und Untersuchungen zur Vorbereitung einer Erfolgskontrolle für die Dorfentwicklungsplanung Kiebingen, Diplomarbeit am Geographischen Institut der Universität Tübingen, Tübingen

KIAS, U. (1990): Biotopschutz und Raumplanung. Überlegungen zur Aufbereitung biotopschutzrelevanter Daten für die Verwendung in der Raumplanung und deren Realisierung mit Hilfe der EDV. Ergebnisse aus der Fallstudie "Ökologische Planung Bündner Rheintal", Zürich (=Berichte zur Orts-, Regional- und Landesplanung 80/1990)

KIEFER, F. (1972): Naturkunde des Bodensees, 2. Auflage, Sigmaringen (=Bodensee-Bibliothek, Bd. 1)

KISTENMACHER, H. (1980): Einführungsreferat, in: Die konzeptionellen Elemente der Landes- und Regionalplanung - Zur Notwendigkeit ihrer Differenzierung und zur Umsetzung in die Bauleitplanung Sitzung der Sektion IV der Akademie am 19.10.79 in Augsburg und am 8./9.5.80 in Würzburg, Hannover (=Veröffentlichungen der Akademie für Raumforschung und Landesplanung, Beiträge, Bd. 54), S. 71 - 75

KISTENMACHER, H.; EBERLE, D. (1980): Erfordernisse und Möglichkeiten wirksamer regionalplanerischer Koordinationsstrategien, in: Informationen zur Raumentwicklung, 12, S. 647 - 664

KISTENMACHER, H.; LÄPKE, D.; STEINEBACH, G. (1980): Überprüfung der Notwendigkeit einer Erweiterung und Harmonisierung von Planinhalten - Pilotstudie, Hannover (=Veröffentlichungen der Akademie für Raumordnung und Landesplanung, Beiträge, Nr. 41)

KISTENMACHER, H.; EBERLE, D.; BUSCH, M. (1987): Methodischer Aufbau und planungspraktische Leistungsfähigkeit von Eignungsbewertungsmodellen für Wohnflächenausweisungen, in: Flächenhaushaltspolitik - ein Beitrag zum Bodenschutz, Hannover (=Veröffentlichungen der Akademie für Raumforschung und Landesplanung, Forschungs- und Sitzungsberichte, Bd. 173), S. 231 - 267

KISTENMACHER, H. et al. (1988): Vorschläge zur inhaltlichen und methodischen Verbesserung der Regionalplanung am Beispiel des Regionalen Raumordnungsplanes Südhessen, Hannover (=Veröffentlichungen der Akademie für Raumforschung und Landesplanung, Beiträge, Bd. 108)

KITTELMANN, G.; HÜBLER, K.-H. (1984): Wirkungsanalysen und Erfolgskontrolle in der Praxis der Raumordnung, Landes- und Regionalplanung, in: Hübler, K.-H.: Wirkungsanalysen und Erfolgskontrolle in der Raumordnung, Hannover (=Veröffentlichungen der Akademie für Raumforschung und Landesplanung, Forschungs- und Sitzungsberichte, Bd. 154), S. 41 - 76

KLUCZKA, G. (1980): Grundlagen, Entwicklung und Probleme der Raumordnung, in: Geographische Rundschau, 32, H. 4, S. 140 - 145

KNAUER, P. (1982): Ökologische Rahmenbedingungen der Siedlungspolitik, in: Wohnungspolitik und regionale Siedlungsentwicklung, Hannover (=Veröffentlichungen der Akademie für Raumforschung und Landesplanung, Forschungs- und Sitzungsberichte, Bd. 146), S. 103 - 126

KOCH, R. (1976): Altenwanderung und räumliche Konzentration alter Menschen - raumstrukturelle Auswirkungen und raumordnerische Bedeutung, Bonn (= Forschungen zur Raumentwicklung, Bd. 4)

KOHNEN, P. (1988): Die Staatsgrenzen überschreitende Strassenverkehrsplanung im östlichen Bodenseegebiet. Eine Koordinierungsaufgabe zwischen der Schweiz, Österreich und der Bundesrepublik Deutschland, in: DISP, Nr. 94, S. 17 - 27

KOMMISSION Land - Kommunen (1981): Bericht über die Möglichkeiten einer Stärkung der kommunalen Selbstverwaltung. Hrsg.: Innenministerium Baden-Württemberg, Stuttgart

KONUKIEWITZ, M. (1985): Die Implementation räumlicher Politik - eine empirische Untersuchung zur Koordination des Vollzugs raumwirksamer Maßnahmenprogramme, Opladen (= Schriften des Zentralinstituts für sozialwissenschaftliche Forschung der Freien Universität Berlin, Bd. 46)

KOTTER, L. (1980): Grußworte im Namen der Stadt Augsburg durch Bürgermeister Dr. Ludwig Kotter, in: Die konzeptionellen Elemente der Landes- und Regionalplanung - Zur Notwendigkeit ihrer Differenzierung und zur Umsetzung in die Bauleitplanung. Sitzung der Sektion IV der Akademie am 19.10.79 in Augsburg und am 8./9.5.80 in Würzburg (= Veröffentlichungen der Akademie für Raumforschung und Landesplanung, Beiträge, Nr. 45), S. 6

KRAUSS, V. (1980): Die konzeptionellen Elemente der Landes- und Regionalplanung und ihre Umsetzung in die Bauleitplanung unter besonderer Berücksichtigung des ländlichen Raumes in Bayern aus der Sicht der Bauleitplanung, in: Die konzeptionellen Elemente der Landes- und Regionalplanung - Zur Notwendigkeit ihrer Differenzierung und zur Umsetzung in die Bauleitplanung. Sitzung der Sektion IV der Akademie am 19.10.79 in Augsburg und am 8./9.5.80 in Würzburg (= Veröffentlichungen der Akademie für Raumforschung und Landesplanung, Beiträge, Nr. 45), S. 91 - 1O1

KULINAT, K. (1975): Landesplanung in Baden-Württemberg, in: Landeszentrale für politische Bildung (Hrsg.): Baden-Württemberg - eine politische Landeskunde, Stuttgart, S. 155 - 191

KUNZE, R. (1990): Das Kommunalrecht in Baden-Württemberg, in: Pfizer, T., Wehling, H.-G. (Hrsg.): Kommunalpolitik in Baden-Württemberg, 2. Auflage, Stuttgart (= Schriften zur politischen Landeskunde Baden-Württembergs, Bd. 11) S. 47 - 82

LAHL, V.; HAEMISCH, M. (1990): Naturschutz in der Kommunalpolitik - drei Standbeine notwendig, in: Natur und Landschaft, 65, H. 10, S. 484 - 490

LANDESANSTALT FÜR UMWELTSCHUTZ (Hrsg.) (1987): Materialien zur Landschaftsrahmenplanung in Baden-Württemberg (= Untersuchungen zur Landschaftsplanung, Bd. 12), Karlsruhe

LANDESARBEITSGEMEINSCHAFT Baden-Württemberg (1983): Stellungnahme zum Entwurf eines neuen Landesplanungsgesetzes der Landesarbeitsgemeinschaft Baden-Württemberg, in: Akademie für Raumforschung und Landesplanung (Hrsg.): 20 Jahre Landesplanung Baden-Württemberg, Hannover (= Veröffentlichungen der Akademie für Raumforschung und Landesplanung, Beiträge, Bd. 70), S. 3 - 9

LANDRATSAMT BODENSEEKREIS (1983): Natur- und Landschaftsschutz im Bodenseekreis - Naturschutzgebiete, Landschaftsschutzgebiete, Naturdenkmale, Friedrichshafen

LANDRATSAMT BODENSEEKREIS (1987): Natur- und Landschaftsschutz im Bodenseekreis - Feuchtgebiete, Friedrichshafen

LANDTAG VON BADEN-WÜRTTEMBERG (1971): Landesentwicklungsplan Baden-Württemberg vom 22. Juni 1971, Drucksache V-5400, Stuttgart

LANDTAG VON BADEN-WÜRTTEMBERG (1976): Drucksache 7/321 vom 11.10.76, Antwort des Innenministeriums auf eine kleine Anfrage des Abgeordneten Uhrig, CDU "Flächennutzungspläne im Vorbereitungsstadium"

LANDTAG VON BADEN-WÜRTTEMBERG (1981): Debatte über eine große Anfrage der Fraktion der FDP/DVP "Entwicklung des Bodenseeraums", Protokoll von der 26. Sitzung am 30.4.81, S. 1905 - 1923

LANDTAG VON BADEN-WÜRTTEMBERG (1985): Drucksache 9/2340 vom 21.11.85, Kleine Anfrage des Abg. Dr. Precht, SPD, über den Bodensee-Erlaß

LANDTAG VON BADEN-WÜRTTEMBERG (1986): Plenarprotokoll 9/44 der 44. Sitzung am 27.2.86 - Aktuelle Debatte zum Thema "Industrieansiedlungspolitik im Bodenseeraum" - beantragt von der Fraktion der Grünen, Stuttgart

LANDTAG VON BADEN-WÜRTTEMBERG (1986a): Drucksache 9/2977 vom 17.4.86, Antrag der Fraktion GRÜNE und Stellungnahme des Innenministeriums "Auswirkungen der geplanten Erweiterung der Firma Dornier in Immenstaad und Perspektiven für die zukünftige Entwicklung der Bodenseeregion"

LANDTAG VON BADEN-WÜRTTEMBERG (1987): Drucksache 9/4560 vom 5.6.87

LANGE, H.-G. (1979): Konflikte bei der Abstimmung zwischen Regional- und Bauleitplanung, Vortrag, veröffentlicht in: Informationen zur Raumentwicklung, H. 7, S. 441 - 448

LASSEN, D. (1987): Unzerschnittene verkehrsarme Räume über 100 qkm Flächengröße in der Bundesrepublik Deutschland, Fortschreibung 1987, in: Natur und Landschaft, 62, H. 12, S. 532 - 535

LASSEN, D. (1990): Unzerschnittene Räume über 100 qkm - eine Ressource für die ruhige Erholung, in: Natur und Landschaft, 65, Nr. 6, S. 326 - 327

LEHNER, F. (1983): Staatsinterventionismus im Spannungsfeld von Zentralisation und Dezentralisation: Das Beispiel der regionalen Wirtschaftspolitik, in: Hesse, J.J.; Ganseforth, H.; Fürst, D.; Ritter, E.-H. (Hrsg.): Staat und Gemeinden zwischen Konflikt und Kooperation, Baden-Baden, S. 221 - 244

LEUSHACKE, C.; THIELCKE-RESCH, E. (1989): Naturschutz und Erholung - ein Interessenkonflikt, dargestellt am Beispiel des Eriskircher Riedes/Bodensee, Diplomarbeit UNI-GH Paderborn, Abt. Höxter (Studiengang Landespflege), Höxter

MÄDING, H. (1987): Länderbericht Baden-Württemberg, in: Raumforschung und Raumordnung, 45, H. 1/2, S. 49 - 56

MAURER, H. (1982) (Hrsg.): Der Bodensee - Landschaft - Geschichte - Kultur, Sigmaringen (=Bodensee-Bibliothek, Bd. 28)

MAYNTZ, R. (1980): Implementation politischer Programme - Empirische Forschungsberichte Bd. 1, Königstein/Taunus (=Neue wissenschaftliche Bibliothek, 97: Sozialwissenschaften)

MEGERLE, A. (1990): Naturschutzwarte oder "schwäbische Ranger"? - Information und Überwachung in unseren Schutzgebieten noch in den Kinderschuhen, in: Bodenseekreis; Stadt Friedrichshafen (Hrsg.): Leben am See, Heimatjahrbuch des Bodenseekreises, Bd. VIII, S. 114 - 118

MEIER-DALLACH, H.-P.; HOHERMUTH, S.; NEF, R. (1987): Regionalbewußtsein, soziale Schichtung und politische Kultur - Forschungsergebnisse und methodologische Aspekte, in: Informationen zur Raumentwicklung, H. 7/8, S. 377 - 393

MEISE, J.; VOLLWAHSEN, A. (1980): Stadt- und Regionalplanung - Ein Methodenhandbuch, Braunschweig

MERIAN, C. (1989): Umweltverträgliche Kommunalentwicklung durch Landschaftsplanung?, in: Natur und Landschaft, 64, H. 2, S. 76

MERIAN, C.; WINKELBRANDT, A. (1987): Zum Verhältnis Landschaftsrahmenplan - Regionalplan und zu deren Bindungsmöglichkeit der kommunalen Planungsebene, in: Natur und Landschaft, 62, H. 4, S. 168 - 169

MEYER, B.-J. (1978): Umsetzung landesplanerischer Ziele in die Bauleitplanung, in: Fischer, K.: Kommunale Planungspraxis. Hrsg.: Institut für Städtebau und Landesplanung, Karlsruhe, S. 29 - 41

MICHEL, D. (1985): Landesplanung als politische Aufgabe, in: Institut für Landes- und Stadtentwicklungsforschung des Landes Nordrhein-Westfalen (JIS) (Hrsg.): Beiträge zu Raumforschung, Raumordnung und Landesplanung, Dortmund (= Schriftenreihe Landes- und Stadtentwicklungsforschung des Landes Nordrhein-Westfalen, Bd. 1.042), S. 101 - 110

MINISTERIUM FÜR ERNÄHRUNG, LANDWIRTSCHAFT, UMWELT UND FORSTEN Baden-Württemberg (1981): Grundsätze zum Schutz der Flachwasserzone des Bodensees (= Wasserwirtschaftsverwaltung, H. 11), Stuttgart

MINISTERIUM FÜR ERNÄHRUNG, LANDWIRTSCHAFT, UMWELT UND FORSTEN Baden-Württemberg (1984) (Hrsg.): Umweltverträglichkeitsprüfung A 98, Stuttgart

MÜLLER, A. (1980): Politikimplementation auf kommunaler Ebene, in: Mayntz, R.: Implementation politischer Programme - Empirische Forschungsberichte, Königstein/Ts (= Neue wissenschaftliche Bibliothek; 97: Sozialwissenschaft), S. 59 - 81

MÜNZER, E. (1983): Möglichkeiten und Grenzen der Regionalplanung aus der Sicht des Landes, in: Akademie für Raumforschung und Landesplanung (Hrsg.): 20 Jahre Landesplanung Baden-Württemberg, Hannover (= Veröffentlichungen der Akademie für Raumforschung und Landesplanung, Beiträge, Bd. 70), S. 10 - 20

NASCHOLD, F. (1978): Alternative Raumpolitik - ein Beitrag zur Verbesserung der Arbeits- und Lebensverhältnisse, Kronberg/Taunus (= Sozialwissenschaft und Praxis, Buchreihe des Wissenschaftszentrums Berlin, Bd. 2)

NATHAN, R. P. (1986): The evaluation of intergovernmental programs, in: Environment and Planning C: Government and Policy, 4, Nr. 3, S. 257 - 263

NUTZINGER, H. G.; ZAHRNT, A. (Hrsg.) (1989): Öko-Steuern - Umweltsteuern und -abgaben in der Diskussion, Karlsruhe (= Alternative Konzepte, Schriftenreihe der Georg-Michael-Pfaff-Gedächtnisstiftung, 73)

PIEPER (1980): Diskussionsbemerkung, veröffentlicht in: Die konzeptionellen Elemente der Landes- und Regionalplanung - Zur Notwendigkeit ihrer Differenzierung und zur Umsetzung in die Bauleitplanung Sitzung der Sektion IV der Akademie am 19.10.79 in Augsburg und am 8./9.5.80 in Würzburg, Hannover (= Veröffentlichungen der Akademie für Raumforschung und Landesplanung, Beiträge, Bd. 54), S. 117

PLANUNGSGEMEINSCHAFT WESTLICHER BODENSEE - LINZGAU - HEGAU (1962): Entwicklungs- und Raumordnungsplan, Konstanz

PLOGMANN, J. (1977): Zur Konkretisierung der Raumordnungsziele durch gesellschaftliche Indikatoren - Ein Diskussionsbeitrag zu der Empfehlung des Beirats für Raumordnung vom 16.6.1976, Münster (= Beiträge zum Siedlungs- und Wohnungswesen und zur Raumplanung, Bd. 44)

PÜTTNER, G.; RIFFEL, E. (1978): Örtliche und überörtliche Planung in Baden-Württemberg - Gutachten für den Städtetag Baden-Württemberg, Speyer

RAABE, W. (1979): Richtzahlen als Koordinationsinstrument in den Ländern, in: Informationen zur Raumentwicklung, 7, S. 387 - 402

RAUSCHELBACH, B. (1987): Entwicklung des Unterelberaums - Ansätze für ein Umweltinformationssystem, in: Geographische Rundschau, 39, H. 5, S. 268 - 277

REGIERUNG DES LANDES BADEN-WÜRTTEMBERG (Hrsg.) (1966): Raumordnungsbericht der Landesregierung von Baden-Württemberg, Stuttgart

REGIONALVERBAND BODENSEE-OBERSCHWABEN (1976): Grundlagen für den Regionalplan, Bd. 1 und 2, Ravensburg

REGIONALVERBAND BODENSEE-OBERSCHWABEN (1978): Regionalplan Bodensee-Oberschwaben, Entwurf zur Anhörung vom 12.12.78, Ravensburg

REGIONALVERBAND BODENSEE-OBERSCHWABEN (1979): Regionalplan Bodensee-Oberschwaben, Satzungsbeschluß vom 11.12.79, Ravensburg

REGIONALVERBAND BODENSEE-OBERSCHWABEN (1980): Ökologische Standorteignungskarten von Teilräumen der Region Bodensee-Oberschwaben, Ravensburg

REGIONALVERBAND BODENSEE-OBERSCHWABEN (1981): Regionalplan Bodensee-Oberschwaben - nach der Verbindlichkeitserklärung vom 4.2.81, Ravensburg

REGIONALVERBAND BODENSEE-OBERSCHWABEN (1982): Bodenseeuferplan - Entwurf zur Anhörung vom 8.12.82, Ravensburg

REGIONALVERBAND BODENSEE-OBERSCHWABEN (1983): Bodenseeuferplan - Satzungsbeschluß, Ravensburg

REGIONALVERBAND BODENSEE-OBERSCHWABEN (1984): Bodenseeuferplan, nach der Genehmigung vom 15.11.84, Ravensburg

REIN, M. (1984): Umfassende Programmevaluierungen, in: Hellstern, G. M.; Wollmann, H. (Hrsg.): Handbuch zur Evaluierungsforschung, Bd. 1, Opladen (= Schriften des Zentralinstituts für sozialwissenschaftliche Forschungen der Freien Universität Berlin, Bd. 35), S. 177 - 195

RING DEUTSCHER MAKLER (1988) (Hrsg.): Preisspiegel Wohnimmobilien o.O.

RINGLI, H. (1986): Künftige Beziehungen zwischen Verkehr und Siedlung in einem für Europa bedeutsamen Raum - Vortrag vom 16./17. 10.1986, Davos, Vortragsmanuskript

RINGLI, H. (1987): Raumplanerische Koordinationsaufgaben zwischen Verkehr und Siedlung im Großraum Bodensee, in: DISP, Nr. 91, S. 16 - 20

RITTER, E.-H. (1978): Regionale Entwicklungsplanung zwischen staatlicher Steuerung und kommunaler Autonomie, in: Innere Kolonisation, 27, H. 4, S. 130 - 134

RÖCK, S. (1987): Flächeninanspruchnahme durch Freizeitwohnungen, in: Informationen zur Raumentwicklung, H. 4, S. 175 - 182

RUTKOWSKI, G. (1974): Einfluss der Regionalplanung auf die gemeindliche Bauleitplanung, Diss., Münster

SANDER, O.; WEIBLEN, W. (1990): Kommunale Finanzpolitik, in: Pfizer, T., Wehling, H.-G. (Hrsg.): Kommunalpolitik in Baden-Württemberg, 2. Auflage, Stuttgart (= Schriften zur politischen Landeskunde Baden-Württembergs, Bd. 11) S. 83 - 107

SANDER, R. (1980): Regionalplanung am Ende?, in: Becker-Marx, K. (Hrsg.): Das Unbehagen an der Raumordnung (Tagungsbericht), Frankfurt/M., S. 72 - 94

SCHÄFERS, B. (1982): Raumbewußtsein, Struktur der Öffentlichkeit und politisch-institutionelle Einbindung der Raumordnung als Bedingungen ihrer Verwirklichung, in: Akademie für Raumforschung und Landesplanung (Hrsg.): Verwirklichung der Raumordnung, Hannover (= Veröffentlichungen der Akademie für Raumforschung und Landesplanung, Forschungs- und Sitzungsberichte, Bd. 145) S. 229 - 246

SCHARPF, F.-W.; SCHNABEL, F. (1978): Durchsetzungsprobleme der Raumordnung im öffentlichen Sektor, in: Informationen zur Raumentwicklung, H. 1, S. 29 - 47

SCHARPF, F.-W.; SCHNABEL, F. (1979): Steuerungsprobleme der Raumordnung, Hannover (= Veröffentlichungen der Akademie für Raumforschung und Landesplanung, Beiträge, Bd. 27)

SCHLIEBE, K. (1985): Raumordnung und Raumplanung in Stichworten, Unterägeri

SCHMITT-GLAESER, W. (1980): Die kommunale Landschaft nach den Gebietsreformen und ihre Folgewirkungen für die Raumordnung und Landesplanung, in: Akademie für Raumordnung und Landesplanung (Hrsg.): Die Kommune als Partner der Raumordnung und Landesplanung, Hannover (= Veröffentlichungen der Akademie für Raumforschung und Landesplanung, Forschungs- und Sitzungsberichte, Bd. 135), S. 13 - 41

SCHMITZ, G. (1983): Zur Einführung, in: Akademie für Raumforschung und Landesplanung (Hrsg.): 20 Jahre Landesplanung Baden-Württemberg, Hannover (= Veröffentlichungen der Akademie für Raumforschung und Landesplanung, Beiträge, Bd. 70), S. 1 - 2

SCHMITZ, G.; TREUNER, P. (1990): Aufgaben der Landes- und Regionalplanung in den 90er Jahren, in: Regional- und Landesplanung für die 90er Jahre, Hrsg.: Akademie für Raumforschung und Landesplanung (= Veröffentlichungen der Akademie für Raumforschung und Landesplanung, Forschungs- und Sitzungsberichte, Bd. 186), S. 16 - 35

SCHNABEL, F. (1980): Politik ohne Politiker, in: Wollmann, H. (Hrsg.): Politik im Dickicht der Bürokratie -Beiträge zur Implementationsforschung, Opladen (= Leviathan: Sonderheft; 3), S. 49 - 70

SCHOLICH, D.; TUROWSKI, G. (1986): Flächenkataster als Instrument einer geordneten Flächenhaushaltspolitik, in: Raumforschung und Raumordnung, H. 4/5, S. 182 - 189

SCHULZ ZUR WIESCH, J. (1978): Regionalplanung ohne Wirkung?, in: Archiv für Kommunalwissenschaften 17, Nr. 1, S. 21 - 39

SCHULZ ZUR WIESCH, J. (1980): Mehr horizontale Koordination statt vertikaler Bindung in der Regionalplanung?, in: Informationen zur Raumentwicklung, 12, S. 665 - 677

SCHÜTTLE, W.; STREULE, M. (1980): Regionalplanung als kommunale Aufgabe in Baden-Württemberg, in: Die konzeptionellen Elemente der Landes- und Regionalplanung - Zur Notwendigkeit ihrer Differenzierung und zur Umsetzung in die Bauleitplanung, Sitzung der Sektion IV der Akademie am 19.10.79 in Augsburg und am 8./9.5.80 in Würzburg, Hannover (=Veröffentlichungen der Akademie für Raumforschung und Landesplanung, Beiträge, Bd. 54), S. 102 - 111

SCHWEDT, H. (1987): Regionalbewußtsein in Reliktgebieten - Geschichtliche und aktuelle Determinanten am Beispiel der Westeifel, in: Informationen zur Raumentwicklung, H. 7/8, S. 395 - 402

SIEDENTOPF, H. (1977): Gemeindliche Selbstverwaltungsgarantie im Verhältnis zur Raumplanung und Landesplanung, Göttingen (=Schriftenreihe des Deutschen Gemeindebundes, H. 29)

SINZ, M. (1987): Süd - Nord - Gefälle in der Regionalstruktur der Bundesrepublik Deutschland - Die Bodenseeregion im Vergleich mit Bund und Land, in: Aktuelle Probleme der räumlichen Forschung und Planung. Ein Vergleich zwischen Ungarn und der Bundesrepublik Deutschland, Hrsg.: Bundesforschungsanstalt für Landeskunde und Raumordnung, Bonn (=Reihe Seminare, Symposien, Arbeitspapiere, H. 23), S. 11 - 14

SONNENBERG, G. (1980): Die 20 Regionalen Planungsgemeinschaften - ein Bericht über die Vorläufer der baden-württembergischen Regionalverbände, Stuttgart

STADT FRIEDRICHSHAFEN (1981): Landschaftsplan - Entwurf zur Anhörung, Friedrichshafen

STATISTISCHES LANDESAMT Baden-Württemberg (1981): Gemeindestatistik 1981, H. 3: Ergebnisse der Flächenerhebung 1981 nach Naturräumen und Gemarkungen, Stuttgart (=Statistik von Baden-Württemberg, Bd. 290)

STATISTISCHES LANDESAMT Baden-Württemberg (1990): Gemeindestatistik 1989, H. 6: Ergebnisse der Flächenerhebung 1989 nach Gemeinden und Gemarkungen, Stuttgart (=Statistik von Baden-Württemberg, Bd. 400)

STATISTISCHES LANDESAMT Baden-Württemberg (1990a): Die öffentliche Finanzwirtschaft, Stuttgart (=Statistik von Baden-Württemberg, Bd. 398)

STATISTISCHES LANDESAMT Baden-Württemberg (1991): Gemeindestatistik, H. 1: Amtliches Gemeindeverzeichnis, Stuttgart (=Statistik von Baden-Württemberg, Bd. 430)

STATISTISCHES LANDESAMT Baden-Württemberg (1991a): Die Bevölkerung 1990, Stuttgart (=Statistik von Baden-Württemberg, Bd. 432)

STICH, R. (1979): Verfassungs- und verwaltungsrechtliche Aspekte der Nutzungsbeeinflussung durch überörtliche Planung sowie der Durchsetzbarkeit dahingehender raumplanerischer Festlegungen, insbesondere im Hinblick auf die raumbezogenen Forderungen des Umweltschutzes - ein Problemabriß, in: Akademie für Raumordnung und Landesplanung (Hrsg.): Aktuelle Probleme der Landesplanung in Baden-Württemberg, Hannover (=Veröffentlichungen der Akademie für Raumforschung und Landesplanung, Beiträge, Bd. 52), S. 28 - 39

STIENS, G. (1987): Auf dem Wege zu einer regionalistischen Raumorganisation? Über Dezentralisierungstendenzen in der Bundesrepublik Deutschland unter räumlichen Aspekten, in: Geographische Rundschau, 39, H. 10, S. 548 - 553

STIENS, G. (1988): Raumordnung in der Bundesrepublik Deutschland, Auswirkungen und Wandel ihrer Grundsätze und Organisationsstrukturen, in: Geographische Rundschau, 40, H. 1, S. 54 - 58

STRUBELT, W.; KAMPE, D. (1987): Aspekte raumplanerischer Wasservorsorgepolitik, in: Aktuelle Probleme der räumlichen Forschung und Planung - Ein Vergleich zwischen Ungarn und der Bundesrepublik Deutschland, Hrsg.: Bundesforschungsanstalt für Landeskunde und Raumordnung, Bonn (= Reihe Seminare, Symposien, Arbeitspapiere, H. 23), S. 58ff

SYSTEMANALYSE ZUR LANDESENTWICKLUNG BADEN-WÜRTTEMBERG (1975), Hrsg.: Arbeitsgemeinschaft Systemanalyse Baden-Württemberg, o.O.

TESDORPF, J.C. (1978): Regionalplanung in Baden-Württemberg: In der Zerreißprobe, in: Innere Kolonisation, 27, H. 4, S. 142 - 145

TESDORPF, J.C. (1980): Regionalplanung in Baden-Württemberg - Organisation, Probleme, Perspektiven, in: Mitteilungen des Österreichischen Instituts für Raumplanung, H. 5/6, S. 99 - 110

TESDORPF, J.C. (1987): Landschaftsverbrauch in der Bundesrepublik Deutschland - Hoffnung auf eine Trendwende, in: Geographische Rundschau, 39, H. 6, S. 336 - 342

THARUN, E. (1983): Der Einfluß der Umweltschutzgesetzgebung auf die Regionalplanung, in: Hesse, J.J.; Ganseforth, H.; Fürst, D.; Ritter, E.-H. (Hrsg.): Staat und Gemeinden zwischen Konflikt und Kooperation, Baden-Baden, S. 181 - 191

THARUN, E. (1987): Kommune und Staat in der Regionalplanung, in: Geographische Rundschau, 39, H. 10, S. 541 - 547

TREUNER, P. (1983): Wandlungen von Planungsverständnis und Planungsfähigkeit in der Bundesrepublik Deutschland, in: Akademie für Raumforschung und Landesplanung (Hrsg.): 20 Jahre Landesplanung Baden-Württemberg, Hannover (= Veröffentlichungen der Akademie für Raumforschung und Landesplanung, Beiträge, Bd. 70), S. 38 - 46

TUROWSKI, G. (1982): Raumordnerische Instrumente in ihrer Bedeutung für den Wohnungsbau, in: Wohnungspolitik und regionale Siedlungsentwicklung, Hannover (= Veröffentlichungen der Akademie für Raumforschung und Landesplanung, Forschungs- und Sitzungsberichte, 146)

UHLMANN, J. (1983): Regionale Strukturpolitik im peripheren ländlichen Raum - Für eine Politik der dezentralen Stabilisierung, in: Hesse, J.J.; Ganseforth, H.; Fürst, D.; Ritter, E.-H. (Hrsg.): Staat und Gemeinden zwischen Konflikt und Kooperation, Baden-Baden, S. 201 - 219

VÄTH, W. (1980): Raumplanung - Probleme der räumlichen Entwicklung und Raumordnungspolitik in der Bundesrepublik Deutschland, Hain (= Monographien: Ergebnisse der Sozialwissenschaften)

VALENTIEN, D. (1984): Verwirklichung der Landschaftsplanung in der Kommune, in: Verwirklichung der Landschaftsplanung in der Regional- und Kommunalplanung, Hannover (= Veröffentlichungen der Akademie für Raumforschung und Landesplanung, Beiträge, Bd. 80), S. 89 - 101

VERWALTUNGSGEMEINSCHAFT FRIEDRICHSHAFEN - IMMENSTAAD (1978): Gemeinsamer Flächennutzungsplan - Entwurf, Friedrichshafen

VERWALTUNGSGEMEINSCHAFT FRIEDRICHSHAFEN - IMMENSTAAD (1983): Flächennutzungsplan, Friedrichshafen

VOGLER, H. (1981): Region Bodensee - Oberschwaben - Im Spannungsfeld zwischen Wirtschaftsraum, Kulturlandschaft und Ökologie, in: Der Gemeinderat, 2, S. 17 - 20

VOGLER, H. (1981a): Die Zukunft einer Kulturlandschaft - Das Bodenseegebiet: ökologischer Ausgleichsraum, Fremdenverkehrsgebiet oder unbegrenzter Wirtschaftsraum?, in: Der Bürger im Staat, 31, H. 3, S. 221 - 223

VOGLER, H. (1986): Bodenseeleitbild - Erfahrungen mit dem Bodenseeuferplan, in: Reith, W. J.; Lendi, M.; Schmid, W. A. (Hrsg.): Ökologische Planung im Grenzraum, Wien (=BOKU Raumplanung Schriftenreihe, Nr. 2), S. 143 - 148

VOLLHARDT, H. (1979): Richtzahlen in der Regionalplanung aus der Sicht der Gemeinde, in: Informationen zur Raumentwicklung, 7, S. 433 - 440

WAHL, R. (1981): Aktuelle Probleme im Verhältnis der Landesplanung zu den Gemeinden, in: Die Öffentliche Verwaltung, 34, H. 16, S. 597 - 606

WEINBERGER, B. (1986): Umweltschutz mit oder ohne kommunale Selbstverwaltung, in: Der Städtetag, 1, S. 2 - 6

WEYL, H. (1979): Funktion und Wirkungspotential der Raumordnung, Hannover (=Veröffentlichungen der Akademie für Raumforschung und Landesplanung, Abhandlungen, Bd. 79)

WHOLEY, J. S. (1984): Evaluierung - Grundlage und Voraussetzung für leistungsfähigere Programme?, in: Hellstern, G. M.; Wollmann, H. (Hrsg.): Handbuch zur Evaluierungsforschung, Bd. 1, Opladen (=Schriften des Zentralinstituts für sozialwissenschaftliche Forschungen der Freien Universität Berlin, Bd. 35), S. 158 - 176

WOLLMANN, H. (1980): Implementationsforschung - eine Chance für kritische Verwaltungsforschung?, in: Wollmann, H. (Hrsg.): Politik im Dickicht der Bürokratie - Beiträge zur Implementationsforschung, Opladen (=Leviathan, Sonderheft, 3), S. 9 - 48

WOLLMANN, H. (1985): Vorwort, in: Konukiewitz, M. (1985): Die Implementation räumlicher Politik - eine empirische Untersuchung zur Koordination des Vollzugs raumwirksamer Maßnahmenprogramme, Opladen (=Schriften des Zentralinstituts für sozialwissenschaftliche Forschung der Freien Universität Berlin, Bd. 46), Vorwort

ZIPP, G. (1977): Ziele und Zielfindungsprozesse in der Raumordnungspolitik, Diss., Augsburg

XII.B. Unveröffentlichte Literatur und Quellen

Anmerkung: Die hier zitierte Literatur ist in den Anmerkungen mit einem "U" nach der Jahreszahl versehen

ARBEITSGEMEINSCHAFT NATURSCHUTZ BODENSEE (Regionalverband für Umweltschutz) (1979U): Stellungnahme zum Flächennutzungsplanentwurf der Verwaltungsgemeinschaft Friedrichshafen/Immenstaad 1978 vom 7.9.79, Friedrichshafen

BAUER (1986U): Schreiben des FDP-Landtagsabgeordneten Prof. Dr. Bauer an den Landesvorsitzenden des BUND, Prof. Dr. G. Thielcke, vom 23.10.86

BEZIRKSSTELLE FÜR NATURSCHUTZ UND LANDSCHAFTSPFLEGE (1986U): Aktennotiz der BNL Tübingen vom 20.5.86

BEZIRKSSTELLE FÜR NATURSCHUTZ UND LANDSCHAFTSPFLEGE (1986aU): Stellungnahme der Bezirksstelle an das Regierungspräsidium betreffs Stellungnahme des BUND zum 1. Grünordnungsplanentwurf "DO 3" vom 12.9.86, Tübingen

BEZIRSSTELLE FÜR NATURSCHUTZ UND LANDSCHAFTSPFLEGE (o.J.) (1988U): Verzeichnis der geplanten Naturschutzgebiete im Bodenseekreis, Aktenvermerk

BUND (1982U): Stellungnahme zum Flächennutzungsplanentwurf des Gemeindeverwaltungsverbandes Meersburg vom 20.2.82, Meersburg

BUND (1985U): Stellungnahme zum Entwurf der ersten Änderung des Flächennutzungsplans des Gemeindeverwaltungsverbandes Meersburg vom 24.4.85, Meersburg

BUND o.J. (ca. 1985U): Betr.: Bodenseeuferplan, Aktenvermerk, Friedrichshafen

BUND (1986U): Stellungnahme des BUND-Regionalverbandes zur Dornier-Erweiterung bei Friedrichshafen/Immenstaad (Pressemitteilung) vom 19.1.86, Friedrichshafen

BUND (1986aU): Stellungnahme des BUND-Regionalverbandes und der BUND-Ortsgruppe Friedrichshafen zum Bebauungsplan-Entwurf "Dornier 3" vom 14.7.86, Friedrichshafen

BUND (1986bU): Antrag auf Ausweisung eines kombinierten Landschafts- und Naturschutzgebietes "Lipbachaue" in den Gemeinden Friedrichshafen und Immenstaad, maschinenschriftliches Manuskript, Friedrichshafen

BUND (1986cU): Schreiben an den Innenminister Schlee vom 7.4.86, Friedrichshafen

BUND (1986dU): Pressemitteilung vom 13.4.86, Friedrichshafen

BUND (1986eU): Stellungnahme zum 1. Bebauungsplanentwurf der Gemeinde Immenstaad vom 10.7.86, Friedrichshafen

BUND (1986fU): Stellungnahme zum 2. Bebauungsplanentwurf der Gemeinde Immenstaad vom 10.12.86, Friedrichshafen

BUND o.J. (ca. 1987U): Gutachten über den Zustand der Naturschutzgebiete im Bodenseekreis, maschinenschriftliches Manuskript, Friedrichshafen

DEUTSCH-SCHWEIZERISCHE RAUMORDNUNGSKOMMISSION (1986U): Schreiben an den BUND vom 24.3.1986, Bonn

DEUTSCH-SCHWEIZERISCHE RAUMORDNUNGSKOMMISSION (1987U): Bericht zur Umsetzung des Internationalen Leitbilds für das Bodenseegebiet, maschinenschriftliches Manuskript, Rorschach

DEUTSCH-SCHWEIZERISCHE RAUMORDNUNGSKOMMISSION (1987aU): Pressemitteilung vom 14.5.87, Bonn

DORNIER (1986U): Schreiben der Firma "Dornier" an das Regierungspräsidium Tübingen vom 14.4.86, Immenstaad

EUROPÄISCHE KOMMISSION (o.J.) (ca. 1991U): Vorschlag für eine Richtlinie des Rates über die Umweltverträglichkeitsprüfung bei Politiken, Plänen und Programmen, Brüssel

GEMEINDE IMMENSTAAD (1980U): Betr. Flächennutzungsplanentwurf 1978 der Verwaltungsgemeinschaft Friedrichshafen-Immenstaad, Stellungnahme der Verwaltung vom 9.5.80 zur Stellungnahme des Regierungspräsidiums Tübingen vom 19.3.80, Immenstaad

GEMEINDE IMMENSTAAD (1980aU): Niederschrift über die Verhandlungen des Gemeinderats vom 12.5.80, Immenstaad

GEMEINDE IMMENSTAAD (1984U): Interne Bebauungsplanentwürfe vom 20.2.1984 ("DO 1" und "DO 2") und 14.9.1984 ("DO 3"), Immenstaad

GEMEINDE IMMENSTAAD (1985U): Aktenvermerk vom 15.11.85, Immenstaad

GEMEINDE IMMENSTAAD (1986U): Erster öffentlicher Bebauungsplanentwurf "DO 3" vom 2.6.86 mit Erläuterungsbericht, Immenstaad

GEMEINDE IMMENSTAAD (1986aU): Zweiter öffentlicher Bebauungsplanentwurf "DO 3" vom 27.10.86 mit Erläuterungsbericht, Immenstaad

GEMEINDE IMMENSTAAD (1986bU): Schreiben an den Regionalverband vom 12.6.86, Immenstaad

GEMEINDE IMMENSTAAD (1986cU): Bebauungsplan Gewerbegebiet "Dornier 3", genehmigte Fassung, Immenstaad

GEMEINDE IMMENSTAAD (1986dU): Auszug aus dem Gemeinderatsprotokoll vom 22.12.86, Immenstaad

GEMEINDEVERWALTUNGSVERBAND MEERSBURG (1985U): Schreiben an den Regionalverband Bodensee-Oberschwaben vom 30.9.85, Meersburg

INNENMINISTERIUM BADEN-WÜRTTEMBERG (1986U): Schreiben an den BUND vom 26.11.86, Stuttgart

INNENMINISTERIUM BADEN-WÜRTTEMBERG (1990U): Schreiben an den BUND vom 8.2.90

INTERNATIONALE SCHUTZGEMEINSCHAFT BODENSEERAUM (1990U): Petition zur Wirtschafts- und Siedlungsentwicklung im Bodenseeraum - Schutz seiner Vorrangfunktionen, Owingen

KAULE, G.; BRUNS, D.; RECK, H. (1986U): Bebauungsplan-Entwurf Dornier 3, Immenstaad am Bodensee - Stellungnahme zur Berücksichtigung des Arten- und Biotopschutzes, im Auftrag der Gemeinde Immenstaad am Bodensee, Immenstaad, unveröffentlichtes Manuskript

KOMMISSION DER EUROPÄISCHEN GEMEINSCHAFTEN (1988U): Schreiben an die BUND-Landesgeschäftsstelle Nordrhein-Westfalen vom 14.12.88, Brüssel

KRISCH und Partner (Planungsbüro) (1978U): Aktenvermerk über die Behördenbesprechung zum Flächennutzungsplanverfahren des Verwaltungsraums Meersburg vom 29.6.78, Reutlingen

KRISCH und Partner (Planungsbüro) (1982U): Schreiben des Planungsbüros im Auftrag des Gemeindeverwaltungsverbandes Meersburg an das Regierungspräsidium Tübingen vom 13.5.82, Reutlingen

KRISCH und Partner (Planungsbüro) (1982aU): Schreiben des Planungsbüros im Auftrag des Gemeindeverwaltungsverbandes Meersburg an den Regionalverband Bodensee-Oberschwaben vom 17.5.82, Reutlingen

LANDESENTWICKLUNGSGESELLSCHAFT BADEN-WÜRTTEMBERG (1987U): Schreiben an den Autor vom 4.6.87

LANDRATSAMT BODENSEEKREIS (1986U): Schreiben vom 20.3.86 an den Gemeindeverwaltungsverband Meersburg, Friedrichshafen

LANDRATSAMT BODENSEEKREIS (1987U): Schreiben des Landrats, Tann, an den Autor vom 4.6.87, Friedrichshafen

LANDRATSAMT BODENSEEKREIS (1987aU): Vorbericht zu Punkt 1 der Tagesordnung für die Sitzung des Kreistags am 14. September 1987, maschinenschriftliches Manuskript, Friedrichshafen

LANDRATSAMT BODENSEEKREIS (1986U): Schreiben an den Gemeindeverwaltungsverband Meersburg vom 20.3.86, Friedrichshafen

LÖDERBUSCH, W. (o.J.) (1986): Botanische und zoologische Beobachtungen auf dem geplanten Erweiterungsgelände der Bodensee-Werke bei Überlingen ("Langäcker"), Markdorf, maschinenschriftliches Manuskript

PRECHT, H. (1987U): Schreiben an den Autor vom 21.8.87, Friedrichshafen

REGIERUNGSPRÄSIDIUM TÜBINGEN (1980U): Schreiben an das Bürgermeisteramt Friedrichshafen vom 13.6.80, Tübingen

REGIERUNGSPRÄSIDIUM TÜBINGEN (1981U): Schreiben an den Gemeindeverwaltungsverband Meersburg vom 7.1.81, Tübingen

REGIERUNGSPRÄSIDIUM TÜBINGEN (1982U): Stellungnahme des Regierungspräsidiums Tübingen an den Verwaltungsraum Friedrichshafen vom 2.6.82, Tübingen

REGIERUNGSPRÄSIDIUM TÜBINGEN (1982aU): Aktenvermerk vom 28.10.82, Tübingen

REGIERUNGSPRÄSIDIUM TÜBINGEN (1982bU): Schreiben des Regierungspräsidium an die Gemeinde Immenstaad vom 16.12.82, Tübingen

REGIERUNGSPRÄSIDIUM TÜBINGEN (1982cU): Aktenvermerk vom 15.9.82, Tübingen

REGIERUNGSPRÄSIDIUM TÜBINGEN (1983U): Schreiben an die Verwaltungsgemeinschaft Friedrichshafen-Immenstaad vom 8.4.83, Tübingen

REGIERUNGSPRÄSIDIUM TÜBINGEN (1983aU): Schreiben an den Gemeindeverwaltungsverband Meersburg vom 13.5.83, Tübingen

REGIERUNGSPRÄSIDIUM TÜBINGEN (1986U): Ergebnisniederschrift des Regierungspräsidiums vom 25.3.86, Tübingen

REGIERUNGSPRÄSIDIUM TÜBINGEN (1986aU): Aktennotiz des Regierungspräsidiums vom 8.4.86

REGIERUNGSPRÄSIDIUM TÜBINGEN (1986bU): Schreiben an den BUND vom 20.2.86, Tübingen

REGIERUNGSPRÄSIDIUM TÜBINGEN (1986cU): Schreiben an den Rechtsreferenten des BUND, Roth-Stielow, vom 13.6.86, Tübingen

REGIERUNGSPRÄSIDIUM TÜBINGEN (1986dU): Schreiben an die Stadt Friedrichshafen vom 7.8.86, Tübingen

REGIERUNGSPRÄSIDIUM TÜBINGEN (1987U): Schreiben des Leiters des Referats Raumordnung, Stiller, an den Autor vom 27.7.87

REGIERUNGSPRÄSIDIUM TÜBINGEN (1987aU): Stellungnahme des Regierungspräsidiums zu möglichen Erweiterungsstandorten des Bodenseewerks vom 30.1.87, Tübingen

REGIONALVERBAND BODENSEE-OBERSCHWABEN (o.J.) (ca. 1976/77U): Arbeitspapier zur Vorbereitung der Stellungnahme des Regionalverbandes zum Flächennutzungsplan für den Verwaltungsraum Friedrichshafen, Ravensburg, maschinenschriftliches Manuskript

REGIONALVERBAND BODENSEE-OBERSCHWABEN (1976U): Schreiben an die Stadtverwaltung Friedrichshafen vom 23.8.76, Ravensburg

REGIONALVERBAND BODENSEE-OBERSCHWABEN (1977U): Vorläufige Stellungnahme zum Entwurf des Flächennutzungsplans des Verwaltungsraums Friedrichshafen/Immenstaad vom 25.3.1977, Ravensburg

REGIONALVERBAND BODENSEE-OBERSCHWABEN (1977aU): Schreiben des Regionalverbands Bodensee-Oberschwaben an die Stadt Friedrichshafen vom 13.10.77, Ravensburg

REGIONALVERBAND BODENSEE-OBERSCHWABEN (1980U): Stellungnahme des Regionalverbandes Bodensee-Oberschwaben zum Entwurf des Flächennutzungsplanes für den Verwaltungsraum Friedrichshafen/Immenstaad vom 17.1.80, Ravensburg

REGIONALVERBAND BODENSEE-OBERSCHWABEN (1980aU): Schreiben des Regionalverbandes Bodensee-Oberschwaben an die Gemeinde Immenstaad vom 17.9.80, Ravensburg

REGIONALVERBAND BODENSEE-OBERSCHWABEN (1981U): Entwurf der Stellungnahme des Regionalverbandes Bodensee-Oberschwaben zum Entwurf des Flächennutzungsplanes für den Gemeindeverwaltungsverband Meersburg vom 27.7.81, Ravensburg

REGIONALVERBAND BODENSEE-OBERSCHWABEN (1981aU): Stellungnahme des Regionalverbandes Bodensee-Oberschwaben zum Entwurf des Flächennutzungsplanes für den Gemeindeverwaltungsverband Meersburg vom 29.7.81, Ravensburg

REGIONALVERBAND BODENSEE-OBERSCHWABEN (1981bU): Zweite Stellungnahme des Regionalverbandes Bodensee-Oberschwaben zur Änderung des Entwurfes des Flächennutzungsplans für den Gemeindeverwaltungsverband Meersburg vom 13.11.81, Ravensburg

REGIONALVERBAND BODENSEE-OBERSCHWABEN (o.J.) (ca. 1982U): Dritte Stellungnahme des Regionalverbandes Bodensee-Oberschwaben zur Änderung des Entwurfes des Flächennutzungsplans für den Gemeindeverwaltungsverband Meersburg o.D., Ravensburg

REGIONALVERBAND BODENSEE-OBERSCHWABEN (1982U): Zweite Stellungnahme des Regionalverbandes Bodensee-Oberschwaben zum Flächennutzungsplanentwurf des Verwaltungsraums Friedrichshafen vom 14.1.82

REGIONALVERBAND BODENSEE-OBERSCHWABEN (1983U): Bodenseeuferplan - Beratung der Stellungnahmen der Träger öffentlicher Belange - Tischvorlage zur Sitzung der Verbandsversammlung am 14.12.1983, Ravensburg, maschinenschriftliches Manuskript

REGIONALVERBAND BODENSEE-OBERSCHWABEN (1985U): Vierte Stellungnahme des Regionalverbandes Bodensee-Oberschwaben zum Flächennutzungsplanverfahren Meersburg, erste Änderung des Flächennutzungsplans vom 15.2.85

REGIONALVERBAND BODENSEE-OBERSCHWABEN (1985aU): Bodenschutz - Daten zur Region Bodensee-Oberschwaben - Tischvorlage zur Sitzung des Planungsausschusses am 18.7.1985, Ravensburg, maschinenschriftliches Manuskript

REGIONALVERBAND BODENSEE-OBERSCHWABEN (1986U): Gewerbe- und Industriebetriebe am Bodenseeufer, Tischvorlage zur Sitzung des Planungsausschusses am 17.4.1986, maschinenschriftliches Manuskript, Ravensburg

REGIONALVERBAND BODENSEE-OBERSCHWABEN (1986aU): Stellungnahme zum ersten Bebauungsplanentwurf "DO 3" vom 3.7.86, Ravensburg

REGIONALVERBAND BODENSEE-OBERSCHWABEN (1986bU): Stellungnahme zum 2. Bebauungsplanentwurf "DO 3" vom 9.12.86, Ravensburg

REGIONALVERBAND BODENSEE-OBERSCHWABEN (1986cU): Erweiterung der Bodenseewerke - Stellungnahme des Regionalverbandes, Tischvorlage für die Sitzung des Planungsausschusses am 30.9.86, Ravensburg

REGIONALVERBAND BODENSEE-OBERSCHWABEN (1988U): Erweiterung der Bodenseewerke in Überlingen - Zwischenbericht, Tischvorlage zur Sitzung des Planungsausschusses am 10.5.88, maschinenschriftliches Manuskript, Ravensburg

REGIONALVERBAND BODENSEE-OBERSCHWABEN (1990U): Regionalplan: Kapitel 2 Regionale Siedlungsstruktur, Tischvorlage zur Sitzung des Planungsausschusses am 17.5.90, maschinenschriftliches Manuskript, Ravensburg

REGIONALVERBAND BODENSEE-OBERSCHWABEN (1990Ua): Flächennutzung und Flächenverbrauch in der Region und in ihren Struktur- und Teilräumen, Tischvorlage zur Sitzung des Planungsausschusses am 5.7.90, maschinenschriftliches Manuskript, Ravensburg

REGIONALVERBAND BODENSEE-OBERSCHWABEN (1990Ub): Struktur- und Teilräume, Tischvorlage zur Sitzung der Verbandsversammlung am 28.11.90, maschinenschriftliches Manuskript, Ravensburg

REGIONALVERBAND BODENSEE-OBERSCHWABEN (1990Uc): Orientierungswerte Wohnbevölkerung 2000/20005, Tischvorlage zur Sitzung der Verbandsversammlung am 28.11.90, maschinenschriftliches Manuskript, Ravensburg

REGIONALVERBAND BODENSEE-OBERSCHWABEN (1990Ud): Orientierungswerte Erwerbsstellen 2000/2005, Tischvorlage zur Sitzung der Verbandsversammlung am 28.11.90, maschinenschriftliches Manuskript, Ravensburg

REGIONALVERBAND BODENSEE-OBERSCHWABEN (1990Ue): Orientierungswerte Wohnbevölkerung 2000/2005, Tischvorlage zur Sitzung der Verbandsversammlung am 28.11.90, maschinenschriftliches Manuskript, Ravensburg

STADT FRIEDRICHSHAFEN (1977U): Schreiben an den Regionalverband Bodense-Oberschwaben vom 6.10.77, Friedrichshafen

STADT FRIEDRICHSHAFEN (Hauptamt) (1980U): Beratung und Beschlußfassung über die Aufstellung des Flächennutzungsplan-Entwurfs in der Gemeinderats-Sondersitzung am 24.11.1980, Friedrichshafen

STADT FRIEDRICHSHAFEN (1982U): Schreiben an den Regionalverband vom 30.12.82, Friedrichshafen

STADT FRIEDRICHSHAFEN (1986U): Schreiben an das Regierungspräsidium Tübingen vom 1.8.86, Friedrichshafen

STADT ÜBERLINGEN (1986U): Vorlage an den Gemeinderat zu TOP 1,2,3 der Sitzung am 25.6.86, Überlingen

STADTPLANUNGSAMT FRIEDRICHSHAFEN (1980U): Antrag des Stadtplanungsamtes Friedrichshafen vom 15.10.80 über die Behandlung der Stellungnahmen der Träger öffentlicher Belange zum Flächennutzungsplanentwurf 1978 an den Gemeinderat Friedrichshafen, Friedrichshafen

STADTPLANUNGSAMT FRIEDRICHSHAFEN (1980aU): Ergänzung zur Niederschrift der Sitzung des Gemeinderats Immenstaad am 12.5.80 vom 1.12.80, Friedrichshafen

STATISTISCHES LANDESAMT (1990U): Datenabfrage aus der Struktur- und Regionaldatenbank, Stuttgart

THIELCKE, G. (1990U): Akut gefährdete *Important Bird Areas* in der Bundesrepublik Deutschland, Manuskript, o.O. (Radolfzell)

TREUBEL, R. (1976U): Das Freizeitwohnen und seine Auswirkungen auf die Finanz-, Wirtschafts- und Sozialstruktur von Gemeinden in Kur- und Erholungsgebieten - dargestellt am Beispiel der baden-württembergischen Bodenseeufergemeinden. Hausarbeit im Studiengang Verwaltungswissenschaft an der Universität Konstanz, maschinenschriftlich vervielfältigt, Konstanz

WIRTSCHAFTSMINISTERIUM BADEN-WÜRTTEMBERG (1987U): Schreiben des persönlichen Referenten des Wirtschaftsministers an den Autor vom 26.6.87, Stuttgart

ZENGERLING, T. (o.J.) (ca. 1982U) : Der Bodensee in der Raumplanung, maschinenschriftliches Manuskript

XII.C. Presseartikel

Anmerkung: In den Anmerkungen sind Artikel aus folgenden Presseorganen zitiert:

DER NEUE BODENSEEANZEIGER

PR Überlingen

SCHWÄBISCHE ZEITUNG

SCHWARZWÄLDER BOTE

Der SPIEGEL

STUTTGARTER ZEITUNG

SÜDKURIER

SÜDWESTPRESSE

WOCHENBLATT

XII.D. Gesetze, Erlasse, Verordnungen etc.

Anmerkung: Die hier zitierte Literatur ist in den Anmerkungen mit einem "G" nach der Jahreszahl versehen

ARBEITSGEMEINSCHAFT DER REGIONALVERBÄNDE (1986 G): "Empfehlung der Arbeitsgemeinschaft der Regionalverbände zum Inhalt des Regionalplanes", veröffentlicht in: Gemeinsames Amtsblatt des Landes Baden-Württemberg, S. 661f

BAUFREISTELLUNGSVERORDNUNG (1990 G) (BaufreistVO) vom 26.4.1990, zit. nach: Baurecht in Baden-Württemberg, I, 48. Erg.-Lfg., Juli

BAUGESETZBUCH (1986 G) (BauGB) vom 8.12.1986

BUNDESBAUGESETZ (1976 G) (BBauG) vom 18. August 1976

INNENMINISTERIUM BADEN-WÜRTTEMBERG (1971 G): Erlaß des Innenministeriums über die Bauleitplanung im Uferbereich des Bodensees vom 26. Juli 1971, veröffentlicht in: Gemeinsames Amtsblatt des Landes Baden-Württemberg, 19, Nr. 36, S. 988 - 992

INNENMINISTERIUM BADEN-WÜRTTEMBERG (1975 G): Erste Richtlinien des Innenministeriums für die Ausarbeitung von Regionalplänen vom 10.6.1975, veröffentlicht in: Gemeinsames Amtsblatt des Landes Baden-Württemberg, S. 773ff

INNENMINISTERIUM BADEN-WÜRTTEMBERG (1978 G): Ermittlung des Bauflächenbedarfs bei der Bauleitplanung (Bauflächenerlaß), veröffentlicht in: Gemeinsames Amtsblatt des Landes Baden-Württemberg, 26, Nr. 16, S. 406 - 409

INNENMINISTERIUM BADEN-WÜRTTEMBERG (1984 G): Verwaltungsvorschrift des Innenministeriums über die Ermittlung des Bauflächenbedarfs bei der Bauleitplanung in Verdichtungsräumen und ihren Randzonen (2. Bauflächenerlaß) vom 27.7.84, veröffentlicht in: Gemeinsames Amtsblatt des Landes Baden-Württemberg, 32, Nr. 22, S. 609 - 611

INNENMINISTERIUM BADEN-WÜRTTEMBERG (1986 G): Anordnung des Innenministeriums über die Aufstellung von Regionalplänen, veröffentlicht in: Gemeinsames Amtsblatt des Landes Baden-Württemberg, 34, Nr. 23, S. 646 - 650

INNENMINISTERIUM BADEN-WÜRTTEMBERG (1986a G): Verwaltungsvorschrift des Innenministeriums und des Finanzministeriums zur Durchführung des Gemeindeverkehrsfinsnzierungsgesetzes vom 10.4.86, in: Gemeinsames Amtsblatt 34 (1986), Nr. 15, S. 425 - 482

INNENMINISTERIUM BADEN-WÜRTTEMBERG (1986b G): Verwaltungsvorschrift des Innenministeriums und des Finanzministeriums über die Grundsätze für die Gewährung einmaliger Zuwendungen nach § 27 Abs. 1 des Gesetzes über den kommunalen Finanzausgleich vom 4.7.86, in: Gemeinsames Amtsblatt des Landes Baden-Württemberg 34 (1986), Nr. 24, S. 673 - 690

INNENMINISTERIUM BADEN-WÜRTTEMBERG (1987 G): Verwaltungsvorschrift des Innenministeriums zum Landeswohnungsbauprogramm 1987 vom 14.1.87, in: Gemeinsames Amtsblatt 35, Nr. 4, S. 74 - 83

INNENMINISTERIUM BADEN-WÜRTTEMBERG (1988 G): Verwaltungsvorschrift des Innenministeriums zum Landeswohnungsbauprogramm 1988 vom 14.1.87, in: Gemeinsames Amtsblatt 36, Nr. 4, S. 97 - 106

INNENMINISTERIUM BADEN-WÜRTTEMBERG (1988a G): Aufhebung des 2. Bauflächenerlasses vom 27. Juni 1988, in: Gemeinsames Amtsblatt 36, Nr. 26, S. 578

LANDESNATURSCHUTZGESETZ (1975 G) (LNatSchG) vom 21.10.75

LANDESPLANUNGSGESETZ (1962 G) (LaPlaG) vom 19.12.62, zit. nach: GERHARDT 1973, S. 9

LANDESPLANUNGSGESETZ (1972 G) (LaPlaG) vom 25.7.72, zit. nach: GERHARDT 1973, S. 15

LANDESPLANUNGSGESETZ (1983 G) (LaPlaG) vom 10.10.83, veröffentlicht in: Gesetzblatt für Baden-Württemberg, 19, S. 621 - 634

LANDESREGIERUNG von Baden-Württemberg (1979 G): Grundsätze der Landesregierung über das Zusammenwirken der Regionalplanung und der raumbedeutsamen Fachplanungen des Landes (Beteiligungsgrundsätze) vom 27.9.79, veröffentlicht: Gemeinsames Amtsblatt des Landes Baden-Württemberg, Nr. 41, S. 1239 - 1240

RAT DER EUROPÄISCHEN GEMEINSCHAFT (1985 G): Richtlinie des Rates über die Umweltverträglichkeitsprüfung bei bestimmten öffentlichen und privaten Projekten, in: Amtsblatt der Europäischen Gemeinschaft 175/40

RAUMORDNUNGSGESETZ (1989 G) (ROG) vom 21.07.89, zit. nach: Bundesgesetzblatt, 1989, Teil I, Nr. 37

REGIONALVERBANDSGESETZ (Entwurf) (1971 G) vom 15.2.1971, zit. nach: EMENLAUER/LANG 1980, S. 153

REGIONALVERBANDSGESETZ (Zweites Gesetz zur Verwaltungsreform) (1971 G) vom 26.7.71, zit. nach: GERHARDT 1973, S. 13

WOHNUNGSBAUERLEICHTERUNGSGESETZ (1990 G): Gesetz zur Erleichterung des Wohnungsbaues im Planungs- und Baurecht sowie zur Änderung mietrechtlicher Vorschriften vom 17. Mai 1990

XII.E. Gesprächspartner der Expertenbefragung 1988

1 Herr Dipl.-Ing. Stefan SAEGER, langjähriger Mitarbeiter des Regionalverbands Bodensee-Oberschwaben

2 Herr Dipl.-Ing. Hermann VOGLER, ehemaliger und langjähriger Verbandsdirektor des Regionalverbands Bodensee-Oberschwaben und jetziger Oberbürgermeister der Stadt Ravensburg

3 Herr Dipl.-Ing. LÜDECKE, langjähriger Mitarbeiter des Stadtplanungsamtes Friedrichshafen

4 Herr Dipl.-Ing. RABOLD, Leiter des Stadtplanungsamtes Friedrichshafen

XIII. Anlagen

XIII.A. Anlage 1: "Gesprächsleitfaden" Regionalverband:

1. Gezielte Verständnisfragen

-Sind die im Regionalplan ausgewiesenen Schwerpunkt- und Landesausbauorte noch gültig?
-Werden Raumordnungsberichte erstellt?
-Gibt es Ergebnisse der Land-Kommunen-Kommission, Umsetzungs- und Implementationsprobleme der Regionalplanung betreffend?
-Welche Zusammensetzung haben Verbandsversammlung und Planungsausschuß?
-Wie wurden Zweitwohnungen erhoben für Bodenseeuferplan?
-Gibt es aktuelle Bevölkerungsprognosen für Ebene unterhalb der Region?

2. Regionalplanung Allgemein

-Die vielzitierte "Krise der Raumordnung": Welches ist Ihre grundsätzliche, aktuelle Meinung dazu?
-Welches ist Ihrer Meinung nach die Rolle der Regionalplanung heute?: Ideenlieferant, Koordination Fach- und Gemeindeplanungen? etc.
-Welches sind Ihrer Meinung nach die wichtigsten Raumnutzungskonflikte in der Region?
-Wie bewerten sie Ihre bisherigen Implementationserfolge bei diesen Konflikten generell?
(Wie wird Implementation festgestellt, werden Evaluierungen durchgeführt, wie wird RO-Kataster geführt, ist EDV-Umstellung geplant bzw. absehbar, Meinung zu Infrastrukturkataster)
Können Sie Beispiele nennen für gute, für schlechte Erfolge?
Glauben Sie, daß im Laufe der Zeit eine Veränderung eingetreten ist?
-(Frage für Herrn Vogler nach Bilanz seiner Arbeit und Bewertung seines "Kooperationsmodells")

-Wie bewerten sie die Einflußstärke ihrer verschiedenen Instrumente und Einflußformen?:
a. Regionalplan (Mit Hilfsinstrumenten "Zentrale Orte", "Achsen", "Richtwerte")
Wann sind gebietsscharfe Festsetzungen Ihrer Meinung nach notwendig?
b. Raumordnungsverfahren
c. Stellungnahme
d. Behördenbesprechungen (mit Gemeinden und Fachplanungsvertreter, Frage nach Häufigkeit, Relevanz und Anwendungsbereich, auch im Hinblick auf Gleichbehandlung aller Gemeinden)
e. Beratung (Gemeinden und Fachplanungsvertreter)
f. informelle Gespräche (Gemeinden und Fachplanungsvertreter)
g. Öffentlichkeitsarbeit (u.a. Raumordnungsberichte)
h. politische Unterstützung durch das Land, durch das RP
i. fachliche Unterstützung durch andere Träger öffentlicher Belange* oder Interessengruppen (Klientel, Koalitionsbildung)

-Welche Meinung haben Sie vom Instrument "Untersagung raumordnungswidriger Maßnahmen?
-Wurde es bisher im Planungsraum einmal angewendet?
-Haben Sie darüber hinaus noch andere Einflußmittel?
-Halten Sie die bisherigen Instrumente der Regionalplanung zur Erfüllung ihrer Aufgaben für ausreichend?
-Welche zusätzlichen Instrumente schlagen Sie ggf vor?
-Welche Meinung haben Sie zu Vorschlägen wie Koppelung der Landes- und Regionalplanung mit dem Finanzsektor, Regionalisierung der Fördermittel (z.B. in der Wohnbauförderung) nach landesplanerischen Vorgaben oder aufgrund landesplanerischer Unbedenklichkeitsprüfung (z.B. Nordrhein-Westfalen)?
-Wie ist Ihre Meinung zu der in der Literatur öfters erhobenen Forderung, die Regionalverbände in den Verteilerausschuß beim Regierungspräsidium zu berufen?
-Was halten Sie von dem Vorschlag, in Finanzausgleichsgesetze regionalplanerische Ausweisungen als Ergänzungsansatz in die Schlüsselzuweisungsberechnung aufzunehmen (wie z.B. für Zentrale Orte in Schleswig-Holstein) oder Zweckzuweisungen an regionalplanerische Erfordernisse zu koppeln?

-Wie bewerten sie die Meinung, daß eine staatlich verfasste Regionalplanung besser sei als eine kommunal verfasste?
-Welche für den Bereich der Region derzeit geltenden staatlichen Fördermaßnahmen unterstützen Ihrer Meinung nach die Raumordnung, welche konterkarieren sie?
a. Wohnbauförderungen
b. Gemeindeverkehrsfinanzierungsgesetz-Förderungen
c. Sonstige Förderungen
-Verfügen Sie zur Bewältigung Ihrer Aufgaben über einen ausreichenden Mitarbeiterstab?
-Sind Sie aufgrund Ihrer materiellen oder personellen Ausstattung auf Schwerpunktarbeit angewiesen?
-Wie sehen Sie Rolle der Gemeinden im Planungsprozeß und bei der Umsetzung der regionalplanerischen Festsetzungen?
Gibt es so etwas wie ein "Regionalbewußtsein" bei den Gemeinden und wie äußert es sich Ihrer Meinung nach?
-Welche "Tricks" wenden Gemeinden häufig an, um aus Gemeindesicht nachteilige Festsetzungen der Regionalplanung zu unterlaufen und wie können sie reagieren?

3. Projektplanungen

-Bei welchen staatlichen Projektverfahren wird der Regionalverband in welcher Form (Übersendung Planunterlagen, Ortstermin, Behördenbesprechung) und in welcher Planungsstufe (Bedarfsplanung, Projekterarbeitung, Planfeststellung) beteiligt?:
a. Kreisstrassenneu- u. -ausbau
b. Flächennutzungspläne
- Aufstellung
- Fortschreibung
c. Bebauungspläne
- Aufstellung
- Fortschreibung
-Hat sich durch das BauGB hier Änderungen ergeben?
d. Industrieerweiterungen - ansiedlungen (besonders Standortplanung)
e. Eingriffe in die Flachwasserzone (u.a. durch Yachthafenerweiterungen)
-Welche Verfahren werden verwaltungsintern, welche im Planungsausschuß behandelt, welche in der Verbandsversammlung?
-Werden Sie Ihrer Meinung nach bei den Verfahren rechtzeitig und in einer Form beteiligt, die für Ihre Arbeit ausreichend ist?
-Gibt es Bereiche, auf die sie in Ihren Stellungnahmen besonderen Wert legen?
-Nennen Sie bitte Beispiele für aus Ihrer Sicht problemreiche, zwischen Kommunen und Regionalverband besonders umstrittene Verfahren
-Wie gehen Sie vor, wenn in einem Verfahren ihre begründeten Bedenken nicht ausreichend berücksichtigt werden (Anrufen der Genehmigungsbehörde, Klage, Koalitionsbildung suchen)

3a Siedlungsentwicklung, Industrieansiedlung, -erweiterung

-Wie kontrollieren Sie die Dimensionierung von Wohnbauflächen, die Gemeinden für ihre Eigenentwicklung ausweisen?
-Gib es Ihrer Meinung nach "Tricks" auf der Seite der Gemeinden, mit deren Hilfe diese die Festsetzungen zur Beschränkung der Siedlungsentwicklung zu unterlaufen versuchen?
-Ist Immenstaad eine Gemeinde mit Eigenentwicklung?
-Wie bewerten sie das Zweitwohnungsproblem im Bodenseeuferbereich aus regionalplanerischer Sicht?
-Halten Sie die derzeit existierenden statistischen Erhebungsmöglichkeiten dazu für ausreichend?
-Wie bewerten Sie die Umsetzung Ihrer planerischen Festsetzungen zur Siedlungssteuerung?
-In welcher Form werden Sie an der Umsetzung beteiligt (Beratung o.ä.)?
-Problemfeld Richtwerte, welches ist Ihre Meinung zu diesem möglichen Steuerungsinstrument?
-Ist in der Region eine wirkungsvolle Siedlungssteuerung überhaupt noch aufrechtzuerhalten?
-Ergeben sich daraus Konkretisierungen der bisher eher weit gefassten Ziele der Raumordnung und Landesplanung, z.B. in der Fortschreibung des Regionalplans?
-Wäre im Fall des Bodenseeuferbereiches, obwohl im ländlichen Raum liegend, eine Steuerung durch Richtwerte nicht doch sinnvoll?

-Werden Sie bei der Erstellung landesplanerischer Gutachten beteiligt, wenn ja, in welcher Form?
-Was halten Sie von der Feststellung von BENZ, daß die Verbandsverwaltung des Regionalverbandes Bodensee-Oberschwaben "angesichts dieser kommunalen Widerstände...auf eine perfektionistische Steuerung der Siedlungsentwicklung von vorneherein verzichtet"
-Welche Meinung haben Sie zu dem Vorschlag, Ziele der Siedlungsentwicklung auch für einzelne Gemeindeteile festzulegen?
-Welche Faktoren sind es, die dazu geführt haben, daß die Siedlungsfläche der Gemeinde Daisendorf von 1981-1985 statistisch unverändert blieb, während sie bei vielen anderen Gemeinden des Bodenseeuferbereichs teilweise erheblich anstieg?
-Wie bewerten Sie die Industrieerweiterungen "Dornier" und "Bodenseewerke" im Bodenseeuferbereich aus Ihrer Sicht?
-Widersprechen diese Projekte nicht Erfordernissen der Landesplanung?
-Hätte die Landes- bzw. Regionalplanung bei einer Verwendung von Erwerbsstellenrichtwerten als Instrument nicht diese Maßnahmen als "raumordnungswidrig" untersagen lassen können?
-Welche Möglichkeiten sehen Sie für eine Verbesserung der Umsetzung landes- bzw. regionalplanerischer Festsetzungen zur Steuerung von Industrieansiedlungen bzw. -erweiterungen?

3b Verkehr

-Welches ist der aktuelle Verfahrensstand bezüglich der Umsetzung der Verkehrsbeschränkungen für die im Bodenseeuferplan ausgewiesenen Strassen?
a. "weitergehende" Verkehrsbeschränkung Unteruhldingen-Mühlhofen
b. K 7762 Nußdorf-Oberuhldingen
c. K 7776 Gießenbrücke-Betznau
d. K 7721 Mariabrunn - K 7779
-Wer bremst Ihrer Meinung nach aus welchen Gründen und mit welchen Mitteln die Umsetzung?

3c Eingriffe in Flachwasserzone

-Wie bewerten Sie die anstehende Yachthafenerweiterung in Friedrichshafen aus regionalplanerischer Sicht?

4. Ausblick, Fortschreibung des Regionalplans

-Wann ist mit der Fertigstellung des Fortschreibungsentwurfes des Regionalplans zu rechnen?
-In welcher Form fliessen die von Ihnen bisher gemachten Erfahrungen in die Fortschreibung des Regionalplans ein?
-Gibt es zu den im letzten Regionalplan aufgeführten Erfordernissen Evaluierungen hinsichtlich ihrer Umsetzung, die für die Fortschreibung benützt werden könnten?
-Bedeutet Ihrer Meinung nach das Baugesetzbuch eine Stärkung oder eine Schwächung der Regionalplanung?
-Welche zusätzlichen Aufgaben, welche Verbesserungen der Umsetzung und der Implementation sehen Sie durch die Einführung von Umweltverträglichkeitsprüfungen auf die Regionalplanung zukommen?
-Was halten Sie von Plan-UVPs auf der Ebene der Regionalplanung?
-Welche Bedeutung messen Sie dem fortzuschreibenden Landschaftsrahmenplan als Beitrag zur Lösung von Raumnutzungskonflikten, besonders im Bodenseeuferbereich, bei?
-Welche Konzeption (Integration im Regionalplan oder gesondertes Planwerk) wird bei der Fortschreibung des Regionalplans angestrebt?
-Wie sehen Sie die Zukunft der Regionalplanung?

XIII.B. Anlage 2: "Gesprächsleitfaden" Gemeindeplaner:

-Welche Bedeutung hat für Ihre Gemeinde der Regionalverband?
-Welches sind für Ihre Gemeinde die bedeutensten raumordnerischen Festsetzungen?
-Wie wird in Ihrer Gemeinde der Regionalverband an der Bauleitplanung beteiligt? (Bedarfsplanung, Planaufstellung, etc.)
-In welcher Form wird er beteiligt (z.B. Besprechungen)?
-Wie beurteilen Sie die Stellungnahmen des Regionalverbands zu Bauleitplänen oder Ihre Gemeinde berührende Fachplanungen im allgemeinen?
-Grundsätze der Raumordnung bedürfen im Zuge der gemeindlichen Planung der Abwägung. Wie stellen Sie sicher, daß solche Grundsätze auch sachgerecht in die Abwägung eingestellt werden? (z.B. ökologische Belange im Rahmen der Bauleitplanung) z.B. durch Einholen von Gutachten, Umweltverträglichkeitsprüfungen etc.?
-Wie beurteilen Sie das Verhältnis "Grundsätze" zu "Ziele" im Regional- bzw. im Bodenseeuferplan? Sind Ihnen mehr "Ziele" lieber oder mehr "Grundsätze"?
-Wie beurteilen Sie Themenauswahl der Regionalplanung in den beiden regionalen Raumordnungsplänen. Welche Themen halten Sie in diesen Plänen für nicht regelungsbedürftig, welche vermissen Sie?
-Wie beurteilen Sie die Planungsdichte in Regionalplan und Bodenseeuferplan? Halten Sie sie für notwendig oder nicht notwendig?
-Können Sie Beispiele für Bauleitplan- oder von Ihnen unterstützte Fachplanungen nennen, die der Regionalverband abgelehnt oder bei der er Bedenken geäußert hat?
-Wie schätzen Sie den Einfluß des Regionalverbands auf solche Planungen ein?
-Haben sich ihre Beziehungen zum Regionalverband im Laufe der Zeit verändert?
-Welche Rolle spielen für sie die landesplanerischen Richtwerte?
-Ist aus Ihrer Gemeinde ein Gemeinderatsmitglied oder der Bürgermeister Mitglied in einem Gremium des Regionalverbandes?
-Nach welchen Verfahren erfolgt bei Ihnen die Bedarfsplanung bzw. die Auswahl von Wohnbau- und Gewerbeflächen? Werden bei ihren Planungen nutzwertanalytische Bewertungsverfahren oder UVP-Verfahren eingesetzt?
-Welche Konzepte haben Sie zur Freiraumsicherung entwickelt?
-Kommunaler Naturschutz: Was halten Sie davon? Was hat Ihre Gemeinde für den Naturschutz in letzter Zeit getan?
Wie sichern Sie die Einstellung der Naturschutzbelange in Bauleitplanverfahren?
-Gibt es Fälle, bei denen Ihre Gemeinde die Erschließungskosten oder die Kosten für den Grunderwerb für Baulandausweisungen von Landes- oder Bundeseinrichtungen (LEG, Förderung Grunderwerb) ersetzt oder bezuschusst bekommt?
-Welches sind die Ihrer Meinung nach bedeutensten Zielkonflikte in Ihrer Gemeindeplanung?
-Eines der bedeutensten Probleme für die Regionalplanung ist die starke Entwicklung der Siedlungsflächen im Bodenseekreis. Teilen Sie diese Meinung? Welches ist Ihrer Meinung nach die Hauptursache dafür (Reduzierung der Belegungsdichte, Zuwanderungen)?
-Wie bewerten Sie das Problem der Zuwanderungen? Was tut Ihre Gemeinde gegen den starken Siedlungsflächenzuwachs, was beabsichtigt sie zu tun? (Baulückenprogramm, flächensparendes Bauen, Festsetzung Höchstmaße im Bebauungsplan laut Baugesetzbuch, Bodenvorratspolitik, Nutzung Vorkaufsrecht, Baulandausweisung für Einheimische etc.)
-Wieviel ist von den im derzeit gültigen Flächennutzungsplan ausgewiesenen Wohnbauflächen zur Zeit bebaut, erschlossen, noch unerschlossen?
-Wieviele Bebauungspläne wurden seit der Genehmigung des Flächennutzungsplanes (wenn möglich im gesamten Verwaltungsraum) aufgestellt, in welchen Ortsteilen wurden sie aufgestellt, wie sieht die Flächenstruktur (Wohnbauflächen-Gewerbeflächen etc.) aus, welche Flächen wurden bis heute davon in Anspruch genommen?
-Verfolgt Ihre Gemeinde eher eine angebotsorientierte oder eher eine restriktive Bauflächenpolitik?
-Wie ist die Grundstücksspekulation im Verwaltungsraum zu bewerten, welche Folgen hat sie für die Bauleitplanung?
-Wie bewerten Sie die Industrieerweiterungen der Firmen "Dornier" und "Bodenseewerke"?
-Was halten Sie von dem Vorwurf, die Gemeinden hätten ein "Industrieansiedlungsdenken"?

- Erlauben die bisherigen rechtlichen Rahmenbedingungen (Steuerrecht etc.) es überhaupt, daß eine Gemeinde von ihrem "Industrieansiedlungsdenken" bzw. "Entwicklungsdenken" wegkommt und ein Eigeninteresse zur Freiraumsicherung sich entwickeln kann?
-Was bringt das neue Baugesetzbuch hinsichtlich des Verhältnisses von Gemeinde zu Landes- und Regionalplanung?
-Bei Gemeinden mit Eigenentwicklung: Wie sichern Sie die Erfüllung des landesplanerischen Zieles, wonach Ihre Gemeinde Bauland nur noch für den Eigenbedarf ausweisen darf? (kommunaler Grunderwerb mit Auswahl Personenkreis, Erbbaurecht mit Nutzungsauflagen etc.)
Welchen Baulandbedarf setzen Sie für die Gewährleistung der Eigenentwicklung an und wie begründen Sie diesen Ansatz?
Wird Ihre Gemeinde für die "Nicht"-Entwicklung vom Land in irgendeiner Form "belohnt" (Umlage o.ä.).
Wie ist Ihre Meinung zu einer solchen Art "Belohnung"?
-Wie bewerten Sie das Zweitwohnungsproblem in Ihrer Gemeinde?
Falls es ein Problem darstellt: was können Sie tun, sind Ihre Instrumente ausreichend?
Wieviel Zweitwohnungen gibt es zur Zeit in Ihrer Gemeinde?
Welches ist der Erhebungsmodus? Erhebt Ihre Gemeinde eine Zweitwohnungssteuer, warum, warum nicht?
-Sehen Sie die Zweitwohnungssteuer als Instrument zur Reduzierung der Zweitwohnungen, wenn ja: Hat dieses Instrument zu einem Rückgang bzw. zu einer Verlangsamung der Nachfrage nach Zweitwohnungen geführt?

XIII.C. Anlage 3: Checkliste zur Auswertung der Stellungnahmen des Regionalverbands

(nur für kommunale Bauleitpläne, kommunale Fachplanungen oder von kommunaler Seite favorisierte Fachplanungen, deren Umsetzung durch vorliegende Genehmigungsfassung einerseits und/oder Überprüfung im Gelände, Kartierung, Luftbilder andererseits kontrolliert werden kann):

............**Stellungnahme zu:**...........**Gemeinde:**................................ ....

...............FNP.....BBaupl..Fachplanung......favorisierte Fachplanung
...............Privatplanung
...............Wohnbauflächen.....Gewerbeflächen.........Sonstiges:..
....

Bezeichnung:................... vom: (Datum)..
....

1. Wurden mehrere Stellungnahmen zum Projekt abgegeben?:.......................Nein......Ja, Datum: ....Nr.
:...

Begründung:.. ....
....

2. Enthält die Stellungnahme Vorschläge zur Planänderung oder nur eine reine Zustimmung bzw. Ablehnung?:

...............Reine Zustimmung.....Reine Ablehnung.............. Tendenzielle Zustimmung...... ....
Tendenzielle Ablehnung:......... ....
....

3. Wie wird die eigene Haltung begründet?:

a. Festsetzungen im..........Regionalplan...................Bodenseeuferplan..........................Sonstiges:......... ....
....
.... Zentralörtliche Funktion: ....
....
Bevölkerungsrichtwerte:...
....
Erwerbsstellenrichtwerte: ....
....
Flächenausweisung (z.B. Vorranggebiete):...
....
............Sonstiges: (Siehe Rückseite unter A)

b. Sonstige Argumente:

............Bezugnahme auf andere Pläne:...
....
............Auszug daraus (Siehe Rückseite unter B)
............Bezugnahme auf Rechtsvorschriften:..
....
............Auszug daraus (Siehe Rückseite unter C)
............Sonstiges (Siehe Rückseite unter D)

4. Was wird gefordert und in welcher Form:

..........Auflagen: (A) ... Vorschläge: (V) ....
....
..........Reduzierung des Maßes der vorgesehenen Nutzung:..
..........Änderung Erschliessung: ....
..........Aussagen zum Verkehr: ....
..........Aussagen zur Landwirtschaft: ....
..........Aussagen zum Umweltschutz: ....
..........Aussagen zu Natur- und Landschaftsschutz: ....
..........Aussagen zu baulichen Gesichtspunkten: ....
..........Planungsalternativen: ....
..........Standortalternativen: ....
.... selbst vorgeschlagen ....
....
Untersuchung gefordert
..........Sonstiges: ....
..........bessere Planunterlagen: (Siehe Rückseite unter E)
..........Reduzierung der vorgesehenen Nutzungsfläche: ....
....

5. Gibt es Anzeichen für eine "politisch abgeschwächte" oder "taktische" Stellungnahme?:

............formale Unverbindlichkeiten: ....
....
............fehlender Hinweis auf wichtige raumordnerische Vorgaben: ....
....
geringer Konkretisierungsgrad der Stellungnahme: ....
............Verzögerungstaktik: ....
............Koalitionstaktik: ....
............Sonstiges: (Siehe Rückseite unter F)

6. Gibt es Hinweise für Koalitionen oder "Zweckbündnisse" mit anderen Trägern öffentlicher Belange*?:

............Nein.................. Ja:
Art dieses Hinweises: ....
....
Koalitionspartner: ....
....
Form der Koalition: ....
....

7. Auswertung des Berücksichtigungsgrades durch:

Vergleich mit vorliegender genehmigter Fassung: vom (Datum): ....
Genehmigungsbehörde: ....
............Luftbildauswertung
............Statistische Auswertung
............Kartierung
............Sonstiges

a. Wirkungen auf den Inhalt des Projekts:

............Vorgesehene Nutzungsfläche reduziert: ....
....
............Maß der vorgesehenen Nutzung reduziert: ....
............Erschliessung geändert: ....
............Aussagen zum Verkehr berücksichtigt: ....

.............Aussagen zur Landwirtschaft berücksichtigt:..
.............Aussagen zum Umweltschutz berücksichtigt: ....
.............Aussagen zu Natur- und Landschaftsschutz berücksichtigt:...
.............Aussagen zu baulichen Gesichtspunkten berücksichtigt: ....
.............Planungsalternativen berücksichtigt:...
.............Standortalternativen berücksichtigt:...
.............Projekt verhindert: ....
.............Sonstiges: (Siehe Rückseite unter G)

b. Wirkungen auf den Zeitablauf des Planaufstellungsverfahrens

.............Verzögerung um:...
....
.............Zurückstellung der Planung, Begründung:...
.............Verhinderung einer Verfahrensverzögerung, da ansonsten:..
....
erkennbare Auswirkung auf die Einstellung der Gemeinden zur Raumordnung:..Gde nimmt in Zukunft .... Vorhaben, die mit großer Wahrscheinlichkeit auf Ablehnung seitens des Regionalverbandes stossen würden, gar nicht erst in Angriff: (Siehe Rückseite unter H)

8. Gibt es Anzeichen für die Anwendung von "Tricks" seitens der Gemeinde, um Umsetzung zu unterlaufen? (Siehe Rückseite unter I)

9. Welche Einflußmittel der Regionalplanung haben zur Implementation (am meisten) beigetragen?: (Siehe Rückseite unter J)

10. Nützt die Gemeinde ihr zu Verfügung stehende Planungsinstrumente zur Umsetzung aus? (Siehe Rückseite unter K)

XIII.D. Anlage 4: Tabellen und Karten

Tabelle 17: Abkürzungsverzeichnis zu den Tabellen 18 bis 27 und 29 und den Abbildungen 11 bis 16

1. Spalte "Stellungnahme":

a. VR Friedrichshafen

0 = Arbeitspapier des Regionalverbandes o.D. (ca. 1976/1977)
0a = Schreiben des Regionalverbandes an die Gemeindeverwaltung Friedrichshafen vom 23.08.76
0b = Vorläufige Stellungnahme des Regionalverbandes vom 25.03.77
1 = Stellungnahme des Regionalverbands vom 17.01.80
2 = Stellungnahme des Regionalverbands vom 14.01.82

b. VR Meersburg

1 = Stellungnahme des Regionalverbandes vom 29.7.81
4 = Stellungnahme des Regionalverbandes o.D. (1985)

2. Spalte "Richtwertetypen":

B = Richtwerte und Prognosen zur Bevölkerungsentwicklung
A = Richtwerte und Prognosen zur Entwicklung der Erwerbsstellen bzw. zum Arbeitsplatzbedarf
S = Richtwerte und Prognosen zur Entwicklung des Infrastrukturbedarfs

3. Spalte "Flächentyp"

W = Wohnbauflächen
G = Gewerbe- und Mischflächen
S = Siedlungsflächen allgemein
Gem = Fläche für den Gemeinbedarf
So = Sondergebiete
P = Flächen für öffentliche Parkplätze
SF = Sonstige Flächen

4. Spalte "Bezugsraum"

VR = Verwaltungsraum
FN = Friedrichshafen
I = Immenstaad
M = Meersburg
S = Stetten
H = Hagnau
D = Daisendorf
U = Uhldingen-Mühlhofen

5. Spalte "Hinweise zur Wirkung bzw. Umsetzung der Aussagen (mit Quelle)"

- = Bedenken, Anregungen, Vorschläge des Regionalverbandes wurden nicht umgesetzt
+/- = Bedenken, Anregungen, Vorschläge des Regionalverbandes wurden teilweise umgesetzt
\+ = Bedenken, Anregungen, Vorschläge des Regionalverbandes wurden umgesetzt
? = Eine Umsetzung bzw. Nichtumsetzung der Bedenken, Anregungen, Vorschläge des Regionalverbandes konnte nicht festgestellt werden (z.B. aufgrund unklarer Formulierungen der Aussagen des Regionalverbandes, aufgrund von Quellenproblemen etc.)

6. Behördenkürzel

IM = Innenministerium Baden-Württemberg
UM = Umweltministerium Baden-Württemberg
RP = Regierungspräsidium Tübingen
RV = Regionalverband Bodensee-Oberschwaben

7. Quellen

a. VR Friedrichshafen

1 = STADT FRIEDRICHSHAFEN (1981): Landschaftsplan - Entwurf zur Anhörung
2 = VERWALTUNGSGEMEINSCHAFT FRIEDRICHSHAFEN - IMMENSTAAD (1983): Flächennutzungsplan
3 = STADTPLANUNGSAMT FRIEDRICHSHAFEN (1980): Sitzungsvorlage für die Gemeinderats - Sondersitzung am 24.11.80
4 = GEMEINDE IMMENSTAAD AM BODENSEE (1980): Niederschrift über die Verhandlungen des Gemeinde- und des Ortschaftsrates am 12.05.1980
5 = STADT FRIEDRICHSHAFEN (HAUPTAMT) (1980): Schreiben an das Stadtplanungsamt Friedrichshafen vom 26.11.80
6 = VERWALTUNGSGEMEINSCHAFT FRIEDRICHSHAFEN - IMMENSTAAD (1978): Flächennutzungsplan, Entwurf zur Anhörung
7 = GEMEINDE IMMENSTAAD (1980): Aktennotiz vom 9.5.80
8 = REGIERUNGSPRÄSIDIUM TÜBINGEN (1982): Schreiben an den Verwaltungsraum Friedrichshafen vom 02.06.82
9 = REGIERUNGSPRÄSIDIUM TÜBINGEN (1982): Schreiben an den Verwaltungsraum Friedrichshafen vom 16.12.82
10 = REGIERUNGSPRÄSIDIUM TÜBINGEN (1982): Aktennotiz vom 28.10.82

b. VR Meersburg

1 = GEMEINDEVERWALTUNGSVERBAND MEERSBURG (o.J.) (1980): Flächennutzungsplan, Karte und Zwischenbericht zur Behördenbesprechung (entspricht Entwurf zur Behördenanhörung)
2 = GEMEINDEVERWALTUNGSVERBAND MEERSBURG (1983): Flächennutzungsplan, Karte und Ergänzungsheft zur genehmigten Fassung
3 = GEMEINDEVERWALTUNGSVERBAND MEERSBURG (1986): Flächennutzungsplan, Karte und Erläuterungen zur genehmigten Fassung
4 = GEMEINDEVERWALTUNGSVERBAND MEERSBURG (1979): Agrar- und Landschaftsplan, Entwurf zur Anhörung
5 = LANDRATSAMT BODENSEEKREIS (1986): Schreiben an den Gemeindeverwaltungsverband Meersburg vom 20.03.86 (Genehmigung des Flächennutzungsplans 1986)
6 = REGIERUNGSPRÄSIDIUM TÜBINGEN (1983): Schreiben an den Gemeindeverwaltungsverband Meersburg vom 13.05.83 (Genehmigung des Flächennutzungsplans 1983)

8. Abkürzungen der zitierten Pläne

FNP = Flächennutzungsplan (Allgemein)
LSP = Landschaftsplan (Allgemein)
RePla = Regionalplan (REGIONALVERBAND BODENSEE-OBERSCHWABEN 1981)
Bo = Bodenseeuferplan (REGIONALVERBAND BODENSEE-OBERSCHWABEN 1982, = Entwurf zur Anhörung, bzw. REGIONALVERBAND BODENSEE-OBERSCHWABEN 1984, = Genehmigte Fassung)
GK = Gesamtkonzept für den Bodenseeraum (LANDESREGIERUNG BADEN-WÜRTTEMBERG 1975)

9. Sonstige Abkürzungen

LSG =	Landschaftsschutzgebiet
NSG =	Naturschutzgebiet
WSG =	Wasserschutzgebiet
E =	Einwohner

Tabelle 18: Auswertung der Stellungnahmen des Regionalverbandes Bodensee-Oberschwaben im Flächennutzungsplanverfahren des Verwaltungsraums Friedrichshafen
Blatt 1 Aussagen zu den Themen "Richtwerte" und "Bevölkerungsprognosen"

Stellungnahme Kurzbezeichnung	Richtwertetyp	Bezugsraum	Aussagen des Regionalverbandes	Begründung der Aussagen	Hinweise zur Wirkung bzw Umsetzung der Aussagen (mit Quelle)
0	B	VR	-entspreche "in der Dimension" den vorläufigen Richtwerten des RV - vom VR seien 1600 E mehr prognostiziert worden aufgrund unterschiedlicher statistischer Grundlagen (RV: Veröffentlichungen des Statistischen Landesamtes, VR: Melderegister) -Eigenbedarfsansatz von 3,5% liege über der oberen Bandbreite" des Erlasses vom RP, dies sei aber "durchaus gerecht"	-vom VR "eingehend begründet" (z.B. mit Hinweis auf Situation des Wohnungsmarktes in FN)	?
0	A	VR	-entspreche "in der Dimension" den Prognosen des RV		?
0	S (Sportstätten)	VR	-Richtwerte seien zur direkten Umrechnung in Infrastrukturbedarf "nicht geeignet"	-Richtwerte "optimistische Grenzwerte"	?
0b	B	VR	-Die Prognose des VR sei um 1600 E höher als der Richtwert des Regionalplans vom Herbst 1976 in Höhe von 62140 Einwohnern. Gründe: -a. unterschiedliche statistische Grundlagen -b. der VR beziehe sich auf die Richtwerte des IM und nicht auf die Richtwerte des RV vom Herbst 1976. Die Richtwerte des IM seien "sehr optimistisch" und für die Infrastrukturberechnung "nicht geeignet" -Eigenbedarfsansatz von 3,5% liege über dem Ansatz vom Erlaß des RP vom 25.3.76, dies sei aber "vertretbar"	-vom VR "detailliert begründet"	- Die Prognose wurde erhöht: 63720 E ([6], S. 52)
0b	A	VR	-vom VR angenommene Zunahme von +6567 Arbeitsplätzen (abgeleitet aus Richtwerte IM) "bereits heute zu hoch" -Richtwerte des RV nehmen Zunahme zwischen +4400 und +6300 an, wobei der kleinere Wert "realistischer sein dürfte"	-vom VR "detailliert begründet"	- Die Prognose wurde beibehalten ([6], S. 56)
0b	S (Sportstätten)	VR	-RV "hält es für angebracht, die Werte für Turnhallen, Hallenbäder und Freibäder (Sportstättenleitplan) zu überprüfen und ggf. zu reduzieren"	Bevölkerungsprognose des RV sei nur zur Wohnflächenbemessung, für Infrastrukturplanung seien die Werte "als überzogen" zu betrachten	?

Tabelle 18: Auswertung der Stellungnahmen des Regionalverbandes Bodensee-Oberschwaben im Flächennutzungsplanverfahren des Verwaltungsraums Friedrichshafen
Blatt 2 Aussagen zu den Themen "Richtwerte" und "Bevölkerungsprognosen"

Stellungnahme Kurzbezeichnung	Richtwertetyp	Bezugsraum	Aussagen des Regionalverbandes	Begründung der Aussagen	Hinweise zur Wirkung bzw Umsetzung der Aussagen (mit Quelle)
1	B	VR	-Bevölkerungsprognose des VR auf 1974/75 bezogen -orientiere sich an Richtwerten des IM für die Region -liege um 1800 E höher als die Richtwerte des Entwurfs des Regionalplans von 1979. Dies sei "weitgehend dadurch begründet", daß die Berechnungen des Regionalplans Daten des Statistischen Landesamts verwendeten, während der VR Daten der Fortschreibung des Melderegisters benutze -Bei den Richtwerten handle es sich um einen "lediglich formalen Zuschlag für die Bemessung der Wohnbauflächen"	Berechnungsgrundlage für die Richtwerte seien "überhöht"	? Umsetzung nicht notwendig, da nach Meinung des RV eine Anpassung des VR "nicht notwendig" sei, da der vom VR errechnete Baulandbedarf "in der Dimension" zutreffe
1	S	VR	-"ist von der mittleren Trendprognose Statistisches Landesamt bzw. RePla auszugehen"		?
1	A	VR	-Erwerbsstellenprognosen des VR seien auf 1970 bezogen -gingen von Richtwerten des IM für die Region aus -entsprächen "in der Dimension" den Richtwerten des RePla für den Mittelbereich FN, für den VR seien sie "äußerst hoch"		- Der zusätzliche Bedarf an Erwerbsstellen wurde weiterhin mit +6567 angenommen ([2], S. 66)

Tabelle 19: Auswertung der Stellungnahmen des Regionalverbandes Bodensee-Oberschwaben im Flächennutzungsplanverfahren des Verwaltungsraums Friedrichshafen
Blatt 1 Aussagen zum Themenbereich "Flächenbedarf"

Stellungnahme (Kurzbezeichnung)	Flächentyp	Bezugsraum	Aussagen des Regionalverbandes	Begründung der Aussagen	Planungsvorstellungen des Regionalverbandes	Hinweise zur Wirkung bzw. Umsetzung der Aussagen (mit Quelle)	Hinweise zur Unterstützung der Aussagen des RV durch das RP	Beschlußvorschlag der Gemeindeverwaltung FN zu den Aussagen des RV
0	W	VR	-Wohnbauflächen seien "stark zurückhaltend ausgewiesen" -Bruttowohndichte sei "hoch" angenommen -Aufgrund der Anforderungen des Marktes könnte dadurch eventueller Mehrbedarf auftreten	-In Übereinstimmung mit Gesamtkonzept und Vorstellungen des RV		?		
0	G	VR	-Ausweisungen seien "zurückhaltend" und "vom Volumen her angemessen"			?		
0	S	FN Lippach	-regt an, Ausweisungen "nochmals zu bedenken"		Lippach nur noch Ausweisung für Eigenentwicklung	?		
0a	W	VR	-jetzt vorliegende Eigenbedarfsberechnung liege "ganz erheblich" über dem Maximalwert des Arbeitskreises "Flächenbedarf für die Bauleitplanung und des diesbezüglichen Erlasses des RP	-von VR prognostizierter Stop der Stadt-Umland-Wanderung (und des damit verbundenen Mehrbedarfs an Wohneinheiten im VR) würde nicht eintreten -kleine Wohnungen in der Stadt verblieben im Saldo (vom VR nicht berücksichtigt)	-RV "geht davon aus", daß die Frage nach der Höhe des Eigenbedarfs beim formalen Anhörungsverfahren "eingehend diskutiert und geklärt werden muß". "Empfehlung": Gespräch mit IM in der Frage des Eigenbedarfs	?		
0b	S	VR	-Ausweisungen seien "zurückhaltend"	-in Übereinstimmung mit GK und Vorstellungen des RV		?		
0b	W	VR	-Bruttowohndichte liege "weit über dem heutigen Wert" und werde im Planzeitraum "kaum erreicht" (175 ha errechnet 155 ha ausgewiesen, "relativ niedrig"		-Ausweisung von 180 ha angemessen: "Der Verband hätte es für besser befunden, wenn realistischere Prognoseansätze für die Flächenbemessung gewählt worden wären"	+/- -vom VR wurden 174,5 ha ausgewiesen ([6], S. 61), allerdings wurde zusätzlich die Option offengehalten, daß "für den Fall, daß in Bebauungsplänen geringere als die vorgesehenen Bruttowohndichten festgesetzt werden, ein dadurch entstehender Mehrbedarf an Wohnbauland...als Hinweisflächen dargestellt" werde (a.a.O.)		
0b	G	VR	-"zurückhaltend, aber angemessen" ausgewiesen					
0b	W	FN Lippach	-regt an, "nochmals zu überprüfen"		-nur noch Ausweisung für Eigenentwicklung in Lippach ([6], Karte)	- -Ausweisung wurde beibehalten		

Tabelle 19: **Auswertung der Stellungnahmen des Regionalverbandes Bodensee-Oberschwaben im Flächennutzungsplanverfahren des Verwaltungsraums Friedrichshafen**
Blatt 2 **Aussagen zum Themenbereich "Flächenbedarf"**

Stellungnahme (Kurzbezeichnung)	Flächentyp	Bezugsraum	Aussagen des Regionalverbandes	Begründung der Aussagen	Planungsvorstellungen des Regionalverbandes	Hinweise zur Wirkung bzw. Umsetzung der Aussagen (mit Quelle)	Hinweise zur Unterstützung der Aussagen des RV durch das RP	Beschlußvorschlag der Gemeindeverwaltung FN zu den Aussagen des RV
1	W, G	VR	-Ausweisung sei an der "oberen Grenze des absehbaren Bedarfs" (174,5 ha errechnet und 160,7 ha ausgewiesen) -Hinweis des VR, wonach ein Mehrbedarf an Wohnbauflächen angemeldet wird, falls geringere als die angenommenen Bruttowohndichten erreicht würden "trifft in dieser Form nicht zu"	-Eventuell durch steigende Bruttowohndichte notwendig werdender höherer Flächenbedarf würde ausgeglichen durch: a. vom VR angenommene, über den Richtwerten des RV liegende Bevölkerungsentwicklung b. den "weit überdurchschnittlichen" und "weit über den Angaben des Bauflächenerlasses" liegenden Ansatz zur Berechnung der Verringerung der Belegungsdichte, dem allerdings ein ausführlicher Nachweis" zugrunde liege c. die "nicht weitere" Berücksichtigung von 31 ha durch Verlegung von Betrieben freiwerdende Gewerbefläche		+/- - -Hinsichtlich der Aussagen zum Bedarf nicht umgesetzt; aufgrund der Formulierungen des RV wohl auch nicht notwendig (174,5 ha errechnet und 166,4 ha ausgewiesen, [2], S. 61) -Hinsichtlich der Aussagen zur Bruttowohndichte wurde die Formulierung leicht abgeschwächt: so sei die Inanspruchnahme der als Hinweisflächen dargestellten Bauflächen "im Einzelfall" vor 1990 denkbar, ...falls die nachweisliche Entwicklung aus dem inneren Bedarf einen Bauflächenmehrbedarf erforderlich mache ([2], S. 61) -Hinsichtlich der Gewerbefläche nicht umgesetzt ([2], S. 61) ?	-Die Aussagen des RV zu den Problemen "Bruttowohndichte und "31 ha Gewerbefläche" werden vom RP unterstützt [3]	-Hinsichtlich der Aussagen zur Bruttowohndichte siehe Spalte "Hinweise zur Wirkung bzw. Umsetzung" -Hinsichtlich der 31 ha Gewerbeflächen: "Anregung kann bei der Flächenbilanz nicht berücksichtigt werden. Begründung: Bei Verlagerung vorhandener Betriebe würden wesentlich größere Flächen beansprucht als diese Betriebe aufgeben [3]
1	G	VR	-Ausweisung sei "oberste Grenze des absehbaren Bedarfs (107 ha errechnet und ausgewiesen) -Bedarfsberechnung des VR "beruht weitgehend auf Annahmen"			- -Bedarfsberechnung wurde beibehalten: 107 ha errechnet und ausgewiesen ([2], S. 60)		
1	SF	I; FN Ailingen Fischbach	-9,2 ha Ferienhausgebiete vom VR ausgewiesen -würden häufig in Zweitwohnungen umgewandelt werden -"nach den Zielen des RePla sollen im Uferbereich des Bodensees keine weiteren Zweitwohnungen ausgewiesen werden"			+/- -Ausweisung in I in Höhe von 5,85 ha blieb bestehen, Ausweisung in Ailingen wurde geändert: statt als So wurde die Fläche als W ausgewiesen ([2], S. 121) -Bedenken RV werden für Ailingen berücksichtigt: als W ausweisen [3]		-Ausweisung von "kleinen Flächen für FeWo erschien nicht bedenklich, sofern für die Ferienhäuser durch wechselnde Benutzer eine länger dauernde Nutzung gegeben ist"
1	SF (Campingplatz	FN Ailingen (Rotachschleife)	-Ausweisung vom Bedarf her bedenklich -RV hält Prüfung für gerechtfertigt	-einsehbare Lage in Rotachniederung -Art des Fremdenverkehrs in Ailingen bewirke mangelnden Bedarf	-Rotachniederung "ist" von Bebauung freizuhalten	- -Ausweisung des Campingplatzes beibehalten (72000 qm, [2] , S. 178)		-Bedenken RV sollen nicht berücksichtigt werden (Anm.: auf Bedarfsfrage wird nicht eingegangen)

Tabelle 20: **Auswertung der Stellungnahmen des Regionalverbandes Bodensee-Oberschwaben im Flächennutzungsplanverfahren des Verwaltungsraums Friedrichshafen.**
Blatt 1 **Aussagen zur Flächenverortung**
Arbeitspapier 1976/77

Flächen-nummer	Flächen-typ	Bezugsraum	Aussagen des Regionalverbandes	Begründung der Aussagen	Planungsvorstellungen des Regionalverbandes
1	W,G	VR	-VR mache "erfolgreichen Beginn" mit "Uferentlastung" -Aufgrund "rechtlicher Bindungen trotzdem Ausweisungen in "ufernaher" Zone in "erheblichem Umfang" -Verlagerung von Gewerbe finde "weitgehend" in "seeabgewandte Gemeindeteile" statt -Ausnahmen davon bildeten die "Dornier"- -Erweiterung sowie die G bei der Kläranlage FN		
2	SF (Freiräume)	VR	-Ausweisung erfolge "relativ pauschal"		-kleinräumige Darstellung -Aufbau eines "Grünsystems"
3	G	FN (bei der Kläranlage)	-regt "nochmalige Überprüfung der Ausweisung an	-unmittelbare Nähe der geplanten G zum Erholungsbereich -bereits vorhandene Belastung der Wohngebiete (durch Kläranlage und Bundesstrasse B 31 neu (Ost)	
4	G	FN Spaltenstein Brühlesch	-regt "nochmalige Überprüfung der Ausweisung an	-Der angrenzende Freizeitbereich werde beeinträchtigt -das geplante NSG werde beeinträchtigt -die Ausweisung erfolge ohne Anbindung an vorhandene Gewerbe oder Industriegebiete	
5	G	I Ziegelei	-regt "nochmalige Überprüfung der Ausweisung an	-Ausweisung stehe "nicht in Übereinstimmung" mit geplantem LSG	-Falls der VR seine Ausweisungsabsicht aufrechterhalten sollte, "sollte geprüft werden", ob die geplanten kleinen G in Efrizweiler noch erforderlich seien
6	SF ("Grünzug")	FN Oberailingen	-regt an, Ausweisung für die zweite Zeitstufe "nochmals zu bedenken"		-Grünzug längs der Rotach und des Tobelbaches "offenhalten"
7	S	FN Spaltenstein	-regt an, Ausweisung für die zweite Zeitstufe "nochmals zu bedenken"		-Zusammenwachsen von Efrizweiler-Süd und Spaltenstein verhindern

Tabelle 20: Auswertung der Stellungnahmen des Regionalverbandes Bodensee-Oberschwaben im Flächennutzungsplanverfahren des Verwaltungsraums Friedrichshafen.
Blatt 2 Aussagen zur Flächenverortung
Arbeitspapier 1976/77

Flächen-nummer	Flächen-typ	Bezugsraum	Aussagen des Regionalverbandes	Begründung der Aussagen	Planungsvorstellungen des Regionalverbandes
8	SF (Geplantes LSG)	FN, I Geplantes LSG zwischen Ziegelei und Bahnlinie	-"wäre zu prüfen"		-Geplantes LSG in Verbindung mit geplantem NSG an geplantes LSG Raderach-Schnetzenhausen anschließen
9	SF (Geplantes LSG)	FN westlich und nördlich von Raderach	-"wäre zu prüfen"	-langfristige Sicherstellung eines weiteren für das Stadtgebiet bedeutenden ökologischen Ausgleichsraums	-Geplantes LSG auf Bereich östlich Raderach ausdehnen
10	SF ("Grünzug")	FN Rotach	-"wäre zu prüfen"		-Gebiet längs der Rotach (Weilermühle, Ittenhofen, Bunkhofen, Meistershofen) als "zusammenhängenden Grünzug" sicherstellen
11	SF (Geplantes LSG	FN Dornach	-Ausweisung sollte mit der Planung der B 30 "in Übereinstimmung gebracht werden"	-Die geplante Bundesstrasse B 30 neu müsse durch das geplante LSG durchgeführt werden -Die geplante Autobahn A 98 tangiere das betreffende Waldgebiet im Nordosten	
12	W	I Bereich "Siedlung"	-Die Ausweisung sei "angebracht", allerdings sollte der VR das Feriengebiet nicht durch "Einbauen" in Frage stellen	-In Kippenhausen werde durch die Ausweisung eine "zurückhaltende Flächenausweisung ermöglicht, was angesichts des hier "kleinteiligen Landschaftsraums" angebracht sei	
13	W	I zwischen Bereich Siedlung und B 31	-Ausweisung für die zweite Zeitstufe "problematisch"	-landwirtschaftliche Flächen -Erhaltung der zusammenhängenden "Grünverbindung" zum Uferbereich in Helmsdorf	-Vor Ausweitung der Bauflächen sei eine "mittelfristige Konzeption zur Landschaftsentwicklung" im Raum I (ähnlich wie in FN) "notwendig"

Tabelle 21: **Auswertung der Stellungnahmen des Regionalverbandes Bodensee-Oberschwaben im Flächennutzungsplanverfahren des Verwaltungsraums Friedrichshafen.**
Blatt 1 **Aussagen zur Flächenverortung**
Vorläufige Stellungnahme vom 25.03.1977

Flächen-nummer	Flächen-typ	Bezugs-raum	Aussagen des Regionalverbandes	Begründung der Aussagen	Planungsvorstellungen des Regionalverbandes	Hinweise zur Wirkung bzw Um-setzung der Aussagen (mit Quelle)
1	W, G	VR	-eine Uferentlastung sei durch die Ausweisungen "angestrebt" worden -diese Konzeption werde "begrüßt" -"Nach Auskunft der Stadt" seien größere Wohnflächenausweisungen in 200-900 m Entfernung vom Ufer aufgrund rechtskräftiger Bebauungspläne "oder anderer Festlegungen" erfolgt -Verlagerung von Gewerbe fände "weitgehend" in "seeabgewandte Gemeindeteile" statt -Ausnahmen davon bildeten die "Dornier"-Erweiterung sowie die Gewerbefläche bei der Kläranlage in FN			?
2	SF (Freiräume)	VR	-Ausweisung erfolge relativ "großzügig"		-kleinräumigere Darstellung	?
14	G	FN Allmannsweiler, Bunkhofen, Jettenhausen			-Ausweisung zusätzlich notwendig werdender Gewerbeflächen wäre im bereich "Jettenhausen/Bunkhofen" sinnvoll	?
3	G	FN bei der Kläranlage	-"regt" an, Ausweisung zu "prüfen"	-Nähe der geplanten G zum Erholungsbereich und zum geplanten Schulareal -bereits vorhandene Belastung der benachbarten Wohngebiete (durch Kläranlage und B 31 neu Ost)		- Ausweisung wurde beibehalten ([6], Beilage 45)
4	G	FN Spaltenstein	-"regt" an, Ausweisung zu "prüfen"	-Der angrenzende Freizeitbereich werde beeinträchtigt -Das geplante Naturschutzgebiet werde beeinträchtigt -Die Ausweisung erfolge ohne Anbindung an ein vorhandenes Gewerbegebiet		- Ausweisung wurde beibehalten ([6], Beilage 45)
5	G	FN Kluftern, Efrizweiler, I Ziegelei	-"regt" an, Ausweisung zu "prüfen"		-Die Ausweisungen in Kluftern/Efrizweiler und bei der Ziegelei I (im geplanten LSG) "sollten zusammen gesehen werden" -Zusammenfassung der G im Bereich der Ziegelei oder im Bereich Efrizweiler "wäre denkbar"	- Ausweisung wurde beibehalten ([6], Beilage 45)
6	SF ("Grünzug")	FN Oberailingen	-"regt ferner an", die angedeutete Entwicklung der zweiten Stufe "zu überprüfen"		-Grünzug längs der Rotach und des Tobelbachs "offenhalten"	- Ausweisung wurde beibehalten ([6], Beilage 45)

Tabelle 21: **Auswertung der Stellungnahmen des Regionalverbandes Bodensee-Oberschwaben im Flächennutzungsplanverfahren des Verwaltungsraums Friedrichshafen.**
Blatt 2 **Aussagen zur Flächenverortung**
Vorläufige Stellungnahme vom 25.03.1977

Flächen-nummer	Flächen-typ	Bezugs-raum	Aussagen des Regionalverbandes	Begründung der Aussagen	Planungsvorstellungen des Regionalverbandes	Hinweise zur Wirkung bzw Um-setzung der Aussagen (mit Quelle)
7	S	FN Spalten-stein	-"regt ferner an", die angedeutete Entwicklung der zweiten Stufe "zu überprüfen"		-Zusammenwachsen von Efrizweiler/Süd und Spaltenstein verhindern -Bewahrung des Freiraums zwischen den Siedlungsgebieten	- Ausweisung wurde beibehalten ([6], Beilage 45)
19	S	FN Kluftern -Nord	-"regt ferner an", die angedeutete Entwicklung der zweiten Stufe "zu überprüfen"		-Ortsteil Lipbach "sollte" wie Raderach siedlungs-mäßig nicht "wesentlich" weiter erschlossen werden	- Ausweisung wurde beibehalten ([6], Beilage 45)
8	SF (Geplantes LSG)	FN, I zwischen Ziegelei und Spal-tenstein	-"regt an"	-"langfristige Sicherstellung" eines Grünbereiches im Zuge der Siedlungsentwicklung Manzell-Fischbach und Kluftern-Efrizweiler	-Erweiterung des geplanten LSG und Anschluß an das geplante LSG Raderach-Schnetzenhausen	- Ausweisung wurde beibehalten ([6], Beilage 45)
9	SF (LSG)	FN Raderach, Schnet-zenhausen	-Ausweisung "ist zu prüfen"	-"langfristige Sicherung" eines weiteren großen, zentralen "ökologischen Ausgleichsraums" im Siedlungsgebiet	-Ausdehnung des LSG in Richtung Berg/Ittenhausen, eventuell bis zur L 328 n unter Umschließung von Raderach-Unterraderach	- Ausweisung wurde beibehalten ([6], Beilage 45)
10	SF ("Grün-zug")	FN Rotach	-"regt an"	-Planungsvorstellung des RV durch geplantes LSG, vorhandenes WSG und geplante Freizeitbereiche "angedeutet" und Realisierung "beabsichtigt"	-Entwicklung und Sicherstellung des Gebietes längs der Rotach als "Grünzug" zwischen den Siedlungs-gebieten	- Ausweisung wurde beibehalten ([6], Beilage 45)
11	SF (geplantes LSG)	FN Dornach	-geplantes LSG sei "notwendig"	-Unterschutzstellung durch hohen "Landschafts- und Erholungswert gerechtfertigt -Gebiete werden durch geplante B 30 n "beein-trächtigt	-geplantes LSG "darf trotz seiner Notwendigkeit nicht zur Verhinderung der B 30 n führen"	?
15	SF (Freizeit- u. Erholungs-bereiche, Campingplatz	FN Seeufer Fischbach Manzell	-"Bedenken" gegen die Ausweisung	-optische Belastung des Seeufers		- Ausweisung wurde beibehalten ([6], Beilage 45)
16	SF (Boots- u. Yacht-hafen)	FN Seemoos Horn	-"Bedenken"		-ob ein Hafen möglich sei, müsse das Seen-forschungsinstitut entscheiden	?
12	W	I Bereich Siedlung Neue Heimat	-"regt an", Ausweisung zu "überprüfen"	-durch die Ausweisung entstehe ein eigenständiger Ortsteil mit "beträchtlichen" Wohnflächenauswei-tungen -Die Entfernung zum Ortskern von I betrage 1,5 km -Zum Ortskern verlaufe die Straßenverbindung "nur indirekt"	-Es sei denkbar, den größten Teil der geplanten Wohnflächen in Kippenhausen auszuweisen und im Gebiet "Siedlung" nur So vorzusehen -Eine bessere Verbindung zum Ortskern sei "notwendig"	- Ausweisungen wurden beibehalten ([6], Beilage 45)
17	W	I zwischen So u. B 31	-Ausweisung "problematisch" und "abzulehnen"			- Ausweisungen wurden beibehalten ([6], Beilage 45)

Tabelle 21: Blatt 3

Auswertung der Stellungnahmen des Regionalverbandes Bodensee-Oberschwaben im Flächennutzungsplanverfahren des Verwaltungsraums Friedrichshafen.
Aussagen zur Flächenverortung
Vorläufige Stellungnahme vom 25.03.1977

Flächen-nummer	Flächen-typ	Bezugs-raum	Aussagen des Regionalverbandes	Begründung der Aussagen	Planungsvorstellungen des Regionalverbandes	Hinweise zur Wirkung bzw Um-setzung der Aussagen (mit Quelle)
13	W	I angedeutete Entwicklung zwischen I-Ost u. Bereich Siedlung	-Gegen die Ausweisung für die zweite Zeitstufe bestünden "Bedenken"	-Durch Verbindung des "ländlichen Freiraums" könnte die "Wirkung" der So und der Dornier-Erweiterung "wesentlich gemildert werden" -In Nichtachtung der vorhandenen Richtlinien" entwickele sich I "eindeutig als zum Ufer parallel verlaufender Siedlungskörper -Entwicklung der Gemeinde I im seeabgewandten Teil sei "als sehr gering zu bezeichnen"	-"Im Rahmen der Entlastung des Bodenseeufers" sei es "notwendig und wünschenswert", wenn "ländlicher Freiraum" über freizuhaltenden "Grünbereich" zwischen I-Ost und den So im Bereich Helmsdorf "verbunden" würde	- Ausweisungen wurden beibehalten ([6], Beilage 45)
18	SF (Bootshafen)	I Dornier	-Ausweisung "sollte überprüft" und mit Seenforschungsinstitut "abgestimmt" werden -Ausweisung sei "nicht unproblematisch"	-Lage, Größe und verkehrliche Anbindung des Hafens "nicht unproblematisch"		?

Tabelle 22: Blatt 1

Auswertung der Stellungnahmen des Regionalverbandes Bodensee-Oberschwaben im Flächennutzungsplanverfahren des Verwaltungsraums Friedrichshafen.
Aussagen zur Flächenverortung
Erste Stellungnahme vom 17.01.1980

Flächennummer	Flächentyp	Bezugsraum	Aussagen des Regionalverbandes	Begründung der Aussagen	Planungsvorstellungen des Regionalverbandes	Hinweise zur Wirkung bzw. Umsetzung der Aussagen (mit Quelle)	Hinweise zur Unterstützung der Aussagen des Regionalverbandes durch das Regierungspräsidium	Beschlußvorschlag der Gemeindeverwaltung Friedrichshafen zu den Aussagen des Regionalverbandes	Beschluß des Gemeinderats Immenstaad zu den Aussagen des Regionalverbandes
2	SF (Freiräume)	VR	-Ausreichend "konkretes" u. "durchgängiges" Leitbild für die Landschaft im Raum FN fehle -keine Aussagen über von Bebauung freizuhaltende u. langfristig der Land- u. Forstwirtschaft vorbehaltene Flächen			+/- Übernahme von einzelnen Inhalten des Landschaftsplans [1] in den FNP [2]	Keine Hinweise feststellbar	-"wird berücksichtigt": "Im Zusammenhang mit LSP werden entsprechende Aussagen erarbeitet und in den Erläuterungsbericht aufgenommen" [3]	Laut Quelle nicht behandelt [4]
1	S	VR	-Verwirklichung des Leitbildes der Uferentlastung "eingeschränkt"	-durch rechtskräftige o. in Aufstellung befindliche Bebauungspläne -durch Übernahme überzogener Planung für das Straßennetz durch den VR		?	Indirekt wird diese Aussage durch das RP unterstützt: So "sollte geprüft werden, ob die Verwendung vorhandener Grünverbindungen zum See als Bauflächen...erforderlich ist" (zit. nach [3])	Direkt nicht behandelt	Laut Quelle nicht behandelt [4]
20	W	FN Waltenweiler	-Ausweisung stehe "im Widerspruch" zu den Zielsetzungen des RePla u. des GK "im Hinblick auf die Schwerpunktbildung"			- Ausweisung wurde beibehalten ([2], Karte)	Indirekt wird diese Aussage durch das RP unterstützt: So wünscht dieses die Streichung des Wohnbaugebietes Waltenweiler aufgrund der Beanspruchung landwirtschaftlicher Vorrangflächen (zit. nach [3])	"wird zur Kenntnis genommen; bei laufenden Planungen werden entsprechende Grünzonen vorgesehen, soweit dies möglich ist. Neue Baugebiete werden auf die vorhandene Bebauung abgestimmt. Der Schutz des Bodensee-Uferbereichs ist auch ein Anliegen der Stadt FN" (auf die einzelnen Flächen wird kein Bezug genommen) [3]	Laut Quelle nicht behandelt [4]
21	W	FN Raderach	-Ausweisung stehe "im Widerspruch" zu den Zielsetzungen des RePla u. des GK "im Hinblick auf die Schwerpunktbildung"			- Ausweisung wurde beibehalten ([2], Karte)	Indirekt wird diese Aussage durch das RP unterstützt: So wünscht dieses, die Erweiterung "entsprechend dem Eigenbedarf auf den Südosten" von Raderach zu beschränken (zit. nach [3])	"wird zur Kenntnis genommen; bei laufenden Planungen werden entsprechende Grünzonen vorgesehen, soweit dies möglich ist. Neue Baugebiete werden auf die vorhandene Bebauung abgestimmt. Der Schutz des Bodensee-Uferbereichs ist auch ein Anliegen der Stadt FN (auf die einzelnen Flächen wird kein Bezug genommen) [3]	

Tabelle 22: **Auswertung der Stellungnahmen des Regionalverbandes Bodensee-Oberschwaben im Flächennutzungsplanverfahren des Verwaltungsraums Friedrichshafen.**
Blatt 2 **Aussagen zur Flächenverortung**
Erste Stellungnahme vom 17.01.1980

Flächen-nummer	Flächen-typ	Bezugs-raum	Aussagen des Regionalverbandes	Begründung der Aussagen	Planungsvorstellungen des Regionalverbandes	Hinweise zur Wirkung bzw. Umsetzung der Aussagen (mit Quelle)	Hinweise zur Unterstützung der Aussagen des Regionalverbandes durch das Regierungspräsidium	Beschlußvorschlag der Gemeindeverwaltung Friedrichshafen zu den Aussagen des Regionalverbandes	Beschluß des Gemeinderats Immenstaad zu den Aussagen des Regionalverbandes
22	W	FN Lipbach	-Ausweisung stehe "im Widerspruch" zu den Zielsetzungen des RePla u. des GK "im Hinblick auf die Schwerpunktbildung"			- Ausweisung wurde beibehalten ([2], Karte)	Keine Hinweise feststellbar	"wird zur Kenntnis genommen; bei laufenden Planungen werden entsprechende Grünzonen vorgesehen, soweit dies möglich ist. Neue Baugebiete werden auf die vorhandene Bebauung abgestimmt. Der Schutz des Bodensee-Uferbe- ist auch ein Anliegen der Stadt FN (auf die einzelnen Flächen wird kein Bezug genommen) [3]	
23	W	FN Stein-äcker	-Ausweisung stehe "im Widerspruch" zu den Zielsetzungen des RePla u. des GK "bezüglich der freien Flächen in der Uferzone"			- Ausweisung wurde beibehalten ([2], Karte)	Keine Hinweise feststellbar	"wird zur Kenntnis genommen; bei laufenden Planungen werden entsprechende Grünzonen vorgesehen, soweit dies möglich ist. Neue Baugebiete werden auf die vorhandene Bebauung abgestimmt. Der Schutz des Bodensee-Uferbereichs ist auch ein Anliegen der Stadt FN (auf die einzelnen Flächen wird kein Bezug genommen) [3]	
24	W	FN Oberesch	-Ausweisung stehe "im Widerspruch" zu den Zielsetzungen des RePla u. des GK "bezüglich der freien Flächen in der Uferzone"			- Ausweisung wurde beibehalten ([2], Karte)	Keine Hinweise feststellbar	"wird zur Kenntnis genommen; bei laufenden Planungen werden entsprechende Grünzonen vorgesehen, soweit dies möglich ist. Neue Baugebiete werden auf die vorhandene Bebauung abgestimmt. Der Schutz des Bodensee-Uferbereichs ist auch ein Anliegen der Stadt FN (auf die einzelnen Flächen wird kein Bezug genommen) [3]	
12	W	I südlicher Teil des Bereichs "Siedlung"	-Ausweisung stehe "im Widerspruch" zu den Zielsetzungen des RePla u. des GK "bezüglich der freien Flächen in der Uferzone"	-"Bedenkliche" Lärmbelastung durch die geplante B 31 neu (West)		- Ausweisung wurde beibehalten ([2], Karte)	Keine Hinweise feststellbar		-"Im Bereich des Bebauungsplans Helmsdorf ist ggf. das Lärmschutzgutachten zu ergänund eine entsprechende Lärmschutzplanung zu erstellen" [4]
25	W	FN Jetten-hausen-Süd	-"Bedenken"	-"Bedenkliche" Lärmbelastung durch die geplante B 31 neu (West)		+ Ausweisung wurde herausgenommen ([2], Karte)	Keine Hinweise feststellbar	-Geplantes Wohngebiet "wird herausgenommen", da "in absehbarer Zeit" einer Bebauung nicht zur Verfügung stehend	

Tabelle 22: **Auswertung der Stellungnahmen des Regionalverbandes Bodensee-Oberschwaben im Flächennutzungsplanverfahren des Verwaltungsraums Friedrichshafen.**
Blatt 3 **Aussagen zur Flächenverortung**
Erste Stellungnahme vom 17.01.1980

Flächen-nummer	Flächen-typ	Bezugs-raum	Aussagen des Regionalverbandes	Begründung der Aussagen	Planungsvorstellungen des Regionalverbandes	Hinweise zur Wirkung bzw. Umsetzung der Aussagen (mit Quelle)	Hinweise zur Unterstützung der Aussagen des Regionalverbandes durch das Regierungspräsidium	Beschlußvorschlag der Gemeindeverwaltung Friedrichshafen zu den Aussagen des Regionalverbandes	Beschluß des Gemeinderats Immenstaad zu den Aussagen des Regionalverbandes
26	SF (Berufsschulzentrum u. Technikerschule)	FN	-"Bedenken"	-"Bedenkliche" Lärmbelastung durch die geplante B 31 neu (Ost)		- Ausweisung wurde beibehalten ([2], Karte)	Keine Hinweise feststellbar	-Die Bedenken "sollten nicht berücksichtigt" werden, -Entsprechende Schutzvorkehrungen würden im Zuge der Baumaßnahme B 31 neu durchgeführt	
27	G	VR			Wichtig bei der Ausweisung: -verkehrsgünstige, erweiterungsfähige Lage -auf umgebende Landschaft und Siedlung abgestimmte Flächen	?	Keine Hinweise feststellbar		
3	G	FN Unteresch-Ost, Kitzenwiese	-"Bedenken"	-Belastungen des Wohngebietes Kitzenwiese durch den Bau der B 31 neu	-Flächen für Sport- und Erholungszwecke mit "entsprechendem Lärmschutz" gegenüber der B 31 neu "sollten" für die Bewohner der Kitzenwiese "auch als Ausgleich für die bisher freie und unbelastete Landschaft südlich ihrer Wohngebiete vorbehalten bleiben"	- Anmerkung: Obwohl der Gemeinderat von FN, entgegen dem Beschlußvorschlag der Verwaltung, am 24.10.80 die Streichung dieses Gebiets und dessen Ausweisung als "Gebiet für Sport- und Erholungszwecke" beschloß, wurde das Gebiet im weiteren Verfahren wieder in den FNP aufgenommen, so daß die Aussagen des RV nicht umgesetzt wurden ([2], Karte)	-Die Aussagen des RV werden vom RP unterstützt [3]	-"Gebiet sollte belassen werden. Zwischen Bahnlinie und B 31 neu sowie in Nachbarschaft zur Kläranlage und zu einem Mischgebiet wird die Ausweisung eines eingeschränkten Gewerbegebietes als günstig erachtet, da es sich weniger für Wohn- und Erholungszwecke eignet". Allenfalls sei Aufforstung möglich. Durch Ausweisung als eingeschränktes Gewerbegebiet sei keine Störung für das Wohngebiet Kitzenwiese zu erwarten	
28	G	FN Oberesch	-"nur unbedenklich" bei Berücksichtigung der Planungsvorschläge des RV		-Entsprechende anschließende Planung auf Gemarkung Meckenbeuren	- Ausweisung wurde beibehalten, obwohl über den Bau der B 30 neu noch nicht entschieden war ([2], Karte)	-Keine Hinweise feststellbar	-"Nicht berücksichtigen. Auf die Fläche kann im Planungszeitraum nicht verzichtet werden, um entsprechende Möglichkeiten für die örtliche Industrie vorzuhalten ..."	
5	G	I Ziegelei Steigwiesen	-"nur im Zusammenhang mit der Festlegung der künftigen Grenzen des LSG zu entscheiden"		-"Es sollte geprüft werden, ob die G als Alternative zu den geplanten G für die Fa. Dornier nördlich der B 31 zu sehen sind"	+/- Die Flächen bei der Ziegelei wurden um ca. 1/3 reduziert ([6], Beilage 45 und [2], Karte)	-Die Aussagen des RV werden vom RP unterstützt (zit. nach [7])		-"Es handelt sich um Lehmabbauflächen" [4]

Tabelle 22: Blatt 4

Auswertung der Stellungnahmen des Regionalverbandes Bodensee-Oberschwaben im Flächennutzungsplanverfahren des Verwaltungsraums Friedrichshafen. Aussagen zur Flächenverortung Erste Stellungnahme vom 17.01.1980

Flächen-nummer	Flächen-typ	Bezugs-raum	Aussagen des Regionalverbandes	Begründung der Aussagen	Planungsvorstellungen des Regionalverbandes	Hinweise zur Wirkung bzw. Umsetzung der Aussagen (mit Quelle)	Hinweise zur Unterstützung der Aussagen des Regionalverbandes durch das Regierungspräsidium	Beschlußvorschlag der Gemeinde-verwaltung Friedrichshafen zu den Aussagen des Regionalverbandes	Beschluß des Gemeinderats Immenstaad zu den Aussagen des Regionalverbandes
29	SF (Ferien-haus-gebiete)	FN Ailingen Fisch-bach; I	-Lage der geplanten Fe-rienhausgebiete "sollte nochmals überprüft wer-den." In I "sind die Flächen durch Bebau-ungspläne festgelegt"			+/-; ? Ausweisung in Fischbach wurde belassen, Ausweisung in Ai-lingen wurde in Wohnbaufläche geändert. Bei I aufgrund der Formulierung des RV Umsetzung nicht erwartet und nicht feststellbar ([2], Karte)	-Keine Hinweise feststellbar	-"wird für Ailingen berücksich-tigt. Sowohl Fischbach als auch Ailingen sind Fremdenverkehrsorte. Die Ausweisung von kleinen Flächen für Ferienwohnungen erschien daher nicht bedenklich, sofern für die Ferienhäuser durch wechselnde Be-nutzer eine längerdauernde Nut-zung gegeben ist (s. I)"	
30	SF ("Grün-flächen", "Schutz-berei-che")	VR	-"Wir halten es für not-wendig, daß zusätzlich Aussagen in den FNP auf-genommen werden" über langfristig der Land- u. Forstwirtschaft u. der stadtnahen Erholung vor-behaltene Flächen, die deswegen von Bebauung u. übermäßiger Erschließung freizuhalten sind. Wei-tere Baugebiete (Hin-weisflächen) könnten erst "auf Grundlage ei-nes solchen landschafts-planerischen Leitbilds entschieden werden"			+/- Durch Übernahme einzelner Inhalte des Landschaftsplans [1] in den FNP [2]	-Indirekt werden diese Aussa-gen durch das RP unterstützt. So stellt das RP zum Beispiel hinsichtlich der langfristigen Siedlungsentwicklung einen "Gegensatz zu landes- bzw. regionalplanerischen Rahmen-vorgaben speziell hinsicht-lich der "Abstimmung mit den regionalen Freihalteflächen" fest [3]	-"wird berücksichtigt. Im Zusam-menhang mit LSP werden ent-sprechende Aussagen erarbeitet und in den Erläuterungsbericht aufgenommen"	-Laut Quelle nicht behandelt [4]
31	SF (Camping-platz)	FN Ailingen Rotach-schleife	-Ausweisung "vom Stand-ort und vom Bedarf her bedenklich -Prüfung sei "gerecht-fertigt"	-einsehbare Lage in der Rotach-niederung ("die von Bebauung frei-zuhalten ist") -"Art" des Frem-denverkehrs in Ailingen		- Ausweisung wurde beibehalten ([2], Karte)	-Keine Hinweise feststellbar	-"Sollte nicht berücksichtigt werden". Standort im Hinterland erschiene günstig. Entsprechend den verschiedenen Stellungnahmen wird weder ein Standort am Ufer noch im Hinterland befürwortet"	
32	SF (LSG)	VR	-Ausweisung von geplan-tem LSG ausschließlich in Waldflächen "zwar zu begrüßen", andererseits in bestehendem Landes-waldgesetz Schutz des Waldes "weitgehend gesichert"		-Es wäre überzeugend gewesen, wenn die im ersten Entwurf vorge-schlagenen LSG...zur Sicherung des Grüngür-tels FN beibehalten bzw. "modifiziert" worden wären"	+ Ausweisung von geplanten LSG wurde auf nicht forstwirt-schaftlich genutzte Flächen ausgedehnt ([2], Karte)	-Die Aussagen des RV werden vom RP unterstützt	-"wird berücksichtigt"	-"An der seitherigen Be-schlußfassung wird festgehal-ten. Der Gemeinderat sieht keinen Anlaß zur Veränderung der Ausweisungen..." [4]

Tabelle 22: Blatt 5

Auswertung der Stellungnahmen des Regionalverbandes Bodensee-Oberschwaben im Flächennutzungsplanverfahren des Verwaltungsraums Friedrichshafen. Aussagen zur Flächenverortung Erste Stellungnahme vom 17.01.1980

Flächen-nummer	Flächen-typ	Bezugs-raum	Aussagen des Regionalverbandes	Begründung der Aussagen	Planungsvorstellungen des Regionalverbandes	Hinweise zur Wirkung bzw. Umsetzung der Aussagen (mit Quelle)	Hinweise zur Unterstützung der Aussagen des Regionalverbandes durch das Regierungspräsidium	Beschlußvorschlag der Gemeinde-verwaltung Friedrichshafen zu den Aussagen des Regionalverbandes	Beschluß des Gemeinderats Immenstaad zu den Aussagen des Regionalverbandes
15	SF (Camping-platz)	FN Grenz-hof	-"Bedenken"	-Ausweisung widerspreche Zielen des Naturschutzes u. der Limnologie im Bereich Lipbachmündung (gepl. NSG) -Spätere öffentliche Nutzung, soweit mit dem Naturschutz vereinbar, werde verhindert -Gebiet zwischen Grenzhof und Fischbach sei die "letzte zusammenhängende freie Landschaft zwischen I West und FN Ost" -Nach Abschnitt 15.3.2. RePla sollen am Bodenseeufer keine neuen Campingplätze mehr ausgewiesen werden, bestehende Campingplätze sollen vom Ufer zurückverlegt werden"		- Ausweisung wurde beibehalten, erst im weiteren Verfahren wohl aus anderen Gründen herausgenommen ([2], Karte)	-Die Aussagen des RV werden vom RP unterstützt [3]	-"Ausweisung reduzieren...Rücksichtnahme auf Schilfgürtel, Erfordernis, Ersatz für den entfallenden Campingplatz westlich der MTU auszuweisen. Ist als Vermerk seitens der Stadt als Planungsträger zu sehen. Im konkreten Fall, in einem Bebauungsplanverfahren, wären entsprechende Verhandlungen mit der Naturschutzbehörde zu führen ..."	
33	SF (Sport-anlagen)	FN Fisch-bach, Brunnis-ach	-Vereinbarkeit mit Zweck des Naturschutzes "ist zu prüfen"			+ Ausweisung wurde auf einer benachbarten Fläche vorgenommen ([2], Karte)	-Die Aussagen des RV werden vom RP unterstützt [3]	-"wird berücksichtigt" (Verlegung auf benachbarte Flächen)	
34	SF (Frei-bad)	FN Seewie-senesch	-"Bedenken"	-Ausweisung widerspreche "Zweck des dortigen NSG -Einrichtung sei nicht auf Standort in der Uferzone angewiesen	-Standort in Nachbarschaft zu großen Wohngebieten der Stadt biete sich an	+/- Ausweisung wurde auf einer direkt benachbarten Fläche vorgenommen ([2], Karte)	Die Aussagen des RV werden vom RP unterstützt [3]	-"wird berücksichtigt; Standort wird an den des geplanten Motels nordöstlich der Bahnlinie verlegt"	
35	SF Motel	FN (im Osten der Stadt)	-Standort und Größenordnung "sollten ...geprüft werden"	-"Flächenintensiv" -Auswirkungen auf das benachbarte NSG Eriskircher Ried (Zugänglichkeit, spätere Erweiterung u.a.)		+/- Ausweisung als Motel wurde herausgenommen, stattdessen wurde am betreffenden Standort ein Freibad ausgewiesen ([2], Karte)	-Die Aussagen des RV werden vom RP unterstützt [3]	-Nur als Bedenken des Landratsamtes und des RP behandelt: "Anstelle der Freizeitflächen mit Motel ist das Freibad Ost aufgenommen". Freibad "vorrangiger" als Motel	

Tabelle 23: **Auswertung der Stellungnahmen des Regionalverbandes Bodensee-Oberschwaben im Flächennutzungsplanverfahren des Verwaltungsraums Friedrichshafen.**
Aussagen zur Flächenverortung
Zweite Stellungnahme vom 14.01.1982

Flächen-nummer	Flächen-typ	Bezugs-raum	Aussagen des Regionalverbandes	Begründung der Aussagen	Planungsvorstellungen des Regionalverbandes	Hinweise zur Wirkung bzw. Umsetzung der Aussagen (mit Quelle)	Hinweise zur Unterstützung der Aussagen des Regionalverbandes durch das Regierungspräsidium
15	SF Campingplatz	FN Grenzhof	-"bittet um nochmalige Prüfung"	-Abschnitt 15.3.2 (2) RePla (Grundsatz, daß Ferienerholung im Uferbereich durch Verzicht auf Ausweisung neuer und durch Zurückverlegung bestehender Campingplätze vom Ufer weg vor Störungen durch Tages und Wochenendtourismus gesichert werde) -Mündungsgebiet Lipbach sei geplantes NSG -Die davorliegende Flachwasserzone sei zur Ausweisung als Schutzzone 1 vorgesehen -Campingplatz vertrage sich nicht mit den Schutzvorstellungen	-Verlagerung auf "seeabgewandten" Standort	+ Ausweisung wurde "auf Antrag des VR" von der Genehmigung des FNP ausgenommen ([9], [10])	-Aussagen des RV werden vom RP unterstützt [8]
36	G	I DO 3	-schlägt "Prüfung" vor	-Grundsatz, wonach eine Verlegung oder Teilverlegung von Gewerbe- und Industriebetrieben aus der "Uferzone" in das "Umland" anzustreben sei, vor allem bei Erweiterungsvorhaben [Plansatz 7.2 (3) RePla] -Notwendigkeit der Uferentlastung -Verkürzung der Pendelwege der Beschäftigten aus Markdorf und dem Salemer Tal -Vorliegende Argumente der Fa Dornier zur Erweiterung am Seeufer seien "noch nicht überzeugend"	-Teilverlagerung bzw. -erweiterung im Umland -Reduzierung der vorgesehenen Nutzungsfläche	- Ausweisung wurde beibehalten ([2], Karte)	-Aussagen des RV werden vom RP nicht unterstützt ([9], [10])

Tabelle 24: **Auswertung der Stellungnahmen des Regionalverbandes Bodensee-Oberschwaben im Flächennutzungsplanverfahren des Verwaltungsraums Meersburg. Aussagen zu den Themenbereichen "Richtwerte" und "Bevölkerungsprognosen"**

Stellungnahme (Kurzbezeichnung)	Richtwerte-typ	Bezugs-raum	Aussagen des Regionalverbandes	Begründung der Aussagen	Hinweise zur Wirkung bzw. Umsetzung der Aussagen (mit Quelle)	Bemerkungen
1	B	VR	-Geringerer Wertansatz für Bevölkerungsentwicklung "wäre wünschenswert gewesen" (Richtwert RePla: +518 E, Ansatz FNP: +914 E, dazu kommt Ansatz für "Eigenentwicklung": +1090 E)	-Festsetzung der Eigenentwicklung im RePla [Plansatz 7.2 (3)] -Richtwerte des RePla "absolute Obergrenze" [Plansatz 4.1 (1)], da "stark überhöht"	+/- Prognose für Wanderungen jetzt: +620 E ([2], Ansatz für Eigenentwicklung beibehalten: +1090 E ([2], S. 39)	Umsetzung erfolgte laut Gemeinde ausdrücklich aufgrund der Bedenken des RV ([2], S. 37)
1	A	VR	-FNP-Ansatz von +1726 (1980-1990) neu zu schaffender Erwerbsstellen sei "mit Sicherheit zu hoch gegriffen"	-RePla sieht von 1975-1990 Erwerbsstellenzuwachs von +1726 vor, für Planungszeitraum 1980-1990 "entsprechend weniger" -Arbeitsplatzprognosen seien mit Hilfe der überhöhten Bevölkerungsrichtwerte errechnet worden, die nicht in die Berechnung miteinbezogen werden sollten	+ Prognose jetzt: +720 E ([2], S. 41)	

Tabelle 25: **Auswertung der Stellungnahmen des Regionalverbandes Bodensee-Oberschwaben im Flächennutzungsplanverfahren des Verwaltungsraums Meersburg.**
Blatt 1 **Aussagen zum Themenbereich "Flächenbedarf"**

Stellungnahme (Kurzbezeichnung)	Flächentyp	Bezugsraum	Aussagen des Regionalverbandes	Begründung der Aussagen	Planungsvorstellungen des Regionalverbandes	Hinweise zur Wirkung bzw. Umsetzung der Aussagen (mit Quelle)
1	W	VR	-Ausweisung von 59,2 ha "zu hoch bemessen" -Ausweisung werde Zielen des RePla "nicht gerecht" -Reduktion "unumgänglich"	-Plansätze 4.1 (1), 7.1 und 7.2 (3) RePla -angenommene Bevölkerungsprognose "zu hoch" -Reserveflächen in bestehenden Bebauungsplänen und in Baulücken seien "nicht berücksichtigt" -Der Ausweisung lägen falsche Wohndichtewerte zugrunde, die für den Verdichtungsbereich vorgesehenen Wohndichten seien "angemessen", da im Verdichtungsbereich liegende Gemeinden wie Kressbronn und Meckenbeuren niedrigere Bevölkerungsdichten als Meersburg aufwiesen	-30 bis 35 ha Wohnflächenbedarf seien "angemessen"	- Flächenbedarf wurde nur auf 43,29 ha reduziert ([2], S. 44)
1	G	VR	-Ansatz von 21,6 ha "überhöht" -Reduktion "unumgänglich"	-7.2 (3), 7.2 (4) RePla	-15 bis 17 ha	- Flächenbedarf wurde auf 26 ha erhöht ([2], S. 47)
1	W	M Riedetsweiler	-"Bedenken" gegen Ausweisung	-Ortsteil sollte nur noch für Eigenentwicklung ausweisen -Konkurrenz zu Baitenhausen	-In Baitenhausen ausweisen	+/- Ausweisung wurde auf 1,32 ha reduziert ([2], S. 44)
1	S	U	-Reduktion der Flächen sei "denkbar"	-Siedlungsentwicklung in den letzten drei Jahrzehnten "besonders groß"	-In dieser Gemeinde "sollten" die Bauflächen "nur sehr zurückhaltend" ausgewiesen bzw. "eine Reduzierung" der ge-	+ Ausweisungen wurden um ca. 28% reduziert ([2], S. 44)
1	S	D	-Reduzierung der geplanten Flächen "sollte vorgenommen werden	-Siedlungsentwicklung in den letzten drei Jahrzehnten "besonders groß"	-In dieser Gemeinde "sollten" die Bauflächen "nur sehr zurückhaltend" ausgewiesen bzw. "eine Reduzierung" der geplanten Flächen vorgenommen werden	+ Ausweisungen wurden um ca. 26% reduziert ([2], S. 46)
1	G	U "Am Ried"	-Ausweisung "sollte wesentlich reduziert werden"	-Bedarf und Funktion der Ufergemeinde		- Ausweisung wurde beibehalten ([2], S. 46)
1	S	D	-Widerspruch zwischen "relativ großer Flächenausweisung" und der Haltung der Gemeinde in ihrer Stellungnahme zum Entwurf des RePla (hier befürwortete die Gemeinde generell die Landschaftsschonung			?
1	W	H "Bachler"			-"leichte Reduzierung" würde Ziel Eigenentwicklung zu befriedigen, "glaubhaft machen"	- Ausweisung wurde beibehalten ([1], [2])
4	W	D "Ofenküche"	-"Bedenken hinsichtlich Flächenumfang	-Ausweisung von 2,3 ha bedeute Erhöhung um 50% der Ausweisungen im FNP von 1983	-Bei 2zeiliger Bebauung längs der vorhandenen Strasse hätte RV "keine Bedenken"	+ Ausweisung erfolgte nach Planungsvorstellungen des RV ([3], S. 6)

Tabelle 25: **Auswertung der Stellungnahmen des Regionalverbandes Bodensee-Oberschwaben im Flächennutzungsplanverfahren des Verwaltungsraums Meersburg.**
Blatt 2 **Aussagen zum Themenbereich "Flächenbedarf"**

Stellungnahme (Kurzbezeichnung)	Flächentyp	Bezugsraum	Aussagen des Regionalverbandes	Begründung der Aussagen	Planungsvorstellungen des Regionalverbandes	Hinweise zur Wirkung bzw. Umsetzung der Aussagen (mit Quelle)
4	W	S "Braite" "Roggele"	-"Bedenken" hinsichtlich Flächenumfang	-Ausweisung von 1,6 ha bedeute Erhöhung um 50 % der Ausweisungen im FNP von 1983 und stehe nicht im Einklang mit Zielen der Eigenentwicklung in RePla	-Verzicht auf Ausweisung	+ Flächen wurde auf Antrag des VR von der Genehmigung ausgenommen [5]

Tabelle 26: **Auswertung der Stellungnahmen des Regionalverbandes Bodensee-Oberschwaben im Flächennutzungsplanverfahren des Verwaltungsraums Meersburg.**
Blatt 1 **Aussagen zum Themenbereich "Flächenverortung" - 1. Stellungnahme vom 29.07.81**

Stellungnahme (Kurzbezeichnung)	Flächentyp	Bezugsraum	Aussagen des Regionalverbandes	Begründung der Aussagen	Planungsvorstellungen des Regionalverbandes	Hinweise zur Wirkung bzw. Umsetzung der Aussagen (mit Quelle)
1	S	VR	-"insbesondere einige kritische Flächenausweisungen sollten überprüft und ggf. gestrichen werden"			?
2	S Baitenhausen	M	-Verzicht auf kritische Flächenausweisungen in Meersburg "sollte möglich sein"	-Ortslage Baitenhausen als Entlastungsort für weitere Entwicklung vorgesehen		+/- Auf die Ausweisungen südlich und westlich von Baitenhausen wurde "nach Abstimmung mit dem Regionalverband" verzichtet ([2], S. 43)
3	W Riedetsweiler	M	-Es bestünden "Bedenken" gegen die Ausweisung	-Weiler "sollte" auf Eigenentwicklung beschränkt bleiben -Ausweisung stünde in Konkurrenz zur Schwerpunktbildung in Baitenhausen (Plansatz 7.2.(3.), 2. Abs. RePla)		+/- Ausweisung wurde auf 1,32 ha reduziert ([2], S. 43ff)
4	W	M "Wohrenberg"	-Ausweisung wird für "bedenklich" gehalten	-Größe der Fläche -seeseitige Lage -Kuppenlage	-nördliche Hälfte des Gebiets "sollte auf jeden Fall frei bleiben"	+/- Nördliche Hälfte der Ausweisung wurde reduziert ([1], [2], Karte)
5	W	südlich B 31 n neben geplantem Feuerwehrgebäude	-Ausweisung "problematisch"	-Ausweisung führte dazu, daß aus der geplanten Ortsumfahrung B 31 n eine Durchfahrung würde		- Ausweisung wurde beibehalten ([1], [2], Karte)
6	So	M nördlich B 31	-Ausweisung "problematisch"	-Ausweisung führte dazu, daß aus der geplanten Ortsumfahrung B 31 n eine Durchfahrung würde		- Ausweisung wurde nur reduziert, die südliche Hälfte als "Parkanlage" ausgewiesen ([1], [2], Karte)
7	S	M Baitenhausen unterhalb L 229	-Ausweisung "problematisch"	-Hangbebauung östlich der Ortslage "sollte geprüft werden"		+ Ausweisung wurde herausgenommen ([1], [2], Karte)
8	W	U nördlich DB-Gleis Oberuhldingen	-Ausweisung "sollte nochmals überprüft werden" -Ausweisung "bedenklich"	-Anbindung an die Ortslage "relativ schlecht" -Ausweisung "beinhaltet Tendenz des Zusammenwachsens" zweier Ortsteile		+ Ausweisung wurde herausgenommen ([1], [2], Karte; [2], S. 43ff)

Tabelle 26: **Auswertung der Stellungnahmen des Regionalverbandes Bodensee-Oberschwaben im Flächennutzungsplanverfahren des Verwaltungsraums Meersburg.**
Blatt 2 **Aussagen zum Themenbereich "Flächenverortung" - 1. Stellungnahme vom 29.07.81**

Stellungnahme (Kurzbezeichnung)	Flächentyp	Bezugsraum	Aussagen des Regionalverbandes	Begründung der Aussagen	Planungsvorstellungen des Regionalverbandes	Hinweise zur Wirkung bzw. Umsetzung der Aussagen (mit Quelle)
9	W	U "Im Ring"	-Ausweisung sollte "wesentlich" reduziert werden			+ Ausweisung wurde um die Hälfte reduziert ([1], [2], Karte)
4	W	D Wohrenberg		-Landschaftsschutz	-nördliche Hälfte "sollte" frei bleiben	+/- Nördliche Hälfte der Ausweisung wurde reduziert ([1], [2], Karte)
10	W	D Silberberg	-Ausweisung wird "für bedenklich gehalten"	-Landschafts- und Ortsbild	-Reduzierung "sollte" vorgenommen werden	+/- Ausweisung wurde um ein Drittel reduziert ([1], [2], Karte)
11	S	S "Hinter Hüllo"	-Gegen die Baufläche bestünden "Bedenken"	-Lage im regionalen Grünzug (Plansatz 6.2 RePla) -Siedlungsentwicklung "in die freie Landschaft"		- Ausweisung wurde nur um die Hälfte reduziert ([1], [2], Karte)
12	So	M nördlich B 31		-Lage in regionaler Freihaltefläche (Plansatz 6.2 RePla)	-Gebiet "sollte" wenigstens um die Hälfte reduziert werden, damit die Fläche als Abrundung des bestehenden So erscheine	+/- Ausweisung wurde im südlichen Teil um weniger als die Hälfte reduziert ([1], [2], Karte)
13	Gem	H östlich Rathaus	-Ausweisung "stößt auf Bedenken"	-Lage im LSG -Beeinträchtigung des Ortsbildes von H		+ Ausweisung wurde von der Genehmigung ausgenommen ([6])
14	So	M,S Versammlungshalle im Gewann Specklis	-Ausweisung "nicht unproblematisch"	-Lage direkt an der emissionsträchtigen B 31 -uferparallele Lage -Erkennbare Tendenz des Zusammenwachsens von M uns S in diesem Bereich	-Ausweisung "sollte nochmals überprüft werden"	- Ausweisung wurde beibehalten ([1], [2], Karte)
15	So	M Sportflächen im Gewann Gründlen	-Ausweisung "nicht unproblematisch"	-Lage direkt an der emissionsträchtigen B 31 -uferparallele Lage -Erkennbare Tendenz des Zusammenwachsens von M uns S in diesem Bereich	-Ausweisung "sollte nochmals überprüft werden"	- Ausweisung wurde beibehalten ([1], [2], Karte)
16	So	H Yachthafen	-Ausweisung "wird zur Kenntnis genommen"		-Abstimmung mit Gemeinden im Rahmen des Bo	?
17	So	M Uferauffüllung	-Ausweisung "wird zur Kenntnis genommen"		-Abstimmung mit Gemeinden im Rahmen des Bo	?

Tabelle 26: **Auswertung der Stellungnahmen des Regionalverbandes Bodensee-Oberschwaben im Flächennutzungsplanverfahren des Verwaltungsraums Meersburg.**
Blatt 3 **Aussagen zum Themenbereich "Flächenverortung" - 1. Stellungnahme vom 29.07.81**

18	So	M Gebiet Hämmerle	-Ausweisung "wird zur kenntnis genommen"		-Abstimmung mit Gemeinden im Rahmen des Bo	?
19	So	U Hafen	-Ausweisung "wird zur Kenntnis genommen"		-Abstimmung mit Gemeinden im Rahmen des Bo	?
20	P	U Unter- uhldin- gen südl. Kläran- lage	-Ausweisung "sollte aufgegeben werden"	-ruhiger Bereich -Lage im regionalen Grünzug	-Ausweisung eventuell im Bereich der Verbindungsstraße zwischen S und M	+ Ausweisungen wurden herausgenommen ([1], [2], Karte)
21	P	U	-Ausweisung "problematisch"	-Erschließung -Landschaftsbild	-Ausweisung eventuell im Bereich der Verbindungsstraße zwischen S und M	+ Ausweisungen wurden herausgenommen ([1], [2], Karte)

Tabelle 27: **Auswertung der Stellungnahmen des Regionalverbandes Bodensee-Oberschwaben im Flächennutzungsplanverfahren des Verwaltungsraums Meersburg. Aussagen zum Themenbereich "Flächenverortung" - 1. Stellungnahme zur 1. Änderung des Flächennutzungsplans o.D. (1985)**

Stellungnahme (Kurzbezeichnung)	Flächentyp	Bezugsraum	Aussagen des Regionalverbandes	Begründung der Aussagen	Planungsvorstellungen des Regionalverbandes	Hinweise zur Wirkung bzw. Umsetzung der Aussagen (mit Quelle)
22	W	D "Ofenküche"	-Gegen Ausweisung bestünden "Bedenken"	-Flächenumfang -unzureichende Berücksichtigung der "landschaftlichen Situation"	-bei zweizeiliger Bebauung längs der vorhandenen Straße bestünden "keine Bedenken"	+ Ausweisung erfolgte nach den Planungsvorstellungen des Regionalverbandes ([3], S. 6)
23	W	S "Braite" a.d. K 7747	-Gegen Ausweisung bestünden "Bedenken"	-Flächenumfang -Lage an der B 31	-Verzichten wegen hoher Verkehrsbelastung der B 31 -wirksamer Lärmschutz sei unmöglich	+ Ausweisung wurde Uaf Antrag des Verwaltungsraums von der Genehmigung ausgenommen ([5])

Auswertung Immobilienmarkt Stuttgarter Zeitung 1987

Karte 1: Anzahl der überregional angebotenen Immobilien in den Gemeinden der Region Bodensee-Oberschwaben

Legende Karte
57 Gemeindekennzahl für Diagramm. Gemeinden mit *kursiv* gedruckter Kennzahl wurden in der Stuttgarter Zeitung nicht genannt.

Legende Diagramm
H Anzahl der Hausimmobilien
W Anzahl der Wohnungsimmobilien
B Anzahl der Bauplatzimmobilien
G Anzahl der sonst. Grundstücksimmobilien

Erkennbare Serien- bzw. Wiederholungsanzeigen wurden nicht ausgewertet
Quelle: STUTTGARTER ZEITUNG 1987 (Samstagsausgaben)

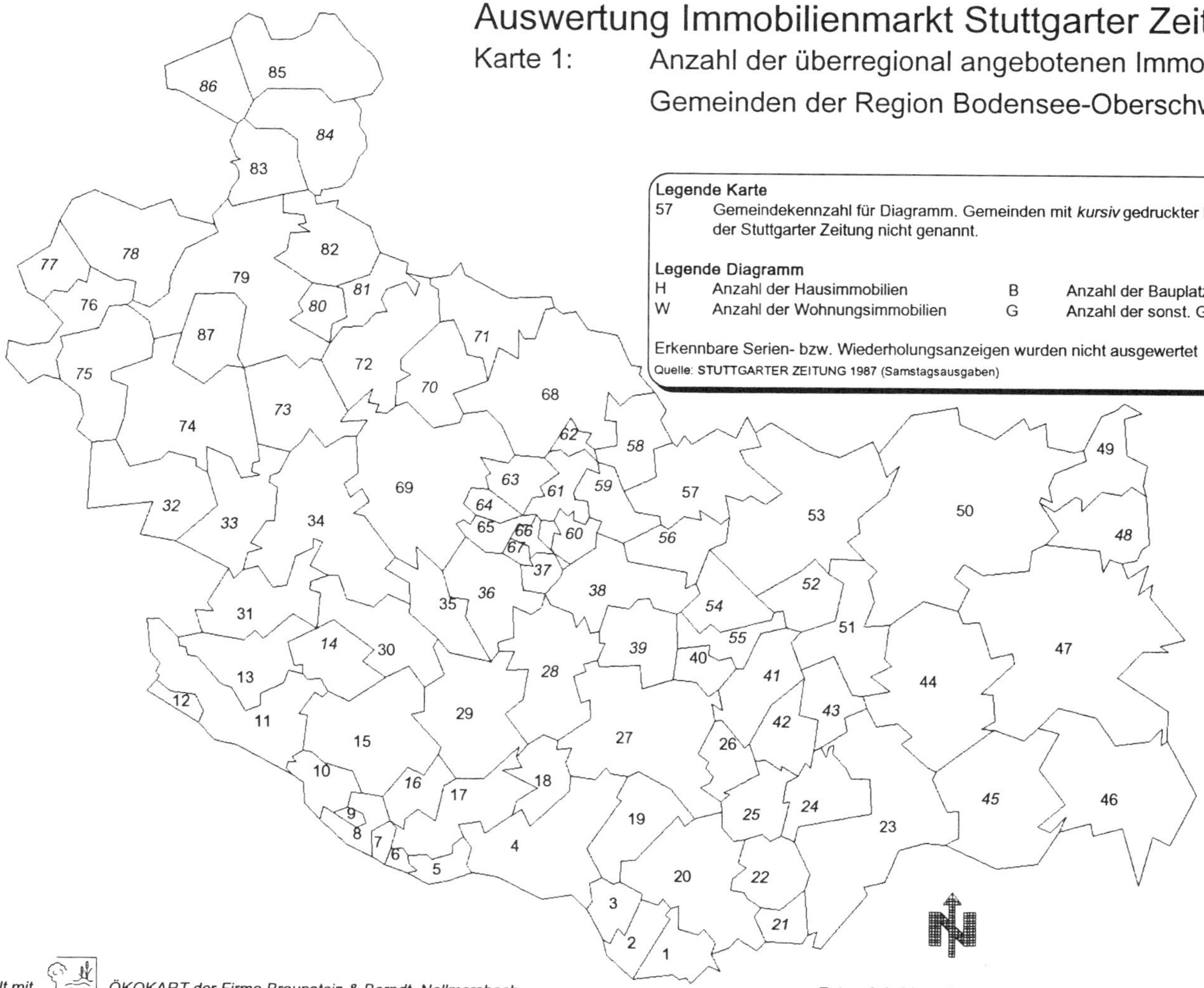

Computergraphik erstellt mit ÖKOKART der Firma Braunstein & Berndt, Nellmersbach

Entwurf: A. Megerle

zu Karte 1:

1

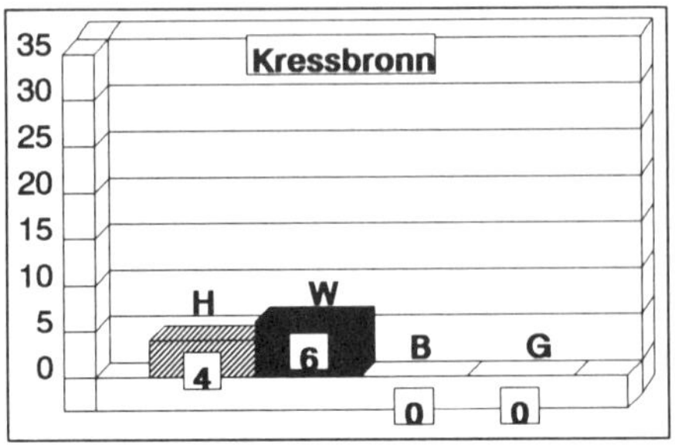

2

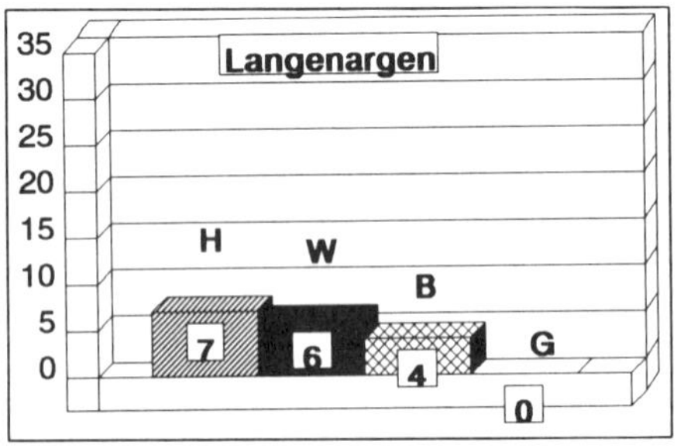

3

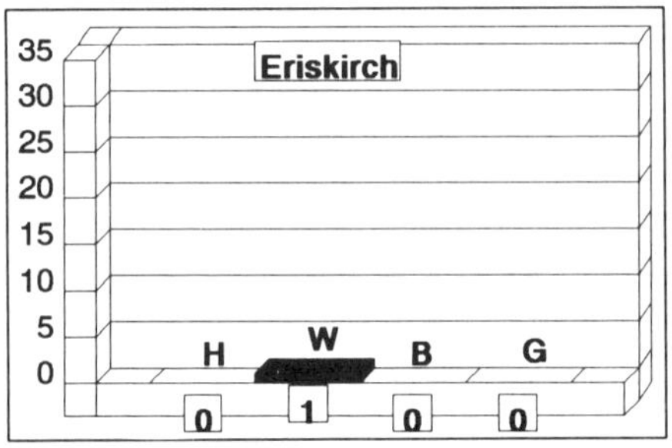

4

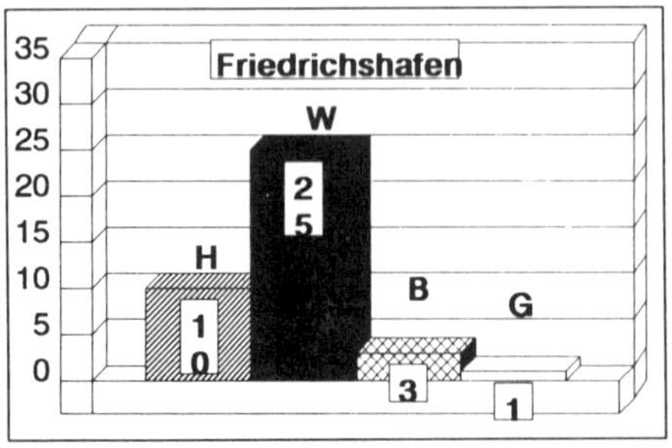

5

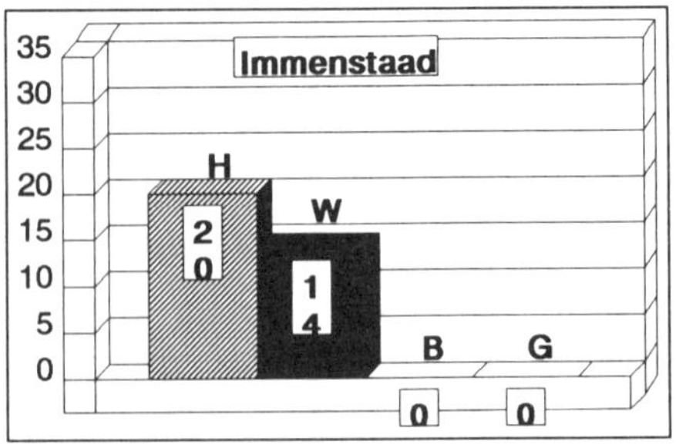

6

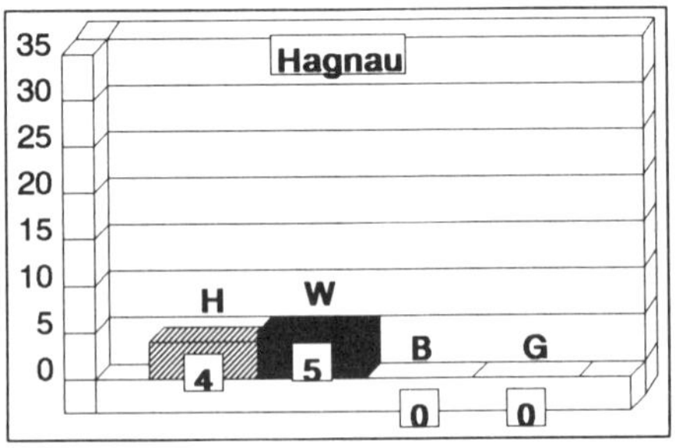

7

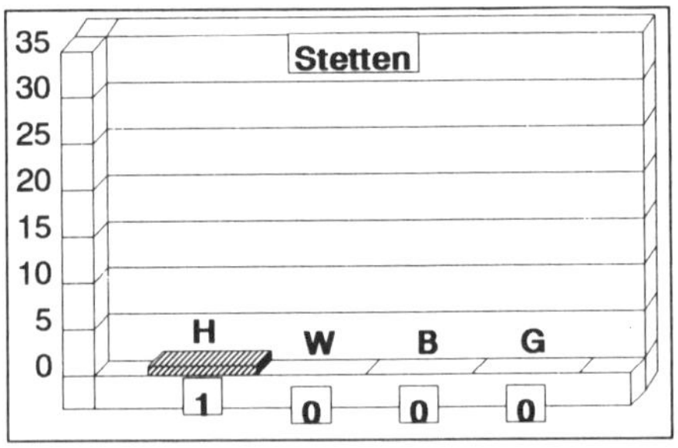

8

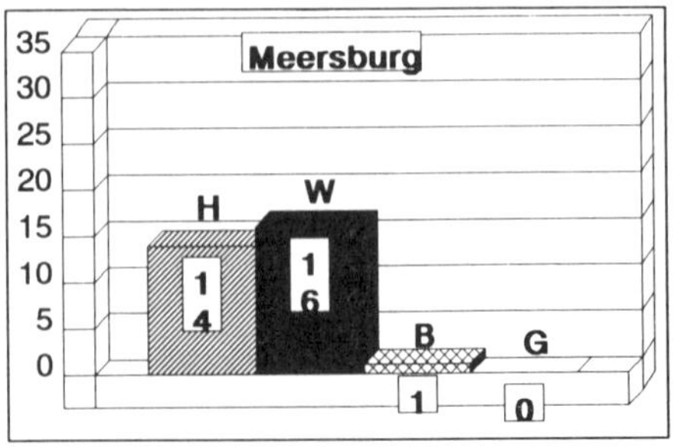

zu Karte 1 (Fortsetzung):

9

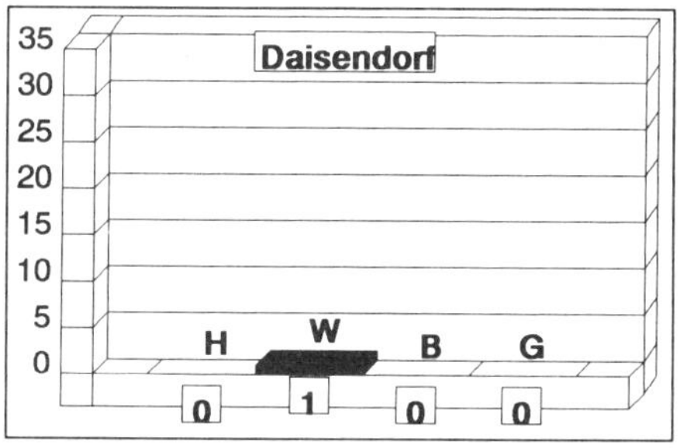

10

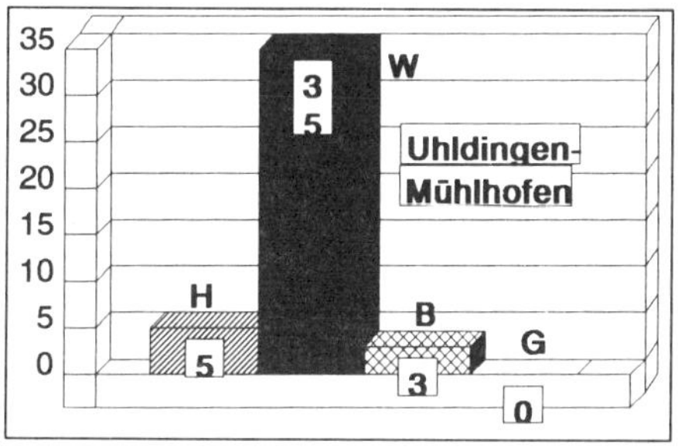

11

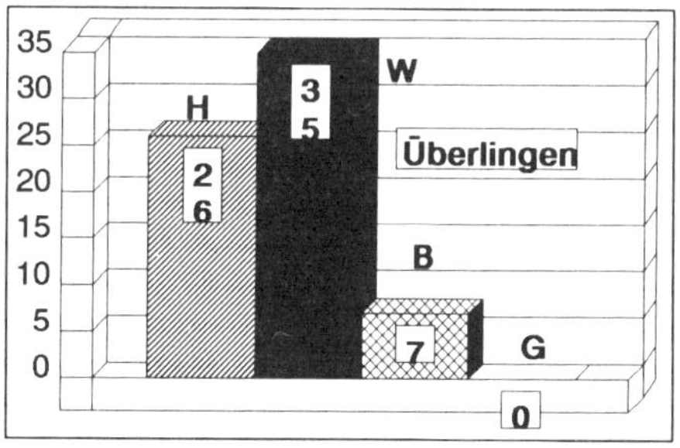

12

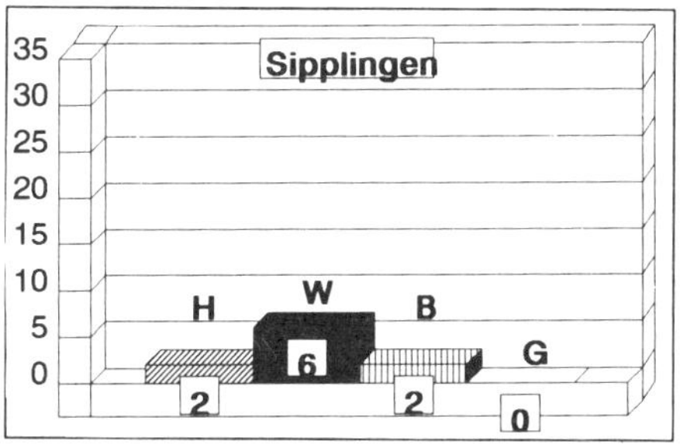

13

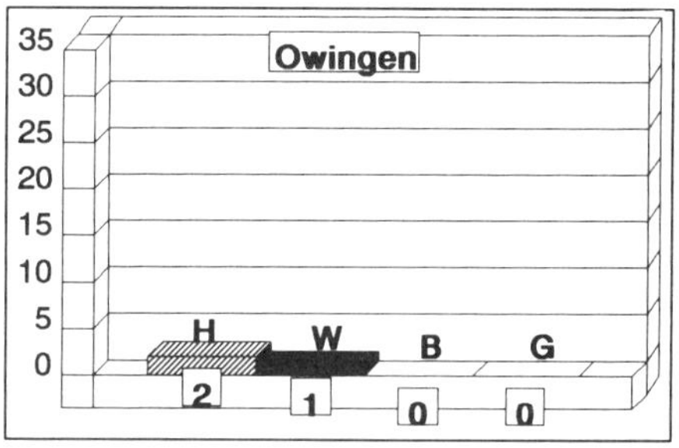

15

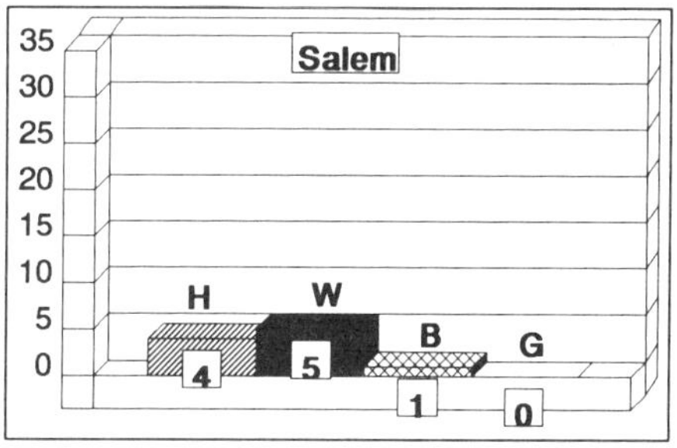

17

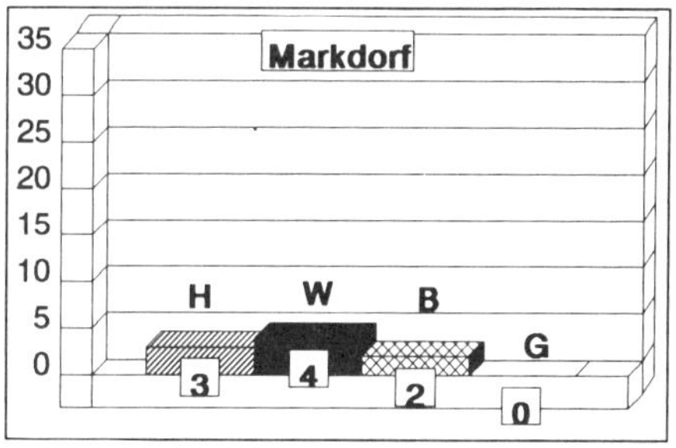

18

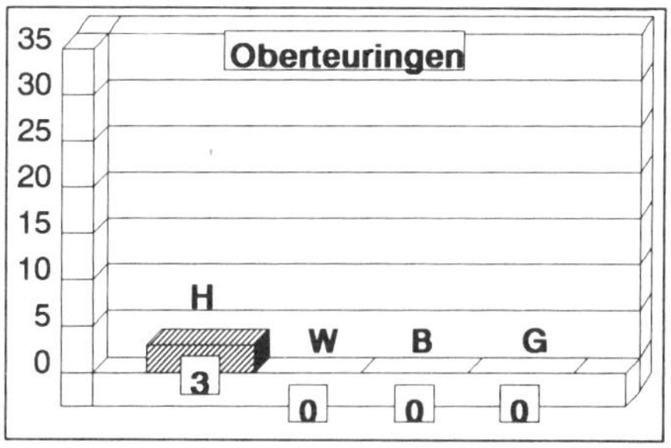

zu Karte 1 (Fortsetzung):

19

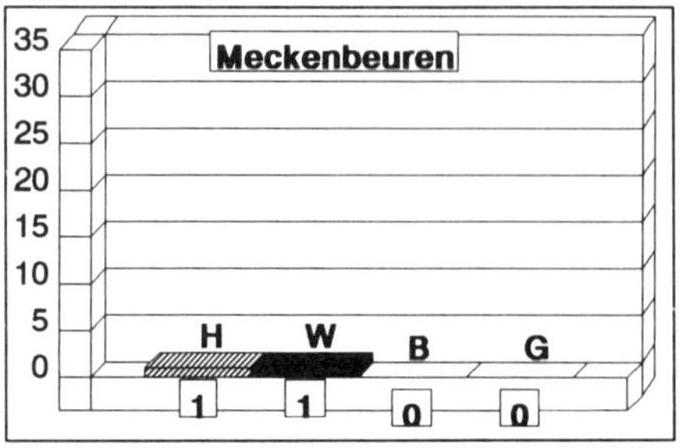

20

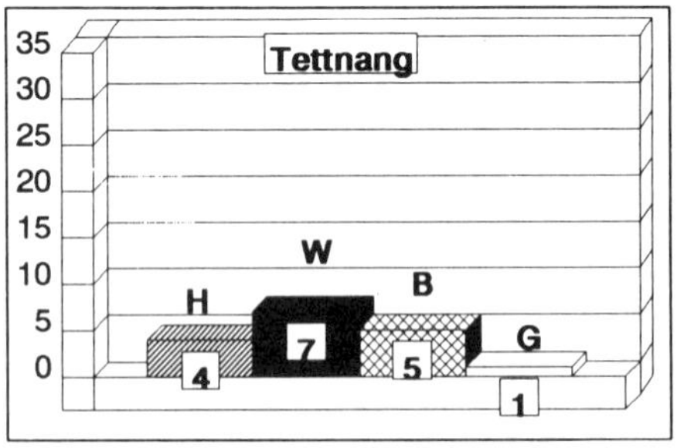

23

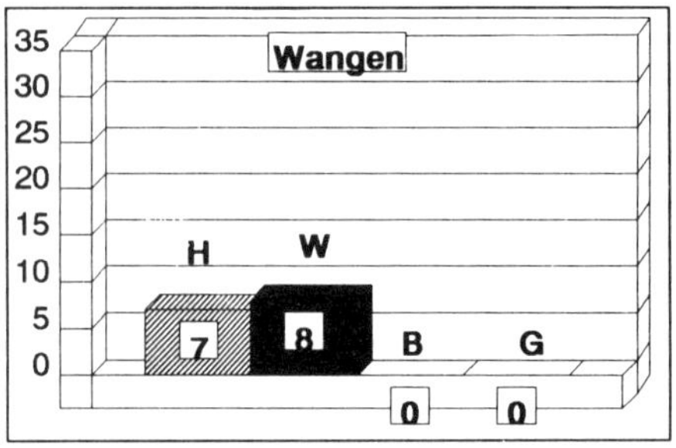

26

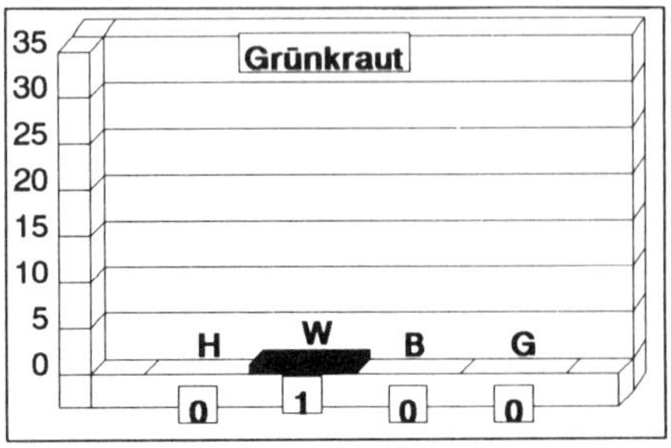

27

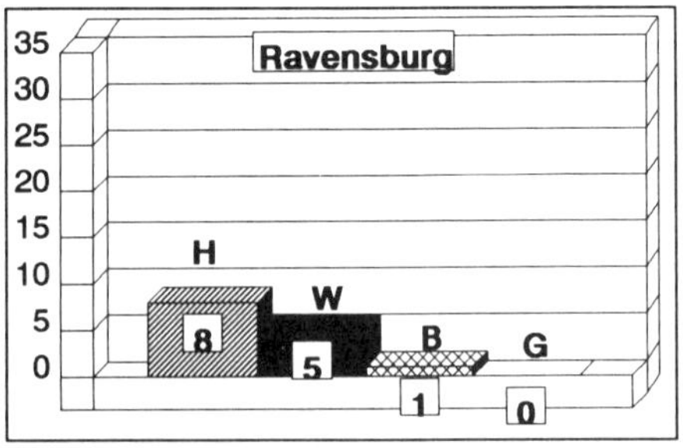

29

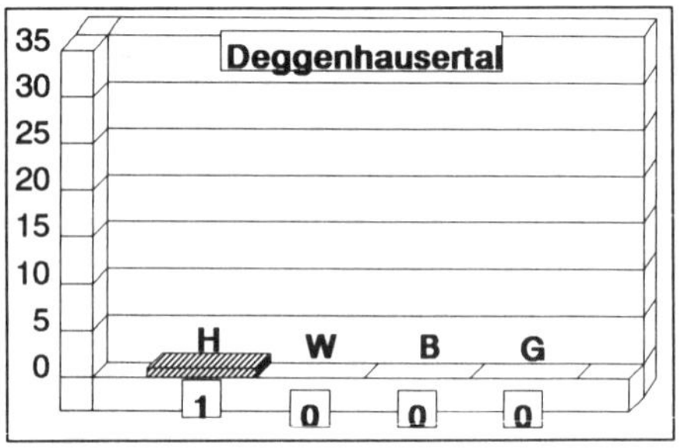

30

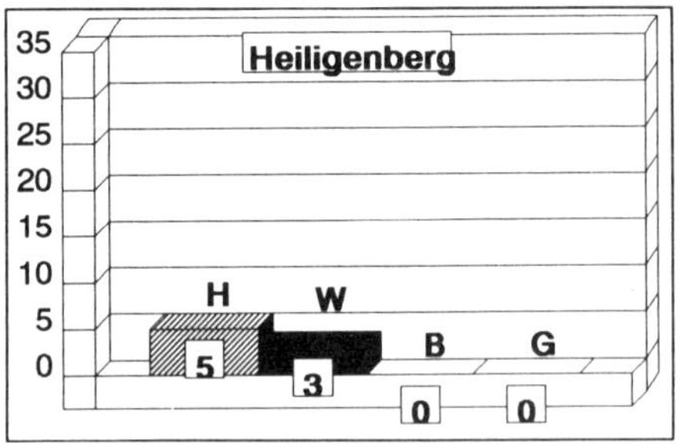

31

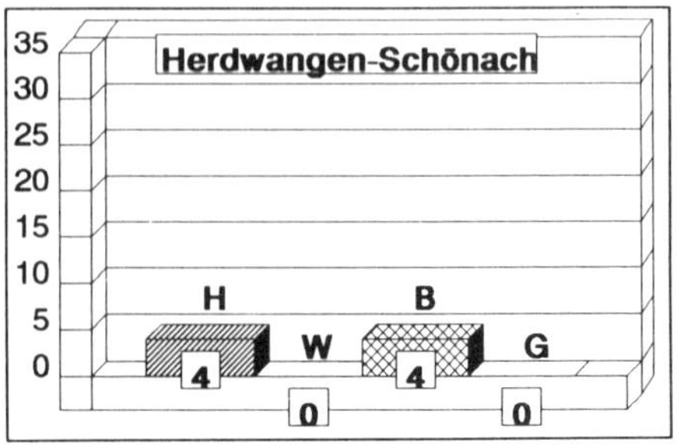

zu Karte 1 (Fortsetzung):

34

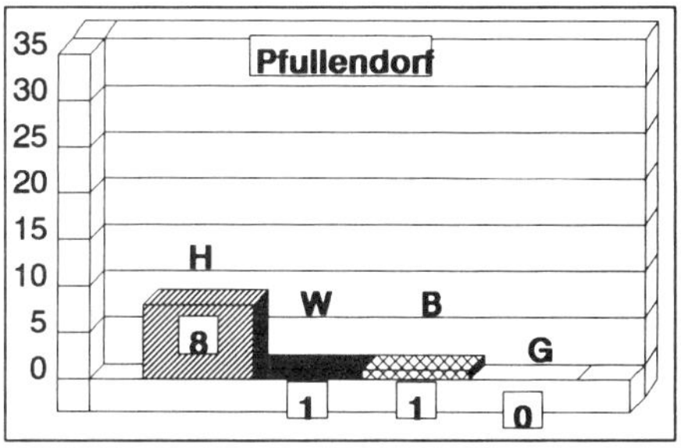

35

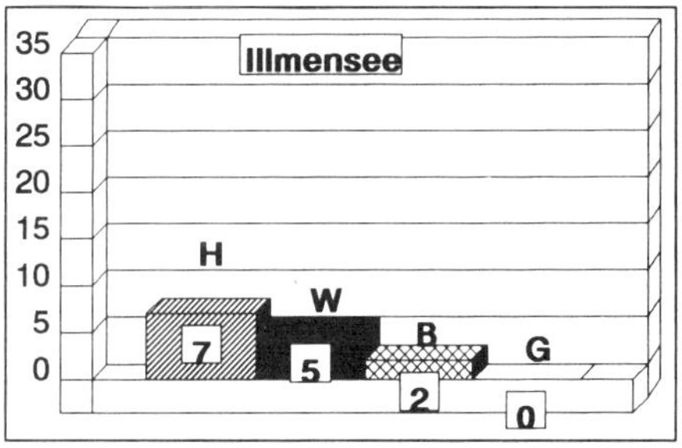

40

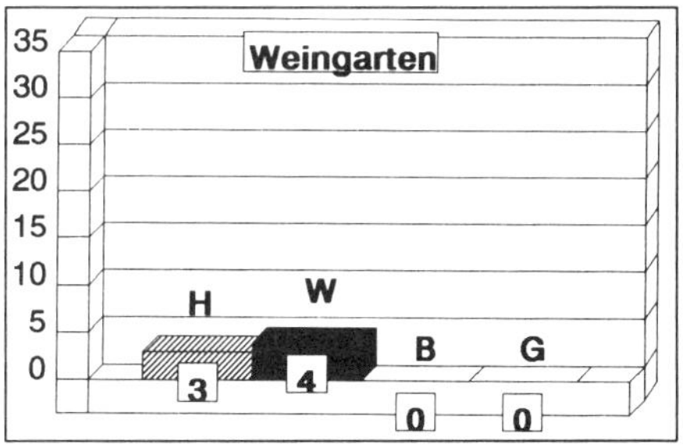

44

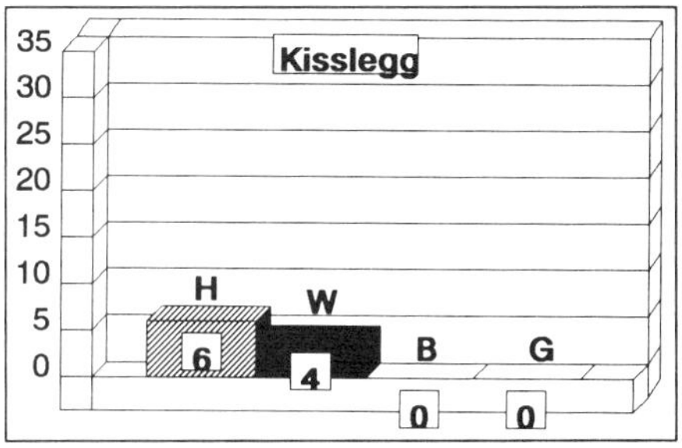

46

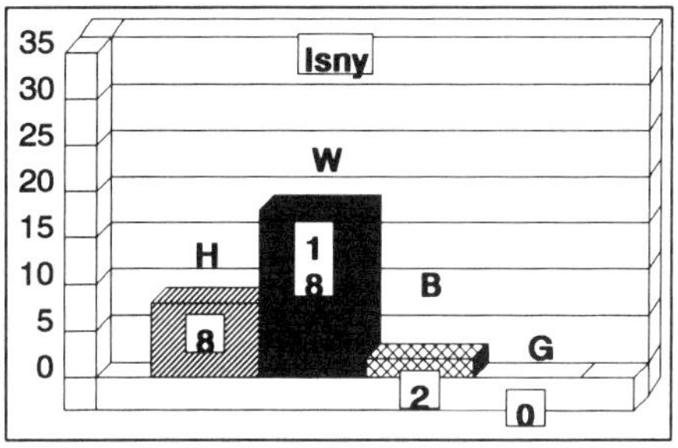

47

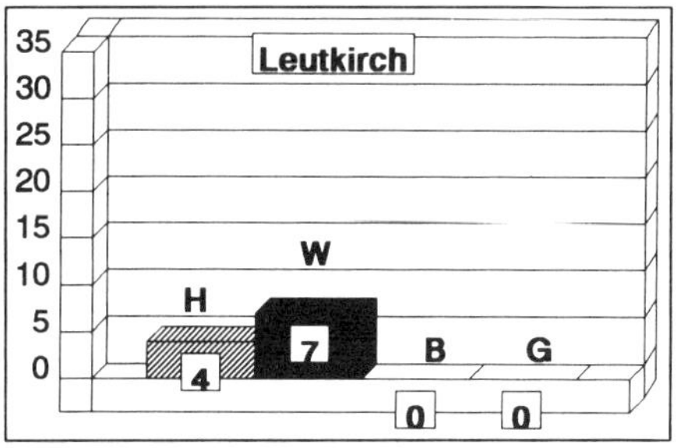

49

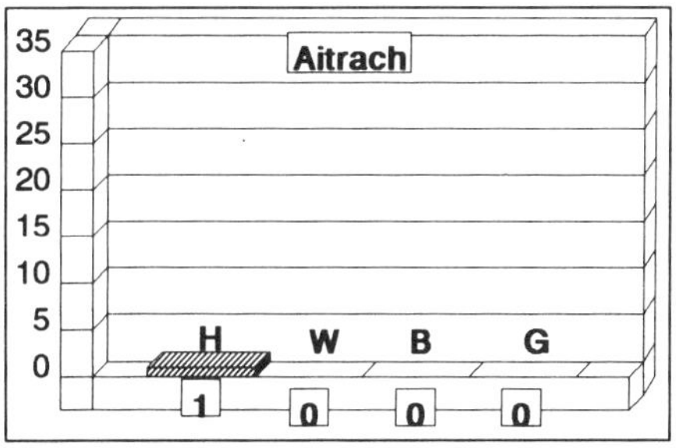

50

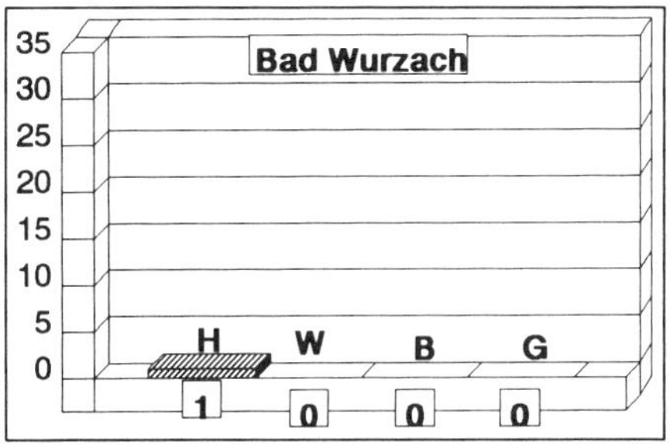

zu Karte 1 (Fortsetzung):

51

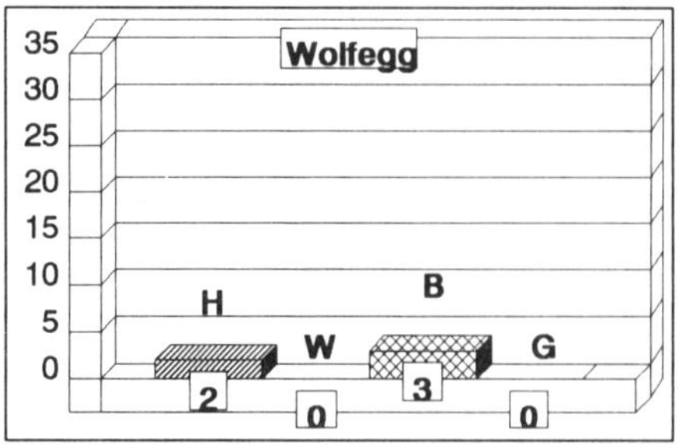

53

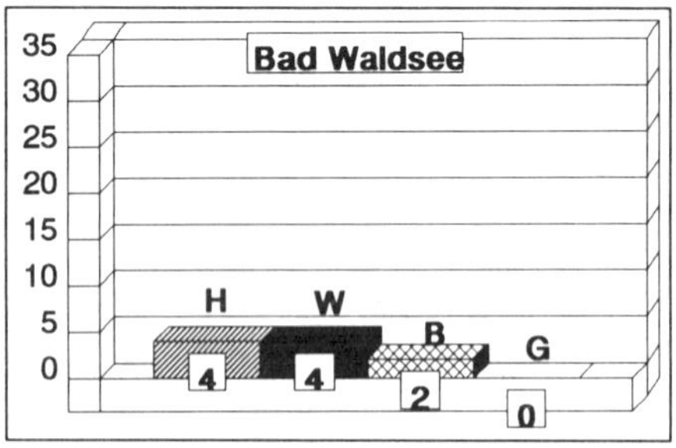

57

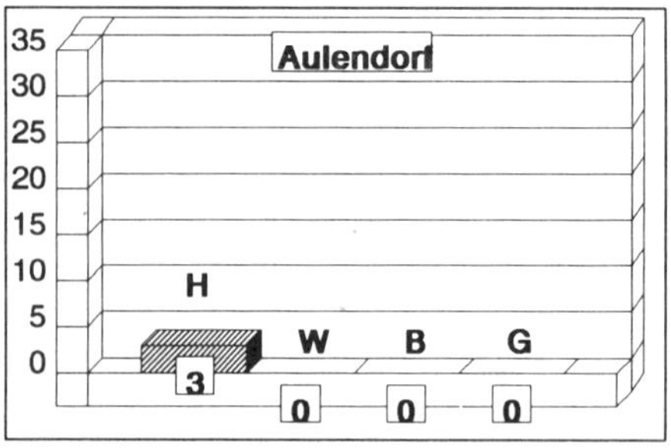

65

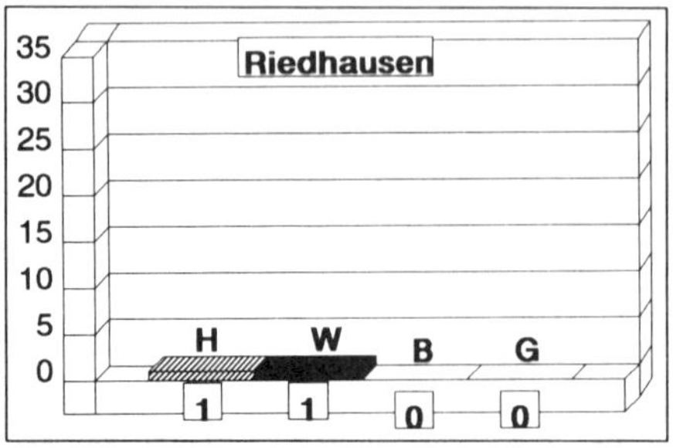

68

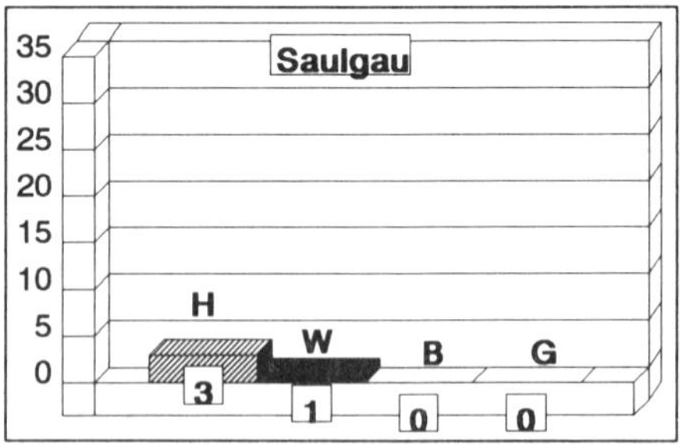

69

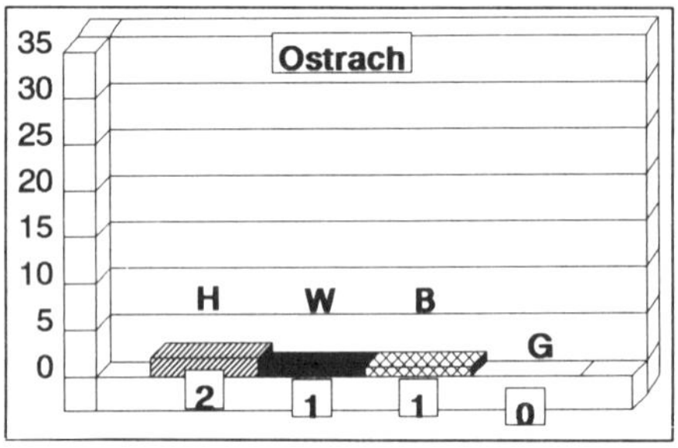

72

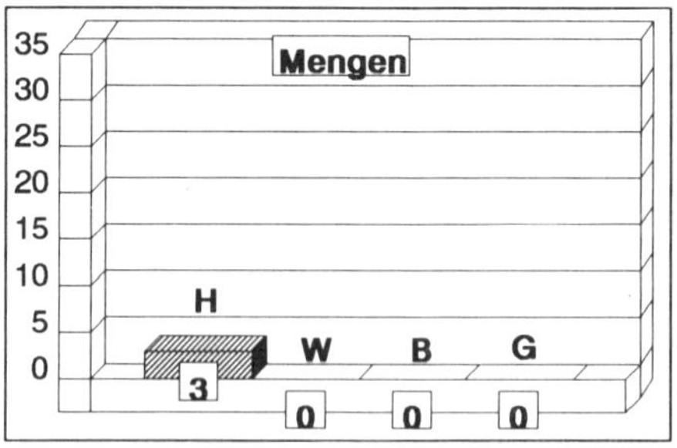

74

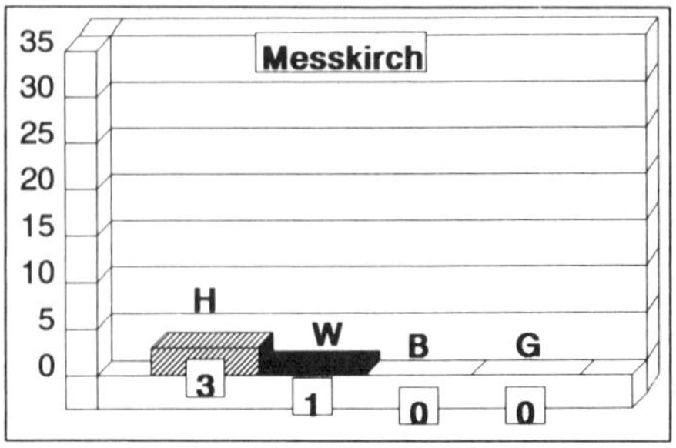

zu Karte 1 (Fortsetzung):

76

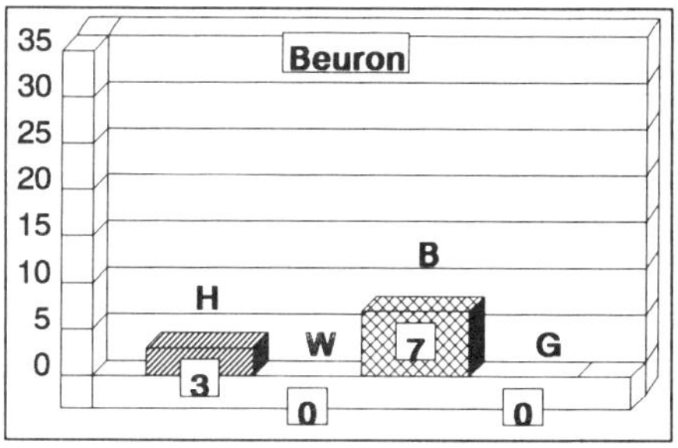

85

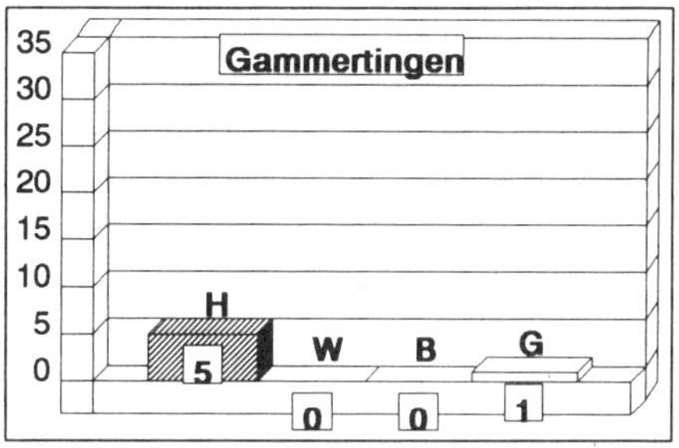

79

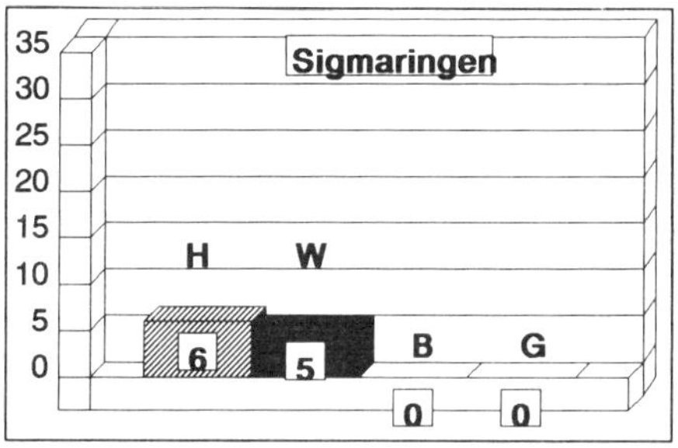

82

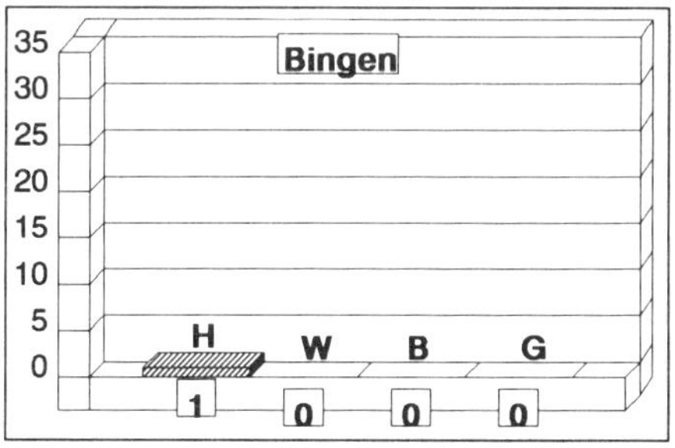

83

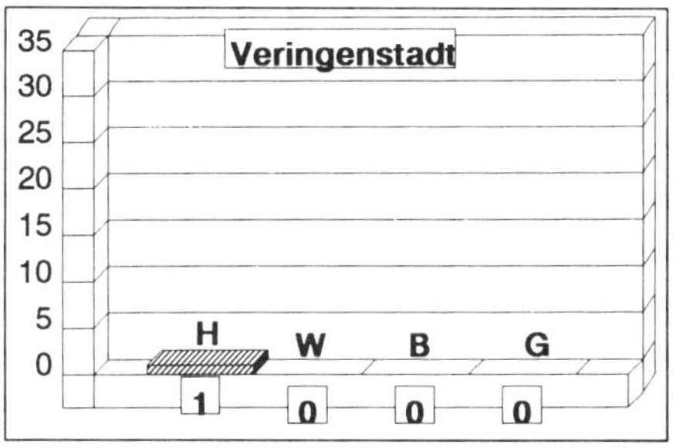

Orte ohne Nennung in der Stuttgarter Zeitung:

14	Frickingen
16	Bermatingen
21	Achberg
22	Neukirch
24	Amtzell
25	Bodnegg
28	Horgenzell
32	Sauldorf
33	Wald
36	Wilhelmsdorf
37	Fleischwangen
38	Fronreute
39	Berg
41	Schlier
42	Waldburg
43	Vogt
45	Argenbühl
48	Aichstetten
52	Bergatreute
54	Baindt
55	Baienfurt
56	Wolpertswende
58	Ebersbach -Musbach
59	Altshausen
60	Ebenweiler
61	Eichstegen
62	Boms
63	Hosskirch
64	Königseggwald
66	Unterwaldhausen
67	Guggenhausen
70	Hohentengen
71	Herbertingen
73	Krauchenwies
75	Leibertingen
77	Schwenningen
78	Stetten a. k. M.
80	Sigmaringendorf
81	Scheer
84	Hettingen
86	Neufra

Auswertung Immobilienmarkt Stuttgarter Zeitung 1987

Karte 2: Wohnungspreise in Tausend DM pro Quadratmeter in den Gemeinden der Region Bodensee-Oberschwaben

Legende Karte

57 Gemeindekennzahl für Diagramm. Gemeinden mit *kursiv*gedruckter Kennzahl wurden in der Stuttgarter Zeitung nicht genannt.

Legende Diagramm

N Anzahl der Wohnungen
Min Kleinster genannter Wohnungspreis
Max Größter genannter Wohnungspreis
Durchschnitt Durchschnitt der genannten Wohnungspreise

Berücksichtigt sind nur Gemeinden mit mehr als einer angebotenen Wohnung.
Erkennbare Serien- bzw. Wiederholungsanzeigen wurden nicht ausgewertet
QUELLE: STUTTGARTER ZEITUNG 1987 (Samstagsausgaben)

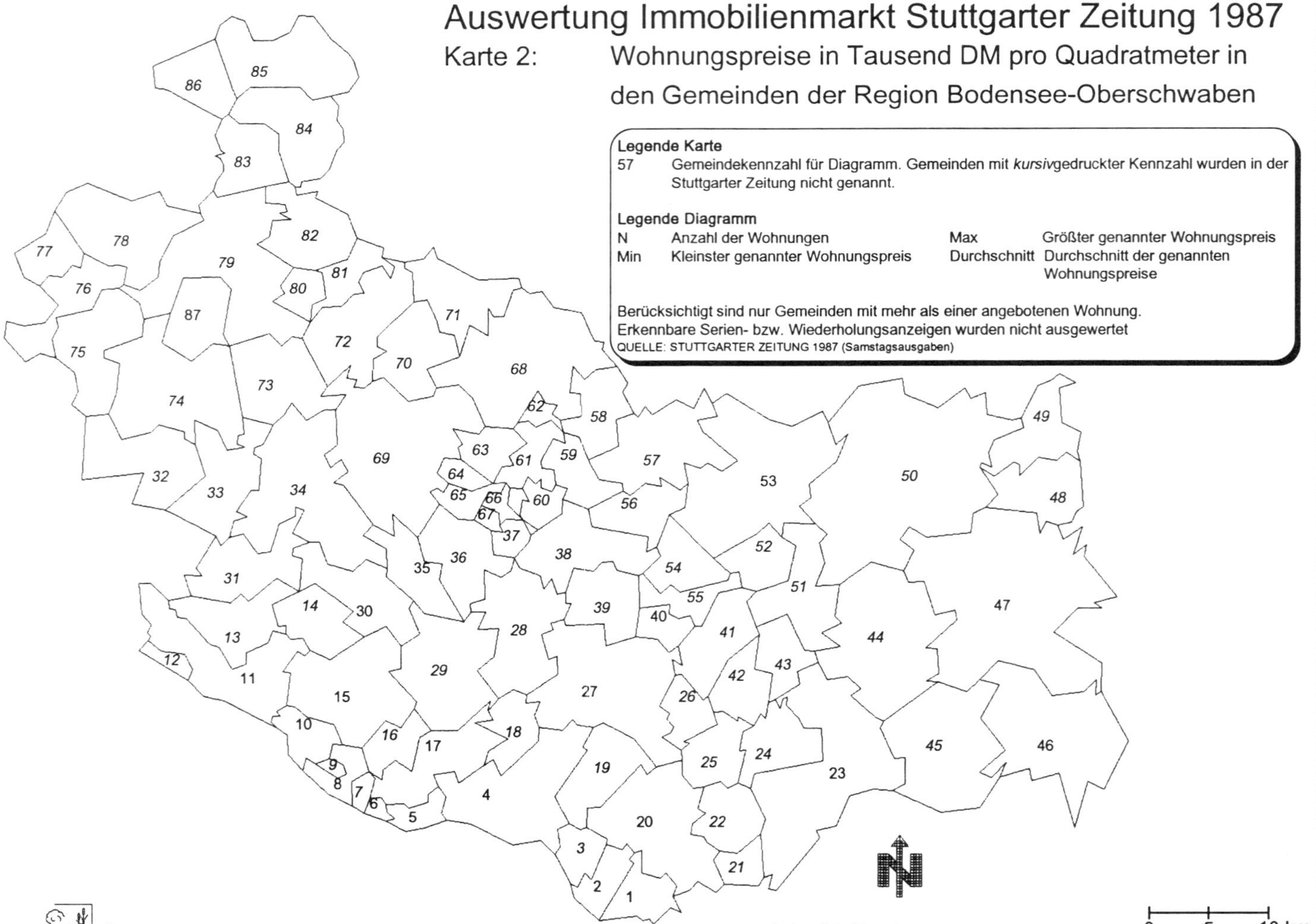

Computergraphik erstellt mit ÖKOKART der Firma Braunstein & Berndt, Nellmersbach

Entwurf: A. Megerle

zu Karte 2:

1

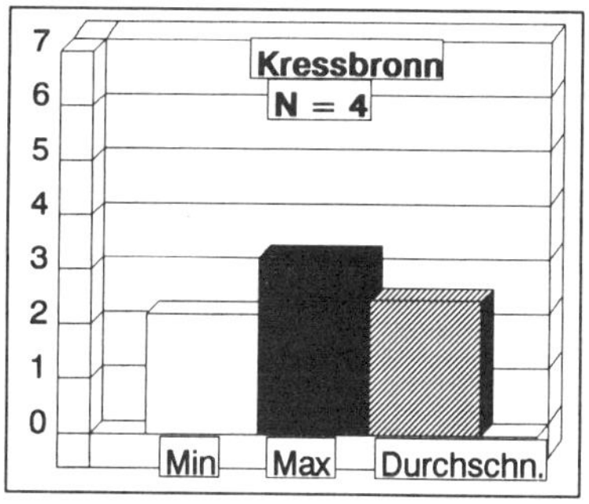

6

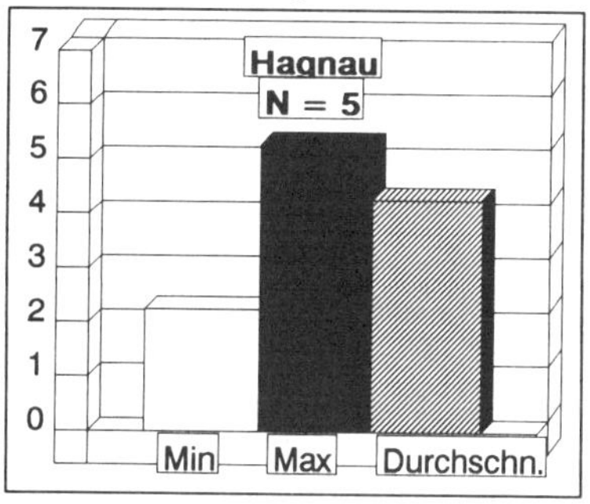

2

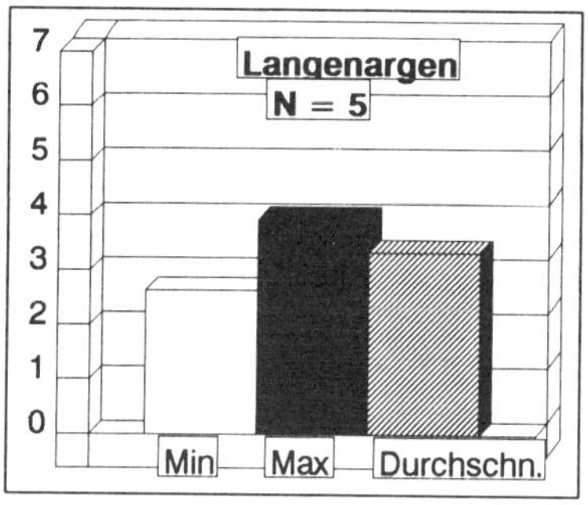

8

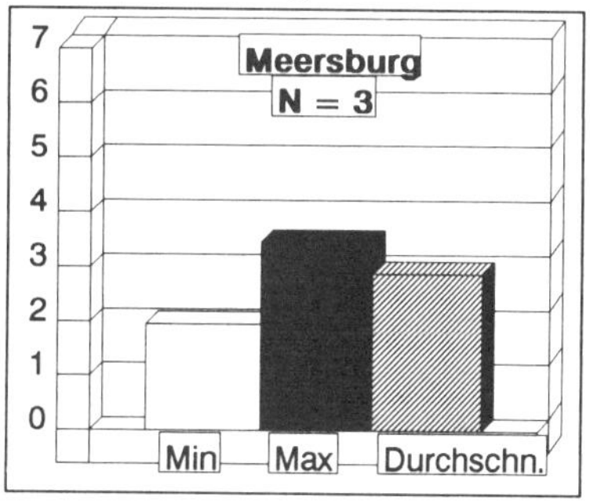

4

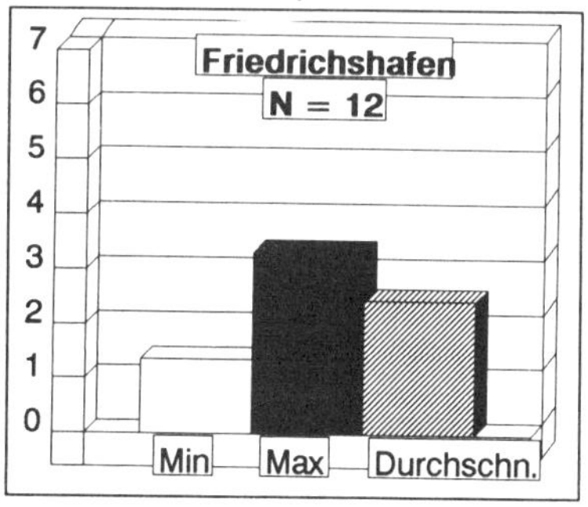

10

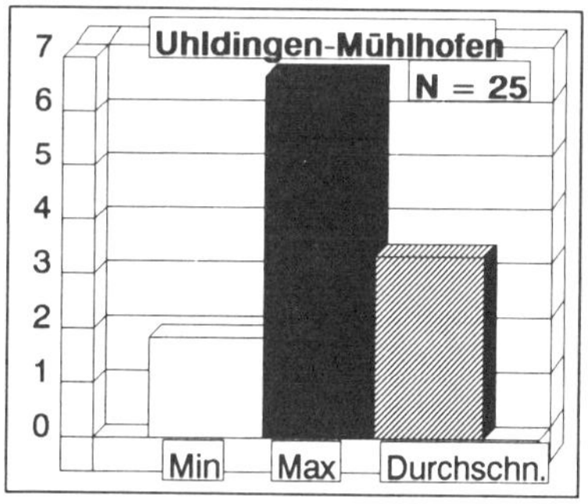

5

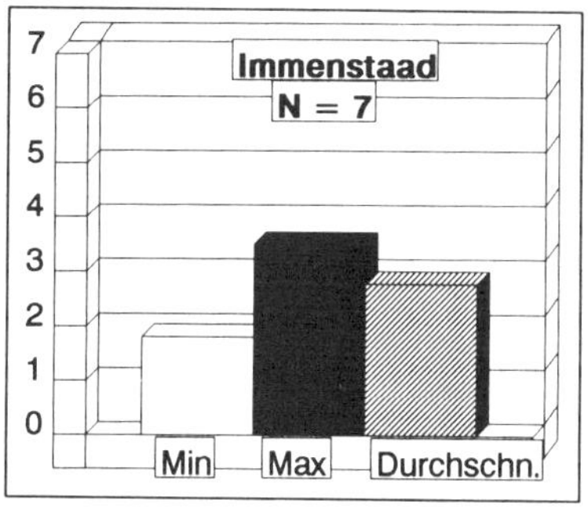

11

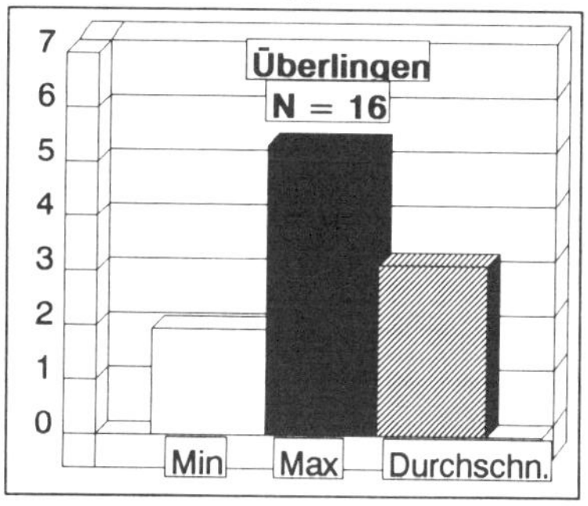

zu Karte 2 (Fortsetzung):

15

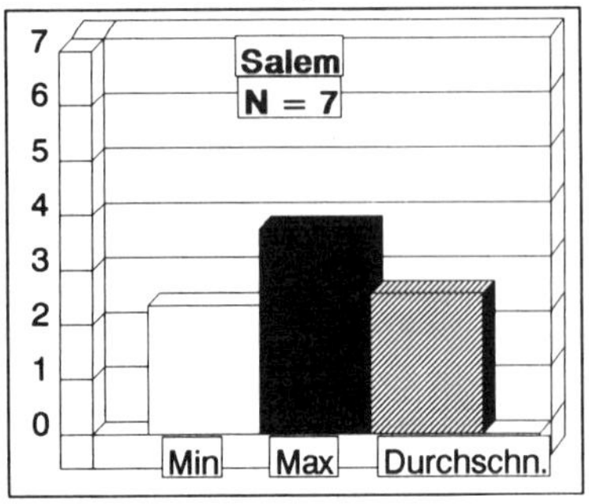

17

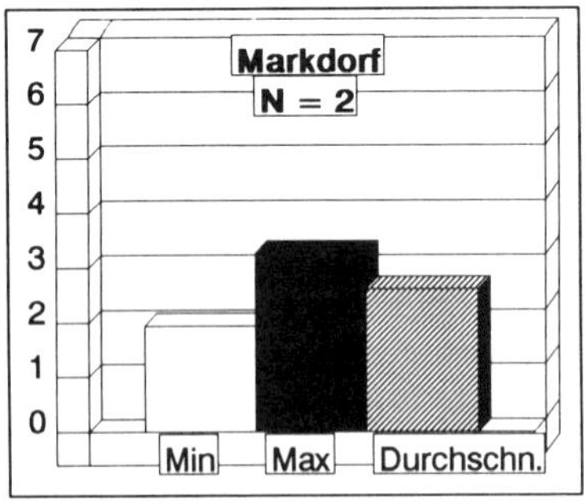

20

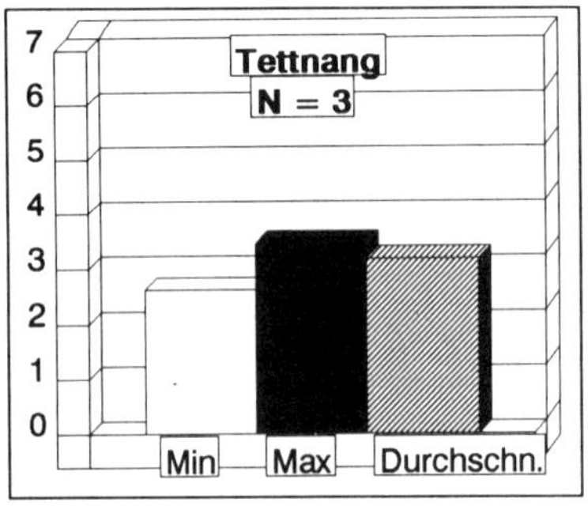

23

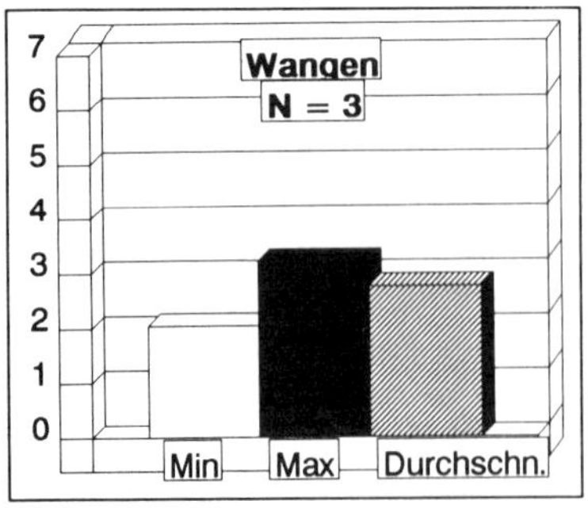

30

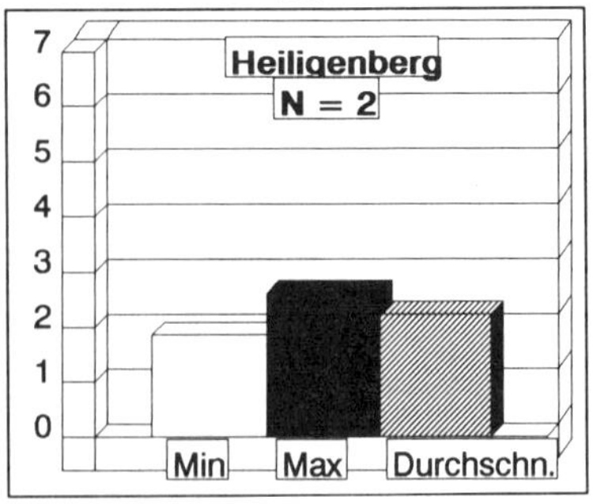

35

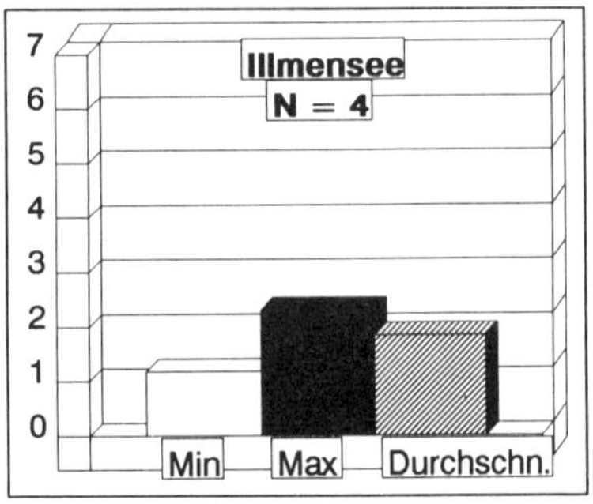

40

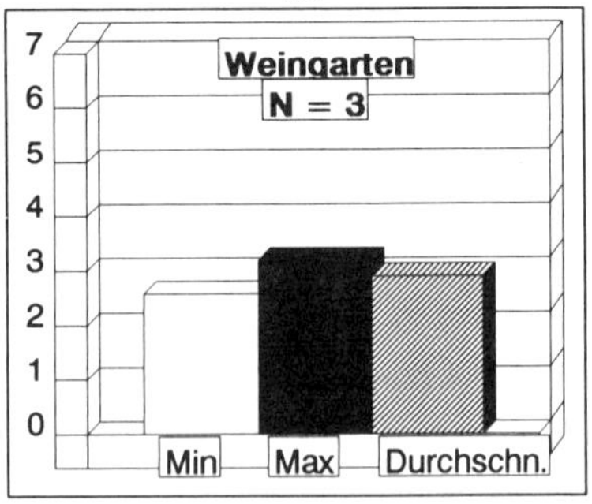

46

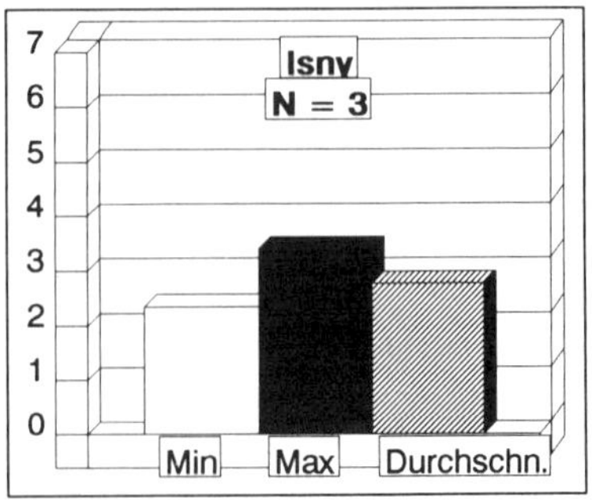

zu Karte 2 (Fortsetzung):

47

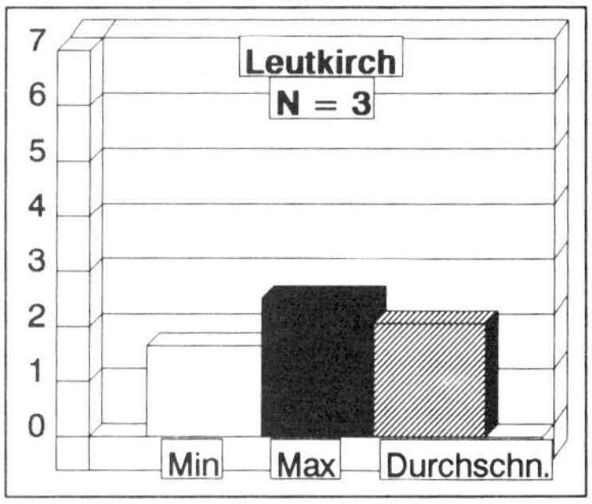

53

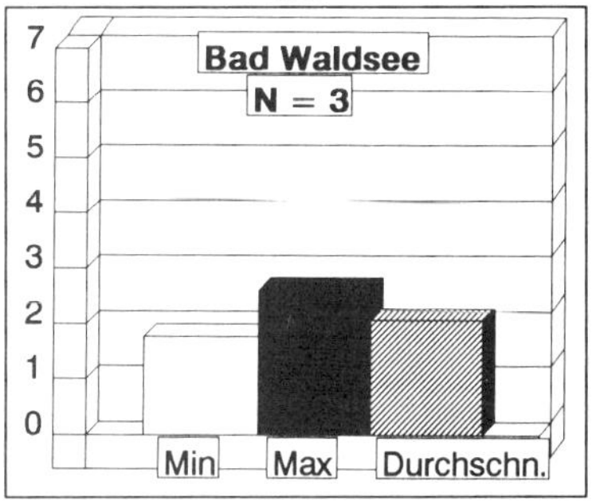

66	Unterwaldhausen	77	Schwenningen
67	Guggenhausen	78	Stetten a.k.M.
68	Saulgau	79	Sigmaringen
69	Ostrach	80	Sigmaringendorf
70	Hohentengen	81	Scheer
71	Herbertingen	82	Bingen
72	Mengen	83	Veringenstadt
73	Krauchenwies	84	Hettingen
74	Messkirch	85	Gammertingen
75	Leibertingen	86	Neufra
76	Beuron		

Orte ohne Nennung in der Stuttgarter Zeitung:

3	Eriskirch	39	Berg
7	Stetten	41	Schlier
9	Daisendorf	42	Waldburg
12	Sipplingen	43	Vogt
13	Owingen	44	Kißlegg
14	Frickingen	45	Argenbühl
16	Bermatingen	48	Aichstetten
18	Oberteuringen	49	Aitrach
19	Meckenbeuren	50	Bad Wurzach
21	Achberg	51	Wolfegg
22	Neukirch	52	Bergatreute
24	Amtzell	54	Baindt
25	Bodnegg	55	Baienfurt
26	Grünkraut	56	Wolpertswende
28	Horgenzell	57	Aulendorf
29	Deggenhausertal	58	Ebersbach-Musbach
31	Herdwangen-Schönach	59	Altshausen
32	Sauldorf	60	Ebenweiler
33	Wald	61	Eichstegen
34	Pfullendorf	62	Boms
36	Wilhelmsdorf	63	Hosskirch
37	Fleischwangen	64	Königseggwald
38	Fronreute	65	Riedhausen

Karte 3: Übersichtskarte über die Lage der ausgewählten Fallbeispielräume

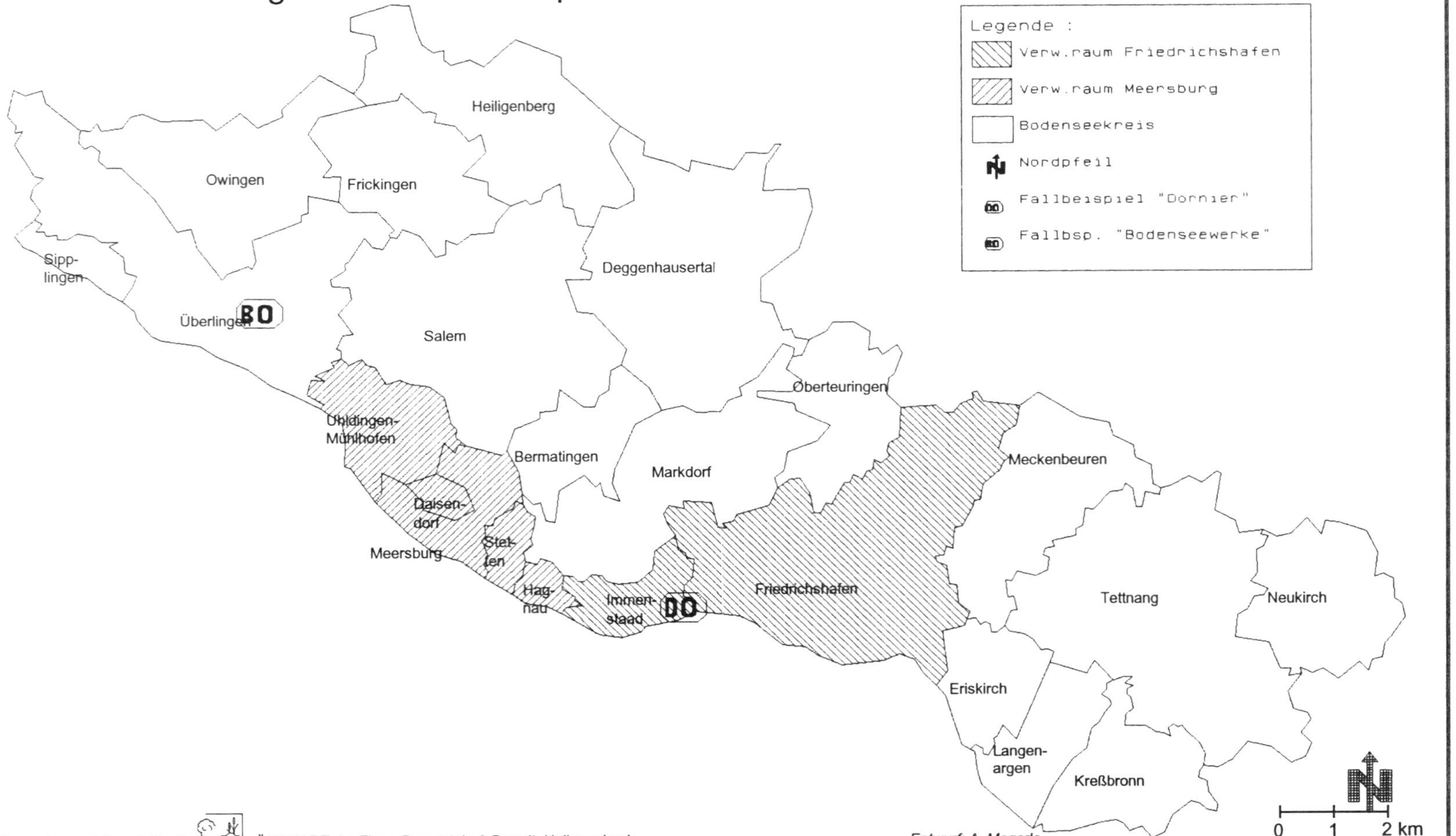

Computergraphik erstellt mit ÖKOKART der Firma Braunstein & Berndt, Nellmersbach

Entwurf: A. Megerle

Karte 4: Siedlungsflächen der Ufergemeinden in verschiedenen Uferzonen 1982

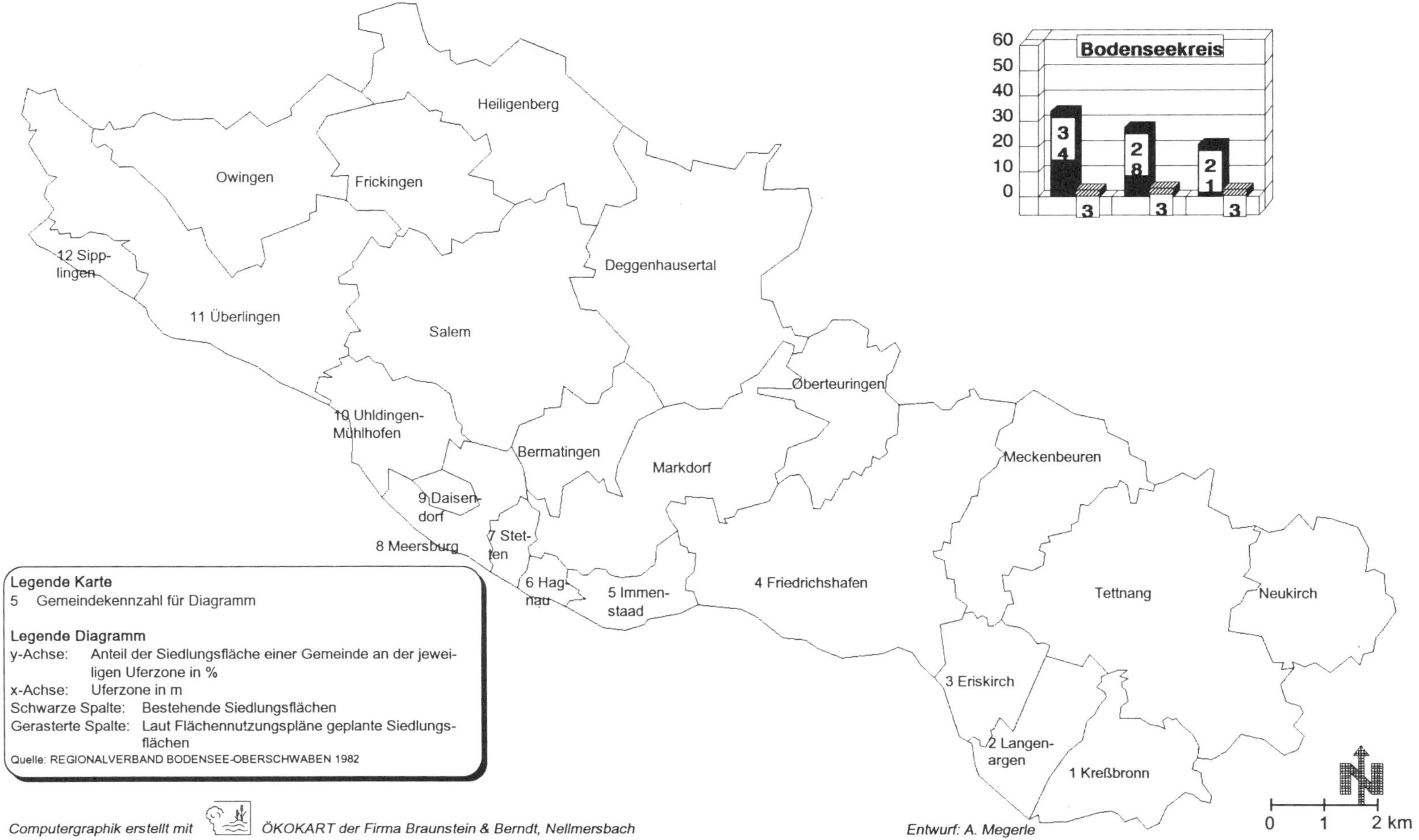

Legende Karte
5 Gemeindekennzahl für Diagramm

Legende Diagramm
y-Achse: Anteil der Siedlungsfläche einer Gemeinde an der jeweiligen Uferzone in %
x-Achse: Uferzone in m
Schwarze Spalte: Bestehende Siedlungsflächen
Gerasterte Spalte: Laut Flächennutzungspläne geplante Siedlungsflächen
Quelle: REGIONALVERBAND BODENSEE-OBERSCHWABEN 1982

Computergraphik erstellt mit ÖKOKART der Firma Braunstein & Berndt, Nellmersbach

Entwurf: A. Megerle

zu Karte 4:

1

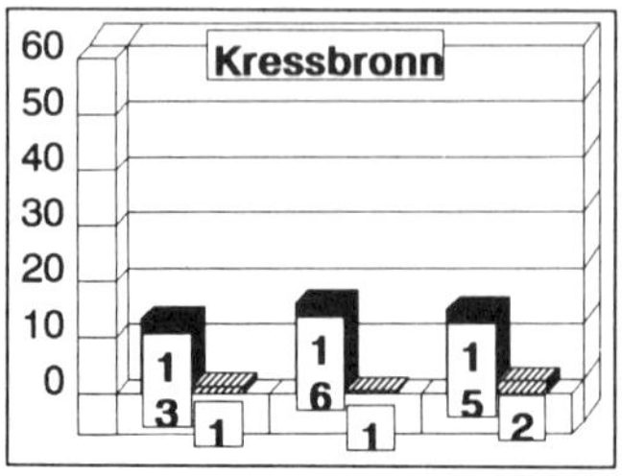

2

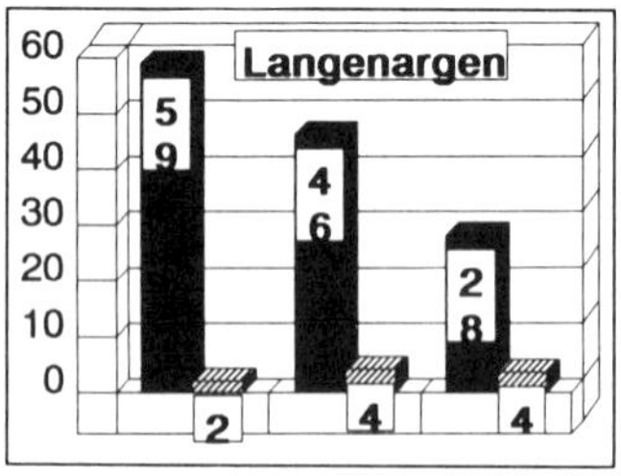

3

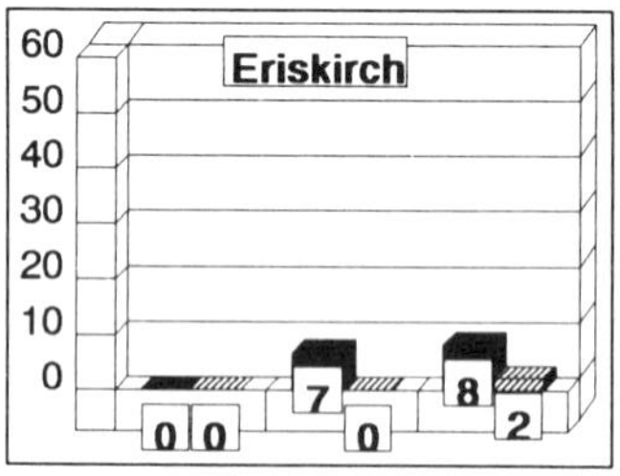

4

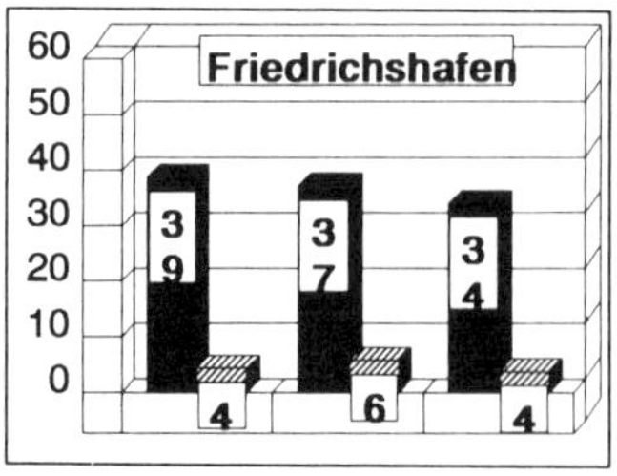

5

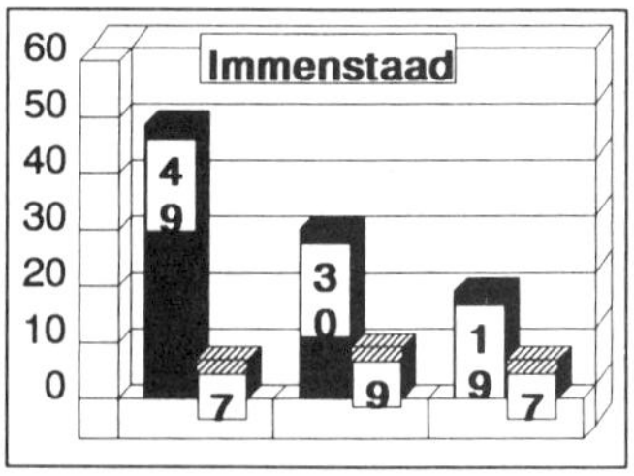

6

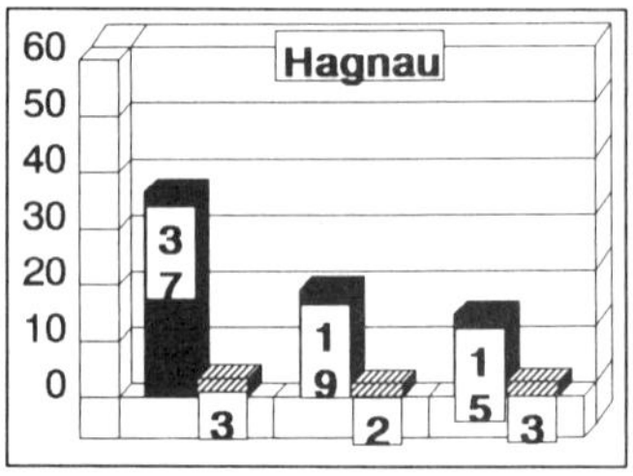

7

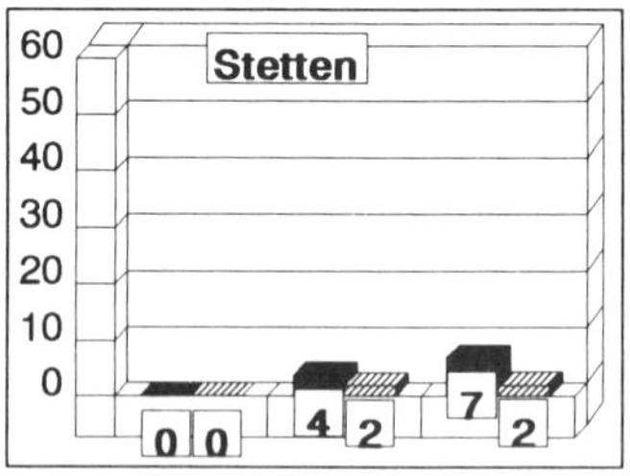

8

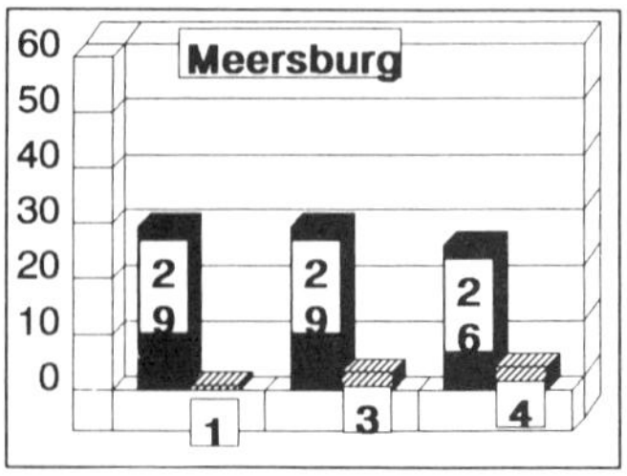

zu Karte 4 (Fortsetzung):

9

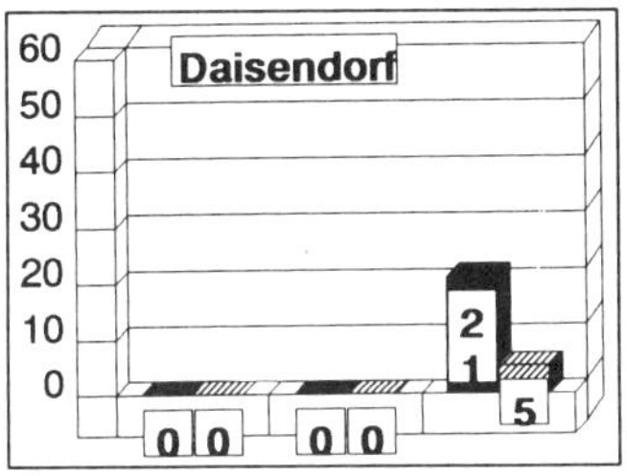

11

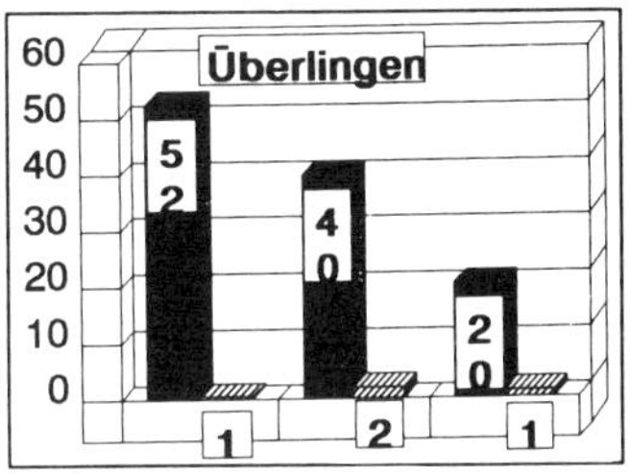

10

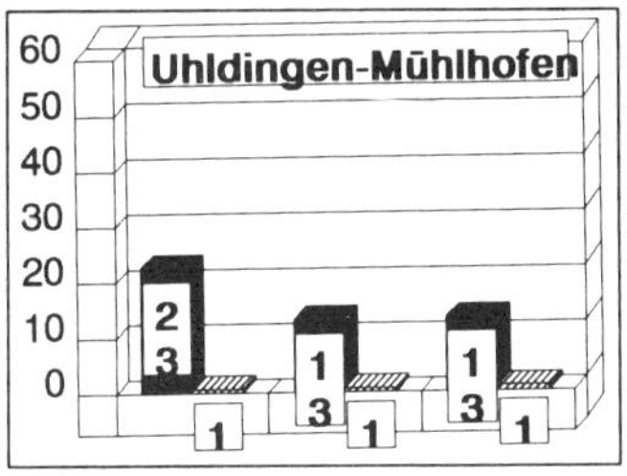

12

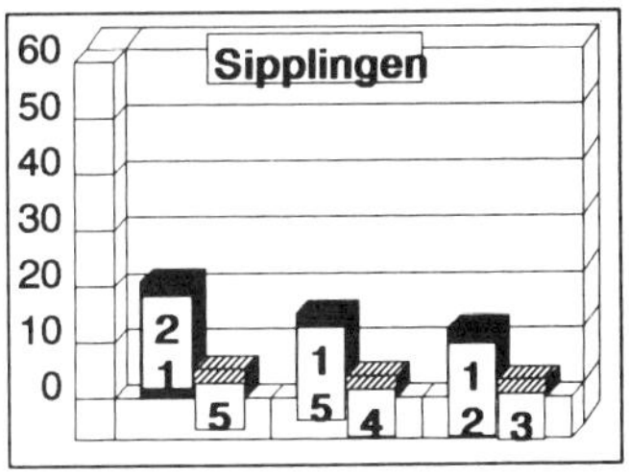

Tübinger Geographische Studien
(Lieferbare Titel)

Heft 1	M. König:	Die bäuerliche Kulturlandschaft der Hohen Schwabenalb und ihr Gestaltswandel unter dem Einfluß der Industrie. 1958. 83 S. Mit 14 Karten, 1 Abb. u. 5 Tab. 2. Aufl. 1991, im Rems-Murr-Verlag, Remshalden (ISBN 3-927981-07-9)	DM 34,-
Heft 2	I. Böwing-Bauer:	Die Berglen. Eine geographische Landschaftsmonographie. 1958. 75 S. Mit 15 Karten. 2. Aufl. 1991, im Natur-Rems-Murr-Verlag, Remshalden (kartoniert: ISBN 3-927981-05-2)	DM 34,-
		(broschiert: ISBN 3-927981-06-0)	DM 34,-
Heft 3	W. Kienzle:	Der Schurwald. Eine siedlungs- und wirtschaftsgeographische Untersuchung. 1958. Mit 14 Karten u. Abb. 2.Aufl. 1991, im Natur-Rems-Murr-Verlag, Remshalden (kartoniert: ISBN 3-927981-08-7)	DM 34,-
		(broschiert: ISBN 3-927981-09-5)	DM 34,-
Sbd. 1	A. Leidlmair (Hrsg.):	Hermann von Wissmann - Festschrift. 1962. Mit 68 Karten u. Abb., 15 Tab. u. 32 Fotos	DM 29,-
Heft 12	G. Abele:	Die Fernpaßtalung und ihre morphologischen Probleme. 1964. 123 S. Mit 7 Abb., 4 Bildern, 2 Tab. im Text u. 1 Karte als Beilage	DM 8,-
Heft 13	J. Dahlke:	Das Bergbaurevier am Taff (Südwales). 1964. 215 S. Mit 32 Abb., 10 Tab. im Text u. 1 Kartenbeilage	DM 11,-
Heft 16	A. Engel:	Die Siedlungsformen in Ohrnwald. 1964. 122 S. Mit 1 Karte im Text u. 17 Karten als Beilagen	DM 11,-
Heft 17	H. Prechtl:	Geomorphologische Strukturen. 1965. 144 S. Mit 26 Fig. im Text u. 14 Abb. auf Tafeln	DM 15,-
Sbd. 2	M. Dongus:	Die Agrarlandschaft der östlichen Poebene. 1966. 308 S. Mit 42 Abb. u. 10 Karten	DM 40,-
Heft 21	D. Schillig:	Geomorphologische Untersuchungen in der Saualpe (Kärnten). 1966. 81 S. Mit 6 Skizzen, 15 Abb., 2 Tab. im Text und 5 Karten als Beilagen	DM 13,-
Heft 23	C. Hannss:	Die morphologischen Grundzüge des Ahrntales. 1967. 144 S. Mit 5 Karten, 4 Profilen, 3 graph. Darstellungen. 3 Tab. im Text u. 1 Karte als Beilage	DM 10,-
Heft 24	S. Kullen:	Der Einfluß der Reichsritterschaft auf die Kulturlandschaft im Mittleren Neckarland. 1967. 205 S. Mit 42 Abb. u. Karten, 24 Fotos u. 15 Tab. 2. Aufl. 1991, im Natur-Rems-Murr-Verlag, Remshalden (ISBN 3-927981-25-7)	DM 42,-

Heft 25 K.-G. Krauter: Die Landwirtschaft im östlichen Hochpustertal. 1968. 186 S. Mit 7 Abb., 15 Tab. im Text u. 3 Karten als Beilagen DM 9,-

Heft 34 H. Blume und K.-H. Schröder (Hrsg.): Beiträge zur Geographie der Tropen und Subtropen (Herbert Wilhelmy-Festschrift). 1970. 343 S. Mit 24 Karten, 13 Fig., 48 Fotos u. 32 Tab. DM 27,-

Heft 36 (Sbd. 4) R. Jätzold: Die wirtschaftsgeographische Struktur von Südtanzania. 1970. 341 S., Mit 56 Karten u. Diagr., 46 Tab. u. 26 Bildern. Summary DM 35,-

Heft 38 H.-K. Barth: Probleme der Schichtstufenlandschaft West-Afrikas am Beispiel der Bandiagara-, Gambaga- und Mampong-Stufenländer. 1970. 215 S. Mit 6 Karten, 57 Fig. u. 40 Bildern DM 15,-

Heft 42 L. Rother: Die Städte der çukurova: Adana - Mersin - Tarsus. 1971. 312 S. Mit 51 Karten u. Abb., 34 Tab. DM 21,-

Heft 43 A. Roemer: The St. Lawrence Seaway, its Ports and its Hinterland. 1971. 235 S. With 19 maps and figures, 15 fotos and 64 tables DM 21,-

Heft 44 (Sbd. 5) E. Ehlers: Südkaspisches Tiefland (Nordiran) und Kaspisches Meer. Beiträge zu ihrer Entwicklungsgeschichte im Jung- und Postpleistozän. 1971. 184 S. Mit 54 Karten u. Abb., 29 Fotos. Summary DM 24,-

Heft 45 (Sbd.6) H. Blume und H.-K. Barth: Die pleistozäne Reliefentwicklung im Schichtstufenland der Driftless Area von Wisconsin (USA). 1971. 61 S. Mit 20 Karten 4 Abb., 3 Tab. u. 6 Fotos. Summary DM 18,-

Heft 46 (Sbd.7) H. Blume (Hrsg.): Geomorphologische Untersuchungen im Württembergischen Keuperbergland. Mit Beiträgen von H.-K. Barth, R. Schwarz und R. Zeese. 1971. 97 S. Mit 25 Karten u. Abb. u. 15 Fotos DM 20,-

Heft 48 K. Schliebe: Die jüngere Entwicklung der Kulturlandschaft des Campidano (Sardinien). 1972. 198 S. Mit 40 Karten u. Abb., 10 Tab. im Text u. 3 Kartenbeilagen DM 18,-

Heft 50 K. Hüser: Geomorphologische Untersuchunge im westlichen Hintertaunus. 1972. 184 S. Mit 1 Karte, 14 Profilen, 7 Abb., 31 Diagr., 2 Tab. im Text u. 5 Karten, 4 Tafeln u. 1 Tab. als Beilagen DM 27,-

Heft 51 S. Kullen: Wandlungen der Bevölkerungs- und Wirtschaftsstruktur in den Wölzer Alpen. 1972. 87 S. Mit 12 Karten u. Abb. 7 Fotos u. 17 Tab. DM 15,-

Heft 52 E. Bischoff: Anbau und Weiterverarbeitung von Zuckerrohr in der Wirtschaftslandschaft der Indischen Union, dargestellt anhand regionaler Beispiele. 1973. 166 S. Mit 50 Karten, 22 Abb., 4 Anlagen u. 22 Tab. DM 24,-

Heft 53	H.-K. Barth und H. Blume:	Zur Morphodynamik und Morphogenese von Schichtkamm- und Schichtstufenreliefs in den Trockengebieten der Vereinigten Staaten. 1973. 102 S. Mit 20 Karten u. Abb., 28 Fotos. Summary **DM 21,-**
Heft 54	K.-H. Schröder (Hrsg.):	Geographische Hausforschung im südwestlichen Mitteleuropa. Mit Beiträgen von H. Baum, U. Itzin, L. Kluge, J. Koch, R. Roth, K.-H. Schröder und H.P. Verse. 1974. 110 S. Mit 20 Abb. u. 3 Fotos **DM 19,50**
Heft 56	C. Hanss:	Val d'Isère. Entwicklung und Probleme eines Wintersportplatzes in den französischen Nordalpen. 1974. XII und 173 S. Mit 51 Karten u. Abb., 28 Tab. Résumé. **DM 42,-**
Heft 57	A. Hüttermann:	Untersuchungen zur Industriegeographie Neuseelands. 1974. XX und 243 S. Mit 33 Karten, 28 Diagrammen und 51 Tab. Summary **DM 36,-**
Heft 59	J. Koch:	Rentnerstädte in Kalifornien. Eine bevölkerungs- und sozialgeographische Untersuchung. 1975. XV, 154 S. Mit 51 Karten u. Abb., 15 Tab. und 4 Fotos. Summary **DM 30,-**
Heft 60	G. Schweizer:	Untersuchungen zur Physiogeographie von Ostanatolien und Nordwestiran. Geomorphologische, klima- und hydrogeographische Studien im Vansee- und Rezaiyehsee-Gebiet. 1975. 145 S. Mit 21 Karten, 6 Abb., 18 Tab. und 12 Fotos. Summary. Résumé **DM 39,-**
Heft 61 (Sbd.10)	W. Brücher:	Probleme der Industrialisierung in Kolumbien unter besonderer Berücksichtigung von Bogotá und Medellín. 1975. 175 S. Mit 26 Tab. und 42 Abb. Resumen **DM 42,-**
Heft 62	H. Reichel:	Die Natursteinverwitterung an Bauwerken als mikroklimatisches und edaphisches Problem in Mitteleuropa. 1975. 85 S. Mit 4 Diagrammen, 5 Tab. und 36 Abb. Summary. Résumè. **DM 30,-**
Heft 63	H.-R. Schömmel:	Straßendörfer im Neckarland. Ein Beitrag zur geographischen Erforschung der mittelalterlichen regelmäßigen Siedlungsformen in Südwestdeutschland. 1975. 118 S. Mit 19 Karten, 2 Abb., 11 Tab. und 6 Fotos. Summary **DM 30,-**
Heft 64	G. Olbert:	Talentwicklung und Schichtstufenmorphogenese am Südrand des Odenwaldes. 1975. 121 S. Mit 40 Abb., 4 Karten und 4 Tab. Summary **DM 27,-**
Heft 65	H. M. Blessing:	Karstmorphologische Studien in den Berner Alpen. 1976. 77 S. Mit 3 Karten, 8 Abb. und 15 Fotos. Summary. Résumé. **DM 30,-**
Heft 66	K. Frantzok:	Die multiple Regressionsanalyse, dargestellt am Beispiel einer Untersuchung über die Verteilung der ländlichen Bevölkerung in der Gangesebene. 1976. 137 S. Mit 17 Tab., 4 Abb. und 19 Karten. Summary. Résumé. **DM 36,-**
Heft 67	H. Stadelmaier:	Das Industriegebiet von West Yorkshire. 1976. VII. 155 S. Mit 38 Karten, 8 Diagr. u. 25 Tab. Summary **DM 39,-**

Heft 69	A. Borsdorf:	Valdivia und Osorno. Strukturelle Disparitäten und Entwicklungsprobleme in chilenischen Mittelstädten. Ein geographischer Beitrag zu Urbanisierungserscheinungen in Lateinamerika. 1976. VIII, 155 S. Mit 28 Fig. u. 48 Tab.Summary. Resumen. **DM 39,-**
Heft 70	U. Rostock:	West-Malaysia - ein Einwicklungsland im Übergang. Probleme, Tendenzen, Möglichkeiten. 1977. X, 199 S. Mit 22 Abb. und 28 Tab. Summary **DM 36,-**
Heft 71 (Sbd.12)	H.-K. Barth:	Der Geokomplex Sahel. Untersuchungen zur Landschaftsökologie im Sahel Malis als Grundlage agrar- und weidewirtschaftlicher Entwicklungsplanung. 1977. 234 S. Mit 68 Abb. u. 26 Tab. Summary **DM 42,-**
Heft 72	K.-H. Schröder:	Geographie an der Universität Tübingen 1512-1977. 1977. 100 S. **DM 30,-**
Heft 73	B. Kazmaier:	Das Ermstal zwischen Urach und Metzingen. Untersuchungen zur Kulturlandschaftsentwicklung in der Neuzeit. 1978. 316 S. Mit 28 Karten, 3 Abb. und 83 Tab. Summary **DM 48,-**
Heft 74	H.-R. Lang:	Das Wochenend-Dauercamping in der Region Nordschwarzwald. Geographische Untersuchung einer jungen Freizeitwohnsitzform. 1978. 162 S. Mit 7 Karten, 40 Tab. und 15 Fotos. Summary **DM 36,-**
Heft 75	G. Schanz:	Die Entwicklung der Zwergstädte des Schwarzwaldes seit der Mitte des 19. Jahrhunderts. 1979. 174 S. Mit 2 Abb., 10 Karten und 26 Tab. **DM 36,-**
Heft 76	W. Ubbens:	Industrialisierung und Raumentwicklung in der nordspanischen Provinz Alava. 1979. 194 S. Mit 16 Karten, 20 Abb. und 34 Tab. **DM 40,-**
Heft 77	R. Roth:	Die Stufenrandzone der Schwäbischen Alb zwischen Erms und Fils. Morphogenese in Abhängigkeit von lithologischen und hydrologischen Verhältnissen. 1979. 147 S. Mit 29 Abb. **DM 32,-**
Heft 78	H. Gebhardt:	Die Stadtregion Ulm/Neu-Ulm als Industriestandort. Eine industriegeographische Untersuchung auf betrieblicher Basis. 1979. 305 S. Mit 31 Abb., 4 Fig., 47 Tab. und 2 Karten. Summary **DM 48,-**
Heft 79 (Sbd. 14)	R. Schwarz:	Landschaftstypen in Baden-Württemberg. Eine Untersuchung mit Hilfe multivariater quantitativer Methodik. 1980. 167 S. Mit 31 Karten, 11 Abb. u. 36 Tab. Summary **DM 35,-**
Heft 80 (Sbd.13)	H.-K. Barth und H. Wilhelmy (Hrsg.):	Trockengebiete. Natur und Mensch im ariden Lebensraum. (Festschrift für H. Blume) 1980. 405 S. Mit 89 Abb., 51 Tab., 38 Fotos. **DM 68,-**
Heft 81	P. Steinert:	Górly Stolowe - Heuscheuergebirge. Zur Morphogenese und Morphodynamik des polnischen Tafelgebirges. 1981. 180 S., 23 Abb., 9 Karten. Summary, Streszszenie **DM 24,-**

Heft 82	H. Upmeier:	Der Agrarwirtschaftsraum der Poebene. Eignung, Agrarstruktur und regionale Differenzierung. 1981. 280 S. Mit 26 Abb., 13 Tab., 2 Übersichten und 8 Karten. Summary, Riassunto **DM 27,-**
Heft 83	C.C. Liebmann:	Rohstofforientierte Raumerschließungsplanung in den östlichen Landesteilen der Sowjetunion (1925-1940). 1981. XI, 466 S. Mit 16 Karten, 24 Tab. Summary **DM 54,-**
Heft 84	P. Kirsch:	Arbeiterwohnsiedlungen im Königreich Württemberg in der Zeit vom 19. Jahrhundert bis zum Ende des Ersten Weltkrieges. 1982. 343 S. Mit 39 Kt., 8 Abb., 15 Tab., 9 Fotos. Summary **DM 40,-**
Heft 85	A. Borsdorf u. H. Eck:	Der Weinbau in Unterjesingen. Aufschwung, Niedergang und Wiederbelebung der Rebkultur an der Peripherie des württembergischen Hauptanbaugebietes. 1982. 96 S. Mit 14 Abb., 17 Tab. Summary **DM 15,-**
Heft 86	U. Itzin:	Das ländliche Anwesen in Lothringen. 1983. 183 S. Mit 21 Karten, 36 Abb., 1 Tab. **DM 35,-**
Heft 87	A. Jebens:	Wirtschafts- und sozialgeographische Untersuchungen über das Heimgewerbe in Nordafghanistan unter besonderer Berücksichtigung der Mittelstadt Sar-e-Pul. Ein geographischer Beitrag zur Stadt-Umland-Forschung und zur Wirtschaftsform des Heimgewerbes. 1983. 426 S. Mit 19 Karten, 29 Abb., 81 Tab. Summary u. persische Zusammenfassung **DM 59,-**
Heft 88	G. Remmele:	Massenbewegungen an der Hauptschichtstufe der Benbulben Range. Untersuchungen zur Morphodynamik und Morphogenese eines Schichtstufenreliefs in Nordwestirland. 1984. 233 S. Mit 9 Karten, 22 Abb., 3 Tab. u. 30 Fotos. Summary. **DM 44,-**
Heft 89	C. Hannss:	Neue Wege der Fremdenverkehrsentwicklung in den französischen Nordalpen. Die Antiretortenstation Bonneval-sur-Arc im Vergleich mit Bessans (Hoch-Maurienne). 1984. 96 S. Mit 21 Abb. u. 9 Tab. Summary. Resumé. **DM 16,-**
Heft 90 *(Sbd. 15)*	S. Kullen (Hrsg.):	Aspekte landeskundlicher Forschung. Beiträge zur Sozialen und Regionalen Geographie unter besonderer Berücksichtigung Südwestdeutschlands. (Festschrift für Hermann Grees) 1985. 483 S. Mit 42 Karten (teils farbig), 38 Abb., 18 Tab., Lit. **DM 59,-**
Heft 91	J.-W. Schindler:	Typisierung der Gemeinden des ländlichen Raumes Baden-Württembergs nach der Wanderungsbewegung der deutschen Bevölkerung. 1985. 274 S. Mit 14 Karten, 24 Abb., 95 Tab. Summary. **DM 40,-**
Heft 92	H. Eck:	Image und Bewertung des Schwarzwaldes als Erholungsraum - nach dem Vorstellungsbild der Sommergäste. 1985. 274 S. Mit 31 Abb. und 66 Tab. Summary. **DM 40,-**
Heft 94 *(TBGL 2)*	R. Lücker:	Agrarräumliche Entwicklungsprozesse im Alto-Uruguai-Gebiet (Südbrasilien). Analyse eines randtropischen Neusiedlungsgebietes unter Berücksichtigung von Diffusionsprozessen im Rahmen modernisierender Entwicklung. 1986. 278 S. Mit 20 Karten, 17 Abb., 160 Tab., 17 Fotos. Summary. Resumo. **DM 54,-**

Heft 95 *(Sbd. 16)* *(TBGL 3)*	G. Kohlhepp u. A. Schrader (Hrsg.):	Homem e Natureza na Amazônia. Hombre y Naturaleza en la Amazonía. Simpósio internacional e interdisciplinar. Simposio internacional e interdisciplinario. Blaubeuren 1986. 1987. 507 S. Mit 51 Abb., 25 Tab. **DM 37,-**
Heft 97 *(TBGL 5)*	M. Coy:	Regionalentwicklung und regionale Entwicklungsplanung an der Peripherie in Amazonien. Probleme und Interessenkonflikte bei der Erschließung einer jungen Pionierfront am Beispiel des brasilianischen Bundesstaates Rondônia. 1988. 549 S. Mit 31 Karten, 22 Abb., 79 Tab. Summary. Resumo. **DM 48,-**
Heft 98	K.-H. Pfeffer (Hrsg.):	Geoökologische Studien im Umland der Stadt Kerpen/Rheinland. 1989. 300 S. Mit 30 Karten, 65 Abb., 10 Tab. **DM 39,50**
Heft 99	Ch. Ellger:	Informationssektor und räumliche Entwicklung - dargestellt am Beispiel Baden-Württembergs. 1988. 203 S. Mit 25 Karten, 7 Schaubildern, 21 Tab., Summary. **DM 29,-**
Heft 100	K.-H. Pfeffer: (Hrsg.)	Studien zur Geoökolgie und zur Umwelt. 1988. 336 S. Mit 11 Karten, 55 Abb., 22 Tab., 4 Farbkarten, 1 Faltkarte. **DM 67.-**
Heft 101	M. Landmann:	Reliefgenerationen und Formengenese im Gebiet des Lluidas Vale-Poljes/Jamaika. 1989. 212 S. Mit 8 Karten, 41 Abb., 14 Tab., 1 Farbkarte. Summary. **DM 63.-**
Heft 102 *(Sbd. 18)*	H. Grees u. G. Kohlhepp (Hrsg.):	Ostmittel- und Osteuropa. Beiträge zur Landeskunde. (Festschrift für Adolf Karger, Teil 1). 1989. 466 S. Mit 52 Karten, 48 Abb., 39 Tab., 25 Fotos. **DM 83.-**
Heft 103 *(Sbd. 19)*	H. Grees u. G. Kohlhepp (Hrsg.):	Erkenntnisobjekt Geosphäre. Beiträge zur geowissenschaftlichen Regionalforschung, ihrer Methodik und Didaktik. (Festschrift für Adolf Karger, Teil 2). 1989. 224 S. 7 Karten, 36 Abb., 16 Tab. **DM 59,-**
Heft 104 *(TBGL 6)*	G. W. Achilles:	Strukturwandel und Bewertung sozial hochrangiger Wohnviertel in Rio de Janeiro. Die Entwicklung einer brasilianischen Metropole unter besonderer Berücksichtigung der Stadtteile Ipanema und Leblon. 1989. 367 S. Mit 29 Karten. 17 Abb., 84 Tab., 10 Farbkarten als Dias. **DM 57.-**
Heft 105	K.-H. Pfeffer (Hrsg.):	Süddeutsche Karstökosysteme. Beiträge zu Grundlagen und praxisorientierten Fragestellungen. 1990. 382 S. Mit 28 Karten, 114 Abb., 10 Tab., 3 Fotos. Lit. Summaries. **DM 60.-**
Heft 106 *(TBGL 7)*	J. Gutberlet:	Industrieproduktion und Umweltzerstörung im Wirtschaftsraum Cubatao/Sao Paulo (Brasilien). 1991. 338 S. 5 Karten, 41 Abb., 54 Tab. Summary. Resumo. **DM 45,-**
Heft 107 *(TBGL 8)*	G. Kohlhepp (Hrsg.):	Lateinamerika. Umwelt und Gesellschaft zwischen Krise und Hoffnung. 1991. 238 S. Mit 18 Abb., 6 Tab. Resumo. Resumen. **DM 38,-**
Heft 109	M. Chardon, M.Sweeting K.-H. Pfeffer (Hrsg.):	Proceedings of the Karst-Symposium-Blaubeuren. 2nd International Conference on Geomorphology, 1989, 1992. 130 S., 47 Abb., 14 Tab. **DM 29,-**